Schriftenreihe zum Kommunikations- und Medienrecht

Herausgegeben von
Michael Ronellenfitsch

Band 2

ISSN 1613-7922

Verlag Dr. Kovač

Daniel Kress

Die private Vervielfältigung
im Urheberrecht

Verlag Dr. Kovač

VERLAG DR. KOVAČ

Arnoldstraße 49 · 22763 Hamburg · Tel. 040 - 39 88 80-0 · Fax 040 - 39 88 80-55

E-Mail info@verlagdrkovac.de · Internet www.verlagdrkovac.de

Bibliografische Information Der Deutschen Bibliothek
Die Deutsche Bibliothek verzeichnet diese Publikation
in der Deutschen Nationalbibliographie;
detaillierte bibliografische Daten sind im Internet
über http://dnb.ddb.de abrufbar.

ISSN 1613-7922
ISBN 3-8300-1691-3

Zugl.: Dissertation, Universität Tübingen, 2004

© VERLAG DR. KOVAČ in Hamburg 2004

Vorwort

Die Juristische Fakultät der Eberhard Karls Universität zu Tübingen hat die vorliegende Arbeit im Sommersemester 2004 als Dissertation angenommen. Gesetzgebung, Rechtsprechung und Literatur wurden bis Ende 2003 berücksichtigt.

Ganz herzlich danke ich meinem Doktorvater, Herrn *Prof. Dr. Wernhard Möschel*, der dieses Thema mit angeregt hat und mir die nötige akademische Freiheit bei der Erstellung dieser Arbeit gelassen hat.

Danken möchte ich ferner Herrn *Prof. Dr. Ulrich Bälz* für die schnelle Erstellung des Zweitgutachtens. Seiner Vorlesung zum Gewerblichen Rechtsschutz und Urheberrecht ist es außerdem zu verdanken, dass mein Interesse für dieses Rechtsgebiet geweckt wurde.

Für die freundliche Aufnahme dieser Arbeit in die Schriftenreihe "Kommunikations- und Medienrecht" danke ich Herrn *Prof. Dr. Michael Ronellenfitsch*.

Zu danken habe ich ferner meinem Arbeitgeber, der Sozietät *Hengeler Mueller*, die mir durch ein flexibles Arbeitszeitmodell die Freiräume gewährt hat, die zur Fertigstellung dieser Arbeit notwendig waren.

Für ihre Unterstützung bei der Korrektur dieser Arbeit danke ich *Almut Gaude*. Danken möchte ich auch meiner Ehefrau, *Christine Gaude*, sowie meinen Eltern, die mich in all den Jahren der Erstellung dieser Arbeit in dem Glauben an ihre Vollendung bestärkt haben.

Widmen möchte ich diese Arbeit meinem Großvater, Herrn *Dr. Karl Kress*, dessen stetes Interesse an meinem akademischen Werdegang mir Ansporn war, diese Arbeit zu verfassen.

Düsseldorf/Berlin im August 2004   *Daniel Kress*

Inhaltsverzeichnis

Literaturverzeichnis

Ahrens, C.: Napster, Gnutella, FreeNet & Co. – die immaterialgüterrechtliche Beurteilung von Internet-Musiktauschbörsen, in: ZUM 2000, S. 1029 ff.

Allfeld, P.: Kommentar zu den Gesetzen betreffend das Urheberrecht an den Werken der Literatur und Tonkunst und über das Verlagsrecht sowie zu den internationalen Verträgen zum Schutze des Urheberrechts, München 2. Auflage 1928 (zit. *Allfeld*, LUG/KUG)

Assmann, H.-D. / Kirchner, C. / Schanze, E. (Hrsg.): Ökonomische Analyse des Rechts, Tübingen 1993 (zit.: *Assmann/Kirchner/Schanze*, Ökonomische Analyse)

Badura, P.: Wachstumsvorsorge und Wirtschaftsfreiheit, in FS Ipsen, S. 367 ff. (zit. *Badura*, FS Ipsen)

Badura, P.: Zur Lehre von der verfassungsrechtlichen Institutsgarantie des Eigentums, in: FuR 1984, S. 552

Bachof, O.: Festschrift für Otto Bachof zum 70., München 1984 (zit.: FS Bachof)

Bappert W. / Maunz, T. / Schricker, G.: Verlagsrecht, 2. Auflage, München 1984 (zit. Bappert/Maunz/Schricker)

Baronikians, P.: Kopienversanddienste: die Beurteilung im deutschen Urheber- und Wettbewerbsrecht im Vergleich zur englischen Regelung, München 1999 (zit.: *Baronikians*, Kopienversanddienste)

Baronikians, P.: Kopienversand durch Bibliotheken – rechtliche Beurteilung und Vorschläge zur Regelung, in: ZUM 1999, S. 126 ff.

Baumbach, A. / Hefermehl, W.: Wettbewerbsrecht, 22. Auflage, München 2001 (zit.: *Baumbach/Hefermehl*)

Bayreuther, F.: Beschränkungen des Urheberrechts nach der neuen EU-Urheberrechtsrichtlinie, in: ZUM 2001, S. 828 f.

Beier, F.-K.: Gewerblicher Rechtsschutz und freier Warenverkehr im europäischen Binnenmarkt und im Verkehr mit Drittstaaten, in: GRUR Int. 1989, S. 603 ff.

Bechtold, S.: Vom Urheber- zum Informationsrecht, München 2002 (zit. *Bechtold*, Informationsrecht)

XIV

Bechtold, S.: Multimedia und Urheberrecht – einige grundsätzliche Anmerkungen, in: GRUR 1998, S. 18 ff.

Bechtold, S.: Der Schutz des Anbieters von Informationen – Urheberrecht und gewerblicher Rechtsschutz im Internet, in: ZUM 1997, S. 427 ff.

Besen, S.M. / Natraj Kirby, S.: Private Copying, Appropriability, and Optimal Copying Royalties, in: Journal of Law & Economics, vol. 32 (1989), S. 255 ff.

Biehl, I. (Hrsg.): Copyright-Schutz digitaler Daten durch kryptographische Fingerprint-Schemata, Stuttgart 1999 (zit. *Biehl*, Copyright-Schutz)

Bing, F.: Die Verwertung von Urheberrechten – Eine ökonomische Analyse unter besonderer Berücksichtigung der Lizenzvergabe durch Verwertungsgesellschaften, Berlin 2002 (zit. *Bing*, Verwertung)

Blume, P.: Copyright and Privacy, in: CRi 2003, S. 73 ff.

Bögeholz, H.: Bilder in Ketten – Kopierschutz bei der DVD-Video, in: c't 20/1999, S. 132 ff.

Börsenverein des Deutschen Buchhandels (Hrsg.): Kopierrecht, Vorschläge zur Änderung der Vervielfältigungsbestimmungen des Urheberrechtsgesetzes, Frankfurt M. 1978 (zit. *Börsenverein*, Kopierrecht)

de Boor: Vervielfältigung zum persönlichen Gebrauch, in: GRUR 1954, S. 440 ff.

Beseler, H.-F.: Die Harmonisierung des Urheberrechts aus europäischer Sicht, in: ZUM 1995, S. 437 ff.

Bornkamm, J.: Der Dreistufentest als urheberrechtliche Schrankenbestimmung, in: FS Erdmann, S. 29 ff. (zit. *Bornkamm*, FS Erdmann)

Bornkamm, J.: Die urheberrechtliche Leerkassettenvergütung, in: BB 1984, S. 2227 ff.

Bortloff, N.: Internationale Lizenzierung von Internet-Sumulcasts durch die Tonträgerindustrie, in: GRUR Int. 2003, S. 669 ff.

Bortloff, N.: Erfahrungen mit der Bekämpfung der elektronischen Musikpiraterie im Internet, in: GRUR Int. 2000, S. 665 ff.

Bosak, J.M.: Urheberrechtliche Zulässigkeit privaten Downloadings von Musikdateien, in: CR 2001, S. 176 ff.

Braun, T.: "Filesharing"-Netze und deutsches Urheberrecht, in: GRUR 2001, S. 1106 ff.

Braun, T.: Bedeuten Herstellung und Vertrieb von Doppel-Videorecordern eine Urheberrechtsverletzung? In: ZUM 1990, S. 487 ff.

Briem, S.L.: Elektronische Lizenzierung von urheberrechtlich geschützten Werken, in: MMR 1999, S. 256 ff.

Bundesvereinigung der Musikveranstalter e.V. (Hrsg.): Weißbuch der Bundesvereinigung der Musikveranstalter e.V. zum Urheberrecht, Bonn 1999 (zit.: *BVM*, Weißbuch)

Caduff, M.: Die urheberrechtlichen Konsequenzen der Veräußerung von Computerprogrammen, Bern 1997 (zit.: *Caduff*, Computerprogramme)

Calabresi, G.: Some Thoughts on Risk Distribution and the Law of Torts, in: Yale Law Journal, vol. 70 (1961), S. 499 ff.

Cichon, C.: Musikpiraterie im Internet, in: K&R 1999, S. 547 ff.

Clement, M. / Nerjes, G. / Runte, M.: P2P und die Distribution von Medienprodukten im Internet, in: Schoder et al., P2P, S. 71 ff. (zit. *Clement/Nerjes/Runte* in Schoder et al., P2P)

Coase, R.H.: Das Problem der sozialen Kosten in *Assmann/Kirchner/ Schanze*, Ökonomische Analyse, S. 129 ff. (zit. *Coase*, Soziale Kosten)

Conradt, J.: Das Überspielen auf Tonträger zur privaten Nutzung, in: GRUR 1960, S. 592 ff.

Cornish, W.: Harmonisierung des Rechts der privaten Vervielfältigung in Europa, in: GRUR Int. 1997, S. 305 ff.

Curley, M.: Peer-to-Peer-Computing – Wettbewerbsvorteil für Intel, in: Schoder et al., P2P, S. 81 ff. (zit.: *Curley* in Schoder et al., P2P)

Däubler-Gmelin, H.: Private Vervielfältigung unter dem Vorzeichen digitaler Technik, in: ZUM 1999, S. 769 ff.

Davies. G.: Urheberrecht in der Informationsgesellschaft: Technische Maßnahmen zur Kontrolle privater Vervielfältigungen, in: GRUR Int. 2001, S. 915 ff.

Demsetz, H.: Toward a Theory of Property Rights, in: American Economic Revue, vol. 57 (1967), S. 347 ff.

Dieselhorst, J.: Die Harmonisierung der Leerkassetten- und Geräteabgabe – Der EG-Gesetzgeber ist gefragt, in: GRUR Int. 1994, S. 788 ff.

Dietz, A. (FS): Urheberrecht Gestern – Heute – Morgen; Festschrift für Adolf Dietz zum 65. Geburtstag, München 2001 (zit. FS Dietz)

Dietz, A.: Die EU-Richtlinie zum Urheberrecht und zu den Leistungsschutzrechten in der Informationsgesellschaft, in: ZUM 1998, S. 438 ff.

Dietz, A.: Das Urhebervertragsrecht in seiner rechtspolitischen Bedeutung, in: FS Schricker, S. 1 ff. (zit. *Dietz*, FS Schricker)

Dillenz, W.: Harmonisierung des Rechts der Verwertungsgesellschaften in Europa, in: GRUR Int. 1997, S. 315 ff.

Dittmann, J.: Digitale Wasserzeichen: Grundlagen, Verfahren, Anwendungsgebiete, Berlin, Heidelberg 2000 (zit. *Dittmann*, Digitale Wasserzeichen)

Dittrich, R. (FS): Ein Leben für Rechtskultur, Festschrift Robert Dittrich zum 75. Geburtstag, Wien 2000 (zit. FS Dittrich)

Dolzer, R. / Vogel, K. / Graßhof, K.: Bonner Kommentar zum Grundgesetz, 104. Lfg., Heidelberg März 2003 (zit.: BK-Bearb.)

Dörr, R.: Die EU und die elektronischen Medien, www. artikel5.de/artikel/ eurecht.html (zit. *Dörr*, EU)

Dreier, T.: Die Umsetzung der Urheberrechtsrichtlinie 2001/29/EG in deutsches Recht, in: ZUM 2002, S. 28 ff.

Dreier, T.: Bildwerke und Multimedia, in Lehmann, Internet, S. 119 ff. (zit. *Dreier* in: Lehmann, Internet)

Dreier, T.: Verwertungsrechte der Urheber, in: Schricker, Informationsgesellschaft, S. 101 ff. (zit. *Dreier*, Verwertungsrechte)

Dreier, T.: Schrankenbestimmungen, in: Schricker, Informationsgesellschaft, S. 139 ff. (zit. *Dreier*, Schrankenbestimmungen)

Dreier, T.: Urheberrecht auf dem Weg zur Informationsgesellschaft, in: GRUR 1997, S. 859 ff.

Dressel, C.: Strafbarkeit von Piraterie-Angriffen gegen Zugangsberechtigungssystem von Pay-TV Anbietern, in: MMR 1999, S. 390 ff.

EAI (Hrsg.): Statistisches Jahrbuch Film, Fernsehen, Video und Neue Medien in Europa, 7. Auflage, Baden-Baden 2001, Europäische Audiovisuelle Informationsstelle (EAI) (zit. *EAI*, Statistisches Jahrbuch)

Engel, C.: Eigentumsschutz für Unternehmen, in: AöR 1993, S. 196 ff.

Enquete-Kommission des Deutschen Bundestag: Neue Medien und Urheberrecht – Zweiter Zwischenbericht der Enquete-Kommission Zukunft der Medien in Wirtschaft und Gesellschaft – Deutschlands Weg in die Informationsgesellschaft, BT Drucks. 13/8110 (zit.: *Enquete-Kommission*, 2. Zwischenbericht)

Erdmann, W. (FS): Festschrift für Willi Erdmann, Köln, Berlin, Bonn, München 2002 (zit. FS Erdmann)

Ernst, N.: DivX: Das MP3 für Kinofilme, www. Tecchannel .de / multimedia / 636 / index .html (zit. *Ernst*, DivX)

Fechner, F.: Geistiges Eigentum und Verfassung, Tübingen 1999 (zit. *Fechner*, Geistiges Eigentum)

Felzmann, F.W.: Die Task Force "Sicheres Internet", in: KES (Zeitschrift für Kommunikations- und EDV-Sicherheit) 3/2000, S. 61 ff.

Fezer, K.-H.: Aspekte einer Rechtskritik an der economic analysis of law und am property rights approach, in: JZ 1986, S. 817 ff.

Fichte, J.G.: Beweis der Unrechtmäßigkeit des Büchernachdrucks. Ein Räsonnement und eine Parabel, 1793, Nachdruck in: UFITA Bd. 106 (1987), S. 155 ff.

Fischer, E. / Künzel, W.: Verfassungen deutscher Länder und Staaten, Berlin 1989 (zit. *Fischer/Künzel*, Verfassungen)

Fiutak, M.: Napster kostet künftig fünf Dollar pro Monat, www. News .zdnet.de/story/0,,t101-2092735,00.html (zit. *Fiutak*, Napster)

Flechsig, N.P.: Grundlagen des europäischen Urheberrechts, in: ZUM 2002, S. 1 ff.

Flechsig, N.P.: EU-Harmonisierung des Urheberrechts und der verwandten Schutzrechte in der Informationsgesellschaft, in: ZUM 1998, S. 139 ff.

Flechsig, N.P.: Der rechtliche Rahmen der europäischen Richtlinie zum Schutz von Datenbanken, in: ZUM 1997, S. 577 ff.

Flechsig, N.P.: Rechtmäßige private Vervielfältigungen und gesetzliche Nutzungsgrenzen, in: GRUR 1993, S. 532 ff.

Flechsig, N.P.: Die Novelle zur Änderung und Ergänzung des Urheberrechts, in: NJW 1985, S. 1991 ff.

Frey, D.: Peer-To-Peer File-Sharing, das Urheberrecht und die Verantwortlichkeit von Diensteanbietern am Beispiel Napster, Inc. im Lichte des US-amerikanischen und des EG-Rechts, in: ZUM 2001, S. 466 ff.

Fromm, F.K.: Die Vervielfältigung zum persönlichen Gebrauch nach dem neuen Urheberrechtsgesetz, in: GRUR 1966, S. 364 ff.

Fromm, F.K. / Nordemann, W.: Urheberrecht, Kommentar, 1. Auflage, Stuttgart u.a. 1966, 9. Auflage, Stuttgart u.a. 1998 (zit. *Fromm/Nordemann*-Bearb.)

von Gamm, O.F.: Urheberrechtsgesetz, München 1968 (zit. *v. Gamm*, Urheberrecht)

Gass, W.: Digitale Wasserzeichen als urheberrechtlicher Schutz digitaler Werke? In: ZUM 1999, S. 815 ff.

Gaster, J.: Zur anstehenden Umsetzung der EG-Datenbankrichtlinie (I), in: CR 1997, S. 669 ff.

Gaster, J.: Urheberrecht und verwandte Schutzrechte in der Informationsgesellschaft, Anmerkungen zum Grünbuch der Europäischen Kommission, in: ZUM 1995, S. 740 ff.

Gehring, R.A.: Der "Berliner Ansatz" zur Privatkopie, Diskussionsvorschlag vom 26. April 2002, www.privatkopie.net/files/gehring.pdf (zit.: *Gehring*, Privatkopie)

Geisenhanslüke, R.: You can win, if you want, in: Der Tagesspeigel vom 19. August 1999, S. 28

Goldmann, B. / Liepe, A.: Vertrieb von kopiergeschützten Audio-CDs in Deutschland, in: ZUM 2002, S. 362 ff.

Goose, D.: Die urheberrechtliche Beurteilung von elektronischen und Mikrofilm-Datenbanken, Berlin 1975 (zit. *Goose*, Datenbanken)

Gordon, W.J.: Systemische und fallbezogene Lösungsansätze für Marktversagen bei Immaterialgütern, in Schäfer/Ott, Ökonomische Analyse, S. 328 – 366 (zit. *Gordon*, Marktversagen)

Gordon, W.J.: Fair Use as Market Failure: A Structural and Economic Analysis of the Betamax Case and its Predecessors, in: Columbia Law Review, vol. 82 (1982), S. 1600 ff.

Gounalakis, G.: Kabelfernsehen im Spannungsfeld von Urheberrecht und Verbraucherschutz, Baden-Baden 1989 (zit. *Gounalakis*, Kabelfernsehen)

Gotthold, J.: Zur ökonomischen Theorie des Eigentums, in: ZHR 1980, S. 545 ff.

Grzeszick, B.: Freie Software: Eine Widerlegung der Urheberrechtstheorie? In: MMR 2000, S. 412 ff.

Gumm, H.-P. / Sommer, M.: Einführung in die Informatik, 2. Auflage 1995 (zit. *Gumm/Sommer*, Informatik)

Günther, A.: Änderungsrechte des Softwarenutzers, in: CR 1994, S. 321 ff.

Grabitz, E. / Hilf, M.: Kommentar zur Europäischen Union, Altband I, München 1999 (zit. *Grabitz/Hilf*-Bearb.)

Gröndahl, B.: Cebit: Elektronisches Geld erlebt zweiten Frühling, in FTD Online vom 27. Februar 2000, www.ftd.de/tm/it/1047316.html?nv=rs

Gutowski, K.: Im virtuellen Buchregal, in: Wirtschaftswoche 28/1999, S. 75

Haberstumpf, H.: Handbuch des Urheberrechts, Neuwied, Kriftel, Berlin, 2. Auflage 2000 (zit.: *Haberstumpf*, Handbuch)

Haberstumpf, H.: Der urheberrechtliche Schutz von Computerprogrammen, in: *Lehmann*, Rechtsschutz, Kap. II, S. 7 ff. (zit. *Haberstumpf*, Rechtsschutz)

Haedicke, M.: Die Umgehung technischer Schutzmaßnahmen durch Dritte als mittelbare Urheberrechtsverletzung, in: FS Dietz, S. 349 ff. (zit. *Haedicke*, FS Dietz)

Haertel-Schiefler, K.: Urheberrechtsgesetz und Gesetz über die Wahrnehmung von Urheberrechten und verwandten Schutzrechten, Köln 1967 (zit. *Haertel-Schiefler*, Textausgabe)

Hanekamp, T.: Wahre Geräusch-Massaker, in: Berliner Zeitung Nr. 119/2001 vom 17. August 2001, S. 12

Hänel, F.: Napster und Gnutella - Probleme bei der Übertragung von MP3-Dateien nach deutschem Urheberrecht, www.jurpc.de/aufsatz/200000245.htm (zit. *Hänel*, Napster)

Hargreaves, D.: Europäische Union geht gegen hohe Preise für Film-DVDs vor, in: Financial Times Deutschland vom 11. Juni 2001, S. 23 (zit. *Hargreaves*, FTD)

Harke, D.: Musikkopien – illegal? Zum Download von MP3-Dateien und zum Kopieren von Musik-CDs, in: c't 5/2000, S. 112 ff.

Heghmanns, M.: Anmerkungen zum Urteil des Landgerichts München I vom 17. November 1999 – 20 Ns 465 Js 173158/95 – Compuserve, in: ZUM 2000, S. 463 ff.

Hendricks, B.: Spenden erwünscht, in: Wirtschaftswoche 10/1999, S. 106 ff.

Hendricks, B.: Digitale Ruppigkeit, in: Wirtschaftswoche 10/1999, S. 157 ff.

Herrigel, A.: Digitale Wasserzeichen als Urheberschutz, in: DuD 1998, S. 254 ff.

Hess, T. / Anding, M. / Schreiber, M.: Napster in der Videobranche? Erste Überlegungen zu Peer-to-Peer-Anwendungen für Videoinhalte, in: Schoder et al., P2P, S. 25 ff. (zit. *Hess/Anding/Schreiber* in Schoder et al., P2P)

Hess, W. / Latinovic, A.: Wettbewerbsrechtliche und urheberrechtliche Probleme der Nutzung elektronischer Pressearchive, in: ZUM 1999, S. 812 ff.

Hesse, A.: Rechtsprobleme der Verschlüsselung bei der Ausstrahlung von Fernsehprogrammen aus der Sicht des öffentlich-rechtlichen Rundfunks, in: ZUM 2002, S. 692 ff.

Hesse, K.: Grundzüge des Verfassungsrechts der Bundesrepublik Deutschland, 20. Auflage, Heidelberg 1995 (zit. *Hesse*, Verfassungsrecht)

Hilf, M. / Pache, E.: Der Vertrag von Amsterdam, in: NJW 1998, S. 705 ff.

Hölscher, I.: Die Ausnahmebestimmungen für den eigenen Gebrauch im deutschen und französischen Urheberrecht, Berlin 2001 (zit. *Hölscher*, Eigengebrauch)

Hoeren, T.: Lex, Lügen und Video, in: KUR 2003, S. 58 ff.

Hoeren, T.: Urheberrecht und Peer-to-Peer-Dienste, in: Schoder et al., P2P, S. 255 ff. (zit. *Hoeren*, P2P)

Hoeren, T. / Sieber, U. (Hrsg.): Handbuch Multimedia Recht – Rechtsfragen des elektronischen Geschäftsverkehrs, Loseblattsammlung, München, 4. Lfg. November 2002 (zit. *Hoeren/Sieber*-Bearb.)

Hoeren, T.: Entwurf einer EU-Richtlinie zum Urheberrecht in der Informationsgesellschaft, in: MMR 2000, S. 515 ff.

Hoeren, T: Urteilsanmerkungen zu BGH – Elektronische Pressearchive, in: MMR 1999, S. 412 ff.

Hoeren, T.: Urheberrecht in der Informationsgesellschaft, in: GRUR 1997, S. 866 ff.

Hoeren, T.: Überlegungen zur urheberrechtlichen Qualifizierung des elektronischen Abrufs, in: CR 1996, S. 517 ff.

Hohensee, M.: Bald geht es ab, in: Wirtschaftswoche 47/2002, S. 92 ff.

Horn, N.: Zur ökonomischen Rationalität des Privatrechts. – Die privatrechtstheoretische Verwertbarkeit der "Economic Analysis of Law", in: AcP Bd. 176 (1976), S. 307 ff.

Hubmann, H.: Die Idee vom geistigen Eigentum, die Rechtsprechung des Bundesverfassungsgerichts und die Urheberrechtsnovelle von 1985, in: ZUM 1988, S. 4 ff.

Hubmann, H.: Die Urheberrechtsnovelle vom 24. 6. 1985, in: JZ 1986, S. 117 ff.

Hubmann, H.: Die Beschränkung des Urheberrechts nach dem Entwurf des Bundesjustizministeriums, in: UFITA Bd. 19 (1955), S. 58 ff.

Hugenholtz, B.: Why the Copyright Directive is Unimportant, and Possibly Invalid, in: EIPR 2000, S. 499 ff.

Hummel, M.: Die volkswirtschaftliche Bedeutung des Urheberrechts, Gutachten im Auftrag des BMJ, Berlin 1989 (zit. *Hummel*, Gutachten)

Ipsen, H.P. (FS): Festschrift für Hans Peter Ipsen zum 70. Geburtstag, Tübingen 1977 (zit. FS Ipsen)

Isensee, J. / Kirchhof, P.: Handbuch des Staatsrechts der Bundesrepublik Deutschland, Band IV, 2. Auflage, Heidelberg 1999 (zit. *Isensee/Kirchhof*-Bearb.)

Jänich, V.: Geistiges Eigentum – Eine Komplementärerscheinung zum Sacheigentum? Tübingen 2002 (zit. *Jänich*, Geistiges Eigentum)

Jehoram, H.C.: Einige Grundsätze zu den Ausnahmen im Urheberrecht, in: GRUR Int. 2001, S. 807 ff.

Jost, P.-J.: Effektivität von Recht aus ökonomischer Sicht, Berlin 1998 (zit. *Jost,* Effektivität)

Kappes, F.: Rechtsschutz computergestützter Informationssammlungen, Köln 1996 (zit. *Kappes*, Informationssammlungen)

Katzenberger, P.: Eine salomonische Entscheidung aber kein Freibrief, in: AfP 1999, S. 335 ff.

Katzenberger, P.: Urhebervertragsrecht, in: Schricker, Informationsgesellschaft, S. 181 ff. (zit. *Katzenberger*, Urhebervertragsrecht)

Katzenberger, P.: Elektronische Printmedien und Urheberrecht, Stuttgart 1996 (zit. *Katzenberger*, Printmedien)

Katzenberger, P.: TRIPS und das Urheberrecht, in: GRUR Int. 1995, S. 447 ff.

Katzenberger, P.: Urheberrecht und Dokumentation, in: GRUR 1973, S. 629 ff.

Kirchhof, P.: Der Gesetzgebungsauftrag zum Schutz des geistigen Eigentums gegenüber modernen Vervielfältigungstechniken, Heidelberg 1988 (zit. *Kirchhof*, Gesetzgebungsauftrag)

Kirchner, C.: Ökonomische Theorie des Rechts, Berlin, New York 1997 (zit. *Kirchner*, Ökonomische Theorie)

Kitz, V.: Anwendbarkeit urheberrechtlicher Schranken auf das eBook, in: MMR 2001, S. 727 ff.

Kleinke, Y.: Pressedatenbanken und Urheberrecht – Zur urheberrechtlichen Bewertung der Nutzung von Zeitungsartikeln in Pressedatenbanken, Köln, Berlin, Bonn, München 1999 (zit. *Kleinke*, Pressedatenbanken)

Kloepfer, M.:Informationsgesetzbuch – Zukunftsvision? In: K&R 1999, S. 241 ff.

Knies, B.: DeCSS – oder: Spiel mir das Lied vom Code, in: ZUM 2003, S. 286 ff.

Knies, B.: Kopierschutz für Audio-CDs, in: ZUM 2002, S. 793 ff.

Knight, W.: Sony locks CDs to Stopp internet copying, www.newscientist.com/ news / news.jsp?id=ns99991336 (zit. *Knight,* Internet Copying)

Koboldt, C.: Property Rights und Urheberschutz, in: Ott/Schäfer, Ökonomische Analyse, S. 69 ff. (zit. *Koboldt*, Property Rights)

Koboldt, C. / Schmidtchen, D.: Copyrights: A und O in Literatur und Musik?, in: ORDO Bd. 42 (1991), S. 295 ff.

Köbler, G.: Juristisches Wörterbuch, 8. Auflage, München 1997 (zit. *Köbler*, Juristisches Wörterbuch)

Koch, F.A.: Grundlagen des Urheberrechtsschutz im Internet und in Online-Diensten, in: GRUR 1997, S. 417 ff.

Koch, F.A.: Software-Urheberrechtsschutz für Multimedia-Anwendungen, in: GRUR 1995, S. 459 ff.

Koch, F.A: Das neue Softwarerecht und die praktischen Konsequenzen, in: NJW-CoR 1994, S. 293 ff.

Koehler, P.: Der Erschöpfungsgrundsatz des Urheberrechts im Online-Bereich, München 2000 (zit. *Koehler*, Erschöpfungsgrundsatz)

Köhntopp, M. / Köhntopp, K.: Datenspuren im Internet, in: CR 2000, S. 248 ff.

Koelman, K.J.: A Hard Nut to Crack: The Protection of Technological Measures, in: EIPR 2000, S. 272 ff.

Koenen, R.: From MPEG-1 to MPEG-21: Creating an Interoperable Multimedia Infrastructure, www. chiariglione. org /mpeg/ from_mpeg-1_to_mpeg-21.htm (zit. *Koenen*, MPEG)

Kohler, J.: Das Kunstwerk und sein Autorschutz, Mannheim 1892 (zit. *Kohler*, Autorschutz)

Kotthoff, J.: Zum Schutz von Datenbanken beim Einsatz von CD-ROMs in Netzwerken, in: GRUR 1997, S. 597 ff.

Kreile, R. / Becker, J.: Multimedia und die Praxis der Lizenzierung von Urheberrechten, in: GRUR Int. 1996, S. 677 ff.

Kreile, R.: Die rechtliche Situation der privaten Vervielfältigung in der Europäischen Union, in: FS Vieregge, S. 459 ff. (zit. *Kreile*, FS Vieregge)

Kreile, R.: Collection and Distribution of the Statutory Remuneration for Private Copying with Respect to Recorders and Blank Cassettes in Germany, in: IIC 1992, S. 449 ff.

Krempl, S.: Schlüsseltechniken beim Kopierschutz sind noch nicht ausgereift, www.heise.de/newsticker/data/jk-30.01.02-001 (zit. *Krempl*, Kopierschutz)

Kreutzer, T.: Napster, Gnutella & Co.: Rechtsfragen zu Filesharing-Netzen, in: GRUR 2001, S. 193 ff. (Teil 1) sowie S. 307 ff. (Teil 2)

Kröger, D.: Informationsfreiheit und Urheberrecht, München 2002 (zit. *Kröger*, Informationsfreiheit)

Kröger, D. / Gimmy, M.A. (Hrsg.): Handbuch des Internet- Rechts, Berlin 2000 (zit. *Kröger/Gimmy*-Bearb.)

Krüger-Nieland, G.: Der Urheberrechtsschutz im Spannungsfeld der Eigentumsgarantie der Verfassung, in: FS Oppenhoff, S. 173 ff. (zit. *Krüger-Nieland*, FS Oppenhoff)

Kühne, U.: Schutz vor multimedialem Raubbau, www.firstsurf.com / kuehne 3.htm (zit. *Kühne*, Raubbau)

Lackner, K. / Kühl, K.: Strafgesetzbuch, 24. Auflage, München 2001 (zit. *Lackner/Kühl*-Bearb., StGB)

Ladeur, K.-H.: Datenverarbeitung und Datenschutz bei neuartigen Programmführern in "virtuellen Videotheken" – Zur Zulässigkeit der Erstellung von Nutzerprofilen, in: MMR 2000, S. 715 ff.

Landes, W.M. / Posner, R.A.: An economic analysis of copyright law, in: Journal of Legal Studies, vol. XVIII (1989), S. 325 ff.

Lanfermann, H.: Datenschutzgesetzgebung – gesetzliche Rahmenbedingungen einer liberalen Informationsgesellschaft, in: RDV 1998, S. 1 ff.

Laue, C. / Zota, V.: Kopieren auf Umwegen – Audio und Video analog duplizieren, in: c't 2/2002, S. 86 ff.

Lehmann, M.: Das Urhebervertragsrecht der Softwareüberlassung, in: FS Schricker, S. 543 ff. (zit. *Lehmann*, FS Schricker)

Lehmann, M.: Das neue Software-Vertragsrecht – Verkauf und Lizenzierung von Computerprogrammen, in: NJW 1993, S. 1822 ff.

Lehmann, M.: Rechtsschutz und Verwertung von Computerprogrammen, 2. Auflage, München 1993 (zit. *Lehmann*, Rechtsschutz)

Lehmann, M.: Eigentum, geistiges Eigentum, gewerbliche Schutzrechte – Property Rights als Wettbewerbsbeschränkung zur Förderung des Wettbewerbs, in: GRUR Int. 1983, S. 356 ff.

Lehmann, M.: Internet und Multimediarecht (Cyberlaw), München 1997 (zit. *Lehmann*, Internet)

Lehmkuhl, F.: Digitale Versuchung, in: Focus 22/2003, S. 118 ff.

Lehmpfuhl: Anmerkung zu BGH – Vervielfältigungsstücke, in: GRUR 1978, S. 477

Leinemann, F.: Die Sozialbindung des "Geistigen Eigentums". Zu den Grundlagen der Schranken des Urheberrechts zugunsten der Allgemeinheit, Baden-Baden 1998 (zit. *Leinemann*, Sozialbindung)

Leinveber, G.: Urheberrechtsreform und Verleger, in: GRUR 1962, S. 344 ff.

Leipziger Kommentar: Leipziger Kommentar zum StGB, Band 3, 10. Auflage, Berlin 1985 (zit. LK-Bearb., StGB)

Lerche, P.: Aktuelle Grundfragen der Informationsfreiheit, in: Jura 1995, S. 561 ff.

Leßmann, T.: Verwertungsgesellschaften nach deutschem und europäischem Kartellrecht und deren Herausforderung im Hinblick auf digitale Techniken, Diss. Münster 2001 (zit. *Leßmann*, Verwertungsgesellschaften)

von Lewinski, S.: Die Multimedia-Richtlinie, in: MMR 1998, S. 115 ff.

von Lewinski, S. / Gaster, J.L.: Die Diplomatische Konferenz der WIPO 1996 zum Urheberrecht und zu verwandten Schutzrechten, in: ZUM 1997, S. 607 ff.

von Lewinski, S.: Die Diplomatische Konferenz der WIPO 1996 zum Urheberrecht und *den* verwandten Schutzrechten, in: GRUR Int. 1997, S. 667 ff.

von Lewinski, S.: Der EG-Richtlinienvorschlag zum Urheberrecht und zu verwandten Schutzrechten in der Informationsgesellschaft, in: GRUR Int. 1998, S. 637 ff.

von Lewinski, S.: Das europäische Grünbuch über das Urheberrecht und neue Technologien, in: GRUR Int. 1995, S. 831 ff.

Leupold, A. / Demisch, D.: Bereithalten von Musikwerken zum Abruf in digitalen Netzen, in: ZUM 2000, S. 379 ff.

Linnenborn, O.: Keine Chance für Piraten: Zugangskontrolldienste werden geschützt, in: K&R 2002, S. 571 ff.

Linnenborn, O.: Update: Europäisches Urheberrecht in der Informationsgesellschaft, in: K&R 2001, S. 394 ff.

Lippert, P.: Filtersysteme zur Verhinderung von Urheberrechtsverletzungen im Internet, in: CR 2001, S. 478 ff.

Löffler, M.: Das Grundrecht auf Informationsfreiheit als Schranke des Urheberrechts, in: NJW 1980, S. 201 ff.

Löffler, M.: Der Streit um die private Tonbandaufnahme, in: NJW 1962, S. 993 ff.

Loewenheim, U.: Vervielfältigung zum eigenen Gebrauch von urheberrechtswidrig hergestellten Werkstücken, in: FS Dietz, S. 415 ff. (zit. *Loewenheim*, FS Dietz)

Loewenheim, U.: Harmonisierung des Urheberrechts in Europa, in: GRUR Int. 1997, S. 285 ff.

Loewenheim, U.: Die urheber- und wettbewerbsrechtliche Beurteilung der Herstellung und Verbreitung von Pressespiegeln, in: GRUR 1996, S. 636 ff.

Lodde, S.: Informationsrechte des Bürgers gegen den Staat, Ius Informationis, Köln, Berlin, Bonn, München 1996 (zit. *Lodde*, Informationsrechte)

Lührs, W.: Verfolgungsmöglichkeiten im Fall der "Produktpiraterie" unter besonderer Betrachtung der Einziehungs- und Gewinnabschöpfungsmöglichkeiten, in: GRUR 1994, S. 264 ff.

Malpricht, M.M.: Über die rechtlichen Probleme beim Kopieren von Musik-CDs und beim Download von MP3-Dateien aus dem Internet, in: NJW-CoR 2000, S. 233 f.

von Mangoldt, H. / Klein, F. / Starck, C.: Das Bonner Grundgesetz, Band 1, 4. Auflage, München 1999 (zit. *von Mangoldt/Klein/Starck*–Bearb.)

Manhart, K. / Schroth, B.: Bezahlen im Internet, www.tecchannel.de/internet/-394/index.html (zit. *Manhart/Schroth*, Internet)

Marly, J.: Softwareüberlassungsverträge, 3. Auflage, München 2000 (zit. *Marly*, Softwareüberlassung)

Marly, J.: Der neue Urheberrechtsschutz für Computersoftware, in: NJW-CoR 1993, Heft 4, S. 21 ff.

Marwitz, B. / Möhring, P.: Das Urheberrecht an Werken der Literatur und der Tonkunst in Deutschland, Berlin 1929 (zit. *Marwitz/Möhring*, Das Urheberrecht)

Masouyé, C.: Kommentar zur Berner Übereinkunft zum Schutz von Werken der Literatur und Kunst, München, Köln 1981 (zit. *Masouyé*)

Maunz, T. / Dürig, G.: Grundgesetz, Kommentar, München, Loseblattsammlung, 37. Lfg. 2001 (zit. *Maunz/Dürig*-Bearbeiter)

Maunz, T.: Das geistige Eigentum aus verfassungsrechtlicher Sicht, in: GRUR 1973, S. 107 ff.

Maus, J.: Die digitale Kopie von Audio- und Videoprodukten, München 1991 (zit. *Maus*, Digitalkopie)

Mayer, C.: Die Privatkopie nach Umsetzung des Regierungsentwurfes zur Regelung des Urheberrechts in der Informationsgesellschaft, in: CR 2003, S. 274 ff.

Mediger, H.: Magnetton und Urheberrecht, in: GRUR 1951, S. 382 ff.

Meier, F.: Schnelle Schreiber, in: Wirtschaftswoche Nr. 32/2002, S. 60

Melichar, F.: Virtuelle Bibliotheken und Urheberrecht, in: CR 1995, S. 756 ff.

Menn, R.: Videokompression mit MPEG, www.tecchannel.de / multimedia / 635/ (zit. *Menn*, Videokompression)

Merschmann, H.: Ein Maschendrahtzaun im Internet, in: Berliner Zeitung 76/2000 vom 30. März 2000, S. 20

Metzger, A. / Kreutzer, T.: Richtlinie zum Urheberrecht in der "Informationsgesellschaft", in: MMR 2002, S. 139 ff.

Metzner, R.: Gaststättengesetz, 6. Auflage, München 2002 (zit.: *Metzner*, GastG)

Möhring, P.: Die private Tonbandaufnahme in verfassungsrechtlicher Sicht, in: UFITA Bd. 39 (1963), S. 198 ff.

Möhring, P.: Tonstudio, Magnetophon und Urheberrecht, in: NJW 1951, S. 742 ff.

Möhring, P. / Nicolini, K.: Urheberrechtsgesetz, 1. Auflage, Berlin, Frankfurt 1970 (zit. *Möhring/Nicolini*)

Möhring, P. / Nicolini, K.: Urheberrechtsgesetz, 2. Auflage, München 2000 (zit. *Möhring/Nicolini*-Bearb.)

Möller, M.: Urheberrecht oder Copyright? In: ZUM 1990, S. 65 ff.

Möller, M.: Die Urheberrechtsnovelle '85 – Entstehungsgeschichte und verfassungsrechtliche Grundlagen, Heidelberg 1986 (zit. *Möller*, Urheberrechtsnovelle)

Mönkemöller, L.: Moderne Freibeuter unter uns? – Internet, MP3 und CD-R als GAU für die Musikbranche! In: GRUR 2000 S. 663 ff.

Möschel, W. / Bechtold, S.: Copyright-Management im Netz, in: MMR 1998, S. 571 ff.

Movsessian, V.: Leercassetten – Überlegungen zur Novellierung von § 53 UrhG, in: GRUR 1980, S. 559 ff.

Mroz, D.I.: Legal and technological aspects of the digital music revolution, www.woodcock.com/documents/news/rioarticle.pdf (zit. *Mroz*, Music Revolution)

Neumann, T.: Urheberrecht und Schulgebrauch, Baden-Baden 1994 (zit. *Neumann*, Schulgebrauch)

Neumann, H.-W.: Urheberrecht und Technik, in: GRUR 1957, S. 579 ff.

Nikoltchev, S. / Cabrera Blazquez, F.J.: MP3: Redliche oder unredliche Nutzung, in: IRIS 2000, Heft 8, S. 14 ff.

Nippe, W.: Die Sieben im Urheberrecht, in: GRUR 1994, S. 888 f.

Nordeman, W. (FS): Festschrift für Wilhelm Nordemann, Baden-Baden 1999, (zit. FS Nordemann)

Nordemann, W. / Vinck, K. / Hertin, P.W.: Internationales Urheberrecht und Leistungsschutzrecht der deutschsprachigen Länder unter Berücksichtigung auch der Staaten der Europäischen Gemeinschaft, Düsseldorf 1977 (zit. *Nordemann/Vinck/Hertin*)

North, D.C. / Thomas, R.P.: The Rise of the Western World, A New Economic History, 3. Auflage, Cambridge 1979 (zit. *North/Thomas*, The Rise)

Oppenhoff, W. (FS): Festschrift für Walter Oppenhoff zum 80. Geburtstag, München 1985 (zit. FS Oppenhoff)

Oppermann, T.: Ergänzung des Grundgesetzes um eine Kultur(Staats)Klausel? In: FS Bachof, S. 3 ff. (zit. *Oppermann*, FS Bachof)

Ott, C. / Schäfer, H.-B. (Hrsg.): Ökonomische Analyse der rechtlichen Organisation von Innovationen, Tübingen 1994 (zit. *Ott/Schäfer*, Ökonomische Analyse)

Padberg, J.: Schwaches Hüsteln, in: Wirtschaftswoche Nr. 12/2002, S. 106 f.

Palandt, O.: Bürgerliches Gesetzbuch, 62. Auflage, München 2003 (zit. *Palandt*-Bearb.)

Palm, W.: Öffentliche Kunstförderung zwischen Kunstfreiheitsgarantie und Kulturstaat, Berlin 1998 (zit. *Palm*, Kulturstaat)

Paschke, M.: Rechtsfragen des novellierten Fotokopierrechts, in: GRUR 1985, S. 949 ff.

Paul, J.-A. / Naskret, S.: Die Zukunft der Geräteabgabe, in: CR 2003, S. 473 ff.

Peters, R.-H. / Pritzl, T.: Lust am Geldverdienen, in: Wirtschaftswoche 31/1999, S. 45 ff.

Pethig, R.: Copyright and copying costs, in: JITE (Journal of institutional and theoretical economics), vormals ZgS (Zeitschrift für die gesamte Staatswissenschaft) Bd. 144 (1988), S. 462 ff.

Peukert, A.: Digital Rights Management und Urheberrecht, in: UFITA Bd. 2002/III, S. 689 ff.

Pfitzmann, A. / Federrath, H. / Kuhn, M.: Gutachten für den Deutschen Multimedia Verband und den Verband Privater Rundfunk und Telekommunikation, Technischer Teil, S. 1 ff., www.dmmv.de/shared/data/zip/gutachten.zip (zit. *Pfitzmann/Federrath/Kuhn*, DMMV Gutachten)

Posner, R.A.: Economic Analysis of Law, 5. Auflage, Boston 1998 (zit. *Posner*, Economic Analysis)

Pritzl, T.: Auf Knopfdruck – Die Zukunft im Buchgeschäft heißt Bücher auf Anfrage, in: Wirtschaftswoche 38/1999; S. 170

Raubenheimer, A.: Vernichtungsanspruch gemäß § 69f UrhG, in: CR 1994, S. 129 ff.

Reber, U. / Schorr, M.: Peer-to-Peer-Kommunikationsplattformen und deren Freistellung von der urheberrechtlichen Verantwortlichkeit, in: ZUM 2001, S. 672 ff.

Rehbinder, M.: Urheber- und Verlagsrecht, 12. Auflage; München 2002 (zit. *Rehbinder*, Urheberrecht)

Rehbinder, M.: Multimedia und das Urheberpersönlichkeitsrecht, in: ZUM 1995, S. 684 ff.

Reinbothe, J.: Rechtliche Perspektiven für Verwertungsgesellschaften im Europäischen Binnenmarkt, in: ZUM 2003, S. 27 ff.

Reinbothe, J.: Die Umsetzung der EU-Urheberrechtsrichtlinie in deutsches Recht, in: ZUM 2002, S. 43 ff.

Reinbothe, J. / von Lewinski, S.: The WIPO Treaties 1996, Commentary and Legal Analysis, London 2002 (zit. *Reinbothe/v.Lewinski*, WIPO Treaties)

Reinbothe, J.: Die EG-Richtlinie zum Urheberrecht in der Informationsgesellschaft, in: GRUR Int. 2001, S. 733 ff.

Reinbothe, J.: Beschränkungen und Ausnahmen von den Rechten im WIPO-Urheberrechtsvertrag, in: FS Dittrich, S. 251 ff. (zit. *Reinbothe*, FS Dittrich)

Reinbothe, J.: Der EU-Richtlinienentwurf zum Urheberrecht und zu den Leistungsschutzrechten in der Informationsgesellschaft, in: ZUM 1998, S. 429 ff.

Reinbothe, J.: TRIPS und die Folgen für das Urheberrecht, in: ZUM 1996, S. 735 ff.

Reinbothe, J.: Der Schutz des Urheberrechts und der Leistungsschutzrechte im Abkommensentwurf GATT/TRIPS, in: GRUR Int. 1992, S. 707 ff.

Reinhart, B.: Vom Einfluss der Technik auf die Entwicklung des subjektiven Urheberrechts, in: UFITA Bd. 106 (1987), S. 219 ff.

Riesenhuber, K.: Der Einfluss der RBÜ auf die Auslegung des deutschen Urheberrechtsgesetzes, in: ZUM 2003, S. 333 ff.

Riezler, E.: Deutsches Urheber- und Erfinderrecht, München und Berlin 1909 (zit. *Riezler*, Urheber- und Erfinderrecht)

Rigamonti, C.P.: Geistiges Eigentum als Begriff und Theorie des Urheberrechts, Baden-Baden 2001 (zit. *Rigamonti*)

Roellecke, G.: Das Kopieren zum eigenen wissenschaftlichen Gebrauch, in: UFITA Bd. 84 (1979), S. 79 ff.

Roßnagel, A.: Handbuch Datenschutzrecht, München 2003 (zit. *Roßnagel*-Bearb., Datenschutzrecht)

Röttgers, J.: Unerbetener Schutz, in: Berliner Zeitung vom 3. Dezember 2001, S. 17

Sack, R.: Nochmals: Die urheberrechtliche Leerkassettenvergütung, in: BB 1985, S. 621 ff.

Sack, R.: Die urheberrechtliche Leerkassettenvergütung, in: BB 1984, Beilage 15

Sautter, U.: Subversion zum Nulltarif, in: Berliner Zeitung vom 29. März 2000, S. 12

Schack, H.: Urheber- und Urhebervertragsrecht, 2. Auflage, Tübingen 2001 (zit. *Schack*, Urheberrecht)

Schack, H.: Schutz digitaler Werke vor privater Vervielfältigung – zu den Auswirkungen der Digitalisierung auf § 53 UrhG, in: ZUM 2002, S. 497 ff.

Schack, H.: Private Vervielfältigung von einer rechtswidrigen Vorlage? In: FS Erdmann, S. 165 ff. (zit. *Schack*, FS Erdmann)

Schack, H.: Neue Techniken und Geistiges Eigentum, in: JZ 1998, S. 753 ff.

Schaefer, M.: Welche Rolle spielt das Vervielfältigungsrecht auf der Bühne der Informationsgesellschaft? In: FS Nordemann, S. 191 ff. (zit. *Schaefer*, FS Nordemann)

Schäfer, H.-B. / Ott, C.: Lehrbuch der ökonomischen Analyse des Zivilrechts, 3. Auflage, Berlin, Heidelberg 2000 (zit. *Schäfer/Ott*, Ökonomische Analyse)

von Schaper, W.: Die Bibliotheken und das geänderte Kopierrecht, in: AJBD-Mitt. 1985, S. 103 ff.

Schippan, M.: Nun endgültig verabschiedet: Das digitale Urheberrecht – Korb 1, in: ZUM 2003, S. 678 ff.

Schippan, M.: Urheberrecht goes digital – Das Gesetz zur Regelung des Urheberrechts in der Informationsgesellschaft, in: ZUM 2003, S. 378 ff.

Schippan, M.: Harmonisierung oder Wahrung der nationalen Kulturhoheit? Die wundersame Vermehrung der Schrankenbestimmungen in Art. 5 der "Mulitmedia-Richtline", in: ZUM 2001, S. 116 ff.

Schippan, M.: Urheberrecht goes digital – Die Verabschiedung der ‚Multimedia-Richtline' 2001/29/EG, in: NJW 2001, S. 2682 f.

Schippan, M.: Die Klärung von "Multimediarechten" in Europa – das VERDI-Projekt und andere von der EU-Kommission unterstützte MMRCS-Projekte, in: ZUM 1999, S. 135 ff.

Schippan, M.: Die Harmonisierung des Urheberrechts in Europa im Zeitalter von Internet und digitaler Technologie, Baden-Baden 1999 (zit. *Schippan*, Harmonisierung)

Schneider, H.-J.: Lexikon Informationstechnik und Datenverarbeitung, 4. Auflage 1997 (zit. *Schneider*, Lexikon)

Schneider, J.: Softwarenutzungsverträge im Spannungsverhältnis von Urheber- und Kartellrecht, München 1989 (zit. *Schneider*, Spannungsverhältnis)

Schoder, D. / Fischbach, K. / Teichmann, R. (Hrsg.): Peer-to-Peer, Berlin, Heidelberg, New York 2002, (zit. Schoder et al., P2P)

Schoder, D. / Fischbach, K.: Peer-to-Peer – Anwendungsbereiche und Herausforderungen, in: Schoder et al., P2P, S. 3 ff. (zit. *Schoder/Fischbach* in Schoder et al., P2P)

Schonning, P.: Licensing Authors' Rights on the Internet, in: IIC 2000, S. 967 ff.

Schricker, G.: Urheberrecht, Kommentar, 2. Auflage, München 1999 (zit. *Schricker*-Bearbeiter)

Schricker, G. (Hrsg.): Urheberrecht auf dem Weg zur Informationsgesellschaft, Baden-Baden 1997 (zit. *Schricker*, Informationsgesellschaft)

Schricker, G. (FS): Urhebervertragsrecht, Festgabe für Gerhard Schricker zum 60. Geburtstag, München 1995 (zit. FS Schricker)

Schricker, G.: Urheberrecht zwischen Industrie- und Kulturpolitik, in: GRUR 1992, S. 242 ff.

Schricker, G. / Katzenberger, P.: Die urheberrechtliche Leerkassettenvergütung, in: GRUR 1985, S. 87 ff.

Schüller, A. (Hrsg.): Property Rights und ökonomische Theorie, München 1983 (zit. *Schüller*, Property Rights)

Schult, T.: Hits für Kids, www.heise.de/ct/97/11/154 (zit. *Schult*, Hits for Kids)

Schulze, G.: Spielraum und Grenzen richterlicher Rechtsfortbildung im Urheberrecht, in: FS Erdmann, S. 173 ff. (zit. *Schulze*, FS Erdmann)

Schulze, G.: Urheber- und leistungsschutzrechtliche Fragen virtueller Figuren, in: ZUM 1997, S. 77 ff.

Schulze, G.: Rechtsfragen von Printmedien im Internet, in: ZUM 2000, S. 432 ff.

Schulze, M.: Materialien zum Urheberrechtsgesetz, Band 2, 2. Auflage, Weinheim, Berlin u.a. 1997 (zit. *Schulze*, Materialien)

Schumny, H.: Digitale Datenverarbeitung, 2. Auflage, Braunschweig 1989 (zit. *Schumny*, Digitale Datenverarbeitung)

Schwarz, M.: Urheberrecht und unkörperliche Verbreitung multimedialer Werke, in: GRUR 1996, S. 836 ff.

Schwarze, J.: Urheberrechte und deren Verwaltung im Lichte des europäischen Wettbewerbsrechts, in: ZUM 2003, S. 15 ff.

Schwenzer, O.: Werden Träume wahr in der Kopierbar? In: ZUM 1997, S. 478 ff.

Sesin, C.-P.: Ewiges Licht, in: Wirtschaftswoche 13/1998, S. 179 f.

Sieber, U.: Gutachten für den Deutschen Multimedia Verband und den Verband Privater Rundfunk- und Telekommunikation, Strafrechtlicher Teil, S. 81 ff., www.dmmv.de/shared/data/zip/gutachten.zip (zit. *Sieber,* DMMV Gutachten)

Sieber, U.: Verantwortlichkeit im Internet, München 1999 (zit. *Sieber,* Verantwortlichkeit)

Sieber, U.: Informationsrecht und Recht der Informationstechnik – Die Konstituierung eines Rechtsgebietes in Gegenstand, Grundfragen und Zielen, in: NJW 1989, S. 2569 ff.

Siering, F.: Halali in Hollywood, in: com!online 11/2000, S. 38 ff.

Söllner, A.: Zum verfassungsrechtlichen Schutz geistigen Eigentums, in: FS Traub, S. 367 ff. (zit. *Söllner,* Geistiges Eigentum)

Spindler, G.: Europäisches Urheberrecht in der Informationsgesellschaft, in: GRUR 2002, S. 105 ff.

Spitzbarth, R.: Der Streit um private Tonbandaufnahmen, in: NJW 1963, S. 881 ff.

Steinbuch, K.: Über den Wert von Informationen, in: GRUR 1987, S. 579 ff.

Stintzing, H.: Moderne Informationsdienste als Herausforderung an das Urheber- und Wettbewerbsrecht, in: GRUR 1994, S. 871 ff.

Streinz, R.: Europarecht, 5. Auflage, Heidelberg 2001 (zit. *Streinz,* Europarecht)

Strowel, P.: Droit d'auteur et copyright, Divergences et convergences, Brüssel, Paris 1993 (zit. *Strowel,* Droit d'auteur)

Stücke, C.: DVD-Importe illegal? In: c't 1/2001, S. 156 ff.

Tröndle,H. / Fischer, T.: Strafgesetzbuch und Nebengesetze, 51. Auflage, München 2003 (zit. *Tröndle/Fischer* StGB)

Tietzel, M.: Die Ökonomie der Property Rights: Ein Überblick, in: ZfW (Zeitschrift für Wirtschaftspolitik) 1981, S. 207 ff.

Tietzel, M.: Die Rationalitätsannahme in den Wirtschaftswissenschaften, in: Jahrbuch für Sozialwissenschaften 1981, S. 115 ff. (zit. *Tietzel,* Rationalitätsannahme)

Tietzel, M. / Weber, M.: Urheberrecht im Zeitalter der Fotokopie, in: Ott/Schäfer, Ökonomische Analyse, S. 128 ff. (zit. *Tietzel/Weber* Fotokopie)

Traub, F. (FS): Festschrift für Fritz Traub zum 65. Geburtstag, Frankfurt 1994 (zit. FS Traub)

TÜViT: Technische Schutzmaßnahmen in Verbindung mit Digital Rights Management Systemen – geeignete Systeme zur individuellen Lizenzierung, Studie im Auftrag der BITKOM Servicegesellschaft mbH, Essen 2001, zu beziehen bei der Auftraggeberin (zit. *TÜViT*, Bitkom Studie)

Ulmer, E.: Das neue deutsche Urheberrechtsgesetz, in: UFITA Bd. 45 (1965), S. 18 ff.

Ulmer, E.: Urheber- und Verlagsrecht, 3. Auflage, Heidelberg, Berlin, New York 1980 (zit. *Ulmer*, Urheberrecht)

Veljanovski, C.G.: The New Law-and-Economics, Oxford 1982 (zit. *Veljanovski*, Law and Economics)

Vieregge, R. (FS): Festschrift für Ralf Vieregge zum 70. Geburtstag am 6. November 1995, Berlin 1995 (zit. FS Vieregge)

Vinje, T.C.: Should We Begin Digging Copyright's Grave? In: EIPR 2000, S. 551 ff.

Vinje, T.C.: Copyright Imperilled? In: EIPR 1999, S. 193 ff.

Visky, K.: Geistiges Eigentum der Verfasser im antiken Rom, in: UFITA Bd. 106 (1987), S. 17 ff.

Vogel, M.: Wahrnehmungsrecht und Verwertungsgesellschaften in der Bundesrepublik Deutschland, in: GRUR 1993, S. 513 ff.

Waldenberger, A.: Zur zivilrechtlichen Verantwortlichkeit für Urheberrechtsverletzungen im Internet, in: ZUM 1997, S. 176 ff.

Wand, P.: Technische Schutzmaßnahmen und Urheberrecht, München 2001 (zit. *Wand*, Schutzmaßnahmen)

Wand, P.: Dreifach genäht hält besser! – Technische Identifizierungs- und Schutzsysteme, in: GRUR Int. 1996, S. 897 ff.

Wandtke, A. / Bullinger, W.: Praxiskommentar zum Urheberrecht, München 2002 (zit. *Wandtke/Bullinger-Bearb.*)

Wandtke, A. / Schäfer, O.: Music on Demand – Neue Nutzungsart im Internet? in: GRUR Int. 2000, S. 187 ff.

Wandtke, A.: Zur kulturellen und sozialen Dimension des Urheberrechts, in: UFITA Bd. 123 (1993), S. 5 ff.

Weinknecht, J.: Rechtslage bei MP3-Daten, www.weinknecht.de/mp3.htm (zit. *Weinknecht*, MP3)

Westphalen, Graf von, F.: Vertragsrecht und AGB-Klauselwerke, München, Loseblattsammlung, 13. Lfg. 2003 (zit. *Graf v. Westphalen*-Bearb.)

Wiebe, A.: Information als Naturkraft – Immaterialgüterrecht in der Informationsgesellschaft, in: GRUR 1994, S. 233 ff.

Wiechmann, P.: Urheber- und gewährleistungsrechtliche Probleme der Kopiersperre bei digitalen Audio-Kassetten-Recordern, in: ZUM 1989, S. 111 ff.

Wiegand, N.: Technische Kopierschutzmaßnahmen in Musik-CDs, in: MMR 2002, S. 722 ff.

Winghardt, S.: Kopiervergütung für den PC, in: ZUM 2001, S. 349 ff.

Wirtz, M.: Die Kontrolle von Verwertungsgesellschaften: eine rechtsvergleichende Studie des deutschen, britischen und europäischen Rechts, Frankfurt M., Berlin 2002 (zit. *Wirtz*, Kontrolle)

Wünschmann, C.: Die kollektive Verwertung von Urheber- und Leistungsschutzrechten nach europäischem Wettbewerbsrecht, Baden-Baden 2000 (zit. *Wünschmann*, Kollektive Verwertung)

Wünschmann, C.: Clearingstelle für Multimedia-Produkte und europäisches Wettbewerbsrecht, in: ZUM 2000, S. 572 ff.

Wuermeling, U.: Anmerkungen zur Entscheidung BGH – Programmsperre, in: CR 2000, S. 96 f.

Zecher, J.: Die Umsetzung der EU-Urheberrechtsrichtlinie in deutsches Recht II, in: ZUM 2002, S. 451 ff.

Zepelin, J.: Industrie fordert klares Urheberrecht, in: Financial Times Deutschland vom 26. März 2002, S. 4

Zielke, T.: Bildverstehen und Visualisierung II, 2000, http://193.23.168.98 / ifi / download/BVuVis_10.pdf (zit. *Zielke*, Bildverstehen)

Zypries, B.: Ein modernes Urheberrecht für das digitale Zeitalter, in: KUR 2003, S. 57 f.

Zypries, B.: Das Urheberrecht in der Informationsgesellschaft: Bestandsaufnahme und Überlegungen zum weiteren Regelungsbedarf, Eröffnungsrede des Symposiums über den zweiten Korb vom 16. September 2003, www.urheberrecht.org / topic / Korb-2/auftakt / UrhR_Rede.pdf (zit. *Zypries*, Symposium 2. Korb)

1

Einleitung

Wie kaum ein anderes Rechtsgebiet folgt die Entwicklung des Urheberrechtes technologischen Neuerungen. Gesetzgeberische Aktivitäten haben dabei das Kunststück zu vollbringen, nicht bereits bei ihrem Inkrafttreten durch die neueste Technik überholt zu werden. Ziel gesetzgeberischen Tätigwerdens ist dabei ein gerechter Ausgleich zwischen dem effektiven Schutz der Interessen der Rechtsinhaber an der Verwertung ihrer Werke und Schutzgegenstände[1] einerseits sowie dem Interesse der Allgemeinheit an der Werknutzung andererseits, der in einer modernen Dienstleistungs- und Informationsgesellschaft[2] stetig wachsende Bedeutung zukommt.

Waren es bis in die frühen siebziger Jahre vor allem professionelle Kopisten, die das Ausschließlichkeitsrecht der Rechtsinhaber zur Vervielfältigung der Schutzgegenstände bedrohten, geht diese Bedrohung heute neben der immer mehr um sich greifenden *gewerbsmäßigen* Kopierpiraterie in erheblicher Weise auch von - legalen wie illegalen - Vervielfältigungen aus, die im *privaten* Bereich der Endverbraucher stattfinden und deshalb nur schwer kontrolliert oder gar unterbunden werden können.[3] Diesem Phänomen der Unkontrollierbarkeit privater Vervielfältigung hatte der Gesetzgeber bereits mit § 53 V des UrhG vom 9. September 1965[4] versucht Rechnung zu tragen, indem er eine gesetzliche Lizenz für Vervielfältigungen zum privaten Gebrauch eingeführt hat, während die Vergütung des Rechtsinhabers durch einen kollektiven Vergütungsanspruch abgegolten wird. Hintergrund der gesetzgeberischen Tätigkeit war die Annahme, dass der verfassungsrechtlich geschützte Anspruch der Rechtsinhaber auf angemessene Vergütung für die Nutzung ihrer Schutzgegenstände durch ein Verbotsrecht nicht gewährleistet würde. Mangels effektiver Kontrollmöglichkeit wurde deshalb eine Abgabe eingeführt, die an den Verkauf von Vervielfältigungsgeräten anknüpft. Die Geräteabgabe wurde später ergänzt durch eine Abgabe auf Leermedien, deren Erlös ebenfalls an die Rechtsinhaber ausgekehrt wird.

Seitdem haben sich die Möglichkeiten zur Privatkopie durch die Digitaltechnik dramatisch geändert. Diese Entwicklung ist u.a. dadurch gekennzeichnet, dass geschützte Inhalte völlig unproblematisch und ohne Qualitätsverlust mit gerin-

---

[1] Im Folgenden werden allein die Rechtsbeziehungen zwischen den Rechtsinhabern als Anbieter urheberrechtlicher Schutzgegenstände und deren Nutzern oder Konsumenten untersucht. Es wird deshalb nicht zur Abgrenzung der Urheber, Leistungsschutzberechtigten oder gewerblichen Lizenznehmer wie Verlagen etc. unterschieden, sondern allgemein von *Rechtsinhabern* gesprochen. Ferner wird auch nicht zwischen Werken im Sinne des § 2 UrhG und sonstigen Schutzgegenständen unterschieden, sondern einheitlich von *Werken* oder *Inhalten* gesprochen.

[2] Vgl. zu diesem Begriff ausführlich *Kröger*, Informationsfreiheit, S. 1.

[3] Hiernach auch als "Privatkopie" bezeichnet.

[4] BGBl. I 1965, S. 1273.

gem Zeit- und Kostenaufwand von jedermann zu Hause vervielfältigt werden können. Dank des Internets muss der Vervielfältigende noch nicht einmal selbst über eine körperliche Vorlage verfügen[5] und kann selbst Kopien in kürzester Zeit weltweit verbreiten oder zugänglich machen. Andererseits ermöglicht die digitale Technik die Einführung effektiver Kopierschutzsysteme, so dass Fluch und Segen der Technik aus Sicht der Rechtsinhaber nahe beisammen liegen.

Die hieraus resultierende Notwendigkeit einer Neukonzeption der noch am a-nalogen Umfeld ausgerichteten Privatkopie ist allgemein anerkannt[6], höchst umstritten sind aber sowohl das Regelungsziel als auch die jeweiligen Regelungsinstrumente. Zum einen ist der Anspruch der Rechtsinhaber auf angemessene Vergütung auch im digitalen Umfeld zu gewährleisten, zum anderen muss den Nutzern ein angemessener Rechtsrahmen vorgegeben werden, der einen möglichst effizienten Einsatz der neuen Technologien zulässt und die Entwicklung der Informationsgesellschaft fördert.

Mit dem am 13. September 2003 in Kraft getretenen "Gesetz zur Regelung des Urheberrechts in der Informationsgesellschaft"[7] (hiernach "**UrhInfG**") hat der deutsche Gesetzgeber einen ersten Schritt unternommen, um einen angemessenen Ausgleich der widerstreitenden Interessen zu schaffen. Zugleich wird - mit fast einjähriger Verspätung[8] – die Richtlinie 2001/29/EG vom 22. Mai 2001 zur "Harmonisierung bestimmter Aspekte des Urheberrechts und der verwandten Schutzrechte in der Informationsgesellschaft"[9] (hiernach "**Info-RL**") umgesetzt, um das deutsche Urheberrecht an die Anforderungen der digitalen Informations- und Kommunikationstechnologie anzupassen.[10] Schließlich sollen mit dem UrhInfG die WIPO Verträge[11] aus dem Jahr 1996 umgesetzt werden, die u.a. Auslöser des Tätigwerdens der EU waren.

Die Neujustierung der (digitalen) Privatkopie war während des Gesetzgebungsverfahrens neben der Neuregelung in § 52a UrhG (Öffentliche Zugänglichmachung für Unterricht und Forschung) Hauptstreitpunkt im parlamentarischen Willensbildungsprozess. Um die Umsetzungsfrist nicht über die Maßen zu überschreiten, hat sich die Bundesregierung entschlossen, mit dem UrhInfG nur die von der Info-RL zwingend vorgegebenen Änderungen und Anpassungen

---

[5] Zu denken sei hier an Musiktitel, die über das Internet heruntergeladen werden können und dann mit dem CD-Brenner körperlich fixiert werden.

[6] Vgl. z.B. *Dreier*, Schrankenbestimmungen, S. 139 m.w.N.

[7] BGBl. I vom 12. September 2003, S. 1774 ff.

[8] Die Richtlinie war innerhalb von 18 Monaten, also bis zum 22. Dezember 2002 umzusetzen.

[9] ABl. EG 2001 Nr. L 167, S. 10 ff.

[10] So ausdrücklich die Begründung des Regierungsentwurfes, BT Drucks. 15/38, S. 14 f.

[11] WCT (WIPO Copyright Treaty) sowie WPPT (WIPO Performances and Phonograms Treaty).

vorzunehmen. In einem zweiten Schritt (sog. "zweiter Korb") soll anschließend unter besonderer Berücksichtigung neuer Kopierschutztechniken gegebenenfalls auch die Regelung zur Privatkopie nochmals auf den Prüfstand gestellt werden.[12]

Ziel der vorliegenden Arbeit ist zu prüfen, ob durch das UrhInfG ein angemessener Ausgleich gefunden wurde, und gegebenenfalls Vorschläge für die Feinjustierung des Rechts der Privatkopie zu machen. Hierzu werden zunächst im 1. Teil die Rahmenbedingungen der Privatkopie aus technischer, ökonomischer und rechtlicher Sicht als Leitlinien für die Neujustierung der Privatkopie zu untersuchen sein. In einem 2. Teil soll anschließend das im Wesentlichen unverändert fortgeltende Recht der Privatkopie in der Fassung des UrhInfG erörtert und auf neue digitale Nutzungsarten angewendet werden, bevor in einem 3. Teil bewertet wird und Änderungsvorschläge – entsprechend der im ersten Teil ausgearbeiteten Leitlinien – unterbreitet werden.

---

[12] A.a.O., S. 1, 14; durch das 2-Körbe Modell sollte insbesondere übermäßiger Zeitdruck im Hinblick auf die höchst streitigen Fragen der angemessenen Pauschalvergütung oder elektronischer Pressespiegel aus dem Gesetzgebungsverfahren herausgehalten werden; vgl. hierzu ausführlicher *Zecher*, ZUM 2002, S. 451 ff.

Teil 1: Rahmenbedingungen der Privatkopie in der Informationsgesellschaft

A. Technische Rahmenbedingungen der Privatkopie

I. Technische Entwicklung neuer Kopiertechniken

Die wichtigste technologische Neuerung des Informationszeitalters war die Digitalisierung von Informationen[13] als Grundlage der "Neuen Medien". Diese erlaubt ein Kopieren von jeglicher Werkform ohne Qualitätsverlust – jede Kopie ist ein perfekter Klon der Vorlage – und mit rasender Geschwindigkeit. Entsprechende Geräte sind heute keine Luxus-, sondern Massenprodukte, die in der Mehrzahl der deutschen Haushalte Einzug gehalten haben.

1. Technische Grundlage - Digitaltechnik

Anders als bei der bisherigen analogen Übermittlung unkörperlicher Informationen, die aus einem kontinuierlichen Signal bestehen[14], werden bei der digitalen Übermittlung die Originalinformationen in einen binären Datencode "zerstückelt", also in die Werte 0 und 1. Jedes Wort, jeder Ton und jeder Bildpunkt wird als Folge von Ja-Nein-Entscheidungen dargestellt, oder zwei Zustände wie + und -. Mit Hilfe der Mikroelektronik lässt sich die Information als die beiden physikalischen Zustände "Strom an" oder "Strom aus" darstellen.[15] Jede beliebige Information wird also mit einem analog-digital-Wandler in eine endlos erscheinende Zahlenreihe von Nullen und Einsen umgewandelt, so genannte Bits, wobei es unerheblich ist, ob hierzu ein körperliches (z.B. Compact Disc) oder unkörperliches Medium zur Datenübertragung verwendet wird (z.B. Internet, Digital Audio Broadcasting DAB). Nur wenn sich die Daten in diesem sog. Binärcode befinden, sind sie in Form elektrischer Ladungen für den Computer oder andere digitale Anwendungen verwertbar[16] und können durch Kombination mit anderen Informationen zu einer neuen Information verarbeitet werden. Nach Rückumwandlung in ein analoges Signal können sie dann über Peripheriegeräte wie Drucker, Monitor oder Bildschirm wieder sinnlich wahrnehmbar gemacht werden. Dieser digitale Binärcode hat gegenüber der analogen Informationsübermittlung und -speicherung eine Reihe spezifischer Eigenheiten:

---

[13] Es wird dabei nicht differenziert, ob es sich um ein urheberrechtliches Werk handelt.

[14] *Schneider*, Lexikon, Stichwort Signal.

[15] *Schumny*, Digitale Datenverarbeitung, S. 13.

[16] *Gumm/Sommer*, Informatik, S. 21.

a)   *Einheitliches Datenformat*

Die Digitaltechnik ist zunächst dadurch charakterisiert, dass für den Transport und die Speicherung jedweder Information dasselbe Datenformat verwendet wird. Waren die Übertragungsmedien im analogen Bereich bisher nur in der Lage einen spezifischen Informationstyp zu übermitteln, so verschwindet diese Grenze im Zeitalter der Digitalisierung. Die Bits sämtlicher Arten von Informationen sind zudem in beliebiger Weise kombinierbar[17], so dass die Übertragung verschiedener Werkarten durch ein und dasselbe Medium ermöglicht wird. Anders als die Schallplatte ist die Compact Disc bzw. die mittlerweile vermehrt genutzte DVD beispielsweise in der Lage, neben dem Musikwerk auch optische Informationen z.B. in Form eines Videoclips oder Informationen zum Werk zu übermitteln. Mit dem einheitlichen Datenformat ist zugleich eine Konvergenz der Endgeräte verbunden, d.h. ein PC kann nicht nur Texte erstellen, sondern mit einem entsprechenden Laufwerk auch Filme vorführen oder Musik abspielen.

Das einheitliche Datenformat ermöglicht auch einen problemlosen weltweiten Transport der Informationen ohne körperliches Übertragungsmedium in beliebigen drahtgebundenen oder drahtlosen Netzen. Die Telefonleitung dient z.b. nicht mehr nur der Sprachkommunikation, sondern kann sämtliche Informationsarten übertragen. Ähnliches gilt für das Kabelnetz, das für die Übertragung von Rundfunk konzipiert ist, jedoch nach Ausrüsten mit einem Rückkanal auch für die Telefonie gebraucht werden kann. Als wesentliche Neuerung der letzten Jahre ist hier die Verbreitung von Breitbandinternetanschlüssen[18] zu nennen, die über die Telefonleitung, das Kabelnetz, Satellit, Datenfunk oder Stromkabel riesige Datenmengen übertragen können.

b)   *Quellcodierung*

Während bei Schriftwerken nur geringe Datenmengen anfallen – eine Schreibmaschinenseite eines Dokumentes ergibt ca. 2 KByte[19], so dass sich auf einer einzigen CD-ROM bereits ganze Enzyklopädien unterbringen lassen – ‚benötigt man für Musik oder audio-visuelle Werke erheblich größere Kapazitäten. Ein digitales Musikstück benötigt ca. 50 MByte und bei der Digitalisierung eines 10-minütigen Videos in TV-Auflösung (768 x 576 Pixel, 25 Bilder/s) ergäbe sich ohne Quellcodierung eine Datenmenge von ca. 6,18 GByte, was dem Inhalt von

---

[17] *Lehmann,* Internet, S. 27.

[18] Diese zeichnen sich aus durch eine gegenüber analogen / ISDN-Anschlüssen deutlich erhöhte Übertragungsrate, d.h. Datenmenge/Zeiteinheit. Ein Analoganschluss ist maximal zur Übertragung von 56.6 Kbit/s, ein ISDN-Anschluss von 64.4 Kbit/s in der Lage, während breitbandige Anschlüsse auf mindestens 500 Kbit/s kommen.

[19] 8 Bit sind 1 Byte.

ca. 10 CD-ROMs entspricht. Die Quellcodierung erlaubt es zunächst, die Datenmenge zur Übertragung auf das Notwendigste zu reduzieren, womit einerseits Kapazitätsprobleme gelöst, andererseits gleichzeitig erheblich kürzere Zugriffszeiten auf die über-mittelte Information ermöglicht werden. Bei der *Datenreduktion* werden zunächst die Frequenzen herausgefiltert, die für die menschlichen Sinne auf Grund ihrer psycho-akustischen und psycho-optischen Fähigkeiten nicht wahrgenommen werden.[20] Bei der Übertragung von optischen Informationen in Form von Bewegtbildsignalen werden darüber hinaus noch sog. Redundanzminderungseffekte erzielt, indem die konstanten Teile des Signals herausgefiltert werden, und nur die Veränderungen als neue Information weitergegeben werden.

Hinzu kommt die *Kompression* der Daten, die ohne merkliche Qualitätsverluste je nach Art der Information bis zu einem Faktor 100[21] möglich ist. Dennoch stößt dieses Verfahren bei Bewegtbildern an seine Grenzen. Auch nach Kompression und Datenreduktion verbleibt – je nach Kompressionsverfahren – eine erhebliche Datenmenge, die eine Online-Nutzung nur mit Breitbandanschlüssen sinnvoll macht.

c) *Massenspeicher*

Für die Festlegung von Werken im digitalen Datenformat auf körperlichen Informationsträgern werden sog. Massenspeicher wie Festplatten, CDs und DVDs verwendet. Erneut erlaubt es das digitale Datenformat, auf ein und demselben Träger verschiedenste Werkarten zu speichern. Im Verbund mit der Datenkompression und –reduktion wird der geringe Platzbedarf der Massenspeicher weiter reduziert. Auf einer Zigarettenschachtel großen Festplatte lassen sich so die Inhalte ganzer Bibliotheken im Volltext speichern, auf deren Informationsinhalte mit einem Suchmodus in rasender Geschwindigkeit zugegriffen werden kann.

d) *Ergebnis: Konvergenz der Medien, Geräte und Übertragungswege*

Da die digitale Technik unabhängig von der Art der mit ihr vermittelten Information arbeitet, hat sie den Vorteil des Verschmelzens verschiedener Werkarten auf ein einziges Medium. Der Multimedia-PC ist heute in der Lage, sämtliche unkörperlich wiedergegebenen Werkinhalte wahrnehmbar zu machen und zu vervielfältigen, und kann für den privaten Anwender Videorecorder, Stereoanlage und Buchregal vereinen. Die körperlichen Medien zur Aufzeichnung der Werke sind genauso beliebig austauschbar wie die Übertragungswege, ob Satellit, Breitbandkabel, terrestrischer Sender, (Mobilfunk-)Telefonleitung oder sogar

---

[20] Außerhalb des Frequenzbereichs von 20 – 20.000 Hz.

[21] Abhängig von der Art des Informationsinhaltes, vgl. *Zielke*, Bildverstehen, sowie *Hess/Anding/Schreiber* in *Schoder et al.*, P2P, S. 25 (31 ff., 35 ff.).

das Stromkabel. Hieraus ergeben sich die nachfolgend aufgeführten neuen Formen der Vervielfältigung bei einer Werkvermittlung in körperlicher und unkörperlicher Form.[22]

2. Online - Vervielfältigungen

Die Digitaltechnik erlaubt es, jedwede unkörperliche Werkart losgelöst von einem körperlichen Datenträger in Originalqualität von A nach B zu übertragen. Durch die weite Verbreitung des Internet in den privaten Haushalten ist es daher ein Leichtes, geschützte Inhalte weltweit auszutauschen oder zu verbreiten. Das Internet ist somit eine der Hauptursachen für die Gefährdung der Interessen der Rechtsinhaber. Möglich wurde dies durch verbesserte Verfahren der Datenkomprimierung einerseits, und erhebliche Erweiterung der Bandbreiten zur Datenübertragung andererseits.

a) Übertragungswege

Motor des Online-Abrufens urheberrechtlich geschützter Daten ist der technische Fortschritt im Bereich der Telekommunikation (TK), der mittlerweile Bandbreiten erreicht hat, die zur Übermittlung selbst von Filmwerke ausreicht.[23] Ein weiterer Faktor der zunehmenden Online-Nutzung ist der durch die Deregulierung des TK-Marktes entstandene Wettbewerb, der auch für den Privatverbraucher zu einem dramatischen Verfall der Kosten des Datentransfers über die folgenden breitbandigen Übertragungswege führte:

- DSL: Nachdem das bestehende analoge Telefonfestnetz weitest gehend für die DSL-Technologie ausgebaut wurde, können über jeden Telefonanschluss Daten mit einer Bandbreite von bis zu 1,5 MBit/s[24] empfangen werden. Das Herunterladen eines Musiktitels aus dem Internet im MP3-Format mit einem Datenvolumen von üblicherweise 5 MB ist so in weniger als einer Minute erledigt. Die DSL-Technik kann ohne größeren technischen Aufwand am heimischen Telefonanschluss angeschlossen werden. Benötigt wird lediglich ein DSL-Splitter, der das Datensignal von Telefonsignalen trennt, sowie ein DSL-Modem, das über eine Netzwerk-

---

[22] Betrachtet man allein die technische Entwicklung von digitalen Vervielfältigungstechniken während der Anfertigung dieser Arbeit, sieht man sich kaum in der Lage hier ein umfassendes Bild abzugeben. Dennoch soll der Versuch unternommen werden, die wichtigsten Neuerungen und Trends am Markt für Privatverbraucher kurz darzustellen und für den technischen Laien verständlich zu machen. Nur so ist eine sinnvolle Einordnung der damit verbundenen urheberrechtlichen Verwertungshandlungen möglich.

[23] Vgl. hierzu allgemein *Hess/Anding/Schreiber* in *Schoder et al.*, P2P, S. 25 (32 f.), sowie *Pfitzmann/Federrath/Kuhn*, DMMV Gutachten, S. 15.

[24] Die technische Obergrenze dürfte bei 8 MBit/s liegen, vgl. www.media.nrw.de/magazin/archiv/0403/art03_marktzahlen.php.

karte am PC angeschlossen wird. Da diese Technologie von den Telefongesellschaften stark gefördert wird, werden die Hardwarekomponenten bei gleichzeitigem Abschluss eines DSL-Vertrages meist umsonst mitgeliefert. Auch die monatlichen Verbindungsentgelte halten sich in einem überschaubaren Rahmen. So genannte Flatrates für ca. 20 – 30 € im Monat[25], also Tarife mit einem pauschalen Entgelt, erlauben eine Online-Verbindung rund um die Uhr, was bisher nur durch teure Standleitungen möglich war. Im Sommer 2003 wird die Zahl der DSL-Anschlüsse auf rund 4 Mio. geschätzt.[26] Wie in den anderen europäischen Ländern ist DSL dabei mit über 90% Marktanteil in Deutschland der am weitesten verbreitete Breitbandanschluss.[27]

- *Kabel*: Auch das herkömmliche Kabelnetz, in das bisher nur Fernseh- und Rundfunkprogramme eingespeist wurden, eignet sich nach Aufrüstung, insbesondere mit einem Rückkanal, zur digitalen Datenübertragung. Es werden hier üblicherweise Übertragungsraten von 1,5 MBit/s erzielt. Auf Grund der hohen Verbreitung von Kabelanschlüssen und der gegenüber der normalen Kabelgebühr für den Rundfunkempfang nur bescheiden erhöhten monatlichen Pauschalgebühr stellt das Breitbandkabel den stärksten Wettbewerber von DSL dar. Obwohl 54% der deutschen Haushalte über einen Kabelanschluss verfügen, liegt der Marktanteil für Online-Nutzungen dennoch bei unter 3%.

- *Satellit*: Neben den bereits seit einiger Zeit auch digital ausgesendeten Fernseh- und Rundfunksignalen können über Satellit auch andere digitale Daten aller Art versendet werden. Für Internetanwendungen ist der Satellit gerade bei besonders schnellen Verbindungen mit einer Bandbreite bis zu 38 MBit/s eine Alternative für das Kabel- und DSL-Angebot, dürfte im Privatkundenbereich jedoch dennoch wegen hoher Kosten keine größere Rolle spielen, bietet hier aber Chancen für die Anbindung dünner besiedelter Regionen, in denen ein Ausbau von drahtgebundenen Lösungen wie DSL nicht wirtschaftlich wäre. Größter Nachteil dieser Lösung ist zudem der fehlende Rückkanal zur Anforderung der Datenpakete. Dies muss nach wie vor über Telefonleitung oder andere rückkanalfähige Übertragungswege erfolgen, so dass eine echte Standleitung wie bei DSL

---

[25] Hinzu kommt ein nutzungsunabhängiges Entgelt für das Bereitstellen der DSL-Leitung von 10 – 20 € im Monat.

[26] Das Angebot T-DSL der Telekom nutzen ca. 3,4 Millionen mit einer Zuwachsrate von 1 Mio. Kunden pro Jahr; vgl. www.telekom3.de/de-p/pres/2-pr/2003/03-m/030314-highspeed-internet-ar,templateId=_2Fdt_2Fweb_2Fstruct_2FContent.jsp.html, zum Gesamtmarkt vgl. www.mediaundmarketing.de/news/mediaticker/content/04920/_news_ticker.php3 oder www.dsl-magazin.de/news/dsl/news_Studie_DSL_hat_das_Internet_umgekrempelt_11600_1.html.

[27] www.media.nrw.de/magazin/archiv/0403/art03_marktzahlen.php.

kaum lukrativ sein dürfte. Künftig geplant ist hier deshalb ein Rückkanal mit bis zu 10 MBit/s[28], der aber vor allem für professionelle Nutzer interessant sein dürfte.

- *Funk*: Über terrestrisches Signal wird derzeit versuchsweise in der Region Berlin-Brandenburg (ausschließlich) digitales Fernsehen übertragen. Der Empfang erfolgt wie üblich über Antenne sowie einer dazwischengeschalteten Set-Top-Box, die das digitale Programm in ein analoges Signal für den Fernseher umwandelt.

- Über *Mobilfunk* werden digitale Werke sonstiger Formen auf Mobiltelefone oder Modems für mobile Computer übertragen. Derzeit sind in Deutschland 60 Mio. Mobilfunkanschlüsse – mehr als Festnetzanschlüsse – mit weiter wachsender Tendenz geschaltet.[29] Eine den Anforderungen digitaler Werke gerecht werdende Bandbreite von 1 MBit/s und mehr werden jedoch erst die im Jahre 2004 im Massenmarkt startenden UMTS-Netze anbieten, mit denen Mobilfunk und Internet verschmolzen werden. Ob diese tatsächlich, wie von den Mobilfunkbetreibern erhofft, in nennenswertem Umfang für On-demand-Dienste genutzt werden, bleibt ob der hohen Preise im Mobilfunk abzuwarten. Schließlich müssen sich für die Mobilfunkbetreiber die für jeweils rund € 9 Milliarden erworbenen Lizenzen amortisieren. Angedacht waren schließlich auch Funklösungen zur Überbrückung der letzten Meile zu den Nutzern, um den Aufbau einer kompletten Infrastruktur zu vermeiden. Außer einigen privaten Initiativen, die ihre überschüssigen Kapazitäten mit der Nachbarschaft über sog. WLAN-Hotspots teilen, sowie Hotspots auf dem Universitätscampus, Flughäfen, Cafés oder sonstigen viel frequentierten öffentlichen Räumen ist hier jedoch keine breite kommerzielle Nutzung in Sicht.

- *Stromkabel*: Auch die Stromversorger wollten sich ein Stück vom vermeintlich riesigen Internetkuchen abschneiden. Da sie mit den Stromkabeln über die teure Infrastruktur der letzten Meile bereits verfügen, wurden entsprechende Techniken entwickelt, die über das Stromkabel auch Daten transportieren können. Mit einem in die Steckdose gesteckten Modem werden diese dann empfangen[30], wobei eine Bandbreite von bis zu 10

---

[28] www.eid.dlr.de/dlr/Raumfahrt/RF-Management/Kommunikation/BommasStandardisierung_Breitbandkommunikationssystemen.pdf, Folie 8.

[29] Bitkom, Wege in die Informationsgesellschaft 2003 - Status quo und Perspektiven Deutschlands im internationalen Vergleich, S. 12; vgl. www.bitkom.org/gbgateinvoker.cfm/BITKOM_Wege_in_-die_Informationsgesellschaft_2003.pdf?gbAction=gbFileDownload&ObjectID=6C1B797E-99E1-4A41-A22A8895AD194661&DownloadObject=documents&index=1&cacheLevel=0.

[30] Zu den technischen Details vgl. www.tarif-express.de/magazin/kw3700.html.

MBit/s in beiden Richtungen erzielt wird.[31] Die anfängliche Euphorie der Stromversorger wurde jedoch durch technische Schwierigkeiten wieder gedämpft, so dass viele Projekte wieder eingestellt wurden, ohne je ans Netz zu gehen.

b) Datenkompression bei audio-visuellen Werken

Für die umfangreichen Datenmengen, die bei der Übertragung audio-visueller Werke anfallen, ist die Datenkompression unerlässlich. Meilenstein der technischen Entwicklung ist die Software MP3[32], die zu einer massenhaften Vervielfältigung von Musikwerken über das Internet geführt hat.[33]

aa) MP3-Komprimierung von Musikfiles

Musiksignale in CD-Qualität bestehen aus 44.100 Schwingungen (Hz) pro Sekunde. Zur Digitalisierung einer Schwingung bedarf es 16 Bits. Will man die Musik zudem in Stereo, also über zwei Kanäle, wiedergeben, verdoppelt sich die Datenmenge. Für eine Minute ergibt sich somit folgender Wert:

44.100 Hz/s * 16 bit * 2 Kanäle * 60 s/min= 10.580.000 Byte/min

Will man diese Datenmenge über das Internet herunterladen, ergibt sich bei Nutzung eines im Privatbereich gängigen Modems mit 56,6 KBit/s folgender Zeitaufwand für eine Minute Stereo-Musik in CD-Qualität:

10.580.000 Byte/min / (56.600 Bit/s * 60 s/min / 8 Bit/Byte) = 24,92 min[34]

Eine Online-Vervielfältigung von Musikwerken wäre schon allein unter Berücksichtigung der Telefongebühren für den Privatverbraucher damit offenkundig unrentabel. Erst der Einsatz von Software zur Komprimierung der anfallenden Datenmengen erlaubt es, auf dem heimischen PC Musikdaten aus dem Internet zu übertragen. Als Weltstandard[35] hat sich insoweit das am Erlangener Fraunhofer Institut[36] für Integrierte Schaltungen entwickelte MPEG 1[37] (Audio)

---

[31] www.eid.dlr.de/dlr/Raumfahrt/RF-Management/Kommunikation/BommasStandardisierung-Breitbandkommunikationssystemen.pdf Folie 8.

[32] Vgl. zu weiteren Kompressionsverfahren zur Online-Vervielfältigung *Leupold/Demisch*, ZUM 2000, S. 379 ff.

[33] Vgl. hierzu Teil 1 B II.

[34] Eine mehrseitige Textdatei mit 20 KByte bedürfte dagegen zum Transfer nur 2,8 Sekunden.

[35] Als internationaler Standard eingetragen bei der ISO.

[36] Weitergehend hierzu www.iis.fhg.de.

[37] Motion Picture Expert Group, internationale Expertengruppe zu Kompressionsverfahren im Audio- und Videobereich, www.cselt.stet.it/mpeg.

Layer III (kurz MP3) durchgesetzt.[38] Ziel der Forschungsarbeiten am Institut war dabei nicht, eine Software zu erstellen, mit der massenhaft Musikdateien kopiert werden können. Vielmehr sollte im Rahmen des europäischen Forschungsprogramms "EUREKA" ein digitaler Radiostandard[39] entwickelt werden. Nachdem jedoch 1995 eine Demoversion der Software im Internet zur Verfügung gestellt wurde, entwickelten Programmierer diese weltweit für eine Nutzung zum Austausch von Musikwerken über das Internet fort. Die Funktionsweise der meist kostenlos im Internet erhältlichen MP3-Software basiert auf der Quellkodierung von Musiktiteln. Mit einer sog. Encodersoftware werden für das menschliche Ohr nicht hörbare Frequenzbereiche der Musik sowie Redundanzen herausgefiltert, zusätzlich wird der Titel komprimiert, so dass er insgesamt um den Faktor 10 bis 12 schrumpft.[40] Mit einer Decodersoftware kann die Musikdatei wieder auf das ursprüngliche Datenformat zurück-vergrößert oder zum Musikgenuss wahrnehmbar gemacht werden.

bb)   MPEG-2, MPEG-4 und DivX;) – Komprimierung von Filmen

Ein Videosignal in Studioqualität erzeugt eine Datenmenge von etwa 240 MBit/s und würde sich so selbst mit den schnellsten Breitbandverbindungen nur mühsam Online übertragen lassen. Für das digitale Fernsehen und die Verbreitung von Filmwerken on Demand wird daher seit 1995 der Standard MPEG-2 zur Datenkompression genutzt, der die Datenrate auf 4-6 MBit/s reduziert.[41] MPEG steht für Moving Picture Experts Group, eine Arbeitsgruppe der internationalen Standardisierungsorganisation ISO, die Standards zur Komprimierung digitaler audio-visueller Informationen erarbeitet hat.[42] Im Unterschied zu anderen Kodierungsverfahren benötigt MPEG bei gleicher Bildqualität durch besonders hohe Komprimierungsraten deutlich weniger Speicherkapazität. Ziel dieser Standards ist die Interoperabilität der Kompressionsverfahren, um entsprechend kodierte Inhalte mit jeder beliebigen Hard- und Software nutzen zu können. Mit MPEG-2 werden dabei Videobilder und Audiosignale komprimiert und synchronisiert.

---

[38] Hierfür wurde dem IIS am 20.10.2000 der mit 500.000 DM dotierte "Deutsche Zukunftspreis – Preis des Bundespräsidenten für Technik und Innovation" verliehen.

[39] Sog. Digital Audio Broadcasting (DAB); im Fernsehbereich spricht man von DVB (Digital Video Broadcasting).

[40] Ein weiteres Verfahren zur Datenreduzierung ist das sog. Variable Bitrate Coding (VBR), bei dem der Datenfluss an die tatsächlich für die Musikwiedergabe notwendige Kapazität angepasst wird. Bei normalen CDs ist die Bitrate dagegen immer gleich und orientiert sich an der maximal notwendigen Kapazität, vgl. hierzu *Leupold/Demisch*, ZUM 2000, S. 379 (380).

[41] Als Nachfolger des bereits 1991 eingeführten Videokompressionsstandards MPEG-1, der in etwa VHS-Qualität bietet.

[42] Ausführlich hierzu *Menn*, Videokompression.

MPEG-4 ist die Weiterentwicklung des MPEG-2-Standards und wurde für Multimediaanwendungen entwickelt. MPEG-4 bietet nicht nur deutlich höhere Kompressionsraten, sondern auch die Möglichkeit verschiedene andere, auch 3D animierte, Inhalte einzubinden sowie Interaktive Anwendungen, deren Ablauf durch den Nutzer mitbestimmt wird. Wegen seiner hohen Fehlertoleranz mit Hilfe eines rückwärts lesbaren Codes ist MPEG-4 auch für den mobilen Funkbetrieb einsetzbar. Daneben sind auch Nutzungen für die Konferenz- und Bildtelefonie, Überwachungstechnik und Streaming denkbar. Mit jeder MPEG-Generation steigt jedoch der Rechenaufwand, was den Zeitaufwand für Encoding wie Decoding erhöht und daher nach schnelleren Prozessoren verlangt.

Die Software DivX;) ist eine Anwendung, die die MPEG-Kompressionsstandards nutzt, um im MPEG-2 Format gespeicherte Daten einer Video DVD in das MPEG-4 Format umzuwandeln. Dabei wird die Datenmenge um den Faktor 10 bis 12 reduziert, so dass ein auf ca. 700 MB komprimierter zweistündiger Film nun sogar auf eine herkömmliche CD-Rom gespeichert werden kann. Bei einer Kompression mit einem geringeren Faktor von 5 bis 6 ist die erzielbare Bildqualität kaum von der Originalvorlage zu unterscheiden. DivX;) komprimiert dabei nur die Bildsignale, während die Tonsignale im Format MP3 komprimiert werden und anschließend mit einer weiteren Software synchronisiert werden. Das DVD-Signal ist zudem üblicherweise mit der Software CSS verschlüsselt, so dass die Inhalte nur mit einem entsprechenden Schlüssel ausgelesen werden können. Nachdem der Schlüssel jedoch geknackt wurde, kann diese Verschlüsselung entfernt werden. Entsprechende Software ist ebenfalls im Internet erhältlich. Mit der Entwicklung dieser Tools besteht im Filmbereich ein großer Anreiz, entsprechende Inhalte nunmehr auch online zu übertragen und zu vervielfältigen, selbst wenn dies mit deutlich höherem Aufwand verbunden ist.[43]

c)   *Anwendungsbeispiele: Peer-to-Peer Netzwerke – Napster und Co.*

Sucht man im Internet in einer der Suchmaschinen nach dem Begriff MP3 wird man eine Vielzahl von Treffern erzielen. Der entsprechende Link geht jedoch oft ins Leere, da entweder die IFPI das Angebot gerichtlich untersagen lassen hat, oder der Anbieter selbst aus Angst vor Schadensersatzforderungen sein Angebot wieder zurückgezogen hat. Erstes prominentes "Opfer" war das bis dahin von über 70 Mio. Mitgliedern[44] weltweit genutzte File-Sharing[45] System Napster, das

---

[43] Ausführlich auch *Nikoltchev/Cabrera Blazquez*, IRIS 2000, Heft 8 S. 14 (16 ff.), *Siering*, com!online 11/2000, S. 38 (40); *Ernst*, DivX.

[44] *Fiutak*, Napster.

[45] Weder File-Sharing, d.h. das Teilen von Dateien, noch der deutsche Begriff der Tauschbörse sind die passende Bezeichnung dieser Systeme. Weder finden hier Tauschgeschäfte statt, noch teilt ein Anbieter sein Repertoire mit anderen. Vielmehr behält der Anbieter sämtliche seiner Dateien, und beim Nachfrager entsteht eine zusätzliche Datei. Dieser muss zudem keine bei einem Tauschge-

14

nach einer Klage der Record Industry Association of America (RIAA) auf
Grund einer gerichtlichen Verfügung im Juli 2001 seinen Dienst einstellen
musste.[46] Die Internet Community, vor allem in den USA, hat hierauf durch
Entwicklung neuer dezentraler Softwarelösungen zum Datentransfer reagiert.
Stellvertretend für eine Vielzahl nicht gewerblicher MP3-Software-
Applikationen, soll an dieser Stelle zunächst auf das Programm Napster einge-
gangen werden.

Napster Inc., ein Internet Startup des 18-jährigen Studenten Shawn Fanning[47],
hat eine Software entwickelt, die es jedem Mitglied der sog. Napster Music
Comm-unity nach Registrierung eines Benutzernamens erlaubt, auf die zentralen
Server des Unternehmens zuzugreifen.[48] Anders als bei den so genannten Music
on Demand (MoD)[49] Diensten, die auf ihren Servern die Musik-Dateien selbst
abgelegt haben, ist bei Napster lediglich eine Datenbank mit einer Liste (sog.
Songlist) gespeichert, die sämtliche von den Nutzern auf ihren heimischen Festplatten in deren sog. libraries[50] zur Verfügung stehenden Titel und die Benutzerkennung der An-bieter enthält. Durch Abfrage der Datenbank kann der Nutzer
einen bestimmten Song oder ein Album suchen. Angezeigt werden dabei jedoch
nicht die Angebote sämtlicher Anbieter des betreffenden Werkes, sondern nur
derjenigen, die zum gleichen Zeitpunkt online sind und ihre Archive freigegeben
haben. Neben Benutzerkennung und Dateiname des gesuchten Titels wird des-

---

schäft übliche Gegenleistung, auch nicht für andere Mitglieder des Tauschrings, erbringen. Empirische Untersuchungen haben zudem ergeben, dass rund die Hälfte der angebotenen Files von Gnutella von nur einem Prozent der Teilnehmer bereitgestellt werden, während 70% der Abrufenden
keinerlei eigene Files zur Verfügung stellen, vgl. *Adar/Hubermann*, zit. nach *Schoder/Fischbach*,
in *Schoder et al.*, P2P, S. 3 (18, Fn. 64). Im Folgenden wird dennoch der weitere Begriff *Peer-to-
Peer* (P2P) verwendet. Bei diesem Netzwerkkonzept können die einzelnen Arbeitsrechner direkt
miteinander kommunizieren und teilen sich wechselseitig die Ressourcen jedes Teilnehmers. Jeder
ist somit zugleich Nutzer als auch Anbieter von Ressourcen, hier von Informationsinhalten. Andere
P2P-Konzepte sind z.B. auf eine wechselseitige Nutzung brachliegender Kapazitäten von PCs und
Netzen ausgerichtet, vgl. z.B. *Curley* in *Schoder et al.*, P2P, S. 81 ff.

[46] *Fiutak*, Napster. Die erstinstanzliche Entscheidung ist auf Deutsch abgedruckt in GRUR Int. 2000,
S. 1066 ff., die zweitinstanzliche Entscheidung in GRUR Int. 2001, S. 355 ff. Bertelsmann belebte
Napster als kommerzielles Angebot wieder, sieht sich nun aber selbst milliardenschweren Scha-
denersatzforderungen der konkurrierenden Schallplattenindustrie ausgesetzt. Die Zustellung einer
entsprechenden Klage in Höhe von $ 17 Milliarden vor einem US-Gericht wurde vom BVerfG per
einstweiliger Anordnung wegen eines möglichen Verstoßes dieser Class Action gegen den Ordre
Public untersagt, vgl. 2 BvR 1198/03 vom 25. Juli 2003.

[47] Vgl. www.time.com/time/poy2000/pwm/fanning.html.

[48] Vgl. ausführlich zur Funktion von P2P-Netzen wie Napster, aber auch zu dezentralen Diensten,
Kreutzer, GRUR 2001, S. 193 (194 ff.).

[49] Zu diesen kommerziellen Angeboten vgl. Teil 1 B II.

[50] Digitale Musik-Bibliotheken im MP3-Format auf der Festplatte eines PC.

halb auch die aktuelle IP-Adresse[51] des Anbieters angezeigt, um einen sofortigen Zugriff auf dessen Festplatte zum Download des Werkes zu ermöglichen.[52] Die Funktion von Napster beschränkt sich somit lediglich auf die Tätigkeit eines Vermittlers zwischen Anbieter und Abnehmer von Audio-Dateien.[53] Die Übertragung der Dateien selbst erfolgt dagegen ausschließlich[54] zwischen Letzteren, weshalb Napster auch als Peer-to-Peer-System bezeichnet wird. Jeder Rechner kann dabei gleichzeitig Anbieter und Nutzer von Informationen sein. Die kostenlose Vervielfältigung in P2P-Netzen erspart dem Nutzer den Erwerb eines eigenen Vervielfältigungsstückes. Das Angebot an Inhalten ist zudem riesig. Wäre man für eine Kopie einer körperlichen Werkausgabe auf den Freundes- und Verwandtenkreis angewiesen oder die Ausleihe in einer Video-Bibliothek, kann hier, ohne persönliche Kontakte zu dem Anbietenden zu unterhalten, auf das mehr oder weniger gesamte Weltrepertoire zurückgegriffen werden – zumindest im Bereich der Audiowerke, verstärkt auch auf Film- und Schriftwerke.

d) Die dezentrale Alternative - Gnutella, FreeNet, KaZaa und Co.

Die MP3-Gemeinde im Internet hat auf die Angreifbarkeit zentraler Systeme wie Napster reagiert, die durch Abschaltung der Server recht effektiv stillgelegt werden können. Anders als das zentral strukturierte System von Napster nutzt KaZaa die dezentrale Architektur des Internet selbst.[55] KaZaa stellt keinen Server mit Songlist zur Verfügung, sondern ermöglicht als reine Softwarelösung, ad-hoc ein Netzwerk von Nutzern aufzubauen.[56] Jeder Nutzer versendet automa-

---

[51] Jeder am Internet angeschlossene PC bekommt von seinem Internet Service Provider (ISP) eine viergliederige Zahl zugeordnet, die ihn eindeutig identifiziert. Durch Adressierung der einzelnen Datenpakete einer Datei wird gewährleistet, dass diese trotz unterschiedlicher Datenwege den richtigen Empfänger erreichen. Man unterscheidet dabei die statische und die automatische IP-Adressierung. Ist ein PC ununterbrochen an das Internet angebunden, z.B. über ein universitäres Intranet, erhält er eine dauerhafte IP-Adresse. Wählt sich der Nutzer dagegen zu jeder Nutzung des Internets neu ein, bekommt er von seinem ISP für jeden Nutzungsvorgang automatisch eine vorübergehende IP-Adresse.

[52] Die aktuell Online tätigen Nutzer bilden somit ein eigenes P2P-Netz.

[53] Napster ist auf zwei Audiformate, nämlich MP3 und WMA, beschränkt.

[54] Dies wird in der Diskussion über Napster oft nicht sauber getrennt, vgl. z.B. *Ahrens*, ZUM 2000, S. 1029, der hier von "Uploading" spricht. Dieser Begriff müsste in P2P-Netzen so verstanden werden, dass damit das Speichern und die Freigabe des angebotenen Vervielfältigungsstücks auf der Festplatte des Anbietenden gemeint ist. Klassischer Weise wird Uploading dagegen als Einstellen von MP3-Files in Internetdatenbanken verstanden.

[55] P2P-Netze der neueren Generation sind zur Übermittlung anderer Dateiformate als MP 3 in der Lage, so dass sie sich auch für andere Werkkategorien eignen.

[56] Auch gegen KaZaa und andere dezentrale Tauschbörsen haben vor allem die RIAA und andere Phonoverbände Klagen auf Unterlassung des Vertriebes und Schadenersatz erhoben, vgl. hierzu www.heise.de/newsticker/data/vza-05.03.02-001 zu den Verfahren gegen KaZaa, Morpheus und Grokster.

tisch, sobald er Online geht, eine Suchanfrage nach Gleichgesinnten. Treffen sie aufeinander, stellen sie die erste Achse bzw. den Anschluss an ein bestehendes Netz her, das weitere Verknüpfungen sucht und wie bei einem Schneeballsystem exponential wächst.[57] Je größer die Zahl der Nutzer, desto stabiler wird dieses gemeinsame Netz und desto größer wird auch die Anzahl der online zur Verfügung stehenden MP3-Files, die in einer Songlist auf den Festplatten der beteiligten Nutzer gespeichert sind. Ist der gesuchte Titel oder das Album bei dieser Suchanfrage gefunden, erfolgt über die IP-Adresse ein Kontakt zwischen Anbieter und Suchenden. Der Download erfolgt dann nach dem gleichen Prinzip wie bei Napster im P2P-Verfahren. Mit 350 – 400.000 Downloads am Tag ist KaZaa die am meisten heruntergeladene Software aller Zeiten.[58] Große Erfolge feierte dieses File-Sharing-System mittlerweile auch mit Filmen, selbst von nicht veröffentlichtem Material, die ebenfalls von den Nutzern zum "Tausch" angeboten werden. Nach Schätzungen werden täglich insgesamt 400 – 600.000 Kopien über derartige File-Sharing-Netze verbreitet.[59] Häufig kursieren – wegen der unterschiedlichen Startzeiten des Vertriebes von Filmen auf dem US- und dem europäischen Markt – im Internet bereits Kopien zum Herunterladen, die hierzulande noch nicht einmal im Kino zu sehen sind, so dass hier auch die Primärverwertungskette von Filmwerken in Gefahr gerät.[60]

e) ***Digitaler Rundfunk, Pay-TV und Streaming***

Außer in Tauschbörsen kann der Nutzer auch die herkömmlichen Quellen der unkörperlichen Werkverbreitung nutzen, um an Vorlagen zur Privatkopie zu gelangen, also Rundfunk und Fernsehen. Neben den herkömmlichen Programmen, die in wenigen Jahren unabhängig vom Übertragungsmedium sämtlich in digitaler Qualität zu empfangen sein werden[61], wird in Deutschland Pay-TV angebo-

---

[57] Zum Funktionsprinzip dezentraler Netze auch *Nikoltchev/Cabrera Blazquez,* IRIS 2000, Heft 8, S. 14 (18), sowie *Kreutzer*, GRUR 2001, S. 193 (196).

[58] www.heise.de/newsticker/data/svh-23.05.03-000/.

[59] Vgl. www.pcwelt .de / news / vermischtes / 31325 / 3.html. Kritisch sehen dagegen *Hess/Anding/Schreiber* in *Schoder et al.*, P2P, S. 25 ff., die Entwicklung auf dem Filmmarkt, die sie aus Sicht der Branche für deutlich weniger gefährlich halten, als dies für Musik der Fall ist. Hierfür wird vorwiegend angeführt, dass die Umwandlung in ein austauschfähiges Format deutlich zeitintensiver und wegen erforderlicher Bandbreiten deutlich kostenintensiver ist. Lediglich mittelfristig würden P2P deshalb eine Bedrohung der Branche darstellen.

60 Vgl. GfK Pannel Service, zitiert nach dem Jahreswirtschaftsbericht 2002 (Business Report) des Bundesverband Audiovisuelle Medien, S. 21, mit einigen Beispielen; so wurden die Kassenschlager "Star Trek 10: Nemesis" (97%), "Der Herr der Ringe II" (97%), "Harry Potter II" (95%) oder "Minority Report" (94%) bereits weit überwiegend vor der deutschen DVD/Videoveröffentlichung heruntergeladen.

[61] Als weltweit erste Region ist der terrestrische Fernsehempfang in der Region Berlin/Brandenburg seit dem 4. August 2003 nur noch mit einem digitalen Decoder möglich, vgl. www.digitalfernsehen.de/News/1039445267?mid=n4149633079114.

ten, bei dem das ausgestrahlte Sendesignal nur mit einem Decoder wahrnehmbar gemacht werden kann. Hiervon unterscheiden sich sog. Video-on-Demand- bzw. Near-Video-on-Demand-Dienste, deren flächendeckende Einführung in Planung ist. Bei diesen Diensten kann der Nutzer die Inhalte nach seinem eigenen Zeitplan abrufen und ist nicht mehr an den Programmablauf der Anbieter gebunden.

Mit Ausnahme der besseren Qualität der gesendeten Inhalte ergeben sich aus Sicht der Privatkopie keine wesentlichen Besonderheiten gegenüber dem bisherigen analogen Rundfunk. Im Gegenteil bietet die digitale Technik sogar den Vorteil der Verschlüsselung, so dass eine Aufzeichnung der gesendeten Werke unterbunden werden kann. Üblicherweise werden hier kommerzielle Anbieter auftreten, die ein entsprechendes Senderecht erworben haben. Im Internet muss dies mit Abstrichen gelten, da hier "Piratensender" leichter zum Zuge kommen, als dies bei der Einspeisung in Kabel-, Satelliten- oder terrestrische Netze denkbar ist[62], deren Netzzugang von den Netzbetreibern kontrolliert wird und für die überdies eine teure technische Ausrüstung erforderlich ist. Neue Verwertungsformen wie Video-on-Demand sind dagegen eher mit einer Online-Videothek als mit traditionellem Rundfunk zu vergleichen, da der Nutzer selbst entscheiden kann, wann er die Inhalte wahrnehmen möchte.

Ähnliche Nutzungsmöglichkeiten bietet das *Streaming*, eine Technik, bei der kontinuierliche Datenströme zum Nutzer fließen.[63] Während ein normaler Download beendet sein muss, bevor die übertragenen Informationen wahrnehmbar gemacht oder weiterverarbeitet werden können, ist dies beim Streaming unmittelbar möglich, d.h. die übertragenen Daten werden in Echtzeit angezeigt oder abgespielt. Um ein Abbrechen des Datenflusses zu vermeiden, sind jedoch aufwändige Zwischenkopien von Teilen der übertragenen Informationen notwendig. Über Internet kann mittels der Streaming-Technologie beispielsweise das aktuelle Programm von Rundfunk- und Fernsehsendern abgerufen werden.[64] Daneben wird diese Technologie aber auch On-demand eingesetzt, d.h. z.B. die Tagesschau ist als Videostream jederzeit über die Homepage der ARD abrufbar. Weiteres Charakteristikum der Streamingtechnologie ist ihre Eignung lediglich zum Abspielen der Inhalte.[65] Mit Ausnahme technischer Zwischenkopien findet

[62] Mit der Software Shoutcast lässt sich z.B. ein Internetradiosender auch vom privaten Anwender betreiben, vgl. www.shoutcast.com.

[63] Vgl. zu den technischen Grundlagen des Streamings und den Unterschieden zum Abruf von Inhalten über das Internet *Pfitzmann/Federrath/Kuhn*, DMMV Gutachten, S. 16 f. Zur wirtschaftlichen Bedeutung dieser Nutzungsform vgl. ferner *Bortloff*, GRUR Int. 2003, S. 669 (670 f.).

[64] Dies nutzen diverse Internet Fernseh- und Radiosender, vgl. z.B. www.swr3.de oder www.ntv.de.

[65] Selbstverständlich gibt es auch hier die Möglichkeit der Umgehung: Mit der Software Streamripper (Http://streamripper.sourceforge.net) können beim Streaming übertragene Inhalte auch gespeichert werden. Die Software Bitbop (www.bitbop.com) geht einen Schritt weiter und sucht nach Eingabe von bestimmten Titeln oder einem Künstler automatisch nach Radiostreams derselben, die dann

daher keine Vervielfältigung der Werke statt. Entsprechende Software ist aber meist auch zugleich für einen Download einsetzbar.

3. Offline-Vervielfältigungen

Online-Vervielfältigungen führen dazu, dass der Nutzer über eine Kopie der geschützten Inhalte auf seinem heimischen PC verfügt. Der Werkgenuss findet zwar auch dort statt, üblicherweise dient die Festplatte des PC jedoch mehr als "Datenbank" der Inhalte, die dann auf ein anderes körperliches Medium zum späteren Werkgenuss übertragen werden.

a) CD-Brenner

Wichtigste Entwicklung im Bereich körperlicher Vervielfältigungstechniken sind sicherlich die CD-Brenner.[66] Zwar eignen sich auch Festplatten zur körperlichen Festlegung von Werken, sie sind jedoch weit weniger transportabel und können auch nicht mit herkömmlichen Hi-Fi-Komponenten genutzt werden. Dabei ist zu unterscheiden zwischen den Audio-CD-Brennern und den Data-CD-Brennern, die ihren Einsatz in PCs finden. Erstere sind seit Frühjahr 1997 in Deutschland erhältlich und können ausschließlich zur Vervielfältigung von Musikwerken genutzt werden. Die als Aufnahmemedium zu verwendenden Audio-CD-Rohlinge sind mit einer Kopiersperre versehen, die ein erneutes digitales Vervielfältigen verhindert. Diese (gewollten) Nachteile des Systems haben einen durchschlagenden Markterfolg verhindert. Dagegen sind Data-CD-Brenner nicht nur wegen ihrer universellen Einsatzmöglichkeit zur Vervielfältigung beliebiger Werkarten oder Informationsinhalte beliebt, sondern auch auf Grund ihres Preisverfalles[67] mittlerweile zu einem Massenprodukt für den Privatnutzer geworden. Eine im Frühjahr 2001 im Auftrag der deutschen Landesgruppe der IFPI[68] durchgeführte Marktanalyse kommt bereits damals zu einer Marktdurchdringung von 13% aller deutschen Haushalte.[69] In Anbetracht eines jährlichen Verkaufsvolumens von ca. 4 Millionen Computern und der Tatsache, dass selbst einfach ausgestattete Neu-PCs sowie die Mehrzahl der angebotenen portablen Computer heute serienmäßig mit einem CD-Brenner ausge-stattet werden, ist

---

abgespeichert werden. Zu den hieraus resultierenden Pirateriegefahren vgl. *Bortloff*, GRUR Int. 2003, S. 669 (671 f.).

[66] Konkurrierende Produkte mit ähnlicher Funktionalität wie das Digital Audio Tape (DAT), die Digital Compact Cassette (DCC) oder die in letzter Zeit einen gewissen Markterfolg feiernde MiniDisc (MD) haben dagegen nur geringe Relevanz. Im Reprographiebereich sind daneben Scanner und Telefaxgeräte zu nennen, die ebenfalls zur Digitalisierung von Printwerken geeignet sind, vgl. hierzu ausführlicher den 2. Vergütungsbericht BT Drucks. 14/3972, S. 12 f.

[67] Ein CD-Brenner zum Nachrüsten eines PCs wird ab ca. 50 € angeboten; eigene Erhebung im Oktober 2003 bei den Elektronikfachmärkten Mediamarkt, Saturn, Promarkt, Vobis.

[68] International Federation of the Phonographic Industry.

[69] Pressemitteilung der IFPI Deutschland vom 16. Juli 2001, vgl. www.ifpi.de/news/news-129.htm.

zwischenzeitlich von einem erheblichen Anstieg der Markt-penetration auszugehen.[70] Die Zahl der mit diesen Brennern vervielfältigten CDs geht dabei in den dreistelligen Millionenbereich, allein mit Musikwerken sollen im Jahr 2002 ca. 259 Mio. Rohlinge bespielt worden sein.[71] Da handelsübliche 700 MB CD-ROM Rohlinge für Filmwerke keine ausreichende Kapazität bieten – es sei denn, diese werden in einem zeitraubenden und technisch komplizierten Verfahren in das oben genannte MPEG-4 Format umgewandelt –,ist Medium der Wahl für diese Werkkategorie die DVD.

b) DVD

DVD (Digital Versatile Disc) ist der Oberbegriff für ein neues[72] System, Daten auf einer Disc ähnlich der CD-Rom zu speichern. Bei gleicher Größe und gleichem Aussehen stellt die DVD eine wesentlich höhere Kapazität[73] zur Verfügung, die erstmals auch die digitale Speicherung von Filmmaterial ohne großen Aufwand ermöglicht.[74] Mittlerweile sind Abspielgeräte für den Hi-Fi-Markt flächendeckend verbreitet und sogar an Tankstellen und in Heimwerkermärkten für unter 100 € erhältlich. Auch in PCs sind DVD-Player Standard, die zum Abspielen von Filmen zusätzlich entweder einen MPEG-2 Decoderchip als Hardwarelösung oder einen (wesentlich langsameren) Softwaredecoder benötigen. Beide Gerätetypen sind abwärtskompatibel, d.h. sie sind trotz technischer Unterschiede der Aufnahmemedien in der Lage auch CDs abzuspielen. Einige Hersteller von

---

[70] Schätzungen gehen davon aus, dass im Sommer 2002 ca. 60 % der Neugeräte mit einem Brenner ausgestattet waren, vgl. *Meier*, WiWo Nr. 32/2002, S. 60; im Jahre 2003 dürfte diese Zahl auf nahezu 100% gestiegen sein, und sogar Laptopcomputer haben i.d.R. einen CD-Brenner, teilweise sogar einen DVD-Brenner.

[71] Jahreswirtschaftsbericht der Phonographischen Wirtschaft 2002, S. 15.

[72] Streitigkeiten um Standards verzögerten lange die Markeinführung der DVD. Durchzusetzen scheint sich nunmehr das sog. DVD+R Format, das von den führenden Herstellern HP, Ricoh, Sony und Philips verwendet wird.

[73] Es gibt vier verschiedene Typen von DVD, die ein unterschiedliches Speichervolumen zwischen 4,38 GBytes (einseitig, eine Schicht) bis zu 15,9 GBytes (doppelseitig, zwei Schichten) vorweisen. Die DVD basiert auf einer völlig anderen Technik als die CD und kann deshalb Daten in mehreren optischen Schichten speichern. Zudem ist es möglich, sie beidseitig zu bespielen, vgl. zu den technischen Details www.disc4you.de/kompendien/dvd/aufbau/physik.htm.

[74] Eine Weiterentwicklung der DVD, die sog. Fluorescent Multilayer Disc (FMD), soll einen Speicherplatz von bis zu 8 Terrabytes bei sehr schnellen Zugriffszeiten bieten. Möglich wird dies durch eine vielschichtige Aufzeichnung der Daten mit 4,7 GByte *pro Layer*. Zu den technischen Details vgl. www.constellation3d.com/tech_frameset.html. Solche Aufnahmekapazitäten lassen sich durch Einsatz blau-grüner an Stelle der bisher verwendeten roten Laser nochmals um den Faktor 20-100 steigern, so dass künftig ganze Filmbibliotheken auf kleinstem Raum Platz finden werden. Die Funktionsweise dieser Laser basiert auf einer um knapp die Hälfte kürzeren Lichtwelle, die deshalb kleinere Punkte unterscheiden kann, vgl. detailliert *Sesin*, Wiwo Nr. 13/1998, S. 179 f.

Hi-Fi DVD-Playern, wie beispielsweise Sony[75], hatten die Funktionalität dieser Geräte jedoch zunächst dahingehend eingeschränkt, dass CDs nur gelesen werden, soweit es sich um gekaufte Originalversionen handelt. Durch diese Einschränkung sollte das aus Sicht der Schallplattenindustrie umsatzverringernde Privatkopieren unterbunden werden, konnte sich jedoch nicht durchsetzen. Eine Vielzahl von Wettbewerbern (die nicht zugleich auch Tonträger verkaufen) bietet DVD-Player an, die sämtliche DVD/CD-Formate lesen können. Die eingeschränkte Funktionalität erwies sich damit als Wettbewerbsnachteil.

Wichtigstes Einsatzfeld der DVD ist die *DVD Video*, auch "Digital-Video-Disc" oder nur "DVD" genannt, eine speziell auf Video optimierte DVD. Sie kann in allen DVD-Playern und DVD-Laufwerken abgespielt werden und verfügt über eine Kapazität von bis zu 2 Stunden hochqualitativem Video pro Seite, 8 verschiedensprachige Tonspuren in Dolby Digital AC-3 oder MPEG-2 Audio sowie bis zu 32 anderssprachige Untertitel.[76] DVD Video bietet gegenüber VHS oder LaserDisc deutliche Vorteile in der Kapazität, der Qualität und den Möglichkeiten der Interaktivität. Zur Aufnahme stehen Geräte mit unterschiedlichen Standards zur Verfügung, die teilweise nicht kompatibel sind.[77]

DVD-ROM ("Read-Only-Memory") bezeichnet im Allgemeinen alle DVDs, die einmalig mit Computerdaten beschrieben werden und nur in Computer DVD- Laufwerken lesbar sind. Auf DVD- ROMs erscheinen Software, Spiele und Multimedia-Anwendungen, die allesamt regelmäßig nicht unter das Regime des § 53 Abs. 1 UrhG, sondern die leges speciales für Software und Datenbanken fallen. Auch Lexika und Telefonbücher nutzen die hohe Kapazität der DVD-ROM. Im Laufe der nächsten Jahre wird die DVD-ROM der bekannten CD-ROM in diesen Bereichen den Rang ablaufen, was auch für *DVD-Audio* gelten dürfte. Diese Form von DVD wurde als Standard 1999 verabschiedet, anhal-

---

[75] Die gleichzeitig einer der größten Anbieter geschützter Inhalte sind: das Filmstudio Paramount sowie SonyMusic zählen jeweils zu den größten Unternehmen der Film- bzw. Musikbranche.

[76] Eine DVD-Pressung mit verschiedenen Synchronisationen hat ein erheblich größeres Marktpotenzial als einsprachige Produkte. Da Kinofilme als Erstverwertung von Filmwerken zu unterschiedlichen Zeiten veröffentlicht werden, gerät die regional gestaffelte Verwertungskette (Kino - PayTV/Video - Free TV) durch Parallelimporte außer Kontrolle, vgl. hierzu *Sieber*, DMMV Gutachten, S. 81 (103). Filmindustrie und Gerätehersteller haben sich deshalb geeinigt, DVD-Videos und -Player mit einem Regional-Code zu versehen, so dass eine in den USA erworbene DVD sich nicht in einem für Europa bestimmten DVD-Player abspielen lässt. Das hiermit eröffnete Missbrauchspotenzial, in verschiedenen Märkten unterschiedliche Preise für dasselbe Produkt durchzusetzen, hat die Generaldirektion Wettbewerb der Europäischen Kommission auf den Plan gerufen, die Preisabsprachen vermutet, vgl. *Hargreaves*, FTD vom 11. Juni 2001, S. 23. Zu Rechtsfragen von Parallelimporten vgl. *Stücke* c't Nr.1/2001, S. 156 (158).

[77] Unterschieden werden DVD-R (einmal beschreibbar) und DVD-RW/DVD-RW+/DVD-RAM/DVD + R (wiederbeschreibbar). Durchzusetzen scheint sich dabei das sog. DVD+R-Format, das nicht nur von den führenden Herstellern HP, Ricoh, Sony und Philips verwendet, sondern auch vom Softwaregigant Microsoft favorisiert wird.

tender Streit über den Kopierschutz verzögerte jedoch die Nutzung im Musikbereich, die erst langsam an Fahrt gewinnt.[78]

Branchenkenner gehen wegen der Abwärtskompatibilität mittlerweile nicht nur davon aus, dass die DVD-Abspielgeräte den CD-Player ersetzen werden, sondern sind auch der Ansicht, dass CD-Brenner binnen drei Jahren durch DVD-Brenner verdrängt werden.[79] Angesichts von Preisen ab 130 € für die preisgünstigsten PC-Brennerlaufwerke und der gesteigerten Kapazitäten, die nunmehr auch Filme einfach kopierbar machen, würde dies wenig überraschen.

c)   *MP3-Player*

Neben der Übertragung auf CDs, die in MP3-fähigen CD-Playern lauffähig sind, werden komprimierte Titel auch auf *MP3-Playern* abgespielt. Diese teilweise nur feuerzeuggroßen Geräte haben derzeit eine Kapazität von 128 – 256 MB, was für 10 bis 20 Stunden Musik genügt.[80] Die Geräte werden über die USB-Schnittstelle des PC mit MP3-Files versorgt.

d)   *PVR*

Auf dem Markt der visuellen Medien wird ein weiteres Kopiergerät, insbesondere zur Aufzeichnung von TV Inhalten, angeboten. Sog. Personal Videorecorder (PVR) speichern in digitaler Form Fernsehsendungen auf einer Festplatte. Das Besondere an diesen Geräten ist, dass sie nach Eingabe eines bestimmten Profiles selbständig entsprechende Sendungen auswählen und speichern. Verfügen die Geräte zudem über eine sog. Autoskipping Funktion[81], mit der Werbeblöcke ausgeblendet werden, kann auf recht einfache Weise eine "Filmbibliothek" erstellt werden. Fände die Autoskipping Funktion breite Anwendung, hätte dies erheblichen Einfluss auf die wirtschaftliche Grundlage der Privatsender, die Werbeeinnahmen, mit denen letztlich die Filmrechte erworben werden und so den Rechtsinhabern zugute kommen. In den USA haben deshalb Medienunternehmen wie Disney, Viacom und NBC Klage gegen die Hersteller derartiger Geräte erhoben.[82] Neben Autoskipping bieten einige dieser Geräte Suchfunktio-

---

[78] Während Musikvideos das gleichartige VHS-Produkt mit 3 Mio. Einheiten gegenüber 0,4 Mio. Einheiten klar in den Schatten stellen, führen reine Audio-DVDs mit 0,3 Mio. Einheiten nach wie vor ein Schattendasein, vgl. Jahreswirtschaftsbericht der Phonographischen Wirtschaft 2002, S. 32.

[79] *Meier*, WiWo Nr. 32/2002, S. 60.

[80] Eine Ausnahme ist insoweit der nur 158 Gramm schwere Apple iPod mit einer Kapazität von bis zu 30 GB oder etwa 7.500 Musiktiteln, vgl. www.apple.com/de/ipod/.

[81] Vgl. *Hohensee*, Wiwo Nr. 47/2002, S. 92.

[82] www.lowpass.de/pvr.htm.

nen an, die nach Eingabe eines Nutzerprofils entsprechende Programminhalte herausfiltern und aufnehmen.[83]

Auch für Pay-TV-Sender stellt diese neue Technik erhebliche Gefahren dar, da die in einem gängigen Datenformat gespeicherten Filme per Breitbandmodem an Nicht-Abonnenten weiterverteilt werden können. Nachdem diese Geräte mittlerweile für ca. 400 € im Einzelhandel erhältlich sind, dürften sie wegen dieser Funktionalitäten eine rasche Verbreitung als Ersatz für herkömmliche Videorecorder finden.[84] Da sie auch ohne PC leicht zu bedienen sind, erschließen sich so noch breitere Nutzerschichten.[85] Zusammen mit einem HiFi-DVD-Brenner können nen selbst technische Laien Filme in DVD-Qualität erstellen, während es für das Kopieren von DVDs am PC einiger technischer Kenntnisse bedarf.

Um diesen Phänomenen zu begegnen, sollen Kopierschutzmechanismen entwickelt werden, die entweder eine Speicherung der Sendungen überhaupt nicht mehr zulassen, oder – sofern sich bei den Hardwareherstellern eine entsprechende Markierung durch Seriennummern durchsetzen lässt – nur noch auf dem aufzeichnenden Gerät abgespielt werden können. Wirksam sind derartige Mechanismen jedoch nur, wenn die Übertragung der Inhalte bereits in digitaler Form erfolgt, was derzeit noch nicht flächendeckend gewährleistet ist.[86] Werden die Sendungen dagegen noch analog ausgestrahlt, findet bei der Aufzeichnung erstmalig eine Digitalisierung statt, die nicht durch Schutzmechanismen verhindert werden kann. Bei den Hardwarelösungen sind die Rechtsinhaber zudem auf die Kooperation der Gerätehersteller angewiesen, die hieran natürlich nur ein geringes Interesse haben, berauben sie doch so ihrer Innovation einen Teil der Neuartigkeit.

II. Merkmale digitalisierter Werke aus Sicht urheberrechtlicher Nutzung

Zusammenfassend zeichnen sich in digitaler Form festgelegte Werke gegenüber der traditionellen analogen Werkform durch die folgenden Neuerungen aus, die Auswirkungen auf die urheberrechtliche Nutzung haben:

Unabhängig von der Werkart können, mit Ausnahme von Werken der bildenden Künste, alle Werke auf einfache Weise in identische digitale Formate über-

---

[83] Vgl. Focus Nr. 35/2003, S. 73.

[84] Eher konservative Schätzungen gehen davon aus, dass bis ins Jahr 2007 rund 700.000 Haushalte über einen PVR verfügen, Quelle: GoldMedia, zitiert nach Focus Nr. 35/2003, S. 75.

[85] Nach Schätzungen für die USA wird dort mit einer Verbreitung der PVR von 19 Mio. Geräten bis zum Jahr 2006 gerechnet, vgl. *Hohensee*, Wiwo Nr. 47/2002, S. 92.

[86] DVB wird über Satellit, Kabel und terrestrisch sowohl analog wie teilweise auch digital ausgestrahlt, so dass die Nutzer hier regelmäßig die Wahl der Übertragungsart haben.

führt werden bzw. von Anfang an in ein und demselben digitalen Format produziert werden. Die digitalen Daten können über die weltweiten Datennetze einfach, schnell und kostengünstig und auch automatisch auf Abruf verbreitet werden. Der Nutzer ist dabei im Wesentlichen unabhängig von der persönlichen Anwesenheit von Personen bei der Gegenstelle und kann die Daten zu Zeiten und von Orten seiner Wahl abrufen. Auch in körperlicher Form ist ein Verbreiten durch weitaus kompaktere, einheitliche Trägermedien wesentlich leichter möglich als bei analogen Daten.

Auf Grund des einheitlichen digitalen Formates können diese Daten beliebig mit geeigneten Softwareapplikationen verändert, mit anderen Werken und Werkarten kombiniert und danach genutzt werden, wie dies beispielsweise beim Sampling von Musikstücken der Fall ist. Gerade bei kombinierten Multi-Media-Werken fällt deshalb die Einordnung in den Katalog der (analogen) Werkarten schwer, was wegen der teilweise unterschiedlichen Regelungen zu Abgrenzungsschwierigkeiten führen kann.

Schließlich erlauben digitale Werke den sofortigen Zugriff auf jeden Punkt des Werkes, ohne vorher – wie z.B. bei einem Tonband – erst zu der gewünschten Stelle vorspulen zu müssen. Die Bedienerfreundlichkeit wird zudem durch Suchfunktionen oder Zusatzinformationen, z.B. den Titel eines Liedes bei einem MP3-Player, erweitert.

Aus Sicht des Vervielfältigungsrechts kommt hinzu, dass sich digitale Werkstücke ohne Qualitätsverlust reproduzieren lassen, mithin jede Kopie ein perfekter Klon des Originals ist, so dass es gerade bei der Werkvermittlung in Datennetzen schwierig wird, hier zwischen lizenzierten Originalen und illegalen Kopien zu unterscheiden.

Alle vorgenannten Charakteristika digitaler Werke beinhalten das Potenzial zu unkontrollierten urheberrechtlichen Nutzungen, d.h. an Stelle des Erwerbes eines lizenzierten Originals kann der Nutzer sich auch ohne größeren Aufwand eine mehr oder weniger kostenlose Kopie beschaffen, die die gleiche Funktionalität aufweist.

III. Technische Schutzsysteme

Auf diese Situation versuchen die Rechtsinhaber[87] zum Schutz ihrer Werke vermehrt mit einer technischen Lösung zu antworten.[88] Um eine unerlaubte Nut-

---

[87] Auch der Gesetzgeber hat im Rahmen der Urheberrechtsnovelle 1985 diskutiert, reprographierbare Inhalte mit einer Kennzahl zu versehen und Kopien nur von bestimmten Kopierstellen vornehmen zu lassen, die die Kennzahlen erfassen und eine entsprechende Vergütung abführen. Dieser Vorschlag der Verlagsbranche wurde jedoch als unpraktikabel und Hemmnis für Forschung und Wissenschaft (zu Recht) abgelehnt, vgl. hierzu *Möller*, Urheberrechtsnovelle, S. 37 f.

24

zung zu verhindern bzw. diesen Vorgang individuell zur Abrechnung zu erfassen, werden die digitalen Werke mit einer Schutztechnologie vor unbefugten Zugriffen gesichert.[89] Ziel ist es, regelmäßig ein Kopieren zu verhindern und nur noch ein Abspielen der Werke zur Wahrnehmbarmachung zu ermöglichen oder sogar diesen Vorgang an die jeweilige Nutzung eines Schlüssels zu knüpfen. Das dem Juristen wohl bekannteste Digital Rights Management System ("DRM-System")[90] ist die Datenbank Juris, über die seit Jahren Entscheidungen und Aufsätze gegen Entgelt abgerufen bzw. ausgedruckt werden können. Neben einer Version auf CD-Rom, die über einen Schlüssel alle 6 Monate neu aktiviert werden muss, besteht die Möglichkeit einer Online-Nutzung über ein Identifizierungssystem mit Einzelabrechnung für jede Recherche und jeden im Volltext abgerufenen Text.

Bei der Bewertung der Regelungen zur Privatkopie spielt die Funktionsfähigkeit dieser DRM-Systeme zum kontrollierten Vertrieb digitaler Inhalte eine erhebliche Rolle. Neben den urheberrechtlichen Schutz tritt der technische de-facto-Schutz durch die vom Rechtsinhaber eingesetzten DRM-Systeme, der von einem entsprechenden rechtlichen Schutz vor Umgehung vervollständigt wird.[91] Technische Schutzsysteme zielen dabei regelmäßig nicht auf einen "perfekten" Schutz selbst vor professionellen Hackern ab. Ein 100%iges Schutzniveau wäre illusorisch bzw. ein extrem hohes Schutzniveau wäre mit unverhältnismäßigem Aufwand verbunden.[92] Im Hinblick auf die Privatkopie sollte das Hauptaugenmerk vielmehr auf die Verhinderung einfacher Kopien durch den "Otto Normal-

---

[88] Ausführlich gehen die technischen Schutzsystemen und DRM gewidmeten Dissertationen von *Bechtold*, Informationsrecht, und *Wand*, Schutzmaßnahmen, auf die urheberrechtlichen Implikationen solcher Schutzmaßnahmen ein. Auf die dort vorgefundenen Ergebnisse wird verwiesen und im Rahmen dieser Arbeit lediglich ein kurzer Überblick über die wesentlichen Problemstellungen gegeben sowie Besonderheiten im Verhältnis zur Privatkopie erörtert.

[89] Vgl. hierzu *Möschel/Bechtold*, MMR 1998, S. 571 (572 f.).

[90] Gebräuchlich sind daneben verschiedene andere Begriffe wie Electronic Copyright Management Systems (ECMS), Automated Rights Management (ARM), Electronic Rights Management System (ERMS) und Intellectual Property Rights Management (IPRM), vgl. die Nachweise bei *Bechtold*, Informationsrecht, S. 2 Fn. 3.

[91] Weniger relevant dürften vertragliche Vereinbarungen für die Privatkopie sein, da diese kaum zu überwachen sein werden, so dass der Schutz vorwiegend von den technischen Schutzmaßnahmen ausgehen wird.

[92] An einem solchen Schutzniveau haben nicht zuletzt die Hersteller der Schutzsysteme kein Interesse, da sie sich ja sonst ihres Geschäftsmodells berauben würden. Entsprechend zeigte sich Microsoft wenig beeindruckt, als das Windows-Media-Schutzsystem gehackt wurde. Diese Lücke wurde kurzerhand mit einem Update gestopft, vgl. www.Itworld.com/AppDev/1471/IDG011024-microsofthack/. Deshalb ist entgegen *Pfitzmann/Federrath/Kuhn*, DMMV Gutachten, S. 58 f., auch nicht von einem endgültigen Sieg der Hacker auszugehen, selbst wenn "der Vorrat an undurchschaubaren Konzepten und Denkstrukturen, die der Designer der DRM-Software besitzt und nutzen muss, um das Hacken zu erschweren, stets begrenzt ist."

verbraucher" liegen, der durch massenhaftes Privatkopieren weit größere Umsatzausfälle verursacht als Kopierpiraten (vgl. insoweit Teil 1 B II 2).[93]

1. Funktionsweise von Schutzsystemen

DRM-Systeme arbeiten im Wesentlichen auf zwei Ebenen: der Nutzungskontrolle und der Nutzungsabrechnung.[94] Die verschiedenen Systeme haben dabei unterschiedlichste Ansatzpunkte und können auf einen Kopierschutz beschränkt sein oder einen Mechanismus vorsehen, der für jede Nutzung eines Werkes einen Kleinstbetrag an den Rechtsinhaber überweist (sog. Micropayment).[95]

a) Nutzungskontrolle

Wesentliche Voraussetzung des Funktionierens eines DRM-Systems ist eine robuste Nutzungskontrolle, die nur schwer bzw. mit unverhältnismäßigem Aufwand zu umgehen ist. Nur so kann der Rechtsinhaber sicherstellen, dass die Besitzer digitaler Inhalte diese in rechtmäßiger Weise verwerten. Die Nutzungskontrolle kann dabei auf der Ebene des Zuganges zu geschützten Inhalten erfolgen durch eine Einschränkung der Nutzungsmöglichkeiten oder als schwächste Form durch eine Markierung der Inhalte.

aa) Markierung der Inhalte

Erste Voraussetzung für alle DRM-Systeme ist, dass die geschützten Inhalte mit Informationen über die Rechtsinhaberschaft bzw. den Umfang berechtigter Nutzungen oder sogar den Berechtigten selbst verknüpft sind.[96] Zu diesem Zweck werden je nach zu schützender Werkart, z.B. bei grafischen Werken[97],

---

[93] Ähnlich auch *Schonning*, IIC 2000, S. 967 (972). Einschränkend ist dabei jedoch anzumerken, dass sich das Wissen über Umgehungsmaßnahmen über das Internet schnell verbreiten lässt. Es ist daher ein möglichst hohes Schutzniveau erforderlich. Dagegen stehen illegale Piraterieakte im Mittelpunkt der Untersuchung von *Sieber*, DMMV Gutachten, S. 81 ff.

[94] Ähnlich unterteil auch *TÜViT*, Bitkom Studie S. 23; dort wird die Sicherung der Inhalte und das Clearing unterschieden.

[95] Einen umfassenden Überblick zu den technischen Grundlagen bietet vor allem *Bechtold*, Informationsrecht, S. 19 ff., sowie auch *Wand*, Schutzmaßnahmen, S. 10 ff. Ferner sei auf das aus Sicht von Informatikern verfasste DMMV Gutachten von *Pfitzmann/Federrath/Kuhn*, S. 12 ff., verwiesen; an dieser Stelle wird lediglich der Vollständigkeit halber exemplarisch auf einzelne Systeme eingegangen.

[96] Diese zur Rechtswahrnehmung in DRM-Systemen hinzugefügten Informationen werden in der Informatik zusammenfassend auch *Metadaten* genannt, vgl. hierzu ausführlich *Bechtold*, Informationsrecht, S. 34 ff., mit einer Vielzahl von Beispielen über Initiativen zur Standardisierung von Metadaten sowie technischen Details einzelner Markierungsverfahren, a.a.O., S. 53 ff., 78 ff. sowie *Dittmann*, Digitale Wasserzeichen.

[97] Auf Grund des elektronischen Datenformates ist es natürlich auch möglich, in anderen Werkarten ähnliche Informationen über Rechtsinhaber und berechtigte Nutzer unterzubringen. Bei Musikstü-

sog. digitale Wasserzeichen verwendet, die meist nicht sinnlich wahrnehmbare[98] Informationen zur Rechtswahrnehmung enthalten und so eine eindeutige Identifizierung ermöglichen.[99] Ähnlich wie bei der Datenreduzierung wird hier die eingeschränkte Wahrnehmungsfähigkeit des menschlichen Auges genutzt, um zusätzliche Informationen in das Bild einzufügen die durch den binären Digitalcode nur für den PC erkennbar sind.[100] Um die Integrität der Informationen zur Rechtswahrnehmung zu wahren, also ein unberechtigtes Entfernen oder Manipulieren dieser Informationen weitest möglich zu verhindern, werden sie verschlüsselt und/oder in der Datei "versteckt", so dass sie selbst nach Veränderungen, Komprimierung etc. noch ausgelesen werden können.[101]

Werden markierte Inhalte vervielfältigt, bleiben die eingefügten Informationen erhalten, und können aus jeder Kopie ausgelesen werden. Werden Informationen über den Berechtigten eingefügt, lässt sich die Spur von Vervielfältigungen bis zu diesem zurückverfolgen.[102] Die Rechtsinhaber nutzen hierzu die verknüpfte Struktur des Internets um es mit einem Suchroboter Seite für Seite auf das Angebot von Werken mit digitalen Wasserzeichen hin zu scannen.[103]

Zur Identifizierung illegaler Angebote eignet sich auch das Verfahren des mathematischen Fingerabdrucks. Ähnlich dem menschlichen Fingerabdruck hinterlässt jedes Bild oder Musikstück ein anderes Muster, das sich mit einer mathe-

---

cken werden z.B. nicht hörbare Zusatzinformationen mit dem Datenstrom verwebt (sog. Elektronische DNA); vgl. zu den technischen Grundlagen *Dittmann*, Digitale Wasserzeichen; sowie zu Kryptographischen Fingerprints, d.h. jedes einzelne Werkstück wird für einen bestimmten berechtigten Nutzer markiert, vgl. *Biehl*, Copyright-Schutz, sowie *Pfitzmann/Federrath/Kuhn*, DMMV Gutachten, S. 35 ff.

[98] Ausführlich hierzu *Wand*, GRUR Int. 1996, S. 897 (898 f.), *Gass*, ZUM 1999, S. 815 (816 f.), sowie *Herrigel*, DuD 1998, S. 254 (256); bei sichtbaren Informationen spricht man vom sog. Tatooing.

[99] Dieses Verfahren, freilich in recht primitiver Form, ist auch aus der analogen Welt nicht unbekannt, und zwar in Form z.B. der ISBN (International Standard Booknumbering) bzw. ISSN (International Standard Serial Number) von Büchern bzw. Zeitschriften. Wesentlich weiter gehen dagegen der ISRC (International Standard Recording Code) bzw. die ISAN (International Standardized Audiovisual Number), mit denen Ton- bzw. Bild-Tonträger versehen und in einer zentralen Datenbank registriert werden, vgl. hierzu eingehender *Wand*, GRUR Int. 1996, S. 897 (898), sowie zur ISAN *Briem*, MMR 1999, S. 256 (257, 259).

[100] *Gass*, ZUM 1999, S. 815 (817).

[101] *Dittmann*, Digitale Wasserzeichen, S. 2.

[102] *Idealiter* hat auch jedes Vervielfältigungsgerät eine Seriennummer, die bei Vervielfältigungen automatisch in die Kopie eingefügt wird, so dass auch auf diesem Weg der Kopist identifizierbar wird.

[103] Entsprechende Suchmaschinen werden auch Spider genannt, vgl. hierzu *Pfitzmann/Federrath/Kuhn*, DMMV Gutachten, S. 41 f., die zudem auf einige Umgehungsmechanismen gegen Spider hinweisen; ein Anwendungsbeispiel dieser Technik ist z.B. MarcSpider zur Ergänzung von DigiMarc: www.digimarc.com/imaging/prspider.shtml.

matischen Formel beschreiben lässt. Im Internet kann gezielt nach der Verwendung dieses Musters gesucht werden, um unberechtigte Nutzungen aufzuspüren.[104] Dieses System ist relativ robust, da größere inhaltliche Änderungen notwendig wären, um einen anderen Fingerabdruck zu erzeugen. Zudem müssen für dieses Verfahren gerade keine Informationen zur Rechtswahrnehmung mit den Inhalten verknüpft werden, die gegen Angriffe zu sichern wären, sondern es genügt, dass der Berechtigte über das Suchmuster verfügt.

Unberechtigte Nutzer können so aufgespürt werden. Hieran zeigen sich aber auch die Grenzen der Markierungstechnologie. Soweit nicht zusätzlich Kopiersperren eingebaut sind, werden diese Informationen zur Rechtswahrnehmung bei einer privaten Vervielfältigung einfach auf das Vervielfältigungsstück übernommen. Da die Informationen bei einer Wahrnehmbarmachung des Vervielfältigungsstückes gerade nicht erkennbar sind bzw. in einer Form wiedergegeben werden, die zu keinerlei Nutzungseinschränkungen führt, eignet sich dieses Verfahren im Kampf gegen Piraterieakte. Eine Beschränkung der Privatkopie ist durch Markierung aber weniger erfolgversprechend, da deren Ergebnisse mit Ausnahme der P2P-Netze regelmäßig gerade nicht veröffentlicht werden. Insoweit müsste ein weiterer Schutzmechanismus hinzutreten.

bb)   Nutzungsbeschränkung

Bei Schriftwerken typische Beschränkungen ermöglicht z.B. die Software Acrobat von Adobe. Beliebige Dokumente lassen sich so in das portable Format PDF umwandeln. Dabei kann festgelegt werden, dass z.B. ein Ausdruck oder auch ein Ausschneiden von Textteilen zum Export in andere Dokumente nicht zugelassen wird. Lediglich das Ansehen des Werkes am Monitor verbleibt damit als mögliche Nutzung. Weitere Funktionen zum Publizieren von E- books verhindern darüber hinaus das Vervielfältigen von Inhalten. Für die Portabilität der Datei sorgt ein Löschmechanismus, der aktiviert wird, sobald ein Dokument weitergegeben wird.[105]

Von Technikern wird angenommen, dass ein sicherer Schutz nur durch Hard-/Software-Kombinationen erreichbar ist, während reine Softwarelösungen sich leicht umgehen lassen.[106] Zur Nutzungsbeschränkung wird deshalb auf eine Identifizierung der dabei genutzten Hardwarekomponenten gebaut. Prozessoren, CD-

---

[104] Vgl. die Meldungen in Wiwo Nr. 10/1999, S. 180 f., sowie http://golem.de/0201/17862.html.

[105] Vgl. zur Funktionsweise TÜViT, Bitkom Studie, S. 94 f.

[106] So *Federrath* (TU Dresden, FB Informations- und Kodierungstheorie), zitiert nach *Krempl*, Kopierschutz; ähnlich auch das DMMV Gutachten von *Pfitzmann/Federrath/Kuhn*, S. 19, 25 ff.

Brenner, Festplatten[107], Mobiltelefone und andere Komponenten sind häufig mit einer Seriennummer individualisiert, die elektronisch ausgelesen werden kann. Es ist damit möglich, Inhalte mit einem bestimmten Gerät zu verknüpfen und sie nur dort lauffähig zu machen. Dies wird z.b. bei der Software Windows von Microsoft genutzt, die jeweils nur für eine bestimmte PC-Konfiguration freigeschaltet wird.[108] Bei der kleinsten Änderung der Hardware, sei es nur dem Austausch der Grafikkarte, muss die Software bei Microsoft erneut aktiviert werden.[109] Umgekehrt könnte die Seriennummer der am Kopiervorgang beteiligten Geräte als Information zur Rechtswahrnehmung in das Vervielfältigungsstück eingefügt werden, eine entsprechende Funktion der Vervielfältigungsgeräte vorausgesetzt. Der Kopist, der seine Kopien in P2P Netzen oder anderweitig anbietet, ließe sich so im Nachhinein feststellen. Das Risiko der Entdeckung illegaler Nutzungshandlungen hätte somit abschreckenden Charakter.

Weiteres typisches Beispiel von Hard-/Software-Kombinationen zur Nutzungsbeschränkung sind die sog. Serial-Copy-Management-Systems (SCMS), die in Kopiergeräte eingebaut sind und nur das Kopieren von originalen Werkvorlagen erlauben, während Kopien von Kopien technisch verhindert werden. In Deutschland werden diese technischen Schutzmechanismen in für den Verbrauchermarkt bestimmten Audioaufnahmegeräten eingesetzt wie z.B. DAT, Minidisc, DCC und Audio-CD Brennern.[110] Wegen des geringen Markterfolges dieser Geräte werden Privatkopien freilich nur in geringfügigem Ausmaß verhindert. Zudem kann die Originalvorlage beliebig häufig kopiert werden, und es besteht schließlich – anders als in den USA[111] – kein gesetzlicher Zwang der Gerätehersteller zum Einbau dieser Schutzmechanismen. Der bisher fehlende Schutz vor Umge-

---

[107] Eine Initiative der Industrie bestehend aus Intel, IBM, Matsushita und Toshiba hat bereits erste Standards zur Individualisierung von Festplatten verabschiedet, vgl. www.theregister.co.uk / content / 2/15620.html.

[108] Ein ähnliches Beispiel ist der Dienst Liquid Audio. Der Nutzer muss sich bei diesem entgeltlichen Angebot zunächst registrieren und gibt dabei die Seriennummer seines Prozessors preis. Die heruntergeladenen Musikfiles sind dann mit einem Wasserzeichen versehen, das zunächst Daten über den Nutzer sowie eine Verschlüsselung enthält, die nach einem Speichern auf der Festplatte nur auf dem registrierten Endgerät mit dem dort installierten Software-Decoder wahrnehmbar gemacht werden kann, vgl. hierzu sowie zu den Verfahren a2b und MS Audio von Microsoft *Leupold/Demisch*, ZUM 2000, S. 379 (380 f.).

[109] Ein durchaus für den Nutzer lästiges Verfahren, das wohl nur auf Grund der Marktmacht von Microsoft durchgesetzt werden konnte. Vgl. zum Verfahren *Sieber*, DMMV Gutachten, S. 81 (97 ff.).

[110] Vgl. den 2. Vergütungsbericht, BT Drucks. 14/3972, S. 12.

[111] Nach 17 U.S.C. § 1002 (a) müssen digitale Aufnahmegeräte *eine* Kopie zulassen. Der Anwendungsbereich der Norm ist neben einer Vielzahl anderer Einschränkungen u.a. nach § 1001 (3) auf Geräte beschränkt, die *vorwiegend* zur Aufzeichnung von Musikwerken bestimmt sind. Ausführlich zur Regelung technischer Schutzsysteme in den USA vgl. *Wand*, Schutzmaßnahmen, S. 196 ff.

hungsmaßnahmen ist eine weitere Ursache für den geringen Erfolg von SCMS.[112]

Die notwendige Interaktion von Inhalten und Hardwarekomponenten wird auch von verschiedenen anderen Schutzmechanismen genutzt, deren Ziel es ist, die Nutzung durch Vervielfältigung zu torpedieren. Zur Sicherung von Musik-CDs vor ungewollten Vervielfältigungen hat die Industrie z.b. ein Verfahren eingeführt, bei dem "Datenmüll" mit den Musik-Files verwoben wird.[113] Beim Abspielen der CD mit Audio-CD-Playern ist dieser nicht hörbar, der Kopierschutz greift vielmehr beim Vervielfältigen im CD-Brenner. Der Brennvorgang ist auf einen kontinuierlichen Datenfluss von der Datenquelle angewiesen, der durch den Datenmüll gelegentlich abreißt und damit den Kopiervorgang abbricht. Um dieses "Problem" zu beseitigen, verwenden die Kopisten eine Software wie z.b. Clone CD, die eine Identkopie herstellt, dabei also auch die Fehler mit überträgt, so dass dieser Kopierschutz relativ leicht zu umgehen ist.[114] Teilweise erreicht diese Kopierschutzmaßnahme ihr Ziel bereits deshalb nicht, weil verbesserte Brenner mit einer höheren Fehler-toleranz arbeiten, so dass ein größerer Zwischenspeicher existiert, der ein Abreißen des Datenflusses unterbindet. Auch der Kopierschutz wird hier häufig einfach im sog. RAW-Mode mitkopiert, d.h. das Auslesen der zu kopierenden CD oder DVD erfolgt systemnah auf Bitebene, so dass eine identische 1:1-Kopie eben auch des Kopierschutzes erstellt wird. Da diese technischen Verbesserungen der Brennersoftware auch im Interesse legaler Kopiervorgänge sind, dienen sie nicht ausschließlich der Umgehung der Schutzmechanismen.[115]

Ein noch primitiverer Versuch zum Schutz vor Vervielfältigungen war das Auf-blähen der Musikdateien einer CD. Diese Phantomdaten täuschen den zum Kopieren verwendeten Brennern eine größere Datenmenge als tatsächlich vorhanden vor, die die Kapazität der marktüblichen CD-Rohlinge übersteigt. Moderne Kopiersoftware wird mit solchen Hütchenspielertricks natürlich ohne weiteres fertig und erkennt derartige Dateien, die beim Brennen dann ausgeschlossen werden. Macht man sich die Mühe, jedes zu kopierende File per Hand (Drag and Drop) von der Vorlage in die entsprechende Aufstellung zu ziehen, kann dieser "Kopierschutz" selbst bei älteren Brennern mit einfachsten Mitteln um-

---

[112] 2. Vergütungsbericht, ebda. *Pfitzmann/Federrath/Kuhn*, DMMV Gutachten, S. 39, weisen zudem auf eine Vielzahl von Umgehungsmechanismen hin.

[113] Vgl. hierzu *Knight*, Internet Copying, sowie *Sieber*, DMMV Gutachten, S. 81 (100 ff.), der zudem ähnliche Verfahren zur Verhinderung der Verwendung kopierter Software beschreibt (a.a.O., S. 99 f.).

[114] Vgl. zu dieser Technik www.pcwelt.com/ratgeber/hardware/17678 /5.html sowie www.heise.de/-newsticker/data/jk-30.01.02-001/.

[115] Ein Beispiel ist die Software Burn Proof, vgl. hierzu www.dascomputerlexikon.de/lexikon/-b05.htm#Burn-Proof.

30

gangen werden – selbst wenn man unter Umständen auf einzelne Songs wegen ihrer Überlänge verzichten muss.

Die vorstehenden Beispiele zeigen, dass nur in Zusammenarbeit mit den Geräteherstellern Schutzmechanismen einen ausreichenden Wirkungsgrad erreichen, was zu einer Vielzahl von Initiativen der Inhalteindustrie geführt hat. Die SDMI, eine Initatiative der IFPI, bestehend aus mehr als 180 namhaften Unternehmen und Institutionen sowohl der Inhalte- als auch der Geräteindustrie, hat sich beispielsweise zum Ziel gesetzt, den Schutz digitaler Musik mittels einer offenen Plattform zum Abspielen, Speichern und Vertrieb von digitaler Musik zu verbessern und letztlich einen neuen Markt entstehen zu lassen.[116] Befriedigende Lösungen zum Schutz von Urheberrechten können nur durch solche breiten Aktionsbündnisse Erfolg haben, solange nicht der Gesetzgeber entsprechende Mechanismen zwingend vorschreibt.

      cc)   Zugangskontrolle

      aaa) Verschlüsselung der Inhalte

Um einen unkontrollierten Zugang oder Änderungen zu verhindern, werden die Werke digital verschlüsselt.[117] Bei der Verschlüsselung werden die Daten dergestalt codiert, dass sie beim Abspielen mit einem Gerät zur Wahrnehmbarmachung entweder das Werk überhaupt nicht wiedergeben oder nur in verzerrter Form, so dass ein Werkgenuss unmöglich ist.[118] Vor jedem Nutzungsvorgang muss der Berechtigte das Werkstück dann mit einem individuellen Schlüssel

---

[116] Vgl. hierzu www.sdmi.org/who_we_are.htm sowie GEMA Nachrichten Nr. 159 (1999) S. 41, und *Wandtke/Schäfer*, GRUR Int. 2000, S. 187 (191 f.). Zum SDMI-Projekt eines Kopierschutzes für MP3-Player vgl. www.heise.de/newsticker/data/ts-25.05.99-001/. Problematisch ist dabei der sog. Millenium Trigger, der nach Vorstellung der SMDI in MP3-Player integriert werden soll. Dieser Mechanismus lässt für eine Zeit lang die Wiedergabe sowohl nach SMDI-Spezifikationen codierter Music Files zu als auch gewöhnlicher MP3-Files. Ähnlich den Regionalcodes der DVD muss sich der Nutzer dann aber entscheiden, ob er künftig nur noch SMDI kompatible oder sonstige MP3-Files abspielen möchte. Entscheidet er sich für Letztere, ist sein Gerät für legal heruntergeladene SMDI Files unbrauchbar. Gerätehersteller werden – so die Hoffnung – künftig nur Geräte mit dem Millenium Trigger auf den Markt bringen, da sie andernfalls keine Lizenz für den SMDI Standard bekommen und ihre Geräte so nur für sonstige MP 3 Formate einsetzbar sind. Der Schutzmechanismus wird hier also ähnlich wie bei CSS genutzt, um konkurrierende Standards zu verdrängen. Vgl. zu diesem Problemkreis auch die DeCSS Entscheidung, auf die im folgenden Kapitel III. 2 eingegangen wird. Der Kunde wird sich diesem Problem natürlich durch den Erwerb von zwei Geräten effektiv entziehen können, was sicherlich nicht am Kaufpreis scheitern muss.

[117] Um die dabei entstehende Datenmenge gering zu halten, werden meist nur Teile verschlüsselt, ohne die jedoch eine Wahrnehmung des Werkes insgesamt scheitert.

[118] Vgl. zu den unterschiedlichen Verschlüsselungsverfahren *Wand*, GRUR Int. 1996, S. 897 (898); *Briem*, MMR 1999, S. 256 (258 f.); *Bechtold*, Informationsrecht, S. 23 ff. Nach *Pfitzmann/Federrath/Kuhn*, DMMV Gutachten, S. 20 ff., sind die Verschlüsselungstechniken die am weitesten ausgereifte Komponente von DRM- Systemen.

"öffnen". Zu unterscheiden sind dabei rein softwarebasierende Systeme und solche, die zur Entschlüsselung zusätzliche Hardwarekomponenten nutzen. Einfache Systeme lassen sich durch Eingabe eines Zugangscodes, z.B. eine Reihe von Ziffern und Zahlen, öffnen. Dieses Verfahren wird häufig bei Software genutzt, wobei jedoch eine Aktivierung nur beim Aufspielen neuer Komponenten auf die Festplatte notwendig wird, nicht jedoch bei jedem Nutzungsvorgang.[119] Das Verfahren ist jedoch wenig robust gegen Umgehung. Zum einen können uneingeschränkt Vervielfältigungen des Werkstückes stattfinden. Zudem kann auch die kopierte Version mit demselben Schlüssel aktiviert werden, der als einfache Zahlen- und Buchstabenkombination auch weitergegeben werden kann.

Auch DVDs sind verschlüsselt, und zwar mit dem sog. Content Scrambling System (CSS), bei dem zusätzlich zu den Inhalten ein verschlüsseltes Sondersignal auf dem Datenträger gespeichert ist. Zur Wahrnehmbarmachung kann eine Software zum Abspielen am PC oder ein eigener DVD-Player genutzt werden. Beide müssen die CSS Software lizenzieren[120], um einen Schlüssel zu erhalten, mit dem die codierten Inhalte wahrnehmbar gemacht werden können. Dennoch bietet dieses Verfahren nur einen geringen Schutz, da es allein eine Vervielfältigung im 1:1-Modus nicht verhindert. Vielmehr werden die verschlüsselten Inhalte (ohne das Sondersignal) mitkopiert. Sie können dann u.U. zwar nicht von einem CSS lizenzierten Abspielgerät bzw. -software aus gelesen werden, es gibt jedoch eine Vielzahl von Softwareplayern, die auch ohne das Sondersignal die kodierten Inhalte entschlüsseln.[121] Erst in Verbindung mit einem weiteren Kopierschutz wird eine Vervielfältigung der Inhalte verhindert. Blickt man in eine der vor Inkrafttreten des UrhInfG erschienenen PC-Zeitschriften, wird man dort natürlich schnell fündig, um mit einer entsprechenden Software auch diesen Kopierschutz zu entfernen und die so hergestellte Kopie unbeschränkt weiterzukopieren. Auch im Internet sind entsprechende Angebote in großer Zahl zum meist kostenlosen Download einer entsprechenden Software verfügbar.

Wesentlich robuster sind Systeme, die einen individuellen Schlüssel mit Hardwarekomponenten kombinieren, wie dies z.B. beim Pay-TV gängig ist.[122] Zur Wahrnehmbarmachung werden hier ein Decoder sowie eine persönliche Schlüsselkarte benötigt. Damit ist gewährleistet, dass immer nur ein Nutzer Zu-

---

[119] Aus dem Softwarevertrieb bzw. den dort angebotenen Testversionen ist ein weiteres Verfahren bekannt, das auf Verschlüsselung basiert. Die Testversion bietet entweder nur eine eingeschränkte Funktionalität oder ist nur für einen bestimmten Zeitraum nach ihrer ersten Aktivierung lauffähig. Erst nach Erwerb eines Schlüssels kann der gesamte Funktionsumfang genutzt werden.

[120] Zum Rechtsschutz durch Patente und Lizenzverträge über Schutztechnologien vgl. *Bechtold*, Informationsrecht, S. 178 ff.

[121] Vgl. *Pfitzmann/Federrath/Kuhn*, DMMV Gutachten, S. 23.

[122] Vgl. hierzu auch die Beschreibung des Schutzmechanismus bei *Sieber*, DMMV Gutachten, S. 81 (109 f.).

gang zu den Inhalten hat. Zwar kann die Karte in der Regel auch in fremden De-codern genutzt, aber nicht selbst vervielfältigt werden, da der Decoderschlüssel gegen ein beliebiges Auslesen gesichert ist. Aus der Nutzung von Software ist das ähnliche Verfahren des Schutzes mit sog. Dongles bekannt, also Hardware-Entschlüsselungskomponenten, die an den Computer angeschlossen werden müssen, um die Software zum Laufen zu bringen.[123]

Da auch bei diesem Verfahren der Schlüssel grundsätzlich beim Nutzer liegt, muss wie beim Pay-TV damit gerechnet werden, dass der Schutzmechanismus geknackt wird.[124] Gerade bei Online-Produkten eignet sich deshalb ein Verfahren zur Zugangskontrolle mit Hilfe sog. digitaler Container.[125] In diese werden Inhal-te verpackt, die damit für den Verkehr im Internet gesichert sind, aber auch beim Nutzer grundsätzlich nur in verschlüsselter Form vorliegen. Will ein Nutzer auf die Information zugreifen, wird automatisch eine Anfrage an den Server des Rechtsinhabers gestartet und die Berechtigung des Nutzers geprüft, der sich hierfür identifizieren muss. Fehlt die Berechtigung, kann sie sofort erworben werden und der Container anschließend geöffnet werden. Zwar kann auch bei diesem Verfahren der Zugangsschlüssel grundsätzlich vervielfältigt und weiter-gegeben werden. Der Berechtigte müsste jedoch dann auch die fremden Nut-zungen bezahlen, die bei jedem Abruf mit seinen Zugangsdaten anfallen, so dass er dies nur bei einer pauschalen Entgelt-regelung tun wird.

bbb) Kontrolle des Werkzugangs bei den Werkvermittlern

Ein weiterer Ansatzpunkt der Zugangskontrolle sind bei der Übermittlung un-körperlicher Werkexemplare die Werkvermittler wie Internet Service Provider (ISP[126]), Satelliten- und Kabelnetzbetreiber sowie Sender.

Eine besonders rabiate Methode verfolgt dabei das von der Phonoindustrie for-cierte Right Protection System (RPS), das auf der Ebene der ISP ansetzt. Mit Hilfe ständig aktualisierter "scharzer Listen" sollen die ISP den Zugriff ihrer Nutzer auf urheberrechtsverletzende ausländische Inhalte, quasi als virtuelle Grenzkontrolle i.S.d. § 111a UrhG, sperren.[127] Ein ähnlich zensorischer Ansatz

---

[123] Vgl. hierzu *Koch*, NJW-CoR 1994, S. 293 ff.

[124] Verschiedene Verfahren werden von *Sieber*, DMMV Gutachten, S. 81 (110 ff.) erörtert.

[125] Z.B. von Nachrichten- und Bildagenturen; daneben wird mit digitalen Containern auch ein Schutz der transportierten Daten ermöglicht, z.B. im medizinischen Bereich wird das Verfahren DigiBox zum Transport von Patientendaten zwischen Krankenkassen in den USA genutzt, vgl. *Kühne*, Raubbau, S. 2.

[126] Anbieter von Dienstleistungen zum Internetzugang wie T-Online oder auch die Universitäten für ihre Angehörigen.

[127] Vgl. www.ifpi.de/recht/re-22.htm; dazu auch *Merschmann*, Berliner Zeitung 76/2000, S. 20, sowie ausführlich *Lippert*, CR 2001, S. 478 ff., und *Bortloff*, GRUR Int. 2000, S. 665 (669).

wird auch in totalitären Staaten wie z.b. Kuba verfolgt, um dem eigenen Volk den Zugang zu regimekritischen Informationen aus dem Ausland zu versperren. Dass dieses System in praxi kaum effizient umsetzbar ist, zeigen Erfahrungen bei der Bekämpfung pornographischer und anderer jugendgefährdender Webseiten.[128] Da wohl kaum ein Sperren ganzer Länderdomains in Frage kommt, genügt es, dass der Anbieter den Namen der Seite geringfügig ändert oder seine Inhalte von einem anderen Server anbietet, um den Schutz auszuhebeln. Am stärksten spricht gegen ein solches System zudem der Umstand, dass diese "Beschlagnahme", eine typischerweise hoheitliche Maßnahme, weder durch die Exekutive stattfinden würde, noch eine gerichtliche Kontrolle gewährleistet wäre und somit im Belieben privater Vereinigungen wie der IFPI stünde. Eine rechtsstaatliche Horrorvorstellung. Einen noch radikaleren Ansatz verfolgt darüber hinaus das sog. IP-Blocking[129], d.h. das Sperren einer IP-Adresse eines ganzen Servers, der (auch) urheberrechtsverletzende Inhalte enthält. Auch dies ein in einem Rechtsstaat kaum durchzusetzendes Verfahren, das massiv gegen den Verhältnismäßigkeitsgrundsatz verstößt.

Weniger kritikwürdig sind Verfahren, die bei Rundfunk- und Kabelnetzbetreibern ansetzen. Da die Rechtsinhaber auch über das Sende- und Einspeisungsrecht verfügen, können sie die Rechtseinräumung von der Verwendung von Verschlüsselungsmechanismen abhängig machen. Was beim Pay-TV im gemeinsamen Interesse auch des Rundfunkveranstalters liegen dürfte, lässt sich dagegen beim Free-TV in der Regel nicht durchsetzen, da andernfalls zusätzliche Hardware zur Entschlüsselung notwendig wäre. Alternativ müssten die Inhalte mit Kopierschutzmechanismen versehen werden können. Dies setzt jedoch wiederum voraus, dass die nutzerseitig eingesetzten Vervielfältigungsgeräte diesen Kopierschutz erkennen und ihre Tätigkeit verweigern. Entsprechende Technologien existieren oder sind in Entwicklung, ihr Erfolg hängt jedoch davon ab, dass die Gerätehersteller diese Mechanismen in ihre Geräte einbauen.

b) Analoge Schutzmechanismen

Für analoge Medien, insbesondere im audio-visuellen Bereich, wurden bereits in der Vergangenheit Schutzmechanismen entwickelt. Schwerpunkt dieser Systeme war dabei das Verhindern des Zugangs (Pay-TV) bzw. von Vervielfältigungen (Video). Die Beschränkung des Zugangs zu Pay-TV funktionierte dabei wie auch bei digitalen Inhalten mit einem Decoder und einer dazugehörigen Schlüsselkarte. Das daneben bedeutendste System ist der von Macrovision her-

---

[128] *Krempl*, Kopierschutz.

[129] Ähnliche Akte der Selbstjustiz wären sog. Denial-of-Service-Angriffe, bei denen der Anbieter so lange mit Anfragen bombardiert wird, bis sein Server in die Knie geht. Die vom Bundesministerium des Inneren eingesetzte Task Force "Sicheres Internet" schlägt dagegen vor, solche Vorgehensweisen unter Strafe zu stellen, vgl. hierzu *Felzmann*, KES Nr. 3/2000, S. 61 ff.

34

gestellte Kopierschutz für Videokassetten, der auch für DVDs übernommen wurde.[130] Das Bild wird mit einem Störsignal versehen, das beim normalen Abspielen einer original Kassette nicht in Erscheinung tritt, sondern nur die automatische Pegelkontrolle des Helligkeitsreglers von Aufnahmegeräten stört. Eine so hergestellte Kopie kann nur in schlechter Qualität mit ständigen Helligkeitssprüngen wahrnehmbar gemacht werden, so dass ein Werkgenuss scheitert. Freilich wurden auch hier Umgehungs-maßnahmen gefunden, und zwar in Form einer Schnittstelle, die beim Kopieren zwischen die beiden Videorekorder geschaltet wird, um das Störsignal herauszufiltern.[131]

c) Nutzungsabrechnung und -verwaltung

aa) Nutzungsabrechnung

Kontrollen des Zugangs verfolgen keinen Selbstzweck, sondern tragen dem Umstand Rechnung, dass die Nutzer die Rechte der Rechtsinhaber regelmäßig nicht respektieren. Funktionierende Schutzsysteme zwingen den Nutzer also de facto zur Rechtstreue. Der Rechtsinhaber will jedoch die Werknutzung nicht per se unterbinden, sondern nur soweit hierfür keine Gegenleistung erbracht wird. Die Verwaltung und Abwicklung des Leistungsaustausches ist somit die zweite wesentliche Ebene von DRM-Systemen.

Die einfachste Form ist das pauschale Entgelt, das einmalig beim Erwerb des Vervielfältigungsstückes bezahlt wird, und der Nutzer hierfür einen dauerhaft nutzbaren Schlüssel zur Verfügung gestellt bekommt, wie dies z.B. bei Software häufig der Fall ist (bzw. war). Der Schlüssel kann jedoch ebenso wie die Inhalte selbst ohne weiteres vervielfältigt werden, so dass dieses Verfahren wenig geeignet ist, ein massenhaftes Privatkopieren einzuschränken.

Auch bei aktiven Registrierungsmechanismen hat der Nutzer seinen Schlüssel ständig zur Verfügung. Jeder Nutzungsvorgang wird jedoch selbständig online an den Rechtsinhaber gemeldet und kann damit abgerechnet werden. Mit derartigen Systemen wird insbesondere die Portabilität der Inhalte gewährleistet. Solange eine Online-Verbindung möglich ist, können die Inhalte auf beliebigen Endgeräten nach Wahl des Berechtigten abgespielt werden.

Ein anderes System namens "The Rights Locker"[132] verwaltet wiederum die Schlüssel zu den Werken, und zwar dergestalt, dass der Nutzer seine eigene Ko-

---

[130] Im digitalen Bereich firmiert dieses System unter dem Namen APS, vgl. *Laue/Zota*, c't 2/2002, S. 86 ff.

[131] Vgl. zu dieser Technik www.macrovision.com/solutions/video/copyprotect/ sowie *Bögeholz*, c't 20/1999, S. 132 ff. Zu anderen analogen Schutztechniken ausführlich auch bei *Pfitzmann/Federrath/Kuhn*, DMMV Gutachten, S. 32 ff.

[132] Entwickelt von der Bertelsmann Tochter Digital World Services, www.dwsco.com.

pie beliebig vervielfältigen und auf seinen Geräten speichern kann. Zum Werkgenuss muss dann jedes Mal auf einen im Netz gespeicherten Schlüssel zugegriffen werden. Vorteile dieses Systems sind die geringen Datenmengen, die für den Schlüssel übertragen werden, und die Nutzbarkeit auf verschiedenen Geräten. Mit den sog. Side-Loaded-Rights ist es zusätzlich möglich, diesen Schlüssel auch für Kopien körperlicher Werkstücke zu nutzen, die entsprechend verschlüsselt sind. Größter Nachteil des Systems ist erneut, dass Geräte ohne Online-Anschluss wie z.b. die Stereo-anlage nicht auf den im Internet bereitgehaltenen Schlüssel zugreifen können. Sollen Kabelanschlüsse für audio-visuelle Inhalte genutzt werden, müssen sie zudem rückkanalfähig sein, um den Schlüssel anfordern zu können.

bb)   Bezahlsysteme

Weiteres Element der Verwaltung von DRM-Systemen ist die Bezahlung.[133] Die dort auftretenden Probleme sind nicht neu, sondern entsprechen im Wesentlichen denen von E-Commerce-Anwendungen.[134] Der Anbieter will sichergehen, sein Entgelt zu bekommen, der Nutzer will dieses nur entrichten, wenn gewährleistet ist, dass er seine Ware tatsächlich erhält. Hinzu kommt, dass der Datenverkehr über Online-Netze nur unzureichend gegen Dritte gesichert ist, die so z.b. Kreditkarten- oder Kontonummern der Nutzer beim Bezahlvorgang ausspähen könnten. Die Akzeptanz und damit das Funktionieren von DRM-Systemen hängen daher wesentlich von der sicheren und effizienten Abwicklung der Bezahlung ab.[135] Dabei gilt, dass mit steigendem Transaktionsvolumen auch das Sicherheitsbedürfnis steigt. Daneben spielen die Kosten der Transaktion sowie die Praktikabilität der Zahlungsabwicklung eine wichtige Rolle.[136]

Offline-Bezahlungen, z.b. durch Überweisung nach Rechnungsstellung oder Erteilen einer schriftlichen Einzugsermächtigung, scheitern bei der ad-hoc-Nutzung häufig an den hiermit verbundenen Transaktionskosten, die gerade bei geringfügigen Nutzungen mit zu entrichtenden Kleinstbeträgen unverhältnismäßig hoch sind.[137] Zudem würde bei Vorkasse-Zahlungen der Vorteil des E-

---

[133] Verschiedene Modelle werden von *Manhart/Schroth*, Internet, dargestellt.

[134] Soweit überhaupt ein Entgelt verlangt wird. Es wäre denkbar, dass sich legale Angebote mit eingeschränkter Funktionalität über Direktmarketing oder Provisionen refinanzieren, die beim späteren Erwerb einer vollständigen Version anfallen.

[135] Nach einer Studie des Stern, zitiert nach *TÜViT*, Bitkom Studie, S. 54, sind nur ca. 10% der Online-Nutzer bereit, Kreditkartendaten im Internet preiszugeben, während rund 60% die Zahlung per Rechnung bevorzugen.

[136] Vgl. hierzu weiterführend *TÜViT*, Bitkom Studie, S. 51 ff.

[137] Dies gilt selbst bei völlig automatisierten Zahlungssystemen, soweit hier eine Mindestprovision je Zahlungsvorgang verlangt wird.

Commerce, zu jeder beliebigen Zeit auf die Inhalte zuzugreifen, wieder verloren gehen.

Zum Schutz der deshalb erforderlichen automatisierten Zahlungsverfahren werden verschiedenste Ansätze verfolgt. Zunächst wird versucht, durch eine Verschlüsselung des zur Zahlungsabwicklung erfolgenden Datenstroms ein Ausspionieren der übermittelten Daten zu verhindern.[138] Viele Nutzer sind jedoch dennoch nicht bereit, in diesem Umfeld persönliche Daten preiszugeben, da sie Hackerangriffe befürchten, bei denen der Verschlüsselungsmechanismus geknackt wird. Eine gewisse Steigerung des Sicherheitsgefühles ließe sich sicherlich durch den Einbau von Hardwarekomponenten in den Zahlungsvorgang erreichen, wie dies einige Banken mit Lesegeräten für EC-Karten beim Electronic-Banking anbieten[139], oder wie es mit der ebenfalls in die EC-Karte integrierten anonymen Geldkartenfunktion möglich ist.[140] Dieses System verliert hierdurch jedoch wieder an Flexibilität, da immer eine entsprechende Schnittstelle zum Anschluss der Lesegeräte vorhanden sein muss.

Einen anderen Ansatz verfolgen deshalb Systeme, die über einen neutralen Dienstleister abgewickelt werden, der meist von bekannten Unternehmen wie Banken betrieben wird und daher Vertrauen genießt. Für den Verkäufer wie den Kunden wird so der ordnungsgemäße Leistungsaustausch gewährleistet, der Kunde kann zudem gegenüber dem Verkäufer anonym bleiben. Ein Beispiel sind hier Treuhandsysteme, bei denen die Zahlung nur frei gegeben wird, wenn die Ware auch geliefert wird und umgekehrt.[141] Ein anderes Beispiel ist das sog. digitale Geld. Der Nutzer muss sich hierzu einmalig bei einem Dienstleister, meist einer Bank, registrieren lassen.[142] Er erhält danach zum Bezahlen elektronische Geldscheine mit einer einmaligen Seriennummer. Angriffe auf dieses System beim Nutzer sind daher weitest gehend sinnlos, da der digitale Geldschein jeweils nur einmal ausgegeben werden kann. Dieses System ist jedoch vergleichsweise umständlich und mit nicht unerheblichen Kosten verbunden, so dass es sich für DRM-Systeme mit Kleinstbeträgen nur bedingt lohnt. Aufgrund des Registrierungszwanges könnte zudem ein ad-hoc-Einkauf mit digitalem

---

[138] Am häufigsten erfolgt die Datenübertragung mit Hilfe des sog. Secure Socket Layer (SSL) Protokol, vgl. hierzu www.ssl.de/ssl.html.

[139] Sog. Home Banking Computer Interface (HBCI), ausführlich dokumentiert auf der Seite der Spitzenverbände der deutschen Kreditwirtschaft www.hbci.de.

[140] *Manhart/Schroth*, Internet.

[141] Z.B. Paybox, www.paybox.de, oder den Treuhandservice von Ebay, vgl. http://pages.ebay.-de/help/community/escrow.html.

[142] Angeboten wird dies noch von der Dresdner Bank und der Commerzbank, www.cybercash.de, während die Deutsche Bank dieses Projekt im Mai 2001 einstellte, vgl. www.tecchannel.de/news/-20010525/thema20010525-4474.html, nachdem man noch zur Cebit 2000 den großen Durchbruch gerade für Micropayments erhofft hatte, vgl. *Gröndahl*, FTD Online vom 27. Februar 2000.

Geld nicht stattfinden. Selbst wenn sich mit der Zeit mehr und mehr Nutzer für diesen Service registrieren würden, müssten die Anbieter von Informationsinhalten mit verschiedensten Anbietern des elektronischen Geldes eine vertragliche Bindung eingehen, um ihre Erlöse auch gutgeschrieben zu bekommen.

Die Musikbranche mit ihrer gemeinsamen Plattform Phonoline wählt deshalb ein etabliertes Bezahlungssystem mit weiter Verbreitung beim Kunden:[143] Die angeschlossenen Einzelhändler können die Entgelte über die Telefonrechnung des technischen Plattformbetreibers T-Com einziehen lassen oder aber nach Wahl des Kunden auf beliebige andere Zahlungssysteme wie Kreditkarte, Lastschrift etc. zu-greifen.

Aber auch dieses Verfahren ist sicherlich nicht der Weisheit letzter Schluss, so dass gerade die Unsicherheiten beim Bezahlen über Online-Netze auch dazu beitragen, dass die Nutzer lieber auf völlig unentgeltliche P2P-Systeme zugreifen, bei denen sie keine persönlichen Daten preisgeben müssen.[144]

2. Robustheit von Schutzsystemen

Ein wesentlicher Aspekt der Frage, ob technische Schutzsysteme die Aufgabe des Schutzes von Inhalten (mit)übernehmen können, ist die Robustheit eines Schutzsystems, d.h. die Frage, wie leicht sie überwunden werden können. Zwei Studien, eine im Auftrag der Bitkom (Gerätehersteller), die andere im Auftrag von DMMV (Produzenten von Multimediainhalten) und VPRT, kommen hier zu gegenteiligen Auffassungen: Die von Bitkom beauftragte Studie von TÜViT ist der Ansicht, dass derzeit bestehende Schutzsysteme "als technisch wirksam und gebrauchstauglich zu betrachten" sind.[145] Bitkom zieht hieraus den Schluss, dass diese Systeme die Pauschalvergütung ersetzen können.[146] Das zweite Gutachten im Auftrag des die vertretenden DMMV kommt dagegen zu dem Schluss, "In-

[143] Ausführlich hierzu Teil 1 B II 4.

[144] Die Analyse von *TÜViT*, Bitkom Studie, S. 55 f., hinsichtlich Anonymität, Sicherheit und Eignung bestehender Zahlungssysteme für den Online-Handel kommt zu dem ernüchternden Ergebnis (a.a.O. S. 56), "dass die dem Kunden vertrauten Bezahlverfahren zwar auch für den Online-Handel akzeptiert sind, aber insbesondere für das Micropayment nicht besonders geeignet sind. **DRM-Systeme benötigen geeignete Micropayment-Verfahren, damit interessante Geschäftsmodelle möglich sind.**" (Hervorhebung im Original).

[145] *TÜViT*, Bitkom Studie, S. 41.

[146] Um damit vor allem eine Vergütung für PCs zu vermeiden, wie sie von den VGen gefordert wird, vgl. die Presseerklärungen vom 4. März 2003 sowie vom 14. November 2002, www.bitkom.org/index.cfm?gbAction=gbcontentfulldisplay&ObjectID=4C42FADA-EAF1-4EDB-96DA36F1B2E929A0&CategoryNodeID=E3F2D1C2-2D01-4EA2-B297850237E0FA40&MenuNodeID=4C872DB6-8470-4B01-A36FD8C1EBA2E22D sowie www.bitkom.org/index.cfm?gbAction=gbcontentfulldisplay&ObjectID=685F98E2-49AA-4E07-B2231CC8149DA24F&CategoryNodeID=E3F2D1C2-2D01-4EA2-B297850237E0FA40&MenuNodeID=4C872DB68470-4B01-A36FD8C1EBA2E22D.

halte, die über CD, DVD und das Internet verbreitet werden, sind heute technisch katastrophal schlecht vor Verfälschung und unberechtigter Vervielfältigung geschützt".[147] Die Wahrheit dürfte wohl irgendwo in der Mitte liegen. Festzustellen ist, dass es jeweils eine Frage der Zeit war, bis für noch so ausgefeilte Schutztechniken ein Umgehungsmechanismus gefunden war. Schutzmechanismen mit niedrigem Schutzniveau, die nur Gelegenheitstäter abwehren, können dennoch sinnvoll sein, wenn diese den Hauptschaden verursachen oder nur geringe Werte verletzt werden. Wird dieser dagegen von professionellen Tätern verübt, die über entsprechende Ressourcen verfügen, muss das Schutzniveau entsprechend höher angesetzt werden, wobei damit zugleich die Kosten solcher Schutzmaßnahmen auch massiv steigen werden.

Die Unterschiede in der Bewertung durch die beiden Studien resultieren möglicherweise gerade in dem Schutzniveau, das für erforderlich gehalten wird, um die Ziele von DRM-Systemen zu erreichen. Das DMMV Gutachten geht grundsätzlich von einem starken Angreifer aus, da über das Internet praktisch jedermann Zugriff auf die Ergebnisse von Hobbyentwicklern und universitären Forscherteams[148] hat, die, vernetzt und auf der Basis von Open-Source-Softwareentwicklungs-werkzeugen[149], es zu einem Sport entwickelt haben, Schutzsysteme zu umgehen.[150] Besondere Bedeutung kommt deshalb manipulationssicherer Hardware zu.[151]

Die TÜViT-Studie hält es dagegen für ausreichend, wenn ein mittleres Schutzniveau entsprechend der ITSEC[152] Kriterien erreicht wird.[153] Zwar entspricht das

---

[147] *Pfitzmann/Federrath/Kuhn*, DMMV Gutachten, S. 3.

[148] Vgl. *Bechtold*, Informationsrecht, S. 116 Fn. 584, der über einen Wettbewerb berichtet, der für das Knacken der von SDMI entwickelten Markierungstechnologie $ 10.000 auslobte. Ohne sich hieran zu beteiligen, behaupteten mehrere Forschergruppen, alle Schutzmechanismen überlistet zu haben.

[149] P2P-Software basiert üblicherweise gerade nicht auf proprietären Codes, sondern wie z.B. Gnutella oder das darauf aufbauende Morpheus, auf offenen Standards, vgl. www.gnutellanews.com/information/what_is_gnutella.shtml.

[150] *Pfitzmann/Federrath/Kuhn*, DMMV Gutachten, S. 10, 14, 58 f. Insbesondere rein softwarebasierende Verfahren wie Watermarking-Systeme zur Kennzeichnung von Inhalten lassen sich von versierten Hackern entfernen, die ihr Know-how dann weiterverbreiten., vgl. a.a.O., S. 53 ff. Vgl. zur Hackerszene auch *Sieber*, DMMV Gutachten, S. 81 (116 f.).

[151] Die Entwicklung entsprechender Technologien steht nach *Pfitzmann/Federrath/Kuhn*, DMMV Gutachten, S. 19, 25 ff., 47 ff., derzeit noch am Anfang. Um hier ein ausreichendes Schutzniveau zu erreichen, müssen die Systeme mit aktiven Alarmsystemen ausgestattet werden, die bei Einbruchsversuchen selbständig Gegenmaßnahmen ergreifen. Wegen der hierfür notwendigen unabhängigen Energieversorgung über Batterien sind diese Systeme jedoch vergleichsweise teuer und erlauben auch nur eine zeitlich auf die Lebensdauer der Batterie beschränkte Laufzeit der Geräte.

[152] International harmonisierte Kriterien zur Bewertung der Sicherheit von IT-Systemen. Unterschieden werden niedriges, mittleres und hohes Schutzniveau. Ein mittleres Schutzniveau wird erreicht, wenn Angreifer mit beschränkten technischen Mitteln und Angriffspunkten abgewehrt werden können, wie z.B. für den E-commerce üblich.

mittlere Schutzniveau dem Aufwand, den man z.B. üblicherweise beim E-commerce anwenden wird, so dass es durchaus nicht für jedermann möglich ist, ohne größere Mühe in das System einzudringen. Gerade bei den in unkörperlicher Form übertragbaren Wirtschaftsgütern der Information reicht es jedoch, um den Schutz auszuhebeln, dass dieser einmalig umgangen wird und dann die ungeschützten Inhalte weiter-verteilt werden[154], so dass hier im Ergebnis wohl doch ein höheres Schutzniveau zu fordern ist. Insbesondere genügt es nicht, für eine von vielen Vertriebsformen ein solches Schutzniveau zu gewährleisten, sondern der Schutz des Gesamtsystems richtet sich nach dem "schwächsten Glied".[155]

3. Interoperabilität von Schutzsystemen

Nachdem die ISO mit Standards wie MP3 oder MPEG 4 zur Interoperabilität der Inhalte beigetragen hat, droht diesen Erfolgen die Gefahr, durch inkompatible DRM-Systeme leer zu laufen. Zur Sicherung digitaler Inhalte vor ungewolltem Zugriff werden, wie an den vorstehenden Beispielen zu sehen ist, die unterschiedlichsten Ansätze verfolgt, so dass es leicht passieren kann, dass ein bestimmter Standard z.B. nur mit einer bestimmten Software abgerufen werden kann oder auf bestimmten Hardwaregeräten nicht lauffähig ist. Interoperabilität, d.h. die Nutzung einer einheitlichen Basis als gemeinsamem Standard, gewinnt deshalb mehr und mehr an Bedeutung. Gerade hier besteht auch das Risiko, dass einzelne Anbieter mit großer Marktmacht DRM als Möglichkeit sehen, durch ihren technischen Standard konkurrierende Anbieter aus dem Markt zu drän-

---

[153] *TÜViT*, Bitkom Studie, S. 4, 20 ff. Daneben wird in dieser Studie die Korrektheit (nachweisbare Qualität) eines Schutzsystems als wesentliches Kriterium hervorgehoben, wofür wiederum eine ITSEC-Klassifizierung von 1 (niedrigstes Niveau) bis 6 (höchstes Niveau) existiert. Für DRM-Systeme sei die Stufe 2 ausreichend und angemessen, vgl. a.a.O., S. 22.

[154] So *Pfitzmann/Federrath/Kuhn*, DMMV Gutachten, S. 26, unter Verweis auf das Programm DeCSS zur Entschlüsselung von DVDs. Dieses Problem wird auch von *TÜViT*, Bitkom Studie, S. 28, angeschnitten, eine Lösung jedoch *allein* in gesetzgeberischen Maßnahmen und nicht in einem höheren Schutzniveau gesehen. Dabei wird übersehen, dass der nationale Gesetzgeber nur sein eigenes Hoheitsgebiet reglementieren kann, während das Internet sich gerade durch seine Internationalität auszeichnet, so dass gesetzgeberische Maßnahmen nur ein Baustein sein können.

[155] Insoweit ist der Ansatz der Bitkom Studie zu kritisieren. Die These, dass ein mittleres Schutzniveau ausreicht und entsprechende Schutzsysteme bereits existieren, wird an der eBook Software von Adobe und dem System EMMS von IBM festgemacht, die insgesamt nicht als Stichprobe genügen. EMMS ist hochkomplex und wegen der Lizenzkosten nicht für Rechtsinhaber mit einer geringen Zahl an Inhalten geeignet. Beide Systeme sind zudem auf Grund ihrer Architektur auf den Online-Vertrieb und die Nutzung mit speziellen Endgeräten oder einem Softwareplayer am PC ausgerichtet. Der Vertrieb körperlicher Vervielfältigungsstücke, die mit weit verbreiteten Endgeräten genutzt werden können wie z.B. CDs, bleibt dagegen ebenso unberücksichtigt wie die Frage des Schutzes, während die Inhalte diese geschützte Umgebung zur Wahrnehmbarmachung (zwangsläufig) verlassen.

gen.[156] Denkt man an den Softwaregiganten Microsoft, der den Wettbewerber Netscape[157] durch Verknüpfen des eigenen Internet-Explorer mit dem Betriebssystem Windows marginalisierte, nachdem er anfänglich den Trend der Internetbrowser verschlafen hatte, so sind Befürchtungen in dieser Richtung nicht unwahrscheinlich. Wie die "DeCSS" Entscheidung des New Yorker US Court of Appeals for the Second Circuit zeigt, ist diese Frage bereits praktisch relevant geworden.[158] Das Gericht bestätigte die erstinstanzliche Entscheidung und untersagte, gestützt auf Art. 1201a Abs. 2 des Copyright Act[159], die weitere Verbreitung der Software DeCSS, die programmiert wurde, um DVDs für den Werkgenuss zu entschlüsseln. DVDs sind nach dem CSS Standard (Content Scamble System) verschlüsselt und können deshalb nur auf DVD-Playern entschlüsselt werden, die über eine entsprechende CSS-Lizenz verfügen. Auf diese Weise entstand jedoch zugleich ein technisches Monopol, das die Anbieter von entsprechenden Endgeräten zur Wahrnehmbarmachung von DVDs defacto zwingt, die CSS zu lizenzieren.[160]

Zur Lösung dieser Probleme hat z.B. die MPEG Gruppe der ISO für den audio-visuellen MPEG-4 Standard bereits einen eigenen "Intellectual Property Management and Protection" (IPMP) Mechanismus integriert. Diese Bemühungen sind aufgegangen in den Arbeiten am MPEG–21 Standard, der auf Basis des MPEG-7 (Multimedia) Standards u.a. eine einheitliche Plattform für Informationen zur Rechtswahrnehmung an Inhalten umfassen soll (Digital Item Identification and Description).[161] Auch die EU geht in Erwägungsgrund 54 der Info-RL von einem dringenden Bedürfnis nach internationalen Standards aus, um so eine Inkompatibilität der Systeme zu vermeiden. Zu diesem Zweck werden nicht nur rechtliche Rahmenbedingungen – hier in Form der Info-RL – erarbeitet, sondern zugleich verschiedene technische Forschungsprojekte gefördert, die unter dem Dach von WIPO und ISO zusammenlaufen sollen.[162] Auf Grund der Vielzahl anderer Initiativen, die teils von öffentlichen Institutionen, teils von der Industrie

---

[156] Zu einem möglichen Marktversagen, das durch gesetzgeberisches Eingreifen korrigiert werden kann, vgl. auch *Bechtold*, Informationsrecht, S. 407 f.

[157] Mit einem Marktanteil bei Browsersoftware von zeitweise über 80%.

[158] www.eff.org/Cases/MPAA_DVD_cases/20011128_ny_appeal_decision.pdf.

[159] No person shall manufacture, import, offer to the public, provide, or otherwise traffic in any technology, product, service, device, component, or part thereof, that is primarily designed or produced for the purpose of circumventing a technological measure that effectively controls access to a work protected under this title.

[160] Kritisch zu derartigen Schutzstandards am Beispiel des Millenium Triggers (vgl. Fn. 116) der SDMI Initiative auch *Wandtke/Schäfer*, GRUR Int. 2000, S. 187 (191 f.), sowie *Schack*, JZ 1998, S. 753 (759).

[161] Vgl. ausführlich zur Tätigkeit der MPEG bei *Koenen*, MPEG.

[162] Vgl. zu den ESPRIT Projekten *Wand*, GRUR Int. 1996, S. 897 (900).

getragen werden, ist jedoch nicht vorhersehbar, welcher Standard sich hier durchsetzen wird.[163] Insgesamt ist jedoch ein Trend erkennbar, Standards offen zu gestalten und auf proprietäre Systeme wegen der damit verbundenen begrenzten Marktdurchdringung zu verzichten, d.h.: Wesentliche technische Standards, die für eine Vielzahl von Applikationen geeignet sind, werden für alle Systeme einheitlich definiert und unterliegen weder Patent- noch Know-how-Schutz.[164] Ein gutes Beispiel hierfür ist das Internet, das eine Kommunikation unterschiedlichster Hard- und Softwaresysteme erlaubt, oder die vom European Telecommunications Standards Institute standardisierte Multimedia Home Platform, bei der PC und Homeentertainement-Anwendungen verschmelzen.

Will man die Rechtsinhaber motivieren, existierende Schutzsysteme anzuwenden, kommt der Standardisierung eine wichtige Rolle zu, da sie sich meist vor einer Lizenzierung einer proprietären Lösung scheuen, nachdem sie in der Vergangenheit bereits, z.B. mit den unterschiedlichen Standards im Videomarkt, schlechte Erfahrungen gemacht hatten.[165] Auch das digitale Videoformat DVD brauchte mehrere Jahre bis zum Start und verhinderte so über längere Zeit ein digitales Filmformat, obschon die entsprechende Technik bereits existierte.

4.   Datenschutz und Datensicherheit

Ein weiteres wichtiges Thema in DRM-Systemen ist der Datenschutz. Aus dem Recht auf informationelle Selbstbestimmung wird nicht nur ein Abwehrrecht gegen unbeschränkte Datensammlung durch staatliche Institutionen abgeleitet, sondern auch ein staatlicher Schutzauftrag gegen private Datensammlung.[166] Auch Erwägungsgrund 57 der Info-RL konstatiert ein besonderes Bedürfnis zum Schutz personenbezogener Daten und verweist auf die Datenschutzrichtlinie 95/46/EG.[167] Bereits 1964 beeinflussten datenschutzrechtliche Erwägungen maßgeblich die Entstehung der gesetzlichen Lizenz für die Privatkopie. In der Personalausweise-Entscheidung des BGH[168] wurde unter Hinweis auf die grundrechtlich geschützte Privatsphäre das Begehren der Verwertungsgesellschaften zurückgewiesen, beim Verkauf von Tonbandgeräten die Personalien des Käufers zu registrieren, um das Inkasso zu erleichtern.

Gerade bei DRM wird demgegenüber ein weitaus größeres Datenaufkommen produziert, das zur Erstellung individueller Nutzerprofile ge- bzw. missbraucht

---

[163] Eine Übersicht verschiedener Initiativen zur Standardisierung gibt *TÜViT*, Bitkom Studie, S. 58 ff.

[164] Vgl. *Pfitzmann/Federrath/Kuhn*, DMMV Gutachten, S. 10.

[165] *Pfitzmann/Federrath/Kuhn*, DMMV Gutachten, S. 9.

[166] *Kloepfer*, K&R 1999, S. 241 f.

[167] ABl. EG 1995 Nr. L 281 S. 31 ff.

[168] BGHZ 42, S. 118 ff.

werden könnte.[169] Basiert ein DRM-System z.B. auf einem Schlüssel, bei dem jeder einzelne Nutzungsvorgang autorisiert werden muss, wird genau festgehalten, wann und in welchem Umfang Nutzungen stattfinden. Dass die Rechtsinhaber auch tatsächlich Interesse an derartigen Datensammlungen haben, ist nicht aus der Luft gegriffen. Zum einen sind genaue Daten über die Nutzungshäufigkeit und Intensität be-stimmter Inhalte ein hervorragendes Marketinginstrument. Je genauer das Kunden-verhalten bekannt ist, umso genauer kann ein Angebot auf ihn zugeschnitten werden, so dass sich Streuverluste weitest gehend vermeiden lassen. Durch elektronische Systeme ist auch der Aufwand, der für solche individuellen Angebote erforderlich wird, zu bewältigen. Darüber hinaus haben die Rechtsinhaber ein Interesse, Nutzungen nachzuvollziehen, um so gegebenenfalls bei einer Verletzung des DRM- Systems die undichte Stelle ausfindig machen zu können. Entsprechend wird z.B. beim SCMS für jedes Aufnahmegerät eine Seriennummer vergeben, die als Metadaten auf jedem Vervielfältigungsstück unbemerkt gespeichert werden. Schließlich können mit diesem Datenaufkommen möglichst nutzungsgenaue Lizenzgebühren vereinnahmt werden.

In Fragen des Datenschutzes unterscheiden sich urheberrechtliche Nutzungen jedoch nicht wesentlich von anderen Leistungen, insbesondere "Telediensten". Bei jedem Telefonat oder Onlinenutzung fallen z.B. bei der Telefongesellschaft nutzungsbezogene Daten an, die zum Nachweis der Leistungserbringung nach § 89 TKG i.V.m. der Telekommunikations-Datenschutzverordnung (TDSV) *zu diesem* Zweck gespeichert werden dürfen. Mit dem Teledienstedatenschutzgesetz (TDDSG) besteht daneben bereits eine datenschutzrechtliche Regelung für Leistungen nach dem Teledienstegesetz (TDG), die nach § 2 Abs. 2 Ziff. 5 TDG gerade auch Angebote von Waren und Dienstleistungen in elektronisch abrufbaren Datenbanken mit interaktivem Zugriff und unmittelbarer Bestellmöglichkeit erfasst, wo-runter auch der Vertrieb urheberrechtlich geschützter Inhalte fallen kann.[170]

Neben rechtlichen Maßnahmen können personenbezogene Daten auch durch eine entsprechende technische Ausgestaltung der DRM-Systeme geschützt werden. Dies kann z.B. durch anonyme Bezahlsysteme wie die vorstehenden Verfahren mit der Geldkarte oder elektronischem Geld erfolgen. Lediglich dem Anbieter der elektronischen Währung, über den die Zahlung abgewickelt wird, ist

---

[169] Vgl. hierzu bereits *Möschel/Bechtold*, MMR 1998, S. 571 (575). Zur Zulässigkeit der Erstellung von Nutzerprofilen in sog. virtuellen Videotheken vgl. *Ladeur*, MMR 2000, S. 715 ff. Hervorgetan hat sich in dieser Richtung der Softwareriese Microsoft. Ohne ersichtlichen Grund wurden unbemerkt und ohne Wissen der Nutzer Daten über die Nutzung von MS Office Anwendungen über das Internet an Microsoft übermittelt, vgl. hierzu ausführlich *Köhntopp/Köhntopp*, CR 2000, S. 248 (257). Erst massiver öffentlicher Druck bewegte Microsoft zum Einlenken.

[170] Vgl. auch die Legaldefinition von Telediensten in § 2 Abs. 1 TDG. Beim Einsatz von DRM- Systemen bestehen hier möglicherweise Regelungslücken, z.B. wenn die Übermittlung des Werkinhaltes nicht on-demand erfolgt, sondern z.B. lediglich der Zugangsschlüssel.

als Mittelsmann die Identität des Nutzers bekannt. Gegenüber dem Anbieter der Informationsinhalte tritt er dagegen nur in anonymer Form in Erscheinung.[171] Ist eine lückenlose Anonymisierung gewährleistet, kann durch DRM-Systeme sogar eine Verringerung der Datenerhebung erreicht werden. Denkt man an den bisherigen Verleih/Vermietung von Inhalten, so musste dabei jeder Nutzungsvorgang genauestens mit den personenbezogenen Daten des Nutzers registriert werden. Nur so ist sichergestellt, dass dieser die ausgeliehenen Medien auch zurückgibt. Bei einem unkörperlichen Verleih digitaler Inhalte kann dagegen durch das DRM-System die Nutzung zeitlich gesteuert werden, indem das Wahrnehmbarmachen zeitlich befristet wird, oder sich die Inhalte selbständig löschen. Die Anbieter von Inhalten in DRM-Umgebungen werden derartige Maßnahmen des Selbst- bzw. Systemdatenschutzes[172] häufig auch in anderen Konstellationen freiwillig übernehmen, da sie ein wertvolles Marketinginstrument gegenüber dem Nutzer darstellen.

Schließlich gibt der Gesetzgeber für die Technikgestaltung in §§ 3 Abs. 4, 4 Abs. 1 TDDSG das Ziel der Datenvermeidung verbindlich vor. Nach § 3 Abs. 4 TDDSG sollen Teledienste so ausgestaltet werden, dass dabei möglichst wenig Datenmaterial anfällt (Systemdatenschutz), was u.a. durch die in § 4 Abs. 1 TDDSG bevorzugte anonyme Bezahlung von Leistungen gewährleistet werden soll (Selbstdatenschutz).

5.   Praktikabilität und Marktakzeptanz

a)   Aus Sicht der Verbraucher

Ein wesentlicher Aspekt des Erfolges von DRM-Systemen ist deren Akzeptanz beim Nutzer, der vor allem auch von der Praktikabilität der Plattformen abhängt. Schwierig wird diese Aufgabe gerade dann, wenn bisher übliche Funktionen nicht mehr genutzt werden können und ersatzlos wegfallen. Dementsprechend endete der Versuch der Phonoindustrie, neu erschienene Musik-CDs mit einem Kopierschutz zu versehen[173], mit einem erheblichen Imageverlust, da man diese Mechanismen klammheimlich und ohne deutliche Hinweise quasi "über Nacht"

---

[171] Um hier nicht vom Regen in die Traufe zu gelangen, muss natürlich gewährleistet werden, dass der Anbieter des Zahlungssystems vertrauenswürdig ist und die Daten tatsächlich nicht an Dritte weitergibt oder zu anderen Zwecken als der Zahlungsabwicklung missbraucht.

[172] Vgl. zu diesen Begriffen ausführlich *Roßnagel-Roßnagel*, Datenschutzrecht, Kap. 3.4 bzw. *Roßnagel-Dix*, Datenschutzrecht, Kap. 3.5, sowie den Überblick von *Lanfermann*, RDV 1998, S. 1 (4). Zu Konzepten der Selbstregulierung und deren Überwachung durch eine freiwillig Datenschutzaudit vgl. *Roßnagel-Roßnagel*, Datenschutzrecht, Kap. 3.6 bzw. 3.7 jeweils mit ausführlichen Nachweisen.

[173] Das Label Zomba Records verkauft seine CDs seit Juli 2001 nur noch in einer nicht auf CD-Rom-Laufwerken abspielbaren Version, vgl. www.heise/de/newsticker/data/klp-06.07.01-000.

eingeführt hatte.[174] Der Kopierschutz hatte teilweise sogar zur Folge, dass einige ältere CD-Player und insbesondere CD-Rom-Laufwerke selbst lizenzierte Originale nicht wiedergeben können. Die Kunden reklamierten ihre gekauften CDs beim Handel, der diese Beschwerden und den so entstandenen Marktdruck an die Phonoindustrie weitergab.[175] Da die meisten Händler zugleich Hardware und Trägermedien verkaufen möchten, herrschen auf dieser Vertriebsstufe erhebliche Interessenkonflikte. Auch der Versuch, Kopierschutz durch den sog. Cactus Data Shield durchzusetzen, bescherte der Industrie heftige Reaktionen der Kunden, da die Software zu Beschädigungen des CD-Players und des Lautsprechers beim Abspielen von selbstgebrannten CDs führte. Der Grund: Beim Brennen einer gesicherten Datei werden als Musik-Daten getarnte Störinformationen mitkopiert, die erst beim Abspielen der Kopie zum Vorschein treten.[176]

Ein anderes Beispiel sind die in den 80er Jahren häufig verwendeten Dongles zum Schutz von Software. Nur wenn diese Zusatzhardware zur Entschlüsselung mit einer Schnittstelle des Computers verbunden war, konnte die so geschützte Software genutzt werden. Tatsächlich ließ sich dieser Schutzmechanismus gerade im Privatbereich nicht durchsetzen und wird deshalb heute nur noch für besonders teure professionelle Anwendungen verwendet.[177]

Bedenken hinsichtlich des Datenschutzes und der Datensicherheit des Bezahlungsvorganges waren bisher sicherlich auch eine der Ursachen, weshalb z.B. Music on Demand[178] auf der Nachfrageseite gegenüber dem Vertrieb von Offline-Medien wie CD und DVD keine große Rolle spielen. Nur wenn hier sowohl durch die Organisation als auch den rechtlichen Rahmen ausreichendes Vertrauen geschaffen wird, sind die Nutzer auch bereit diese entgeltlichen Systeme zu akzeptieren. Ähnlich der Zertifizierung von Online-Shops durch unabhängige Dienstleister[179] müssen die Anbieter urheberrechtlich geschützter Inhalte Vertrauen in ihr Angebot gewinnen.

Music on Demand ist auch im Hinblick auf die Gebrauchstauglichkeit ein gutes Beispiel für die (mangelnde) Akzeptanz von DRM-Systemen.[180] Beim lega-

---

[174] Vgl. www.heise/de/newsticker/data/cm-25.01.00-000.

[175] Vgl. *Röttgers*, Berliner Zeitung 282/2001, S. 17.

[176] *Hanekamp*, Berliner Zeitung 191/2001, S. 12.

[177] *Pfitzmann/Federrath/Kuhn*, DMMV Gutachten, S. 73.

[178] Vgl. zu diesem Geschäftsmodell ausführlich in Teil 1 B II 4 c).

[179] Wie z.B. www.trusted-site.de das von TÜViT, einer Tochtergesellschaft des TÜV, angeboten wird.

[180] Vgl. hierzu ausführlich insbesondere für DRM-Systeme in einer Online-Umgebung *TÜViT*, Bitkom Studie, S. 30 f. Viele der dortigen Forderungen an die kundenfreundliche Ausgestaltung dieser Systeme sind freilich nicht nur wünschenswert, sondern bereits mit Umsetzung der Fernabsatzrichtlinie zwingendes Recht, wie z.B. eine Information über AGB, die zustellungsfähige Adresse des Betreibers etc.

len Vertrieb substituieren diese Dienste die bisherigen CDs. Diese können beliebig oft abgespielt werden, sind ohne Gerät portabel und können, soweit kein Kopierschutz eingesetzt wird, beliebig oft vervielfältigt werden. Zudem ermöglichen sie durch den Vertrieb im Verbund mit einem Booklet ein haptisch-visuelles Einkaufs-erlebnis. Soll der Vertrieb on Demand erfolgreich sein, muss er entweder deutlich billiger erfolgen oder zusätzlichen Nutzen bieten, um bei den Nutzern Akzeptanz zu finden.[181] Die Möglichkeit, rund um die Uhr seine "Einkäufe" zu tätigen und direkt ausgeliefert zu bekommen, wird hierfür nicht genügen. Denn dem stehen, gerade beim Download größerer Dateien, lange Onlinezeiten und das Risiko einer unvollständigen Übertragung sowie schwer bedienbare Online-Systeme gegenüber.[182]

b) Aus Sicht von Geräteherstellern oder Werkvermittlern

Eine Kooperation zur Integration von DRM-Systemen mit den Herstellern von Geräten und Leermedien stellt sich für die Rechtsinhaber wegen unterschiedlicher Interessen teilweise als recht schwierig dar. Wird ein CD-Brenner mit einem Kopierschutzmechanismus versehen, der das Kopieren bestimmter CDs unterbindet, verliert dieser einen Teil seiner eigentlichen Zweckbestimmung, die gerade darin besteht, alle verfügbaren Vorlagen zu vervielfältigen. Die Verbraucher werden derartige Geräte meiden, solange bei einem Konkurrenten ein voll funktionsfähiges Gerät zu erhalten ist. Diese Erfahrung musste der japanische Gerätehersteller Sony erleben, der mit Sonymusic u.a. auch ein Plattenlabel im Konzern hat, und somit gegenläufige Interessen unter einen Hut zu bringen hatte. Bei DVD-Playern wurde ein Mechanismus eingebaut, der das Abspielen von kopierten CDs oder DVDs unterband. Konkurrenten wie Philips, die nach dem Verkauf von Polydor selbst nicht mehr auf dem Phonomarkt tätig sind, nutzten dies, um bei ihren Geräten gerade diese Funktionalität werblich herauszustellen, so dass Sony hier nach kurzer Zeit nachziehen musste.

Diese Erfahrungen lassen sich jedoch nicht für alle Gerätehersteller verallgemeinern. Das Beispiel der DVD zeigt, dass gerade die Gerätehersteller ein vitales Eigeninteresse an Schutzmechanismen haben. Die Filmindustrie weigerte

---

[181] Als Sonderproblem ergibt sich bei Musik, dass diese in Form von Alben vertrieben wird, d.h. einer "gebündelten" Sammlung von mehreren Songs eines Künstlers. Häufig sind die Nutzer jedoch nur an einigen wenigen Hits interessiert und müssen den Rest mitkaufen. Gerade bei einem Online-Vertrieb, wo jeder einzelne Song heruntergeladen wird, könnte die Akzeptanz dieses gebündelten Vertriebes weiter abnehmen. Auf der anderen Seite wird der durchschnittliche Nutzer nicht bereit sein, für die Hits bei entbündeltem Vertrieb deutlich höhere Preise je Song zu bezahlen, um den Rechtsinhabern den bisher erzielbaren Erlös zu sichern.

[182] Die Gebrauchstauglichkeit von DRM-Systemen durch den (Laien)Nutzer, aber auch den Anbieter der Inhalte, wird akribisch von *TÜViT*, Bitkom Studie, S. 30 ff., 61 ff., erörtert. Dies, und nicht die Robustheit gegen Angreifer, scheint quantitativ wie qualitativ das Hauptaugenmerk der Studie zu sein.

sich jahrelang, ihre Inhalte in einem digitalen Format auf den Markt zu bringen, bevor nicht ein ausreichender Kopierschutz gewährleistet war. Ohne entsprechende digitale Inhalte konnten die Gerätehersteller deshalb auch keine Geräte zur Wiedergabe vermarkten.[183] Es erstaunt daher wenig, dass Schutztechnologien häufig von Konsortien der Gerätehersteller entwickelt werden, die sich so ihren Einfluss auf die Ausgestaltung der Systeme zu sichern wünschen.

Weniger schwer dürfte es schließlich auch sein, Werkvermittler wie Fernsehanstalten oder Kabelnetzbetreiber zur Verwendung von Kopierschutzmechanismen zu bewegen. Hier sind es die Rechtsinhaber, die durch vertragliche Vereinbarungen entsprechende Mechanismen durchsetzen können, da sie in direkter vertraglicher Beziehung stehen.

6.   Stand der Entwicklung von DRM-Systemen

Technisch robuste Systeme haben noch nicht den erforderlichen Reifegrad erreicht und sind auch noch zu wenig praxiserprobt, um für den Massenmarkt eingesetzt zu werden.[184] Eine Schwachstelle ist hier häufig die fehlende Kooperation mit den Geräteherstellern und die Furcht der Rechtsinhaber, ihre Inhalte in nicht ausgereiften Systemen anzubieten. Zwar werden professionelle Hacker mit großer Wahrscheinlichkeit auch in der Lage sein, den bestmöglichen Schutzmechanismus irgendwann zu beseitigen. Hierauf zielt diese Technologie aber gerade nicht ab, sondern es soll vielmehr ein Schutzniveau erreicht werden, das den Durchschnittnutzer hindert, ungewollte Nutzungen vorzunehmen. Wie im folgenden Teil 1 B II nachgewiesen wird, sind es nicht die professionellen Hacker, die den größten Umsatzausfall verursachen, sondern es ist der "Otto Normalverbraucher". Dieser wird oftmals von der bloßen Existenz solcher Schutzmechanismen von Privatkopien abgehalten, da er den Aufwand einer Umgehungsstrategie scheut.[185] Andererseits kann auf entsprechende Mittel momentan noch verhältnismäßig einfach zugegriffen werden, sei es durch entsprechende Anleitungen in PC-Zeitschriften oder Angebote für Software zur Umgehung, die aus

---

[183] Auf dieses Dilemma weist *Bechtold*, Informationsrecht, S. 180, hin. Die Einhaltung von möglichst robusten technischen Schutztechnologien wird den Geräteherstellern im Rahmen von Lizenzverträgen über das Know-how zur (legalen) Wahrnehmbarmachung gesicherter digitaler Formate auferlegt. Entsprechend dürfen nur Lizenznehmer das DVD-Logo verwenden. Zu kartellrechtlichen Fragestellungen vgl. a.a.O., S. 193 ff.

[184] Dies muss auch die Bitkom Studie, S. 42, einräumen, die dennoch, ohne empirische Grundlage, im gleichen Atemzug feststellt: "An der Technik liegt es jedoch kaum, wenn bis jetzt im europäischen Bereich noch keine durchschlagenden Erfolgsmeldungen zu verzeichnen sind."

[185] Eine kleine Gruppe von Heavy-Usern wird sich natürlich auch künftig nicht abschrecken lassen, alles zu tun, um z.B. den neuesten Hollywood-Streifen noch vor dem Kinostart zu bekommen. Da es sich hier jedoch um meist jüngere, weniger kaufkräftige Käuferschichten handelt, steht der Umsatzausfall in keinem Verhältnis zu den Aufwendungen, die notwendig wären, um auch solche Nutzungen zu unterbinden.

dem Internet meist kostenlos heruntergeladen werden können. Das Verbot und die konsequente Verfolgung solcher Umgehungstechnologien ist deshalb von immenser Bedeutung. Es ist trotz dieser Schutzlücke davon auszugehen, dass unter Einsatz verhältnismäßiger Ressourcen für Forschung und Entwicklung von DRM-Systemen eine wesentliche Reduzierung ungewollter Nutzungen zu erreichen ist. Ob sich deren Einsatz jedoch für den Urheber selbst lohnt, so dass er damit die bisherige Verwertungskette außer Kraft setzen würde, ist wegen der nicht unerheblichen Kosten von DRM-Systemen eher fraglich, wobei sich bereits einige Dienstleister auf das Angebot einer DRM-Umgebung spezialisieren.[186] Bei Nutzung durch viele Kleinanbieter könnten sich also auch kostspieligere Systeme amortisieren. Schließlich ergibt sich eine Vielzahl an weiteren Unsicherheiten hinsichtlich der Sicherheit der Bezahlsysteme, des Datenschutzes und der Praktikabilität.

Zusammenfassend ist festzuhalten, dass auf dem Weg zu einer vollständigen Erfassung digitaler Nutzungshandlungen durch DRM-Systeme noch einiges an Strecke zurückzulegen sein wird. Sie sind derzeit nicht geeignet, den bisherigen urheberrechtlichen Schutz zu ersetzen, sondern können diesen lediglich ergänzen. Mittelfristig wird die Nutzung von Inhalten in einem DRM-Umfeld jedoch mehr und mehr an Bedeutung gewinnen und sollte deshalb durch gesetzgeberische Maß-nahmen begleitet werden. Denn der weitest gehend fehlende rechtliche Schutz macht einen großen Teil der Schwäche bisheriger Systeme aus.[187]

---

[186] Vgl. *TÜViT*, Bitkom Studie, S. 19.

[187] Ähnlich die Analyse von *Sieber*, DMMV Gutachten, S. 81 (127 f.), der jedoch nur auf Raubkopien abstellt und diese auch nicht hinreichend von den – auch de lege lata – legalen Privatkopien abgrenzt, die weitaus bedeutendere Umsatzausfälle verursachen (vgl. hierzu die Ergebnisse der Brennerstudie, Teil 1 B II 2). Gegen die Umgehung technischer Schutzsysteme bestand nach altem Recht nur ein völlig unzureichender Schutz, der vor allem auf *gewerbliche* Piraterieakte abstellte. Dagegen wurden Umgehungen zum rein privaten Gebrauch (mit Ausnahme der hier nicht untersuchten Software und Datenbanken) nicht erfasst, selbst wenn man nach der hier vertretenen Ansicht bereits nach altem Recht für die Schranke des § 53 Abs. 1 UrhG eine legale Kopiervorlage voraussetzte (vgl. hierzu ausführlich Teil 2 B II 5). Denn das bloße Umgehen von Schutzsystemen hätte wohl regelmäßig nicht ausgereicht, um eine so erstellte Kopiervorlage als rechtswidrig zu qualifizieren. De iure ändert sich dies maßgeblich durch Einführung der §§ 95a ff. UrhG, mit denen erstmals die technische Schutzmaßnahme direkt und umfassend geschützt wird. Vgl. zum bisher lückenhaften Schutz vor Umgehungsmaßnahmen nach deutschem Recht vor allem *Wand*, Schutzmaßnahmen, S. 143 ff., sowie aus strafrechtlicher Perspektive auch *Sieber*, DMMV Gutachten, S. 149 ff. Soweit dieser den Tatbestand des § 202a StGB erfüllt sieht, greift bei der Privatkopie jedoch regelmäßig § 53 Abs. 1 UrhG, so dass es sich nicht um einen unbefugten Eingriff handelt, vgl. *Lackner/Kühl-Kühl*, StGB, § 202a, Rz. 7 m.w.N. Dasselbe müsste für § 263a StGB gelten, soweit der Tatbestand überhaupt relevant wird.

B.   Ökonomische Rahmenbedingungen der Privatkopie

I.   Rechtsökonomische Bedeutung des Urheberrechts

Versteht man als Aufgabe der Rechtswissenschaft lediglich die Interpretation von Gesetzestexten, die von der Zielsetzung materieller Gerechtigkeit geleitet ist, so kann eine ökonomische Betrachtungsweise nur geringen Erkenntniswert bieten. Dagegen verfolgen die historischen "Staatswissenschaften" eine gesamtheitliche Betrachtung wirtschaftlicher, juristischer und gesellschaftlicher Fragestellungen.[188] Trotz eines Auseinanderdriftens der Rechts- und der Wirtschaftswissenschaften versucht die ökonomische Analyse des Rechts (Economic Analysis of Law) diesen Gesamtkontext wieder herzustellen.[189] Ausgangspunkt[190] dieses Wissenschafts-zweiges waren dabei die Untersuchungen von Robert H. Coase aus dem Jahr 1960, der die richterliche Rechtsfortbildung im Common Law untersuchte.[191] Er stellte dabei fest, dass Entscheidungen, die den Gebrauch knapper Ressourcen beeinflussen, meist an der Optimierung des Gesamtertrages aller Ressourcen orientiert waren, die Neuzuweisung der Ressourcen durch die Gerichte also den Gesetzen ökonomischer Effizienz folgten (sog. Pareto-Optimum[192]).

Überträgt man diesen Gedanken auf die Gesetzgebung, so hat diese gleichfalls zu berücksichtigen, ob das von ihr geschaffene Anreizsystem zu einer volkswirtschaftlichen Optimierung des Ressourceneinsatzes führt. Die ökonomische Analyse des Rechts soll dem Gesetzgeber Hilfestellung bei der Frage nach den "Kosten der Gerechtigkeit" leisten.[193] Justiert man die Schranke der Privatkopie neu, darf die Frage der ökonomischen Effizienz dieser Rechtsfigur also nicht unberücksichtigt bleiben.

---

[188] *Fezer*, JZ 1986, S. 817 (818); *Jost*, Effektivität, Einbandseite.

[189] *Kirchner*, Ökonomische Theorie, S. 1, bezeichnet die Schnittfelder von Rechts- und Wirtschaftswissenschaften hingegen mit dem Begriff der "Ökonomischen Theorie des Rechts".

[190] Grundlegend zu diesem Zweig der Wirtschaftswissenschaften *Posner*, Economic Analysis; weiterführende Hinweise bei *Assmann/Kirchner/Schanze*, Ökonomische Analyse, S. IX Fn. 1; zur Entstehungsgeschichte dieses Wissenschaftszweiges vgl. *Assmann/Kirchner/Schanze-Schanze*, Ökonomische Analyse, S. 1 ff.

[191] *Coase*, Soziale Kosten, S. 1; maßgeblich wurde diese Theorie auch von *Calabresi*, Yale Law J. Vol. 70 (1961) S. 499, geprägt.

[192] Vgl. allgemein *Schäfer/Ott*, Ökonomische Analyse, S. 24 f.

[193] In Deutschland wird die ökonomische Analyse des Rechts überwiegend in den Wirtschaftswissenschaften untersucht, während die Rechtswissenschaften dieser Betrachtungsweise eher zurückhaltend gegenüber stehen, vgl. hierzu *Fezer*, JZ 1986, S. 817 f. m.w.N.

1. Das Informationsdilemma - Marktversagen bei der Nutzung von Immaterialgütern

Betrachtet man das Urheberrecht aus der Perspektive ökonomischer Effizienz, stellt man fest, dass der Markt versagen würde, überließe man ihn uneingeschränkt dem freien Spiel von Angebot und Nachfrage. Gäbe es keine beschränkende Regelung zu Gunsten der Autoren und Produzenten, so würde es diesen regelmäßig nicht gelingen, am Markt der Informationsgüter eine Vergütung für ihr Schaffen bzw. ihre Investition zu erzielen. Denn der kostenorientierte Konsument würde nach Möglichkeit versuchen das Werk selbst oder durch Dritte zu kopieren, so dass ihm lediglich die Kosten des Vervielfältigungsvorganges entstünden. Zwar würde die Information auf diese Weise der Allgemeinheit optimalen Nutzen bringen, da sie am weitesten verbreitet würde. Geht der Rechtsinhaber jedoch leer aus, fehlt ihm ein monetärer Anreiz zu neuem Werkschaffen, so dass die Allgemeinheit langfristig nicht mehr von weiteren Schöpfungen profitieren würde. Die Wirtschaftswissenschaften fassen diese Marktsituation unter dem Begriff des "Informationsdilemma" zusammen.[194]

Ein Marktversagen genügt jedoch nicht allein zur Rechtfertigung eines Ausschließlichkeitsrechtes. Vielmehr muss dessen Existenz zu einem – zumindest besser – funktionierenden Markt führen.[195] Diese volkswirtschaftliche Effizienzsteigerung durch Gewährung privater Rechte versucht die Theorie der Property Rights zu belegen.[196] Property Rights legen fest, wem und in welchem Umfang die Nutzungen (Gebrauch der Ressource und ihrer Erträge, ihre Veränderung sowie ihre Über-tragung) einzelner Ressourcen zugeordnet sind.[197]

a)   *Kernhypothesen ökonomischer Theorien*

Ausgangspunkt der Überlegung ist die erste Kernhypothese ökonomischer Theorien, dass jedes Wirtschaftssubjekt versucht seine zur Verfügung stehenden Ressourcen individuell nutzenmaximiert einzusetzen (sog. REM-Hypothese:[198] resourceful, evaluating, maximizing men). Nimmt man die zweite Kernhypothese, die Annahme der Knappheit von Gütern, so ergibt sich, dass eine Ressource vernünftigerweise nur dann eingesetzt wird, wenn der Nutzen den Einsatz über-

---

[194] *Koboldt*, Property Rights, S. 69 (71).

[195] *Gordon*, Marktversagen, S. 329.

[196] Vgl. hierzu grundlegend *Schüller*, Property Rights, sowie *Lehmann*, GRUR Int. 1983, S. 356 ff.; kritisch äußern sich gegenüber diesem Ansatz *Fezer*, JZ 1986, S. 817 (821 f.); *Horn*, AcP Bd. 176 (1976), S. 307.

[197] Der Begriff geht dabei weiter als der des privaten Eigentums und umfasst auch die Nutzung öffentlicher Güter, unabhängig von der Rechtsform, vgl. hierzu *Schäfer/Ott*, Ökonomische Analyse, S. 515.

[198] Ausführlich *Tietzel*, Rationalitätsannahme, S. 115 (125).

wiegt. Die Gewährung eines Property Rights wird folglich davon abhängig gemacht, dass ihr Inhaber seine eigenen, knappen Ressourcen zum Einsatz bringt, da er sich hiervon einen gesteigerten Nutzen verspricht. Auf das Urheberrecht übertragen heißt dies, dass das Property Right den schöpferischen Einsatz oder Investitionen in geschützte Informationsgüter belohnt, soweit diese der Allgemeinheit zur Nutzung angeboten werden (sollen).[199]

b) Marktversagen infolge der Besonderheiten von Geistes-gütern

Das Urheberrecht und andere Geistesgüter weisen signifikante Unterschiede gegenüber sonstigen Gütern auf, die zu einem Marktversagen führen, das die Zuordnung eines Property Rights rechtfertigt. Im Folgenden soll dabei unterschieden werden[200] zwischen dem Informationsgut selbst (also z. B. einem Musiktitel), dem Träger-medium (etwa Compact Disc oder konzertante öffentliche Wiedergabe) und einer einzelnen Ausgabe oder Kopie (konkrete CD im Plattenschrank, bestimmte öffentliche Wiedergabe in der Waldbühne).

aa) Nichtrivalität in der Nutzung

Geistesgüter unterscheiden sich zunächst durch ihre *Nichtrivalität* in der Nutzung.[201] Die Verbreitung und Nutzung einer Werkausgabe führt nicht zu einem Verbrauch des Informationsgutes.[202] Es kann vielmehr wie die biblische Brotvermehrung[203] genutzt oder durch Vervielfältigung unendlich oft vermehrt werden, ohne dabei an Informationsgehalt zu verlieren.[204] Dies zeigt sich besonders deutlich bei digitalen Vervielfältigungen, die einen identischen Klon des Originals darstellen und die ohne Inhaltsänderung oder Abnutzungserscheinungen beliebig oft kopiert werden können. Jeder Besitzer einer Werkausgabe kann sich daher als Kopist betätigen und damit am Markt für Informationsgüter mit dem Informationsproduzenten in Wettbewerb treten. Die nichtrivalisierende Nutzbarkeit von Geistesgütern macht sie somit anfällig für die kostenlose Übernahme

---

[199] Diese These wird auch nicht durch die vermehrte Verbreitung von Open Source Software wie dem Betriebssystem Linux widerlegt. Der (Mit-)Urheber erhält hier zwar für seine schöpferische Leistung an der Fortentwicklung des Quellcodes keine Vergütung. Der Ressourceneinsatz basiert hier jedoch auf der Annahme, dass sich andere Marktteilnehmer gleichermaßen verhalten werden, so dass das weiterentwickelte Werk ebenfalls unentgeltlich selbst genutzt werden kann. Zu Linux und dem Spannungsverhältnis von freier Software und Urheberrecht auch ausführlich *Grzeszick*, MMR 2000, S. 412 ff.

[200] In Anlehnung an *Pethig*, JITE/ZgS Bd. 144 (1988), S. 462 (463).

[201] Hierzu *Landes/Posner*, Journal of Legal Studies vol. XVIII, S. 325 (326).

[202] *Koboldt*, Property Rights, S. 69 (72).

[203] Speisung der Fünftausend, *Matthäus* 14, 21 – 22: "von fünf Broten und zwei Fischen aßen alle und wurden satt und hoben auf, was übrig blieb von Brocken, zwölf Körbe voll."

[204] *Gordon*, Marktversagen, S. 329.

durch Dritte, die damit in einem freien Markt einen Wettbewerbsvorteil gegenüber den Rechtsinhabern hätten.[205]

bb)   Nicht-Exklusivität von Geistesgütern

Ein weiteres Charakteristikum von Geistesgütern ist, dass es dem Produzenten des Gutes grundsätzlich nicht möglich ist, alle Nichtzahler von der Nutzung effektiv auszuschließen, sie also *nicht-exklusiv* sind. Sobald das Informationsgut erstmals veröffentlicht wurde, kann jeder, der in Besitz einer Werkausgabe gelangt, den Inhalt nutzen, ohne dem Produzenten für jeden Nutzungsvorgang eine Vergütung zukommen zu lassen. In einem freien, unreglementierten Markt könnte der Besitzer damit aber zugleich selbst auch als Anbieter von Informationsgütern auftreten. Seine Herstellungskosten wären auf die Stückkosten für die weitere Vervielfältigung sowie Fixkosten für den Erwerb der Kopiervorlage beschränkt, der insbesondere bei großen Auflagen kaum ins Gewicht fallen dürfte. Durch diesen Kostenvorsprung des Nachahmers würde nur ein geringer monetärer Anreiz zur Herstellung von Informationsgütern bestehen, da nur wenige als Kopierexemplare dienende Vervielfältigungsstücke zu einem über die Herstellungskosten hinausgehenden Preis abgesetzt werden würden, so dass sich der Schaffensprozess bzw. die Investition in Informationsgüter nicht lohnen würde. Auch insoweit versagt also ein freier Markt.

cc)   Lösung des Marktversagens durch Versorgung mit öffentlichen Gütern?

Öffentliche Güter sind charakterisiert durch ihre Nicht-Rivalität und Nicht-Exklusivität.[206] Nach dieser Definition gehören auch Informationsgüter[207] (teilweise) zu den öffentlichen Gütern.[208] Die Rechtsordnung könnte nun vorsehen, dass die Produktion von Informationsgütern durch den Staat erfolgt, womit einerseits die Nicht-Rivalität des Informationsgutes es erlauben würde, dieses *jedermann* zugänglich zu machen und somit den Nutzen zu maximieren. Zudem wäre das Problem der Nicht-Exklusivität dadurch gelöst, dass jedermann durch die Steuerzahlungen die Informationsproduzenten subventioniert und somit an den Kosten der Produktion beteiligt wäre.[209] Im Zeitalter des grenzüberschreitenden Internets scheitert dieses Modell jedoch bereits an der Unkontrollierbar-

---

[205] So *Koboldt*, Property Rights, S. 69 (73).

[206] Ausführlich *Gordon*, Columbia Law R. Vol. 62 (1982), S. 1600 (1611).

[207] An dieser Stelle ist die Unterscheidung von Informationsgut und Informationsträger von besonderer Wichtigkeit. Der Informationsträger, also z.B. die körperliche Festlegung des Informationsinhaltes auf einer CD, ist ein gewöhnliches privates Gut, vgl. *Koboldt*, Property Rights, S. 69 (72); *Gordon*, Marktversagen, S. 328 (330).

[208] *Sieber*, NJW 1989, S. 2569 (2577).

[209] Vgl. *Gordon*, Marktversagen, S. 328 (330).

keit des Transfers von Informations-gütern in andere Staaten. Im Ausland wären die Informationsnutzer nicht ausschließbar und könnten kostenlos auf das Gut zugreifen.

Im Übrigen haben die westlichen Wirtschaftsordnungen diesem "sozialistischen" Ansatz aber auch aus anderen Gründen eine Absage erteilt und sich für eine Produktion von Informationsgütern durch den Markt entschieden. Dies ergibt sich zunächst aus der historischen Entwicklung der Wirtschaftsordnungen zu einer Marktwirtschaft. Ferner liegt diesem Ansatz die Annahme zu Grunde, dass staatlich gelenkte Organisationen wegen ihrer Größe bevorzugt an bestehenden Strukturen festhalten. Innovationen bedeuten dagegen Veränderungen, denen grundsätzlich Bedenken entgegengebracht werden.[210] Noch augenfälliger wird dieses Versagen staatlicher Produktion bei schöngeistigen Werken. Die Wertschätzung von Kunst kann sich nicht an den Geschmackspräferenzen staatlicher Repräsentanten orientieren. Gültig ist hier vielmehr ein universeller Wirkbereich.

dd) Folge: Marktlösung des Informationsdilemmas durch Gewährung von Property Rights

Entscheidet sich eine Rechtsordnung demnach für eine Marktlösung, so ist wegen der Nicht-Rivalität und -Exklusivität der Informationsgüter und dem damit verbundenen Marktversagen ein Gegengewicht aufzustellen. Die Gewährung von Property Rights durch die Rechtsordnung sowie deren effiziente Durchsetzung verhindern daher ein beliebiges Zugreifen auf die veröffentlichten Informationsgüter und sorgen für einen monetären Anreiz zur Kreation neuer Werke.

ee) Internalisierung externer Effekte

Property Rights dienen also der Steuerung des Verhaltens der Marktteilnehmer und sollen einen Anreiz zur Effizienzmaximierung bieten.[211] Die Wirtschaftswissenschaften beschreiben diese Gesetzmäßigkeit als Wohlstandsgewinn in Form von Innovationen durch Internalisierung externer Effekte.[212] Gemäß einer Untersuchung von *North* und *Thomas*[213] war die Entwicklung neuer Property Rights in der Landwirtschaft eine der wesentlichen Ursachen für die industrielle Revolution in Nordeuropa: Der Ertrag pro Einheit Bodenfläche aus Ackerbau übersteigt

---

[210] *Gordon,* Marktversagen, S. 328 (331).

[211] Property Rights develop to internalize externalities when the gains of internalization become larger than the costs of internalization. So *Demsetz,* American Economic Revue Vol. 57 (1967), S. 347 (350).

[212] Grundlegend *Tietzel,* ZfWP 1981, S. 207 ff.

[213] The Rise (1979).

den der Viehhaltung. Die Umwidmung (Einzäunung) bisher von der Allgemeinheit genutzten Weidelandes (Allmende) durch die Grundherren (= Internalisierung durch Einzäunung) und die nunmehr private Nutzung führten zu einer wesentlichen Steigerung der Produktion an Nahrungsmitteln. Somit war die Versorgung der wachsenden Bevölkerung gesichert, die dann als Arbeitskräfte in der industriellen Produktion zur Verfügung standen. Die bis dato wirtschaftlich führenden südeuropäischen Staaten verzichteten dagegen auf diesen Strukturwandel und büßten ihr ökonomisches Schwergewicht ein.[214] *Lehmann* weist anhand eines anderen Modells nach, dass eine gesamtwirtschaftlich optimale Ressourcennutzung von Gemeinschaftsgütern bei Gewährung eines Property Rights erfolgt.[215] Überlässt man das System sich selbst, versucht jeder Beteiligte seinen persönlichen Nutzen zu maximieren. Da es sich bei dem Gemeinschaftsgut jedoch um ein knappes Gut handelt, sinkt der Grenznutzen jedes weiteren Nutzers. Auch eine staatliche Zuweisung stellt wegen des Anstieges der Transaktionskosten nur eine Second-best-Lösung dar.

Auch im Urheberrecht sind beim Ausnutzen von Property Rights also nicht nur die (internen) Belange des Rechtsinhabers, sondern auch die Belange Dritter betroffen. Durch die Zuordnung eines absoluten Rechts wie dem Vervielfältigungsrecht wird die optimale Nutzung dieses Gutes verringert, da der Rechtsinhaber sich nicht allein mit den Kosten der Herstellung eines Informationsträgers zufrieden geben wird, sondern darüber hinaus für sein Schaffen oder seine Investition einen Gewinnaufschlag erwartet. Der höhere Preis bedingt, dass die Zahl der Nutzer und damit die Verbreitung des Informationsgutes abnimmt. Überwiegt dennoch aus gesamtwirtschaftlicher Sicht der soziale Nutzen der internen Effekte diese externen Effekte, ist der Nutzen der Zuordnung eines Property Rights insgesamt positiv und somit wohlfahrtsökonomisch sinnvoll.

Property Rights sind dabei jedoch nicht als statische Zuordnung von Handlungsrechten zu verstehen, sondern ihr Anreizsystem muss regelmäßig sich verändernden Gesamtumständen angepasst werden.[216] Änderungen der Gesamtumstände können sich z.B. aus einer verschärften Verknappung eines Gutes ergeben. Steigt zugleich die Aussicht eines Wohlstandsgewinnes bei Gewährung von Property Rights, sind diese wohlfahrtsökonomisch in gesteigertem Umfang zu gewähren. Ein weiteres Beispiel sind die Erschließung bisher ungenutzter Ressourcen infolge technologischer Innovationen (z.B. Effizienzsteigerung durch Nutzung elektronischer Pressespiegel) oder ein hiermit verbundenes Auftreten bisher unbekannter externer Effekte (z.B. digitale Vervielfältigung erlaubt das originalgetreue "Klonen"). Art und Weise der Zuordnung des Property Rights

---

[214] Vgl. auch *Gotthold*, ZHR 1980, S. 545 (550).

[215] GRUR Int. 1983, S. 356 ff.

[216] Nach *Schäfer/Ott*, Ökonomische Analyse, S. 528.

werden durch diese Änderungen der Gesamtumstände in Frage gestellt und es ist zu überprüfen, ob hier nach wie vor der gesamtwirtschaftliche Nutzen überwiegt, oder ob hier eine Neujustierung der Zuordnung erforderlich ist.

ff) Transaktionskosten

Bei der Bewertung der Allokationseffizienz von Property Rights sind weiterhin die dabei anfallenden Transaktionskosten als negative externe Effekte bei der Ausgestaltung der Reichweite des Property Rights zu berücksichtigen.[217] Transaktionskosten entstehen zum einen, wenn Handlungsrechte von ihrem Destinatär auf andere übertragen werden, z.B. die Kosten bei Erteilung einer urheberrechtlichen Lizenz an den Nutzer.[218] Transaktionskosten entstehen bei der Verwertung von Urheberrechten darüber hinaus auch in besonderem Maße, soweit sie als exklusive Rechte gegenüber der Allgemeinheit durchgesetzt bzw. deren Benutzung durch Unbefugte kontrolliert werden müssen.[219] Ein Optimum an Allokationseffizienz kann daher nur erreicht werden, wenn die Transaktionskosten auf dem niedrigst möglichen Niveau gehalten werden. Aufgabe des Rechts ist dabei, Rahmenbedingungen zu schaffen, die für ein Minimum an Allokationsverlusten sorgen.[220] Das Posner-Theorem geht hier noch einen Schritt weiter und fordert eine originäre Zuordnung von Property Rights, wie sie bei vollständigem Fehlen von Transaktionskosten und einem funktionierenden Markt für Rechte bestehen würde.[221] Rechtsnormen würden zu einer optimalen Ressourcenallokation führen, während Transaktionskosten nach dieser Betrachtungsweise Teil der Marktmechanismen sind.

Property Rights im Urheberrecht sind also notwendige Beschränkungen auf der Stufe der Werkkonsumenten, um zugleich auf der übergeordneten Stufe der

---

[217] Das Coasetheorem, vgl. *Coase*, a.a.O., blendet diesen Aspekt vollständig aus und geht vielmehr von den Idealbedingungen einer effizienten Ressourcenallokation aus. Dies wird von *Fezer*, JZ 1986, S. 817 (821) m.w.N., zu Recht als irreal kritisiert. Ausführlich befasst sich die wirtschaftswissenschaftliche Dissertation von *Bing*, Verwertung, S. 116 ff., mit dieser Fragestellung. Sie untersucht dabei insbesondere, unter welchen Umständen eine gesetzliche Lizenz geringere Transfer- und Überwachungskosten verursacht als die Effizienzsteigerung, die sich aus dem Ausschließlichkeitsrecht ergeben würde.

[218] Rechtstechnisch als Verfügung zu bewerten, soweit eine Übertragung des Eigentums erfolgt. Das Urheberrecht nutzt dagegen zur Übertragung von Handlungsrechten eine schuldrechtliche Vereinbarung (Lizenzierung), die dem Empfänger lediglich den Gebrauch bzw. die Fruchtziehung erlaubt. Das Urheberrecht selbst kann dagegen nur ausnahmsweise auf den Erben übergehen, da es nach der kontinentalen Konzeption als Ausfluss der Persönlichkeit des Schöpfers gesehen wird.

[219] *Posner*, Economic Analysis, S. 30.

[220] Vgl. hierzu allgemein *Schäfer/Ott*, Ökonomische Analyse, S. 89 f.; entscheidend ist dabei die tatsächliche Ressourcenallokation im Anschluss an eine Transaktion.

[221] *Posner*, Economic Analysis, S. 26; *Veljanovski*, Law and Economics, S. 54.

56

Rechtsinhaber und Produzenten Wettbewerb zu ermöglichen.[222] Ihre effizienz-
steigernde Wirkung auf Seiten der Hersteller wird durch eine suboptimale Nutzung auf der Nachfrageseite sowie erhöhte Transaktionskosten erkauft.[223] Der
Rechtsschutz geht dabei jedoch nur soweit, wie der Wettbewerb auf der übergeordneten Stufe wohlfahrtsökonomisch die Nachteile des Konsumverzichts ü-
berwiegt. Im Folgenden soll die Allokationseffizienz der Privatkopie im Urheberrecht überprüft werden, insbesondere auch unter dem Aspekt neuer Technologien.

2. Ökonomische Analyse des Rechts der privaten Vervielfältigung

a) Bisheriges System der Pauschalvergütung als Ausgleich für Privatko-
pien

Ökonomisches Ziel der Gewährung von Property Rights ist stets das Erreichen
des höchstmöglichen gesamtwirtschaftlichen Wohlstandsgewinnes. Property
Rights können demnach nicht für alle denkbaren Handlungsformen umfassend
gewährt werden. Vielmehr ist die Zuordnung des Property Rights insoweit zu
durchbrechen, als hohe Transaktionskosten entstehen, die den Nutzen des Property Rights wohlfahrtsökonomisch überwiegen oder soweit der Inhaber des
Property Rights nicht identifizierbar ist, so dass eine Nutzung gänzlich unterbleiben müsste, da andernfalls das von der Rechtsordnung geschützte Property
Right verletzt würde. Zu berücksichtigen ist ferner, dass sich aus der Nichtrivalität von Informationsgütern der Vorteil einer unbeschränkten gesamtwirtschaftlichen Nutzbarkeit ergibt.[224] Diese unendliche Ressource des Informationsguts[225]
gilt es also optimal auszubeuten, so dass es sich in bestimmten Situationen ergeben kann, dass eine Einschränkung bzw. partielle Aufhebung des Property
Rights trotz des damit verringerten Produktionsanreizes zu einer optimalen Ressourcennutzung führt.

Gesamtwirtschaftlich ist eine Beschränkung oder (teilweise) Aufhebung der
urheberrechtlichen Befugnisse also geboten, soweit der Wohlstandsverlust durch
Unternutzung den Verlust der Unterproduktion überwiegt, was sich gerade auch
aus hohen Transaktionskosten ergeben kann.[226] Dies gilt insbesondere, wenn ver-

[222] So *Lehmann*, GRUR Int. 1983, S. 356 (360).

[223] Vgl. auch Enquete Kommission 2. Zwischenbericht, S. 5 f.

[224] *Gordon*, Marktversagen, S. 328 (334).

[225] Abgesehen von den Kosten der Fixierung des Informationsgutes auf einem Trägermedium; diese
werden jedoch insbesondere durch die Möglichkeiten der digitalen Technik immer geringer.

[226] Dies dürfte nicht die einzige ökonomische Begründung für urheberrechtliche Schrankenbestimmungen sein, für die Privatkopie jedoch wohl die entscheidende. Daneben kommt z.B. bei der Zi-
tatfreiheit der Gedanke der Förderung neuen Werkschaffens zum Ausdruck, Ähnliches gilt für die
Schranken zugunsten von Forschung und Ausbildung.

schiedene Nutzungsstufen existieren, auf denen eine Vergütung für die Lizenzierung erzielbar ist. Der durch Beschränkung des Property Rights auf einer der unteren Stufen verringerte monetäre Anreiz zur Veröffentlichung von Informationsgütern wird durch den Schutz auf einer anderen Verwertungsstufe ausgeglichen. Der Ausfall auf der untersten Stufe fällt demgegenüber nicht ins Gewicht.

Überträgt man diese Erwägungen auf das Phänomen der privaten Vervielfältigung, dürften bei Bestehen eines absoluten Property Rights zwar keinerlei Vervielfältigungen angefertigt werden, selbst der Rechtsinhaber würde aus dieser absoluten Rechtsposition jedoch keinen Nutzen ziehen, da der Ertrag von den Transaktionskosten weitest gehend aufgezehrt würde.[227] Transaktionskosten würden sich zum einen aus dem schier uferlosen Aufwand ergeben, der zur effektiven Überwachung des Verbotes erforderlich wäre. Zum anderen übersteigen die Kosten der Lizenzierung zur Übertragung des Nutzungsrechtes selbst in Fällen kleinster Nutzungen bei weitem den erzielbaren Erlös. Dies muss insbesondere dann gelten, wenn nur kleinste Teile eines Informationsgutes genutzt werden, beispielsweise nur einige Seiten eines Buches kopiert werden, so dass einerseits der Kauf des gesamten Werkes ökonomisch nicht gerechtfertigt ist, andererseits der hierfür angemessene und erzielbare Ertrag nahe Null liegt. Für einige andere Nutzungsarten im Bereich der Privatkopie, mit denen nur eine Komfortsteigerung für den Nutzer verbunden ist, wie z.B. das Time-Shifting oder die Kopie zur Nutzung im Auto, in der Ferienwohnung etc., dürfte auch nur ein niedriges Entgelt zu erzielen sein, dem wiederum erhebliche Transaktionskosten im Falle einer Einzellizenzierung gegenüberstehen würden.

Für die traditionelle Werkverwertung bei der Privatkopie erweist sich daher die Regelung der §§ 53 ff. UrhG als ökonomisch effizient, da sie zum Ausgleich der Beschränkung eine Vergütung gewährt, die zu der Vergütung für die Verwertung auf der ersten Stufe durch Vertrieb von Originalen hinzukommt.

Zweifel können an diesem Ergebnis insoweit aufkommen, als eine pauschalierte Vergütung ihrerseits die Ressourcenallokation zusätzlich verzerrt. Der Wettbewerb unter den Rechtsinhabern hinsichtlich der Vergütungshöhe wird ausgeschaltet, und es findet auch weitest gehend keine genaue Zuordnung der Nachfrage und Nutzungsintensität einzelner Informationsinhalte statt, was jedoch pauschalen Tarifen immanent ist. Hinzu kommt, dass die Vergütung für die Privatkopie über die monopolartig strukturierten Verwertungsgesellschaften erhoben werden muss, da andernfalls wiederum mit erheblichen Ertrag schmälernden Transaktionskosten zu rechnen wäre.[228] In Anbetracht hoher Verwaltungskosten und von Eigeninteressen dieser Verwertungsgesellschaften sind weitere Allokationsverzerrungen durch mangelnden Wettbewerb nicht unwahrscheinlich. Dem

---

[227] *Tietzel/Weber*, Fotokopie, S. 128 (133).

[228] *Möschel/Bechtold*, MMR 1998, S. 571 (576).

steht jedoch auf der anderen Seite die Transaktionskostenersparnis einer zentralen und einheitlichen Erfassung der Vergütung gegenüber. Würde die Überwachung der Nutzung dagegen durch verschiedene Verwertungsgesellschaften jeweils für ein eingeschränktes Repertoire erfolgen, müssten hier parallel flächendeckende Strukturen entwickelt werden, was angesichts des hohen Anteils dieser Kosten an den gesamten Betriebskosten einer Verwertungsgesellschaft ineffizient wäre.[229]

Zweifel am System der Pauschalvergütung ergeben sich auch aus dem Anknüpfungspunkt der Abgabe an den Vertrieb der Kopiervorrichtungen. Um deren Anschaffung zu amortisieren, wird ein monetärer Anreiz zu einer Vielzahl von Kopien gesetzt, so dass die Präferenz für die Anschaffung von Originalen weiter abnimmt.[230] Zu Allokationsverzerrungen kommt es auch beim Anknüpfungspunkt der Medienträger: Die Vergütung wird unabhängig davon erhoben, ob sie zur Vervielfältigung von geschützten oder ungeschützten Inhalten verwendet wird, und fällt sogar an, wenn der Nutzer seine eigenen Werke vervielfältigt. Diese Allokationsverluste sind in einem System pauschaler Vergütung unvermeidbar, sind jedoch hinzunehmen, soweit keine geeignetere Lösung zur Verfügung steht.

b)   Änderungen der Gesamtumstände durch digitale Technik verlangen Neubewertung

In einem technisch geprägten Rechtsgebiet wie dem Urheberrecht kann durch technologischen Wandel eine Neubewertung der Allokationseffizienz notwendig werden, die zu einer geänderten Ausgestaltung des Property Rights führt: Durch die digitale Technik wird das private Kopieren erleichtert, so dass die Nutzung des Informationsgutes zwar optimiert wird. Das massenhafte Privatkopieren ersetzt jedoch zugleich die erste Stufe der Verwertungskette in Form des Absatzes lizenzierter Informationsträger. Dem Rechtsinhaber entgeht die Vergütung für den Verkauf weiterer Ausgaben, soweit der Kopist auch bereit gewesen wäre, den Preis für eine Originalausgabe zu bezahlen. Die Präferenz für diese Ausgabe ist jedoch durch digitale Vervielfältigungstechniken gegenüber analogen Kopien rückläufig. Dies ergibt sich zum einen aus der erheblich verbesserten Kopierqualität, so dass nur noch für Sammler und Liebhaber eine Präferenz für den Erwerb der qualitativ gleich-wertigen Originale besteht. Selbst die Hülle und der Aufdruck auf dem Informationsträger kann z.B. bei CDs oder DVDs in digitaler

---

[229] So *Tietzel/Weber*, Fotokopie, S. 128 (134).

[230] Vgl. *Koboldt/Schmidtchen*, ORDO Bd. 42 (1991), S. 295 (317); ausführlich zur Substituierbarkeit von Originalen durch Kopien auch *Besen/Nataraj Kirby*, J. of Law & Economics vol. 32 (1989), S. 255 (258 ff.).

Qualität über das Internet zur Vervielfältigung bezogen werden.[231] Noch wichtiger dürfte sich für die Präferenz zu Gunsten der Kopie jedoch die Kostendifferenz zwischen dem Erwerb einer Kopie und dem Erwerb eines Original auswirken, die immer weiter auseinander geht. Kostete 1980 beispielsweise eine hochwertige analoge Leerkassette um die 2 € und eine Originalkassette um die 10 €[232], so liegen die Preise für einen CD-Rohling heute bei ca. 0,50 €, während für eine CD um die 15 € verlangt werden.[233] Bei einer Vielzahl eigener Vervielfältigungen spielen schließlich auch die weiterhin aufzuwendenden Kosten der Kopiervorrichtungen keine Rolle mehr, zumal diese Geräte meist multifunktional einsetzbar sind.

Der Anreiz zur Produktion entsprechender Informationsgüter sinkt daher erheblich, da diese Einnahmeverluste auch nicht durch entsprechenden Zuwächse auf einer anderen Stufe, wie z.B. der Pauschalvergütung, in ausreichendem Maße ausge-glichen werden. Die Lösung des Informationsdilemmas über ein absolutes Property Right scheitert jedoch auch für digitale Informationsgüter nach wie vor an den damit verbundenen Transaktionskosten der Überwachung und Lizenzierung. Dies gilt nur dann nicht, wenn mit Hilfe technischer Schutzsysteme die Transaktionskosten für Überwachung und Einzelvergütung auf ein Minimum reduziert werden.[234] Der Gesetzgeber muss daher durch einen entsprechenden rechtlichen Rahmen einen Anreiz bieten, dass diese Systeme auch genutzt werden, insbesondere durch einen besonderen Rechtsschutz vor Umgehung von Kopiersperren.[235] Soweit ein solcher Rechtsschutz nicht möglich ist, muss es dagegen parallel bei der bisherigen Lösung bleiben.

---

[231] Bemerkenswert ist insoweit, dass im Schallplattenhandel der Diebstahl von sog. Booklets, die den CDs beigefügt werden, oder von Leerhüllen stark zugenommen hat, während die häufig gesicherten CDs liegen bleiben, vgl. *Clement/Nerjes/Runte* in *Schoder et al.*, P2P, S. 71 (74); *Schaefer*, FS Nordemann, S. 191 (194, 4 dd).

[232] Vgl. hierzu den 2. Vergütungsbericht, BT Drucks. Nr. 14/3972, S. 10.

[233] Eigene Markterhebungen in verschiedenen Berliner Heimelektronikmärkten (Saturn, Media Markt, Pro Markt) im Oktober 2003; reine Audio CD-Rohlinge sind dagegen deutlich teurer, haben aber nur ein geringes Marktvolumen, da Privatkopien vorwiegend mittels PC auf universell einsetzbaren Data-CD-Rohlingen erfolgen.

[234] Dies wird ausführlich von *Bechtold*, Informationsrecht, S. 289 ff., nachgewiesen, der zusätzlich zur Verringerung von Allokationsverlusten auf die in DRM mögliche Preisdiskriminierung für unterschiedliche Nutzungen hinweist. Zugleich macht er darauf aufmerksam, dass wirksame DRM-Systeme ihrerseits zu einem Marktversagen führen können, so dass insoweit Bedarf für eine gesetzgeberisch sanktionierte Durchsetzung von Schrankenbestimmungen bestehen kann, vgl. a.a.O., S. 328 ff.

[235] Ein ausreichender Rechtsschutz könnte so die Monopolstruktur der Verwertungsgesellschaften durch einen Wettbewerb unterschiedlicher Lizenzbedingungen in DRM-Systemen ablösen, vgl. hierzu auch den 2. Zwischenbericht der Enquête-Kommission, BT Drucks. 13/8110, S. 17.

60

3. Ergebnis

Das Informationsdilemma des Urheberrechts wird von der Europäischen Kommission treffend wie folgt zusammengefasst:[236]

> "Inhalte [für die Informationsgesellschaft] werden nur dann in aus-reichender Weise angeboten werden, wenn Rechte an geisti-gem Eigentum ausreichend geschützt werden. Verleger und Betreiber werden nur dann in innovative Dienste investieren, wenn sie sicher sind, dass die neuen Mittel zur Übertragung von Informationen und/oder zur Erbringung von Diensten ein ange-messenes Maß an Schutz für den intellektuellen und industriellen Aufwand gewährleisten."

Überraschend ist dabei, dass diese Analyse nicht von der für das Urheberrecht zuständigen GD XV, sondern von der für Telekommunikation zuständigen GD XIII im Rahmen des Grünbuchs zur Konvergenz der Branchen-Telekommunikation, Medien- und Informationstechnologie und ihren ordnungs-politischen Auswirkungen erstellt wurde. Das Urheberrecht ist also nicht nur ein Monopol zu Gunsten der Rechtsinhaber, sondern dient gerade auch den Interes-sen der Nutzer an einer Vielzahl von Inhalten. Werden durch den rechtlichen Rahmen ökonomisch an-gemessene Bedingungen für die Rechtsinhaber gewähr-leistet, bildet dies eine Grundlage für eine günstige Entwicklung der Informati-onsgesellschaft. Mit den aufkommenden Möglichkeiten des ECMS und damit verbundenen technischen Schutzsystemen, können die Transaktionskosten, die bisher eine optimale Nutzung verhinderten, weitest gehend reduziert werden.

II. Wirtschaftliche Bedeutung der Privatkopie und neuer Verwertungs-formen

1. Gesamtwirtschaftliche Bedeutung der Urheberrechtsindustrie

Nach einer Studie im Auftrag des BMJ aus dem Jahr 1989 sorgte die Urheber-rechtsindustrie bereits damals für einen Anteil von 2,9% oder 54 Milliarden DM am BIP.[237] In der aufziehenden Informationsgesellschaft wächst die Bedeutung der Urheberrechtsindustrie, deren Basis, das Informationsgut, als vierter Produk-tionsfaktor angesehen wird.[238] Mitte der 90er Jahre wurde der europäische Markt für Waren und Dienstleistungen, die urheberrechtlich geschützt sind, bereits auf

---

[236] KOM (97) 623, S. 27.

[237] *Hummel*, Gutachten, S. 205.

[238] Neben den klassischen Produktionsfaktoren Arbeit, Boden und Kapital, vgl. *Lodde*, Informations-rechte, S. 1; *Steinbuch*, GRUR 1987, S. 579 (582).

5 – 7 % des BIP geschätzt.[239] Dabei sind durchschnittliche jährliche Wachstums-raten im zweistelligen Bereich festzustellen, die weit über das Wirtschaftswachstum insgesamt hinausgehen.[240] Motor dieser Entwicklung sind im Wesentlichen die Digitalisierung sowie immer leistungsfähigere neue Übertragungswege, mit denen die Vorteile des einheitlichen digitalen Datenformates ausgeschöpft werden.

2. Einbußen der Inhalteindustrie durch digitale Privatkopien

Gerade die Tonträgerindustrie ist von den neuen Möglichkeiten digitalen Pri-vat-kopierens, namentlich der Einführung von CD-Brennern im Segment der Consumer Goods, besonders betroffen.[241] Die Branche verzeichnet seit Jahren sinkende Verkaufszahlen, während gleichzeitig die Zahl der mit Musik bespiel-ten Rohlinge massiv wächst. Zwischen 1999 und 2002 sank nach Marktbeobachtungen der GfK und Ifpi[242] die Zahl der verkauften CD-Alben von 198 Mio. auf 166 Mio., was den Branchenumsatz von 2,6 auf 2,1 Milliarden € drückte, während sich die Zahl der selbst kopierten Rohlinge von 58 Mio. auf 259 Mio. fast verfünffachte.[243] Auch im ersten Halbjahr 2003 setzte sich dieser Trend fort, und die Zahl der verkauften Tonträger sank um weitere 16% im Vergleich zum Vorjahreszeitraum.[244] Neben der Vervielfältigung von Musik-CDs dürften Hauptursache dieses Trends Internetdownloads sein, die im Jahr 2002 von 6,4 Mio.[245] Menschen in Deutschland genutzt wurden, die dabei 622 Mio. Songs heruntergeladen haben.[246] Nur von 6,4% wurde dabei ein

---

[239] Vgl. *Dörr*, EU, Ziff. 9.

[240] Vgl. Grünbuch zum Urheberrecht in der Informationsgesellschaft, KOM (97) 628 endg., S. 4 ff.

[241] Zu Marktzahlen und Piraterieschäden der hier nicht untersuchten Softwarebranche vgl. *Sieber*, DMMV Gutachten, S. 81 (87 ff.).

[242] Vergleichbare Erhebungen aus der Film- und Verlagsbranche, die insbesondere einen Umsatzrück-gang bei gleichzeitig steigender Nutzung infolge von Privatkopien belegen würden, liegen derzeit nach Kenntnis des Verfassers nicht vor.

[243] Quelle: Jahreswirtschaftsbericht der Phonographischen Wirtschaft 2002, S. 16. Interessant ist in-soweit auch der reale Pro-Kopf-Umsatz mit Tonträgern, der in den 90er Jahren konstant um die 30 € je Bundesbürger schwankte, seit 2001 jedoch massiv auf 26,97 € bzw. sogar nur noch 23,94 € absank, vgl. a.a.O., S. 18. Einen Überblick der Absatzsituation der Phonobranche seit Erfindung des Phonographen gibt *Sieber*, DMMV Gutachten, S. 81 (89 ff.).

[244] Von 96,1 auf 80,4 Mio. Einheiten, vgl. Pressemitteilung der Ifpi vom 14. August 2003, www.ifpi.-de/news/news-310.htm.

[245] Im Rahmen einer von Forrester Research und Momag.net durchgeführten gesamteuropäischen Marktstudie (zit. Nach Focus 29/2003 vom 14. Juli 2003, S. 93) wurde festgestellt, dass 46 % der Gesamtbevölkerung bereits das Internet nutzen, wovon 28% auch das Herunterladen von Musikti-teln praktizieren. Die dabei auftretenden geringfügigen Qualitätsverluste im MP3-Format werden offenbar von den Konsumenten in Kauf genommen. Ob die Strategie der Phonoindustrie aufgeht, qualitativ hochwertigere Formate mit zugleich verbessertem Kopierschutz wie Audio-DVD oder Super-Audio-CD (SACD) einzuführen, ist daher eher fraglich. Auf dem Kaufmarkt spielen diese

62

heruntergeladen haben.[246] Nur von 6,4% wurde dabei ein kostenpflichtiges Angebot genutzt. Insgesamt wird der Wert der Privatkopien auf 3,65 Milliarden € geschätzt, während auf die klassische Piraterie nur ein Wert von 50 Mio. € entfällt.[247]

Ein künftig ähnlicher Trend – wenn auch in geringerem Umfang – zeichnet sich in der Filmbranche ab. Nach Schätzungen des Verbandes der Filmverleiher wurden in 2002 ca. 60 Millionen CDs mit Filmen gebrannt, was mit einem Umsatzrückgang von 15% verbunden war.[248] Zu dieser Entwicklung haben insbesondere die von T-Com stark beworbenen DSL-Breitbandanschlüsse beigetragen, die im Jahr 2003 bereits in 4 Mio. Haushalten zur Verfügung standen – mit stark wachsender Tendenz. Mit einer Bandbreite von bis zu 1,5 Mbit/s ist selbst der Download eines Filmtitels in Originalqualität nicht mehr eine Frage von Tagen, sondern von einigen Stunden.[249] Durch Flatrates bei den Online-Gebühren können diese auch im Hintergrund oder Nachts ablaufen. Auch DVD-Leermedien sind mittlerweile für 2 – 3 € pro Stück erhältlich, so dass die Herstellung der eigenen Kopie nur einen Bruchteil des Erwerbes einer lizenzierten Kopie kostet. Es ist daher nicht zu erwarten, dass sich der bislang gegenläufige Trend auf der umsatzstärksten[250] Verwertungsstufe, den Kauf-DVDs, nachhaltig fortsetzen wird: Der Umsatz ist von 406,7 Mio. € in 2001 um 75% auf nunmehr 713,3 € Mio. gestiegen, wobei hier teilweise von Substitutionseffekten auszuge-

---

Formate derzeit mit zusammen 0,3 Mio. Einheiten bei einem Gesamtvolumen von 227,1 Mio. Einheiten keinerlei Rolle, vgl. Jahreswirtschaftsbericht der Phonographischen Wirtschaft 2002, S. 32.

[246] Dies entspricht einer Verdoppelung seit dem Jahr 2000 von damals 316 Mio. Songs, vgl. Brennerstudie der GfK zitiert nach www.mp3-world.net/d/news/markt/ifpiraubkopien20032.shtml. Weiteres Zahlenmaterial: CD-Brenner werden von 22,5 Mio. Menschen zum Privatkopieren genutzt, die dabei durchschnittlich 11,5 CDs im Jahr vervielfältigten. Rund zwei Drittel (62,8%) nutzten geliehene Original-Vorlagen zu einer vollständigen Vervielfältigung, mehr als die Hälfte (56,6%) gaben kopierte CDs auch an nicht in ihrem Haushalt lebende Personen weiter, ein Drittel (35,8%) nutzte als Kopiervorlage Kopien.

[247] Daneben Online-Piraterie 930 Mio. € sowie Schulhofpiraterie 240 Mio. €, Quelle GfK, zitiert nach Jahreswirtschaftsbericht der Phonographischen Wirtschaft 2002, S. 30.

[248] Vgl. *Lehmkuhl*, Focus 22/2003, S. 118 (119); ähnlich Marktuntersuchungen der GfK, zitiert nach Kulturspiegel 8/2003, S. 9, sowie Jahreswirtschaftsbericht der Phonographischen Wirtschaft 2002, S. 26, wonach 11,4% der am PC kopierten Inhalte (zum Vergleich: Musik 50,3%; Daten 14,3%) Kino- und Spielfilme betrafen, was bei einem Gesamtvolumen von 515 Mio. kopierten CD-Rohlingen rund 58,7 Mio. Kopien mit Filminhalten ergäbe.

[249] Ein im MPEG-4 Format um den Faktor 10-12 komprimierter Film bringt es nur noch auf ein Datenvolumen von rund 700 MB für einen zweistündigen Film und kann über DSL in weniger als einer Stunde heruntergeladen werden. Die Zahl der täglich im Internet heruntergeladenen Filme wird auf 600.000 Einheiten (weltweit) geschätzt, vgl. die Studie von Viant (2002) unter www.viant.com/pages2/downloads/innovation_copyright_2.pdf.

[250] Der Kaufmarkt erlöste 2002 rund 1.041 Mio. € gegenüber 960 Mio. € Umsatz an der Kinokasse, Quelle: GfK Panel Service, zitiert nach dem Jahreswirtschaftsbericht 2002 (Business Report) des Bundesverbands Audiovisuelle Medien, S. 1, 3.

hen ist für Videokassetten, deren Volumen von 383 Mio. € in 2001 um 16,8% auf 327,5 Mio. € zurückgegangen ist, so dass per Saldo ein Zuwachs von immer noch 31,7% erreicht wurde.[251] Dieses enorme Umsatzwachstum rührt jedoch auch her von deutlich höheren Preisen für DVDs, für die 2002 durchschnittlich 20,08 € zu zahlen waren, während bespielte VHS-Kassetten nur 11,46 € kosteten.[252] Die Marktentwicklung zeigt – trotz höherer Preise als bei VHS-Kassetten – das große Interesse am Medium DVD, das sich jedoch voraussichtlich teilweise auf Privatkopien verlagern wird. Mit der Verbreitung von DVD-Brennern wird insbesondere die Zahl der Vervielfältigungen weiter ansteigen, da Kopiervorlagen hier anders als bei Musikwerken auch in kommerziellen Video-theken ausgeliehen werden können.[253] Eine Trendwende ist trotz des Kopier-schutzes CSS bei Original DVDs zu erwarten, da die besonders DVD-affine Nutzergruppe der 20-29-jährigen Männer[254] auch überdurchschnittlich häufig Filme privatkopiert. Jeder fünfte aus diesem Alterssegment verfügte 2002 bereits über mit Kinofilmen bespielte CD-Rohlinge, und 7,3% dieses Personenkreises hatten selbst Filmewerke aus dem Internet geladen. Dort sind ohne großen Aufwand Programme zur Umgehung des CSS Schutzes erhältlich. Zudem werben häufig auch Computerzeitschriften mit diesen Programmen als kostenlose Zugabe auf der beigefügten Heft-CD. Gerade für das Vervielfältigen von Filmwerken hat sich eine eigene Softwarebranche etabliert, die offen und gegen Entgelt entsprechende Produkte vertreibt – ein Geschäftmodell, das nach Inkrafttreten des UrhInfG keine Chance mehr hat, weshalb von Softwarerstellern bereits eine Verfassungsklage gegen das UrhInfG angekündigt wurde.[255]

3.   Geräte und Medien für Privatkopien[256]

a)   Verfügbarkeit von Vervielfältigungsgeräten und -medien

Während die Zahl der Haushalte mit CD-Brennern sich 1999 noch auf bescheidene 4,5% belief, stieg die Marktpenetration mittlerweile auf 29%, so dass über die Hälfte der Bevölkerung ab 10 Jahre Zugriff auf ein derartige Kopiervor-

---

[251] A.a.O., S. 1.

[252] A.a.O., S. 2.

[253] Die Zahl der Erstkunden in Videotheken, die wegen des neuartigen Mediums DVD diese Form wählt wird auf 1,75 Mio. geschätzt, Quelle: GfK Panel Service, zitiert nach dem Jahreswirtschaftsbericht 2002 (Business Report) des Bundesverbands Audiovisuelle Medien, S. 5.

[254] Vgl. GfK Panel Service, zitiert nach dem Jahreswirtschaftsbericht 2002 (Business Report) des Bundesverbands Audiovisuelle Medien, S. 17, für den Verleihmarkt; auf dem Kaufmarkt sorgt insbesondere die Gruppe der 30-39-jährigen Männer für Umsätze, a.a.O., S. 11.

[255] www.urheberrecht.org/news/?id=1266&w=&p=1.

[256] Soweit aktuelles Zahlenmaterial verfügbar ist, i.ü. wird auf die Zahlen aus dem Jahr 1998 im 2. Vergütungsbericht, BT Drucks. 14/3972 S. 10 ff., verwiesen.

64

richtung hat.[257] Die bereits seit Anfang der 80er Jahre erhältlichen Videorekorder sind noch weiter verbreitet und finden sich in 78,4% der Haushalte.[258] Entsprechende Zahlen für DVD-Brenner existieren im Sommer 2003 noch nicht, da diese Geräte erst seit Jahresbeginn auch als Massenprodukt angeboten werden.[259] Nachdem hier ein noch schnellerer Preisverfall zu beobachten war und Neu-PCs mittlerweile häufig mit DVD-Brennern verkauft werden, ist ein ähnlich schneller Markterfolg zu erwarten, zumal diese Geräte den CD-Brenner substituieren können.[260]

Auch die Zahl der verkauften CD-Rohlinge entwickelte sich in den vergangenen Jahren explosionsartig. Waren es im Jahr 2000 noch 209 Mio. Einheiten, die über die Ladentheke gingen, stieg diese Zahl auf 486 Mio. im Jahr 2002. Der Zuwachs wurde dabei nicht durch einen verminderten Kauf von Audio- und Videoleerkassetten ausgeglichen, die nur von zusammen 125 Mio. auf 80 Mio. Einheiten zurückgingen. Trotz Verdoppelung der verkauften CD-Rohlinge wuchs das dabei erzielte Umsatzwachstum von 181 auf 247 Mio. € nur schwach, was einem massiven Preisverfall der Rohlinge auf durchschnittlich 0,51 €/Stück geschuldet ist[261], eine Entwicklung, die während der 90er Jahre auch bei analogen Leermedien zu beobachten war.[262]

b)   Vergütungssätze

Im Jahr 2003 werden von der ZPÜ (Zentralstelle für private Überspielungsrechte[263]) die folgenden Vergütungssätze verlangt[264]:

---

[257] Quelle: GfK Panel Service, zitiert nach Jahreswirtschaftsbericht der Phonographischen Wirtschaft 2002, S. 26.

[258] Stand 1999, mit wachsender Tendenz gegenüber dem Vorjahr. Quelle: Gesellschaft für Unterhaltungselektronik, zitiert nach dem Filmstatistischen Jahrbuch 2000.

[259] Die Verkaufszahlen für 2000 werden mit 10.000, für 2001 mit 50.000 Einheiten angegeben, Quelle: GfK Pannel Service, zitiert nach dem Jahreswirtschaftsbericht 2002 (Business Report) des Bundesverbands Audiovisuelle Medien, S. 6. In 2003 dürften diese Zahlen jedoch massiv steigen, da die Preise seit Jahresbeginn von rund 500 € auf nur noch 130 € (Stand Oktober 2003) eingebrochen sind (eigene Markterhebung bei den Elektronikfachmärkten MediaMarkt, Saturn, Promarkt und Vobis). Allein für den HiFi-Markt geht eine Prognose der gfu/GfK (zitiert nach Focus 35/2003, S. 81) von 270.000 verkauften DVD-Rekordern aus. Die Zahl der zusätzlich verkauften DVD-Brenner für den PC dürfte weit darüber liegen.

[260] Hindernisse für einen schnellen Markterfolg könnten sich aus den konkurrierenden Standards ergeben, die nicht untereinander kompatibel sind. Einige Geräte sind mittlerweile jedoch in der Lage, sämtliche Standards zu verarbeiten, vgl. EAI, Statistisches Jahrbuch, S. 28.

[261] A.a.O., S. 24 f.

[262] Vgl. den 2. Vergütungsbericht, BT Drucks. 14/3972, S. 10.

[263] Die ZPÜ ist eine Inkassogesellschaft der an der Geräte- und Leermedienvergütung nach § 54 UrhG beteiligten Verwertungsgesellschaften GEMA, GVL, VG Wort, VG Bild-Kunst, VFF, VGF,

Tonaufzeichnungsgerät ohne eigenen Speicher (u.a. Audio-Recorder, MP3-CD-Player) kosten 1,28 €, Geräte mit eingebautem Speicher wie der MP3-Player 2,56 €. Video- und DVD-Rekorder[265] sind mit 9,21 € zu vergüten, während CD-Brenner[266] 7,50 € kosten. Für Bildaufzeichnungsgeräte mit eingebautem Speicher wie den PVR sind 18,42 € fällig. Die Vergütungspflicht von PCs und Drucker wird von der die Gerätehersteller repräsentierenden Bitkom weiterhin abgelehnt, so dass hier der Ausgang einer entsprechenden Klage abzuwarten sein wird.[267]

Bei den Leermedien werden Tonträger (Audio-Leerkassetten, Minidisk, DAT, MP-3-Cards, Audio-CD-R/RW etc.) für 0,0614 € je Stunde Spieldauer[268] und Bildträger (Video-Leerkassetten, DVD-Rohlinge) für 0,087 € unterschieden. Data-CD-Roh-linge kosten 0,072 € je Stück. Problematisch ist am Kriterium der Spielstunden, dass hiermit nicht die unterschiedlichen Datenformate berücksichtigt werden. Während im Normalformat nur 1 Stunde Musik auf eine Audio-CD passt, verzehnfacht sich die Spieldauer ohne spürbaren Qualitätsverlust bei Codierung der Stücke im MP3-Format und Speicherung auf einem Data-CD-Rohling. Zudem werden andere digitale Werkarten wie Lichtbilder oder Sprachwerke sich nur schwer in die Kategorie "Spieldauer" einordnen lassen. Diese Problematik zeigt erneut, dass pauschale Vergütungssysteme hohe Streuverluste verursachen, und deshalb nur solange zu rechtfertigen sind, als keine individuelle Lösung in effizienter Form zur Verfügung steht.

c)   *Vergütungsvolumina*

Aus dem Verkauf von Geräten und Leermedien erhob die ZPÜ im Jahr 2000 nach § 54 UrhG Pauschalvergütungen in Höhe von 70,7 Mio. €.[269] Hinzu kommt

---

GWFF und GÜFA, vgl. ihren Gesellschaftsvertrag unter www.gema.de/cgi-bin/mediadownload-?dir=de%2fjahrbuch03&file=508_zpue_gesellschaftsvertrag.pdf.

[264] Die Vergütungssätze sind veröffentlicht unter www.gema.de/kunden/zpue/verguetungspflicht.shtml.

[265] Seit   1.   Januar   2003,   vgl.   Pressemeldung   der   Bitkom www.bitkom.org/gbgateinvoker.cfm/Presseinfo_BITKOM_DVD-Brenner_Gesamtvertrag_11.08.-03.pdf?gbAction=gbFileDownload&-ObjectID=CA80B38A-F2EA-4650-B24B454F59EA86D4&-DownloadObject=documents&index-=1&cacheLevel=0.

[266] Seit 1. Januar 2002, vgl. den Geschäftsbericht der VG Wort I. unter www.vgwort.de/bilanz-2002a.php.

[267] Ebd.

[268] Ein ähnlicher Schlüssel, der ebenfalls auf die Spieldauer abstellt, gilt seit August 2002 in Frankreich, vgl. Legal Infosoc News Kiosk, Issue 16 September October 2002, S. 6. Dort gibt es bereits Tarife für digitale Videorecorder oder HiFi-Geräte die mit einer Festplatte versehen sind. Der Tarif bemisst sich dabei nach GB Aufnahmekapazität.

[269] Vgl. www.gema.de/kommunikation/jahrbuch/jahr_01_02/themadesjahres.shtml. Hiervon entfallen 50,9 Mio. € auf den Videobereich. Trotz Nachfrage bei der ZPÜ war diese nicht bereit, aktuellere Zahlen mitzuteilen. Dem Trend der 90er Jahre folgend dürfte hier – insbesondere wegen steigender

die Vergütung für Reprographiegeräte und Betreiberabgabe nach § 54a UrhG, für die die VG Wort im Jahr 2002 ca. 33,4 Mio. € sowie die VG Bild-Kunst weitere 8,8 Mio. € vereinnahmt hat.[270] Vergleicht man den Wert der Privatkopien von Tonträgern in Höhe von 3,65 Milliarden € mit den vollständigen Einnahmen der ZPÜ für den Audiobereich von rund 20 Mio. €[271], so zeigt sich, dass die Pauschal-vergütung im Verhältnis im unteren einstelligen Prozentbereich liegt.

4. Neue Vermarktungsformen

Neben den Risiken der digitalen Medien für die Rechtsinhaber bieten diese aber auch die Chance, durch neue Vertriebswege Umsätze zu generieren. Zudem haben die Urheber und vor allem die ausübenden Künstler mit diesen neuen Verwertungsarten[272] eine Möglichkeit entdeckt, ihre Produkte unter Umgehung von Handel und Produzenten selbst zu vertreiben.[273]

a) Books on Demand (BoD)

Der Buchdruck erfolgt heute bereits fast ausschließlich mittels digitaler Druckvorlagen. Texte und Bilder werden hierfür seitenfertig als elektronische Datei vorbereitet und archiviert. Durch den Einsatz neuer Drucktechniken, die ein Joint Venture zwischen dem Buchgroßhändler Lingenbrink (Libri)[274] und dem Kopierspezialisten Xerox entwickelte, wird bereits der Druck einzelner Werkausgaben wirtschaftlich rentabel.[275] Damit ist es jedem Autor möglich, sein Werk selbst zu verlegen. Durch einen Eintrag in das Verzeichnis lieferbarer Bücher ISBN oder Online-Plattformen kann der Autor das Werk schließlich auch

---

Verkaufszahlen von CD-Rohlingen und neu in die Vergütungspflicht einbezogener Geräte wie den CD-Brennern ab Anfang 2002 mit einem erheblichen Wachstum des Vergütungsaufkommens zu rechnen sein. NB: Diese Beträge umfassen auch die Vergütung für Nutzungen nach § 53 Abs. 2. Eine getrennter Ausweis der Nutzungsformen findet nicht statt.

[270] Vgl. Geschäftsbericht der VG Wort 2002, III. Einnahmen, veröffentlicht unter www.vgwort.de, sowie den Geschäftsbericht der VG Bild-Kunst 2002, S. 3.

[271] Der Großteil entfällt dabei auf die GEMA, die z.B. im Jahr 2001 rund 15 Mio. € für die von ihr nach § 54 wahrgenommenen Musikrechte erlöste, vgl. Geschäftsbericht 2001, S. 51.

[272] Zur Frage, welche der Verwertungsarten neu im Sinne des § 31 Abs. 4 UrhG sind, vgl. *Wandtke/Schäfer* GRUR Int. 2000, S. 187 ff.

[273] Beispiele bei *Leupold/Demisch*, ZUM 2000, S. 379 (381). Die rechtliche Ausgestaltung der Überlassung durch Nutzungsverträge ist dabei auf vielfältigste Weise möglich. Diese Frage wird vor dem Hintergrund von DRM- Systemen von *Bechtold*, Informationsrecht, S. 154 ff., anhand verschiedener Praxisbeispiele ausführlich erörtert.

[274] Software zur Erstellung der Druckvorlagen durch den Autor ist im Internet unter www.bod.de zum download bereitgestellt.

[275] *Gutowski*, WiWo 28/1999, S. 75.

selbst vermarkten.[276] Als Markteintrittsbarriere für künftige Kleinverleger bleiben noch die Kosten für die Erstellung und dauerhafte Archivierung der so genannten Digitalen Master, die bei einem 200-seitigen Werk bei ca. 130 € liegen.[277] Der Druck einzelner Werkausgaben erlaubt es aber auch, bereits vergriffene Altauflagen oder aufwändige Fachtitel die sich nur an einen kleinen Ab-
nehmerkreis richten, überhaupt zu (re)produzieren.[278]

b)   Digitale Bücher (E-Books)

Die Relevanz von BoD für die private Vervielfältigung zeigt sich im Zusammenhang mit einer weiteren technologischen Entwicklung, den sog. digitalen
Büchern oder auch E-Books. Anstelle von Papier als Trägermedium des Werkes
tritt hier ein spezielles elektronisches Display, der PC oder einer der weitverbrei-
teten Handheldcomputer.[279] Dieses ist den Benutzungsformen eines Buches weitest gehend nachempfunden, so dass der Leser blättern kann, aber auch Lesezei-
chen und Kommentare vermerken kann.[280] In ihren Speichern können die E-
Books bis zu 100.000 Seiten aufnehmen. Nachschub bekommt der Speicher aus
Online-Datenbanken wie z.B. dem Internetbuchhandel des Bertelsmann-
Konzerns Bol oder Amazon[281] oder von auf elektronische Titel spezialisierten
Anbietern wie Dibi.[282] Die Transaktionskosten beschränken sich bei dieser Form
der Vermarktung von Informationsgütern auf die Kosten der Abrechnung des
Kaufes, der Datenleitung und der dauerhaften Archivierung der Datensätze. Der
Autor ist somit – unter der Prämisse effizienter Kopierschutzsysteme – erstmals
selbst in der Lage, ohne großen Kostenaufwand den weltweiten Vertrieb jedes
einzelnen Werkstückes zu kontrollieren, was bei analoger Vervielfältigung bisher am unverhältnismäßigen Überwachungsaufwand scheiterte. Einen ersten
größeren Markterfolg feierte hier der amerikanische Bestseller-Autor Stephen
King, der sein Werk "Riding the Bullet" zum Preis von 2,50 $ aus-schließlich

---

[276] Da der Autor bei diesem System das wirtschaftliche Risiko trägt, bestimmt er allein den Preis der
Werkausgaben.

[277] *Pritzl* WiWo 38/1999, S. 170.

[278] Der Druck eines BoD dauert dabei je nach Umfang nur einige Minuten, so dass bei der zeitlichen
Verfügbarkeit kein Unterschied zu einer Bestellung beim Grossisten besteht.

[279] Zu den technischen Grundlagen ausführlich *Kitz*, MMR 2001, S. 727 (728).

[280] Vgl. einen der ersten Anbieter von Inhalten für digitale Bücher www.digibuch.de/informationen;
derzeit wird dieses Angebot jedoch noch vorwiegend mit herkömmlichen PCs als Ausgabemedium
verwendet.

[281] www.bol.de, www.amazon.de.

[282] www.dibi.de; weniger relevant aus Sicht des Rechts der Privatkopie ist das sog. Gutenberg-Projekt.
In diesen Datenbanken werden urheberrechtsfreie Werke zum kostenlosen Herunterladen bereitgehalten, vgl. das 1971 in den USA gestartete Project Gutenberg www.promo.net/pg/ sowie das
deutsche Pendant www.gutenberg2000.de/info/info.htm.

68

Online - auch über den Buchhandel – vertrieb. In den ersten Tagen wurden über 400.000 Exemplare aus dem Internet geladen.[283]

Da die Kosten für Druck, Handel/Zwischenhandel, Lagerung, Transport und vor allem das Risiko eines Misserfolges der gedruckten Auflage weitest gehend weg-fallen, kann die Werkausgabe zum halben Preis[284] der gedruckten Version verkauft werden. Denkbar ist zudem auch der Erwerb einzelner Seiten oder Passagen eines Buches. Die Lizenzierung beim Urheber an Stelle einer gesetzlichen Lizenz zur privaten Vervielfältigung wird somit sicherlich an Akzeptanz beim Nutzer gewinnen. Relevant dürfte dies vor allem für den Markt der wissenschaftlichen Publika-tionen werden, auf den hier nicht näher eingegangen wird. Für den Bereich privater Nutzung eignen sich elektronische Texte wegen des geringeren Datenvolumens in noch größerem Maße für Peer-to-Peer-Tauschbörsen, so dass hier durch einen weitest gehend unkontrollierbaren kostenlosen Zweitmarkt die Vergütung der Rechtsinhaber vollständig umgangen werden kann bzw. eine Vergütung auf einen Anteil an der Gerätevergütung beschränkt wäre. Der Einsatz effizienter Kopierschutz-systeme ist deshalb für den Erfolg dieses Geschäftsmodells conditio sine qua non. Mit Hochdruck werden von den Anbietern Systeme zur Personalisierung der Textdatei entwickelt. Im Ergebnis soll erreicht werden, dass ähnlich der Software von Microsoft die Texte nur auf einem bestimmten, vom Nutzer vorher identifizierten Gerät gelesen werden können. Mag dies für Software noch akzeptabel sein, ist jedoch fraglich, ob dies für Sprachwerke vom Verbraucher angenommen wird. Lädt er sich das Werk auf den heimischen PC, könnte er es nur dort lesen und weder als Urlaubslektüre mitnehmen, noch im Freundes- oder Familienkreis ausleihen, was bei Printwerken typischerweise der Fall ist. Zur Lösung dieses Problems wäre eine zeitliche Befristung der Nutzbarkeit von Kopien sowie der Anzahl möglicher Vervielfältigungsvorgänge denkbar. Ein weiterer Ansatzpunkt zum Schutz der Rechtsinhaber bei gleichzeitiger Wahrung der Praktikabilität könnte die Beschränkung der Kopierbarkeit auf lizenzierte Vervielfältigungsstücke sein, so dass hier eine Kopie der Kopie nicht mehr möglich wäre.

Der Markterfolg elektronischer Bücher im Privatbereich dürfte daneben im Wesentlichen davon abhängen, dass hier günstige portable Lesegeräte zur Verfügung stehen und auch die Werke selbst deutlich günstiger angeboten werden als eine Print-ausgabe. Zudem sind einheitliche Standards erforderlich, i.e. die

---

[283] Teilweise jedoch auch kostenlos, da Online-Buchhändler wie Amazon und Bol dieses Werk nutzten, um zugleich ihre E-Book-Software zu vertreiben, vgl. http:// members.tripod.com / ~charnelhouse / ridingthebullet.html#review2. Die Reaktionen auf diese neue Vertriebsform waren gemischt. Zum Teil wurde das neue Format, insbesondere wegen des günstigen Preises, begrüßt. Kritisiert wurde dagegen, dass das Werk nicht ausgedruckt werden konnte und auf Apple Mac überhaupt nicht lauffähig war. Zudem brach der Downloadserver unmittelbar nach Veröffentlichung zusammen.

[284] Vgl. *Hendricks*, WiWo 10/1999, S. 106 (108).

Hard- und Software unterschiedlicher Anbieter müssen untereinander kompatibel sein, da der Verbraucher andernfalls nur auf das Repertoire des Anbieters zugreifen kann, für dessen System er sich entschieden hat. Nur unter diesen Voraussetzungen werden die Nutzer die vorbeschriebenen Nutzungseinschränkungen akzeptieren.

c) *Music on Demand*

Unter dem Oberbegriff Music on Demand (MoD) werden Online-Musikbörsen der Rechtsinhaber zusammengefasst.[285] In den USA wird seit einiger Zeit von AOL Time Warner, BMG und EMI unter dem Namen MusicNet sowie von Sonymusic und Universal Music unter dem Namen Pressplay Musik zum Herunterladen angeboten.[286] Die Angebote zeichnen sich durch ein monatliches Abonnement mit pauschalierter Vergütung aus, das zu einer begrenzten Anzahl von Downloads auf den heimischen PC oder dem reinen Online-Werkgenuss (sog. Streams[287]) berechtigt. Um auch das Repertoire der konkurrierenden Plattformen zu erschließen, werden die Lizenzen gegenseitig ausgetauscht (sog. Cross-Lizenzierung). Wegen der begrenzten Funktionalität – so erlaubt MusicNet nicht das Brennen auf CD und die heruntergeladenen Musikfiles werden nach 30 Tagen automatisch gelöscht – und zurzeit noch unvollständigen Repertoires hat dieses Geschäftsmodell gegen die noch überall frei erhältlichen Files aus Tauschbörsen wenig Chancen und findet kaum Abonnenten.[288] Gerade im Musikbereich zeigt sich aber auch ein weiterer Trend: Künstler, die statt des herkömmlichen Weges der Vermarktung über Plattenfirmen diese selbst im Internet gegen Entgelt anbieten oder einer Plattform wie MP3.com zur Verfügung stellen. Bei letzterer sind die Künstler immer noch mit rund 50% am Verkaufserlös beteiligt, während die andere Hälfte für den Vertrieb anfällt. Verglichen mit üblichen 10 – 15% des Verkaufspreises, die bei herkömmlichen Plattenproduktionen an die Künstler ausgeschüttet werden, eine massive Steigerung.[289]

In Deutschland wird überwiegend ein anderes Vertriebsmodell versucht, nämlich der Download einzelner Titel über Internetportale des Handels. Zu diesem Zweck haben sämtliche Majors sowie die große Mehrzahl der kleineren Labels im Sommer 2003 das weltweit erste branchenweite nationale Downloadangebot unter dem Namen Phonoline gegründet. Unter dem Dach der PhonoNet GmbH,

---

[285] Zur Funktionsweise verschiedener Systeme vgl. auch *Wandtke/Schäfer*, GRUR Int. 2000, S. 187 f, 191 f.

[286] Ausführlich hierzu *Padberg*, Wiwo Nr. 12/2002, S. 106 f.

[287] Vgl. oben Teil 1 A I 2.

[288] Ebda.

[289] Vgl. hierzu mit Praxisbeispielen *Geisenhanslüke*, Tagesspiegel vom 19. August 1999, S. 28, oder *Hendricks*. WiWo Nr. 10/1999, S. 157 ff., *Sautter*, Berliner Zeitung vom 29. März 2000, S. 12, sowie *Peters/Pritzl*, WiWo Nr. 31/1999, S. 45 ff.

einer Tochter-gesellschaft des Branchenverbandes, wird das gesamte Repertoire der Branche gesammelt und über eine von T-Com[290] betriebene (technisch) offene Plattform dem Handel zum Vertrieb angeboten.[291] Preislich liegt dieses Angebot in etwa auf dem Niveau des Verkaufes von CDs im Einzelhandel, kann jedoch deutlich flexibler gestaltet werden. Gerade Nutzer, die ähnlich der Suche in Musiktauschbörsen nur einzelne Titel einer CD zu erwerben wünschen, werden künftig möglicherweise vermehrt dieses legale Angebot nutzen. Ein auf dieses Publikum abzielendes Modell wird derzeit auch im traditionellen Schallplatteneinzelhandel versucht; die Kunden können, mit einem Minicomputer ausgestattet, der ca. 20.000 Titel aus den Regalen des Händlers enthält, ihre eigene CD zusammenstellen, die dann vor Ort zu einem Preis von 99 Cent je Titel gebrannt wird.[292]

Wichtigste Voraussetzung eines Erfolges dieser Systeme ist jedoch, dass die Tätigkeit der kostenlosen Konkurrenz durch Tauschbörsen mit technischen Schutz-systemen stärker eingedämmt wird und das neue MoD-Portal der Plattenbranche tatsächlich so benutzerfreundlich ist, wie von der Industrie angekündigt.[293]

---

[290] Dort wird neben dem Datentransfer auch die Bezahlung abgewickelt, z.B. über die Telefonrechnung, eine Guthabenkarte, Lastschrift oder Kreditkarte.

[291] Vgl. Pressemitteilung der Ifpi vom 14.8.2003, www.ifpi.de/news/news-303.htm. Zuvor bestanden nur wenig erfolgreiche Angebote der Majors wie z.B. Popfile von Universal Music. Einzelne Titel durften hier zum Preis von ca. 1 € heruntergeladen und auch auf CDs gebrannt werden, sind jedoch mit einem digitalen Wasserzeichen sowie dem DRM von Microsoft geschützt, das weitere Vervielfältigungen verhindern soll, vgl. Berliner Morgenpost vom 9. August 2002, S. 5.

[292] Focus 25/2003, S. 116.

[293] Die im Handel erhältlichen Tonträger und Musikvideos sind auf der gemeinsamen Internetplattform zumeist mit Cover, Tracklisting und Musikanspielungen sowie mit Künstler-Biographien und –Diskographien sowie Links zu deren Homepages abrufbar. Auf der Internetseite www.musicline.-de/de/melodiesuche wird zudem als besonderes Feature eine am Fraunhofer-Institut (vgl. zu dem dort entwickelten MP3-Standard bereits Fn. 36) im Rahmen der Forschungsarbeiten für den neuen internationalen Standard MPEG-7 entwickelte Melodiensuchmaschine angeboten. Der Kunde summt einen Teil des gesuchten Liedes in ein Mikrofon, und die Suchmaschine findet den Titel dann in der Repertoiredatenbank mit ca. 2 Mio. Titeln.

C. Rechtliche Rahmenbedingungen der Privatkopie

I. Entwicklung der Schranke zur privaten Vervielfältigung

1. Regelung durch das LUG/KUG

Das deutsche Urheberrecht hat die Problematik der privaten Vervielfältigung bereits seit langem normiert.[294] Schon das LUG[295] aus dem Jahre 1901 hatte in § 15 Abs. 2 eine Regelung hierzu vorgesehen, nach der eine Vervielfältigung zum *persönlichen* Gebrauch zulässig ist, sofern sie nicht dem Zweck der Einkunftserzielung dient. Die Intension des Gesetzgebers zum damaligen Zeitpunkt bleibt dabei jedoch recht unklar. Die Gesetzesbegründung stellt nämlich auf die Privilegierung unbemittelter Mitglieder von Gesangs- und Theatervereinen ab, die durch Abschriften von Notenmaterial in den Genuss der geschützten Werke gelangen sollten.[296] Freigestellt wurde mit der gesetzlichen Regelung hingegen der private Gebrauch für jedermann in jeglicher Weise, gleichgültig ob eigenhändig oder mechanisch. Rechtsprechung und Literatur korrigierten diese vom Wortlaut her weit gefasste Ausnahmeregelung durch eine enge Auslegung des Begriffes der Zweckbestimmung. Bereits ein mittelbar gewerblicher Zweck der privaten Nutzung führte zur Unanwendbarkeit der Ausnahmeregelung.[297] Letztlich spielte eine nicht kommerzielle private Vervielfältigung zum damaligen Zeitpunkt mangels geeigneter Kopiergeräte de facto keine Rolle.[298]

Auch das KUG[299] aus dem Jahre 1907 gestattete in § 18 I die Vervielfältigung zum *eigenen* Gebrauch, die erlaubt ist, wenn sie unentgeltlich bewirkt wird. Da-

---

[294] Zur Entwicklung vor der Reichsgründung vgl. *Riezler*, Urheber- und Erfinderrecht, S. 200 ff., 398 ff. Bemerkenswert ist dabei, dass sich vor allem der Börsenverein des Deutschen Buchhandels, der die Mehrzahl der deutschen Verleger vereinigte, für die Schaffung eines einheitlichen Urheberrechtes einsetzte. Das Urheberrecht war ursprünglich ein Rechtsschutz zugunsten der *Produzenten* der Vervielfältigungsstücke und somit ein rein gewerbliches Schutzrecht. Erst zu Beginn des 18. Jahrhunderts wurde in England mit dem "Act for the Encouragement of Learning, by vesting the Copies of printed Books, in the Authors for Purchasers of such Copies, during the Times therein mentioned" ein unabhängiges Recht des Autors geschaffen. Hinzu kam mit der französischen Revolution der Gedanke des "Geistigen Eigentums" als Ausfluss der Persönlichkeit: « Si quelque chose doit étonner, c'est qu'il ait fallu reonnaître cette propriété, assurer son libre exercice par une loi positive. »

[295] Gesetz betreffend das Urheberrecht an Werken der Literatur und der Tonkunst vom 19. Juni 1901. Zur bisherigen Rechtslage vgl. auch *Hölscher*, Eigengebrauch, S. 219 f.

[296] Vgl. hierzu *Allfeld*, LUG/KUG § 15 II, *Marwitz/Möhring*, Das Urheberrecht, S.159.

[297] RGSt. 41, S. 403; RGSt. 43, S. 276, *Marwitz/Möhring*, a.a.O., S.160.

[298] Möhring/Nicolini-Decker, § 53 Rz. 4.

[299] Gesetz betreffend das Urheberrecht an Werken der bildenden Künste und der Photographie vom 9. Januar 1907.

72

bei kommt es weder auf Art noch Anzahl der Vervielfältigungen an. Lediglich die Verbreitung und Vorführung mittels optischer oder mechanischer Einrichtungen ist auch für mittelbar gewerbliche Zwecke untersagt.[300]

Zusammenfassend lässt sich festhalten, dass allein der Zweck der Vervielfältigung maßgebend war für deren Zulässigkeit.[301] Eine – wenn auch nur mittelbare – gewerbliche Nutzung war dagegen nicht vom Ausnahmetatbestand des LUG/KUG umfasst.

Die Diskussion um die private Vervielfältigung wurde dann zu Beginn der 50er Jahre recht lebhaft. Das Aufkommen technischer Innovationen, im privaten Bereich namentlich Magnettonbandgeräte[302], führte zu neuen Herausforderungen für das Urheberrecht. Denn die ursprünglich als soziales Ventil gedachte Ausnahme-bestimmung drohte ob ihres weit gefassten Wortlautes zu einer "großen Schleuse" zu werden.[303] In der grundlegenden Entscheidung "Grundig Reporter" vom 18.5.1955 verdeutlichte der BGH[304], dass die Schrankenvorschriften zu Gunsten des privaten Gebrauches als Ausnahmevorschriften eng auszulegen seien. Dies gelte umso mehr, als die technische Entwicklung, die nunmehr auch eine Festlegung von Werken im privaten Bereich ohne besondere Mühen erlaubte, außerhalb des Vorstellungskreises des historischen Gesetzgebers lag.[305] Entgegen dem eindeutigen Gesetzeswortlaut[306] subsumierte der BGH deshalb die Vervielfältigung (eines unkörperlichen Werkes) durch Magnettonaufnahmen ausdrücklich nicht unter § 1 Abs. 2 LUG. Zur Begründung wird dabei die Verlagerung des Vervielfältigungsvorganges in den privaten Bereich besonders hervorgehoben.[307] Eine wörtliche Auslegung von § 15 Abs. 2 LUG wäre dagegen nach Ansicht des BGH nicht mit der ursprünglichen Interessenabwägung der Norm zu vereinbaren, da der Urheber im privaten Bereich fast vollständig von einer Vergütung ausgeschlossen wäre, sein Recht somit ausgehöhlt würde.[308] Trotz dieser Grundsatzentscheidung gelang es den mit dem Inkasso beauftragten Verwertungsgesellschaften in der nachfolgenden Dekade, nur 3.000 Wahrneh-

---

[300] *Allfeld*, LUG/KUG § 18 Bem. 6, *Riezler*, Urheber- und Erfinderrecht, § 90, S. 430 f.

[301] Vgl. in der neueren Literatur z.B. *de Boor*, GRUR 1954, S. 440 f.; *Möhring/Nicolini*, § 53 Anm. 1a); ebenso BGHZ 17, S. 266 (281) – Grundig Reporter.

[302] Zur Entwicklung vgl. *Mediger*, GRUR 1951, S. 382 (385).

[303] *Möhring*, NJW 1951, S. 742 (743).

[304] BGHZ 17, S. 266 – Grundig Reporter.

[305] BGHZ 17, S. 266 (274) – Grundig Reporter.

[306] BGHZ 17, S. 266 (276) – Grundig Reporter.

[307] BGHZ 17, S. 266 (275) – Grundig Reporter.

[308] BGHZ 17, S. 266 (282) – Grundig Reporter.

mungsverträge mit den privaten Tonbandnutzern abzuschließen bei ca. 1 Mio. verkauften Vervielfältigungsgeräten.[309]

Zweite grundlegende Entscheidung war die Photokopierentscheidung aus dem selben Jahr.[310] Im Anschluss an die Rechtsprechung des Reichsgerichts konkretisierte der BGH den Anwendungsbereich dieser Ausnahmeregelung. Die Nutzung der Kopien von Angestellten eines gewerblichen Unternehmens subsumierte er unter die gewerbliche Nutzung, so dass sie nicht von der Privilegierung erfasst wurde.[311] Zwar erklärte der BGH die Vervielfältigung ohne Zustimmung des Urhebers schlechthin für unzulässig. Er betonte jedoch zugleich, dass der wirtschaftliche Sinn der Entscheidung nicht darin bestünde, die Anfertigung von Fotokopien zu gewerblichen Zwecken grundsätzlich zu unterbinden, sondern derartige Vervielfältigungen von der Zahlung einer angemessenen Vergütung abhängig zu machen.

2.   Neufassung des Urheberrechts durch das Urheberrechtsgesetz 1965

Mit dem zum 1. Januar 1966 in Kraft getretenen UrhG wurden das Urheberrecht und auch die Privatkopie umfassend neu geregelt.[312]

a)   Vorarbeiten des BMJ

Bereits vor Ergehen der vorgenannten BGH-Entscheidungen legte das BMJ im Jahr 1954 einen Referentenentwurf vor, der in § 47 das ausschließliche Recht des Urhebers zu Gunsten von Vervielfältigungen zum persönlichen Gebrauch einschränkte. Zwar durften diese weder beruflichen oder gewerblichen Zwecken dienen, noch verbreitet werden. Ein monetärer Ausgleich wurde den Rechtsinhabern für diese Einschränkung jedoch nicht gewährt. Die scharfe Kritik hieran sowie auch die nachfolgenden Entscheidungen des BGH aus dem Jahr 1955 machten diese Überlegungen jedoch obsolet.[313]

Der auf Grundlage der BGH-Entscheidungen verfasste Ministerialentwurf aus dem Jahre 1959 sah dagegen in § 50 weitaus engere Ausnahmetatbestände vor und versuchte sich weitest gehend an die Rechtsprechung anzupassen. Insbesondere taucht hier der Gedanke eines Interessenausgleichs durch Einführen einer Vergütungspflicht sowie einer gesetzlichen Lizenz auf.

---

[309] Zahlen zit. nach *Fromm*, GRUR 1966, S. 364 (366).

[310] BGHZ 18, S. 44 ff. – Fotokopie.

[311] BGHZ 18, S. 44 (55) – Fotokopie.

[312] BGBl. I 1965, S. 1273 ff.

[313] So z.B. *de Boor*, GRUR 1954, S. 440 (445), *Schricker-Loewenheim*, § 53 Rz. 3.

74

b) Regierungsentwurf 1962

(i.) Der Regierungsentwurf vom 23.3.1962 begründet ein Bedürfnis für das Tätigwerden des Gesetzgebers vor allem mit den modernen Vervielfältigungsverfahren. Es wurde dabei nicht verkannt, dass die Rechtsprechung und Rechtswirklichkeit sich immer mehr vom Gesetzeswortlaut entfernt hatten und die Grenzen richter-licher Rechtfortbildung erreicht waren[314], so dass nun der Gesetzgeber gefordert war. Die Regelung der privaten Vervielfältigung wurde auf Grund des weiten Anwendungsbereiches des § 15 Abs. 2 LUG für nicht mehr zeitgemäß erachtet und bedurfte nach Ansicht des Gesetzgebers daher einer völlig neuen Konzeption, die im Wesentlichen bis heute fortgilt.

Unterschieden wird im Anschluss an die Fotokopier-Entscheidung des BGH nunmehr erstmalig zwischen dem persönlichen Gebrauch, der in § 54 des Entwurfes geregelt wird, und dem sonstigen eigenen[315] Gebrauch in § 55.[316] Nach § 54 Abs. 2 UrhG 1965 darf, wortgleich mit der Regelung des § 53 Abs. 1 S. 2 UrhG a.F., eine Vervielfältigung auch durch Dritte erfolgen. § 54 Abs. 4 UrhG 1965 verbietet schließlich als Schranken-Schranke ein Verbreiten der Kopien, Abs. 5 entspricht dem heute noch geltenden § 53 Abs. 7 UrhG.

Wichtigste Neuerung ist jedoch die Einführung eines gesetzlichen Vergütungsanspruches. Zur Stärkung der Position des Urhebers taucht hier in § 54 Abs. 3 erneut der Gedanke der gesetzlichen Lizenz auf, wonach dem Rechtsinhaber für die Kopie eines Werkes auf Bild- oder Tonträger eine angemessene Entschädigung zu zahlen ist. Wenn das ausschließliche Recht des Urhebers im Allgemeininteresse beschränkt wird, so soll er an der Werknutzung zumindest wirtschaftlich partizipieren.[317] Tragender Gedanke für die Einführung einer *gesetzlichen* Lizenz war, dass sich eine *vertragliche* Lizenzierung durch den Rechtsinhaber nicht effektiv umsetzen ließ. Zur Kontrolle wäre ein Eindringen in den privaten Bereich des Bürgers notwendig gewesen, um festzustellen, ob dieser Geräte zur Vervielfältigung von Werken besitzt und benützt.[318] Ein solch intensiver Eingriff in Art. 13 GG sowie in das allg. Persönlichkeitsrecht schied selbstverständlich

---

[314] Vgl. BT Drucks. IV/270, S. 27.

[315] Dieser Begriff ist dabei nicht deckungsgleich mit dem in § 15 KUG verwendeten Begriff, der als persönlicher Gebrauch ausgelegt wurde.

[316] Innerhalb enger Schranken sah auch der RefEntw 1954 in § 47 Abs. 2 die Vervielfältigung "für sich" als zulässig an. § 50 Abs. 2 Ziff. 2 des MinEntw 1959 sah zusätzlich eine Vergütungspflicht vor und gab die Unterscheidung der Vervielfältigungstechniken auf.

[317] BT Drucks. IV/270, S. 27.

[318] Diesbezüglich entstand eine hitzige Debatte in der Öffentlichkeit, die in einem Heraufbeschwören von Stasi-Methoden zur Durchsetzung der Urheberinteressen gipfelte. Vgl. hierzu auch BVerfG NJW 1969, S. 227 ff.

aus.[319] Um dennoch die Interessen der Urheber zu wahren, erschien eine gesetzliche Lizenz mit Vergütungsanspruch als die einzig sinnvolle Alternative.[320]

Dem in der Literatur[321] aber auch im Bewusstsein der Allgemeinheit verbreiteten Gedanken, dass die Rechte des Urhebers vor den privaten Interessen des Einzelnen vollständig zurückstehen müssten, erteilt der Gesetzgeber damit zumindest teilweise eine Absage.[322] Denn eine weitere Anwendung des unentgeltliche Kopien erlaubenden § 15 Abs. 2 LUG hätte bei fortschreitender Entwicklung der Vervielfältigungstechniken über kurz oder lang zu einer weitgehenden Aushöhlung des Urheberrechtes geführt. Anders als der BGH in seiner Magnettonbandentscheidung, hält der Gesetzgeber jedoch eine gesetzliche Lizenz im Vergleich zum Verbotsrecht für die geeignetere Lösung, um die beiderseitigen Interessen zum Ausgleich zu bringen.[323]

Der Gesetzgeber war sich bewusst, dass es hier um eine Grundsatzentscheidung zur Neujustierung des Rechtes der privaten Vervielfältigung ging. Er stellte jedoch ausdrücklich fest, dass die Vervielfältigung von Schriftwerken weiterhin frei bleiben soll, solange hierfür keine Verfahren zu einer Massenvervielfältigung im privaten Bereich entwickelt und genutzt werden.[324] Das Entstehen neuer Techniken sollte demnach durch die Rechtsprechung an die getroffene Grundausrichtung angepasst werden.

(ii.) An der Vergütungspflicht des Nutzers privater Magnettonaufnahmen wurde in der endgültigen Fassung jedoch nicht festgehalten. Der Bundesrat forderte die Streichung des einschlägigen § 54 Abs. 3 des Entwurfes. Begründet wird dies vor allem mit der Ineffektivität der Rechtsdurchsetzung, so dass aus rechts- aber auch kulturpolitischen Gründen für einen vollständigen Verzicht auf die Vergütungspflicht plädiert wurde.[325]

---

[319] Hiergegen wurde teilweise angeführt, dass der private Rundfunkempfang zum damaligen Zeitpunkt ebenso genehmigungspflichtig war. Dieser wurde jedoch durch die öffentlich rechtlich organisierte Post überwacht und diente dem Schutze der Fernmeldehoheit. Die Rechte des Urhebers waren dagegen privatrechtlicher Natur.

[320] Vgl. hierzu die Gesetzesbegründung BT Drucks. IV/270, S. 70 f.

[321] *Leinveber*, GRUR 1962, S. 344 (347); *Spitzbarth*, NJW 1963, S. 881 (883); *Conradt*, GRUR 1960, S. 592 (594).

[322] Für diese Ansicht *Möhring*, NJW 1951, S. 742 (743); *Ulmer*, Urheberrecht, S. 229; *Löffler*, NJW 1962, S. 993 (995).

[323] BT Drucks. IV/270, S. 31.

[324] Ebd.

[325] Hiergegen wendet sich die Kritik von *Möhring*, UFITA Bd. 39 (1963), S. 198 (202), der hierin die Gefahr einer völligen Aufhebung des urheberrechtlichen Schutzes erblickt und somit eine Verletzung der Art. 14 Abs. 1 S. 2 sowie 19 Abs. 2 GG, da hier selbst der Wesensgehalt des Grundrechtes tangiert sei (a.a.O., S. 222).

Der BGH brachte daraufhin mit der Personalausweise–Entscheidung[326] einen neuen Anknüpfungspunkt in die Diskussion um die Vergütungspflicht ein. Da ein Anspruch der Rechtsinhaber auf Feststellung der Personalien der Käufer von Tonbandgeräten nicht bestünde[327], sprach sich der BGH zur praktischen Durchsetzung der Ansprüche für eine pauschalierte Abgeltung des Vervielfältigungsrechtes durch Zahlung einer Geräteabgabe[328] aus. Der Bundestag griff diesen Gedanken auf und fügte einen neuen Abs. 5 in § 54 des Entwurfes ein. Im Vermittlungsausschuss einigte man sich letztlich auf eine Vergütungspflicht der Gerätehersteller und Importeure.[329] Die Verfassungsmäßigkeit dieser Regelung wurde später vom Bundesverfassungsgericht bestätigt.[330]

Anders als die auf die private Nutzung beschränkte Privilegierung in § 54 sollte der *sonstige eigene Gebrauch* nach § 55 nun auch berufliche und gewerbliche[331] Zwecke der Werknutzung erfassen. Der Gesetzgeber greift hier einen Gedanken der Photokopierentscheidung des BGH auf, der die Nutzung zu gewerblichen Zwecken nicht generell untersagen wollte, sondern unter den Vorbehalt der Vergütung stellte.[332] Ein Verbotsrecht mit Einzelvergütung wäre wegen des damit verbundenen administrativen Aufwandes völlig utopisch gewesen und wäre auch an der wirtschaftlichen Realität vorbeigegangen.[333] Für die Fälle eines gewerblichen eigenen Gebrauches sieht Abs. 2 daher eine allgemeine Vergütungspflicht vor. Auch juristische Personen sind nun erstmalig vom Anwendungsbereich dieser Privilegierung erfasst. Der Gesetzgeber will dabei jedoch nicht einem offenkundigen Rechtsmissbrauch nachgeben, sondern Hemmnisse für Wirtschaft und Wissenschaft beseitigen und die Gesetzeslage mit der der technischen Entwicklung einhergehenden Verkehrsauffassung in Einklang bringen.[334]

---

[326] BGHZ 42, S. 118 ff. – Personalausweis.

[327] BGHZ 42, S. 118 (131) – Personalausweis.

[328] Dies war bereits seit einiger Zeit Praxis, z.B. durch den Gerätehersteller AEG; vgl. hierzu schon *Möhring*, NJW 1951, S. 742 (744). In diesem Sinne auch *Neumann*, GRUR 1957, S. 579 (589); *Pehle*, LM § 15 LUG Nr. 9.

[329] Vgl. zur Diskussion über diesen Punkt *Haertel-Schiefler*, Textausgabe, S. 534.

[330] BVerfGE 31, S. 255 ff. – Tonbandvervielfältigungen; für die 1985 eingeführte Leerkassettenabgabe vgl. BVerfGE 79, S. 1 ff. – Leerkassette sowie die Betreiberabgabe BVerfG GRUR 1997, S. 123 ff. – Kopierladen I.

[331] In ausdrücklicher Abgrenzung zu den freien Berufen, die freigestellt werden sollten, vgl. BT Drucks. IV/270, S. 32.

[332] S.o. BGHZ 18, S. 44 ff. – Fotokopie.

[333] Auf Grundlage der Fotokopierentscheidung schlossen der Börsenverein des Deutschen Buchhandels für die Verleger sowie der Bundesverband der Deutschen Industrie (BDI) seitens der Werknutzer ein Rahmenabkommen mit einem System der Pauschalvergütung ab.

[334] BT Drucks. IV/270, S. 35.

3. Die Urheberrechtsnovelle von 1985

Die Regelungen zur privaten Vervielfältigung sowie Fragen der angemessenen Vergütung zum Ausgleich von Schrankenregelungen waren auch in der Folgezeit Motor der Entwicklung des Urheberrechtes, und führten zu einer umfassenden Revision der Regelung der §§ 53 f. UrhG durch die Urheberrechtsnovelle 1985.[335] Hauptanlass der Urheberrechtsnovelle war dabei die Entscheidung des BVerfG Kirchenmusik, nach der die erlaubnis- und sogar vergütungsfreie öffentliche Wiedergabe in Kirchen für verfassungswidrig erklärt wurde.[336]

Schon Mitte der 70er Jahre hatte die mittlerweile erheblich fortgeschrittene Entwicklung im Bereich der Fotokopien[337], aber auch auf dem Gebiet der Bild- und Tonträger, für ein Erscheinen der Problematik auf der Agenda des federführenden BMJ gesorgt. Hierzu fanden im Jahre 1979 zunächst verschiedene Expertenanhörungen statt. Der sich anschließende Referentenentwurf vom 8. September 1980 sprach sich dabei lediglich für die Einführung einer Vergütung auch für reprographische Vervielfältigungen sowie eine geringfügige Modifikation[338] der bestehenden Gerätevergütung aus. Dagegen ging der nach Beteiligung der interessierten Kreise verfasste Regierungsentwurf hierüber weit hinaus und sah eine Neukonzeption der Vergütung im audiovisuellen Bereich vor. Demnach sollte die Gerätevergütung zur Herstellung von Belastungsgerechtigkeit um eine Vergütung für Leermedien erweitert werden. Denn der Erlös aus der Gerätevergütung (maximal 5 % des Verkaufserlöses, § 53 Abs. 4 Hs. 2 UrhG 1965) nahm mit sinkenden Gerätepreisen immer mehr ab. Gleichzeitig vervielfachte sich der Verkauf von Leerkassetten, einem vergleichsweise preiswerten Aufnahmemedium, das bei Erlass des UrhG 1965 nicht bekannt und auch nicht vorhersehbar war. Bei den vergütungspflichtigen Tatbeständen versuchte man deshalb mehrere Anknüpfungspunkte zu finden, um zu einer möglichst ausgeglichenen Belastung aller relevanten Nutzungshandlungen zu gelangen. Neben der Betreiberabgabe sah die Reprographievergütung deshalb auch eine Abgabe für Kopiergeräte vor. Im audio-visuellen Bereich wurde zur Entlastung der Geräteindustrie als zweiter Anknüpfungspunkt die Leerkassette vergütungspflichtig. Entscheidend für eine Vergütungspflichtigkeit war nicht die Eignung der Geräte zur Vervielfältigung, sondern deren (erkennbare) Bestimmung zu diesem Zweck. Rechtssystematisch wurde die Kopie zum privaten oder sonstigen eigenen Gebrauch durch ein Zusammenfassen aller zustimmungsfreien Nutzungen in § 53 und die

---

[335] Gesetz vom 24. Juni 1985, BGBl. I 1985, S. 1137 ff., vgl. zum Ganzen *Möller*, Urheberrechtsnovelle; *Hubmann*, JZ 1986, S. 117 ff.

[336] Vgl. BVerfGE 49, S. 382 ff.

[337] Zu den rückläufigen Absatzzahlen des Buchhandels vgl. *Börsenverein*, Kopierrecht S. 9 ff.

[338] Musiknoten und im Wesentlichen vollständige Vervielfältigungen von Druckwerken sollten ohne Zustimmung nur noch handschriftlich vervielfältigt werden dürfen, § 53 V RefE.

Regelung der Vergütungspflicht in § 54 umgestaltet. Redaktionell wurde zur Klarstellung des Norminhaltes der Begriff "persönlicher Gebrauch" durch "privaten Gebrauch" ersetzt. Damit sollte der Unterschied zwischen der privaten Nutzung und dem sonstigen eigenen Gebrauch verdeutlicht werden. Neuland betritt schließlich auch § 54 Abs. 4 UrhG 1985, indem er die für die Vervielfältigung geschuldete angemessene Vergütung gesetzlich festlegt, den Parteien[339] jedoch offen lässt, eine andere Vergütung durch Gesamtverträge zu vereinbaren. Damit sollte eine ungefähre Kalkulationsgröße geschaffen werden, um langwierige Rechtsstreitigkeiten über die Angemessenheit der Vergütung zu vermeiden.[340]

Ausgangspunkt der Überlegungen zur Neuregelung waren die verfassungsrechtlich geschützten Interessen der Rechtsinhaber, die es wieder mit dem Allgemeininteresse in einen gerechten Ausgleich zu bringen galt. Die Begründung des Regierungsentwurfes beruft sich insoweit auf die Schulbuchentscheidung des BVerfG[341], in der klargestellt wurde, dass dem Rechtsinhaber grundsätzlich die wirtschaftliche Werknutzung zugewiesen ist, und ihm für jede wirtschaftlich relevante Nutzung Dritter eine angemessene Vergütung zusteht. Diesen Anforderungen wurde das UrhG 1965 im Hinblick auf die moderne Technik nicht mehr gerecht. Dennoch sollte andererseits wegen verschlechterter wirtschaftlicher Rahmenbedingungen jegliche Neubelastung der Wirtschaft vermieden werden.[342] Statt einer Erhöhung sollte das bestehende Aufkommen besser auf die einzelnen zur Vervielfältigung erforderlichen Hilfsmittel verteilt werden, um so ein geschlossenes, an der Rechtsprechung zu Art. 14 GG orientiertes, Vergütungssystem zu erreichen.[343]

Der Bundesrat strebte hingegen im weiteren Gesetzgebungsverfahren sogar eine Absenkung des urheberrechtlichen Vergütungsaufkommens an, insbesondere für den Bereich der in Länderhoheit stehenden Bildungseinrichtungen. Die Angriffe richteten sich dabei vorwiegend gegen die Neuregelung der Reprographievergütung, namentlich die Betreiberabgabe. Insoweit wurde besonders die Sozialpflichtigkeit des Urheberrechtes betont.[344] Demnach sei es im Interesse eines gegenseitigen geistigen Austausches erforderlich, dem Schöpfer neuer Werke Zugang zu bestehenden Werken zu verschaffen. Der Rechtsausschuss des Deutschen Bundestages setzte sich dennoch letztlich mit der Ansicht durch, dass

---

[339] D.h. den Verwertungsgesellschaften für die Urheber (§ 54 Abs. 6 S. 1 UrhG 1985 legt die Verwertungsgesellschaftspflichtigkeit fest) und die Verbände der Verwerter andererseits.

[340] Begründung des Regierungsentwurfes BT Drucks. 10/837, S. 11.

[341] BVerfGE 31, S. 229 (240 ff.); BVerfGE 31, S. 248.

[342] So insbesondere der Bundesrat BT-Drucks. 10/837, S. 26.

[343] Zur verfassungsrechtlichen Einordnung sogleich Teil 1 C II.

[344] BT-Drucks. 10/837, S. 9.

das Ausschließlichkeitsrecht von Verfassungs wegen nur dort eingeschränkt werden dürfe, wo dies unbedingt notwendig sei[345], und im Übrigen als Ausgleich für den Eingriff in das Ausschließlichkeitsrecht eine angemessene Vergütung zu bezahlen sei.[346]

Ohne Diskussion mit dem Bundesrat regelt schließlich § 53 Abs. 4 S. 2 UrhG 1985 erstmalig die digitale Privatkopie. Als Bereichsausnahme wird die Vervielfältigung von Software gänzlich von der Privatkopierschranke ausgenommen.[347] Es wurde insoweit befürchtet, dass sich sonst ein zweiter Markt mit kopierter Software herausbilden würde, dessen erste Ansätze bereits erkennbar waren. Der Entwicklungsaufwand der Hersteller dieser Werkart wäre hierdurch stark gefährdet gewesen.[348]

4.   Weitere Änderungen der Privatkopie

Das Produktpiraterigesetz vom 7. März 1990[349] (PrPG) hat im Folgenden lediglich geringfügige Erleichterungen für die Durchsetzung[350] der Ansprüche aus § 54 UrhG gebracht. Auch aus der Umsetzung der Computerrichtlinie 91/250 EWG[351] durch das 2. Urheberrechtsänderungsgesetz vom 9. Juni 1993[352] ergibt sich lediglich eine Verlagerung des bestehenden Verbotes der privaten Vervielfältigung von Computerprogrammen aus § 53 IV UrhG 1985 in den neu eingefügten achten Abschnitt (§ 69 c - e UrhG). Das kategorische Verbot digitaler privater Vervielfältigungen wurde zur Gewährleistung einer sinnvollen Nutzung von Computerprogrammen aufgehoben. Zulässig sind nunmehr die Herstellung einer Sicherungskopie sowie Vervielfältigungen zu Zwecken der Interoperabilität verschiedener Programme.

Für die mit Vollendung des Binnenmarktes Ende 1992 weggefallene Grenzkontrollmöglichkeit bei der Einfuhr abgabepflichtiger Geräte wurde im Patent-

---

[345] Bericht der Berichterstatter des Rechtsausschusses, *Saurin* und *Stiegler*, BT Drucks. 10/3360, S. 19 Ziff. 6.

[346] Diesem Gedanken entspricht auch die Regelung des § 53 Abs. 3 UrhG 1985, der lediglich zum Schulunterricht und für Prüfungszwecke die Vervielfältigung kleiner Teile eines Druckwerkes erlaubt und als Ausgleich in § 54 Abs. 2 UrhG 1985 eine Vergütungspflicht festschreibt.

[347] Beschlussempfehlung vom 17. Mai 1985, BT Dr. 10/3360, S. 6.

[348] So die Berichterstatter des Rechtsausschusses, *Saurin* und *Stiegler*, BT Drucks. 10/3360, S. 19 Ziff. 7.

[349] BGBl. I 1990, S. 422 ff.

[350] Insbesondere wurde in § 54 Abs. 5 S. 3 UrhG (jetzt § 54 g III UrhG) ein doppelter Verletzerzuschlag für ungenügende Befolgung des Auskunftsanspruches eingeführt.

[351] ABl. EG 1991 L Nr. 122, S. 42 ff.

[352] BGBl. I 1993, S. 910 ff.

gebührenänderungsgesetz vom 25. Juli 1994[353] ein Ersatzinstrument eingeführt. Privatrechtliche Meldepflichten der Importeure und Händler sollen die bisherigen Einfuhrkontrollmeldungen ersetzen. An die Stelle des § 54 traten nunmehr die §§ 54 bis 54 h, die eine detaillierte Regelung von Haftungs- und Auskunftsansprüchen für die Erhebung der Pauschalvergütung beinhalten. Hierdurch sollte einerseits zu Gunsten der Berechtigten ein lückenloses Inkasso der abgabepflichtigen Geräte und Leermedien weiterhin gewährleistet werden, und andererseits Wettbewerbsverzerrungen zu Lasten der einheimischen Geräte- und Leermedienhersteller vermieden werden.[354] Zudem sollte durch eine Trennung der Vergütungspflichten für audio-visuelle Medien einerseits, sowie die fotomechanischen Vervielfältigungen andererseits die Übersichtlichkeit der Regelung wiederhergestellt werden.

Mit dem IuKDG vom 22. Juli 1997[355] wurde schließlich auch der Schutz der "Datenbanken" in Umsetzung der Richtlinie EG 96/6[356] differenziert geregelt. Neben das Datenbankwerk gemäß § 4 Abs. 2 UrhG trat nunmehr in §§ 87 a – e ein neues Schutzrecht sui generis das als Investitionsschutz für die Hersteller von Datenbanken mit eigener Schrankenregelung für Privatkopien (§ 87 c UrhG) ausgestaltet ist. Die private und sonstige Vervielfältigung elektronischer Datenbankwerke wird zudem durch § 53 Abs. 5 n.F. erheblich eingeschränkt und ist nur zu nicht-gewerblichen wissenschaftlichen Zwecken privilegiert.

Ein erster Anlauf zu einer nationalen Neuregelung der Privatkopie wurde vom BMJ dann mit dem Diskussionsentwurf eines 5. UrhRÄndG vom 7.7.1998 unternommen. Die Diskussion konzentrierte sich jedoch nach dem Regierungswechsel rasch auf andere Projekte, insbesondere die politisch priorisierte Neuregelung des Urhebervertragsrechts. Im Anschluss an den 2. Vergütungsbericht[357] im Frühjahr 2000 wurde daher lediglich als Sofortmaßnahme gegen die Umgehung der Abgabepflicht von Scannern und Faxgeräten, die Anlage zu § 54 d UrhG geändert (Ziff. II.1.). Seitdem sind auch Geräte mit einer Leistung von unter zwei Vervielfältigungen je Minute abgabepflichtig. Hintergrund der Neuregelung war die gängige Praxis[358] von Geräteherstellern und-importeuren, diese in Deutschland mit verlangsamten Softwaretreibern anzubieten, so dass sie unter

---

[353] Gesetz zur Änderung des Patentgebührengesetzes und anderer Gesetze, BGBl. I 1994, S. 1739 ff.

[354] So der Regierungsentwurf BR Drucks. 218/94, S. 10 f.; zu Wettbewerbsverzerrungen durch die Pauschalvergütung im europäischen Binnenmarkt vgl. auch Teil 1 C IV.

[355] Gesetz zur Regelung der Rahmenbedingungen für Informations- und Kommunikationsdienste, BGBl. I 1997, S. 1870 ff.

[356] ABl. EG 1996 Nr. L 77, S. 24 ff.

[357] Zweiter Bericht der Bundesregierung über die Entwicklung der urheberrechtlichen Vergütung gemäß §§ 54 ff. Urheberrechtsgesetz, BT Drucks. 14/3972.

[358] Vgl. bereits win, 1997 Heft 5, S. 8.

die bisherige Schwelle von zwei Vervielfältigungen je Minute fielen und somit keinerlei Abgabe nach § 54 a UrhG unterlagen.[359] Gleichzeitig wurde über Internet ein Treiber zur nachträglichen Beschleunigung der Geräte bereitgehalten.

5.   Gesetz zur Regelung des Urheberrechts in der Informationsgesellschaft

Eine wesentlich umfassendere Neuregelung der privaten Vervielfältigung sieht nunmehr das im Sommer 2003 in Kraft getretene UrhInfG vor, mit dem die Richtlinie "zur Harmonisierung bestimmter Aspekte des Urheberrechts und der verwandten Schutzrechte in der Informationsgesellschaft" umgesetzt wird.[360] Diese Neuregelung wird wegen ihrer besonderen Bedeutung für die Privatkopie ausführlich in einem gesonderten Abschnitt dargestellt (s. unten Teil 2 A).

II.   Verfassungsrechtlicher Schutz des Rechtsinhabers vor Privat-kopien

1.   Historie des Rechtsschutzes geistiger Schöpfungen

a)   Antike bis ins Mittelalter

Das kontinentaleuropäische Urheberrechtssystem basiert auf der Theorie vom geistigen Eigentum[361], die sich bis Ende des 18. Jhd. entwickelte. Die Rechtsordnungen der Antike und des Mittelalters kannten zwar einen Schutz des Sacheigentums, der Gedanke einer persönlichen, materiell schutzwürdigen Leistung des Urhebers beim Schöpfungsakt war dagegen fremd. Man ging vielmehr davon aus, dass künstlerisches Schaffen lediglich die Verwirklichung einer Eingebung der Musen, den Ausdruck einer göttlichen Ordnung darstellte.[362] Dem Autor wurde folglich allenfalls ein ideelles Interesse an seinen Schöpfungen zugebilligt. Wie bei einem Wertpapier stellte die Übereignung des Manuskripts auch die Übertragung der Verwertungsrechte dar.[363]

b)   Privilegienwesen

Mit der Erfindung des Buchdrucks ergab sich erstmals ein Bedürfnis nach Konkurrenzschutz vor unbefugtem Nachdruck der Werke. Die Herstellung war mit erheb-lichen Investitionen verbunden, die sich nur lohnten, wenn dem Dru-

---

[359] Die Höhe der urheberrechtlichen Abgabe richtet sich nach der Leistungsfähigkeit des Gerätes bei dessen Abnahme durch die VDE-Prüfstelle.

[360] Vgl. zu dieser Richtlinie ausführlich in Teil 1 C IV.

[361] Ausführlich befasst sich die Dissertation von *Rigamonti* mit diesem Begriff und seinen Implikationen für das Urheberrecht, s.a. die Habilitationsschrift von *Jänich*, Geistiges Eigentum, zu Fragen der Rechtsfigur des geistigen Eigentums.

[362] *Schricker-Vogel*, Einl. Rz. 50 f.

[363] *Visky*, UFITA Bd. 106 (1987), S. 17 (23 f.).

cker für einige Zeit die ausschließliche Verwertung zugebilligt wurde. Die von den Landesherren gewährten Privilegien waren somit als gewerbliche Leistungsschutzrechte ausge-staltet.[364] Diesen folgte die Gewährung von Autorenprivilegien, die dem Urheber des Werkes zugute kamen. Die Gewährung von Schutzrechten und die Möglichkeit einer wirtschaftlichen Nutzung des Werkes stand demnach allein im Ermessen der Obrigkeit und ergab sich nicht bereits aus dem Vorgang der persönlichen geistigen Leistung des Autors.

c) *Theorie vom geistigen Eigentum*

Dem gewerberechtlichen Ansatz des Privilegienwesens wurde während der Aufklärung der philosophische[365] Ansatz des Naturrechtes entgegengesetzt. Demnach bedürfe es zur Begründung von Schutzrechten des Autors nicht erst der Gewährung von Privilegien. Vielmehr wurden die Werke als Teil der Persönlichkeit des Autors betrachtet, deren Schutz in der Natur der Sache begründet sei. Ähnlich der Früchte, die durch körperliche Arbeit des Menschen hervorgebracht werden, muss der Autor den Nutzen aus den Anstrengungen seines Geistes ziehen können.[366] Folglich sei eine Trennung vorzunehmen zwischen Sacheigentum an einem Schriftstück und dem darin enthaltenen Geisteswerk, das in der konkreten Form stets beim Autor verbleibe.[367]

In Frankreich wurden diese theoretischen Erkenntnisse bereits durch die Revolutionsgesetze von 1791 und 1793 umgesetzt. Das Privilegienwesen wurde abgeschafft und die Propriété littéraire et artistique gesetzlich geschützt. Das deutsche Klein-staatentum verhinderte dagegen hierzulande einen schnellen Übergang zu einem originären Schutz des Urhebers.[368] Erst das 1837 erlassene preußische Urheberrechtsgesetz[369] sorgte mit Gründung des Norddeutschen Bundes und des Deutschen Reiches für ein einheitliches Urheberrecht, unabhängig von Privilegien.[370] Die Reichsverfassung von 1871 spricht insoweit in Art. 4 Abs. 6[371]

---

[364] Als Vorläufer des heutigen Patentschutzes dienten die Privilegien im Ergebnis als eine Art Innovationsförderung zur Ansiedelung neuer Technologien, vgl. *Ulmer*, Urheberrecht, § 9 II 1.

[365] Fichte, Kant, Hegel, Schopenhauer und andere deutsche Philosophen beschäftigten sich eingehend mit der theoretischen Fundierung des Urheberrechts, vgl. hierzu die Nachdrucke in UFITA Bd. 106 (1987).

[366] Vgl. ausführlich *Hubmann*, ZUM 1988, S. 4 (5 ff.).

[367] *Fichte*, UFITA Bd. 106 (1987), S. 155 (156 f.).

[368] *Ulmer*, Urheberrecht, § 9 III 3.

[369] Preußisches Gesetz zum Schutze des Eigentums an Werken der Wissenschaft und Kunst gegen Nachdruck und Nachbildung.

[370] *Reinhart* UFITA Bd. 106 (1987), S. 219 (223 f.).

[371] Vgl. *Fischer/Künzel*, Verfassungen.

ausdrücklich von geistigem Eigentum und unterstellt es der Gesetzgebung des Reiches.

Aus dem Schutz des Urheberrechtes als Immaterialgüterrecht entwickelte das Reichsgericht den Grundsatz, dass der Urheber an den wirtschaftlichen Nutzungen, die aus seinem Werk gezogen werden, zu beteiligen ist.[372] Der BGH führte diese Rechtsprechung fort[373] und bekräftigt dabei den naturrechtlichen Ansatz der Lehre vom geistigen Eigentum:[374]

"Für das moderne Urheberrecht wird allseitig anerkannt, dass die Nutzungsrechte des Urhebers nur die Ausstrahlung seines durch den Schöpfungsakt begründeten geistigen Eigentums sind. Die Herrschaft des Urhebers über sein Werk, auf den sich sein Anspruch auf einen gerechten Lohn für eine Verwertung seiner Leistung durch Dritte gründet, wird ihm hiernach nicht erst durch den Gesetzgeber verliehen, sondern folgt aus der Natur der Sache, nämlich aus seinem geistigen Eigentum, das durch die positive Gesetzgebung nur seine Anerkennung und Ausgestaltung findet."

Zur Begründung verweist der BGH ferner auch auf die Art. 1 WUA sowie Art. 27 Abs. 2 der Allgemeinen Erklärung der Menschenrechte. Letzterer spricht dabei wie einige modernere Gesetze (z.B. auch Art. 158 Abs. 1 WRV) vom Urheberrecht bzw. von Urheberschaft. Der Gesetzgeber griff die bisherige Rechtsprechung zum geistigen Eigentum im UrhG 1965 auf. Der Inhalt des Urheberrechts als Vermögensrecht wurde dabei – anders als das Ausschließlichkeitsrecht beim Sacheigentum - verstanden als die Befugnis des Urhebers, jegliche geldwerte Werknutzung, d.h. auch Nutzungen zu nicht erwerblichen Zwecken, von der Zahlung einer Vergütung abhängig zu machen.[375]

d)   *Neuere Tendenz: Annäherung an das Copyright-Konzept*

Der Begriff des geistigen Eigentums wird schließlich trotz aller Kritik[376] auch heute noch von vielen Gesetzestexten zur Beschreibung des Urheberrechts verwendet wie z.B. dem französischen Loi sur la propriété litéraire et artistique, dem Produktpiraterigesetz und dem britischen Copyright Act. Die internationa-

---

[372] RGZ 128, S. 102 (113) – Schlagerliedbuch; RGZ 134, S. 198 (201) – Schallplattenrechte.

[373] Vgl. auch BGHZ 11, S. 135 (143) – Lautsprecherübertragung; BGH GRUR 1974, S. 786 (787) – Kassettenfilm; BGH GRUR 1976, S. 382 (383) – Kaviar.

[374] BGHZ 17, S. 266 (278) – Grundig-Reporter.

[375] Amtl. Begr. UFITA Bd. 45 (1965), S. 241; ähnlich auch BGHZ 17, S. 266 (267) LS Nr. 3 – Grundig-Reporter – der auf unmittelbaren wirtschaftlichen Ertrag abstellt.

[376] Vgl. *Hubmann*, ZUM 1988, S. 4 (7), es wird bemängelt, dass die persönlichkeitsrechtliche Komponente des Urheberrechts zu wenig berücksichtigt würde.

84

le Organisation zum Schutz des geistigen Eigentums WIPO[377] trägt diesen Gedanken bereits in ihrem Namen. Dennoch ist eine Tendenz auszumachen, das
kontinental-europäische Droit d'auter der aus dem angelsächsischen Rechtskreis
stammenden Lehre vom Copyright anzupassen.[378] Das Copyright-Konzept stellt
nicht auf das Individuum als Schöpfer zur Begründung eines Rechtsschutzes ab,
sondern beruht vielmehr auf dem Gedanken des Investitionsschutzes für die
geistige Leistung.[379]

Augenfällig wird diese Annäherung des Urheberrechts an die anderen gewerblichen Schutzrechte bei den Regelungen für Computersoftware und Datenbanken. Im Vordergrund steht dabei nicht der Werkschöpfer als Individuum, sondern der Produzent, der in die Werkschöpfung investiert, beispielsweise durch
Anstellung der Werkschöpfer. Ein weiteres Beispiel ist der mit dem UrhInfG
eingeführte Schutz technischer Maßnahmen. Der effektive Rechtsschutz setzt
hier nicht beim schöpferischen Prozess des Werkschaffens an, sondern setzt diesen vielmehr voraus und verlagert sich auf die Verhinderung der Umgehung dieser Schutzmechanismen. Der Rechtsschutz greift also bereits vor der tatsächlichen urheberrechtsrelevanten Nutzungshandlung ein, um überhaupt Wirkung zu
entfalten. Insgesamt ist auch die Info-RL, die mit dem UrhInfG in deutsches
Recht umgesetzt wird, ein gutes Beispiel für diese Tendenz, da es hier fast ausschließlich um eine Harmonisierung der Verwertungsrechte geht, während die
Urheberpersönlichkeitsrechte zwar Erwähnung finden[380], ihnen aber keine Regelungen gewidmet sind.

---

[377] World Intellectual Property Organisation.

[378] *Schricker*, GRUR 1992, S. 242 ff; *Wiebe*, GRUR 1994, S. 233 ff.; *Bechtold*, GRUR 1998, S. 18
(24).

[379] Vgl. ausführlich zu den konzeptionellen Differenzen *Strowel*, Droit d'auteur.

[380] Erwägungsgrund 19.

2.   Ausgangspunkt: Eigentumsschutz aus Art. 14 Abs. 1 S. 1 GG[381]

a)   Schutzbereich des Art. 14 Abs. 1 S. 1 GG

Das BVerfG hat in ständiger Rechtsprechung die vermögensrechtlichen Befugnisse des Urhebers ausdrücklich als *geistiges Eigentum* unter den Schutzbereich des Art. 14 Abs. 1 S. 1 GG subsumiert.[382] Neben dem Sacheigentum umfasst der Eigentumsbegriff auch das sog. *Leistungseigentum.* Dieser Begriff wurde anhand des subjektiv öffentlichen Rechtes entwickelt zur Unterscheidung zwischen staatlich gewährten Rechten einerseits, und den durch eigene Leistungen erworbenen vermögenswerten Ansprüchen andererseits, namentlich vor allem den Ansprüchen der gesetzlichen Sozialversicherungen.[383] Folgerichtig überträgt das BVerfG diese Grundsätze auch auf das geistige Schaffen, das seinen Ausdruck im urheber-rechtlichen Werk findet.[384] Demnach ist dem Urheber grundsätzlich der wirtschaftliche Wert der Werkverwertung zugeordnet.[385] Dies stelle keinen ungerechtfertigten Vermögenszuwachs durch die Verleihung eines staatlichen Monopols dar, sondern ist das Ergebnis *eigener persönlicher Leistung.*[386] Dasselbe gilt neben dem Urheberrecht auch für die Leistungsschutzrechte der ausübenden Künstler[387], Veranstalter und Produzenten.[388]

b)   Abgrenzung zum Schutzbereich der Berufsfreiheit des Art. 12 Abs. 1 GG

Art. 12 Abs. 1 GG gewährleistet die Freiheit, einen bestimmten Beruf zu ergreifen und auszuüben. Die Schrankenbestimmungen des Urheberrechts und die

---

[381] Vgl. zum Grundrechtsschutz des Urhebers nach europäischem Recht *Kröger*, Informationsfreiheit, S. 77 ff. Ausführlich geht auch *Hölscher*, Eigengebrauch, S. 45 ff., auf die Verfassungsmäßigkeit der §§ 53 ff. UrhG ein und prüft dabei auch die Verfassungsmäßigkeit der Pauschalvergütung aus Sicht der Zahlungspflichtigen. Sie differenziert dabei jedoch nicht zwischen dem privaten Interesse, das zur Privilegierung des § 53 Abs. 1 UrhG und den sonstigen Interessen, die zu den verschiedenen Tatbeständen der Abs. 2 und 3 geführt haben. Zudem ist ihr Ansatz geprägt von der Verfassungsmäßigkeit der bestehenden Rechtslage nach altem Recht. Nicht geprüft wird dabei insbesondere die Frage, ob sich ein Anspruch der Allgemeinheit auf Privatkopien aus dem Grundgesetz ableiten lässt, was im Hinblick auf den unbedingten Schutz technischer Maßnahmen nach § 95b UrhG relevant wird.

[382] BVerfGE 31, S. 229 (239) – Kirchen- und Schulgebrauch.

[383] BVerfGE 18, S. 392 (397); BVerfGE 24, S. 220 (225 f.).

[384] Nach *Fechner*, Geistiges Eigentum, S. 202, ist hier von einem verfassungsimmanenten Schutz der Leistung des Schöpfers geistigen Eigentums auszugehen.

[385] BVerfGE 31, S. 229 LS 2 – Kirchen- und Schulgebrauch.

[386] BVerfGE 49 S. 382 (400) – Kirchenmusik.

[387] BVerfGE 81, S. 208 LS 1.

[388] BVerfGE 81, 12 LS – Vermietungsvorbehalt.

Regelung der Privatkopie greifen jedoch nicht unmittelbar in den Schutzbereich dieses Grundrechtes ein; denkbar wäre vielmehr ein mittelbarer Eingriff in die Berufsfreiheit, insbesondere durch Absatzeinbußen der Urheber und Leistungsschutzberechtigten infolge der Schrankenregelungen zu Gunsten der Werknutzer. Solch mittelbare Einwirkungen werden von Art. 12 GG jedoch nur in eingeschränktem Maße geschützt, nämlich bei erheblichen Eingriffen mit engem Zusammenhang zur Berufsausübung und objektiv berufsregelnder Tendenz.[389] Gerade hieran fehlt es jedoch den Schrankenregeln zur Privatkopie. Ihre objektive Eingriffstendenz ist nicht auf die Tätigkeit bei Produktion und Auswertung geschützter Werke gerichtet, sondern es sind erst deren Ergebnisse, d.h. die Urheber- und Leistungsschutzrechte betroffen. Erworbene Rechte unterliegen jedoch vorrangig dem Schutzbereich des Art. 14 GG, während die Berufsfreiheit den „Erwerbsvorgang" erfasst.[390] In Abgrenzung von Art. 12 und 14 GG lässt sich diese Rechtsprechung auf die Formel bringen: Art. 12 Abs. 1 GG schützt den Erwerb(-vorgang), der durch eigene Arbeit und Leistung erzielt wird, Art. 14 Abs. 1 GG das Erworbene.[391]

c) Abgrenzung zum Schutzbereich der Kunstfreiheit des Art. 5 Abs. 3 GG

Zur Abgrenzung der Schutzbereiche von Art. 5 Abs. 3 S. 1 GG und Art. 14 Abs. 1 S. 1 GG hat das BVerfG entschieden, dass die vermögensrechtlichen Befugnisse des Künstlers allein vom Eigentumsschutz erfasst werden.[392] Die Kunstfreiheit gewährleiste eine von staatlichen Eingriffen unbeeinträchtigte Schaffensphase des Werkes. Hiermit ist nicht nur der Werkbereich als die Schaffensphase im engeren Sinne gemeint, sondern auch der Wirkbereich[393], der die Veröffentlichung des Werkes umfasst. Hieraus lässt sich jedoch nicht ableiten, dass die Kunstfreiheit dem Urheber auch eine (staatliche) Entlohnung für sein Schaffen garantiert.[394] Solange nicht umgekehrt die wirtschaftliche Auswertung derart eingeschränkt ist, dass die freie künstlerische Betätigung praktisch unmöglich wird, liegt demnach keine Über-schneidung der Schutzbereiche vor.[395] Vielmehr greift die vermögensrechtliche Komponente des Urheberrechts ein bestehendes

---

[389] BVerfGE 70, S. 191 (214).

[390] BVerfGE 30, S. 292 (335) – Mineralölbevorratung.

[391] So BVerfGE 30, S. 292 (334 f.) – Mineralölbevorratung.

[392] BVerfGE 31, S. 229 (238 f.) – Kirchen- und Schulgebrauch; BVerfGE 49, S. 382 (392) – Kirchenmusik.

[393] BVerfGE 30, S. 173 (189).

[394] *Fechner*, Geistiges Eigentum, S. 196.

[395] Kritisch hierzu *Fechner*, ebd.

urheberrechtliches Werk auf und fällt deshalb allein in den Schutzbereich des Art. 14 Abs. 1 GG.[396]

d) Ergänzend: Schutzauftrag aus dem Sozialstaatsprinzip

In der Literatur wird weiter vertreten, die Schutzpflicht des Staates zugunsten der Urheber ergebe sich auch aus dem Sozialstaatsprinzip des Art. 20 Abs. 1 GG.[397] Das Urheberrecht als das "Arbeitsrecht" der geistig Schaffenden hat die Aufgabe, zur Existenzsicherung der Werkschaffenden beizutragen.[398] Hiermit wird ihr Beitrag zur Sicherung des kulturellen Bestandes einer Gesellschaft gewährleistet.[399] Daneben tritt so die individuelle Wahrung eigener Interessen an die Stelle kollektiver Vorsorge. Art. 14 Abs. 1 GG ist in diesem Lichte als Norm zu verstehen, die dem Grundrechtsträger durch die Gewährung vermögensrechtlicher Befugnisse einen Freiheitsraum verschafft, der ihm die persönliche Entfaltung und eigenverantwortliche Lebensgestaltung ermöglicht – insoweit als Komplementärnorm zum allgemeinen Persönlichkeitsrecht.[400]

3. Beschränkung des Schutzbereiches des Art. 14 Abs. 1 S. 1 GG

a) Inhaltsbestimmung durch die allgemeinen Gesetze

Mangels eines absoluten Eigentumsbegriffes steht auch das Urheberrecht unter dem Vorbehalt des Art. 14 Abs. 1 S. 2 GG, der dem Gesetzgeber die Ausgestaltung von Inhalt und Schranken des Eigentums überlässt.[401] Das Ausschließlichkeitsrecht des Sacheigentümers weist einen fundamentalen Unterschied zum "Eigentümer" des Geisteswerkes auf. Nach § 903 BGB besteht die Nutzung von Sacheigentum gerade in der eigenen Nutzung unter Ausschluss Dritter. Die Früchte der Nutzung werden somit gleichsam aus der Sache selbst gewonnen und sind unabhängig von der Existenz eines Gesamtsystems.[402]

---

[396] Vgl. BVerfGE a.a.O., S. 236 f. Eine Mindermeinung geht dagegen für das (hier nicht zu behandelnde) Veröffentlichungs-, Verbreitungs- und Aufführungsrecht davon aus, dass die vermögensrechtlichen Befugnisse nicht vom Wirkbereich zu trennen seien und deshalb unter Art. 5 Abs. 3 GG zu subsumieren sind.

[397] Die Interessen der Allgemeinheit sind dagegen auf die speziellere Regelung der Sozialpflichtigkeit in Art. 14 Abs. 2 GG gestützt.

[398] *Schricker-Schricker*, Einl. Rz. 14; *Ulmer*, Urheberrecht, S. 7; a.A. *Roellecke*, UFITA Bd. 84 (1979), S. 79 (119f.).

[399] Ausführlich *Wandtke*, UFITA Bd. 123 (1993), S. 5 (11).

[400] So ausdrücklich BVerfGE 21, S. 73 (86) – Grundstücksverkehr; BVerfGE 24, 367 (389, 396) – Hamburgische Deichordnung; BVerfGE 31, 229 (239) – Kirchen- und Schulgebrauch.

[401] Zur Frage der Enteignung nach Art. 14 Abs. 3 GG vgl. *Hölscher*, Eigengebrauch, S. 51 f.

[402] *Roellecke*, UFITA, Bd. 84 (1979), S. 79 (98), verweist auf das Beispiel des Bauern, der sich aus dem Ertrag seines Grundstücks ernährt.

Das Geisteswerk wird dagegen gerade dadurch wirtschaftlich genutzt, dass der Rechtsinhaber es einem möglichst breiten Kreis zugänglich macht. Das Ausschließlichkeitsrecht dient somit nicht der eigenen Nutzung des Gutes, sondern der kontrollierten Nutzung des Werkes durch Dritte. Hieraus ergibt sich jedoch zugleich, dass das Rechtsgut erst durch die Existenz eines auf Kommunikation ausgerichteten Gesamtsystems seine Wertigkeit erhält.[403] Das UrhG setzt diesen Gedanken in § 2 Abs. 1 dem Grunde nach um. Nur die für einen Anderen sinnlich wahrnehmbaren geistigen Schöpfungen und nicht bereits die Gedanken des Urhebers werden unter urheberrechtlichen Schutz gestellt. Die Existenz eines Kommunikationssystems und dessen Bereitschaft zur Anerkennung der schöpferischen Leistung des Urhebers sind somit Voraussetzung der Entstehung eines von der Rechtsordnung schutzfähigen Rechtsgutes. Die Begründung des Urheberrechtes als "Dankesschuld"[404] der Rezipienten gegenüber dem Werkschaffenden und Produzenten ist insoweit zu relativieren. Ihr steht auf der anderen Seite die Leistung des Empfängers als Teil des Kommunikationssystems gegenüber, der das Werk verarbeiten muss. Das BVerfG deutet diesen Zusammenhang in der Entscheidung Kirchen- und Schulgebrauch an, indem es Folgendes feststellt:[405]

> "Mit der Publikation steht das geschützte Werk nicht nur dem Einzelnen zur Verfügung, es tritt zugleich in den sozialen Raum und kann damit zu einem eigenständigen, das kulturelle und geistige Bild mitbestimmenden Faktor werden".

Der Autor gibt mit der Publikation freiwillig die Möglichkeit auf, ausschließlich über das Werk privat zu verfügen, so dass sein Werk "kulturelles Allgemeingut" wird.[406] Aus der zwingenden Interaktion zwischen Urheber und dem Gesamtsystem der Werknutzer ergibt sich somit, dass dem Urheberrecht ein gegenüber dem Sacheigentum modifiziertes Schutzniveau zukommt. In der Schulbuchentscheidung wird dieser Gedanke jedoch insoweit wieder relativiert, als dies für alle geistig und schöpferisch Tätigen gilt, ohne dass in einem vergleichbaren Lebensbereich die gesetzliche Verpflichtung besteht, das Ergebnis eigener Leistung selbst für eindeutige Allgemeinwohlziele wie die Bildung unentgeltlich zur Verfügung zu stellen.[407]

---

[403] *Roellecke* a.a.O., S. 99.

[404] So BGHZ 17, S. 266 ff. – Grundig-Reporter.

[405] A.a.O., S. 242.

[406] BVerfGE 58, S. 137 (148 f.) – Hess. Pflichtexemplar; BVerfGE NJW 2001, S. 598 (599) – Heiner Müller.

[407] BVerfGE 31, S. 229 (246) – Schulbuch.

b) Schranken des Eigentumsschutzes[408]

Art. 14 Abs. 1 S. 2 GG überlässt dem Gesetzgeber ferner die Festlegung der Schranken des Eigentums und somit auch die Beschränkung des Urheberrechtsschutzes.[409] Dem Gesetzgeber werden jedoch insoweit Grenzen auferlegt, als die Kerngewährleistung des Urheberrechtes im Sinne der eigentumsrechtlichen Institutsgarantie auch für das Urheberrecht zu berücksichtigen sind, und somit der gesetzgeberischen Prärogative entzogen werden.[410] Über die Institutsgewährleistung des Sacheigentums, das gekennzeichnet ist durch seine Privatnützigkeit und Verfügungsfreiheit[411], kommt das BVerfG zu dem Schluss, dass zu dieser Kerngewährleistung des Urheberrechts als grundrechtlich geschütztes Eigentum die

"grundsätzliche Zuordnung des vermögenswerten Ergebnisses der schöpferischen Leistung an den Urheber im Wege privatrechtlicher Normierung und seine Freiheit, in eigener Verantwortung darüber verfügen zu können",

gehört.[412] Trotzdem ist in eng begrenzten Ausnahmefällen denkbar, die wirtschaftliche Verwertungsmöglichkeit *vollständig* auszuschließen. Dabei genügt hierfür nicht schon jedes öffentliches Interesse, sondern es müssen entweder besonders wichtige öffentliche Interessen überwiegen oder die Verwertungsmöglichkeit ist für den Rechtsinhaber völlig nachrangig. Denn aus der grundsätzlichen Zuordnung wirtschaftlicher Befugnisse im Sinne einer Kerngewährleistung ergibt sich im Umkehrschluss kein verfassungsrechtlicher Anspruch auf den Schutz *jeglicher* nur denkbarer Verwertungsmöglichkeit.[413]

---

[408] Art. 14 Abs. 1 S. 2 GG wird von der Rechtsprechung als einheitliche Befugnis zur Ausgestaltung des Eigentums im Sinne einer Rechte-, aber auch Pflichtenbeziehung verstanden, vgl. BVerfGE 52, S. 1 (29), sowie BVerfGE 58, S. 300 (338).

[409] Auf Eingriffe in den Schutzbereich durch Enteignung soll hier nicht eingegangen werden, da es bei den urheberrechtlich geschützten Rechten keine verselbständigungsfähigen Vermögensteile gibt, die als Enteignungsobjekt dienen könnten, vgl. auch BVerfGE 31, S. 229 (241) – Kirchen- und Schulgebrauch sowie BVerfGE 49, S. 382 (384) – Kirchenmusik.

[410] BVerfGE 31, S. 229 (240) – Kirchen- und Schulgebrauch; *Maunz*, GRUR 1973, S. 107 (108); ähnlich *Badura*, FuR 1984, S. 552 (555).

[411] BVerfGE 24, S. 367 (389 f.).

[412] BVerfGE 31, S. 229 (240 f.) – Kirchen- und Schulgebrauch. Daneben hat der Gesetzgeber die Besonderheiten des geistigen Eigentums, insbesondere auch die persönlichkeitsrechtliche Komponente des Urheberrechts, gegenüber dem Sacheigentum zu berücksichtigen, BVerfG a.a.O., S. 239 f. Ähnlich bereits die Rechtsprechung des Reichsgerichts zum Urheberrecht: Danach soll dem Rechtsinhaber für jede Nutzungshandlung, aus der Gewinn gezogen wird, ein entsprechender Anteil zufließen, vgl. RGZ 118, S. 282 (285) sowie RGZ 153, S. 1 (22).

[413] BVerfGE 31, S. 229 (241) – Kirchen- und Schulgebrauch.

c) *Sozialpflichtigkeit*

Der Auftrag an den Gesetzgeber zur Ausgestaltung des Eigentumsbegriffs ist nicht nur im Interesse der Berechtigten zu verstehen, sondern im Hinblick auf die Sozialbindung[414] auch im Interesse der Allgemeinheit.[415] Der Urheber profitiert vom Werkschaffen vorangegangener Generationen und bedarf des Austausches mit anderen Kulturschaffenden. Aus der Sozialbindung des Art. 14 Abs. 2 GG wird deshalb der gesetzgeberische Auftrag abgeleitet, der Allgemeinheit einen zumutbaren Zugang zu Kulturgütern zu ermöglichen.[416] Das BVerfG hat diesen Gedanken auf die Formel gebracht, dass der Gesetzgeber eine Nutzung und Verwertung des Urheberrechts zu gewährleisten habe, die der Rechtsnatur und sozialen Bedeutung des Rechtes entspricht.[417]

4. Verfassungsmäßigkeit der Schranke zur Privatkopie

Das Vervielfältigungsrecht des Rechtsinhabers aus § 16 UrhG dient im Gefüge des Art. 14 GG dem Grunde nicht der Ausschließung Dritter von der Werknutzung, sondern der verfassungsrechtlich garantierten grundsätzliche Zuordnung des vermögenswerten Ergebnisses des Werkes. Nach der Grundkonzeption des Urheberrechts erfolgt diese Auswertung durch eine Vereinbarung, die die Nutzung von der Zahlung einer Vergütung abhängig macht. Dieser Grundkonzeption kann jedoch im Einzelfall das öffentliche Interesse gegenüber stehen, einen erleichterten Zugang zu Kulturgütern, unabhängig von einer einzelvertraglichen Zustimmung des Urhebers, zu ermöglichen. Bei der Bewertung der Verfassungsmäßigkeit ist außerdem die Effektivität der Rechtsdurchsetzung zu berücksichtigen, d.h. ob ein absolutes Recht von den Adressaten respektiert wird, oder ob der Rechtsinhaber mangels Kontrollmöglichkeit im Ergebnis schutzlos gestellt ist. Der Gesetzgeber wäre dann befugt, das geistige Eigentum insoweit einzuschränken und das Verbotsrecht z.B. durch einen gesetzlichen Vergütungsanspruch entsprechend dem System der §§ 53 Abs. 1, 54 ff. UrhG zu ersetzen. An die Stelle des absoluten Verfügungsrechtes über das geistige Eigentum tritt der schwächere Vergütungsanspruch, um so die grundsätzliche wirtschaftliche

---

[414] Ausführlich befasst sich mit Fragen der Sozialbindung des geistigen Eigentums *Leinemann*, Sozialbindung. Nach *Hölscher*, Eigengebrauch, S. 218, sei die Erwägung einer Sozialbindung des Urheberrechts bereits in den Ausführungen *Josef Kohlers* zu erkennen. Bei genauerem Hinsehen meint der Kohler'sche Vergleich des Urheberrechts mit "Luft, gasartigen Stoffen" etc. die hinter dem Werk stehende Idee, die selbstverständlich für jedermann frei zugänglich ist, vgl. hierzu ausführlich unten Teil 2 B I 1 ii. Dies gilt jedoch nicht gleichermaßen auch für deren konkrete Ausführungsform, die im Werk ihren Niederschlag gefunden hat.

[415] BVerfGE 49, S. 382 (394) – Kirchenmusik.

[416] Vgl. BT Drucks. 10/837, S. 9.

[417] BVerfGE 31, S. 229 (241) – Kirchen- und Schulgebrauch.

Zuordnung des Werkes als subjektives Recht auch unter Berücksichtigung des Gebots einer sozial gerechten Eigentumsordnung des Urhebers zu garantieren.[418] Die digitale Technik stellt dieses System in besonderem Maße in Frage. Durch digitale Privatkopien könnte bereits die Kerngewährleistung des Art. 14 Abs. 1 S. 1 GG betroffen sein, so dass die Beschränkung des Vervielfältigungsrechts *unverhältnismäßig* ist und von Verfassungs wegen Handlungsbedarf für den Gesetzgeber besteht.[419] Mit anderen Worten: Wird trotz der fortbestehenden Kopierfreiheit zum privaten Gebrauch durch die Zahlung einer pauschalen Vergütung gemäß §§ 54 ff. UrhG sowie durch die neu eingefügten Regelungen der §§ 95 a ff. UrhG zum Schutz von Kopiertechnologien die grundsätzliche Zuordnung der wirtschaftlichen Verwertung an den Urheber gewährleistet? Zur Prüfung der Verhältnismäßigkeit verlangt das BVerfG, dass bei der Schrankenziehung die Verwertungsinteressen mit den Interessen der Allgemeinheit in einen gerechten Ausgleich gebracht werden:[420]

a) Schutz der Privatsphäre

Die Regelung der privaten Vervielfältigung beruht im Wesentlichen auf der Erwägung, dass ein staatliches Eindringen in den privaten Lebensbereich zur Kontrolle urheberrechtlich relevanter Nutzungen gegen Art. 13 Abs. 1 GG und den Schutz der Privatsphäre verstößt.[421] Dies bedeutet jedoch keinen generellen Vorrang der Privatsphäre vor dem geistigen Eigentum. Vielmehr sind die kollidierenden Grundrechte in Ausgleich zu bringen. Die praktische Konkordanz hat dabei das Ziel, die kollidierenden Rechte optimal durchzusetzen.[422] Absolute Untergrenze bildet dabei der Kerngehalt jedes Belanges von Verfassungsrang.

---

[418] BVerfGE 31, S. 229 (243) – Kirchen- und Schulgebrauch; BVerfGE 31, S. 275 (287) – Schallplatten; BVerfGE 49, S. 382 (399) – Kirchenmusik; BGHZ 17, S. 266 (282) – Grundig-Reporter.

[419] Auf diese Problematik weist *Söllner*, Geistiges Eigentum, S. 371, für neuartige geistige Leistungen hin, die von den bisherigen Regelungen nicht (hinreichend) erfasst werden; vgl. auch *Fechner*, Geistiges Eigentum, S. 215 ff., sowie *Engel*, AöR 1993, S. 196 (197 f.), die aus der Institutsgarantie eine Pflicht zu legislativem Handeln ableiten.

[420] BVerfGE 31, S. 229 (242) – Kirchen- und Schulgebrauch; BVerfGE 31, S. 275 (287) – Schallplatten.

[421] Amtl. Begründung UFITA Bd. 45 (1965), S. 287, zustimmend BVerfGE 31, S.255 (268) – Tonbandvervielfältigung; Art. 13 GG wurde auch zur Begründung herangezogen für die Erhebung der pauschalen Vergütung bei den Geräteherstellern statt bei den Nutzern selbst, vgl. *von Gamm*, § 53 Rz. 11 Fn. 4; *Schricker-Loewenheim*, § 53 Rz. 3. *Roellecke*, UFITA Bd. 84 (1979), S. 79 (136) zieht dagegen einen Vergleich zur (damaligen) Genehmigungspflicht für den privaten Rundfunkempfang, die als hoheitliche Maßnahme erst recht das Grundrecht des Art. 13 Abs. 1 GG zu beachten hatte und dennoch eine Kontrolle im häuslichen Bereich erlaubte. *Roellecke* gibt zu, dass insoweit ein Wertungswiderspruch besteht. Dies bedeutet jedoch nicht, dass ein Kontrollrecht des Urhebers im privaten Bereich mit Art. 13 GG vereinbar wäre, sondern legt vielmehr den Schluss nahe, dass das Kontrollrecht des Trägers der Fernmeldehoheit gegen Grundrechte verstieß.

[422] Vgl. allgemein *Hesse*, Verfassungsrecht, Rz. 317 ff.

Dementsprechend konnte sich ein Referentenentwurf des BMJ aus dem Jahre 1954, der eine Freigabe der privaten Vervielfältigung forderte, nicht durchsetzen, da er das geistige Eigentum für die private Nutzung de facto vollständig aufgehoben hätte.[423] Dieses endet wie das Sacheigentum gerade nicht an der Grenze zum privaten Bereich.[424] Unter Berücksichtigung des Grundsatzes der Verhältnismäßigkeit ergibt sich hieraus, dass präventive Kontrollen der Privatsphäre bzw. der Wohnung des Einzelnen zur Überwachung des Ausschließlichkeitsrechtes des Urhebers unzulässig wären. Hiermit wäre nicht nur ein erheblicher Eingriff in das Grundrecht aus Art. 13 GG verbunden, sondern Kontrollen könnten auf Grund der Vielzahl der potenziellen "Tatverdächtigen" auch nicht effektiv durchgeführt werden. Schließlich ist bei einer vom Tatbestand der Privatkopie gedeckten Vervielfältigung nur von einem geringfügigen Eingriff in die Verwertungsbefugnis des Rechtsinhabers auszugehen, der erst durch eine massenhafte Verbreitung den Kernbereich des Rechtes tangiert. Hieraus können jedoch dann keine Maßnahmen nur gegen Einzelne abgeleitet werden, so dass auf ein milderes Mittel wie die Vergütungspflicht zurückzugreifen ist.

b) Verfassungsauftrag Kulturstaat

Das Grundgesetz enthält im Gegensatz zu einigen Landesverfassungen[425] keine ausdrückliche Normierung der Kulturstaatlichkeit, da diese Aufgabe in der föderalen Kompetenzordnung den Ländern übertragen ist. Dennoch liegt auch dem Grundgesetz insbesondere in Art. 5 Abs. 3 dieser Gedanke als Verfassungsprinzip zu Grunde.[426] Das BVerfG geht insoweit nicht nur von einer beliebigen Staatsaufgabe aus, sondern von einem *Staatsziel*[427], das der Verwirklichung des allgemeinen Persönlichkeitsrechtes unter dem Aspekt der Menschenwürde dient. Der Genuss urheberrechtlicher Werke in der privaten Sphäre ist die typische Ausformung dieser grundgesetzlichen Gewährleistung. In Verbindung mit der Sozialpflichtigkeit des geistigen Eigentums aus Art. 14 Abs. 2 GG lässt sich das Kulturstaatsprinzip als Auftrag an den Gesetzgeber verstehen, den Zugang zu Kulturgütern für jedermann im Sinne einer "kulturellen Daseinsvorsorge"[428] zu ermöglichen. Dementsprechend hat das BVerfG es als staatliche Aufgabe gesehen, die Jugend im Rahmen eines gegenwartsnahen Unterrichts auch mit noch

---

[423] Dies forderte ebenso *Sack*, BB 1984 Beilage 15, S. 8 f.

[424] *Hubmann*, UFITA Bd. 19 (1955), S. 58 (72 f.); *Movsessian*, GRUR 1980, S. 559 (564).

[425] Z.B. Art. 86 LVerf BW; Art. 18 LVerf NW.

[426] *Maunz/Dürig-Scholz*, Art. 5 III Rz. 8; *Oppermann*, FS Bachof, S. 3.

[427] BVerfGE 35, S. 79 (114); BVerfGE 36 S. 321 (331); BVerfGE 81, S. 108 (116).

[428] *Palm*, Kulturstaat, S. 145, spricht hiervon im Zusammenhang mit öffentlicher Kunstförderung. Auch die Begründung des Richtlinienvorschlages der Kommission zum Vermietrecht geht davon aus, dass die Förderung kultureller Vielfalt zu den staatlichen Aufgaben gehört.

nicht gemeinfrei gewordenen Werken vertraut zu machen[429] bzw. den Kirchgängern die Teilnahme am musikalischen Geistesschaffen der Zeit zu ermöglichen.[430]

Einen weiteren Aspekt des Kulturstaatsprinzips stellt die "Verallgemeinerung" des Werkes dar. Mit zunehmender Verbreitung wird das Werk zum öffentlichen Kulturgut[431], so dass auch die Verfügung über das Werk durch den Urheber zunehmend unkontrollierbar wird. Dabei ist jedoch zu differenzieren zwischen Allgemeingütern und Gütern im Gemeingebrauch. Auf letztere kann jeder zu seinen privaten Zwecken im Rahmen ihrer Widmung beliebig zugreifen. Das geistige Eigentum verbleibt dagegen auch als Kulturgut in der wirtschaftlichen Sphäre des Urhebers. Dagegen endet der Charakter des Werkes als Allgemeingut, sobald es durch körper-liche Festlegung in den ausschließlichen Herrschaftsbereich des Eigentümers des Datenträgers gelangt. *Kirchhof*[432] spricht in diesem Zusammenhang zutreffend von einer "Reprivatisierung in fremder Hand", die mangels öffentlichem Interesse nicht aus der Sozialbindung des Eigentums abgeleitet werden kann. Vielmehr kann die Neuzuordnung dieser Rechtsposition nur durch den Rechtsvorgänger legitimiert werden.

Schließlich ist bei der Abwägung die kulturelle Reziprozität des Werkes zu berücksichtigen. Kulturelles Leben kann sich nur bei einem gegenseitigen Geben und Nehmen entwickeln. Der Urheber baut mit seinem Werk auf dem vorgefundenen Kulturkreis auf und setzt sich mit gegenwärtigen und bestehenden Leistungen auseinander. Dementsprechend muss er die Nutzung seines Werkes durch andere Teilnehmer am kulturellen Austausch ermöglichen. Dieser Gedanke findet eine besondere Ausprägung in der Vorschrift des § 49 UrhG, der sog. Pressespiegelschranke, und im Zitatrecht des § 51 UrhG. Ein ähnliches Argument wird zur Regelung in § 50 UrhG vorgebracht. Soweit im Verlauf der Rundfunkberichterstattung das Werk wahrnehmbar gemacht wird, kommt dies auch dem Urheber zugute, da das Werk bekannt gemacht wird.[433] Da kein voller Werkgenuss stattfindet, wird vielmehr ein Anreiz zur Beschaffung des ganzen Werkes gesetzt, an dem der Urheber partizipiert. Dagegen erlaubt es § 53 Abs. 1 UrhG, ohne eigenen Beitrag zum kulturellen Leben das Werk im privaten Bereich zu konsumieren, so dass hier nur ein Nehmen stattfindet. Der Urheber partizipiert dabei auch nur über ein wesentlich geringeres Entgelt als bei der Lizenzierung an der wirtschaftlichen Nutzung, so dass sich die Privatkopie nicht mit dem Aspekt kultureller Reziprozität rechtfertigen lässt.

---

[429] BVerfGE 31, S. 229 (242) – Kirchen- und Schulgebrauch.

[430] BVerfGE 49, S. 382 (395) – Kirchenmusik.

[431] *Kirchhof*, Gesetzgebungsauftrag, S. 57.

[432] A.a.O., S. 57.

[433] BGHZ 85, S. 1 ff.

Umgekehrt lässt sich aus dem verfassungsrechtlichen Kulturstaatsprinzip auch eine Verpflichtung des Gesetzgebers zum Schutz urheberrechtlicher Leistungen ableiten[434], um so kulturelle Vielfalt zu sichern. Insbesondere für die Inhaber von Leistungsschutzrechten muss ein ausreichender Investitionsanreiz durch das Urheberrecht geschaffen werden, um zu verhindern, dass nur noch solche Werke veröffentlicht werden, die kommerziellen Erfolg versprechen. Ein starker urheberrechtlicher Schutz kann somit einen Beitrag zu kultureller Vielfalt leisten, indem auch anspruchsvolle und ausgefallene Werke, die finanziell weniger lukrativ sind, produziert werden. Die Privatkopie stellt dabei eine besondere Gefahr für die wirtschaftlichen Interessen dar, da jedermann ohne großen Aufwand den Beitrag der Leistungsschutzberechtigten substituieren kann. Um diese zu verhindern sind daher auch effektive technische Schutzsysteme ein wichtiger Anreiz, entsprechende Inhalte überhaupt erst anzubieten.[435] Ein gutes Beispiel sind hier digitale audiovisuelle Medien. Obwohl die entsprechende Technologie seit langem zur Verfügung steht, haben die Rechtsinhaber ihre Inhalte nicht auf diesem Wege angeboten, bevor nach jahrelangem Ringen ein (vermeintlich) sicherer Kopierschutzstandard existierte.

c)   Sozialstaatsprinzip

Die Regelung zur Privatkopie definiert eine Nutzungsmodalität im Sinne einer Inhalts- und Schrankenbestimmung, also die Art und Weise der wirtschaftlichen Befugnisse des Eigentümers.[436] Insoweit bestehen Parallelen zur Pflichtexemplarentscheidung des BVerfG.[437] Dem Verleger wurde nicht die Ablieferung eines konkreten Werkexemplars auferlegt, sondern an den Tatbestand der Produktion von Kulturgütern ein Beitrag an die Allgemeinheit als Ausformung der Sozialpflichtigkeit des Eigentums geknüpft. Entscheidend hat das BVerfG zur Beantwortung der Reichweite der Sozialpflichtigkeit auf die Schranken-Schranke der *Verhältnismäßigkeit* abgestellt.[438] Die wirtschaftliche Belastung des Produzenten von Werken mit kleiner Auflage war ungleich höher als die Belastung bei einem Bestseller. Ein wirtschaftlicher Ausgleich wäre nur durch Zahlung eines Entgel-

---

[434] *Dietz*, FS Schricker, S. 1 (6 f.), sieht eine solche Pflicht zum Tätigwerden zum Schutz der Urheber gegenüber den wirtschaftlich überlegenen Werkverwertern.

[435] Vor dem Hintergrund massenhafter Raubkopien weist auch *Sieber*, DMMV Gutachten, S. 81 (127), auf diesen Aspekt technischer Schutzsysteme hin.

[436] In Abgrenzung zu einer Enteignungsentschädigung im Sinne des Art. 14 Abs. 3 GG durch die Pauschalvergütung. Denn das geistige Eigentum als konkrete subjektive Rechtsposition verbleibt nach wie vor bei ihrem Urheber, so zu § 52 UrhG 1965, BVerfGE 49, S. 382 (393) – Kirchenmusik; allgemein auch BVerfGE 38, S. 175 (180); BVerfGE 45, S. 297 (326); BVerfGE 52, S. 1 (27).

[437] BVerfGE 58 S. 137 ff. – Hess. Pflichtexemplar.

[438] Diesen Gedanken hebt *Söllner*, Geistiges Eigentum, S. 372, besonders hervor und verweist darauf, dass der Verhältnismäßigkeitsgrundsatz nur dann vom Gesetzgeber zu berücksichtigen sei, wenn durch die Regelung in den Schutzbereich eines Grundrechtes eingegriffen wird.

tes möglich gewesen, so dass eine unentgeltliche Ablieferung die Interessen der Verleger unzumutbar beeinträchtigte.

Zwar wird für die Privatkopie eine pauschale Vergütung bezahlt. Anders als die öffentlichen Bibliotheken dienende Pflichtabgabe ist bei der Privatkopie jedoch zu berücksichtigen, dass es sich um eine Inhalts- und Schrankenbestimmungen zugunsten privater Interessen handelt, die zwar nicht grundsätzlich unzulässig sind.[439] Die Begünstigung darf sich jedoch nur als mittelbare Folge ergeben. Die Sozialpflichtigkeit des Art. 14 Abs. 2 GG rechtfertigt nicht die Förderung von Privat-anliegen, sondern nur Interessen der Allgemeinheit. In diesem Sinne ist daher auch die Aussage des BVerfG[440] zu verstehen, es bestehe ein "Interesse des Bürgers, urheberrechtlich geschützte Werke zum persönlichen Gebrauch vervielfältigen zu können". Über die Art und Weise der Vergütung ist damit noch nichts gesagt.

Bei der Verhältnismäßigkeitsprüfung ist daneben der Gesichtspunkt von Mitnahmeeffekten zu berücksichtigen.[441] Das BVerfGE führt insoweit aus, der Rechtsinhaber habe "auf den bedürftigen Rechtsgenossen Rücksicht zu nehmen".[442] Die Rechtsprechung zeigt hier ein merkwürdiges Verständnis des Urheberrechts. Schließlich würde man nicht auf die Idee kommen, dass die Gerätehersteller von Fernsehern oder DVD-Playern diese Geräte von Verfassungs wegen verbilligt oder gar umsonst zur Verfügung stellen müssen, um z.B. eine öffentliche Wiedergabe geschützter Inhalte in Einrichtungen der Jugendhilfe zu ermöglichen. Nachdem das BVerfG diesen Ansatz in der Entscheidung Schulbuch selbst anführte[443], kontert es diesen Einwand wenig überzeugend mit den Unterschieden zwischen Sach- und geistigem Eigentum, bei dem es allein darauf ankomme, "ob das was dem Urheber unterm Strich verbleibt, noch als angemessenes Entgelt für seine Leistung anzusehen ist".[444] Da im Streitfall die öffentliche Wiedergabe von Rundfunksendungen in Vollzugsanstalten Entscheidungsgegenstand war, lässt sich das Ergebnis allenfalls damit rechtfertigen, dass der Rechtsinhaber hier nur geringe Einbußen erleidet.[445] Die Erstverwertung findet

---

[439] BVerfGE 74, S. 264 (284 ff.) – Boxberg.

[440] BVerfGE 31, S. 255 (265) – Tonbandvervielfältigungen.

[441] Dies wird von *Hölscher*, Eigengebrauch, S. 59, nicht berücksichtigt. Nach ihrer Ansicht führt die Sozialbindung des Eigentums zu einer Kopiererlaubnis für diejenigen, die sich ein eigenes Vervielfältigungsstück nicht leisten können. Das Urheberrecht ist jedoch denkbar ungeeignet zur sozialen Umverteilung, da es weder die Leistungsfähigkeit des Belasteten noch die Bedürftigkeit des Privilegierten berücksichtigen kann. Derartige Erwägungen dürfen daher allenfalls – wenn überhaupt – eine Nebenrolle spielen.

[442] BVerfG GRUR 1989, S. 193 (196) – Vollzugsanstalten.

[443] BVerfGE 31, S. 229 (246) – Schulbücher.

[444] Ebd.

[445] A.a.O., S. 197.

durch die Einräumung des Senderechts statt, so dass der Ausfall eines Entgelts für die öffentliche Wiedergabe in Justizvollzugsanstalten wirtschaftlich nicht ins Gewicht fällt. Diesen Gedanken greift auch die Entscheidung Kirchen- und Schulgebrauch auf, indem sie feststellt, dass es die Sozialpflichtigkeit nicht rechtfertigt, eine für den Berechtigten wirtschaftlich bedeutende Verwertungsart, insbesondere die Verwertung auf dem Primärmarkt, zu entwerten.[446] In beiden Entscheidungen war zudem ein begrenzter Personenkreis privilegiert, der das Werk lediglich konsumiert, ohne darüber hinaus eine weitergehende Auswertung z.B. durch Verbreitung im Auge zu haben, so dass im Ergebnis wohl nicht von einer unzumutbaren Beeinträchtigung auszugehen ist.

Wendet man diese Grundsätze auf die Privatkopie an, sind Eingriffe nur in ge-ring-erem Maße zumutbar. Zunächst verdrängt die Privatkopie im Video- und Musikbereich mehr und mehr die Erstverwertung, so dass sich die Vergütung auf einen Anteil am Aufkommen nach § 54 UrhG beschränkt. Anders als bei den Schranken z.B. des § 52 UrhG wird durch § 53 Abs. 1 UrhG keine abgrenzbare besondere Personengruppe privilegiert, deren Bedürftigkeit wenigstens nach-vollziehbar erscheint, sondern die Schranke der Privatkopie gilt für jedermann, ob arm, ob reich. Eine Einschränkung ist daher nur in Fällen geringfügiger Nut-zungsintensität durch die Privatkopie unproblematisch zulässig.

d)   Informationsfreiheit

In der Diskussion um die Vervielfältigung urheberrechtlicher Werke wird zur Rechtfertigung der Schrankenbestimmungen des öfteren das öffentliche Interes-se am freien Zugang zu Informationen im Sinne des Art. 5 Abs. 1 S. 1 GG ge-nannt[447], häufig mit der Schlussfolgerung, dass dieses gegenüber dem Urheber-recht Vorrang genießt.[448] Das Argument der Informationsfreiheit wird jedoch

---

[446] BVerfGE 31, S. 229 (245 f.).

[447] Vgl. allgemein *Löffler*, NJW 1980, S. 201 ff., der hier jedoch gerade nicht auf die Regelung des § 53 UrhG, sondern vielmehr auf die §§ 45, 48 – 51 UrhG abstellt; *Schricker-Wild*, § 97 Rz. 22; zur Informationsfreiheit nach europäischem Gemeinschaftsrecht vgl. eingehend *Kröger*, Informations-freiheit, S. 124 ff. (136), der zu dem Ergebnis kommt, dass die Informationsfreiheit nach der Rechtsprechung des EuGH als Gemeinwohlbelang bei der Ausgestaltung der Schranken des Urhe-berrechts zu berücksichtigen ist, wobei den Mitgliedstaaten ein weiter Gestaltungsspielraum offen steht.

[448] So z.B. *Hoeren*, zit. nach heise-online news, www.heise/de/newsticker/data/jk-29.01.02-008; an anderer Stelle behauptet er sogar, die Info-RL habe "die Freiheit der Privatnutzer zur Erstellung di-gitaler Kopien zum europäischen Standard erhob[en]", vgl. KUR 2003, S. 58 (59). Woraus sich diese Freiheit ableitet, lässt *Hoeren* dabei freilich offen; im Ergebnis so auch *Kleinke*, Pressedaten-banken, S. 46, die eine weitere Einschränkung des Urheberrechts zu Gunsten der Informationsfrei-heit für erforderlich hält.

häufig vorgeschoben, um das Vorhaben eines möglichst billigen Werkzuganges zu kaschieren.[449]

aa)   Schutzbereich

Der "free flow of information"[450], also die Möglichkeit sich frei von staatlichem Einfluss zu informieren, ist Voraussetzung des Meinungsbildungsprozesses, gewährt in der Informationsgesellschaft daneben aber zugleich auch den Zugang zum vermehrt an Bedeutung gewinnenden Wirtschaftsgut, der Information. Andererseits vermag gerade das Allgemeininteresse am free flow of information einen umfassenden Schutz des Urhebers als Anreiz für kreatives Werkschaffen zu gebieten. Das Internet und die sonstigen Medien des Informationszeitalters leben nicht allein von den technischen Neuerungen im Bereich der Hardware, d.h. von neuen Wegen der Informationsvermittlung und -verarbeitung. Den wesentlichen Treibstoff der Informationsgesellschaft bieten vielmehr geeignete Inhalte, die von der Kreativität der Urheber sowie der Investitionsbereitschaft der Leistungsschutzberechtigten abhängen.

Im Wertesystem des Grundgesetzes wird Art. 5 Abs. 1 GG einerseits kollektivrechtlich als Komplementärvorschrift zum Demokratieprinzip verstanden, andererseits aber auch individualrechtlich in einen Zusammenhang mit dem allgemeinen Persönlichkeitsrecht gestellt, sowie der "Denkfreiheit", auf der Art. 4 GG basiert.[451] Diese individualrechtliche Komponente darf dabei nicht nur dahingehend verstanden werden, dass die Grundrechtsausübung einen Bezug zur öffentlichen Meinungsäußerung als Teil des demokratischen Willensbildungsprozesses herstellen muss.[452] Vielmehr räumen die Grundrechte im Hinblick auf das allgemeine Persönlichkeitsrecht gerade auch für rein Privates eine Schutzsphäre ein. Zum Schutzbereich dieses Grundrechtes gehören dabei nur allgemein zugängliche Quellen, so dass im Rahmen des § 53 Abs. 1 UrhG allenfalls Privatkopien von veröffentlichten Werken erfasst sein können.

Falsch verstanden wird der Schutzzweck der Informationsfreiheit, wenn hieraus, wie von *Leskien*[453], zugleich eine grundsätzlich unentgeltliche Nutzung oder ein Anspruch gegen die Rechtsinhaber abgeleitet wird:

---

[449] In diesem Sinne wohl auch *Schulze*, ZUM 2000, S. 432 (449).

[450] So schon die Gesetzesbegründung der Urheberrechtsnovelle 1985, vgl. BT Drucks. 10/837, S. 9, 20.

[451] *Maunz/Dürig-Herzog*, Art. 5 I, II, Rz. 6 ff.

[452] *Maunz/Dürig-Herzog*, Art. 5 I, II, Rz. 86.

[453] Vorstandsmitglied des Deutschen Bibliotheksverbandes, www.bdbverband.de/hearing/leskien.html. Ein offenbar völlig verfehltes Verständnis des Urheberrechts als Selbstbedienungsladen der Nutzer kommt in der weiteren Aussage zum Ausdruck: "Final zielt das Urheberrecht auf einen möglichst

"Der die Demokratie stützende freie und gleiche Zugang zu Informationen meint keineswegs in allen Fällen eine kostenfreie Nutzung oder eine Nutzung ohne Vergütung der Rechteinhaber".

Hiergegen hat sich das BVerfG bereits in der Schulbuchentscheidung ausgesprochen. Das Argument, der Vergütungsanspruch der Rechtsinhaber müsse bei Nutzungen für Schulbücher entfallen, um diese im Allgemeininteresse günstiger zu machen, hat das Gericht zurückgewiesen.[454] Auch in der Entscheidung Vermietungsvorbehalt wird deutlich gemacht, weshalb hier das Allgemeininteresse das Verbotsrecht des Urhebers überwiegt. Keineswegs wurde dies mit den Verbraucherinteressen[455] an billiger Nutzung begründet, sondern vielmehr mit der Unverhältnismäßigkeit von Kontrollen in der Privatsphäre.

Die Informationsfreiheit ist also ein klassisches Abwehrrecht[456] und gewährt, so schon der Wortlaut, einen "ungehindert(en)" Zugang zu allgemeinen Informationsquellen, aus denen sich die Bürger "auf eigene Kosten bedienen können".[457] Urheberrechtlicher Schutz, der allgemein zugängliche Quellen vor "Ausbeutung unter dem Deckmantel der Information" bewahrt, tangiert nicht das Grundrecht der Informationsfreiheit.[458] Geschützt wird mit dem Grundrecht der Rezeptionsvorgang, d.h. die Kenntnisnahme von Informationsinhalten[459], nicht dagegen das Recht, diese Inhalte auch beliebig zu vervielfältigen, sondern nur in dem hierfür erforderlichen Umfang.[460]

---

reichen, breiten und freien Fluss von Informationen", da hiermit offenbar die Freiheit, Leistungen nicht zu vergüten, gemeint ist.

[454] BVerfG GRUR 1972, S. 481 (484 f.).

[455] In diesem Sinne wohl *Gounalakis*, Kabelfernsehen, S. 219 ff.

[456] Anerkanntermaßen bilden Grundrechte zugleich die gesamte Rechtsordnung durchdringende Grundsätze, die auch bei der Auslegung des Privatrechts zu berücksichtigen sind. Hieraus kann jedoch kein verfassungsrechtlicher Anspruch zwischen Privaten begründet werden, sondern nur Regeln des Privatrechts im Lichte der Verfassung ausgelegt werden.

[457] So *von Mangoldt/Klein/Starck-Starck*, Art. 5 Abs. 1, 2 Rz. 51 m.w.N. Ähnlich *BK-Degenhart*, Art. 5 Abs. 1 und 2, Rz. 353, BVerwG DÖV 1979, S. 102. A.A. teilweise *Hesse*, ZUM 2002, S. 692 (693), der für die Informationsfreiheit eine Umkehr der Rechtfertigungslast sieht, d.h. die Information soll der Öffentlichkeit gehören, eine Beschränkung des Zuganges bedarf der Rechtfertigung. Bezeichnenderweise betreffen die hierfür angeführten Beispiele allesamt den Zugang zu staatlichen Informationssammlungen, während sich die urheberrechtliche Diskussion um den Eingriff in private Rechte dreht.

[458] Von Mangoldt/Klein/Starck-Starck, Art. 5 Abs. 1, 2, Rz. 58.

[459] *Maunz/Dürig-Herzog*, Art. 5, Rz. 95; *BK-Degenhart*, Art. 5 Abs. 1 und 2, Rz. 348; *von Mangoldt/Klein/Starck-Starck*, Art. 5 Abs. 1, 2, Rz. 34.

[460] OLG Köln, DVBl. 1979, S. 523 (524), ähnlich *Maunz/Dürig-Herzog*, Art. 5 I, II, Rz. 95.

bb)   Schranken

Seine Schranke findet die Informationsfreiheit gemäß Art. 5 Abs. 2 GG in den allgemeinen Gesetzen, zu denen auch das ausschließliche Vervielfältigungsrecht des § 16 UrhG gehört. Als Belang von Verfassungsrang ist die Informationsfreiheit dennoch bei der Abwägung im Rahmen der Sozialpflichtigkeit des Eigentums zu berücksichtigen. Insoweit vermag das Grundrecht *mittelbare Drittwirkung* im Privatrechtsverkehr zu entfalten, wie dies das BVerfG bereits in der zuvor erörterten Entscheidung zur Gefangenenbetreuung festgestellt hat.[461] Die Nutzung von Massenmedien seien ein Ersatzkommunikationsmittel mit besonderer Bedeutung für die psychische Gesundheit. Die Entscheidung erging jedoch zur Regelung der öffentlichen Wiedergabe von Rundfunksendungen gemäß § 52 Abs. 1 S. 3 UrhG. Anders als die Vervielfältigung des Werkes erlaubt diese Nutzungsart lediglich den einmaligen, flüchtigen Werkgenuss zur Deckung des Informationsbedürfnisses. Dagegen bedarf es zu diesem Zweck grundsätzlich gerade keiner Vervielfältigung des Werkes.

Zusammengefasst: Die Informationsfreiheit verbietet Eingriffe, die geeignet sind, einen konkreten Informationsvorgang unmöglich zu machen oder wesentlich zu erschweren.

cc)   Informationsfreiheit und Privatkopie

Die Nutzung von Privatkopien dient regelmäßig Unterhaltungszwecken, die gegenüber den von § 53 Abs. 2 UrhG privilegierten Ausbildungs- und Forschungs-zwecken nur in geringem Maße im Hinblick auf das allgemeine Informations-interesse schutzbedürftig sind. Das Urheberrecht wird falsch verstanden, wenn man annimmt, es ende an der privaten Wohnungstür, soweit Nutzungshandlungen nicht in einem bloßen Werkgenuss bestehen.[462]

Zwischen der Vervielfältigung und der sinnlichen Wahrnehmung des Werkes besteht ein grundlegender Unterschied.[463] Beim Werkgenuss wird die im Werk verkörperte Information vermittelt. Dagegen wird bei der Vervielfältigung ein neues Wirtschaftsgut hergestellt, ohne dass zugleich Zugang zur Information statt-gefunden hätte. Zu Informationszwecken bedarf es also grundsätzlich nicht der Vervielfältigung eines Werkes, sondern dessen Wahrnehmbarmachung. Der (sich hieran anschließende) beliebig häufige Werkgenuss eines Informationsträgers selbst unterliegt dagegen – soweit er in der privaten Sphäre stattfindet – nicht dem Verfügungsrecht des Urhebers.

---

[461] BVerfG GRUR 1989 S. 193 (196) – Vollzugsanstalten; vgl. ferner *BK-Degenhart*, Art. 5 Abs. 1 und 2, Rz. 363; *Lerche*, Jura 1995, S. 561 (562 f.).

[462] In diesem Sinne aber wohl *Sack*, BB 1985, S. 621 (622).

[463] *Bornkamm*, BB 1984, S. 2227 (2228); *Schricker/Katzenberger*, GRUR 1985, S. 87 (89, 106).

(i.) Bei der Verwendung *körperlicher Kopiervorlagen* hat der Nutzer bereits ohne die Vervielfältigung die Möglichkeit einer Wahrnehmung des Werkes. Solange der Benutzer im Besitz dieses Werkexemplars ist, kann er den Informationsvorgang auch beliebig oft wiederholen, ohne hierzu ein neues Werkexemplar herstellen zu müssen. Ohne die Möglichkeit der Privatkopie würde das Verbot der Vervielfältigung den Informationszugang demnach erst beschränken, wenn der Urheber oder Leistungsschutzberechtigte eine unzureichende Zahl von Informationsträgern zur Verfügung stellt. Ein solcher Fall wäre denkbar, wenn ein Informationsanbieter durch Ausnutzung einer Monopolstellung prohibitive Preise verlangt und somit den Zugang für die Allgemeinheit wesentlich erschwert. Das Urheberrecht erscheint jedoch nicht als geeignetes Mittel zur Bekämpfung des Missbrauchs von Markmacht, was vielmehr Aufgabe des Kartellrechts ist. Die Gesamtheit der Urheber würde sonst für missbräuchliches Verhalten Einzelner in Haftung genommen.

(ii.) Ähnliches muss gelten für öffentlich zugängliche Inhalte, die zum Abruf On-demand angeboten werden. Will der Nutzer hier lediglich den Informationsinhalt zur Kenntnis nehmen, genügt es, das Werk wahrnehmbar zu machen, z.B. durch Streaming etc. Einer Vervielfältigung bedarf es dagegen nicht, da stattdessen jederzeit erneut auf die Informationsquelle zugegriffen werden kann. Will sich der Nutzer bei einer Vielzahl von Nutzungsvorgängen die Mühen dieses Vorganges ersparen, verbleibt ihm immer noch die Möglichkeit, ein lizenziertes Vervielfältigungsstück zu erwerben, um seinem wiederholten Informationsbedürfnis Rechnung zu tragen.

(iii.) Zu differenzieren ist dagegen bei Vervielfältigungen von Rundfunksendungen im Rahmen des sog. Timeshifting. Rundfunksendungen können von der Allgemeinheit nur zu den durch das Programm bestimmten Zeiten wahrgenommen werden. Der Zugang zur Information wird auf diese Weise faktisch eingeschränkt, als der Werknutzer gezwungen würde, seinen übrigen Tagesablauf hierauf abzustellen. Da es auf der anderen Seite aus der Interessenlage des Urhebers und der Leistungsschutzberechtigten unerheblich ist, wann die Werke genutzt werden, besteht in diesem Fall in der Tat ein Interesse an der Speicherung des Werkes zur Wiedergabe zu einem späteren Zeitpunkt zu Informationszwecken. Die Regelung des § 47 UrhG zu Gunsten einer Vervielfältigung von Schulfunksendungen zu Unterrichtszwecken greift diesen Gedanken auf. Das BVerfG geht in der entsprechenden Entscheidung deshalb auch davon aus, dass es sich um eine rein *technische* Vervielfältigung handelt, die keine *zusätzliche* Verwertung des Werkes bedeutet.[464] Um dem öffentlichen Interesse an freiem Zugang zu Informationen gerecht zu werden, genügt auch für private Zwecke

---

[464] BVerfGE 31, S. 270 (273 f.) – Schulfunksendungen; die Norm ist seitdem jedoch wesentlich erweitert worden; zu den verfassungsrechtlichen Bedenken insoweit vgl. *Neumann*, Schulgebrauch, S. 21 f.

eine vorübergehende Speicherung des Werkes entsprechend § 47 Abs. 2 S. 2 UrhG, der die Löschung der Schulfunksendung innerhalb des folgenden Schuljahres verlangt. Dagegen wäre eine dauerhafte Vervielfältigung eher unter den Archivzweck des § 53 Abs. 2 Ziff. 2 zu subsumieren.

Verfassungsrechtlich würde die Informationsfreiheit daher einer weitest gehenden Abschaffung der Privatkopie nicht entgegenstehen.[465]

e)   *Staatsziel zur Förderung der technischen Entwicklung*

Digitale Vervielfältigungstechniken eignen sich nicht nur zur Verwendung urheberrechtlich geschützter Materialien. Vielmehr werden diese Technologien, namentlich der Computerhardware, gerade auch zu anderen Zwecken eingesetzt.[466] Das einheitliche digitale Datenformat erlaubt es, gerade beliebige Informationen zu verarbeiten und die Computertechnologie auch zu nicht urheberrechtlich relevanten Zwecken einzusetzen. Mit einer möglichst weit gehenden Erlaubnis zur Privatkopie würde ein *zusätzlicher Anreiz* zur Beschaffung entsprechender Hard- und Software der Informationsverarbeitung geschaffen. Hierdurch wird einerseits der Zugang[467] zu den Schlüsseltechnologien der Informationsgesellschaft erleichtert und andererseits durch eine gesteigerte Nachfrage der Investitionsanreiz zur Entwicklung neuer Technologien gesetzt.

Verfassungsrechtlich ließe sich diese Frage einerseits als Belang der Informationsfreiheit einordnen, die jedoch nur vor einer wesentlichen Erschwerung des Informationsvorganges schützt. Andererseits ist dem Grundgesetz mittelbar auch ein Verfassungsbelang zur Förderung des technischen Fortschrittes zu entnehmen. Die sozialstaatliche Prägung des Grundgesetzes verpflichtet den Staat zu einer aktiven Wachstumsvorsorge.[468] Positivrechtlich hat dieser Grundsatz in Art. 109 Abs. 2 GG Niederschlag gefunden, der ein gesamtwirtschaftliches Gleichgewicht als Verfassungsbegriff einführt. Daneben verpflichtet Art. 104a Abs. 4 GG zu Eingriffen bei Störungen des Gleichgewichtes sowie zur Förderung von Wachstum. Schließlich ergibt sich aus Art. 74 Nr. 11 GG eine konkurrierende Kompetenz zur Regelung des Rechtes der Wirtschaft. Ziel ist dabei die Sicherung der wirtschaftlichen Grundlagen der Allgemeinheit als eine der wichtigsten Staatsaufgaben.[469] Mit dem Umbruch von der Industrie- zur Informationsgesellschaft ergibt sich somit ein besonderes Interesse der Allgemeinheit an

---

[465] A.A. *Schack*, FS Erdmann, S. 165 (169).

[466] In Anlehnung an BGHZ 42, S. 118 (128) – Private Tonbandaufnahme, der grundsätzlich ein Interesse der Allgemeinheit an der Auswertung bedeutsamer technischer Errungenschaften sieht.

[467] Der Umgang mit Geräten der Datenverarbeitung wird mittlerweile als weitere elementare Kulturtechnik neben Lesen, Schreiben und Rechnen gesehen, vgl. *Schult*, Hits for Kids.

[468] Ausführlich *Badura*, *FS Ipsen*, S. 367 (376 ff.).

[469] Isensee/Kirchhof-Rengeling, Bd. IV § 100 Rz. 165.

der Förderung dieser Technologien, die mehr und mehr zur entscheidenden Grundlage des Wirtschaftswachstums werden.

f) Abwägungsergebnis

Als Quintessenz vorstehender Erwägungen sind die Regelungen der Privatkopie vorwiegend mit dem Schutz der Privatsphäre des Einzelnen zu rechtfertigen. Die Interessen der Allgemeinheit überwiegen das Ausschließlichkeitsrecht der Rechtsinhaber, soweit hierzu ein unverhältnismäßiges Eindringen in die Privatsphäre durch Kontrollen im häuslichen Bereich erforderlich wäre. Ferner besteht in besonderen Ausnahmefällen wie dem Time-Shifting auch aus der Informationsfreiheit ein das Ausschließlichkeitsrecht überwiegendes Allgemeininteresse, soweit es sich hier zugleich um wirtschaftlich nur geringfügige Eingriffe auf einer unteren Verwertungsstufe handelt.

Darüber hinaus besteht von Verfassungs wegen, insbesondere der Informationsfreiheit, kein überwiegendes Allgemeininteresse, das ein Recht auf Privatkopien im Sinne eines Anspruches gegen den Rechtsinhaber und einen entsprechenden Auftrag an den Gesetzgeber begründen würde. Umgekehrt greift die gesetzliche Lizenz auch für digitale Kopien nicht in unverhältnismäßiger Weise in die eigentumsrechtliche Position der Rechtsinhaber ein, solange eine angemessene Vergütung durch pauschalierte Lizenzzahlungen erfolgt. Die Alternative eines Verbotsrechts scheitert dagegen nicht nur an Art. 13, sondern auch an der schieren Unmöglichkeit, solche Kontrollen tatsächlich vorzunehmen, so dass der Schutzauftrag zu Gunsten der Urheber und Leistungsschutzberechtigten gerade für ein Fortbestehen der gesetz-lichen Lizenz spricht.[470] Dies gilt auch in Anbetracht des verhältnismäßig geringen Vergütungsaufkommens bei der Pauschalvergütung.[471] Das UrhG 1965 und 1985 orientiert sich bei der Höhe dieser Vergütung an einem Bruchteil der üblichen Lizenzgebühr. Da die Privatkopie den Charakter einer Drittverwertung hatte, schien diese zusätzliche Vergütung nach der Erstauswertung durch Vertrieb von Origi-nalen sowie der *Zweitauswertung* durch den Rundfunk durchaus angemessen.[472] In großem Stil wird durch die digitalen Kopiermöglichkeiten die Erst- bzw. Zweitverwertung verdrängt, was die Gefahr einer Entwertung der Rechtsposition des Urhebers mit sich bringt, wenn die Ausnahme der privaten Vervielfältigung zur Regel, der kontrollierte Verkauf des Werkes zur Ausnahme geworden ist.[473] Diese Gefahr digitaler

---

[470] Wertungswidersprüche ergeben sich insoweit zu Software und Datenbanken, deren Regelungen europarechtlich überlagert werden.

[471] Zweifel an der Angemessenheit der Vergütung bei *Kirchhof*, Gesetzgebungsauftrag, S. 51 ff., der diese Frage eingehend analysiert. Dagegen wird es offenbar von *Hölscher*, Eigengebrauch, S. 61, bereits für ausreichend gehalten, dass überhaupt ein Vergütungsanspruch besteht.

[472] BT Drucks. 10/837, S. 19.

[473] Vgl. hierzu BVerfGE 49, S. 382 (399) – Kirchenmusik.

Technologien wird jedoch abgemildert durch den Schutz von ihnen verwendeter technischer Systeme, so dass insgesamt (noch) nicht von einer Entwertung der Kerngewährleistung des Vervielfältigungsrechts auszugehen ist.

Dennoch verbietet sich eine pauschale Abwägung der widerstreitenden Interessen für alle denkbaren Nutzungsarten da jede eine unterschiedliche Eingriffsintensität hat.[474] Bei den einzelnen Nutzungsarten, der Privatkopie ist daher, unter Berücksichtigung der vorgenannten Leitlinien, in Teil 2 B jeweils eine gesonderte Interessenabwägung vorzunehmen. Je intensiver die Nutzung in das Urheberrecht eingreift, desto schwerwiegender müssen gegenläufige Allgemeininteressen sein, um einen Eingriff dennoch zu rechtfertigen.[475] Zu berücksichtigen ist dabei auch, dass bei einer Umverteilung über das Instrument der Privatkopie die Mitnahmeeffekte häufig den eigentlichen Schutzzweck überwiegen. Denn begünstigt sind nicht nur sozial Schwache, sondern, mangels ausreichender Möglichkeit einer Differenzierung, jedermann, auch derjenige, der sich den Erwerb eines eigenen Werkstückes zum On-demand-Abruf beim Rechtsinhaber leisten kann.

III. Internationale Verträge

Das Urheberrecht ist im Zeitalter digitaler Informationstechnologien – Stichwort Internet - nur noch in einem internationalen Rahmen zu lösen, der Mindeststandards möglichst weltweit festschreibt. Außerdem folgt das deutsche Urheberrecht seit langem nicht nur den nationalen Regeln des UrhG, sondern unterliegt auch dem Vorbehalt internationaler Konventionen. Diese gelten als völkerrechtliche Verträge einfachgesetzlich neben dem UrhG als innerstaatliches Recht. Für die Privatkopie relevante Regelungen finden sich in den beiden bedeutendsten urheberrechtlichen Konventionen, namentlich der sog. Revidierten Berner Übereinkunft (RBÜ) sowie der Konvention über Trade-Related Aspects of Intellectual Property (TRIPS) die im Rahmen der Gründung der WTO verabschiedet wurde. Weitere wichtige Vorgaben hinsichtlich technischer Schutzsysteme ergeben sich aus den WIPO-Verträgen vom 20. Dezember 1996.

---

[474] A.A. offenbar *Hölscher*, Eigengebrauch, S. 58 ff., die in die Güterabwägung nicht nur sämtliche Nutzungsarten des § 53 Abs. 1 UrhG, sondern auch die der Abs. 2 und 3 des § 53 UrhG undifferenziert einbezieht. Dabei geraten auch die Begrifflichkeiten durcheinander. Die Regelungen der §§ 53 ff. UrhG werden a.a.O., S. 58, insgesamt als Privatgebrauch verstanden, während an anderer Stelle (a.a.O., S. 59) aus der Entscheidung des BVerfG (E 31, S. 229 (241)) über Sammlungen zum Kirchen- und Schulgebrauch ein gesteigertes öffentliches Interesse für den eigenen Gebrauch abgeleitet wird, was allein bereits zur Rechtfertigung der Schranken nach §§ 53 ff. UrhG ausreichen soll.

[475] BVerfGE 49, S. 382 (404) – Kirchenmusik.

1. Die WIPO-Verträge

Durch den WIPO Copyright Treaty (WCT) sowie den WIPO-Vertrag über Darbietungen und Tonträger (WIPO Performances and Phonograms Treaty – WPPT) soll die Stellung der Urheber und Leistungsschutzberechtigten in der Informations-gesellschaft gestärkt werden.[476] Beide Verträge sind mittlerweile in Kraft getreten (WCT am 6. März 2002, WPPT am 20. Mai 2002)[477]. Deutschland hat den Vertrag ebenso wie die Europäische Gemeinschaft[478] unterzeichnet und durch das UrhInfG bzw. die Info-RL inhaltlich in nationales Recht übernommen. Dies ist Voraussetzung einer Ratifikation der Verträge, die nach Umsetzung der Info-RL in das Recht aller EU-Mitgliedstaaten gemeinschaftlich erfolgen soll.[479]

Inhaltlich bleibt das Vervielfältigungsrecht und damit die Privatkopie unverändert auf dem Niveau der RBÜ. Neu eingeführt wird dagegen der Schutz technischer Maßnahmen, der in Art. 11 WCT bzw. 18 WPPT geregelt ist. Daneben wird der Drei-Stufen-Test entsprechend Art. 9 Abs. 2 RBÜ in Art. 16 Abs. 2 WPPT als Schranken-Schranke definiert. Der Drei-Stufen-Test nach der RBÜ wird zudem mit Art. 10 Abs. 2 WCT erweitert und soll nicht mehr auf das Vervielfältigungsrecht beschränkt sein, sondern künftig für alle Mindestrechte der RBÜ gelten. Diese Vorgaben hat die Info-RL mit Art. 5 Abs. 5 (Drei-Stufen-Test) bzw. Art. 6 und 7 (Schutz technischer Maßnahmen und Information zur Rechtswahrnehmung) übernommen.[480]

2. Die Revidierte Berner Übereinkunft

Nachdem das TRIPS-Abkommen in Art. 9 Abs. 1 S. 1 auf die Schutzrechte der Art. 1 – 21 RBÜ und somit auch auf das in Art. 9 RBÜ geregelte Vervielfältigungsrecht verweist, ergeben sich die für die Privatkopie wesentlichen konven-

---

[476] Die Genese von WCT und WPPT wird ausführlich erörtert bei *v. Lewinski/Gaster*, ZUM 1997, S. 607 ff.; *v. Lewinski*, GRUR Int. 1997, S. 667 ff., sowie im Kommentar von *Reinbothe/v. Lewinski*, WIPO Treaties.

[477] Vgl. www.wipo.int/treaties/notifications/wct/0032.html sowie www.wipo.int/treaties/notifications/-wppt/0032.html.

[478] Beschluss des Rates vom 16. März 2000 über die Zustimmung zum WCT und zum WPPT, ABl. EG 2000 Nr. L 89, S. 6.

[479] Vgl. die Begründung des Regierungsentwurfes zum UrhInfG, BT Drucks. 15/38, S. 14.

[480] Vgl. hierzu Abschnitt IV. Auf eine nähere Erörterung des mit den WIPO-Verträgen neu eingeführten Schutzes technischer Maßnahmen wird wegen des zugleich eingeräumten weiten Umsetzungsermessens an dieser Stelle verzichtet, da die Info-RL insoweit wesentlich engere und präzisere Vorgaben macht. Vgl. ausführlich zum Schutz technischer Maßnahmen in den WIPO-Verträgen *Wand*, Schutzmaßnahmen, S. 24 ff..

tionsrechtlichen Vorgaben aus der RBÜ.[481] Die RBÜ ist als völkerrechtlicher Vertrag mit Zustimmungsgesetz vom (zuletzt) 2. Oktober 1979[482] in deutsches Recht transformiert worden und gilt einfachgesetzlich neben dem UrhG.[483] Einschränkend können sich Inländer nach Art. 5 Abs. 1 RBÜ nicht unmittelbar auf den Schutz der RBÜ berufen. Nach herrschender Meinung wird jedoch eine Inländerdiskriminierung durch eine konventionsfreundliche Auslegung der Vorschriften des UrhG vermieden.[484]

a)   *Vervielfältigungsrecht*

Nach Art. 9 Abs. 1 RBÜ sind Vervielfältigungen von geschützten Inhalten "gleichviel auf welche Art und in welcher Form" dem Rechtsinhaber vorbehalten.[485] Dies gilt als konventionsrechtlicher Mindeststandard, unabhängig von der innerstaatlichen Gesetzgebung. Die RBÜ geht daher bereits de lege lata davon aus, dass auch ephemere Vervielfältigungen vom Vervielfältigungsrecht umfasst sind.[486]

---

[481] Das neben der RBÜ wichtigste urheberrechtliche Abkommen WUA (Welturheberrechtsabkommen) hat mit dem Beitritt der USA zur RBÜ seine Bedeutung verloren und wird daher nicht weiter erörtert.

[482] BGBl. II 1984, S. 81 ff.; die Pariser Fassung der RBÜ aus dem Jahr 1971 ist mit Gesetz vom 17. August 1973, BGBl. II 1973, S. 1069, transformiert worden.

[483] Vgl. hierzu BGHZ 11, S. 135 (138) – Schallplatten-Lautsprecherübertragung, BGH GRUR 1978, S. 639 (641) – Jeannot.

[484] Vgl. hierzu z.B. *Schack*, Urheberrecht, Rz. 849; *Schricker-Katzenberger*, vor §§ 120 ff. Rz. 118; *Nordemann/Vinck/Hertin*, Einl. Rz. 34; auch der BGH (BGHZ 141, S. 13 (34)) hat diesen Grundsatz in der Entscheidung Kopienversanddienst m.w.N. bekräftigt. Im Zweifelsfalle geht das Konventionsrecht innerstaatlichen Vorschriften als lex specialis vor; entsprechend hat der BGH GRUR Int. 1987, S. 40 (41) – Bora Bora Art. 15 RBÜ unmittelbar angewendet; zustimmend *Bornkamm*, FS Erdmann, S. 29 (36). Dagegen verneint *Riesenhuber*, ZUM 2003, S. 333 (342), einen Grundsatz der völkerrechts- oder konventionsfreundlichen Auslegung des UrhG für reine Inlandssachverhalte. Dies komme nur ausnahmsweise infrage, soweit der Gesetzgeber im Einzelfall das UrhG ebenso ausgestalten wollte wie die RBÜ. Die hier vorwiegend relevante Norm des Art. 9 Abs. 2 RBÜ gilt über Art. 5 Abs. 5 Info-RL nunmehr auch europarechtlich. Da der Gesetzgeber diesen Maßstab jedoch ausdrücklich bereits als geltendes Recht betrachtete und deshalb von einer Umsetzung absah, käme wohl auch *Riesenhuber* zu einer Anwendung des Art. 9 Abs. 2 RBÜ für rein nationale Sachverhalte, so dass der Streit vorliegend nicht entschieden zu werden braucht.

[485] Vgl. hierzu ausführlich *Schricker/Katzenberger*, GRUR 1985, S. 87 (98), sowie *Maus*, Digitalkopie, S. 121 ff., 130 f., der insbesondere auch die Frage der Anwendbarkeit auf digitale Kopien (positiv) klärt; zustimmend *Kröger*, Informationsfreiheit, S. 63 ff. m.w.N.

[486] Dennoch wurden auch bei der WIPO Anstrengungen unternommen, dies de lege ferenda weiter klarzustellen, indem eingefügt werden sollte, dass sowohl direkte wie indirekte sowie dauerhafte oder vorübergehende Vervielfältigungen erfasst sein sollen, vgl. Art. 7 Abs. 1 des Basic Proposal eines Vertrages über bestimmte Fragen betreffend den Schutz literarischer und künstlerischer Werke vom 30. August 1996, WIPO Dok. CRNR/DC/4, www.wipo.org/eng/diplconf/pdf/4dc_e.pdf. Diese ursprünglich als Protokoll zur Fortentwicklung der RBÜ gedachte Konvention wurde jedoch von der Diplomatischen Konferenz im Dezember 1996 in den WCT und den WPPT aufgespalten.

b) Schranken des Vervielfältigungsrechts – Drei-Stufen-Test

Mit Art. 9 Abs. 2 RBÜ wird nicht nur die Schranke des Vervielfältigungsrechts geregelt, sondern zugleich ein allgemeiner Rechtsgrundsatz aufgestellt, namentlich der sog. Drei-Stufen-Test.[487] Diese Kerngewährleistung des Urheberrechts beinhaltet die Verpflichtung der Verbandsstaaten, durch gesetzliche Regelungen ein Mindestmaß an Rechtsschutz zu gewähren. Die Substanz des Rechtes, also die normale Auswertung des Werkes z.B. durch das Vervielfältigungsrecht, ist zwingend zu bewahren. Danach sind Beschränkungen des Vervielfältigungsrechts auf "gewisse Sonderfälle" zu begrenzen (*1. Stufe*), durch die die normale Auswertung des Rechts nicht beeinträchtigt werden darf (*2. Stufe*) und die die berechtigten Interessen der Rechtsinhaber nicht unzumutbar verletzten (*3. Stufe*).[488] Dabei ist ausreichend, dass einer der drei Bedingungen nicht Genüge getan wird, um zur Unvereinbarkeit der Schranke mit dem Drei-Stufen-Test zu gelangen.[489] Nachfolgend wird die Einschränkung des Vervielfältigungsrechts durch eine gesetzliche Lizenz zum Maßstab genommen.

aa) Begrenzung auf "gewisse Sonderfälle"

Durch die Begrenzung auf "gewisse Sonderfälle" bringt die RBÜ zum Ausdruck, was der Gesetzgeber des UrhG im 6. Abschnitt (bereits) geregelt hat. Schrankenregeln dürfen nicht generalklauselartig ausgestaltet sein, etwa um im Interesse der "Informationsfreiheit" alle Nutzungen freizustellen, sondern müssen einen ausreichend bestimmten Tatbestand haben.[490] Des weiteren verlangt die Begrenzung auf bestimmte Sonderfälle, dass die privilegierte Nutzung einem

---

Das Vervielfältigungsrecht wurde dabei nicht näher konkretisiert (Art. 7 bzw. 11 WPPT stimmen mit Art. 9 Abs. 1 WCT überein).

[487] Zur Genese der Vorschrift vgl. *Bornkamm*, FS Erdmann, S. 29 (30 ff.). Nach Art. 10 Abs. 2 WCT soll der 3-Stufen-Test für alle von der RBÜ erlaubten Schranken gelten. Dies entspricht den Regelungen in Art. 13 TRIPS, der für alle Verwertungsrechte anwendbar ist (vgl. hierzu *Reinbothe*, GRUR Int. 1992, S. 707 (711), sowie ZUM 1996, S. 735 (739), und *Katzenberger*, GRUR Int. 1995, S. 447 (467)), weshalb hier von "Bern-plus"-Elementen gesprochen wird. Auch Art. 5 Abs. 5 Info-RL findet ausdrücklich auf alle von Art. 5 Abs. 1 – 4 erlaubten Schranken Anwendung.

[488] *Dreier*, ZUM 2002, S. 28 (35), sieht insoweit einen Widerspruch zwischen Art. 5 Abs. 5 Info-RL und Art. 13 TRIPS, da Art. 5 Abs. 5 Info-RL die Anwendung der schon als solche auf bestimmte Fälle beschränkten Schrankenbestimmungen zusätzlich auf bestimmte Ausnahmefälle begrenzt und somit zu einem 2-Stufen Test wird. Da nach Erwägungsgrund 44 mit der Info-RL die internationalen Verpflichtungen umgesetzt werden sollen, löst sich der Widerspruch auf, da Art. 5 Abs. 5 Info-RL nicht wörtlich, sondern im Sinne des Art. 13 TRIPS zu verstehen sei.

[489] So der WTO Panel Report vom 15. Juni 2000, Az.: WT/ DS 160/ R, S. 31 Rz. 6.97, www.wto.org/ english/tratop_e/dispu_e/dispu_status_e.htm#2000. Zur Auslegung des gleichlautenden Art. 13 TRIPS hat das Panel dabei ausdrücklich auf Art. 9 Abs. 2 RBÜ zurückgegriffen. Zustimmend *Bornkamm*, FS Erdmann, S. 29 (45); im Sinne kumulativer Anwendbarkeit des Art. 9 Abs. 2 auch *Masouyé*, Art. 9 RBÜ, Rz. 9.6, sowie *Reinbothe*, FS Dittrich, S. 251 (256).

[490] Vgl. *Maus*, Digitalkopie, S. 134.

bestimmten Zweck dienen muss. Weit reichende Schrankenbestimmungen wie die *fair-use*-Schranke nach US-amerikanischem Recht wären demnach unzulässig, soweit sie pauschal und ohne weitere Begrenzung zu Gunsten bestimmter Zwecke Vervielfältigungen erlauben.[491]

bb) Normale Auswertung des Rechts

Hierunter ist die Möglichkeit des Urhebers zu verstehen, unter mit der Werkverwertung typischerweise einhergehenden Umständen aus seinem Werk einen finan-ziellen Ertrag zu schöpfen, ohne sich der Konkurrenz von Kopisten ausgesetzt zu sehen.[492] Es bleibt dem Rechtsinhaber vorbehalten, die am Markt übliche Verwertung der jeweiligen Inhalte durch vertragliche Lizenzierung durchzuführen, so dass insoweit gesetzliche Lizenzen oder Zwangslizenzen unzulässig sind.[493] Ist die dem Rechtsinhaber zustehende Erstauswertung seines Werkes im Extremfall auf die Lieferung einiger weniger Kopiervorlagen reduziert, die anschließend auf Grund einer Schranke des Vervielfältigungsrechts kopiert und verbreitet werden, so wird die Kerngewährleistung des Vervielfältigungsrechtes verletzt. Diese Schwelle wird bereits bei einer massiven Verdrängung des Rechtsinhabers aus der markttypischen Verwertung überschritten[494], etwa wenn der überwiegende Teil der Vervielfältigungen nicht mehr wie bisher vom Rechtsinhaber lizenziert wird, sondern durch Kopien mit gesetzlicher Lizenz substituiert wird.

cc) Zumutbarkeit der Einschränkung

Ist mangels relevanten Eingreifens in die normale Auswertung eine gesetzliche Lizenz erlaubt, kommt es für die Zulässigkeit dieses Eingriffs im Wesentlichen

---

[491] WTO Panel Report vom 15. Juni 2000, Az.: WT/ DS 160/ R, S. 31 Rz. 6.112, www.wto.org/english/tratop_e/dispu_e/dispu_status_e.htm#2000; zustimmend *Bornkamm*, FS Erdmann, S. 29 (46); ähnlich im Ergebnis auch *Jehoram*, GRUR Int. 2001, S. 807 (808 f.), der in der fair-use-Schranke einen Verstoß gegen TRIPS und RBÜ sieht, da die Ausnahmeregelung zu unbestimmt sei.

[492] *Maus*, Digitalkopie, S. 137; auf das Kriterium der unmittelbaren Konkurrenz zur Verwertung durch den Rechtsinhaber weisen *Bornkamm*, FS Erdmann, S. 29 (46 f.), sowie *Reinbothe*, FS Dittrich, S. 251 (258 f.), dezidiert hin. Gemeint ist damit offenbar, dass der Kopist am Markt wie ein Wettbewerber auftritt und Vervielfältigungsstücke anbietet (z.B. Kopienversanddienst). Die normale Auswertung wird jedoch auch dann beeinträchtigt, wenn Private ausschließlich für eigene Zwecke vervielfältigen. Zwar besteht hier kein unmittelbarer Wettbewerb, das entgeltliche Angebot der Rechtsinhaber wird jedoch genauso substituiert, so dass der Absatz des Rechtsinhabers in gleicher Weise beeinträchtigt wird. Die typischen Verwertungsabläufe Urheber-Verlag-Handel-Nutzer sind durch die Digitalkopie aus den Fugen geraten und können auf die Kette Urheber-Nutzer abgekürzt werden. Dies ist auch bei der Auslegung der RBÜ zu berücksichtigen.

[493] So ausdrücklich *Masouyé*, Art. 9 RBÜ, Rz. 9.7.

[494] Ähnlich *Kröger*, Informationsfreiheit, S. 229.

108

auf seine Zumutbarkeit im Sinne der 3. Stufe an.[495] Gesetzliche Lizenzen stellen bereits deshalb eine erhebliche Beeinträchtigung der Interessen der Rechtsinhaber dar, weil sie ihnen die Möglichkeit entziehen nur solche Lizenzen zu erteilen, die sie für wirtschaftlich sinnvoll halten. Gesetzliche Lizenzen sind demnach grundsätzlich nur dann zumutbar, wenn sich eine individuelle Lizenzierung als schwierig erweist und somit der Werkzugang unzumutbar erschwert wird oder sonstige überragende Gründe des Allgemeinwohls bestehen.[496]

In die Gesamtabwägung der Zumutbarkeit sind daneben die monetären Interessen der Rechtsinhaber einzubeziehen, also die Frage des angemessenen Ausgleichs für die Gewährung der gesetzlichen Lizenz.[497] Ob und in welcher Höhe ein solcher Ausgleich zu erfolgen hat, ist abhängig von der durch die gesetzliche Lizenz eröffnete Nutzungsintensität. Insoweit ist abzustellen auf das Ausmaß, in dem gesetzlich erlaubte Vervielfältigungen an die Stelle der Verwertung durch den Urheber treten.[498] Dies ergibt sich z.B. aus dem Verhältnis der gesetzlich lizenzierten Kopien zur Zahl der vertraglich lizenzierten Kopien.[499] Wird von einem in geringer Auflage erscheinenden Werk eine Vielzahl von Kopien auf Basis der gesetzlichen Lizenz hergestellt, kann dies dem Rechtsinhaber nur bei Zahlung eines angemessenen monetären Ausgleichs zugemutet werden.[500] Weiterhin ist abzustellen auf die Qualität des Eingriffes. Digitale Nutzungen übertreffen dabei die Intensität analoger Nutzungen bei weitem, da sie diese in identischer Qualität vollständig ersetzen können. In der Entscheidung Kopienversanddienst hat der BGH schließlich die zwischenzeitlich erreichte wirtschaftliche Bedeutung dieser Verwertungsform in den Vordergrund gestellt.[501] Insoweit komme es auch nicht auf eine wesentliche Schädigung der Rechtsinhaber durch eine neue aufkommende Verwertungsform an, sondern es genügt, dass sie wirtschaftlich relevant ist. An einer derartigen Auswertung ist der Rechtsinhaber stets zu beteiligen.

[495] Dass bei jeder Nutzung ohne Erlaubnis des Rechtsinhabers berechtigte (wirtschaftliche) Interessen beeinträchtigt werden, sei es nur durch eine einzige Kopie eines Aufsatzes, versteht sich von selbst.

[496] *Reinbothe*, FS Dittrich, S. 251 (259 f.), ähnlich *Kröger*, Informationsfreiheit, S. 232.

[497] Vgl. hierzu weiterführend auch *Maus*, Digitalkopie, S. 145 ff.

[498] *Reinbothe*, FS Dittrich, S. 251 (259 f.). Ist das Verbotsrecht allerdings überhaupt nicht zu kontrollieren wie bei den technisch nicht verhinderbaren Privatkopien, wäre die Alternative zum gesetzlichen Vergütungsanspruch, gar keine Vergütung zu erhalten, worauf zutreffend von *Bornkamm*, FS Erdmann, S. 29 (48), hingewiesen wird. Dies ist ebenfalls in der Interessenabwägung zu berücksichtigen.

[499] Ähnlich *Masouyé*, Art. 9 RBÜ, Rz. 9.11, sowie *Reinbothe*, FS Dittrich, S. 251 (259 f.), der als weiteres Beispiel die vollständige oder teilweise Kopie eines Werkes anführt.

[500] *Masouyé*, Art. 9 RBÜ, Rz. 9.8. Vgl. auch die Konferenzmaterialien der Stockholmer Fassung der RBÜ, S. 1145 Ziff. 85.

[501] BGHZ 141, S. 13 (32).

Selbst wenn für die Beeinträchtigung der Interessen der Rechtsinhaber ein finanzieller Ausgleich gewährt wird, kann die Nutzung unzumutbar im Sinne des Art. 9 Abs. 2 RBÜ sein, sofern dieser Ausgleich zu gering ist. Dies führt jedoch nicht zwingend zum Wiederaufleben des Verbotsrechts. Vielmehr kann die unzumutbare Beeinträchtigung ebenso konventionskonform durch Anheben der zu zahlenden Vergütung beseitigt werden. Dieser Gedanke liegt der Entscheidung des BGH zum Kopienversanddienst zu Grunde, der hier rechtsfortbildend sogar einen weiteren Anspruch auf angemessene Vergütung dem Grunde nach konstruiert hat.[502]

IV. EG-Recht

Innerhalb eines gemeinsamen Binnenmarktes und in Anbetracht der wirtschaftlichen Bedeutung der "Urheberrechtsindustrie"[503] wird in besonderem Maße zu untersuchen sein, inwieweit das deutsche Urheberrecht an den europäischen Kontext anzupassen ist. Zudem hat neben den EU-Mitgliedstaaten auch die EU selbst die WIPO-Urheberrechtsverträge WCT und WPPT ratifiziert, deren Schutzverpflichtung den Mindestumfang der Richtlinie "zur Harmonisierung bestimmter Aspekte des Urheberrechts und der verwandten Schutzrechte in der Informationsgesellschaft" ("Info-RL") markieren.[504] Die in dieser Richtlinie erstmalig auch außerhalb bestimmter Werkarten wie Software und Datenbanken[505] harmonisierte Privatkopie, wurde nach langem Tauziehen der beteiligten Lobbyisten[506] im April 2001 nach über vierjährigen Verhandlungen verabschiedet[507], und war innerhalb von 18 Monaten bis zum 22. Dezember 2002 in nationales Recht umzusetzen.

Die Binnenmarktrelevanz der Privatkopie, die sich aus Marktverzerrungen durch mangelnden Wettbewerb[508] infolge des (europäischen) Systems der Pau-

---

[502] BGHZ 141, S. 13 (33 f.). Vgl. zum Problemkreis der Kopie durch einen anderen eingehend Teil 3 B II 5.

[503] Der Anteil urheberrechtlichen Schaffens und seiner Verwertung an der Wertschöpfung wird lt. Initiative zum Grünbuch, KOM (96) 568 endg., S. 6, auf ca. 8 % geschätzt.

[504] ABl. EG vom 22. Juni 2001 L 167/10 ff.

[505] Zu den hiermit verbundenen Abgrenzungsschwierigkeiten der Anwendungsbereiche vgl. *Bayreuther*, ZUM 2001, S. 828 (830).

[506] Von den beteiligten Kreisen wird behauptet, es handle sich um die bisher am heftigsten von Interessenvertretern beeinflusste Richtlinie überhaupt, insbesondere zur Frage der privaten Digitalkopie, vgl. z.B. die Presseerklärung des Binnenmarktkommissars *Bolkenstein* vom 14. Februar 2001 www.europa.eu.int/comm/internal_market/de/intprop/news/01-210.htm.

[507] ABl. EG 2001 vom 22. Juni 2001 Nr. L 167, S. 10 ff.

[508] Ausführlich zur kartellrechtlichen Beurteilung des Systems der Verwertungsgesellschaften *Wünschmann*, Kollektive Verwertung, S. 187 ff., sowie *Dillenz*, GRUR Int. 1997, S. 315 (317 f.), mit einer Übersicht verschiedener vom EuGH bereits entschiedener Verfahren; für eine Harmoni-

schalvergütung ergibt, soll dabei im Rahmen dieser Arbeit nicht vertieft werden.[509]

Die Regelungen zur Vergütung der Privatkopie sind in den Mitgliedstaaten höchst unterschiedlich ausgestaltet.[510] Während in manchen Ländern (z.b. UK, LUX, IRL) überhaupt keine Vergütung fällig wird, sind die Vergütungssätze, die im Übrigen erhoben werden, in der Höhe und hinsichtlich des Anknüpfungspunktes verschieden geregelt. Der legale Handel mit Leerkassetten in Mitgliedstaaten mit hohen Abgaben ist infolge dessen massiv eingebrochen.[511] Lizenziert werden die Leermedien stattdessen in Mitgliedstaaten, die eine geringere oder gar keine Vergütung verlangen, und werden sodann auf dem grauen Markt importiert. Auf Grund des freien Waren- und Dienstleistungsverkehrs kann dies nicht unterbunden werden; der ausländische Händler oder Hersteller wird nicht von der inländischen Vergütungspflicht, z.b. in Deutschland nach §§ 54 ff. UrhG, erfasst.

Auch im Online-Bereich sind verschiedenste Formen von Marktverzerrungen durch ein unterschiedliches urheberrechtliches Schutzniveau denkbar. Der Ort, von dem aus die Leistung über einen Server zum Herunterladen angeboten wird, spielt für den Anbieter keine große Rolle. Bei unterschiedlich ausgestaltetem Schutzniveau wird er also seine Leistung möglichst von dem Mitgliedstaat aus anbieten, in dem das für ihn günstigste Schutzniveau gilt. Auch wenn hier zu Gunsten der Verbraucher im Rahmen dieser vertraglichen Beziehung oftmals das Recht des Wohnsitzes des Nutzers ausschlaggebend sein wird, kann es im Übrigen zu nennenswerten Wettbewerbsvorteilen durch Wahl eines bestimmten Standortes mit niedrigem Schutzniveau kommen.[512]

---

sierung dieses Rechtsgebietes plädiert auch *Vogel*, GRUR 1993, S. 513 (531); kritisch zur Frage der Effizienz der Kontrolle der Tätigkeit der VGen *Wirtz*, Kontrolle, S. 43 ff.; 78 ff.; ebenso *BVM*, Weißbuch.

[509] Auch die Info-RL überlässt dieses Feld weitest gehend den Mitgliedstaaten und verlangt bei der Ausgestaltung von Schrankenbestimmungen lediglich, dass den Rechtsinhabern ein gerechter Ausgleich gewährt wird.

[510] Vgl. *Beseler*, ZUM 1995, S. 437 (440).

[511] Dies betrifft insbesondere Dänemark und Spanien. In beiden Ländern wird die Urheberrechtsvergütung nur auf Leermedien und nicht auch auf Aufnahmegeräte erhoben, so dass deutlich höhere Vergütungssätze gelten, vgl. 2. Vergütungsbericht, BT Drucks. 14/3972, S. 19, sowie die Tabelle auf S. 15.

[512] *Gaster*, ZUM 1995, S. 740 (744 f.), zieht hier eine Parallele zum Satelliten- und Kabelrundfunk, bei dem das Ursprungslandprinzip gilt. Verwertungshandlungen aus Drittstaaten lassen sich freilich dennoch nicht erfassen, so dass es hier zusätzlich internationaler Vereinbarungen bedarf.

Im Folgenden wird mit der h.M. unterstellt, dass urheberrechtliche Regelungen in diesem Bereich den innergemeinschaftlichen freien Waren- und Dienstleistungsverkehr beeinträchtigen (können).[513]

1. Rechtsentwicklung

Einen ersten Anlauf zur Harmonisierung des Urheberrechts in der Informations-gesellschaft nahm die Kommission bereits im Jahre 1988 und sah bereits zum damaligen Zeitpunkt Bedarf für ein "sofortiges Handeln"[514] zur Regelung der privaten Vervielfältigung.

a) *Grünbuch über Urheberrecht und die technologische Herausforderung*

Bereits mit dem Titel des Grünbuches macht die Kommission klar, worin sie die Gefährdung des Urheberrechts sieht: in der Entwicklung neuer (Vervielfältigungs-)Technologien. Zwar versucht das Grünbuch eine umfassende Analyse des Urheberrechts vorzunehmen, beschränkt sich dann aber auf den Interessenausgleich zwischen Verwerterindustrie und Verbrauchern.[515] Dieser industriepolitisch dominierte Ansatz übergeht die Interessen der Urheber mangels (vermeintlicher) Relevanz für den gemeinsamen Markt, weshalb er auch als "Urheberrecht ohne Urheber" kritisiert wurde.[516]

Ohne Umschweife gibt die Kommission als vorrangigen Grund für ihr Tätigwerden die Beschwerden der betroffenen Wirtschaftskreise über die unterschiedlichen Regelungen im Bereich der audio-visuellen Vervielfältigung zum privaten Gebrauch an.[517] Handlungsbedarf wird folglich nur gesehen, wenn erhebliche Schäden für die Verwertungsindustrie drohen.[518] Für den im Grünbuch allein analysierten Sektor der audio-visuellen Medien wird eine solche Gefahr verneint. Digitale Videoaufzeichnungen werden für unbestimmte Zeit als unwahrscheinlich beurteilt, im Übrigen sei die Lösung gegebenenfalls in technischen Schutzsystemen zu suchen.[519] Für digitale Audioprodukte sei eine Übertragung des Regimes der gesetzlichen Lizenzen nach deutschem Vorbild unangemessen. Mit Ausnahme von Kopiersperren, verbunden mit einem Verbot der digitalen Privatkopie, bietet das Grünbuch insoweit freilich keine Alternative an. Ein Hand-

---

[513] Vgl. hierzu ausführlicher die Begründung des ersten Richtlinienvorschlages KOM (97) 628, S. 8 f.

[514] So der Untertitel des Grünbuchs Technologie KOM (88) 172.

[515] Kritisch *Möller*, ZUM 1990, S. 65.

[516] *Loewenheim*, GRUR Int. 1997, S. 285.

[517] A.a.O. Ziff. 3.1.3.

[518] A.a.O. Ziff. 3.9.1 f.

[519] A.a.O. Ziff. 3.10.23.

lungsbedarf wird schließlich auch abgelehnt, weil eine Beeinträchtigung des gemeinsamen Marktes durch die bestehenden unterschiedlichen Vergütungssysteme nicht zu befürchten sei.[520]

Auch wenn die Selbstbeschränkung der Kommission auf Fragen mit Binnenmarktrelevanz im Hinblick auf den Subsidiaritätsgrundsatz grundsätzlich zu begrüßen ist, wird der Ansatz des Grünbuches den Bedürfnissen der Rechtsinhaber nicht gerecht. Die audiovisuelle private Vervielfältigung macht nur einen Teil des urheberrechtlichen Gesamtkonzeptes aus, der nicht isoliert aus Sicht der Verwertungsindustrie betrachtet werden kann. Zudem geht die Einschätzung des technisch Machbaren einerseits zu weit (effektive Schutzsysteme), andererseits nicht weit genug (digitale Videokopie).

b)   *Arbeitsprogramm auf dem Gebiet des Urheberrechts und der verwandten Schutzrechte*

Als Reaktion auf die öffentliche Kritik[521] über das Grünbuch über Urheberrechte und die technologische Herausforderung, erstellt die Kommission in einem Arbeits- programm Leitlinien für Harmonisierungsbemühungen im Urheberrecht. [522] Dabei werden die bereits im Grünbuch angesprochenen Problemkreise übernommen und in einen Gesamtzusammenhang gestellt bzw. bisher nicht erörterte Frage-stellungen[523] ergänzt. Wenn es sich auch nur um grobe Leitlinien handelt, so ist doch mit dem Arbeitsprogramm eine umfassende Analyse urheberrechtlicher Fragestellungen erfolgt. Zusammengefasst finden sich diese Leitlinien auch in den Erwägungsgründen 1 - 7 der Vermiet- und Verleihrichtlinie.[524]

Die Regelung der privaten Vervielfältigung findet in Kapitel 3 des Arbeitsprogramms ihren Niederschlag. Betont wird nochmals die besondere Bedeutung dieses Regelungsgegenstandes für die Berechtigten, insbesondere im Hinblick auf neue Kopierverfahren.[525] Revidiert wurde jedoch die Ansicht, dass digitale Verfahren zügig zu einer Substitution der Analogtechnik führen werden, so dass auch für erstere Handlungsbedarf bestehe. Aufgegeben wurde auch die bisherige Unterscheidung von audiovisuellen Werken und Tonträgern.[526]

---

[520] A.a.O. Ziff. 3.10.22.

[521] Vgl. allgemein *Loewenheim*, GRUR Int. 1997, S. 285 f.

[522] KOM (90) 584 endg.

[523] Z.B. Urheberpersönlichkeitsrecht (Kap. 8.3), Folgerecht (Kap. 8.5).

[524] RL 92/100 EWG, ABl. 1992 L Nr. 346, S. 61 ff.

[525] A.a.O. Kap. 3.1.1.

[526] A.a.O. Kap. 3.3.2.

Im Ergebnis revidierte die Kommission ihre bisherige Haltung zur Frage der Binnenmarktrelevanz der privaten Vervielfältigung und sah nunmehr Handlungsbedarf für einen einheitlichen Rahmen inform einer Richtlinie.[527] Gleichzeitig solle die Entwicklung von Kopierschutzsystemen, namentlich SCMS[528], gefördert werden.[529] Auch für den Reprographiebereich plante die Kommission, eine Initiative zu ergreifen.[530]

c) Vorarbeiten für eine Richtlinie zur privaten Vervielfältigung

Diese Überlegungen mündeten in einen bereits Ende 1992 vorliegenden kommissionsinternen Vorentwurf zur Harmonisierung der privaten Vervielfältigung, der letztlich jedoch nie veröffentlicht, sondern nur den interessierten Kreisen zur Information und Kommentierung zur Verfügung gestellt wurde.[531]

Ein Harmonisierungsbedürfnis ergab sich aus der Erwägung, dass dieses Rechts-institut, dem im heranbrechenden Informationszeitalter immer größere Bedeutung zukommen würde, das gar als neue Nutzungsform gesehen wurde, eine höchst unterschiedliche Regelung durch die einzelnen Mitgliedstaaten erfahren hatte. Da es sich hier auch nicht um eine im Sinne des Subsidiaritätsprinzip national regelbare Materie handelte, würde eine unkoordinierte Rechtsentwicklung Wettbewerbsverzerrungen im gemeinsamen Binnenmarkt begünstigen. Folglich sei die Privatkopie weitest gehend zu harmonisieren, sowohl was die Begünstigten von Vergütungsansprüchen und den Verteilungsschlüssel angeht als auch deren Höhe und Anknüpfungspunkt. Letzteres wollte die Kommission sogar durch die Gemeinschaft festgelegt wissen.

Das Reziprozitätserfordernis[532] für eine Partizipation von Rechtsinhabern aus Drittstaaten hat mutmaßlich zum Scheitern der Richtlinie geführt. Ein Großteil der Vergütung floss bisher ohne dieses Erfordernis nach den nicht harmonisierten nationalen Regelungen z.B. aus Deutschland und Frankreich an amerikanische Urheber, während dort keine vergleichbare Vergütung erhoben und daher auch nicht an die europäischen Urheber ausgeschüttet wurde. Im Rahmen der parallel stattfindenden GATT/TRIPS-Verhandlungen gelang es der amerikani-

---

[527] A.a.O. Kap. 3.4.2.

[528] Serial Copyright Management System; mit diesem System sollen Verwertungshandlungen wie das Vervielfältigen verhindert bzw. erfasst werden, vgl. hierzu oben Teil 1 A III.

[529] A.a.O. Kap. 3.4.3.

[530] A.a.O. Kap. 8.4.5.

[531] Im Weiteren zit. nach *Kreile*, FS Vieregge, S. 459 (469 ff.).

[532] D.h. nur diejenigen ausländischen Rechtsinhaber, deren nationales Urheberrecht gleichfalls eine Vergütung für die Privatkopie vorsieht und an ausländische Rechtsinhaber ausschüttet, sollen an Vergütungserlösen partizipieren.

schen Filmindustrie wohl, diese Geldquelle weiter zu erhalten und die Richtlinie zu verhindern.

Als die Kommission dieses Thema im Herbst 1993 erneut aufgreifen wollte, kam die Privatkopie auf den Prüfstand des nunmehr in Mode gekommenen Subsidiaritätsprinzips, das der vermeintlichen Brüsseler Regelungswut Einhalt zu gebieten versuchte. Ein den interessierten Kreisen zugeleitetes Konsultationspapier referierte zwar verschiedene Möglichkeiten der Harmonisierung, ließ den vorzugswürdigen Ansatz jedoch offen. Gestützt auf das Ergebnis dieser Konsultation wurde im Sommer 1994 ein neuerlicher inoffizieller Richtlinienentwurf verbreitet. Die Gründe des Harmonisierungsbedarfes waren im Wesentlichen dieselben wie im Jahre 1992, nämlich Wettbewerbsverzerrungen durch unterschiedlich ausgestaltete Vergütungssysteme. Der vorgeschlagene Harmonisierungsgrad war hingegen niedriger, um dem Subsidiaritätsprinzip Rechnung zu tragen. Verzichtet wurde insbesondere auf eine Harmonisierung der Verteilung der Erträge aus der Pauschalvergütung. Doch auch dieser Entwurf scheiterte, mutmaßlich am Widerstand von Mitgliedstaaten, die ein System der Vergütung für Privatkopien insgesamt ablehnen, namentlich Irland, Großbritannien und Luxemburg.

d)   ***Bisherige Richtlinien zu bestimmten Werkformen***

Während der Kernbereich des Urheberrechts bis zum Erlass der Info-RL der Regelungskompetenz der Mitgliedstaaten überlassen wurde[533], sind bereits vorher zu besonderen Werkarten Richtlinien erlassen worden, die auch die private Vervielfältigung regeln:

- Die Software-RL[534] legt insoweit in Art. 5 fest, dass Vervielfältigungen nur zur bestimmungsgemäßen Nutzung des Werkes, zu Sicherungszwecken sowie zur Herstellung von Interoperabilität zulässig sind.[535] Im Übrigen werden private Vervielfältigungen im Umkehrschluss untersagt. Auch soweit hier ein Vervielfältigen zulässig ist, handelt es sich weniger um Schranken im typischen Sinne, als vielmehr um eine Ausgestaltung der üblichen Nutzung dieser Werkart.

- Sondervorschriften für die private Vervielfältigung finden sich außerdem in der Datenbank-RL.[536] Ähnlich der Regelung zu Software erlaubt deren Art. 6 Abs. 1 eine Vervielfältigung lediglich, soweit dies zur bestim-

---

[533] Mit Ausnahme der Schutzdauer-Richtlinie, RL 93/98 EWG, ABl. 1993 L Nr. 290, S. 9 ff.; vgl. hierzu allgemein *Dietz*, ZUM 1998, S. 438 ff.

[534] RL 91/250 EWG, ABl. 1991 L Nr. 122, S. 42 ff.

[535] Vgl. hierzu ausführlich Teil 2 B IV.

[536] RL 96/9 EG, ABl. 1993 L Nr. 77, S. 20 ff.

mungsgemäßen Nutzung erforderlich ist. Darüber hinaus dürfen nach Art. 6 Abs. 2 nur bei analogen Datenbanken private Vervielfältigungen zugelassen werden.[537]

• In die Wertung einzubeziehen ist daneben auch die Rechtsetzung der EU durch die Vermiet-Richtlinie. Um kulturelle Vielfalt zu erreichen, wird jedoch nicht etwa ein ungehinderter Werkzugang, sondern im Gegenteil ein stärkerer Schutz urheberrechtlicher Leistungen gefordert. Insbesondere für die Inhaber von Leistungsschutzrechten müsse ein ausreichender Investitionsanreiz durch das Urheberrecht geschaffen werden, um zu verhindern, dass nur noch solche Werke veröffentlicht werden, die kommerziellen Erfolg versprechen. Das Urheberrecht soll demnach kulturelle Vielfalt gewährleisten, indem auch anspruchsvolle und ausgefallene Werke, die finanziell weniger lukrativ sind, produziert werden.[538] Das Recht der Vervielfältigung stellt dabei eine besondere Gefahr für die wirtschaftlichen Interessen dar, da jedermann ohne großen Aufwand den Beitrag der Leistungsschutzberechtigten substituieren kann. Die Kommission weist in der Richtlinienbegründung darauf hin, dass der Erlös eines Verkaufes so hoch ist wie der aus 50 Vermietungsvorgängen.[539] Ziel der Regelung des Vermietrechts als Verbotsrecht ist somit, private Vervielfältigungen im Interesse kultureller Vielfalt zu unterbinden. Dies geschieht mangels Überwachungsmöglichkeiten am effektivsten durch das Verbot des Vermietrechts.[540]

e)   ***Genese der Info-RL***

Mit der Info-RL wagt sich die Gemeinschaft erstmals an eine weitest gehend umfassende Regelung des Kernbereichs des Urheberrechts.[541] In dieser Richtlinie geht dabei auch die im Arbeitsprogramm[542] geplante Richtlinie über das private Kopieren von Ton- und audiovisuellen Trägern auf[543] und wird auf sämtliche

---

[537] Vgl. hierzu ausführlich Teil 2 B III.

[538] UFITA Bd. 129 (1995), S. 171.

[539] A.a.O., S. 195.

[540] In der Praxis hat dies zu einer unterschiedlichen Entwicklung geführt: Während im audiovisuellen Bereich das Vermietrecht von den Rechtsinhabern lizenziert wird, werden von den Tonträgerherstellern keine entsprechenden Lizenzen mehr erteilt, so dass der sog. CD-Verleih als Berufszweig "ausgerottet" wurde.

[541] Vgl. umfassend zu den sonstigen Regelungen der Info-RL *Flechsig,* ZUM 2002, S. 1 ff.

[542] KOM (90) 584 endg., Kap. 3.4.2.

[543] *Schippan,* Harmonisierung, S. 76 Fn. 327, geht davon aus, dass die Kommission ihr bisheriges Harmonisierungsvorhaben aufgegeben habe. Dem ist insoweit zuzustimmen, als bereits der erste Richtlinienentwurf KOM (97) 628 endg., mit Art. 5 Abs. 2a) und b), lediglich einen Vorschlag zur

Werkarten, unabhängig vom verwendeten Datenträger, erweitert. Dabei beschränkt sich die Richtlinie nicht nur wie ihr Titel andeutet auf digitale Werke, sondern regelt auch analoge Vervielfältigungen. Erster Meilenstein im Abstimmungsprozess war das Grünbuch "Urheberrecht und Verwandte Schutzrechte in der Informationsgesellschaft".[544]

aa)   Grünbuch Urheberrecht in der Informationsgesellschaft

Als wesentlichen Schwerpunkt von Harmonisierungsbemühungen des Vervielfältigungsrechts sieht die Kommission neben der Frage der urheberrechtlichen Qualifizierung neuer Nutzungsarten[545] nach wie vor die Regelung der privaten Vervielfältigung.[546] Die Einfachheit des Kopiervorganges habe zu einer Gefährdung der Urheber- und Leistungsschutzberechtigten geführt, denen die Mitgliedstaaten mit unterschiedlichen rechtlichen Lösungen zu begegnen versuchen. Dies führe zu Behinderungen des freien Warenverkehrs mit entsprechenden Geräten einerseits. Andererseits sei auch zu befürchten, dass in Mitgliedstaaten, die eine private Vervielfältigung zulassen, sich die Anbieter von urheberrechtlich geschützten Informationsangeboten zurückhalten würden, wodurch die Chancen des aufziehenden Informationszeitalters ungenutzt blieben. Zur Lösung dieser Problemstellung schlägt die Kommission vorrangig den Einsatz technischer Schutzsysteme vor, die die in einigen Mitgliedstaaten erhobenen Pauschalvergütungen ersetzen sollen. Einzelheiten hierzu ist ein eigener Abschnitt des Grünbuches gewidmet.[547] Als second-best-Lösung könne alternativ über die Harmonisierung der Vergütungen nachgedacht werden, soweit technische Schutzmaßnahmen nicht zur Verfügung stehen. Erkannt wird aber auch, dass sich durch die private Vervielfältigung digitaler Werke Wertungsfragen im Vergleich zur Software- und der (damals) geplanten Datenbankrichtlinie stellen, da beide keine derartige Schranke vorsehen.[548]

Fragestellungen der Point-to-Point-Übertragung, die im Zusammenhang mit dem Vervielfältigungsrecht entstehen, sieht die Kommission teilweise bereits

---

Regelung der privaten Vervielfältigung enthält, die damit verbundenen Fragen der Vergütung und kollektiven Wahrnehmung dagegen offen lässt.

[544] KOM (95) 382 endg., im Anschluss an den eher industriepolitisch orientierten sog. *Bangemann-Bericht* vom 26. Mai 1994 "Europa und die globale Informationsgesellschaft" sowie den Aktionsplan "Europas Weg in die Informationsgesellschaft", KOM (94) 347 endg., der den gesamten Regelungsbereich des geistigen Eigentums umfasst sowie eine Anhörung zum Schutz des geistigen Eigentums in der Informationsgesellschaft, ausführlich hierzu *Gaster*, ZUM 1995, S. 740 ff.

[545] Angesprochen werden hier insbesondere die Digitalisierung selbst, aber auch Fragen wie Caching oder andere Formen technisch bedingter Vervielfältigungen (Temporary Storage).

[546] Grünbuch Kap. II, Teil 2, Abschnitt III.

[547] Grünbuch Kap. II, Teil 3, Abschn. IX.

[548] *Gaster*, ZUM 1995, S. 740 (747 f.).

durch die Verleih- und Vermietrichtlinie hinreichend geregelt. Eine Abgrenzung zum Verwertungsrecht der öffentlichen Wiedergabe findet dabei nicht statt. Kommerzielle Angebote sollen durch erweiterte Auslegung der Vermiet- und Verleihrichtlinie gegebenenfalls von den Mitgliedstaaten nachjustiert werden. Dasselbe gelte für das Angebot öffentlich zugänglicher Einrichtungen, namentlich Bibliotheken.[549] Offen bleibt dabei jedoch, ob hierunter auch Angebote von Privaten zu subsumieren sind, die durch die Möglichkeiten des Internets ein ähnliches Angebot wie Bibliotheken schaffen können.[550] Problematisiert wird dagegen das unterschiedliche Regime von Software und anderen Werkgattungen. Denn bei der Point-to-Point-Übertragung wird regelmäßig auch ein Teil der Software mit übertragen, die den Transport des Werkes über das Datennetz erst ermöglicht.[551]

bb)   Initiativen zum Grünbuch über Urheberrechte und verwandte Schutzrechte in der Informationsgesellschaft

Nach Analyse der Meinungsäußerungen zum Grünbuch Urheberrecht stellte die Kommission mit der Initiative "Urheberrecht in der Informationsgesellschaft" ihre Sichtweise der Rahmenbedingungen für ein harmonisiertes Vervielfältigungsrecht dar.[552]

Zunächst wird differenziert zwischen herkömmlichen "materiellen Kopien" und den neuartigen Vervielfältigungsakten in elektronischen Systemen.[553] Die nationalen Regelungen seien geprägt von der "Vorstellung von auf Papier, Magnetband u. ä. hergestellten Kopien". Hier zeigt sich jedoch ein systematischer Fehler des Denkansatzes. Aus der Perspektive der Eingriffsintensität macht es keinen Unterschied, ob ein Werk in analoger Form auf einem Tonband gespeichert wird oder auf einer Festplatte. Beide Werke werden auf einem materiellen Tonträger festgelegt und können nur mit Hilfe technischer Werkzeuge für die menschlichen Sinne wahrnehmbar gemacht werden. Dasselbe gilt auch für Online-Netzwerke. Die Daten werden bei einer nicht lediglich ephemeren Festlegung letztlich nicht in einem virtuellen, immateriellen Raum gespeichert, sondern auf Festplatten der Netzserver. Diese ließen sich ohne weiteres aus den Geräten ausbauen und in anderen PCs einsetzen, so dass sich hinsichtlich der Art und Weise der Festlegung kein Unterschied zu dem herkömmlichen analogen Medium des Tonbandes oder der (bespielbaren) Schallplatte ergibt.

---

[549] Grünbuch Kap. II, Teil 2, Abschn. V, Ziff. 3.

[550] Das Problem wird dem Grunde nach erkannt, jedoch ausgeklammert, Grünbuch Kap. II, Teil 2, Abschn. V, Ziff. 2.

[551] Grünbuch, Kap. II, Teil 2, Abschn. V, Ziff. 3.

[552] KOM (96) 568 endg.

[553] A.a.O. S. 9.

Das Neuartige an digitalen Vervielfältigungen ergibt sich vielmehr aus der Qualitätssteigerung der Kopien, der Vereinfachung von Kopierverfahren, der Datenkompression und der Möglichkeit zu einer automatischen massenweisen Vervielfältigung, die elektronische Systeme ermöglichen. Zusammengefasst: Die Grenzkosten für die private Herstellung von Vervielfältigungsstücken sinken um ein Vielfaches, was einen monetären Anreiz zur Nutzung dieses Verfahrens bietet. Aufgabe des Urheberrechts ist es in dieser Situation, einen möglichst lückenlosen Schutz geistiger Leistungen gegenüber den Herausforderungen des technisch Machbaren zu gewährleisten.[554] Die Kommission will deshalb nicht nur dauerhafte Festlegungen, sondern auch die sog. ephemeren Vervielfältigungen, die meist technisch bedingt sind, vom Anwendungsbereich des Vervielfältigungsrechts erfasst sehen.

Da von jeher das Hauptaugenmerk der Kommission auf der Harmonisierung des Vervielfältigungsrechtes lag, wird folgerichtig auch für die Regelung seiner Schranken besonderer Handlungsbedarf gesehen. Die Regelungen der Mitgliedstaaten klaffen gerade in dieser Frage besonders weit auseinander.[555] Bestehende Markthindernisse sind daher durch Harmonisierung zu beseitigen. Zur Lösung orientierte sich die Kommission rechtssystematisch an dem Drei-Stufen-Test des Art. 9 Abs. 2 RBÜ als Maßstab für zulässige Schrankenregelungen einerseits, sowie andererseits am gemeinschaftsrechtlichen acquis communautaire und den bereits harmonisierten Sonderregeln für die digitalen Werkgattungen Software und Datenbanken, die die private Vervielfältigung nicht zuließen.

Schrankensystematisch wurde die Regelung über gesetzliche Lizenzen mit Vergütungsanspruch sowie in besonderen Ausnahmefällen auch die Zulässigkeit einer unentgeltlich Nutzung ("fair-use"-Ausnahme) vorgeschlagen.[556] Dagegen wurde die bisherige Euphorie der Kommission für den Rechtsschutz mittels technischer Schutzsysteme dahingehend relativiert, dass zwar immer noch vorrangig ein marktgerechter Schutz der Urheberinteressen auf diese Weise angestrebt wird. Die Initiative hierzu müsse jedoch von der betroffenen Industrie durch die Einführung von entsprechenden Schutzmechanismen erfolgen.[557] Auf Gemeinschaftsebene sollen hierzu flankierende Maßnahmen ergriffen werden, die den rechtlichen Schutz der Integrität von Schutzsystemen vereinheitlichen.

Soweit das Vervielfältigungsrecht den Interessen der Urheber und Leistungsschutzberechtigten bei Nutzungen in digitalen Datennetzen nicht genüge, müsse

---

[554] A.a.O., S. 11.

[555] A.a.O., S. 9 f.

[556] A.a.O., S. 11 f.

[557] A.a.O., S. 16.

ferner eine Harmonisierung in Anlehnung an das Recht der öffentlichen Wiedergabe erfolgen.[558]

cc)   Ausgangsvorschlag der Kommission zur Info-RL

Der erste Richtlinienvorschlag[559] stellte von Anfang an klar, dass neben dem Abbau unterschiedlicher Marktbedingungen durch einzelstaatliche Regelungen zu den Zielen der Harmonisierung auch die Umsetzung der WIPO-Verträge[560] aus dem Jahre 1996 gehörte. Für das Vervielfältigungsrecht wird weiterhin von einer Rechtsunsicherheit für elektronische Vervielfältigungen als Gegenstück der "materiellen Vervielfältigungen" ausgegangen.[561] Hinsichtlich der Schranken geht der Entwurf von Wettbewerbsverzerrungen durch die Vielzahl der einzelstaatlichen Lösungen aus und befürchtet, dass diese bei einer individuellen Umsetzung der WIPO-Verträge tendenziell eher noch zunehmen würden.[562]

aaa) Definition des Vervielfältigungsrechts

Mittelpunkt der Harmonisierungsbemühungen war das Vervielfältigungsrecht als "Grundpfeiler des Urheberrechts"[563]. Die nationalen Regelungen sehen hierzu teilweise einen weiten Begriff der Vervielfältigung vor, während andere Staaten von einem "materiellen Vervielfältigungsbegriff" ausgehen. Daneben seien die in digitalen Datennetzen besonders relevanten ephemeren Vervielfältigungen bisher überwiegend ohne eindeutige Regelung. Zur Beseitigung dieser Rechtsunsicherheiten wird deshalb in Art. 2 RL-Entwurf ein weiter Vervielfältigungsbegriff vorgeschlagen, wonach unmittelbare und mittelbare sowie vorübergehende und dauerhafte Vervielfältigungen unabhängig vom jeweiligen Verfahren dem Verbotsrecht unterfallen.[564]

bbb) Vergleich mit bestehenden internationalen Regelungen

Art. 7 Abs. 1 der Vermiet- und Verleihrichtlinie[565] enthält bereits eine europarechtliche Definition des Vervielfältigungsbegriffes. Dieser wird jedoch gemäß Art. 10 a) des RL-Entwurfes aufgehoben und durch den neuen Begriff ersetzt. Inhaltliche Änderungen sind hiermit jedoch nicht verbunden. Lediglich präzisie-

---

[558] A.a.O., S. 14.

[559] Im Folgenden RL- Entwurf, KOM (97) 628.

[560] WCT und WPPT, vgl. hierzu bereits oben unter Teil 1 C III.

[561] RL-Entwurf Kap. 3 I.A.2, S. 15.

[562] RL-Entwurf Kap. 3 I.A.14, S. 20.

[563] RL-Entwurf Kap. 3 I.A.1, S. 15.

[564] Vgl. hierzu auch *Dreier*, ZUM 2002, S. 28 (29 f.).

[565] RL 92/100 EWG.

rend wird vom Wortlaut nunmehr zwischen vorübergehenden und dauerhaften Vervielfältigungen unterschieden. Außerdem wird klargestellt, dass dies unabhängig von der Art des Vervielfältigungsverfahrens gelten soll.

Mit der vorgenannten Präzisierung übernimmt der RL-Entwurf die Diktion des Art. 9 Abs. 1 RBÜ, der dem Urheber das ausschließliche Vervielfältigungsrecht gewährt, "gleichviel auf welche Art und in welcher Form sie vorgenommen wird". Das Romabkommen und die TRIPS enthalten hingegen keine Definition des Vervielfältigungsbegriffs.

Der RL-Entwurf geht sogar über die jüngsten urheberrechtlichen Konventionen WCT und WPPT hinaus, indem er ausdrücklich ephemere Vervielfältigungen erfast, wohingegen sich die Vertragsparteien bei der Verabschiedung der Konventionen nicht auf eine derartige Klarstellung der allgemeinen Norm des Art. 9 Abs. 1 RBÜ einigen konnten.[566] Auch die Art der geschützten Vervielfältigungsmedien wird erweitert, namentlich gilt der RL-Entwurf gleichermaßen für alle Trägermedien. Art. 2 lit. c) und d) WPPT grenzen den Schutz der ausübenden Künstler dagegen auf Tonträger ein.[567]

> ccc) *Lückenschluss durch Einführung eines Rechtes der Zugänglichmachung*[568]

In Anlehnung an Art. 8 WCT sowie Art. 10 und 14 WPPT führt der RL-Entwurf in Art. 3 Abs. 2 ein neues Ausschließlichkeitsrecht für Verwertungshandlungen in digitalen[569] Datennetzen ein, die bisher explizit weder vom Vervielfältigungsrecht noch von der öffentlichen Wiedergabe erfasst werden. Das Verbreitungsrecht gilt nur für die Weitergabe körperlicher Werkstücke, das Vervielfältigungsrecht ist für den Vorgang der Übertragung der Daten selbst nicht anwendbar, sondern nur für die bei dieser Gelegenheit hergestellten Vervielfältigungsstücke. Das von seiner Rechtsnatur am ehesten einschlägige Recht der öffentlichen Wiedergabe hat dagegen nach Ansicht der Kommission in den Mitgliedstaaten sowohl vom Schutzumfang als auch vom geschützten Personenkreis her eine höchst unterschiedliche Ausprägung.[570] Gerade wegen der Universalität

---

[566] Vgl. hierzu *von Lewinski/Gaster*, ZUM 1997, S. 607 (614).

[567] Kritisch insoweit *Flechsig*, ZUM 1998, S. 139 (142).

[568] Auf diese Rechtsfrage wird nur der besseren Verständlichkeit bzw. Vollständigkeit der einzelnen Verwertungshandlungen bei Online-Nutzungen wegen eingegangen. Die öffentliche Zugänglichmachung ist hier regelmäßig ein der Privatkopie (durch den Nutzer) vorgelagerter Akt des Anbieters von Inhalten.

[569] Ohne insoweit entsprechend der technologieneutralen Formulierung des Urheberrechts zu unterscheiden.

[570] RL-Entwurf Kap. 3 II. A. 2, S. 21.

der Datennetze bedarf es deshalb eines einheitlichen europäischen Rechtsrahmens.

Geschützt wird durch das neue Ausschließlichkeitsrecht derselbe Personenkreis wie in Art. 2 RL-Entwurf:

"Die Mitgliedstaaten sehen (...) das ausschließliche Recht vor, zu erlauben oder zu verbieten, dass die genannten geschützten Gegenstände drahtgebunden oder drahtlos in einer Weise der Öffentlichkeit zugänglich gemacht werden, dass sie Mitgliedern der Öffentlichkeit von Orten und zu Zeiten ihrer Wahl zugänglich sind."

Mit der Einordnung der Übertragungen auf Abruf in das Recht der öffentlichen Wiedergabe, wird der bisherige Streit in dieser Frage entschieden. Rechtssystematisch unpassend sollen jedoch die "privaten Wiedergaben"[571] vom Schutzbereich des Ausschließlichkeitsrechts ausgenommen werden. Zum einen wäre eine solche Freistellung als Schrankenbestimmung auszugestalten. Zum anderen ist eine derartige Beschränkung technisch nur dann denkbar, wenn der zur Verfügung Stellende den Abruf des Werkes mit einem Zugangssystem sichert, das nur der persönlich verbundene Kreis überwinden kann. Im Übrigen ist es gerade ein Charakteristikum von Datennetzen wie dem Internet, dass der Zugriff grundsätzlich jedermann offen steht. Eine Regelung über private Zugangssysteme öffnet hingegen dem Missbrauch Tor und Tür. Insbesondere im Hinblick auf die zahlenmäßige Beschränkung von Vervielfältigungen zum privaten Gebrauch im Freundeskreis könnte diese durch das Zugänglichmachen für eine geschlossene Benutzergruppe ohne weiteres umgangen werden, da das Recht der öffentlichen Wiedergabe es ausreichen lässt, dass eine persönliche Verbundenheit besteht.

ddd) Caching-Schranke

Da der weite Vervielfältigungsbegriff in Art. 2 RL-Entwurf klarstellend auch nur vorübergehende Vervielfältigungen erfasst, sieht Art. 5 Abs. 1 RL-Entwurf eine Schranke zugunsten rein technisch bedingter Vervielfältigungsakte vor, denen keine wirtschaftliche Bedeutung zukommt.[572] Gerade für Online-Übertragungen wird diese Vorschrift besonders relevant.[573] Die dezentrale Struktur des Internets hat zur Folge, dass bei der Übertragung eines Werkes kein konstanter Datenfluss über eine Leitung stattfindet. Vielmehr wird das Werk zerkleinert in eine Vielzahl von Datenpaketen verschickt, die über verschiedene Wege und damit Zwischenspeicherungen an ihr Ziel gelangen. Es liegt auf der Hand, dass die Daten dabei auch den Weg über Leitungen in anderen Staaten

---

[571] So Erwägungsgrund 16 des RL-Entwurfs, S. 51.

[572] RL-Entwurf Erwägungsgrund 23, S. 52.

[573] Diese Problematik stellt sich jedoch auch im Offline-Bereich bei den ephemeren RAM-Kopien.

122

nehmen können, weshalb hier ein besonderes Bedürfnis für eine gemeinsame Regelung dieser Frage besteht.[574]

eee) Schranke zur privaten Vervielfältigung

Der RL-Entwurf geht für die private Vervielfältigung davon aus, dass diese in fast allen Mitgliedstaaten erlaubt ist, da ein effizientes Kontrollinstrument fehlt. Es wird dabei mit Ausnahme Dänemarks[575] nicht zwischen analogen und digitalen Vervielfältigungen unterschieden. Wettbewerbsverzerrungen sind hier jedoch gleichfalls anzunehmen, da 11 von 15 Mitgliedstaaten als Kompensation für die gesetzliche Lizenz ein Vergütungssystem nach Deutschem Vorbild eingeführt haben, deren Erträge und Anknüpfungstatbestände erheblich differieren.[576]

Ferner wird gesehen, dass auf europäischer Ebene für besondere digitale Werkarten, Software und Datenbanken Regelungen bestehen, die eine private Vervielfältigung untersagen.[577] Auch wenn der Kommission klar war, dass hier die gleiche Gefahrenlage besteht, die im Rahmen der Regelung für Software und Datenbanken zu der Schlussfolgerung geführt hat, private Vervielfältigungen nicht zuzulassen, werden hieraus keine Konsequenzen gezogen. Die Problematik der Durchsetzung des Vervielfältigungsrechts stellt sich hier gleichermaßen und es ist völlig irrelevant, welche Art von Werken in digitaler Form vervielfältigt wird. Es ist gerade eines der Charakteristika digitaler Vervielfältigungen, dass auf Grund des einheitlichen Datenformates jegliche Werkart mit denselben technischen Mitteln vervielfältigt werden kann.

Als etwas blauäugig lässt sich aus heutiger Sicht auch die Einschätzung der Kommission beurteilen, wonach der Markterfolg der digitalen Privatkopie wenig vorhersehbar sei, und außerdem wirksame Kontrollmechanismen zur Einzellizenzierung die bisherigen Pauschalvergütungen insoweit ersetzen könnten. Bereits zum damaligen Zeitpunkt waren die ersten CD-Brenner erhältlich, und es war nach den Erfahrungen aus der Entwicklung der Computertechnik ohne weiteres absehbar, dass derartige Geräte in kürzester Zeit eine massenweise Verbreitung finden würden. Denn anders als die bisherigen digitalen Produkte

---

[574] RL-Entwurf Teil 2, S. 38.

[575] Die Vervielfältigung digitaler Werkvorlagen war seit 1996 unabhängig von der Kopiertechnik, also auch bei analogen Vervielfältigungen, verboten, vgl. § 12 Abs. 2 Ziff. 4 DänUrhG, abgedruckt in GRUR Int. 1997, S. 893 ff.; mittlerweile ist diese Regelung 2001 wieder geändert worden und erlaubt in § 12 Abs. 2 (v) die digitale Vervielfältigung zum persönlichen Gebrauch der kopierenden Person oder seines Haushaltes, vgl. www.kum.dk/sw4550.asp?usepf=true. Hierzu auch *Blume*, CRi 2003, S. 73 (74).

[576] RL-Entwurf Kap. 3 I.A.4, S. 16, vgl hierzu näher sogleich.

[577] RL-Entwurf Kap. 3 I.A.7, S. 17.

für den Privatanwender wie DAT und Minidisc zeichneten sich die CD-Roms durch ihre Abwärtskompatibilität mit den weit verbreiteten Hi-Fi-CD-Playern aus.[578] Zudem wurden auch Software, Präsentationen und PC-Spiele verstärkt auf diesem Medium angeboten, so dass hier mit einem Endgerät verschiedene Werkformen genutzt werden können, während die konkurrierenden Medien auf das Abspielen von Musik beschränkt waren.

Als Konsequenz ihrer Überlegung hält es die Kommission für ausreichend, das Vervielfältigungsrecht technologieneutral zu harmonisieren, während für besondere Regeln im digitalen Bereich kein Handlungsbedarf gesehen wird.[579] Dagegen hätte die Kommission, wovon sie in früheren Überlegungen selbst ausgegangen ist, einen harmonisierten Rahmen auch für die analoge private Vervielfältigung – insbesondere vor dem Hintergrund der auch die digitale Privatkopie erfassenden Pauschalvergütungssysteme – vorsehen müssen. Statt dessen wird prognostiziert, dass die analoge Technik mittelfristig sogar vollständig verschwinden könnte[580], weshalb auch insoweit die Ausgestaltung den Mitgliedstaaten überlassen wird.

Die Schranke des Vervielfältigungsrechts zur Privatkopie ist in Art. 5 Abs. 2 RL- Entwurf zweigeteilt und unterscheidet nach den verwendeten Trägermaterialien und der eingesetzten Technologie. Zulässig sind danach Schrankenregelungen

a) in Bezug auf Vervielfältigungen auf Papier oder einen ähnlichen Träger mittels beliebiger photomechanischer Verfahren oder anderer Verfahren mit ähnlicher Wirkung und

b) in Bezug auf Vervielfältigungen auf Ton-, Bild- oder audiovisuelle Träger durch eine natürliche Person zur privaten Verwendung für nicht gewerbliche Zwecke.

Die in Art. 5 Abs. 3 RL-Entwurf enthaltenen Schranken des Vervielfältigungsrechts gelten dagegen nicht für private Zwecke, sondern verfolgen Allgemeinwohlbelange[581], mit Ausnahme der Regelung für Behinderte lit. b), die hier unberücksichtigt bleibt.

---

[578] Einen ähnlichen Siegeszug feiert derzeit die DVD- und die PVR-Technik als Ersatz für den analogen Videorecorder. Entsprechende Geräte werden billigst für den Privatbereich angeboten, wobei ein noch schnellerer Preisverfall als bei der CD-Technik zu beobachten ist. Vgl. Hierzu bereits oben Teil 1 A I.

[579] RL-Entwurf Teil 2, S. 40.

[580] RL-Entwurf Teil 2, S. 41.

[581] Zu diesem Unterschied vgl. Teil 1 C II.

124

Während die Regelung des Art. 5 Abs. 2a) zur analogen Privatkopie von analogen Schriftwerken weitgehende Kopierfreiheit herstellt[582], sind sonstige Privatkopien zwar engeren Voraussetzungen unterworfen, vom Wortlaut des lit.
b) wird dennoch nach wie vor nicht zwischen analogen und digitalen Verfahren
unterschieden. Die Kommission geht auch insoweit davon aus, dass digitale
Verfahren noch keine binnenmarktrelevante Verbreitung gefunden haben, so
dass eine Harmonisierung vorerst unterbleiben kann.[583] Die vorgesehene
Harmonisierung wirkt nicht umsonst recht halbherzig.

fff)   Schutzvorrichtungen

Den größten Harmonisierungsschub darf man von den in Anlehnung an die
WIPO- Verträge 1996 vorgeschlagenen Art. 6 und 7 RL-Entwurf erwarten, die
als flankierende Unterstützung des urheberrechtlichen Schutzes technische
Schutz- und Identifizierungssysteme einführen. Die digitale Technik bietet neben den Gefahren für die Berechtigten auch die Möglichkeit zum Einsatz solcher Kontrollmechanismen.[584]

Stoßrichtung einer Regulierung müsse dabei das Verbot von Umgehungsmaßnahmen sein, die wiederum nur einheitlich geregelt werden können. Insbesondere müsse versucht werden, kommerzielle Hersteller von Umgehungsmechanismen zu beschränken. Auf der anderen Seite wird jedoch zugleich anerkannt,
dass ein ausreichender Ausgleich der Allgemeininteressen an einem ungehinder-
ten Werkzugang zu sichern ist. Für bestimmte Ausnahmen solle daher trotz des
grundsätzlichen Rechtsschutzes des Einsatzes von Schutzmechanismen eine
Möglichkeit geschaffen werden, dennoch auf die Werke zuzugreifen. Da hier
genaueres noch nicht abzusehen ist – entsprechende Schutzsysteme befinden
sich weitgehend in der Entwicklung – sieht man die Rechtsinhaber primär in der
Pflicht, selbst die Entwicklung von Schutzmechanismen voranzutreiben. Deren
Bemühungen würden dann flankiert durch die rechtliche Ausgestaltung eines
Schutzes dieser Maßnahmen.

dd)   Vorschlag der Bundesregierung zur Harmonisierung der Vergütungsregelungen

Nachdem der Kommissionsvorschlag die Frage der Ausgestaltung von Vergütungsregelungen offen gelassen hatte, schlug die Bundesregierung vor, dies in
Art. 5a der Richtlinie zu regeln. Soweit Mitgliedstaaten von den Ausnahmebestimmungen des Art. 5 Gebrauch machen, solle in bestimmten Fällen eine Ver-

---

[582] Schranken-Schranke ist in Anlehnung an Art. 9 Abs. 2 RBÜ die Regelung des Art. 5 Abs. 4 RL-
Entwurf, die dem Berechtigten die "normale Verwertung" des Schutzgegenstandes gewährleistet.

[583] RL-Entwurf Erwägungsgrund 26, S. 53.

[584] RL-Entwurf Kap. 3 III.A.2, S. 26.

gütung entsprechend dem Regime der §§ 54 ff. UrhG erhoben werden.[585] Dieser Vorstoß verlief jedoch im Sande.

ee) Stellungnahme des Wirtschafts- und Sozialausschusses

In seiner Stellungnahme begrüßte der Wirtschafts- und Sozialausschuss die Erweiterung des Begriffes der Vervielfältigung auf vorübergehende Speicherungen.[586] Das größte Gewicht der Harmonisierungsbemühungen läge aber auf den Schrankenregelungen. Dabei wird die Gefahr erkannt, dass durch das weite Ermessen bei der Umsetzung der Schranken bestehende Handelshemmnisse aufrechterhalten werden oder sogar entstehen könnten.[587]

Hinsichtlich der Harmonisierung der privaten Vervielfältigung begrüßt der Ausschuss die Haltung der Kommission im digitalen Bereich, zunächst die Marktentwicklung abzuwarten. Die Tragweite dieser Schrankenbestimmung im Gefüge des urheberrechtlichen Interessenausgleichs scheint dabei völlig verkannt zu werden. Die Frage der privaten Vervielfältigung wird allein auf das wirtschaftlich wenig relevante[588] Time-Shifting[589] reduziert. Diese Schranke sei aus Gründen des Jugendschutzes unverzichtbar, um es Eltern zu erlauben Sendungen aufzeichnen, die sie dann in Abwesenheit der Kinder sehen können.[590]

Es vermag dann schon nicht mehr zu verwundern, dass der Ausschuss die Öffnung der Büchse der Pandora vorschlägt: In Art. 5 Abs. 3 RL-Entwurf solle ein Zusatz eingefügt werden[591], wonach geringfügige Ausnahmen der Mitgliedstaaten, die den innergemeinschaftlichen Handel nicht stören, weiterhin garantiert blieben. Mit dieser Generalklausel wird der Versuch einen abschließenden, eng begrenzten Katalog von Schrankenbestimmungen – rechtssystematisch Ausnahmeregelungen – einzuführen, konterkariert. Sie ist zudem überflüssig, da eine Kompetenz der EU zur Regelung urheberrechtlicher Sachverhalte gerade nur dann besteht, wenn der innergemeinschaftliche Handel bedroht ist.[592]

---

[585] Vgl. den 2. Vergütungsbericht, BT Drucks. 14/3972, S. 18.

[586] ABl. 1998 C Nr. 407, S. 30 ff.

[587] A.a.O., S. 32, Ziff. 3.7.2.1.

[588] Art. 70 des britischen Copyright Act stellt diese Nutzungsform daher völlig vergütungsfrei. Vgl. hierzu ausführlicher in Teil 3 B IV 1 b).

[589] Hierunter wird die Vervielfältigung von Rundfunksendungen verstanden, die einen zeitversetzten Werkgenuss erlaubt.

[590] A.a.O., S. 32 f., Ziff. 3.7.2.4.

[591] A.a.O., S. 33, Ziff. 3.7.2.7.

[592] Hierzu sogleich im folgenden Abschnitt.

ff)   1. Lesung und Änderungsvorschläge des Parlaments

Weitaus differenzierter und sachgerechter ist die Stellungnahme des Parlamentes im Rahmen des Mitentscheidungsverfahrens nach Art. 251 EGV.[593]

Zur Präzisierung der Caching-Schranke wird vorgeschlagen, dass derartige Vervielfältigungshandlungen aus Sicht des Berechtigten keine eigene wirtschaftliche Nutzung darstellen dürfen und nur anlässlich einer rechtmäßigen Nutzung erfolgen dürfen.[594] Anders als die Kommission geht das Parlament auch nicht davon aus, dass Browsing und Caching zwangsläufig unter diese Schranke fallen, sondern nur bei fehlender wirtschaftlicher Bedeutung hierunter subsumiert werden können. Dieser Vorschlag ist sachgerecht, da beim Caching eine Kopie oftmals für längere Zeit gespeichert wird und eine weitere Vervielfältigung ohne weiteres möglich ist.

Anders als die Kommission geht das Parlament bereits zum damaligen Zeitpunkt davon aus, dass Harmonisierungsbedarf für die private Vervielfältigung digitaler (audio-visueller) Medien besteht. Dieser Werkverwertung wird eine größere Bedeutung zugemessen als der analogen Vervielfältigung, weshalb eine differenzierte Regelung geboten erscheint. Bei der Reprographieerlaubnis wird eine solche Differenzierung dagegen nicht vorgenommen. Lediglich sollen Notenblätter ähnlich der Regelung in § 53 Abs. 4a) UrhG von der Schrankenbestimmung ausgenommen werden.

Als weiterer wesentlicher Unterschied zum Vorschlag der Kommission wird die Schranke zur privaten Vervielfältigung zwingend unter den Vorbehalt einer angemessenen Vergütung gestellt.[595] Soweit diese über pauschale Vergütungssysteme erhoben wird, besteht nach Ansicht des Parlaments im Hinblick auf den Binnenmarkt ein Bedürfnis nach einem einheitlichen Rechtsrahmen für die Verwertungsgesellschaften.[596] Konkrete Maßnahmen werden dabei jedoch nicht vorgeschlagen.

Neben der Schrankenregelung sieht es das Parlament auch als erforderlich an, die Einführung technischer Schutzvorkehrungen stärker zu unterstützen und vor unerlaubten Umgehungsmaßnahmen zu schützen.[597] Betont wird dabei auch die

---

[593] ABl. 1999 C Nr. 150, S. 171 ff.

[594] A.a.O., S. 175, Änderung 16.

[595] A.a.O., S. 175, Änderung 18, S. 179 f., Änderungen 34, 36, 37.

[596] A.a.O., S. 173, Änderung 10; S. 176, Änderung 19.

[597] A.a.O., S. 176, Änderung 20, S. 181 f., Änderungen 47, 49 – 58.

Subsidiarität der Pauschalvergütung gegenüber individualvertraglichen Vereinbarungen:[598]

Vorschlag der Kommission	Änderungen des Parlaments
Art.5 Abs. 2 lit.a: in Bezug auf Vervielfältigungen auf Papier oder einen ähnlichen Träger mittels beliebiger photomechanischer Verfahren oder anderer Verfahren mit ähnlicher Wirkung,	in Bezug auf Vervielfältigungen auf Papier oder einen ähnlichen Träger, **mit Ausnahme von Fassungen musikalischer Werke**, mittels beliebiger photomechanischer Verfahren oder anderer Verfahren mit ähnlicher Wirkung, **unter der Bedingung, dass die Rechtsinhaber eine angemessene Vergütung erhalten,**
Art.5 Abs. 2 lit.b: in bezug auf Vervielfältigungen auf Ton-, Bild- oder audiovisuelle Träger durch eine natürliche Person zur privaten Verwendung für nicht gewerbliche Zwecke,	in Bezug auf Vervielfältigungen auf a**naloge** Ton-, Bild- oder audiovisueller Träger durch eine natürliche Person zur **ausschließlich** privaten **und persönlichen** Verwendung für nicht gewerbliche Zwecke **unter der Bedingung, dass die Rechtsinhaber eine angemessene Vergütung erhalten,**
Art.5 Abs. 2 lit.ba (neu)	in Bezug auf Vervielfältigungen auf <u>digitale</u> Ton-, Bild- oder audiovisuelle Träger durch eine natürliche Person zur ausschließlich privaten und persönlichen Verwendung für nicht gewerbliche Zwecke, soweit keine verlässlichen und wirksamen technischen Mittel zum Schutz der Interessen der Rechtsinhaber zur Verfügung stehen; für jede private digitale Vervielfältigung muss jedenfalls eine angemessene Vergütung für alle Rechtsinhaber sichergestellt werden.

Insgesamt ist der Vorschlag des Parlaments deutlich urheberfreundlicher, und musste insbesondere auf den Widerstand der Mitgliedstaaten stoßen, die bisher Vergütungen nur in geringem Maße erheben (UK, LUX, SCAN). Auch die vorgeschlagene unterschiedliche Behandlung digitaler und analoger Kopien von audio-visuellen Werken erlauben es dem Urheber im digitalen Bereich, die Kontrolle über sein Werk weitest gehend zurück zu erlangen. Eine Kopie ist nur in-

---

[598] A.a.O., S. 177, Änderung 24.

soweit zulässig, als sie nicht gegen ein vom Urheber verwendetes Sicherungssystem verstößt. Umso mehr überrascht die harsche Kritik *Schippans*, dem dieses Konzept offenbar nicht weit genug geht, weshalb die private Digitalkopie ganz zu verbieten sei.[599] Er übersieht dabei, dass der Parlamentsvorschlag die Interessen der Urheber weitaus besser wahrt als der Kommissionsvorschlag, der analoge wie digitale Kopien insoweit gleichermaßen regelt, keinen Vorbehalt technischer Schutzsysteme enthält und auch keine zwingende Vergütung vorschreiben will. Auch durch ein Verbot der privaten Digitalkopie sind die Urheber nicht vor diesem Phänomen geschützt, nachdem Kopiervorrichtungen große Verbreitung gefunden haben. Die Erwägung, dem Urheber an Stelle eines unkontrollierbaren Verbotsrechtes einen gesetzlichen Vergütungsanspruch zu gewähren, hat auch durch die digitalen Möglichkeiten nicht an Aktualität eingebüßt, solange und soweit keine zuverlässigen ECMS existieren.

gg)   Geänderter Vorschlag der Kommission

Der geänderte Kommissionsvorschlag[600] übernimmt die Anträge des Parlaments hinsichtlich der privaten Vervielfältigung sowie hinsichtlich der technischen Schutzsysteme weitest gehend unverändert.[601]

In Art. 5 Abs. 1 werden der ephemere Charakter und die technische Notwendigkeit der Vervielfältigungshandlung verdeutlicht. Nicht übernommen wurde dabei der Vorbehalt einer Genehmigung durch den Rechtsinhaber oder gesetzlichen Erlaubnis der Nutzung als Tatbestandsvoraussetzung. Die Kommission fürchtete, dass dies die Praktikabilität unnötig zu erschweren drohte.[602]

Auch die Trennung zwischen digitalen und analogen Vervielfältigungen audiovisueller Werke, sowie das Reprographieverbot für graphische Musikwerke wurden mit sprachlichen Änderungen übernommen. Ein Unterschied wurde dagegen hinsichtlich des Ausgleichs für die Beschränkung der Rechtsinhaber gemacht. Während der Parlamentsvorschlag entsprechend der deutschen Regelungen[603] jeweils von einer angemessenen Vergütung[604] (equitable remuneration) der

---

[599] *Schippan*, Harmonisierung, S. 173, sowie ZUM 2001, S. 116 (119 f.).

[600] KOM (99) 250.

[601] KOM (99) 250, S. 2, I.2.1.

[602] KOM (99) 250, S. 4, I.4.1.

[603] Hierauf weist auch der Leiter der Abt. Urheberrecht der Europäischen Kommission, *Reinbothe*, ZUM 1998, S. 429 (435), hin.

[604] ABl. 1999 Nr. C 150, S. 171 ff., Änderung 18 (Erwägungsgrund 26), Änderungen 34, 36 f. (Art. 5 Abs. 2 lit. a), b), ba).

Rechtsinhaber ausgeht, will der Kommissionsvorschlag lediglich einen gerechten Ausgleich (fair compensation) gewähren.[605]

hh)   Gemeinsamer Standpunkt des Ministerrates

Nach langem politischen Tauziehen insbesondere hinsichtlich der fakultativen Schrankenliste des Art. 5 Abs. 2, 3 RL-Entwurf, verabschiedete der EU-Ministerrat im September 2000 seinen Gemeinsamen Standpunkt.[606]

Besonders erstaunt dabei zunächst die "wundersame Vermehrung der Schrankenbestimmungen in Art. 5".[607] Enthielten die Abs. 2 und 3 bisher neun Ausnahmetatbestände, so wuchsen sie auf insgesamt 18 Fälle, zuzüglich der vom Wirtschaftsausschuss vorgeschlagenen "Besitzstandsklausel"[608] (Art. 5 Abs. 3o) für geringfügige analoge Nutzungen. Ferner wurde auch die Regelung hinsichtlich der Gewährleistung technischer Schutzsysteme ausgehöhlt. Die Mitgliedstaaten können die Urheber verpflichten, diese so auszugestalten, dass einzelne private Vervielfältigungen weiterhin möglich sind. Aus Sicht der Rechtsinhaber stellt es nur einen schwachen Trost dar, dass die (uferlose) Schrankenliste damit abschließend ist.[609]

(i.) Unverändert blieb die Regelung zur analogen Reprographie in Art. 5 Abs. 2a). Dagegen wurde die vom Parlament vorgeschlagene Unterscheidung zwischen digitaler und analoger Vervielfältigung im audiovisuellen Bereich wieder aufgehoben, indem Art. 5 Abs. 2b) und ba) technologieneutral verschmolzen wurden:

"...in Bezug auf Vervielfältigungen auf beliebigen Trägern_zur privaten Verwendung durch eine natürliche Person für nicht gewerbliche Zwecke unter der Bedingung, dass die Rechtsinhaber einen gerechten Ausgleich_erhalten, wobei berücksichtigt wird, ob die technischen Maßnahmen gemäß Artikel 6 auf das betreffende Werk oder den betreffenden Schutzgegenstand angewendet wurden;"

---

[605] Ob dies jedoch angesichts der Definition des "gerechten Ausgleichs" in Erwägungsgrund 35, nach dem dieser in Form einer Vergütung zu erfolgen hat, praktische Relevanz erlangt, wird sogleich zu erörtern sein.

[606] ABl. 2000 Nr. C 344, S. 1 ff.; kritisch zur Entstehungsgeschichte *Hoeren*, MMR 2000, S. 515, der die fehlende öffentliche Diskussion bzgl. der erheblichen Änderungen des RL-Entwurfs durch den Rat hervorhebt.

[607] So zu Recht *Schippan*, ZUM 2001, S. 116.

[608] So die Erklärung der Kommission zur Richtlinie vom 9. April 2001, www.europa.eu.int/comm/internal_market/de/intprop/intprop/news/copyright.htm.

[609] Vgl. Erwägungsgrund 32.

Lapidar und ohne Angabe von Gründen teilte der Rat mit, er habe beschlossen die lit. b) und ba) zusammenzufassen.[610] Dies sei auch mit dem unverändert fortgeltenden Erwägungsgrund 38 zu vereinbaren.[611] Auf Anregung des Parlamentes wurde insoweit im Zusammenhang mit Einführung des neuen Art. 5 Abs. 2ba) für digitale Vervielfältigungen festgestellt, dass diese eine größere wirtschaftliche Bedeutung hätten, weshalb eine *Unterscheidung* hinsichtlich bestimmter Punkte geboten sei.

(ii.) Auch der Begriff des gerechten Ausgleichs (fair compensation) wurde entgegen des Vorschlages des Parlaments, dem Rechtsinhaber eine angemessene Vergütung (equitable remuneration) zu gewähren, beibehalten. Insoweit widersprechen sich die Begründung des Ratsentwurfes und der Normtext. Während in der Begründung[612] darauf verwiesen wird, dass der Vorschlag des Parlaments zu einer angemessenen Vergütung übernommen wurde, sprechen Art. 5 Abs. 2a), b) nur von einem gerechten Ausgleich.

Entgegen *Hoeren*[613] ist festzuhalten, dass diese Begriffe nicht deckungsgleich sind.[614] Dies ergibt sich schon aus der heftigen Kontroverse über dieses Begriffspaar bei den Verhandlungen. Insbesondere Deutschland und Frankreich setzten sich für eine equitable remuneration ein, während Großbritannien und Irland sich sogar gegen eine fair compensation wandten. Der Hintergrund dieser Streitfrage wird deutlicher mit Blick auf Erwägungsgrund 35.[615] Demnach sind für die Bemessung von Form, Modalitäten und etwaige Höhe der Kompensation die besonderen Umstände des Falles zu berücksichtigen. Als Kriterium sei der Maßstab einer etwaigen Schadensberechnung geeignet. Daneben sei der Einsatz technischer Schutzsysteme "in vollem Umfang" zu berücksichtigen. Bei nur geringfügigen Nachteilen könnte eine Vergütung entfallen. Als Beispiel solcher de minimis Fälle sollte dabei das Time-Shifting dienen.

Aus deutscher Sicht wäre mit einer solchen Ausnahme die Rechtfertigung für die Leerkassettenabgabe bzw. Gerätevergütung im Videobereich ihrem ursprünglichen Sinn nach zumindest teilweise entfallen. Zudem hätte eine Harmonisierung in diesem Falle auf dem kleinsten gemeinsamen Nenner hinsichtlich

---

[610] ABl. 2000 Nr. C 344, S. 1 (16) Ziff. 21.

[611] Bisher Erwägungsgrund 26; kritisch hierzu auch *Schippan*, ZUM 2001, S. 116 (126).

[612] ABl. 2000 Nr. C 344, S. 1 (17) Ziff. 22.

[613] MMR 2000, S. 515 (519) li.Sp.; dieser übersetzt den Begriff "fair compensation" mit "angemessene Vergütung".

[614] So auch *Reinbothe*, ZUM 2002, S. 43 (49), der darüber hinaus der Ansicht ist, dass keine Pflicht zur Erhebung einer Vergütung nach dem deutschen Levy-Modell erforderlich ist. Wie der gerechte Ausgleich anderweitig gezahlt werden kann, bleibt dabei offen.

[615] Erstmals taucht diese Definition des gerechten Ausgleichs in den Verhandlungen des Rates auf als Erwägungsgrund 24 a.

des Schutzniveaus stattgefunden, so dass man sich auf die Streichung dieses Beispiels einigte. Andernfalls wäre ein Dammbruch für ähnliche Verwertungshandlungen im digitalen Bereich zu befürchten gewesen, der dem viel beschworenen "hohen Schutzniveau"[616] nicht mehr gerecht würde. Insbesondere ist unklar, wie zwischen Time-Shifting-Kopien, die nur dem zeitversetzten Werkgenuss dienen, und dauerhaft gespeicherten Vervielfältigungen in praktikabler Weise unterschieden werden könnte.

(iii.) Völlig neu ist die Regelung in Art. 6 Abs. 4, der eine "legale" Umgehung von Kopierschutzsystemen für private Vervielfältigungen erlaubt. Dahinter steckt insbesondere der deutsche Wunsch[617], eine begrenzte Anzahl privater Kopien zu ermöglichen. Durch technische Schutzsysteme wäre es sonst relativ einfach, den durchschnittlichen Nutzer vom Schrankenprivileg auszuschließen. Andererseits sind trotz allem die Interessen der Berechtigten an der normalen Auswertung ihres Werkes oder Schutzgegenstandes zu schützen.[618]

Soweit das nationale Recht von der fakultativen Schranke zur privaten Vervielfältigung im analogen Reprographiebereich nach Art. 5 Abs. 2a) Gebrauch macht, hat der Gesetzgeber zwingend eine Regelung vorzusehen, nach der der Rechtsinhaber dem Nutzer Mittel zur Verfügung stellen muss, um diese Begünstigung im erforderlichen Umfang nutzen zu können (Art. 6 Abs. 4 UAbs. 1). Diese Vorschrift dürfte kaum praktische Relevanz haben, da für analoge Printprodukte keine Bestrebungen der Industrie zur Einführung technischer Schutzsysteme bestehen.

Für digitale Vervielfältigungen und analoge Bild- und Tonträger räumt Art. 6 Abs. 4 UAbs. 2 den Mitgliedstaaten die Möglichkeit ein, die Begünstigung der Schranke des Art. 5 Abs. 2b) zu ermöglichen. Soweit die Rechtsinhaber innerhalb angemessener Frist keine vertragliche Erlaubnis zur privaten Vervielfältigung eingeräumt haben, kann sie der Gesetzgeber verpflichten, dem Begünstigten die technischen Mittel zur Herstellung eines Vervielfältigungsstückes an die Hand zu geben. Die Zahl der möglichen Vervielfältigungen darf der Rechtsinhaber dagegen begrenzen, Art. 6 Abs. 4 UAbs. 2 Hs. 2. Beschränkt wird diese Ausnahme ferner durch Art. 6 Abs. 4 UAbs. 1 a.E., wonach Voraussetzung der Begünstigung ist, dass der Nutzer rechtmäßig Zugang zu dem Schutzgegenstand hat. Nach Unterabsatz 4 gilt diese Regelung einschränkend auch nicht für On-

---

[616] So ausdrücklich Erwägungsgrund 4 (bisher 3).

[617] Vgl. z.B. die damalige BMin der Justiz *Däubler-Gmelin* in ZUM 1999, S. 769; umso erstaunlicher ist, dass das noch unter ihrer Ägide vorbereitete UrhInfG von dieser Möglichkeit keinen Gebrauch gemacht hat und in § 95b Abs. 1 UrhG nur die zwingende Ausnahme für die analoge Reprographie umgesetzt hat.

[618] *Hoeren*, MMR 2000, S. 515 (520), hält die Regelung wegen dieser Gratwanderung für besonders brisant.

demand zugängliche Werke, für deren Nutzung eine vertragliche Vereinbarung besteht.[619] Unterabsatz 5 schließlich erklärt die Regelung auch für im Rahmen der Datenbankrichtlinie sowie der Vermiet- und Verleihrichtlinie anwendbar. Dagegen wird die Software im Umkehrschluss nicht von diesem Privileg erfasst.[620]

Für die Umsetzung dieser Regelung verbleibt den Mitgliedstaaten dennoch ein weiter Ermessensspielraum. Zu begrüßen ist auch, dass dem Rechtsinhaber eine weitest gehende Kontrolle über Inhalt und Umfang von Schutzsystemen belassen wird. Herstellung und Vertrieb der Umgehungsmechanismen liegen in seiner Hand und können in den Schutzmechanismus selbst integriert werden. Andernfalls hätte die Gefahr bestanden, dass von Dritten erstellte Umgehungsmechanismen die Schutzsysteme insgesamt außer Kraft gesetzt hätten.

ii)   2. Lesung im Europaparlament

Nachdem der Ausschuss für Recht und Binnenmarkt zunächst insgesamt 192 Änderungsanträge[621] gegenüber dem gemeinsamen Standpunkt des Ministerrates diskutierte, einigte man sich schließlich auf nur noch 9 Änderungsvorschläge, die vom Parlament zur Entscheidung angenommen und verabschiedet wurden.[622] Relevant sind hier die Neueinfügung eines Erwägungsgrundes 52 a hinsichtlich der Regelung in Art. 6 Abs. 4 sowie zur privaten Vervielfältigung nach Art. 5 Abs. 2b).

Mit Erwägungsgrund 52a soll der Geltungsumfang von Art. 6 Abs. 4 UAbs. 4 klargestellt werden, wonach Art. 6 Abs. 4 für Online-Nutzungen nicht anwendbar ist. Gemeint sind hiermit nicht sämtliche Online-Nutzungen, sondern nur interaktive Nutzungen auf Abruf, bei denen eine *vertragliche* Basis mit dem Rechtsinhaber besteht. Vielmehr sind hierunter Angebote wie Pay-per-View oder auch das Herunterladen von Musiktiteln zu fassen.

Hinsichtlich der Schranke zur privaten Vervielfältigung wird ebenfalls der Umfang der Befugnis klargestellt. Anstatt "zum privaten Gebrauch durch eine natürliche Person" heißt es nunmehr "durch eine natürliche Person zum privaten Gebrauch". Durch diese Umstellung wird fraglich, ob eine Herstellung durch Dritte im Auftrag des Nutzers weiterhin zulässig bleibt.[623] Die ursprüngliche

---

[619] Damit sind entgegen *Hoeren*, MMR 2000, S. 515 (520), sonstige Online-Vervielfältigungen wie Napster oder Gnutella gerade nicht ausgenommen, da es insoweit an einer vertraglichen Vereinbarung mit dem Rechtsinhaber fehlt. Gemeint sind vielmehr nur Dienste wie Pay-per-view.

[620] So auch ausdrücklich Erwägungsgrund 50, ABl. EG 2000 Nr. C 344, S. 6 ff.

[621] www.europarl.eu.int/meetdocs/committees/juri/20010205/429791de.doc.

[622] www.europarl.eu.int/meetdocs/committees/juri/20010205/429984de.doc.

[623] Hierzu ausführlich auch unter Teil 2 B II.

Version stellte allein auf den intendierten Nutzungszweck der Vervielfältigung ab. Dagegen muss zumindest nach dem Wortlaut nunmehr die Vervielfältigung durch die natürliche Person selbst erfolgen. Die Ausschussmitglieder, die diesen Änderungsvorschlag vorgebracht hatten, äußerten die Befürchtung, dass die bisherige Fassung so verstanden werden könnte, dass eine Vervielfältigung ohne jegliche Beschränkung zulässig ist, sofern die Kopien für eine „Privatperson" bestimmt sind.[624] Es sollte jedoch nur einer Privatperson erlaubt sein, Kopien zum eigenen Gebrauch herzustellen, nicht jedoch zur Verwendung durch eine unbegrenzte Zahl unbekannter Nutzer. In der Beschlussempfehlung des Berichterstatters *Boselli* heißt es hierzu, dass durch die Neuformulierung jeglicher direkter oder indirekter kommerzieller Charakter von Vervielfältigungen ausgeschlossen werden sollte.[625] Damit bleibt weiter ungeklärt, ob eine Vervielfältigung durch Dritte, die dies gewerbsmäßig für den Gebrauch und im Auftrag von Privatpersonen vornehmen, zulässig sein soll. Die Kommission geht in ihrer Stellungnahme vom 29.3.2001 zum Änderungsvorschlag davon aus, dass durch die Änderung auch eine Vervielfältigung für und im Auftrag einer natürlichen Person zulässig sein soll.[626]

jj)   Erlass der Richtlinie durch den Rat

Am 9.4.2001 hat der Rat der Richtlinie abschließend zugestimmt, wobei sämtliche Änderungsvorschläge des Parlaments übernommen wurden.[627] Sie ist gemäß Art. 13 Abs. 1 bis zum 22. Dezember 2002 in nationales Recht umzusetzen.

2.   Regelungskompetenz der EG im Bereich des Urheberrechts

Eine direkte Regelungskompetenz der EG für den Bereich des Urheberrechts, wie sie nach dem Grundsatz der begrenzten Einzelermächtigung (Art. 5 Abs. 1 EGV) erforderlich wäre, lässt sich dem Primärrecht nicht entnehmen.[628] Die Regelung des Art. 151 Abs. 5 EGV legt für den Bereich der Kultur fest, dass hier nur Empfehlungen und Fördermaßnahmen, ausdrücklich nicht dagegen die Harmonisierung von Rechts- und Verwaltungsvorschriften zulässig sein sollen. Dennoch sieht die Kommission im Grünbuch Urheberrecht dieses Rechtsgebiet unter Verweis auf Art. 151 Abs. 4 EGV als kulturpolitisches Instrument zur

---

[624] So z.B. der Änderungsantrag Nr. 86; ähnlich die Änderungsanträge 87 – 95.

[625] Draft recommendation vom 14.12.2000 Nr. 12, www.europarl.eu.int/meetdocs/commitees/juri/-20010205/427269en.doc.

[626] KOM (01) 170, Ziff. 3.2.

[627] ABl. 2001 Nr. L 167, S. 10 ff.

[628] Vgl. ausführlich zu dieser Frage *Schippan*, Harmonisierung, S. 15 ff.

Förderung der Informationsgesellschaft.[629] Hieraus wird jedoch nicht gefolgert, dass ein starkes Urheberrecht dem Kulturaustausch entgegensteht, sondern im Gegenteil der Schutz der Kulturschaffenden hervorgehoben, die den wesentlichen Inhalt des Kulturaustausches schaffen. Aus volkswirtschaftlicher Perspektive wird daher die Effektivität des Schutzes der Urheber und Rechtsinhaber als Investitionsschutz gewertet und in den Vordergrund gestellt.[630] Für Rechtsfragen des geistigen Eigentums findet sich daneben in Art. 133 Abs. 5 EGV[631] lediglich eine Abschlusskompetenz für Abkommen im Bereich der gemeinsamen Handelspolitik mit Drittstaaten und internationalen Organisationen.

Eine Kompetenzgrundlage dürfte sich demnach am ehesten aus der Warenverkehrs- und Dienstleistungsfreiheit ableiten. Die Rechtsprechung des EuGH ließ jedoch nie einen Zweifel erkennen, dass ein unterschiedliches urheberrechtliches Schutzniveau in den Mitgliedstaaten Einfluss auf den freien Dienstleistungs- und Warenverkehr entfalten kann.[632] Die nationalen Vorschriften zum Schutz des geistigen Eigentums wurden dem Grunde nach als Rechtfertigungsgrund im Sinne des Art. 30 EGV zum Schutz des gewerblichen oder kommerziellen Eigentums anerkannt.[633] Ob der EGV überhaupt im Bereich des Urheberrechts einschlägig ist, hat der EuGH dabei ohne weiteres vorausgesetzt.[634] Einen Berührungspunkt zu den Wettbewerbsregeln des EGV stellt der EuGH insbesondere bei der Überprüfung der Ausübung des Urheberrechts durch die Verwertungsgesellschaften[635], aber auch für Lizenzverträge[636] her. Schließlich wendet der EuGH in der Entscheidung Phil Collins auch das Diskriminierungsverbot des Art. 12 EGV im Urheberrecht an.[637]

---

[629] Art. 128 Abs. 4 a.F., vgl. Grünbuch Kap. I, I A (b); vgl. zu dieser Frage auch *Kröger*, Informationsfreiheit, S. 136 ff.

[630] Grünbuch Kap. I, I A (c), zu Recht kritisch zur mangelnden Differenzierung der oft gegenläufigen Interessen von Urhebern und Verwertungsindustrie *von Lewinski*, GRUR Int. 1995, S. 831 (832).

[631] Vgl. hierzu allgemein *Hilf/Pache*, NJW 1998, S. 705 ff.

[632] EuGH Slg. 1971, S. 487 – Polydor.

[633] Der EuGH unterscheidet jedoch in ständiger Rechtsprechung zwischen dem Bestand nationaler Schutzrechte und deren Ausübung im gemeinsamen Markt, vgl. hierzu kritisch *Beier*, GRUR Int. 1989, S. 603 (609).

[634] EuGH Slg. 1981, S. 147 – Gebührendifferenz II.

[635] EuGH Slg. 1974, S. 313 – SABAM.

[636] Relevant wird diese Frage vor allem für die Aufspaltung des gemeinsamen Marktes in einzelne nationale Teilmärkte durch ein begrenztes Verbreitungsrecht; insoweit gibt die Vermiet- und Verleihrichtlinie (RL 92/100 EWG) in Art. 9 Abs. 2 den Grundsatz der europaweiten Erschöpfung vor, der in § 17 Abs. 2 UrhG umgesetzt wurde.

[637] EuGH Slg. 1993, S. 5171 – Phil Collins.

Als Regelungskompetenz ist für den Bereich des Urheberrechts somit von Art. 95 EGV auszugehen[638], der die EU zu Harmonisierungsmaßnahmen zur Verwirklichung eines funktionierenden Binnenmarktes ermächtigt. Zweck der Norm, die durch die EEA eingefügt wurde, ist die Beschleunigung und Vertiefung des bisher erreichten Integrationsstandes.[639] Das Funktionieren des Binnenmarktes hängt dabei nicht nur vom Abbau unmittelbarer Hindernisse, sondern auch von der Schaffung gleicher Wettbewerbsbedingungen in einem homogenen Umfeld ab.[640]

In Verbindung mit der Theorie der "implied powers"[641] ergibt sich, dass auch die vom Wortlaut nicht direkt umfassten Regelungsziele der Befugnisnorm von der Kompetenzzuweisung umfasst werden.[642] Dabei ist jedoch einschränkend zu berücksichtigen, dass es sich bei dem Ermächtigungstatbestand des Art. 95 Abs. 1 EGV um eine sehr weite Formulierung handelt. Vorrangig wären deshalb die Ermächtigungsnormen für den Dienstleistungs- und Kapitalverkehr (Art. 55 bzw. 57 EGV). Zudem werden gemäß Abs. 2 das Steuerrecht sowie der Personenverkehr vom Regelungsbereich ausgenommen, so dass allein der freie Warenverkehr als Regelungsgegenstand verbleibt.[643]

Soweit Regelungen des Urheberrechts einen Bezug zum Verkehr des Gutes im Binnenmarkt haben, besteht somit eine Kompetenz der Gemeinschaft.[644] Dies kann für den Bereich der privaten Vervielfältigung bejaht werden. Die unterschiedlichen nationalen Ausgestaltungen dieser Frage, insbesondere hinsichtlich der als Ausgleich zu gewährenden Vergütung, führt zu unterschiedlichen Wettbewerbsbedingungen für Urheber und Leistungsschutzberechtigte. Da die Vergütungsregelungen nicht direkt den Vervielfältigenden, sondern den Hersteller/Importeur/Betreiber der Vervielfältigungsgeräte belasten, bestehen auch für diese unterschiedliche Wettbewerbsbedingungen in einem einheitlichen Markt.

Angebot und Vertrieb urheberrechtlich geschützter Werke verlagern sich im Zeitalter der Informationsgesellschaft zudem immer mehr auf Online-Medien, wobei zwar vorrangig das Recht der öffentlichen Zugänglichmachung einschlägig ist, beim Nutzer jedoch häufig auch eine – ephemere oder dauerhafte – Ver-

---

[638] *Cornish*, GRUR Int. 1997, S. 305.

[639] *Grabitz/Hilf-Langeheine*, Altband I, Art. 100a EGV Rz. 7.

[640] EuGH Slg. 1991, S. 2867 (2901) – Titanoxid; *Grabitz/Hilf-Langeheine*, Altband I, Art. 100a Rz. 20.

[641] Ähnlich der Annexkompetenz im dt. Verfassungsrecht; demnach ergeben sich aus der Zielsetzung einer Norm durch Auslegung die einzusetzenden Mittel.

[642] Vgl. allgemein *Grabitz/Hilf-v.Bogdandy/Nettesheim*, Altband I, Art. 3b Rz. 9.

[643] *Grabitz/Hilf-Langeheine*, Altband I, Art. 100a Rz. 19.

[644] Hierauf beruft sich auch die Kommission, vgl. Grünbuch Technologie KOM (88) 172, Ziff. 1.5.9.

vielfältigung hergestellt wird, so dass hier auch Fragen der privaten Vervielfältigung tangiert werden. Soweit die Zugänglichkeit des Angebots von Werken in
Frage steht, können auch die spezielleren Kompetenzzuweisungen der Dienstleistungsfreiheit (Art. 52, 55 EGV) einschlägig sein.

3. Kompetenzgrenzen

Schranke der Harmonisierung ist zunächst die negative Kompetenzzuweisung
in Art. 151 Abs. 5 EGV, die die Rechtsetzung im Bereich der Kulturpolitik ausdrücklich den Mitgliedstaaten überlässt. Das Subsidiaritätsprinzip des Art. 5
Abs. 2 EGV verbietet ferner ein Tätigwerden der Gemeinschaft, solange die
Maßnahmen auf nationaler Ebene gleichermaßen geregelt werden können oder
sich aus einer harmonisierten Regelung keine Effizienzsteigerung ergibt.

a) Subsidiaritätsgrundsatz

Nach den Erfahrungen der Kommission mit den Vorentwürfen für eine Richtlinie zur Regelung der Privatkopie, erwähnt das Grünbuch Urheberrecht diesen
Grundsatz zwar als Schranke des Tätigwerdens und will etwaige Initiativen nur
dann vorschlagen, wenn sie als absolut notwendig beurteilt werden.[645] Eine Aus-
einandersetzung im Sinne einer Subsumtion unter diese Kompetenzgrenze findet
jedoch nicht statt. Insbesondere anlässlich der Erörterung des Rechtsrahmens der
Informationsgesellschaft im Binnenmarkt finden sich keine Ausführungen zu
Art. 5 Abs. 2 EGV.[646]

Auch der Info-RL-Entwurf geht lediglich in allgemeiner Form auf die Binnenmarktrelevanz des Urheberrechts ein. Demnach bestehe derzeit bereits ein
sehr unterschiedliches Schutzniveau, das sich durch nationale Regelungen zur
Anpassung an die neuen technologischen Entwicklungen weiter zu verschärfen
droht. Deshalb sei zu befürchten, dass sich hieraus gerade für den Online-
Bereich Hemmnisse für den Binnenmarkt ergeben könnten, die die Entwicklung
der Informationsgesellschaft zu behindern drohen.[647] Eine Harmonisierung sei
deshalb nicht nur im Interesse der Rechtsinhaber geboten, sondern auch im Interesse der Nutzer. Nur auf Grund einer sicheren Rechtslage würden die Rechtsinhaber verstärkt zum Angebot neuer Dienstleistungen übergehen.[648] Diese Argumentation wird bei der Begründung der einzelnen Artikel wiederholt. Demnach

---

[645] Grünbuch a.a.O. Zusammenfassung Ziff. 5.

[646] A.a.O., Kap. 1, III.A.

[647] Begründung des 1. Richtlinienentwurfs, KOM (97) 628, S. 9, Kap. 2, II.2.

[648] Ähnlich auch Kap. 4, II. 4. zur Begründung der Verbandskompetenz, a.a.O., S. 30.

seien bei Online-Übertragungen besondere Schwierigkeiten durch ein nicht harmonisiertes Urheberrecht zu erwarten.[649]

Für die Reprographie-Schranke des Art. 5 Abs. 2 lit. a) wird davon ausgegangen, dass trotz der generellen Gefahr, die sich aus der unterschiedlichen Regelung von Vergütungssystemen ergibt, sich hier nur geringe Gefahren für den Binnenmarkt ergeben, weshalb der status quo beibehalten werden könne.[650] Ähnliche Erwägungen werden auch im Übrigen hinsichtlich der Privatkopie angestellt. Demnach sei eine Unterscheidung zwischen analoger und digitaler Technik im Hinblick auf den gemeinsamen Markt zum damaligen Zeitpunkt nicht erforderlich, da die Entwicklung dieser Technik und deren Bedeutung nicht absehbar wären.[651] Zwar wird diese Einschätzung im 2. Entwurf aufgegeben, ob sich hieraus jedoch eine Gefahr für den Binnenmarkt ergibt, bleibt unerörtert. Vielmehr wird darauf hingewiesen, dass bis zu einem "gewissen Grad harmonisiert werden" sollte.[652] Daneben greift der zweite Entwurf in dem neu eingefügten Erwägungsgrund 2a (entspricht Erwägungsgrund 3) die vier Grundfreiheiten zur Begründung eines Harmonisierungsbedürfnisses auf, ohne dies näher zu erläutern.[653]

In der Tat besteht durch die – gerade auch im analogen Bereich, dessen Bedeutung künftig allenfalls abnehmen dürfte – unterschiedliche Ausgestaltung der Vergütungssysteme ein Bedürfnis nach einem einheitlichen Rechtsrahmen. Dies gilt auch für die als Allheilmittel angesehenen technischen Schutzsysteme, die den Schutz des Urheberrechts künftig gewährleisten sollen. Eine Gefahr für den Binnenmarkt droht hier von unterschiedlichen Schutzniveaus, aber auch von technischen Schutzsystemen mit Monopolcharakter. Um so mehr erstaunt die Beibehaltung des bisherigen Rechtszustands durch den niedrigen Harmonisierungsgrad. Neu sind zwar die Regelungen über technische Schutzsysteme, deren Rechtsschutz jedoch wiederum nur ansatzweise konkretisiert wird und somit wiederum im Umsetzungsermessen der Mitgliedstaaten steht. Den Mitgliedstaaten bleibt es weiter auch überlassen, ein bestehendes Pauschalvergütungssystem aufrechtzuerhalten oder dies neu einzuführen. Entsprechend stellt auch der Regierungsentwurf eines Gesetzes zur Regelung des Urheberrechts in der Informationsgesellschaft[654] fest, dass das UrhG im Hinblick auf die Schrankenregelungen zur Umsetzung der Richtlinie "nur in ganz geringfügigem Umfang zu än-

---

[649] A.a.O., S. 38, Begründung 2. Teil zu Art. 5 Ziff. 3.

[650] A.a.O., S. 39, Begründung 2. Teil zu Art. 5 Ziff. 5; ebenso Erwägungsgrund 25, a.a.O., S. 52; allgemein zur Gefahr durch Vergütungssysteme Erwägungsgrund 26, a.a.O., S. 52 f.

[651] A.a.O., S. 40, Begründung 2. Teil zu Art. 5 Ziff. 6; ebenso Erwägungsgrund 26 a.a.O., S. 52 f.

[652] KOM (99) 250, Erwägungsgrund 26, S. 17.

[653] A.a.O., S. 12.

[654] Vgl. BT Drucks. 15/38, S. 1.

dern" ist. Auch im Übrigen wird durch den weiten Ermessensspielraum der Schrankenregelungen eine Vielzahl von Möglichkeiten zur Umsetzung offen gelassen. Insoweit widersprechen sich die hehren Worte und Motive der Erwägungsgründe, die ein "hohes Schutzniveau" durch die Richtlinie gewährleisten wollen, und die tatsächliche Ausgestaltung des Schrankenkataloges. Auch für die hier besonders interessierenden Regelungen zur privaten Vervielfältigung bleibt den Mitgliedstaaten durch die "Besitzstandsklausel" in Art. 5 Abs. 3 lit. o) ein erheblicher Spielraum, so dass der Subsidiaritätsgrundsatz sicherlich gewahrt bleibt.[655]

b) Kulturpolitik als nationale Aufgabe, Art. 151 Abs. 5 EGV

Bei der Suche nach einer Ermächtigungsgrundlage beschäftigen sich die Kommissionsentwürfe nur mit den positiven Kompetenznormen der Art. 95, 55, 47 Abs. 2 EGV. Die negative Kompetenznorm des Art. 151 Abs. 5 EGV findet dagegen keine Erwähnung. Die Vorschriften in Art. 5 Abs. 2a), b) Info-RL zur Regelung der Privatkopie sind dennoch mit dem Vorrang der nationalen Kulturpolitik vereinbar. Dessen Wirkung wird einerseits beschränkt durch den acquis communautaire. Die Mitgliedstaaten haben in ihren nationalen Rechtsordnungen allesamt den Schutz des Urheberrechts und der Leistungsschutzrechte vorgesehen. Ein Mindeststandard urheberrechtlichen Schutzes gehört somit zum acquis communautaire der EU. In diese Richtung geht auch die Überlegung von *Schippan*, dass die Mitgliedstaaten durch internationale Konventionen zur Gewährleistung eines bestimmten Schutzniveaus verpflichtet sind.[656] Art. 151 Abs. 5 EGV ist außerdem einschränkend im Lichte der Vorschriften über den gemeinsamen Binnenmarkt zu sehen. Demnach kann dem Vorbehalt nationaler Kulturpolitik kein absoluter Vorrang eingeräumt werden, sondern beide Regelungen sind in einen Ausgleich zu bringen. Im Interesse des Binnenmarktes kann der Kulturvorbehalt daher eingeschränkt werden, so dass auch in diesem Regelungsbereich eine Kompetenz der EU besteht.

Auch das Ausmaß der Einschränkung der nationalen Kulturhoheit durch die Regelungen zur Privatkopie begegnet keinem durchgreifenden Bedenken. Wie bereits erörtert, findet die Harmonisierung auf dem kleinsten gemeinsamen Nenner statt. Insbesondere die Umsetzung der Schrankenliste ist in das Ermessen der Mitgliedstaaten gestellt. Zwar beschränkt sie durch ihren abschließenden Charakter den nationalen Gesetzgeber. Andererseits können durch die "Besitzstandsklausel" bisherige Schranken weitest gehend beibehalten werden.[657] Die

---

[655] Hierzu bereits *Cornish*, GRUR Int. 1997, S. 305 (308).

[656] ZUM 2001, S. 116 (124), sowie Harmonisierung, S. 175 f.

[657] A.A. wohl *Schippan*, Harmonisierung, S. 177; *ders.*, ZUM 2001, S. 116 (125), der anhand der Privilegierung aus religiösen Gründen z.B. in § 46 UrhG einen Verstoß gegen Art. 151 EGV festmachen will.

einzelnen Schrankenbestimmungen der Richtlinie belassen den Mitgliedstaaten schließlich auch ein erhebliches Umsetzungsermessen.

4. Bewertung des Ergebnisses der Info-RL

Zusammenfassend ist festzustellen, dass die Regelungen der Info-RL von der Binnenmarktkompetenz der EU gedeckt sind. Der tatsächliche Harmonisierungsgrad ist jedoch nur schwach ausgeprägt[658], was in Anbetracht von 130 verschiedenen nationalen Schrankenregelungen wenig verwundert.[659] Von anfangs 8 wuchs die Zahl der Schrankenbestimmungen auf 21. Bis auf die Schranke des Art. 5 Abs. 1, mit der mehr oder weniger eine Selbstverständlichkeit geregelt wird[660], sind die Schranken zudem fakultativ. Konterkariert werden die Harmonisierungsbemühungen zudem durch die Besitzstandsklausel des Art. 5 Abs. 3o) Info-RL für analoge Nutzungen.[661] In der Richtlinienbegründung[662] spricht der Rat zwischen den Zeilen die politische Brisanz des Einigungsprozesses an. Mit Art. 5 Abs. 3o) sei ein "vernünftiger Kompromiss" gefunden worden zwischen den Standpunkten derer, die eine völlig offene Liste fakultativer Ausnahmen bevorzugt hätten, und den Standpunkten derer, die einer viel kürzeren Liste mit ausschließlich verbindlichen Ausnahmen den Vorzug gegeben hätten. Welchen Sinn jedoch eine offene Liste fakultativer Ausnahmen im Hinblick auf das Ziel der Harmonisierung dieses Rechtsgebietes macht, bleibt das Geheimnis des Rates. Dass es unter diesen Vorbedingungen zu einer – so Erwägungsgrund 32 – "kohärenten Anwendung" kommt, kann nur als Wunschtraum bezeichnet werden.

Schließlich fehlen der Richtlinie auch Regelungen über die Vergütung der Rechtsinhaber für die Nutzung der Schrankenbestimmungen. Außer dem Maßstab, dass hier – teilweise zudem wiederum fakultativ[663] – ein "gerechter Ausgleich" zu schaffen sei, macht die Richtlinie entgegen der in den frühen 90er

---

[658] Dies veranlasst *Hugenholtz*, EIPR 2000, S. 499 (501), zu der umgekehrten Schlussfolgerung, dass der Union wegen des schwachen Harmonisierungsgrades die Kompetenz zur Rechtssetzung verlustig geht. Das Ergebnis der Richtlinie wird auch von *Vinje*, EIPR 2000, S. 551 f., heftig kritisiert.

[659] *Hoeren*, MMR 2000, S. 515 (516), spricht in diesem Zusammenhang von "Orte[n] nationaler Heiligtümer".

[660] Dies entsprach weitest gehend der bisherigen h.M., vgl. statt aller *Schricker-Loewenheim*, § 16 Rz. 19; *Fromm/Nordemann-Nordemann*, § 16 Rz. 2.

[661] Nach *Hoeren*, MMR 2000, S. 515 (519), führt diese Regelung die Harmonisierungsbemühungen "ad absurdum"; *Schippan*, ZUM 2001, S. 116 (127), spricht von einer "stauseegroßen Auffangschranke", die den abschließenden Charakter der fakultativen Schranken konterkariert.

[662] ABl. 2000 Nr. C 344, S. 1 (18) Ziff. 36.

[663] Nach Erwägungsgrund 36 können die Mitgliedstaaten einen gerechten Ausgleich auch dann vorsehen, wenn dies nicht von der entsprechenden Schrankenregelung der Info-RL vorgegeben wird.

Jahren gewonnenen Erkenntnisse keinerlei Vorgaben.[664] Dasselbe gilt für die Verwertungsgesellschaften, deren Tätigkeit keinerlei Harmonisierung erfährt.[665] Die bestehenden Hemmnisse für den Waren- und Dienstleistungsverkehr werden so nicht abgebaut, was im Besonderen für den Grad der Harmonisierung des Rechts der Privatkopie gilt:

Betrachtet man die Regelungen in Art. 5 Abs. 2a) und b) Info-RL, so geben diese einen weiten Rahmen für die Umsetzung vor, der durch die Besitzstandsklausel zusätzlich vergrößert wird. Die Reprographie könnte demnach z.b. weit über das bisher nach der Regelung des § 53 Abs. 1 UrhG Zulässige hinaus ausgedehnt werden. Weder bedürfte es einer Beschränkung der Kopie durch einen Dritten, der auch gewerblich tätig werden darf, noch müsste die Beschränkung des Vervielfältigens ganzer Werke aufrechterhalten werden. Zwar sollen nach den Erwägungsgründen 37 ff. die Unterschiede zwischen analoger und digitaler Privatkopie Berücksichtigung finden. Wie dies jedoch umzusetzen ist, wird wieder in das Ermessen der Rechtsinhaber gestellt. Die Bandbreite der Regelungen reicht also von einem Totalverbot der Digitalkopie wie vormals in Dänemark bis hin zu einer formalen Gleichstellung durch die technologieneutrale Formulierung der Privatkopierschranke in Deutschland. Den Unterschieden digital-analog wird dabei auf andere Weise Rechnung getragen.

Was ferner die Vergütung der Rechtsinhaber angeht, kommt man zu einem noch ernüchternderen Befund. Eine Harmonisierung findet hier auch nicht ansatzweise statt. Zwar steht die Umsetzung der Abs. 2a) und 2b) des Art. 5 jeweils unter dem Vorbehalt eines gerechten Ausgleichs für die Rechtsinhaber. Darüber hinaus wird dieser Begriff aber lediglich in Erwägungsgrund 35 als Vergütungsanspruch konkretisiert, der bei geringfügigen Nutzungen auch gänzlich entfallen könne. Damit kann sowohl die in Art. 70 des britischen Copyright Act bestehende Schranke zu Gunsten des (vergütungsfreien) Time-Shifting weiterbestehen als auch die Geräte- und Leermedienabgabe im audio-visuellen Bereich nach deutschem Recht. Auch wer hier den Anspruch geltend machen kann, also der Rechtsinhaber selbst, oder aber nur Verwertungsgesellschaften wie in Deutschland nach § 54h Abs.1 UrhG geregelt, bleibt völlig offen. Der Grund für die äußerst laxen Harmonisierungsvorgaben dürfte neben massivem politischem Druck darin zu suchen sein, dass die Kommission laut Erwägungsgrund 38 für den analogen Bereich keinerlei Auswirkungen der bestehenden Marktverzerrungen auf die Entwicklung der Informationsgesellschaft befürchtet. Nur für digitale Privatkopien wird dies zwar als problematisch erkannt, konkrete Harmonisierungsvorgaben werden hieraus jedoch nicht abgeleitet. Statt dessen

---

[664] Vgl. hierzu oben die Vorarbeiten für eine Richtlinie zur Privatkopie; für die Harmonisierung der Leerkassetten- und Geräteabgabe plädiert auch eine Studie von *Dieselhorst*, GRUR Int. 1994, S. 788 ff., sowie *Kreile*, FS Vieregge, S. 459 (471).

[665] Vgl. zu diesem Missstand bereits ausführlich *Dillenz*, GRUR Int. 1997, S. 315 (319 ff.).

setzt die Info-RL voll und ganz auf technische Schutzsysteme. Der Vorrang individueller Modelle ist zwar zu begrüßen, kann aber als Harmonisierungsziel nicht genügen, solange die entsprechenden Technologien nicht zuverlässig einsetzbar sind. Selbst wenn zukünftig solche Systeme bestehen, wird hierdurch das System der Pauschalvergütung nicht abgelöst werden, da eine Vielzahl auch digitaler Nutzungen sich nicht über technische Schutzsysteme erfassen lässt. Eine echte Harmonisierung müsste also gerade hier ansetzen. Nationale Regelungen können nicht nur bei der Online-Übertragung von Inhalten, sondern auch im Offline-Bereich umgangen werden. Die Einführung des Euro, der erleichterte europäische Zahlungsverkehr und die E-Commerce-Richtlinie sollen gerade den grenzüberschreitenden Handel erleichtern, so dass nationale Vergütungsregelungen hier nur inländische Marktteilnehmer erfassen, im Binnenmarktkontext aber ins Leere laufen und somit unterschiedliche Wettbewerbsbedingungen kreieren. Das Ziel einer Harmonisierung des Urheberrechts wird somit allenfalls auf der Basis eines kleinsten gemeinsamen Nenners erreicht.[666]

Auch die in Art. 9 Abs. 2 RBÜ nachgebildete und somit für die Verbandsstaaten längst geltende Schranken-Schranke des Art. 5 Abs. 5 (Drei-Stufen-Test) vermag an dieser Einschätzung nichts zu ändern. Dass dies nicht wie selbstverständlich zu einer Abgabe für Leergeräte und Datenträger führt[667], zeigt die bisherige Praxis der EU-Mitgliedstaaten. Der gerechte Ausgleich für den Rechtsinhaber könnte bei weiter Auslegung bereits dann erreicht sein, wenn dieser einmalig bei der Lizenzierung ein Entgelt erlangt hat.

---

[666] Ähnlich *Schippan*, ZUM 2001, S. 116 (118); *Davies*, GRUR Int. 2001, S. 915 (917); *Jehoram*, GRUR Int. 2001, S. 807 (810); *Schack*, ZUM 2002, S. 497.

[667] Hiervon geht *Hoeren*, MMR 2000, S. 515 (519), aus; ähnlich *von Lewinski*, MMR 1998, S. 115 (117).

D. Ergebnis des 1. Teiles

Der vorstehend beschriebene Rahmen des Urheberrechts lässt sich mit den folgenden Leitlinien für die Privatkopie zusammenfassen:

1. Die Rechtsinhaber müssen von Verfassungs wegen in jedem Fall durch eine angemessene Vergütung an der wirtschaftlichen Auswertung ihrer Inhalte beteiligt werden.

2. Diese Vergütung hat auf Grund des Verhältnismäßigkeitsgrundsatzes und des Drei-Stufen-Tests vorrangig im Rahmen individueller vertraglicher Vereinbarungen zwischen Rechtsinhabern und Nutzern zu erfolgen. Technische Schutzsysteme müssen zu diesem Zweck besonderen Rechtsschutz genießen und durch legislative Maßnahmen gefördert werden.

3. Mangels technischer Verlässlichkeit und Akzeptanz sowie noch ungeklärter "Nebenwirkungen" von DRM im Bereich des Datenschutzes kann nicht vollständig auf die individuelle Rechtswahrnehmung zurückgegriffen werden.

4. Als Second-Best-Lösung muss daher auch im digitalen Bereich das bestehende System der gesetzlichen Lizenz mit Pauschalvergütung als sozialverträglicher Kompromiss fortbestehen, soweit

   • die Erstauswertung durch den Rechtsinhaber der Normalfall bleibt, während die Privatkopie einen Sonderfall darstellt,

   • die normale Auswertung des Werkes nicht beeinträchtigt wird und

   • die berechtigten Interessen der Rechteinhaber nicht ungebührlich verletzt werden.

5. Bei der Ausgestaltung der pauschalen Vergütung sind individuelle Nutzungsarten möglichst weitgehend zu berücksichtigen und ein entsprechend differenziertes System zu schaffen. Wettbewerbsverzerrungen durch unterschiedliche Anknüpfungspunkte der vergütungspflichtigen Tatbestände sind nach Möglichkeit zu beseitigen.

6. Im europäischen Kontext ist der deutsche Gesetzgeber aufgerufen, sich für die grundsätzliche Vergütungspflicht der Privatkopie in allen Mitgliedstaaten einzusetzen, um so bestehende Wettbewerbsdifferenzen im Binnenmarkt zu beseitigen.

Teil 2: Der Tatbestand der Privatkopie nach dem UrhInfG

A. Genese des Gesetzes zur Regelung des Urheberrechts in der Informationsgesellschaft (UrhInfG)

Nach einer Einigung im Vermittlungsausschuss am 2. Juli 2003 über das Tatbestandsmerkmal der legalen Quelle einer Kopiervorlage haben Bundestag und Bundesrat dem insoweit geänderten § 53 Abs. 1 UrhG zugestimmt. Das UrhInfG ist nunmehr am Tage nach seiner Verkündung im Bundesgesetzblatt mit dem 13. September 2003 in Kraft getreten.[668]

I. Diskussionsentwurf vom 7. Juli 1998

Bereits vor Abschluss der Initiative der europäischen Kommission zur Harmonisierung des Urheberrechts in den EU-Mitgliedstaaten legte das BMJ am 7. Juli 1998 einen ersten Diskussionsentwurf für das 5. UrhRÄndG vor, der erstmals Konturen des Urheberrechts im digitalen Umfeld erkennen lässt.[669] Änderungen der Privatkopie nach § 53 Abs. 1 UrhG werden jedoch bewusst nicht vorgeschlagen. Die Begründung führt hierzu aus, man wolle eine möglichst reibungslose Umsetzung der WIPO-Verträge erreichen, die insoweit keinen Änderungsbedarf vorsehen. Soweit der damals bereits vorliegende Kommissionsentwurf der Info-RL hier eine Differenzierung, insbesondere zwischen analoger und digitaler Kopie, vorsieht, soll eine entsprechende Änderung erst nach Abschluss einer umfassenden Prüfung und Diskussion stattfinden. Neu ist in diesem Zusammenhang damit folgerichtig allein der Schutz technischer Maßnahmen (§ 96a) sowie von Daten zur Identifizierung und Rechtswahrnehmung, die mit dem Werk verbunden werden (§ 96b). Der Diskussionsentwurf folgt damit den Vorgaben in Art. 11 und 12 WCT bzw. 18 und 19 WPPT.

Im Anschluss war das BMJ jedoch weitgehend mit der politisch priorisierten Diskussion um das neue Urhebervertragsrecht absorbiert. Erst nach Scheitern[670] eines von der Bundesministerin für Justiz geleiteten Mediationsverfahrens zwischen Bitkom und der ZPÜ über die seit langem geforderte Geräteabgabe von PC-Komponenten[671] legte das BMJ im März 2002 einen Referentenentwurf zur

---

[668] BGBl. I vom 12. September 2003, S. 1774 ff.

[669] Abgedruckt in KuR 1999, S. 157 ff.; vgl. hierzu ausführlich *Wand*, Schutzmaßnahmen, S. 163 ff., hinsichtlich der dort vorgeschlagenen Umsetzung des Schutzes technischer Maßnahmen entsprechend den Vorgaben der WIPO-Verträge.

[670] Der Verband Bitkom sagte am 28. Februar 2002 ein drittes Spitzengespräch mit der ZPÜ ohne Angabe von Gründen ab und erklärte die Verhandlungen für gescheitert, vgl. www.privatkopieren.-de/textbitkom.html.

[671] Vgl. auch Teil 1 B II 3.

Umsetzung der Info-RL vor. Um noch während der laufenden Legislaturperiode bis September 2002 und somit vor Ablauf der Umsetzungsfrist der Richtlinie im Dezember 2002 zu einem neuen UrhG zu kommen, entschloss sich das BMJ nur die zwingend von der Richtlinie vorgesehenen Änderungen "durchzupeitschen"[672] und die strittigen Fragen, insbesondere die Regelung der digitalen Privatkopie, einem späteren Gesetzt, dem sog. "zweiten Korb", vorzubehalten.[673]

II. Referentenentwurf vom 18. März 2002

1. Recht der öffentlichen Zugänglichmachung

Entsprechend den Vorgaben in Art. 3 Abs. 2 der Info-RL sowie der WIPO-Verträge[674] schlägt der Referentenentwurf (nachfolgend UrhG-RE) die Einführung eines neuen Rechtes der öffentlichen Zugänglichmachung vor, als weitere Konkretisierung des Ausschließlichkeitsrechtes der öffentlichen Wiedergabe gemäß § 15 UrhG.[675] Gleichzeitig wird der Begriff der Öffentlichkeit weiter präzisiert. Damit soll die Werknutzung in digitalen Netzen wie dem Internet eindeutig geklärt werden.[676] Zwar war unstrittig, dass diese Nutzungen dem Ausschließlichkeitsrecht des Urhebers in Form der unkörperlichen Werkverwertung unterfallen sollen. Im Detail bestand jedoch Uneinigkeit über den Umfang und die Schranken dieses Rechts.[677] Mit Einführung eines neuen § 19a UrhG-RE wird diese Frage dahingehend geklärt, dass dem Urheber das Recht zusteht, über die drahtgebundene oder drahtlose Zugänglichmachung zu entscheiden. Erfasst wird hiervon ausdrücklich auch die Nutzung durch die sog. sukzessive Öffentlichkeit, d.h. der Nutzer selbst entscheidet über Ort und Zeitpunkt der Nutzung. Das Werk steht ihm auf Abruf (On-demand) jederzeit zur Verfügung.

Die Einordnung digitaler Nutzungshandlungen in den Katalog der §§ 16 ff. UrhG ist Vorfrage der anwendbaren Schrankenregelungen. Insbesondere bei Online-Nutzungen müssen verschiedene urheberrechtlich relevante Handlungen unterschieden werden. Wird z.B. auf einem Server ein Werk zum Abruf bereit gehalten, kommt es bei der Speicherung auf dem Server zu einer ersten Verviel-

---

[672] So der zuständige Abteilungsleiter des BMJ *MD Dr. Hucko*, vgl. *Zepelin*, FTD vom 26.3.2002, S. 4.

[673] Vgl. bereits die Einleitung.

[674] Art. 8 WCT bzw. Art. 10 WPPT.

[675] Entsprechend der umzusetzenden Vorgaben der Art. 8 WCT bzw. 10, 14 WPPT enthielt bereits der Diskussionsentwurf eines 5. UrhRÄndG eine ähnliche Regelung.

[676] So die Begründung des Referentenentwurfes, S. 28.

[677] Vgl. zur diesbezüglichen Diskussion bereits in der Begründung zum Diskussionsentwurf, S.5, sowie in der Literatur *Dreier*, Verwertungsrechte, S. 101 (116 ff.), *Schricker-v.Ungern-Sternberg*, § 15 Rz. 24; *Wandtke/Schäfer*, GRUR Int. 2000, S. 187 (190), *v. Lewinski*, GRUR Int. 1998, S. 637 (639), *Schippan*, Harmonisierung, S. 79 ff., 185 ff. jeweils m.w.N.

fältigung im Sinne des § 16 UrhG (sog. Uploading). Der Vorgang des Anbietens dieses Werkes an die Öffentlichkeit zu einem Nutzungszeitpunkt und –ort ihrer Wahl, unterfällt dann dem Recht der öffentlichen Zugänglichmachung nach § 19a UrhG, während die bei der Übertragung auf die Festplatte oder im Zwischenspeicher des Computers angefertigte Kopie wiederum eine Vervielfältigung im Sinne des § 16 UrhG darstellt (Downloading).

Allein der Urheber oder einer seiner Lizenznehmer sind zum Uploading oder dem Anbieten des Werkes in Online-Netzen wie dem Internet berechtigt. Das Downloading von in digitalen Netzen angebotenen Werken könnte von der Schranke der privaten Vervielfältigung privilegiert sein. Die Neuregelung der §§ 15, 19a und 22a UrhG sind somit im Rahmen dieser Arbeit nur insoweit von Bedeutung, als eine Privatkopie nur von einer nicht offensichtlich illegalen Kopiervorlage erstellt werden darf.

2.   Ephemere Vervielfältigungen

Entsprechend Art. 2 der Info-RL wird das ausschließliche Vervielfältigungsrecht in § 16 Abs. 1 UrhG-RE dahingehend erweitert, dass ausdrücklich auch sog. ephemere Vervielfältigungen erfasst sein sollen.[678] Dem Ausschließlichkeitsrecht unterfällt somit eine flüchtige, lediglich technische Vervielfältigung eines Werkes, die bei der Nutzung von Online-Netzen häufig zur Beschleunigung des Abrufes vorkommt, aber z.B. auch das Streaming, d.h. ein flüchtiges Herunterladen zum einmaligen Live-Werkgenuss.[679] Die entsprechende Schranke des § 44a UrhG-RE zugunsten u.a. des sog. Caching orientiert sich nahezu wörtlich an den Vorgaben des insoweit zwingend umzusetzenden Art. 5 Abs. 1 Info-RL. Beim Caching werden auf den Servern der Internetzugangsvermittler häufig aufgerufene Inhalte zeitlich begrenzt in einem Arbeitsspeicher abgelegt, der so einen schnelleren Zugriff auf die Inhalte erlaubt und die Netze entlastet, da dieselben Daten nicht wiederholt von ihrem Ausgangsspeicher zu den Nutzern transportiert werden müssen. Ähnliche Speichervorgänge laufen zudem im Arbeitsspeicher eines PCs ab, der dort Teile aktuell genutzter Anwendungen von der Festplatte kopiert. Eine Werknutzung im Sinne eines Werkgenusses erfolgt bei diesen ephemeren Zwischenspeicherungen jedoch gerade nicht. Zudem schützt das Tatbestandsmerkmal der fehlenden eigenständigen wirtschaftlichen Bedeutung des Vervielfältigungsvorganges die Interessen der Rechtsinhaber.

---

[678] Vgl. hierzu auch *Dreier*, ZUM 2002, S. 28 (30 f.).

[679] Der bisher vertretenen Ansicht (so z.B. *Ahrens*, ZUM 2000, S. 1029 (1036) m.w.N.), bei einem bloßen Abrufen zum einmaligen Werkgenuss würde das Vervielfältigungsrecht nach § 16 UrhG nicht eingreifen, ist durch die Neuregelung im UrhInfG jedenfalls der Boden entzogen, vgl. zur bisherigen h.M., die auch ephemere Vervielfältigungen unter § 16 UrhG subsumierte, OLG Düsseldorf, CR 1996, S. 728 (729) – Elektronische Archive; *Waldenberger*, ZUM 1997, S. 176 (179), *Leupold/Demisch*, ZUM 2000, S. 379 (386), oder *Schwarz*, GRUR 1996, S. 836 (840). Vgl. zu den technischen Aspekten des Streamings Teil 1 A I 2.

148

3. Privatkopie

Die Regelung der Privatkopie in § 53 Abs. 1 UrhG-RE ist entsprechend der Intention des BMJ an einer fristgerechten Umsetzung der Info-RL lediglich klarstellender Natur:

> "Zulässig sind einzelne Vervielfältigungen eines Werkes durch eine natürliche Person zum privaten Gebrauch auf beliebigen Trägern, sofern sie weder direkt noch indirekt Erwerbszwecken dienen. Der zur Vervielfältigung Befugte darf die Vervielfältigungsstücke auch durch einen anderen herstellen lassen, sofern dies unentgeltlich geschieht."

Durch die Einführung des Begriffes beliebiger Trägermedien für die Vervielfältigung wird auch die digitale Privatkopie von der Schranke umfasst. Vervielfältigungen dürfen weiterhin von Dritten vorgenommen werden, um weniger Begüterten nicht den Zugang zu Privatkopien zu verschließen. Einschränkend gilt fürderhin lediglich, dass dies unabhängig vom verwendeten Trägermedium oder der Werkart unentgeltlich erfolgen muss. Im Übrigen passt sich die Formulierung Art. 5 Abs. 2b) der Info-RL an. Die Schranken-Schranken in § 53 Abs. 4-7 UrhG sollen unverändert fortgelten, ebenso wie die Regelungen zur Vergütungspflicht in §§ 54 – 54 h. Im Ergebnis bleibt es damit auch für den digitalen Bereich bei dem "bewährten" System der gesetzlichen Lizenz zugunsten der Privatkopie und einem Ausgleich für den Rechtsinhaber durch Pauschalvergütung.

4. Schutz technischer Maßnahmen

Die für die Privatkopie wichtigste Änderung ergibt sich aus den neu eingefügten §§ 95 a-c UrhG-RE zum Schutz technischer Maßnahmen, entsprechend Art. 7 f. Info-RL bzw. der WIPO-Verträge.[680] Danach wird der Rechtsinhaber grundsätzlich ermächtigt, durch technische Schutzmechanismen private Vervielfältigungen de facto zu verhindern, obschon diese nach § 53 Abs. 1 UrhG-RE nach wie vor im Wege einer gesetzlichen Lizenz erlaubt sind.

(i.) In enger Anlehnung an den Wortlaut des Art. 6 Abs. 3 Info-RL dürfen nach § 95a Abs. 1 UrhG-RE technische Schutzmechanismen nicht ohne Zustimmung des Rechtsinhabers umgangen werden. Zugleich werden nach Abs. 2 auch Maßnahmen im Vorfeld von Umgehungsmaßnahmen verboten, beispielsweise der Vertrieb von Softwaretools wie DeCSS zur Umgehung der Codierung von DVDs.[681]

---

[680] Art. 11 f. WCT sowie Art. 18 f. WPPT.

[681] Vgl. hierzu ausführlich Teil 1 A III.

(ii.) Bei lückenlosem Einsatz solcher technischen Maßnahmen durch die Rechtsinhaber würde jedoch im Ergebnis die Privilegierung der Schrankenbestimmungen leer laufen. Entsprechend Art. 6 Abs. 4 UAbs. 1 Info-RL ist daher für bestimmte Schranken ein Anspruch des Begünstigten auf Einräumung einer Umgehungsmöglichkeit vorgesehen. Der Referentenentwurf versucht dies durch einen abschließenden Katalog von Ausnahmen in § 95b Abs. 1 UrhG-RE umzusetzen, in denen der Schrankenberechtigte vom Rechtsinhaber die zur Verfügungsstellung von technischen Mitteln verlangen kann, um die Schranke in dem erforderlichen Maße nutzen zu können. Dieser Anspruch ist nach § 95b Abs. 1 S. 2 UrhG-RE auch nicht vertraglich abdingbar.

Der Katalog des § 95b Abs. 1 S. 1 erwähnt nicht die Schranke der Privatkopie nach § 53 Abs. 1 UrhG. Diese gehört nach Art. 6 Abs. 4 UAbs. 1 nicht zu den zwingend zu privilegierenden Schranken. Für analoge Vervielfältigungen haben sich Kopierschutzmechanismen als wenig praktikabel und aufwändig erwiesen und fanden deshalb nur eine geringe Verbreitung.[682] Im digitalen Bereich befindet sich die Einführung solcher Systeme noch relativ am Anfang. Es ist jedoch denkbar, dass durch einen systematischen Kopierschutz im Ergebnis die legale private Vervielfältigung analoger wie digitaler Inhalte auf diesem Wege ein Ende finden würde bzw. ihr Umfang im Belieben der Rechtsinhaber stünde.[683] Dieses Ergebnis überrascht insoweit, als die Begründung des Referentenentwurfes hervorhebt, dass sich das bestehende Schrankensystem für den analogen Bereich bewährt habe. Dennoch lässt der Referentenentwurf zu, dass selbst die analoge Privatkopie durch Kopierschutzmechanismen vollständig unterbunden wird. Zudem wird die zwingende Privilegierung des Art. 6 Abs. 4 UAbs. 1 Info-RL zugunsten analoger Reprographien, die unabhängig vom Gebrauchszweck ist, nicht umgesetzt.

(iii.) Der Schutz der vom Rechtsinhaber verwendeten technischen Maßnahmen erstreckt sich schließlich nach § 95c UrhG-RE auch auf sog. Informationen für die Rechtswahrnehmung. In Anlehnung an Art. 7 Info-RL werden elektronische Informationen wie z.B. digitale Wasserzeichen geschützt, die zur Wahrnehmung der Rechte der Berechtigten an einer Werkausgabe angebracht wurden. Diese dürfen weder entfernt noch verändert werden. Dabei muss dem Verletzer als zusätzliches subjektives Tatbestandsmerkmal bekannt sein, dass durch die Beeinträchtigung der elektronischen Information die Verletzung von Urheber- oder Leistungsschutzrechten gefördert wird. Wird also beispielsweise ein digitales Wasserzeichen entfernt, muss dies im Vorgriff auf eigene oder fremde Urheberrechtsverletzungen erfolgen.

---

[682] Ebd.

[683] Zur Effizienz von Kopierschutzsystemen vgl. umfassend *Bechtold*, Informationsrecht, Teil 1 C, S. 23 ff.; *Schack*, ZUM 2002, 497 (503), spricht insoweit von "elektronischer Selbsthilfe" durch die Rechtsinhaber.

III. Regierungsentwurf vom 31.7.2002[684]

Nach einer Expertenanhörung beim BMJ am 22.4.2002 verabschiedete das Bundeskabinett am 31.7.2002 überraschend ohne weitere öffentliche Diskussion den geringfügig überarbeiteten UrhG-RE als Regierungsentwurf.[685] Von den bisher untersuchten Vorschriften wurden lediglich § 53 Abs. 1 sowie die Regelungen über den Schutz technischer Maßnahmen geringfügig modifiziert:[686]

1. Privatkopie

Trotz heftiger Kritik der Interessenverbände[687] hält auch der Regierungsentwurf des § 53 Abs. 1 S. 2 an der Vervielfältigung durch einen Anderen fest. Darüber hinaus sollen analoge Reprographien künftig weiterhin entgeltlich durch einen Dritten vorgenommen werden dürfen. Nach der Entwurfsbegründung soll hierdurch der Kopienversand weiter möglich bleiben. Darüber hinaus wird in der Begründung die Streitfrage[688] entschieden, ob der Ersatz von Aufwendungen die Unentgeltlichkeit der Vervielfältigung berührt. Unentgeltlich sind danach auch Vervielfältigungen, bei denen ein Kostenersatz nicht überschritten wird.[689]

2. Schutz technischer Maßnahmen

Neben einigen sprachlichen und gesetzestechnischen sind in §§ 95a-d UrhG-E einige wichtige sachliche Änderungen gegenüber dem Referentenentwurf enthalten.

(i.) Das Umgehungsverbot des § 95a UrhG-E wird neu strukturiert. Während Abs. 1 den Verbotstatbestand regelt, enthält ein neu eingefügter Abs. 2 die Legaldefinitionen einer technischen sowie einer wirksamen technischen Maßnahme, die bisher in Abs. 1 mit geregelt waren. Sachlich neu ist ein einschränkend hinzukommendes subjektives Tatbestandsmerkmal. Danach muss dem Handelnden zumindest den Umständen nach bekannt sein, dass die Umgehung erfolgt, um den Zugang zu einem Schutzgegenstand oder deren Nutzung zu ermöglichen. Dieses Tatbestandsmerkmal entspricht der zwingenden Vorgabe aus Art. 6 Abs. 1 Info-RL, wonach die Mitgliedstaaten einen angemessenen Rechtsschutz gegen die Umgehung wirksamer technischer Maßnahmen nur insoweit vorse-

---

[684] Nachfolgend zitiert als UrhG-E.

[685] BT Drucks. 15/38.

[686] § 44a UrhG-E wurde lediglich sprachlich gegenüber dem Referentenentwurf geändert.

[687] Vgl. insoweit die Stellungnahmen der Verbände der Rechtsinhaber, die unter www.urheberrecht.org/topic/Info-RiLi/st/Forum-RegEntw.pdf abgerufen werden können.

[688] Vgl. hierzu Teil 2 B.

[689] BT Drucks. 15/38, S. 48.

hen, als dem Handelnden bekannt ist oder den Umständen nach bekannt sein muss, dass die Maßnahme dieses Schutzziel verfolgt. Neu ist ferner die Einschränkung der Abs. 1- 3 in § 95a Abs. 4 UrhG-E. Hierdurch wird klargestellt, dass dem Interesse der öffentlichen Sicherheit und der Strafrechtspflege Vorrang vor den technischen Maßnahmen zu Gunsten der Rechtsinhaber gebührt.

(ii.) Sprachlich neu strukturiert und übersichtlicher gestaltet wird auch der Katalog der Schrankenbestimmungen, für die der Rechtsinhaber dem Schranken-privilegierten ein Mittel zur Umgehung der technischen Schutzmechanismen zur Verfügung stellen muss. Anders als noch im Referentenentwurf muss hier kein "technisches", sondern lediglich das "notwendige" Mittel zur Verfügung gestellt werden. Dies entspricht Art. 6 Abs. 4 Uabs.1 Info-RL i.V.m. deren Erwägungs-grund 51. Hintergrund dieser Änderung ist die Erwägung, dass die Entäußerung technischer Mittel in besonderem Maße die Gefahr birgt, dass der technische Mechanismus entschlüsselt und somit seiner Wirksamkeit beraubt wird. Eingeschränkt wird der Anspruch auf Zugänglichmachen zudem von § 95b Abs. 3 UrhG-E. In Umsetzung von Art. 6 Abs. 4 UAbs. 4 Info-RL wird der Vorrang sog. On-demand-Abrufe klargestellt, für die kein Anspruch auf Umgehung bestehen soll. Diese Einschränkung gilt jedoch nur "soweit" es sich um eine Privatkopie des On-demand angebotenen Schutzgegenstandes handelt. Wird dieser noch anderweitig angeboten, gelten § 95b Abs. 1, 2 UrhG-E uneingeschränkt für diese Verwertungsform.[690]

Nach § 95b Abs. 1 S. 1 Ziff. 6 lit. a UrhG-E wird der Katalog der Schranken, auf deren Umgehung ein Anspruch bestehen soll, nunmehr wie von Art. 6 Abs. 4 UAbs. 1 Info-RL zwingend vorgesehen, auch auf die photomechanische, analoge Reprographie erweitert. Zu den sonstigen Formen der Privatkopie stellt dagegen auch die Begründung des Regierungsentwurfes fest, insoweit übereinstimmend mit dem Referentenentwurf, dass

"keine Regelung zur Ausfüllung der Kann-Vorschriften der Richtlinie …zur Durchsetzung der Privatkopieschranke bei der Anwendung technischer Schutzmaßnahmen"

getroffen werden soll.[691] Dieser Themenkomplex sollte vielmehr nach reiflicher Diskussion und ohne den Zeitdruck der Umsetzungsfrist der Info-RL zusammen mit einer Neujustierung der Pauschalvergütung nach §§ 54 ff. UrhG einem weiteren Gesetz vorbehalten bleiben. Ferner steht der Anspruch aus § 95b Abs. 1 S. 1 auf Umgehung nunmehr entsprechend Art. 6 Abs. 4 UAbs. 1 Info-RL aus-

---

[690] Vgl. Erwägungsgrund 53 der Info-RL, S. 14; ebenso die Begründung des Regierungsentwurfes, S. 65.

[691] UrhG-E S. 33; UrhG-RE, S. 25; ähnlich auch die Einzelerläuterungen zu § 95b, vgl. UrhG-E, S. 64, sowie UrhG-RE, S. 46.

drücklich unter dem Vorbehalt eines rechtmäßig erworbenen Zuganges zu dem geschützten Vervielfältigungsstück.

(iii.) Klagebefugt sind zur Geltendmachung des Anspruches aus § 95b Abs. 1 nicht nur die Privilegierten selbst, sondern nach § 95b Abs. 2 UrhG-E i.V.m. § 2a Unterlassungsklagengesetz n.F. auch Verbände, z.B. Verbraucherschutz-verbände.

(iv.) Nach § 95b Abs. 4 UrhG-E werden die technischen Mittel, die dem Berechtigten nach Abs. 1 zur Verfügung gestellt werden, ebenfalls unter den Umgehungsschutz des § 95a UrhG-E gestellt.

(v.) Neu eingefügt wurde schließlich die Kennzeichnungspflicht des § 95d UrhG-E. Zum Schutz des Verbrauchers müssen Werke, die durch technische Maßnahmen gegen Vervielfältigungen gesichert sind, als solche gekennzeichnet sein. Der Verbraucher kann auf dieser Informationsbasis darüber entscheiden, ob er ein kopiergeschütztes Werk erwerben möchte.[692] Darüber hinaus muss der Rechtsinhaber nach Abs. 2 zur Geltendmachung der Ansprüche aus § 95b Abs. 1, 2 UrhG-E mit zustellungsfähiger Anschrift gekennzeichnet sein, um diese Ansprüche nicht faktisch leer laufen zu lassen.

(vi.) Werden technische Maßnahmen verwendet und damit Privatkopien verhindert, fällt die Rechtfertigung für das System der Pauschalvergütung *insoweit* weg, selbst wenn Kopierschutzsysteme keinen 100%igen Schutz bieten. Für unter Umgehung des Schutzes gefertigte Raubkopien besteht keine Vergütungspflicht im Sinne der §§ 54 ff. UrhG. Entsprechend schreibt Art. 5 Abs. 2b) Info-RL vor, dass die Mitgliedstaaten im Falle der Zulassung der digitalen Privatkopie auch die Verwendung technischer Maßnahmen bei der Pauschalvergütung zu berücksichtigen haben. Diese Vorgabe soll mit § 13 Abs. 4 UrhWahrnG umgesetzt werden. Danach müssen die Tarife der Verwertungsgesellschaften die Anwendung technischer Maßnahmen zwingend berücksichtigen.

---

[692] Da die derzeitige Vorstellung des Verbrauchers dahin geht, dass auch digitale Werke uneingeschränkt kopierbar sind, empfiehlt sich ein solcher Hinweis auch aus kaufrechtlichen Gesichtspunkten. Wird nicht ausdrücklich auf den Kopierschutz hingewiesen, darf der Verbraucher vom Gegenteil ausgehen, so dass insoweit ein Sachmangel bestünde, da die übliche Gebrauchstauglichkeit eingeschränkt wäre.

IV. Stellungnahme des Bundesrates und Gegenäußerung der Bundesregierung

Der Bundesrat hat nach Art. 76 Abs. 2 GG am 27. September 2002 zum UrhG-E Stellung genommen, die Bundesregierung hierzu am 6. November 2002 erwidert.[693]

1. Privatkopie

Einer der Hauptkritikpunkte des Bundesrates ist die Regelung der digitalen Privatkopie, die für grundlegend überarbeitungsbedürftig gehalten wird.[694] Kritisiert wird dabei insbesondere, dass – entgegen der Vorgaben der Info-RL – überhaupt nicht zwischen analoger und digitaler Privatkopie unterschieden würde. Weiter sei auch die Fortschreibung des bestehenden Systems von Pausschalvergütungen nicht angemessen und belaste insbesondere inländische Gerätehersteller überproportional. Schließlich sei beim Einsatz von Kopierschutzsystemen auch eine Doppelvergütung zu befürchten. Die fällige Neuregelung solle nach Vorstellung des Bundesrates deutlich zwischen digitaler und analoger Kopie unterscheiden, der individuellen Lizenzierung den Vorrang vor Pauschalvergütungen geben. Soweit an der Pauschalvergütung festgehalten wird, soll sie individuelle Nutzungen spezifischer erfassen. Stehen Kopierschutzsysteme zur *Verfügung*, so soll die Vergütung des Rechteinhabers aus der Pauschalabgabe gänzlich entfallen, ohne dass es auf ihren tatsächlichen Einsatz ankäme. Zur Eindämmung des Raubkopierens solle schließlich klargestellt werden, dass Privatkopien nur von einer legalen Kopiervorlage erstellt werden dürfen und die Zulässigkeit des Kopierens durch einen Dritten für den digitalen Bereich ersatzlos wegfällt.

Die Bundesregierung hat hinsichtlich der Unterscheidung von analoger und digitaler Privatkopie hierauf erwidert[695], dass – was auch der Bundesrat nicht verkennt – wirkungsvolle Systeme der digitalen Rechtsverwertung derzeit nicht verfügbar sind, diese Fragestellung vielmehr wie geplant einem zweiten Gesetz vorbehalten bleiben solle, um diesen Themenkomplex nach eingehender Diskussion abschließend zu regeln. Umfasst wird hiervon auch die Frage der spezifischeren Abrechnung der Nutzung geschützter Werke an Stelle der Pauschalvergütung. Letztere ist nach wie vor die "second-best"-Lösung, kann aber mangels effizienterer individueller Vergütungsmöglichkeiten derzeit nicht ersetzt werden. Darüber hinaus will man die Rechteinhaber nicht zur Verwendung von Ko-

---

[693] BT Drucks. 15/38, S. 35 ff. bzw. a.a.O., S. 39 ff. In erster Lesung wurde das UrhInfG dann am 14. November 2003 verabschiedet und an den federführenden Rechtsausschuss überwiesen, vgl. BT PlPr. 15/10.

[694] BT Drucks. 15/38, S. 36 Ziff. 3.

[695] A.a.O., S. 39 ff.

pierschutzsystemen durch ein Entfallen des Vergütungsanspruches aus der Pauschalvergütung zwingen.

Hinsichtlich der Klarstellung der legalen Kopiervorlage als Tatbestandsvoraussetzung der Privatkopie spricht sich die Bundesregierung gegen eine derartige Regelung aus. Zur Begründung werden einerseits Gesichtspunkte der Rechtssicherheit angeführt, andererseits wird darauf verwiesen, dass das Recht der privaten Vervielfältigung andernfalls leer laufen würde.[696]

Auch dem Verbot einer privilegierten digitalen Vervielfältigung durch Dritte wird eine Absage erteilt. Begründet wird dies erneut mit der fehlenden Kontrollmöglichkeit, was für die Vornahme der Kopien durch Freunde oder Verwandte sicherlich zutreffen mag. Der weitere Anwendungsbereich des § 53 Abs. 1 S. 2 UrhG-E erfasst dagegen nur nicht-kommerzielle, meist öffentliche Kopisten wie Bibliotheken, die ihren Nutzern auf Bestellung Kopien geschützter Werke übersenden. Weshalb hier von einer digitalen Vervielfältigung eine wesentlich größere Gefahr für die Rechteinhaber ausgehen soll, und weshalb durch ein Verbot nur dieser Nutzungsform "zur Eindämmung unentdeckter illegaler Vervielfältigungen"[697] geeignet sein soll, lässt sich nicht nachvollziehen.

2. Drei-Stufen-Test

Der Bundesrat schlägt weiter vor, die Schranken-Schranke des Art. 5 Abs. 5 Info-RL, den Drei-Stufen-Test, aus "Klarstellungs- und Verständlichkeitsgründen"[698] in den Gesetzentwurf aufzunehmen. Das Gegenteil ist jedoch von einer solchen Regelung zu erwarten, da mit der bewusst weit gefassten Regelung der Info-RL – in Übereinstimmung mit der Regelung des Art. 9 Abs. 2 RBÜ – die engeren Konturen der Schrankenregelungen zu verwässern drohen.[699] Mit Art. 9 Abs. 2 RBÜ besteht das Gebot, die Rechte der Urheber durch Schrankenbestimmungen nicht unzumutbar zu beeinträchtigen bereits seit Jahrzehnten, so dass nicht erkennbar ist, weshalb gerade jetzt eine solche Regelung in das UrhG aufgenommen werden sollte. Art. 5 Abs. 5 Info-RL ist zudem wohl eher als Gestaltungsanordnung gegenüber den Mitgliedstaaten zu verstehen.[700] Schließlich bedarf es einer solchen Klarstellung wohl kaum, da, wie nicht anders zu erwar-

---

[696] A.a.O., S. 39 zu Ziff. 1c), vgl. zu dieser Fragestellung auch die eingehende unter Teil 2 B.

[697] So die Stellungnahme des Bundesrates a.a.O., S. 37, Ziff. 3d)cc); dagegen sprechen andere Gründe für eine Einschränkung dieser Regelung, vgl. unten Teil 2 B.

[698] A.a.O., S. 35 Ziff. 1e).

[699] Ähnlich *Bayreuther*, ZUM 2001, S. 828 (839), der darüber hinaus davon ausgeht, dass der Katalog in Art. 5 Abs. 2, 3 Info-RL dem Drei-Stufen-Test bereits Rechnung trägt. Es wird dabei jedoch übersehen, dass gerade die individuelle Ausübung des Umsetzungsermessens der Mitgliedstaaten an dieser Schranken-Schranke zu messen ist, da der Katalog in Art. 5 uferlos weit ist.

[700] Vgl. auch die Gegenäußerung der Bundesregierung, a.a.O., S. 40 zu Ziff. 1e).

ten war, bereits der BGH in der Kopienversanddienst-Entscheidung auf die Regelung in Art. 9 Abs. 2 RBÜ zurückgegriffen hat.[701]

V. Beschlussempfehlung des Rechtsausschusses

Trotz dieser massiver Kritik durch den Bundesrat, insbesondere an den Regelungen zur Privatkopie, legte der federführende Rechtsausschuss mit den Stimmen der Koalitionsfraktion sowie von CDU/CSU dem Bundestag eine nur marginal geänderte Beschlussempfehlung zur Abstimmung vor[702], der dieser am 11. April 2003 zustimmte.[703] Zwar schlossen sich die Fraktionen der CDU/CSU sowie der FDP den Bedenken des Bundesrates insoweit an, als auch sie nur eine Kopie von einer legalen Quelle erlauben und die digitale Privatkopie durch Dritte untersagen bzw. einschränken will.[704] Die insoweit gesondert eingebrachten Änderungsanträge wurden jedoch von den Koalitionsfraktionen zurückgewiesen. Dasselbe gilt für den Vorschlag von CDU/CSU, in § 54 Abs. 1 S. 2 UrhG klarzustellen, dass bei einem notwendigen Zusammenwirken mehrerer Geräte zur Vervielfältigung eines Werkes nur diejenigen Geräte der Vergütungspflicht unterfallen, die ganz oder überwiegend zur Vervielfältigung bestimmt sind.[705]

Ein weiterer Antrag der Fraktion CDU/CSU wurde dagegen im Ergebnis umgesetzt. In § 95b Abs. 2 UrhG-E wurde ein weiterer Satz 2 eingefügt, der freiwillige Maßnahmen der Rechtsinhaber fördert, um zu gewährleisten, dass die Schrankenbegünstigten hiervon Gebrauch machen können. Für die Privatkopie ist in § 95b Abs. 1 Ziff. 6a) UrhG-E vorgesehen, dass der Schrankenbegünstigte die Möglichkeit eingeräumt bekommt, zur analogen Reprographie die vom Rechtsinhaber verwendeten Schutzsysteme legal zu umgehen. Seiner Verpflichtung genügt der Rechtsinhaber dabei regelmäßig durch Bereitstellen eines kollektivvertraglich vereinbarten Zugriffsmittels, während der Beweis des Gegenteils nunmehr dem Schrankenbegünstigten aufgebürdet wird. Die Förderung solcher freiwilliger Vereinbarungen der Rechtsinhaber entspricht zudem Erwägungsgrund 51 der Info-RL.

VI. Einigung im Vermittlungsausschuss

Nach der 2. und 3. Lesung im Bundestag erneuerte der Bundesrat seine Kritik an der Regelung der Privatkopie und rief am 23. Mai 2003 den Vermittlungsaus-

---

[701] BGH ZUM 1999, S. 566 (572) – Kopienversanddienst.

[702] BT Drucks. 15/837.

[703] 2. und 3. Lesung, vgl. BT PlPr. 15/41, sowie BR Drucks. 271/03.

[704] BT Drucks. 15/837, S. 25, 27 und 30 f.. Daneben wurde vorgeschlagen, den Drei-Stufen-Test in das UrhG aufzunehmen, vgl. a.a.O., S. 31.

[705] Vgl. hierzu unten Teil 3 B III 3.

schuss an.[706] Im Wesentlichen ging es dabei erneut um die legale Kopiervorlage, die Kopie durch einen Dritten sowie den Tatbestand der vergütungspflichtigen Geräte nach §§ 54 f. UrhG. Als Kompromissvorschlag sollte daraufhin in der Sitzung des Vermittlungsausschusses vom 2. Juli 2003 der Tatbestand des § 53 Abs. 1 S. 1 UrhG dahingehend eingeschränkt werden, dass die Kopiervorlage nicht aus einer offensichtlich illegalen Quelle stammen dürfe.[707] In dieser Form wurde das UrhInfG vom Bundestag[708] und Bundesrat[709] verabschiedet und ist am 13. September 2003 nach seiner Verkündung im Bundesgesetzblatt in Kraft getreten.

---

[706] BT Drucks. 15/1066.

[707] BT Drucks. 15/1353.

[708] Beschluss vom 3. Juli 2003, BT PlPr. 15/56.

[709] Beschlussvorlage vom 4. Juli 2003, BR Drucks. 445/03, sowie Beschluss des Bundesrates vom 11. Juli 2003, keinen Einspruch zu erheben, BR PlPr. 790.

B. Das Recht der Privatkopie nach dem UrhInfG

I. Schrankensystematik und Auslegungsgrundsätze des Urheberrechts

1. Regel–Ausnahme-Verhältnis

(i.) Eine wichtige Erkenntnis für die Auslegung des Urheberrechts ergibt sich aus dem Regel–Ausnahme-Verhältnis von Verbotsrecht und Schrankenbestimmungen. Dieses Verhältnis ergibt sich bereits von der Gesetzessystematik und der Gesetzesüberschrift des 4. ("Inhalt des Urheberrechts") und 6. Abschnitts ("Schranken des Urheberrechts") des UrhG, wonach die Ausschließlichkeitsrechte der Rechtsinhaber als Grundsatz, die Schranken als Ausnahmebestimmungen zu werten sind.[710]

Dieses Regel-Ausnahme-Verhältnis ergibt sich aber auch aus der gesetzestechnischen Ausgestaltung von Verbotsrecht und Schranken. Während das Vervielfältigungsrecht in §§ 15 Abs. 1, 16 Abs. 1 UrhG als weiter Tatbestand im Sinne einer Generalklausel ("insbesondere") geregelt ist[711], sind die Schrankenbestimmungen abschließend formuliert, mit genauester Ausgestaltung des Tatbestandes sowie etwaiger Gegenausnahmen wie z.B. der für Musiknoten oder ganze Bücher in § 53 Abs. 4 UrhG.[712]

(ii.) Diese Systematik wird von der Gegenansicht verkannt, die umgekehrt das Verbotsrecht als besonders zu rechtfertigende Ausnahme, die Kopierfreiheit als Regel ansieht.[713]

Hierbei wird schon vom Grundansatz verkannt, dass vom urheberrechtlichen Schutz nicht jedwede Form verkörperter Ideen und Gedanken erfasst wird, sondern dieser nur greift, wenn die notwendige Schöpfungshöhe erreicht wird. Ist diese Schwelle überschritten, muss, auch aus verfassungsrechtlichen Gründen,

---

[710] Ganz überwiegende Ansicht, vgl. nur *Schricker-Melichar*, vor §§ 45 ff. Rz. 1 ff. m.w.N., zugleich unter Verweis auf gegenläufige Tendenzen während des Dritten Reiches, die Urheber- und Allgemeininteressen gleichrangig behandeln wollten. Hierzu auch *Fromm/Nordemann-Nordemann*, vor § 45 Rz. 2.

[711] Durch die Neufassung im UrhInfG wurde der Wortlaut darüber hinaus noch erweitert, nach dem nun ausdrücklich auch nur vorübergehende Vervielfältigungen erfasst sind.

[712] Vgl. *Fromm/Nordemann-Nordemann*, vor § 45 Rz. 3.

[713] So *Hölscher*, Eigengebrauch, S. 86 f., die auf ihren Doktorvater *Hoeren*, GRUR 1997, S. 866 (869 f.), sowie *ders.* MMR 1999, S. 412 (413), verweist. Dieser diskutiert jedoch lediglich die (streitige) Frage, ob wegen der erforderlichen Gestaltungshöhe das Verbotsrecht, d.h. die Schutzfähigkeit von Inhalten durch das Urheberrechts die Ausnahme, die Informationsfreiheit dagegen der Grundsatz sei. Hieraus ergibt sich systematisch jedoch noch nichts für das Verhältnis von Verbotsrecht und Schranke. Ist die Schöpfungshöhe erreicht und das Verbotsrecht gerechtfertigt, müsste es auch nach der Hoerenschen These gegenüber der Schrankenbestimmung wiederum vorrangig sein.

158

für diese individuelle Leistung grundsätzlich der volle Rechtsschutz des Urheberrechts eingreifen, der nur ausnahmsweise wieder eingeschränkt werden darf.

Die weiterhin zur Begründung des Vorrangs der Schranken bemühte *Informationsfreiheit* erlaubt es in der Tat, das Werk frei von staatlichen Repressalien nach Belieben zu rezipieren, es zu lesen, zu betrachten oder anzuhören. Auch die im Werk verkörperte Idee ist, wie sich aus den §§ 22 f. UrhG ergibt, in weiten Grenzen zu jedermanns Nutzung freigegeben. Der Schutz des Urheberrechts greift dagegen erst ein, wenn die individuell im Werk verkörperte Leistung des Urhebers unmittelbar (aus)genutzt wird, also die konkrete Ausgestaltung des Werkes vervielfältigt, öffentlich wiedergegeben wird etc. Nur diese wirtschaftlich relevanten Nutzungshandlungen sind dem Urheber vorbehalten, was durch seine Leistung des Werkschaffens (bzw. der Lizenzzahlung durch den Lizenznehmer) und Veröffentlichens gerechtfertigt ist.

In diesem Sinne sind wohl auch die zur Begründung der Gegenansicht herangezogenen Ausführungen *Kohlers* zu verstehen wenn er ausführt, dass "Entdeckungen (...) nicht appropriabel", sondern "die Wahrheit eines Jeden" sind.[714] Gemeint ist damit die im Werk verkörperte Idee[715]; damit ist jedoch nichts über eine Vervielfältigung der konkreten Ausführungsform gesagt. Entsprechend dieses Gedankens war es auch die *gewerbliche Leistung* des Buchdrucks, die historisch als erste einen rechtlichen Schutz genoss.[716] Die Eigenheiten von Geisteswerken machen es andernfalls unmöglich, diese Leistung zu schützen. Anders als der Sacheigentümer kann der Rechtsinhaber seine Leistung nicht durch ein Wegschließen selbst vor fremden Zugriffen sichern.[717]

---

[714] *Josef Kohler*, Das Autorrecht, eine zivilrechtliche Abhandlung, Ihering's Jahrbuch 1880 Nr. XVIII S. 165, zit. nach *Hoeren*, GRUR 1997, S. 866 (870).

[715] Insoweit führt *Kohler*, Autorschutz, S. 11 f., an anderer Stelle aus, "daß ein Autorschutz stattfindet an der äußern und innern Form eines belehrenden Werkes, nicht aber an dem Inhalte, an den belehrenden Gedanken, nicht an den wissenschaftlichen Entdeckungen, welche ein Werk enthält".

[716] Erst durch die Erfindung von Vervielfältigungstechniken wurde die Frage eines Verbotsrechtes überhaupt relevant, da bis dato Vervielfältigungen durch Abschreiben erfolgen mussten. Entgegen *Hoeren*, GRUR 1997, S. 866 (870), kann deshalb aus dem bis dato bestehenden rechtsfreien Raum nicht geschlossen werden, dass "am Anfang die Gedankenfreiheit, der free flow of information" im Sinne einer Kopierfreiheit stand.

[717] Diesen Umstand hebt auch *Schack*, Urheberrecht, Rz. 85, hervor mit der zutreffenden Folgerung, dass sich hieraus keine strengere Sozialbindung des Urheberrechts gegenüber dem Sacheigentum ergibt.

2. Auslegungsgrundsätze

Als Ausnahmevorschriften sind die Schrankenbestimmungen nach ganz h.M. eng auszulegen.[718] Dies ergibt sich unter verfassungsrechtlichen Gesichtspunkten auch aus dem Verhältnismäßigkeitsgrundsatz, da Schrankenbestimmungen eine Ausgestaltung der Rechtsposition des geistigen Eigentums darstellen.[719] Der Verhältnismäßigkeitsgrundsatz ist daneben zur Auslegung unterschiedlicher Arten von Schranken zu berücksichtigen. Je intensiver eine Rechtsposition eingeschränkt wird, desto gewichtiger muss das rechtfertigende Allgemeininteresse sein.[720] Eingriffe in urheberrechtliche Verwertungsrechte haben grundsätzlich eine höhere Eingriffsintensität, als dies bei der Beschränkung von Verfügungsrechten der Fall ist.[721] Hieraus ergibt sich zweierlei, nämlich dass eine analoge Anwendung von Schrankennormen grundsätzlich ausscheidet[722] und die Schran-

---

[718] BGHZ 114, S. 368 (371) – Liedersammlung; OLG Düsseldorf, CR 1996, S. 728 (729) – Elektronische Archive; OLG Frankfurt, ZUM 1996, S. 320 (324); *Schricker-Melichar*, vor §§ 45 ff. Rz. 15; *Fromm/Nordemann-Nordemann*, vor § 45 Rz. 3; *Dreier*, Schrankenbestimmungen, S. 139; *Schulze*, ZUM 2000, S. 432 (449 f.); nach BGH GRUR 2001, S. 51 (52) – Parfumflakon ergibt sich dies weniger aus der Ausgestaltung der Schranken als Ausnahmevorschriften als vielmehr aus dem Grundsatz, dass das Urheberrecht an sich grundsätzlich möglichst uneingeschränkt besteht, um den Urheber an der wirtschaftlichen Auswertung seiner Werke angemessen zu beteiligen. Die Gegenansicht von *Kröger*, Informationsfreiheit, S. 222, 311, stellt auf die Entscheidung Kopienversanddienst ab und meint, der BGH habe darin eine enge Auslegung des § 53 UrhG abgelehnt. Tatsächlich hat der BGH jedoch "die Zweckbestimmung der Vorschrift, wie sie in der Gesetzesgeschichte ihren Ausdruck gefunden hat", zur Auslegung herangezogen und dabei festgestellt, der Gesetzgeber wolle einen Kopienversand, vgl. BGHZ 141, S. 13 (20 ff.). Soweit der BGH dem Rechtsinhaber einen analogen Vergütungsanspruch gewährt, wird also nicht der Grundsatz der engen Auslegung durchbrochen, sondern die durch den gesetzgeberischen Willen hervorgerufene unzumutbare Beeinträchtigung der Verwertungsinteressen durch einen *zusätzlichen Vergütungsanspruch* beseitigt, vgl. auch *Bornkamm*, FS Erdmann, S. 29 (37 f.).

[719] Ähnliche Wertungen ergeben sich, insbesondere für das Vervielfältigungsrecht, aus Art. 9 Abs. 2 RBÜ sowie für sämtliche Verwertungsrechte aus Art. 13 TRIPS sowie Art. 5 Abs. 5 Info-RL, nach denen Schranken nur für bestimmte Sonderfälle anwendbar sind, und die normale Auswertung nicht unzumutbar beeinträchtigen dürfen. *Spindler*, GRUR 2002, S. 105 (111), zieht zusätzlich Erwägungsgrund 44 zur Begründung einer engen Schrankenauslegung heran. *Schack*, Urheberrecht, Rz. 84, weist darauf hin, dass die Interessenabwägung grundsätzlich zu Gunsten des Urhebers auszugehen hat und nur bei überragenden Allgemeininteressen Nutzungsfreiheit gilt.

[720] Vgl. *Fechner*, Geistiges Eigentum, S. 165.

[721] So BVerfGE 79, S. 29 (41) – Vollzugsanstalten; vgl. auch *Schricker-Melichar*, vor §§ 45 ff. Rz. 11.

[722] So ausdrücklich BGH GRUR 1985, S. 874 (876), Schulfunksendungen; BGH GRUR 1987, S. 34 (35) – Liedtextwiedergabe; *Fromm/Nordemann-Nordemann*, vor § 45 Rz. 3; *Schricker-Melichar*, vor §§ 45 ff. Rz. 16. Ob dies im Anschluss an die Entscheidung Kopienversanddienst (BGHZ 141, S. 13 (28 f., 34)) noch gelten kann, erscheint fraglich. Zwar wird vom BGH nicht die *Schranke* des § 53 Abs. 2 Nr. 4a) UrhG analog angewandt, sondern die Vorschriften über die *Vergütung* nach §§ 27, 49, 54a Abs. 2 i.V.m. 54h UrhG. Andererseits wird ausdrücklich von einer Gesetzeslücke gesprochen, die durch die Anwendung des § 53 UrhG auf den Kopienversanddienst entstanden ist. M.a.W.: eigentlich wäre § 53 UrhG gerade nicht anwendbar, wird aber wegen eines auch vom Gesetzgeber anerkannten praktischen Bedürfnisses über seinen eigentlichen Zweck hinaus angewen-

ken nicht über ihren vom Gesetzgeber beigemessenen Zweck hinaus ausgelegt werden dürfen. Der BGH stellt insoweit auf die tatsächliche und rechtliche Lage ab, die der Gesetzgeber bei Erlass der Vorschrift vorgefunden hat.[723] Diese ist bei der Abwägung der widerstreitenden Interessen, die Anlass zur Schrankenregelung gaben, entscheidend zu berücksichtigen.

3. Eingriffsintensität von Schranken

Als intensivste Schranke ist zunächst die vollständige Aufhebung des Ausschließlichkeitsrechts zu nennen, wie dies beispielsweise in § 45 UrhG zu Gunsten der Rechtspflege angeordnet wird.[724] Der Rechtsinhaber kann weder die Nutzung untersagen, noch erhält er hierfür einen finanziellen Ausgleich. Für die Privatkopie relevant ist die sog. *gesetzliche Lizenz* als zweitstärkster Eingriff in die Befugnisse des Rechtsinhabers. Die Nutzung des Werkes wird entgegen des Verbotsrechts gesetzlich erlaubt, der Rechtsinhaber erhält zum Ausgleich eine Vergütung.

Bei den im UrhG geregelten verschiedenen gesetzlichen Lizenzen ergeben sich unterschiedliche Eingriffsintensitäten. Während z.B. der Vergütungsanspruch nach § 52 Abs. 1 S. 1 UrhG an die öffentliche Vorführung, also die urheberrechtlich relevante Nutzung selbst anknüpft, ist für die Privatkopie der Verkauf entsprechender Geräte und Leermedien das entscheidende Kriterium.[725] Es kommt hier also zu einer indirekten Vergütung, die – unter der Prämisse, dass die Vergütung von den belasteten Händlern auf den Geräte- und Leermedienpreis aufgeschlagen wird – ähnlich einer Verbrauchssteuer wirkt. Es ergibt sich aus der Natur dieser Vergütung, dass sie nur einem sehr groben Raster folgen kann und nicht in der Lage ist, der tatsächlichen Nutzungsintensität auch nur annähernd gerecht zu werden. Auch auf der Endverbraucherseite entspricht die Vergütung nicht den tatsächlichen individuellen Nutzungen, sondern verteilt die Vergütung mit der Gießkanne. Zudem wird eine Vielzahl urheberrechtsfreier Nutzungen (mit)belastet. Aus diesen Erwägungen ergibt sich gleichfalls, dass

---

det. Ob sich hieraus mit *Wandtke/Bullinger-Lüft*, § 45 Rz. 1, allerdings ein Abrücken des BGH vom Analogieverbot ableiten lässt, ist jedoch fraglich. Die Analogie betrifft lediglich die Angemessenheit der Vergütung. Zudem sieht der BGH seine Entscheidung mittlerweile offenbar durchaus kritisch, vgl. hierzu ausführlich unten Teil 3 B II 5 b) cc).

[723] BGHZ 17, S. 266 (273) – Grundig Reporter, vgl. hierzu auch *Krüger-Nieland*, FS Oppenhoff, S. 173 (175 f.); *Schulze*, ZUM 2000, S. 432 (449), sowie FS Erdmann, S. 173 (180).

[724] Vgl. auch *Schricker-Melichar*, vor §§ 45 ff. Rz. 6, *Hölscher*, Eigengebrauch, S. 75 f., sowie *Kröger*, Informationsfreiheit, S. 120 ff., mit weiteren Beispielen der einzelnen Schrankenarten.

[725] Dies gilt mit Abstrichen auch für die Betreibervergütung, die nicht zwischen per se vergütungspflichtigen und nicht vergütungspflichtigen Vervielfältigungen unterscheidet, sondern allein an den technischen Vorgang des Kopierens von Informationsinhalten anknüpft, unabhängig vom Bestehen von Urheberrechten.

der Anwendungsbereich dieser Ausformung einer gesetzlichen Lizenz aus Gründen der Verhältnismäßigkeit möglichst eng zu ziehen ist.

Als weitere, weniger einschneidende Schrankenbestimmungen kennt das Urheberrecht die Zwangslizenz und die Verwertungsgesellschaftspflicht von Vergütungsansprüchen. Erstere ist nur für Tonträger in § 42a UrhG geregelt und verpflichtet den Tonträgerhersteller zum Abschluss eines Lizenzvertrages zu angemessenen Bedingungen mit sonstigen Tonträgerherstellern. Hierbei wird allein die Verfügungsbefugnis, nicht jedoch die Verwertungsbefugnis eingeschränkt. Noch geringer ist der Eingriff in die Rechtsposition der Rechtsinhaber bei der Verwertungsgesellschaftspflicht, d.h. der Verpflichtung, seine Rechte über eine Verwertungsgesellschaft wahrzunehmen.[726] Diese Einschränkung ist nach § 54 h UrhG auch für die Privatkopie relevant. Eine Einzelwahrnehmung dieser indirekten Vergütung wäre durch den Rechtsinhaber auch nur schlecht möglich, da sie ja gerade nicht unmittelbar an die Nutzung seines Werkes anknüpft, sondern an den Vertrieb hierzu geeigneter Medien und Geräte. Die zusätzliche Einschränkung fällt gegenüber der Schranke als gesetzliche Lizenz jedoch nicht weiter ins Gewicht.[727]

Zwar hätte nach den vorstehenden Erwägungen die Zwangslizenz oder eine bloße Verwertungsgesellschaftspflicht bei der Privatkopie eine geringere Eingriffsintensität. Dies gilt jedoch nur, soweit der Rechtsinhaber, z.B. durch technische Schutzmaßnahmen, selbst in der Lage ist, die Vervielfältigung von Inhalten effektiv zu kontrollieren. Andernfalls ist der gesetzliche Vergütungsanspruch über die Geräte- und Leermedienvergütung für ihn das mildere Mittel, da er die Kopiertätigkeit nicht selbst überwachen kann. Wird eine Vergütung verlangt, bedarf es zu ihrer Rechtfertigung deshalb unbedingt der gesetzlichen Lizenz.[728]

Auf der anderen Seite ist wegen der Besonderheiten der Vergütungsart und der Vergütungshöhe bei der Privatkopie im Ergebnis nicht nur das Verfügungsrecht eingeschränkt, sondern es wird zugleich durch die massenhafte Nutzung dieses Privilegs die Auswertung des Werkes insgesamt ausgehöhlt, so dass zugleich ein erheblicher Eingriff in das Verwertungsrecht festzustellen ist.[729] Da die Alternative eines Wiederauflebens des Verbotsrechtes nicht in Frage kommt[730], kann dieses Dilemma nur durch eine besonders enge Auslegung des Tatbestandes er-

---

[726] Die Verwertungsgesellschaftspflicht ist ein Minus gegenüber der Zwangslizenz bzw. gesetzlicher Lizenz, *Katzenberger*, Urhebervertragsrecht, S. 181 (194 f.).

[727] A.A. wohl *Hölscher*, Eigengebrauch, S. 79 f.

[728] Vgl. zu dieser Erwägung auch *Däubler-Gmelin*, ZUM 1999, S. 769 ff.

[729] Ähnlich *Schricker-Melichar*, vor §§ 45 ff. Rz. 13 m.w.N.

[730] Vgl. hierzu de lege ferenda ausführlich in Teil 3 B I 1. Wertungswidersprüche zu den ebenfalls digitalen Werkformen Software und Datenbanken, bei denen genau dies geregelt ist, sind insoweit unvermeidlich und müssen in Kauf genommen werden.

reicht werden. Dagegen eignet sich die vom BGH in der Entscheidung Kopien-versanddienst[731] gewählte Lösung eines (zusätzlichen) Vergütungsanspruches hier nicht, da kein vergleichbarer Anknüpfungspunkt besteht. Eine Steigerung des Vergütungsaufkommens bei der Geräte- und Leermedienvergütung ist auf Grund der immensen Streuverluste nur in geringem Umfang möglich, so dass hierdurch kein Ersatz für den Verlust der Erstauswertung geschaffen werden kann, sondern nur durch einen rechtlich flankierten, konsequenten Einsatz technischer Schutzsysteme.

4. Verhältnis gesetzliche Lizenz – Privatautonomie

Im Rahmen der Schrankensystematik des UrhG stellt sich weiterhin die Frage, in welchem Verhältnis die gesetzliche Lizenz des § 53 Abs. 1 UrhG zur Privatautonomie steht. Hieraus ergeben sich zwei Problemkreise, nämlich erstens die Frage, ob ein subjektiver *Anspruch* gegen den Rechtsinhaber auf Privatkopieren besteht, und zweitens die Frage der *Abdingbarkeit* der Privatkopie.

a) Anspruch auf Privatkopie

Nachdem der Gesetzgeber mit § 95b Abs. 1 S.1 Ziff. 6a) nur die Privatkopie im Wege analoger Reprographien erlaubt hat, ist die bis dato bestehende Streitfrage insoweit entschieden, als im Umkehrschluss im Übrigen *kein* solcher Anspruch bestehen kann. Ob dies de lege ferenda sinnvoll ist, wird ausführlich in Teil 3 B IV 1 diskutiert.

b) Abdingbarkeit der Privatkopie

Umgekehrt stellt sich weiter die Frage, ob, wo keine Kopierschutztechnik zum Einsatz kommt, um Privatkopien zu verhindern, der Rechtsinhaber stattdessen im Rahmen der Lizenzbedingungen Vervielfältigungen zu privaten Zwecken rechtswirksam untersagen kann.[732] Diese Frage gewinnt vermehrt an Relevanz, da geschützte Inhalte mehr und mehr im Rahmen eines Lizenzvertrages vertrieben werden[733], während es bei dem bisher üblichen Kauf eines Vervielfälti-

---

[731] Vgl. hierzu ausführlich Teil 3 B II 5.

[732] Praxisbeispiele von Lizenzbedingungen werden von *Bechtold*, Informationsrecht, S. 154 ff. (vor dem Hintergrund von DRM-Systemen) analysiert.

[733] Dies lässt sich nicht nur bei einem Direktvertrieb durch den Rechtsinhaber, sondern beispielsweise auch beim Online-Vertrieb über den Handel durchsetzen. Für eine Zustimmung zu und Einbeziehung von entsprechenden AGB durch den Endverbraucher bedarf es nur eines Mausklicks zur ausdrücklichen Bestätigung vor Abschluss des Erwerbsvorganges. Problematisch ist dagegen die sog. Shrink-Wrap-Lizenz, d.h. ein Vertrag mit dem Rechtsinhaber soll durch Öffnen der Verpackung zu darauf abgedruckten Bedingungen zustande kommen. Ähnlich problematisch sind sog. Enter-Verträge, die beim Installieren der im Handel "gekauften" Inhalte durch Bestätigen der AGB des Herstellers zustande kommen sollen. Im Unterschied zum Online-Erwerb hat der Nutzer bei den

gungsstücks zu keinerlei vertraglichen Beziehungen mit dem Rechtsinhaber kam, so dass allein die gesetzlichen Beschränkungen des UrhG galten.

Weder die Gesetzesbegründung des UrhG 1965 noch der Urheberrechtsnovelle 1985, in denen die Privatkopie ihre bisherige Form erhalten hatte, berücksichtigen diese Frage. Dies ist folgerichtig, ging man bei der Kodifizierung ja gerade davon aus, dass hier eine individual-vertragliche Regelung zu Lasten der Rechtsinhaber nicht durchsetzbar war. Auch die allgemeinen Regelungen in den §§ 31 UrhG ff. über Nutzungsrechte helfen nicht weiter. Zwar kann das Nutzungsrecht auf der Ebene des Verfügungsgeschäfts, d.h. der Einräumung des Nutzungsrechts, aus Verkehrsschutzgründen nicht beliebig zugeschnitten werden.[734] Dies hindert den Rechtsinhaber jedoch nicht, darüber hinausgehende Einschränkungen mit lediglich schuldrechtlicher Wirkung mit dem Ersterwerber zu vereinbaren.[735]

Erste gesetzlich für nicht abdingbar erklärte Schranken zur (Privat)Kopie werden mit den Sonderbestimmungen für Software eingeführt. Nach § 69g Abs. 2 UrhG kann die Schranke des § 69d Abs. 2, 3 UrhG zu Gunsten von Sicherungskopien bzw. des § 69e zur Dekompilierung nicht ausgeschlossen werden, während beispielsweise § 69d Abs. 1 den Vorbehalt des Vertrages ausdrücklich normiert. Weitere Regelungen dieser Art finden sich in § 55a S. 3 UrhG für Datenbankwerke sowie in § 87e UrhG für den Investitionsschutz von Datenbanken. Diese Regelungen gleichen eher einer im Urheberrecht verorteten AGB-Kontrolle als einer typischen urheberrechtlichen Schranke; ihnen ist gemein, dass die Nutzung der Werke hier stets auf einem Lizenzvertrag beruht, so dass es naheliegend ist, dass der Rechtsinhaber in den Lizenzbedingungen eine möglichst eingeschränkte Nutzung zu vereinbaren sucht.[736] Dem begegnen die gesetzlichen Regelungen mit einem derogationsfest erlaubten Kopierumfang, der in seiner Ausgestaltung wohl dem üblichen Nutzungsumfang entspricht, den der Erwerber einer Software oder Datenbank erwarten kann, um die Software bestimmungsgemäß einzusetzen. Zwar sind mit diesen Kopiermöglichkeiten auch Missbräuche möglich, was jedoch im Hinblick auf die normale Nutzungsmöglichkeit der Software und Datenbank in Kauf genommen wird. Aus diesen nachträglich eingefügten, auf EU Richtlinien basierenden Sonderregelungen lässt

---

beiden letzten Verfahren ein körperliches Vervielfältigungsstück der Informationsinhalte auf vertraglicher Basis mit dem Händler erworben, so dass streitig ist, ob es hier mangels Willenserklärung des Nutzers überhaupt zu einem Vertragsschluss mit dem Hersteller kommt. Vgl. hierzu eingehend *Marly*, Softwareüberlassung, Rz. 367 ff., 890 ff.

[734] *Schack*, Urheberrecht, Rz. 541; *Schricker-Schricker*, § 31/32 Rz. 9.

[735] Allg. Ansicht, vgl. nur BGH CR 2000, S. 651 (653) – OEM Version.

[736] Auf die meist lizenzvertragliche Nutzung bei Software weist *Wand*, Schutzmaßnahmen, S. 126, hin.

sich daher kein Umkehrschluss ziehen, dass im Übrigen die Privatkopie abgedungen werden kann.[737]

Geht man vom Grundgedanken einer Schranke als Begrenzung eines Rechts aus, so sollte der Belastete dies regelmäßig gerade nicht vertraglich wieder ausschließen können. Auf die Privatkopie übertragen würde ein Abbedingen dem Ausschließlichkeitsrecht des § 16 UrhG den Vorrang einräumen. Die Info-RL macht in dieser Hinsicht keine eindeutigen Vorgaben, sondern überlässt es vielmehr den Mitgliedstaaten, die Abdingbarkeit von Schrankenbestimmungen zu regeln.[738] Tendenziell ist der Info-RL jedoch zu entnehmen, dass einzelvertragliche Lösungen Vorrang genießen sollen. Gerade die zuvor diskutierte Regelung des § 95b Abs. 1 S. 1 Ziff. 6a) UrhG basiert auf dieser Erwägung und erlaubt es den Rechtsinhabern, einseitig durch technische Maßnahmen de facto ein Vervielfältigen zu verhindern, soweit es sich nicht um analoge Reprographien handelt. Erst recht müsste er einen Ausschluss der Privatkopie daher auch vertraglich mit dem Nutzer vereinbaren können.[739]

Als Kehrseite der Medaille führt eine solche vertragliche Einschränkung der Privatkopie zum Entfallen des Vergütungsanspruches aus §§ 54 ff. UrhG zur Vermeidung einer Doppelvergütung. Untersagt der Rechtsinhaber die private Vervielfältigung, hat er die Gelegenheit sein Werk direkt wirtschaftlich auszuwerten. Solange er jedoch keine effektiven technischen Schutzmaßnahmen zur Verfügung hat, dürfte dies eine akademische Fragestellung bleiben, da das vertraglich vereinbarte Kopierverbot im privaten Bereich kaum kontrolliert und durchgesetzt werden kann, so dass der Rechtsinhaber wohl nicht auf den Spatz in der Hand – die Pauschalvergütung – verzichten wird. Stehen solche Mechanismen zur Verfügung, spielt die vertragliche Vereinbarungen eines Kopierverbotes nur insoweit eine Rolle als der Erwerber derzeit regelmäßig von der Kopierbarkeit seiner erworbenen Vorlage ausgehen wird, so dass sich hier AGB-rechtliche Fragen ergeben können.[740] Das Kopieren selbst wird dagegen bereits

---

[737] So auch *Schack*, ZUM 2002, S. 497 (502).

[738] Vgl. insoweit Erwägungsgrund 45, der vertraglichen Regelungen zur Sicherstellung eines gerechten Ausgleichs für den Rechtsinhaber Vorrang gegenüber den Schrankenermächtigungen der Art. 5 Abs. 2, 3 und 4 einräumt.

[739] Dieses Ergebnis ist sicherlich nicht für alle Schranken verallgemeinerungsfähig, sondern hängt vielmehr von Sinn und Zweck der jeweiligen Schranke ab. Soll – wie bei der Privatkopie – dem Umstand Rechnung getragen werden, dass der eigentlich vorrangigen einzelvertraglichen Regelung Effektivitätsgesichtspunkte entgegenstehen, wird man einen vertraglichen Ausschluss zulassen müssen. Dient die Schranke dagegen z.B. einem öffentlichen Interesse, wie der Strafverfolgung oder gerichtlichen Verfahren, scheidet ein vertraglicher Ausschluss aus.

[740] Sind AGBs, die eine Privatkopie ausschließen, wirksam nach § 305 BGB vereinbart, stellt sich die Frage, ob es sich hierbei um eine überraschende Klausel im Sinne des § 305c BGB oder um eine unangemessene Benachteiligung im Sinne des § 307 BGB handelt. Beides dürfte abzulehnen sein,

am besten durch die Kopiersperre verhindert, so dass es eines vertraglichen Verbotes insoweit nicht bedarf, da es mangels Kontrollmöglichkeit im Privatbereich weitest gehend zur Leerformel verkommt. Relevant wird die Frage der Abdingbarkeit von Privatkopien also nur, wenn dadurch zugleich die normale Nutzbarkeit des Werkes eingeschränkt wird, wie dies bei den o.g. Fällen von Software und Datenbanken der Fall ist. Insoweit bestehen jedoch ausreichende Regelungen, die durch das Gewährleistungsrecht ergänzt werden.

Schließlich könnte der Rechtsinhaber versuchen, die Weitergabe von Originalvorlagen mit schuldrechtlicher Wirkung[741] zu beschränken und somit mittelbar die Privatkopie verhindern. Dies dürfte jedoch regelmäßig am Erschöpfungsgrundsatz des § 17 Abs. 2 UrhG scheitern. Ein lizenziertes körperliches Werkexemplar darf der private Erwerber demnach weiterveräußern oder verleihen.[742] Lediglich das Vermietrecht verbleibt dagegen beim Rechtsinhaber, weshalb sich in der Praxis hier Kopierausschlüsse in AGB eingebürgert haben. Dass diese in nennenswertem Umfang private Vervielfältigungen unterbunden haben, sei jedoch angezweifelt, da auch hier keinerlei Kontrollmöglichkeit besteht. Es überrascht auch nicht, dass der bis Anfang der 90er Jahre betriebene Verleih von Musik-CDs eingestellt wurde, nachdem die Rechtsinhaber wegen massenhaften Privatkopierens keine entsprechenden Lizenzen mehr einräumten.

II. Der Tatbestand des § 53 I UrhG[743]

1. Begriff der Vervielfältigung

Vervielfältigung im urheberrechtlichen Sinne ist nach der amtlichen Begründung[744] von § 16 UrhG jede körperliche[745] Festlegung eines Werkes, die zumindest mittelbar unter zu Hilfenahme einer Maschine (§ 16 Abs. 2 UrhG) für die

---

da der Erwerber wohl kaum wird behaupten können, das Vervielfältigungsstück nur wegen der damit verbundenen Kopiermöglichkeit erworben zu haben.

[741] § 137 BGB.

[742] Für das Verleihrecht gilt nach § 27 Abs. 2 UrhG insoweit eine Ausnahme, als öffentliche Einrichtungen wie Bibliotheken zum Ausgleich eine Pauschalvergütung zu entrichten haben.

[743] Im Folgenden wird für den Tatbestand des § 53 Abs. 1 UrhG begrifflich nicht unterschieden zwischen Urheberrecht und dem Investitionsschutz der Leistungsschutzrechte, da die Regelungen der §§ 70 ff. UrhG hinsichtlich der Schranken (mit Ausnahme der Datenbanken, § 87 c UrhG) auf § 53 Abs. 1 verweisen, vgl. §§ 70 Abs. 1 (Wissenschaftliche Ausgaben), 71 Abs. 1 S. 3 (Nachgelassene Werke), 72 Abs. 1 (Lichtbildner), 84 (Ausübende Künstler/Veranstalter), 85 Abs. 3 (Tonträgerhersteller), 87 Abs. 3 (Sendeunternehmer), 94 Abs. 4 (Filmhersteller), 95 (Laufbilder) UrhG.

[744] Vgl. BT – Drucks. IV/270 S. 47.

[745] *Schwarz*, GRUR 1996, S. 836 (840), sowie ihm folgend *Bechtold*, GRUR 1998, S. 18 (25), kritisieren eine strikte Trennung körperlicher und unkörperlicher Verwertungsformen, wie sie § 15 Abs. 1, 2 UrhG vorsehen, als unpassend, um die neuen Erscheinungsformen des Informationszeitalters zu erfassen.

menschlichen Sinne wahrnehmbar zu machen ist.[746] Hierunter fällt daher auch eine erstmalige Digitalisierung eines analogen Werkes.[747] Denkbar wäre allein, dass es sich hierbei um eine erlaubnispflichtige Bearbeitung im Sinne des § 23 UrhG handelt. Eine Bearbeitung, auch im Sinne einer Umgestaltung, setzt jedoch voraus, dass eine *Veränderung* des Originalwerkes stattfindet.[748] Bei der Digitalisierung erfolgt zwar eine Veränderung dahingehend, dass z.b. das physikalische Musiksignal in einen binären Code umgewandelt wird. Abzustellen ist jedoch nach Sinn und Zweck der Regelung in § 16 Abs. 1 UrhG auf den Inhalt, der mit dem Signal transportiert wird, nicht dagegen auf die Art und Weise des Vervielfältigungsverfahrens. Entscheidend ist somit der wahrnehmbar gemachte Werkinhalt, also der ästhetische Gesamteindruck, der bei einem nach einem Digitalisieren erfolgenden Wahrnehmbarmachen mit der Vorlage übereinstimmt.[749]

Die bislang streitige Frage, ob es sich dabei um eine dauerhafte Vervielfältigung handeln muss, ist mit der Neufassung des § 16 Abs. 1 UrhG dahingehend entschieden, dass auch nur flüchtige technische (Zwischen-)Kopien vom Ausschließlichkeitsrecht erfasst sein sollen.[750]

Wie bereits zuvor erörtert (Teil 2 A II 1) ist die Einordnung digitaler Nutzungshandlungen in den Katalog der §§ 16 ff. UrhG als Vervielfältigung oder öffentliche Wiedergabe Vorfrage der anwendbaren Schrankenregelungen. Diese bisweilen insbesondere für Online-Nutzungen kontrovers diskutierte Frage[751] ist mittlerweile im Wesentlichen dahingehend gelöst, dass verschiedene urheberrechtlich relevante Handlungen, wie das Uploading, Downloading als Vervielfältigungen, sowie das öffentliche Anbieten im Sinne des § 19a UrhG unter-

---

[746] Vgl. auch *Hölscher*, Eigengebrauch, S. 95 ff., die sich ausführlich mit dem Begriff der analogen wie digitalen Vervielfältigung auseinandersetzt.

[747] *Schricker-Loewenheim*, § 16 Rz. 18; *Fromm/Nordemann-Nordemann*, § 16 Rz. 2; *Schack*, Urheberrecht, Rz. 417 jeweils m.w.N..

[748] BGH GRUR 1990, S. 669 (673) – Bibelreproduktion; BGH GRUR 1994, S. 41 (43) – Videozweitauswertung.

[749] So auch *Cichon*, K&R 1999, S. 547 (548); *Mönkemöller*, GRUR 2000, S. 663 (667); *Kreutzer*, GRUR 2001, S. 193 (198), stellt zudem *neues* darauf ab, dass beim MP3-Encoding auch kein Werk als Tatbestandsvoraussetzung einer Bearbeitung entsteht. Vielmehr handle es sich um ein sog. *Computer generated work*, dem es am Merkmal der persönlichen Schöpfung fehlt; ebenso wenig ist das Digitalisieren einer analogen Werkvorlage eine Bearbeitung, vgl. *Schricker-Loewenheim*, § 23 Rz. 6; *Rehbinder*, ZUM 1995, S. 684 (686).

[750] Vgl. hierzu bereits oben Teil 2 A II 2. Damit dürfte auch die von *Dreier*, Verwertungsrechte S. 101 (113), aufgeworfene Frage der Einordnung von Bildschirmanzeigen am PC beantwortet sein. Dieser geht zwingend von einer Verarbeitung des Datensignals voraus, so dass es zu ephemeren Zwischenspeicherungen im RAM kommt, so dass auch insoweit das Vervielfältigungsrecht, eventuell beschränkt durch den neuen § 44a UrhG, greift. Dies ist die eigentliche Vervielfältigung, die zugleich wahrnehmbar gemacht wird.

[751] Vgl. hierzu bereits oben Fn. 677.

schieden werden. Soweit es im Rahmen einzelner der unten diskutierten Nutzungsformen zu Abgrenzungsschwierigkeiten kommt, wird dies gesondert erörtert. Im Übrigen wird das Recht der öffentlichen Zugänglichmachung nicht näher analysiert.

2. Digitale Vervielfältigungen

Nach Ansicht des Gesetzgebers lediglich klarstellend und den durch die Info-RL vorgegebenen Regelungen folgend, wurde in § 53 Abs. 1 S. 1 UrhG eingefügt, dass eine Vervielfältigung auf beliebigen Trägermedien zulässig sein soll.[752] Die Gesetzesbegründung fasst hierunter ausdrücklich auch digitale Träger.[753] Dem Grunde nach werden also digitale und analoge Privatkopien trotz größter Unterschiede der zu erwartenden Eingriffsintensität rechtlich gleichgestellt.

Einen entsprechenden Auftrag zur zwingenden Privilegierung digitaler Privatkopien erteilt die Info-RL in Art. 5 Abs. 2 nicht, sondern stellt es in das Umsetzungsermessen der Mitgliedstaaten, Schranken des Ausschließlichkeitsrechts vorzusehen.[754] Im Gegenteil gibt sie in Erwägungsgrund 38 vor, den Unterschieden von analogen und digitalen Vervielfältigungen "gebührend Rechnung zu tragen". Zugleich wird hieraus aber nicht der Schluss gezogen, dass die digitale Privatkopie grundsätzlich zu untersagen sei, sondern vielmehr, dass "hinsichtlich bestimmter Punkte zwischen ihnen unterschieden werden" soll. Dementsprechend kann der Gesetzgeber dieses Ziel auch durch Schranken-Schranken erreichen, die sich nur auf digitale Privatkopien auswirken[755] oder beziehen. Schließlich ist dieser Grundsatz im Rahmen einer richtlinienkonformen Auslegung der Norm einschränkend zu berücksichtigen.

Als digitale Vervielfältigung ist schließlich auch das erstmalige Digitalisieren eines Werkes anzusehen.[756] In Abgrenzung zur Bearbeitung wird hier keine inhaltliche Bearbeitung des Werkes vorgenommen, sondern lediglich eine andere Form der Verkörperung des Werkes.

---

[752] So bereits die h.M. im Schrifttum zur alten Rechtslage, vgl. *Fromm/Nordemann-Nordemann*, § 53 Rz. 5; *Braun*, GRUR 2001, S. 1106 (1107); *Däubler-Gmelin*, ZUM 1999, S. 769 (771); *Dreier*, Schrankenbestimmungen, S. 139 (165) jeweils m.w.N.

[753] BT Drucks. 15/38 S. 20.

[754] Mit Ausnahme der Schranke des Art. 5 Abs. 1 für vorübergehende Vervielfältigungen sind die übrigen Schranken des Vervielfältigungsrechts ausnahmslos fakultativ.

[755] Zu nennen sind hier insbesondere die Regelungen der §§ 95a ff. UrhG, die zwar technologieneutral formuliert sind und daher auch die analoge Privatkopie erfassen, im Ergebnis aber wohl nur für digitale Privatkopien relevant sein dürften.

[756] *Dreier*, Verwertungsrechte, S. 110; *Schack*, ZUM 2002, S. 497 (498).

3. Privater Gebrauchszweck

Am privaten Gebrauchszweck hat sich auch nach Neufassung des § 53 Abs. 1 S. 1 UrhG nichts geändert. Lediglich klarstellend wurde insoweit einschränkend hinzugefügt, dass die Vervielfältigung durch eine natürliche Person zu erfolgen hat.[757] Aus der amtlichen Überschrift des § 53 UrhG sowie der Gegenausnahme bei vergriffenen Werken in § 53 Abs. 4 a.E. UrhG ergibt sich, dass es sich beim privaten Gebrauch um einen Sonderfall des "eigenen" Gebrauches im Sinne des § 53 Abs. 2, 3 UrhG handelt.[758] Er tritt an die Stelle des bis zur Urheberrechtsnovelle aus dem Jahre 1985 geltenden Begriffes des "persönlichen Gebrauches"[759], der als Gegensatz zum sonstigen eigenen Gebrauch zu konturenlos erschien und deshalb – klarstellend – präzisiert wurde. Rechtsprechung und Literatur, die den Begriff bis dato bereits in dieser Richtung ausgelegt hatten, sind deshalb gleichsam weiterhin heranzuziehen.[760]

Privat ist demnach eine Nutzung in der Privatsphäre, die der Befriedigung rein persönlicher Bedürfnisse *außerberuflicher* sowie *außererwerbswirtschaftlicher* Art dienen soll.[761] Privilegiert sind somit nur natürliche Personen, während sich sonstige Rechtssubjekte nur auf einen sonstigen eigenen[762] Gebrauch im Sinne des § 53 Abs. 2, 3 UrhG berufen können.[763] Ausgeschlossen vom Anwendungsbereich hat die Rechtsprechung neben der Nutzung in einem Beruf auch die Nutzung zu Aus- und Fortbildungsbildungszwecken.[764] Für den privaten

---

[757] Vgl. BT Drucks. 15/38 S. 20.

[758] Vgl. hierzu statt aller *Schricker-Loewenheim*, § 53 Rz. 11, 17.

[759] Amtliche Begründung, UFITA Bd. 102 (1986), S. 131, vgl. auch oben Teil 1 C I 3.

[760] So auch *Flechsig*, GRUR 1993, S. 532 (533); *Schricker-Loewenheim*, § 53 Rz. 11.

[761] BGH GRUR 1978, S. 474 (475) – Vervielfältigungsstücke; BGH GRUR 1984, S. 54 (55) – Kopierläden; BGH GRUR 1993, S. 899 (900) – Dia-Duplikate.

[762] Demnach auch zu beruflichen oder erwerbswirtschaftlichen Zwecken, vgl. ausdrücklich BGH GRUR 1993, S. 899 (900) – Dia Duplikate.

[763] In einem obiter dictum BGH GRUR 1978 S. 474 (475) – Vervielfältigungsstücke; BGH GRUR 1997, S. 459 (461) – CB-Infobank I; *Fromm*, GRUR 1966, S. 364 (365); *Goose*, Datenbanken, S. 56, *Ulmer*, Urheberrecht, § 64 I 1.

[764] BGH GRUR 1984, S. 54 (55) – Kopierläden; BGH GRUR 1978, S. 474 (475) – Vervielfältigungsstücke, a.A. *Rehbinder*, Urheberrecht, Rz. 256, sowie ihm folgend *Hölscher*, Eigengebrauch, S. 139 f. Diese Ansicht ist jedoch abzulehnen, da für diese besonderen Zwecke mit §§ 46, 53 Abs. 2 Ziff.1 sowie 53 Abs. 3 UrhG bereits besondere Privilegierungstatbestände geschaffen wurden, während sich § 53 Abs. 1 UrhG allein auf den privaten Werkgenuss bezieht. Die von der Gegenansicht angeführte Behauptung, § 53 Abs. 1 UrhG privilegiere die Nutzung in der privaten Sphäre, überzeugt dagegen nicht. Wird beispielsweise eine Kopie in einem öffentlichen Copyshop oder einer Bibliothek angefertigt, erfolgt die urheberrechtlich relevante Handlung des Vervielfältigens keineswegs in der Privatsphäre, sondern lediglich der urheberrechtsfreie Werkgenuss. Dennoch sind diese Nutzungen wegen des damit verfolgten *Zweckes* nach § 53 Abs. 1 UrhG privilegiert.

Gebrauch verbleibt somit als Anwendungsbereich die Nutzung zu Unterhaltungszwecken, als Hobby oder Liebhaberei.[765]

a) Abgrenzung zur Öffentlichkeit

Zum privaten Gebrauch gehört dabei aber auch eine Nutzung der Kopien im Freundes[766]- und Familienkreis oder - in Anlehnung an die negative Definition des Be-griffes der Öffentlichkeit in § 15 Abs. 3 UrhG[767] - anderen bestimmt abgrenzbaren Personengruppen, die durch gegenseitige Beziehungen zum Vervielfältigenden persönlich untereinander verbunden[768] sind. Denn aus § 53 Abs. 1 S. 2 Hs. 1 UrhG ergibt sich bereits, dass die persönliche Nutzung nicht exklusiv auf den Hersteller des Vervielfältigungsstückes beschränkt ist.[769] Auch in der Gesetzesbegründung zum UrhG 1965[770] ist bereits von einem Gebrauch von durch ein persönliches Band verknüpften Personen die Rede. Insoweit wird der Regelungsgehalt der §§ 15 Abs. 2 LUG, 18 Abs. 1 KUG übernommen. Nach *Flechsig*[771] hat der Gesetzgeber dabei den Begriff der "wahren und echten Freundschaft" im Blick gehabt, d.h. *innerer* Freundschaft, die auf bewusster Gleichartigkeit beruht und auf gemeinsamen Überzeugungen, gegenseitiger Neigung, Achtung und Vertrauen gründet.[772] Abzugrenzen ist dieses Bewusstsein persönlicher Verbundenheit von der *äußeren* Freundschaft, deren Gleichartigkeit der Personen auf äußere Übereinstimmungen wie Herkunft, berufliche oder gesellschaftliche Stellung oder nur gemeinsamer Interessenidentität gründet, wie dies z.B. auch bei einem privaten Kopierzirkel der Fall wäre, den außer dem Interesse an Privatkopien nichts eint.

Die Nutzung im Freundes- und Familienkreis erlaubt dabei auch jegliche Form der unentgeltlichen Weitergabe von Vervielfältigungsstücken, also auch das Verschenken. Zwar dürfen nach § 53 Abs. 6 S. 1 UrhG die zu privaten Zwecken hergestellten Vervielfältigungen nicht verbreitet werden. Dies muss nach § 17 Abs. 1 UrhG öffentlich erfolgen, so dass eine Weitergabe im Privatbereich gerade nicht erfasst ist.[773]

---

[765] Ähnlich Schricker-Loewenheim, § 53 Rz. 12; Fromm/Nordemann-Nordemann, § 53 Rz. 2.

[766] Zu dieser Frage eingehend *Flechsig*, GRUR 1993, S. 532 ff.

[767] Fromm/Nordemann-Nordemann, § 53 Rz. 5.

[768] Auf die innere Verbundenheit stellt bereits die Entscheidung BGH GRUR 1956, S. 515 (518 f.) – Tanzkursverwendung – ab.

[769] *Flechsig*, GRUR 1993, S. 532.

[770] BT – Drucks. IV/270, S. 70 (zu § 54 UrhG).

[771] A.a.O., S. 534.

[772] A.a.O., S. 533.

[773] BGHZ 113, S. 159 (161) – Einzelangebot; *Fromm/Nordemann-Nordemann*, § 17 Rz. 2; *Mönkemöller*, GRUR 2000, S. 663 (664); *Harke*, c't 5/2000, S. 113.

b)   *Vervielfältigung in der Privatsphäre*

Bei der gebotenen engen Auslegung des § 53 Abs. 1 UrhG könnte man als weiteres ungeschriebenes Tatbestandsmerkmal verlangen, dass Vervielfältigungen zum privaten Gebrauch auch nur im privaten Bereich hergestellt werden dürfen.[774] In diese Richtung geht auch ein Regierungsentwurf zur privaten Vervielfältigung aus dem Jahr 1932, der insoweit fordert, dass "die Herstellung nicht im Betriebe eines Erwerbsunternehmens erfolgt"[775]. Auch wenn man auf den Anlass der Neuregelung[776] zur privaten Vervielfältigung im UrhG 1965 abstellt, lässt sich ein Argument für ein derartiges Tatbestandsmerkmal ableiten: Die gesetzliche Lizenz trägt der Tatsache Rechnung, dass wegen Art. 13 GG eine effektive Kontrolle der Kopiertätigkeit im Privatbereich rechtlich unmöglich ist. Werden Kopien dagegen im öffentlichen Bereich, insbesondere in den Räumen eines gewerblichen Kopierbetriebes vorgenommen, so kann sich der privat Vervielfältigende nicht gleichermaßen auf den Schutz dieses Grundrechtes berufen. Schließlich ging auch der Gesetzgeber im Jahr 1965 bei der Regelung des § 53 Abs. 1 UrhG vom Leitbild des heimischen Mitschneidens von Radiosendungen oder der Übertragung von Schallplatten auf Tonbänder aus.[777]

Im Ergebnis würde dieses Erfordernis jedoch zu einer ausschließlichen Privilegierung derjenigen führen, die es sich leisten können, die erforderlichen Kopiergeräte zu erwerben. Soweit man die Schrankenbestimmung des § 53 Abs. 1 UrhG jedoch auch als Ausformung der Sozialpflichtigkeit des Eigentums im Sinne von Art. 14 Abs. 2 GG versteht, wäre jedoch die umgekehrte Konsequenz zu ziehen. Unter Berücksichtigung des Gleichheitssatzes aus Art. 3 Abs. 1 GG wäre eine Differenzierung nach der Leistungsfähigkeit allenfalls insoweit zulässig, als dem sozial Schwachen die Vervielfältigung erlaubt würde, während sie dem Wohlhabenden nur in begrenzter Form zur Verfügung stünde. Der Gesetzgeber hat diese Problematik auch insoweit aufgegriffen, als er in § 53 Abs. 1 S. 2 Hs. 1 die Vervielfältigung durch einen anderen zulässt, um gerade auch so-

---

[774] Vgl. hierzu *Schwenzer*, ZUM 1997, S. 478 (479).

[775] Zit. nach *de Boor*, GRUR 1954, S. 440 (442).

[776] Das LUG stellte für die Vervielfältigung von Werken darauf ab, dass auch Personen, die sich die Originale nicht leisten können, am Werkgenuss teilhaben sollen, vgl. *de Boor* GRUR 1954 S. 440.

[777] Amtl. Begr. BT Drucks. IV/270 S. 71; zu Recht weist *de Boor* GRUR 1954, S. 440 (441), darauf hin, dass hierdurch das bisherige Leitbild des sozialen Zweckes des persönlichen Gebrauches ins Gegenteil verkehrt wird: Das zum damaligen Zeitpunkt noch recht teuere Tonbandgerät konnte sich nur der Wohlhabende leisten, dem es auch zuzumuten gewesen wäre ein eigenes Werkexemplar zu erwerben. Dagegen wird der sozial Schwache weiterhin vom Werkgenuss ausgeschlossen, da er die erforderlichen Geräte nicht anschaffen kann.

zial Schwachen Zugang zu Vervielfältigungsstücken zu eröffnen.[778] Ein Tatbestandsmerkmal des heimischen Vervielfältigungsorts ist daher abzulehnen.[779]

c) Zweckbestimmung der Vervielfältigung

Die gesetzliche Lizenz des § 53 Abs. 1 S. 1 UrhG erlaubt eine Vervielfältigung nur zu privaten Zwecken, d.h. letztendlich zum privaten Werkgenuss. Bekräftigt wird dies durch die in der Neufassung im UrhInfG eingefügte Formulierung, dass die Vervielfältigungen "weder unmittelbar noch mittelbar Erwerbszwecken dienen" dürfen. Dabei handelt es sich jedoch lediglich um eine dem Wortlaut der Info-RL folgende Klarstellung der bisherigen Rechtslage, da sich hierin gerade die Abgrenzung zwischen privatem und sonstigem Gebrauch manifestiert. Denn der Tatbestand knüpft an die bloße Vervielfältigung des Werkes als urheberrechtsrelevante Nutzung an, unabhängig von der Frage, ob das kopierte Werk später tatsächlich sinnlich wahrgenommen wird. Hieraus folgt, dass bereits im Zeitpunkt der Vervielfältigungshandlung ein *ausschließlich*[780] privater Gebrauch bezweckt sein muss.[781] Hierdurch wird zunächst eine Nutzung in der beruflichen oder erwerbswirtschaftlichen Sphäre als privilegierter Zweck ausgeschlossen, gleichgültig ob diese Zwecke direkt oder indirekt verfolgt werden.[782]

Keine private Nutzung findet ferner statt, wenn die Kopien zu Tauschzwecken hergestellt werden.[783] Zwar wird der Kopierende hiermit regelmäßig den Zweck verfolgen, im Tauschwege andere Werke zum privaten Werkgenuss zu erlangen. Die zum Tauschen hergestellte CD selbst wird jedoch nicht zum eigenen Werkgenuss hergestellt, sondern zur Weitergabe. § 53 Abs. 6 UrhG stellt daneben klar, dass solche Vervielfältigungen nicht privilegiert sein sollen, auch wenn damit im weitesten Sinne private Zwecke verfolgt werden.

Auch Kopien "auf Vorrat", die einem später zu definierenden Zwecke dienen sollen, werden nicht von der Privilegierung erfasst. Dies hat der BGH in der

---

[778] Vgl. hierzu sogleich.

[779] Zustimmend *Mönkemöller*, GRUR 2000, S. 663 (667); zögerlich insoweit *Schwenzer* ZUM 1997, S. 478 (480), der dies der Rechtsfortbildung überlassen will.

[780] So schon *Möhring/Nicolini*, § 53 Anm. 2a), a.A. *Stintzing*, GRUR 1994, S. 871 (874), die auch dann eine interne Verwendung annimmt, wenn die Werke in eine Datenbank zum Zweck der (externen) Recherche eingespeichert werden und Dritte hierauf keinen direkten Zugriff haben.

[781] *Fromm/Nordemann-Nordemann*, § 53 Rz. 2 Abs. 4; nach der amtlichen Begründung soll eine "Vervielfältigung für persönliche Zwecke" erlaubt sein, BT Drucks. IV/270, S. 70 (zu § 54 UrhG).

[782] BGH GRUR 1993, S. 899 (900) – Dia-Duplikate; *Möhring/Nicolini-Decker*, § 53 Rz. 13; *Flechsig*, GRUR 1993, S. 532 (533).

[783] *Schack*, ZUM 2002, S. 497 (501); *Kreutzer*, GRUR 2001, S. 193 (200); *Braun*, GRUR 2001, S. 1106 (1107); zur Gegenansicht von *Mönkemöller*, GRUR 2000, S. 663 (667), vgl. unten Fn. 1059.

Entscheidung CB-Infobank I[784] (zu § 53 Abs. 2 UrhG) ausdrücklich bestätigt; in dem entschiedenen Fall wurden urheberrechtliche Werke digitalisiert und in einer Datenbank gespeichert, um sie bei entsprechenden Anfragen ohne größeren personellen Beschaffungsaufwand abrufen und zum Versand ausdrucken zu können. Zweck der Vervielfältigung war demnach bereits zu diesem Zeitpunkt nicht ausschließlich die Verwendung in einem bibliotheksinternen Archiv, der von § 53 Abs. 2 Nr. 2 UrhG gedeckt wäre, sondern auch die Verbreitung an unbestimmte Dritte.[785]

Soll die Vervielfältigung nach Vorstellung des Kopierenden auch zu einem konkreten Zweck im Freundeskreis genutzt werden, stellt sich weiterhin die Frage, ob diese persönliche Verbindung bereits im Zeitpunkt der Vervielfältigungshandlung bestehen muss oder sich bis zur Wahrnehmbarmachung des Werkes entwickeln darf. Bei der gebotenen engen Auslegung der Schranke des § 53 Abs. 1 UrhG[786] muss zur Vermeidung von Rechtsunsicherheit bereits dann eine persönliche Beziehung bestehen, wenn die Vervielfältigung vorgenommen wird.[787] Der Rechtsinhaber verlöre endgültig die Kontrolle, würde man vage Vorstellungen des Kopisten über sich eventuell entwickelnde besondere persönliche Verbindungen genügen lassen. Eines der Merkmale enger persönlicher Bindungen ist gerade, dass diese von einer gewissen Beständigkeit und Dauer gekennzeichnet sind.

d)   *Umwidmung des Vervielfältigungsstücks*

Eine zu privaten Zwecken rechtmäßig hergestellte Vervielfältigung kann nachträglich wieder dem Ausschließlichkeitsrecht unterfallen, wenn sie zu einem anderen Zweck verwendet werden soll.[788] Dies ergibt sich aus § 53 Abs. 6 S. 1 UrhG, der von Vervielfältigungs*stücken* spricht. Gemeint sind damit nur legal, also zu einem privilegierten (hier privaten) Zweck hergestellte Kopien.[789] Denn die Verbreitung und öffentliche Wiedergabe rechtswidrig hergestellter Vervielfältigungsstücke wird von § 96 UrhG geregelt. Dies ergibt sich ferner aus S. 2 der Norm, die ausnahmsweise ein Verleihen *rechtmäßig* hergestellter Stücke erlaubt.

---

[784] BGHZ 134, S. 250 (257); ebenso BGH GRUR 1984, S. 54 (55) – Kopierläden.

[785] Zur Frage der Privilegierung der Bestellenden, von der mittelbar auch der Kopist profitieren würde, siehe unter 6.

[786] Vgl. hierzu bereits oben Teil 2 B I 1.

[787] Ebenso *Flechsig*, GRUR 1993, S. 532 (535).

[788] *Ulmer*, UFITA Bd. 45 (1965), S. 18 (30); ähnlich auch *Schricker-Loewenheim*, § 53 Rz. 55, und *Fromm/Nordemann-Nordemann*, § 53 Rz. 13; ausführlich wird § 53 Abs. 6 UrhG auch bei *Hölscher*, Eigengebrauch, S. 107 ff., mit einigen Praxisbeispielen untersucht; vgl. a.a.O., S. 109 bzgl. der Bereichsausnahme des § 53 Abs. 6 S. 2 UrhG zu Gunsten des Bibliotheksbetriebes.

[789] Im Ergebnis auch BGHZ 134, S. 250 (259 f.) – CB Infobank I.

Problematisch ist dabei lediglich, ob im Falle der Umwidmung des Nutzungszweckes die gesetzliche Lizenz ex nunc oder ex tunc entfällt, was zur Folge hätte, dass auch zwischenzeitlichen privaten Nutzungen rückwirkend die gesetzliche Lizenz entzogen würde und Schadenersatzansprüche bestünden. *Flechsig*[790] spricht sich für einen rückwirkenden Wegfall der Privilegierung aus, unter Verweis auf den Charakter des Urheberrechts als einem besonderen Persönlichkeitsrecht und einer ähnlichen Lage wie beim Recht am eigenen Bild im Sinne der §§ 22, 23 KUG. Die persönlichkeitsrechtliche Komponente des Urheberrechts hat jedoch ihren Niederschlag nach der Systematik des UrhG in dessen vierten Abschnitt, 2. Titel, unter §§ 12 – 14 UrhG gefunden. Dagegen gehört das Vervielfältigungsrecht aus § 16 UrhG zu den Verwertungsrechten, also den vorwiegend monetären Interessen des Urhebers.[791] Gegen eine Rückwirkung spricht ferner, dass § 53 stets auf die Zweckbestimmung im Augenblick der Herstellung des Vervielfältigungsstückes abstellt.[792] Soll dieses zu privilegierten Zwecken verwendet werden, ändert die *nachträgliche* Zweckänderung nichts an der Rechtmäßigkeit im Moment der Herstellung. Mit der Verwendung zu einem nicht privilegierten Zweck wird das Vervielfältigungsstück jedoch zwingend entweder öffentlich aufgeführt oder verbreitet. Insoweit greifen die Ausschließlichkeitsrechte des Urhebers aus §§ 17, 19 ff. UrhG ein, so dass die anderweitige Verwendung einen Urheberrechtsverstoß gemäß § 97 UrhG darstellen. Eines Rückgriffes auf § 96 Abs. 1 UrhG[793] bedarf es hierzu nicht, da bereits die Regelung des § 53 Abs. 6 S. 1 UrhG Verbreitung und öffentliche Wiedergabe untersagt. Dasselbe gilt für die Ansprüche auf Vernichtung und Überlassung[794] aus §§ 98 f. UrhG, die auch bei einer rechtswidrigen Verbreitung des Vervielfältigungsstückes bestehen.

Unproblematisch ist hingegen der Fall, dass nunmehr eine andere, z.B. unter § 53 Abs. 2, 3 UrhG zu subsumierende Nutzung bezweckt wird. Denn zu diesem Zweck dürfte sogar eine neue Vervielfältigung vorgenommen werden, so dass die Verwendung einer bereits hergestellten Kopie sich demgegenüber als Minus darstellt.

4.   Einzelne Vervielfältigungsstücke

§ 53 UrhG enthält statt einer genauen Angabe der Anzahl erlaubter Vervielfältigungen den unbestimmten Rechtsbegriff "einzelne". In der Literatur wurde

---

[790] GRUR 1993, S. 532 (536 unter 6.).

[791] Zur Entpersonalisierung des Urheberrechts hin zu einem reinen Verwertungsrecht ähnlich dem Copyright Concept vgl. bereits oben Teil 1 C II 1.

[792] *Möller*, Urheberrechtsnovelle, S. 24.

[793] So *Flechsig*, GRUR 1993, S. 532 (537).

[794] Hierauf stellt *Flechsig*, a.a.O., S. 537, ab, um einen Wegfall der Lizenz ex tunc zu begründen.

versucht, diesen Begriff mit "einige wenige" Exemplare zu umschreiben[795], was freilich in der Sache kaum weiterhilft. Im Anschluss an eine Entscheidung des BGH[796] (zu dem insoweit gleichlautenden § 53 Abs. 2 Nr. 4 a UrhG) hat sich in Rechtsprechung und Literatur[797] deshalb die Ansicht verfestigt, dass unter "einzelne" im Sinne des § 53 UrhG als *Obergrenze* sieben Vervielfältigungsstücke[798] zu verstehen sind. Die Zahl sieben hat der BGH in dieser Entscheidung dabei nicht willkürlich festgelegt, sondern nach dem Grundsatz ne ultra petita (§ 308 Abs. 1 ZPO) nicht beanstandet, dass die Vorinstanz den Beklagten antragsgemäß verurteilt hatte, nicht mehr als sieben Vervielfältigungsstücke herzustellen. Ob es sich hierbei um eine allgemeine Obergrenze für alle Nutzungszwecke handeln soll, hat der BGH dagegen nicht thematisiert.[799] Die Entscheidung deutet vielmehr auch an[800], dass für die Auslegung des Begriffes "einzelne" auf den jeweiligen Zweck der Vervielfältigung abzustellen ist. Demnach könnte schon ein einziges Vervielfältigungsstück ausreichend sein.[801]

Zu der gleichlautenden Bestimmung des § 42 Abs. 1 ÖUrhG hat der österreichische OGH sich dieser Auffassung angeschlossen[802], dabei aber auch ausdrücklich festgestellt, dass eine starre Obergrenze nicht zu ziehen ist, vielmehr auch insoweit auf den Gebrauchszweck im Einzelfall abzustellen ist.[803] Für diese Auslegung spricht, dass der Gesetzgeber mit der Wahl eines unbestimmten Rechtsbegriffes gerade keine starre Obergrenze festlegen wollte, auch wenn sich dies zu Lasten der Rechtssicherheit auswirkt. Statt dessen wurde es der Auslegung der Gerichte überlassen, eine auf den jeweiligen Gebrauchszweck abstellende Einzelfallbetrachtung anzustellen. Unbestimmte Rechtsbegriffe sind auf Grund einer wertenden Betrachtung unter Berücksichtigung ihres rechtlichen

---

[795] *V. Gamm*, Urheberrecht, § 53 Rz. 7, sowie § 54 Rz. 5; *Ulmer*, Urheberrecht, § 64 I 3; *Katzenberger*, GRUR 1973, S. 629 (634).

[796] BGH GRUR 1978, S. 474 (476) – Vervielfältigungsstücke.

[797] Kritisch *Schack*, Urheberrecht, Rz. 496; *Fromm/Nordemann-Nordemann*, § 53 Rz. 3 geht von einer Obergrenze von 3 Exemplaren aus; zustimmend *Rehbinder*, Urheberrecht, § 31 II; *Haberstumpf*, Handbuch, Rz. 219; differenzierend *Schricker-Loewenheim*, § 53 Rz. 14; vgl. eingehend zum Ganzen mit Darstellung der einschlägigen Entscheidungen *Hölscher*, Eigengebrauch, S. 152 ff.

[798] Ähnlich äußerte sich 1968 auch der für das Urheberrecht federführende Bundesjustizminister *Dr. Heinemann* in einer kleinen Anfrage, BT Drucks. V/3229: "etwa sechs bis sieben Exemplare".

[799] A.A. *Lehmpfuhl*, GRUR 1978, S. 477, der für § 54 Abs. 1 UrhG 1965 (§ 53 Abs. 2 UrhG) in der Entscheidung des BGH a.a.O. eine höchstrichterliche Festlegung sieht.

[800] BGH GRUR 1978, S. 474 (476 li. Spalte) – Vervielfältigungsstücke.

[801] Bei der Kopie durch einen Dritten ist für die Beurteilung, ob es sich um einzelne Kopien handelt, auf den Zweck abzustellen, welchen der Besteller der Kopien verfolgt, vgl. *Baronikians*, Kopienversanddienste, S. 16 ff., mit ausführlichen Nachweisen.

[802] GRUR Int. 1994, S. 857 (859) – Nullnummer; der OGH hat daher 19 Vervielfältigungsstücke für die Redaktionskonferenz einer Zeitung noch unter "einzelne" subsumiert.

[803] Zustimmend *Schricker-Loewenheim*, § 53 Rz. 14.

Kontextes auszulegen. Nur so können die von Fall zu Fall unterschiedlich gelagerten Interessen von Rechtsinhaber und Nutzer bei der privaten Vervielfältigung in einen gerechten Ausgleich gebracht werden. Als relativer Rechtsbegriff ist "einzelne" somit im Rahmen des § 53 Abs. 1 UrhG grundsätzlich anders auszulegen als in den Fällen der Abs. 2 und 3 dieser Vorschrift.[804]

Die Gesetzesbegründung[805] geht im Zusammenhang mit der Vervielfältigung von Aufsätzen in Zeitungen und Zeitschriften davon aus, dass es unwirtschaftlich sei, bei Bedarf von fünf bis sechs Exemplaren eines einzelnen Artikels mehrere Vervielfältigungsstücke zu erwerben. Aus dieser Zahlenangabe ließe sich schließen, dass dies eine Obergrenze für die Auslegung darstellt.[806] Der Gesetzgeber hat hier jedoch lediglich seine Vorstellung für einen ganz bestimmten Zweck definiert, nämlich die Vervielfältigung eines einzelnen Aufsatzes zu beruflichen Zwecken. Damit ist jedoch keine Aussage z.B. für den Bereich der damals bekannten Nutzungsart der Tonbandgeräte im Privatbereich gemacht. Erst recht muss dies für damals noch völlig unbekannte digitale Nutzungsarten mit erheblich gesteigertem Nutzungspotenzial gelten. Hier wird die Schranke deutlich enger anzusetzen sein, da die Kopie dem Original qualitativ entspricht[807], so dass sie, im Falle der nach h.M. für zulässig gehaltenen Weitergabe im Freundes- und Familienkreis, als taugliche Kopie weiterer Kopien dienen kann und so exponential weiterverbreitet werden kann. In der Literatur wird insoweit vertreten, dass die Höchstgrenze auf drei Vervielfältigungsstücke zu beschränken sei.[808] Ob freilich dem Rechtsinhaber hiermit gedient ist, sei angezweifelt. Selbst wenn hier eine Grenze von drei Kopien gelten würde, dürften diese Exemplare weitergegeben werden und dann erneut zu privaten Zwecken dreimal kopiert werden. Schon in der zweiten Generation entstehen somit 12 Kopien des Originals. Hierdurch entsteht eine deutlich größere Nutzungsmöglichkeit, als wenn der Inhaber der Kopiervorlage diese 12 Mal kopiert, aber nur selbst nutzen darf – was durch eine Änderung des § 53 Abs. 6 UrhG klarzustellen wäre – da er zur gleichen Zeit immer nur eine dieser Kopien nutzen kann. Es ist im Ergebnis also weiterhin davon auszugehen, dass die Höchstzahl der Kopien sich aus dem jeweiligen Nutzungszweck ergeben muss.[809]

---

[804] Diese Differenzierung verschwimmt in der neueren Literatur, vgl. z.B. *Fromm/Nordemann-Nordemann*, § 53 Rz. 3, spricht von 3 Exemplaren, wohingegen in der 1. Auflage 1966 noch zwischen persönlichem (5 Ex.) und sonstigem (10 Ex.) Gebrauch unterschieden wurde.

[805] BT Drucks. IV/270, S. 73.

[806] Der BGH GRUR 1978, S. 474 (476 li. Spalte) – Vervielfältigungsstücke - sieht hierin zumindest eine Rahmenvorgabe für die Auslegung.

[807] *Schaefer*, FS Nordemann, S. 191 (197).

[808] *Schack*, Urheberrecht, Rz. 496; *Fromm/Nordemann-Nordemann*, § 53 Rz. 3.

[809] So auch *Nippe*, GRUR 1994, S. 888 f., *Schricker-Loewenheim*, § 53 Rz. 14; *Hölscher*, Eigengebrauch, S. 154.

5. **Rechtmäßig erlangte Kopiervorlage**

Unter diesem Begriff wurden und werden verschiedene Rechtsfragen diskutiert, auf die nachfolgend eingegangen werden soll.

a) *Eigene Vorlage*

Nach ganz herrschender Meinung bedarf es für die Vervielfältigung zum privaten Gebrauch keiner eigenen Vorlage des Kopisten. Dies ergibt sich aus einem Schluss e contrario der Regelung des § 53 Abs. 2 Nr. 2 UrhG, die als einziger Privilegierungstatbestand die Verwendung eines eigenen Werkstückes bei Vervielfältigungen zur Archivierung voraussetzt.[810]

Strittiger war dagegen die Frage der *rechtmäßigen Kopiervorlage*, die nunmehr durch die Neufassung des § 53 Abs. 1 S. 1 UrhG dahingehend geklärt ist, dass Privatkopien nur von nicht offensichtlich illegalen Vorlagen erstellt werden dürfen.

b) *Rechtmäßiger Besitz im Sinne der §§ 854 ff. BGB*

Im Anschluss an die Entscheidung "Dia-Kopien" des Kammergerichts[811] wird die Diskussion um ein ungeschriebenes Tatbestandsmerkmal der rechtmäßigen Kopiervorlage zunächst unter dem Aspekt geführt, dass der Vervielfältigende eine "rechtmäßig erlangte Vorlage" in *Besitz* haben muss.[812] Der BGH hatte diese Frage in der Revision dabei offen gelassen.[813] Dem KG ist ohne weiteres insoweit zuzustimmen, als es sich in dem entschiedenen Fall um den Diebstahl eines unveröffentlichten Lichtbildes (im Sinne des § 72 UrhG) *beim Lichtbildner* selbst handelte. Hier ist für eine gesetzliche Lizenz kein Raum. Erst wenn der Lichtbildner die Fotos selbst verbreitet hat oder nicht-öffentlich zugänglich gemacht hat, muss er mit einer Vervielfältigung durch die Allgemeinheit rechnen. Er muss es deshalb selbst in der Hand haben, ob er sein unveröffentlichtes Werk anderen überlässt. Zudem wäre es selbst mit der Sozialpflichtigkeit des Eigentums im Sinne des Art. 14 Abs. 2 GG als Grundlage der Schranke zur Privatkopie zu rechtfertigen, dass der Lichtbildner, dem das Eigentum an seinen Werken entzogen wurde, auch noch deren Vervielfältigung dulden muss.

---

[810] BGHZ 134, 250 (261) - CB-Infobank I; BGH ZUM 1999, S. 566 – Kopienversanddienst; *Stintzing*, GRUR 1994, S. 871 (878) m.w.N.; *Mönkemöller*, GRUR 2000, S. 663 (664); *Leupold/Demisch*, ZUM 2000, S. 379 (383); die Gegenansicht bezieht sich auf den sonstigen eigenen Gebrauch, vgl. *Katzenberger*, GRUR 1973, S. 629 (634).

[811] GRUR 1992, S. 168 ff.

[812] *Schricker-Loewenheim*, § 53 Rz. 13; *Fromm/Nordemann-Nordemann*, § 53 Rz. 4 hält dies für eine Selbstverständlichkeit; ebenso *Harke*, c't 5/2000, S. 112 (114); *Malpricht*, NJW-CoR 2000, S. 233 (234), der jedoch nicht zwischen Raubkopie und rechtswidriger Besitzlage differenziert.

[813] Vgl. GRUR 1993, S. 899 (900) - Dia-Kopien.

Fraglich ist dagegen, ob sich hieraus ein allgemeiner Grundsatz dergestalt ableiten lässt, dass der Vervielfältigende *stets* rechtmäßiger Besitzer der Kopiervorlage sein muss, d.h. auch in den Fällen, in denen der Besitz nicht dem Urheber, sondern Dritten entzogen wird.

Regelungsgegenstand des Urheberrechts ist das Werk als *immaterielles* Rechtsobjekt. Die urheberrechtlichen Befugnisse sind somit zu unterscheiden von einer Verkörperung als Werkstück. Als Sache im Sinne des § 90 BGB[814] unterliegt dieses den allgemeinen sachenrechtlichen Vorschriften des BGB. Geregelt wird hier also die Rechtsbeziehung zwischen dem Rechtssubjekt Eigentümer/Besitzer und dem *Trägermedium* als Rechtsobjekt. Die digitalen Daten sind dagegen als unkörperliche Rechtsobjekte nicht Gegenstand des Sachenrechts.[815]

Mit Ausnahme der Regelung in § 17 Abs. 2 UrhG (Erschöpfungsgrundsatz) hält das UrhG diese Trennung von sachenrechtlichen und urheberrechtlichen Vorgängen ein[816], d.h. eine Änderung der Eigentums- oder Besitzlage des Werkes hat keinen Einfluss auf die Verwertungsrechte aus §§ 15 ff. UrhG. Selbst bei Veräußerung des Originals eines Werkes werden gemäß § 44 UrhG keine urheberrechtlichen Befugnisse eingeräumt, sondern nur Sacheigentum an dem konkreten Werkexemplar übertragen. Hat der Rechtsinhaber ein Werkstück in den Verkehr gebracht, so geht der Erschöpfungsgrundsatz davon aus, dass er seine materiellen Interessen wahren konnte. Die weitere *Besitz*lage an dem konkreten Werkstück ist deshalb aus Sicht des Urheberrechtes irrelevant. Zwar erschöpft sich nur das Verbreitungsrecht im Sinne des § 17 Abs. 1 UrhG und nicht auch das Vervielfältigungsrecht nach § 16 UrhG, das beim Rechtsinhaber verbleibt. Dieses ist jedoch gerade durch die Schranke des § 53 UrhG beschränkt und erlaubt die Vervielfältigung von jedem Werkstück, das der Rechtsinhaber willentlich aus seinem Besitz entlassen bzw. in Verkehr gebracht hat. Für die gesetzliche Lizenz aus § 53 Abs. 1 UrhG kommt es deshalb nicht auf die Besitzlage im Sinne der §§ 854 ff. BGB an.

---

[814] *Ulmer*, Urheberrecht, § 2.

[815] *Palandt-Heinrichs*, § 90 Rz. 2 m.w.N.; soweit in BGHZ 102, S. 135 (143 f.), die als Diskette verkörperten Daten einer Software als Sachen qualifiziert wurden, ging es nicht um die sachenrechtlichen Befugnisse am Werkexemplar, sondern um die Frage der Mangelgewährleistung für Fehler des Programms. Zutreffend hielt der BGH eine Qualifizierung dieser Frage als Rechtsmangel für unpassend. Vielmehr solle ein Mangel einer Standardsoftware so behandelt werden wie der Konstruktionsfehler eines technischen Werkzeuges, nämlich nach §§ 459 ff. BGB; unklar insoweit *Leupold/Demisch*, ZUM 2000, S. 379 (383), die anscheinend auch für die dingliche Ebene davon ausgehen, dass verkörperte digitale Werke Sachen i.S.d. § 90 BGB sind.

[816] Schricker-Schricker, Einl. Rz. 22.

c)   *Keine Raubkopie als Vorlage*

Neben der Frage der rechtswidrigen Besitzlage wurde bereits vor Neufassung des § 53 Abs. 1 S. 1 UrhG durch das UrhInfG das Tatbestandsmerkmal der "rechtmäßigen Kopiervorlage" auch dahingehend verstanden, dass es sich um eine *urheberrechtlich lizenzierte* Vorlage handeln muss. Auf Grund der großen praktischen Relevanz – zu denken sei hier nur an die Vervielfältigung von illegal im Internet angebotenen Werken – soll dieser mit dem UrhInfG überholte Meinungsstreit dennoch auch nach bisheriger Rechtslage als Auslegungshilfe eingehender untersucht werden.[817]

aa)   Rechtslage vor dem UrhInfG

Die Rechtsprechung hatte sich in dieser Frage bisher nicht geäußert; die oben erwähnte Entscheidung des Kammergerichts hatte den Fall zu Grunde liegen, dass die Vorlage rechtswidrig in den *Besitz* des Kopierenden gelangt war. Es handelte sich also nicht um die Kopie einer Raubkopie, sondern des Originals. Auch der BGH hat sich in der Revisionsentscheidung nicht zu dieser Fragestellung geäußert, sondern diese vielmehr offen gelassen.[818]

In der Literatur war diese Frage daher streitig. Der Wortlaut des § 53 Abs. 1 S. 1 UrhG macht hierzu keine Aussage. Auch die Gesetzesbegründung nimmt keinen Bezug auf die Herkunft der Kopiervorlage.[819] Lediglich in § 53 Abs. 1 S. 2 Hs. 1 ist die Rede von dem "zur Vervielfältigung befugten", der die Kopie auch durch einen anderen herstellen lassen darf. Aus der *systematischen Stellung* des S. 2 ergibt sich jedoch, dass die Befugnis sich nicht aus einer vertraglichen Lizenz seitens des Urhebers ergeben muss. Vielmehr wird durch das Wort "auch" Bezug genommen auf die Kopiererlaubnis zum privaten Gebrauch aus S. 1, also die dort geregelte gesetzliche Lizenz. Die Befugnis aus § 53 Abs. 1 S. 1 knüpft dabei lediglich an den Gebrauchszweck und die tatsächliche Möglichkeit zur Vervielfältigung an. Auch die Regelung in § 53 Abs. 2 Nr. 2 UrhG, die bei Vervielfältigungen zu Archivzwecken die Benutzung einer eigenen Kopiervorlage verlangt, hilft für vorstehende Rechtsfrage nicht weiter. Im *Umkehrschluss* ergibt sich hieraus vielmehr, dass auch ein (sachenrechtlich) fremdes Vervielfältigungsstück benutzt werden darf.[820] Damit ist jedoch keinerlei Wertung über die Rechtmäßigkeit dieser Kopiervorlage verbunden.

---

[817] Diese Frage war zudem im Gesetzgebungsverfahren zum UrhInfG höchst umstritten und einer der Gründe für die Anrufung des Vermittlungsausschusses durch den Bundesrat; vgl. hierzu auch Teil 2 A 6.

[818] BGH GRUR 1993, S. 899 (900) – Dia-Duplikate.

[819] BT-Drucks. IV/270, S.70 f.

[820] Allg. Ansicht, vgl. nur BGH GRUR 1997, S. 459 (462) – CB Infobank I.

(i.) In der Literatur wird deshalb vertreten, dass auch eine Raubkopie zur privaten Vervielfältigung verwendet werden darf.[821]

Zur Begründung wird zunächst angeführt, dass der urheberrechtlich relevante Verstoß nicht durch den privaten Vervielfältiger erfolgt, sondern denjenigen, der die Raubkopie herstellt. Auch eine Beihilfehandlung zum Raubkopieren sei abzulehnen, da die Vortat bereits beendet sei.[822] Zwar ist diesem Argument inhaltlich zuzustimmen, in der Sache führt es jedoch nicht weiter. Das Tatbestandsmerkmal "rechtmäßige Kopiervorlage" zielt nicht auf die vorgelagerte Kopiertätigkeit z.B. beim Uploading oder die eigenständige Tathandlung des illegalen Anbietens, sondern die *erneute* Vervielfältigung, also einen neuen urheberrechtlich relevanten Nutzungsvorgang, an dem der private Nutzer zwangsläufig mitgewirkt hat.

Nach *Harke* wird bei der Diskussion über dieses Tatbestandsmerkmal die urheberrechtliche Unterscheidung von Software und sonstigen Werkarten nicht genügend berücksichtigt. Während für Erstere in §§ 69 a ff. UrhG eine Sonderregelung dahingehend besteht, das jeder Nutzer[823] eine eigene Lizenz benötigt, dürfen andere Werke von jedermann genutzt, d.h. rezipiert werden.[824] M.E. ergibt sich hieraus jedoch nichts für die Frage der beim Kopieren verwendeten Vorlagen. Die Nutzung eines Werkes, im Sinne von Werkgenuss, ist rechtlich eine völlig andere Fragestellung wie die Vervielfältigung eines Werkes.

Weiter wird als Argument für die Zulässigkeit der Verwendung einer Raubkopie angeführt, dass der Erwerb einer solchen für sich allein keine Urheberrechtsverletzung darstellt. Die §§ 98, 99 UrhG erlauben nur die Überlassung bzw. Vernichtung der Werkstücke, die sich im Besitz oder Eigentum des Verletzers befinden[825], wobei bei der Zurechnung zu diesem Personenkreis Täter und Teilnehmer unabhängig von ihrem Verschulden erfasst werden.[826] Wenn somit das Besitzen[827] rechtmäßig sei, dürfe auch eine Privatkopie erstellt werden. Die §§ 98/99 UrhG werden jedoch durch die Regelung des § 110 S. 2 UrhG i.V.m.

---

[821] *Harke*, c't 5/2000, S. 112 (114); *Mönkemöller*, GRUR 2000, S. 663 (667 f.); *Malpricht*, NJW-CoR 2000, S. 233 (234); *Schack*, FS Erdmann, S. 165 ff.; *Bosak*, CR 2001, 176 (181); *Kreutzer*, GRUR 2001, S. 193 (200).

[822] *Harke* a.a.O., S. 114; *Malpricht* a.a.O., S. 234; ähnlich *Schricker-Haß*, § 106, Rz. 15 m.w.N.; *Mönkemöller*, GRUR 2000, S. 663 (668).

[823] Vgl. zum Umfang der Lizenzeinräumung *Schricker-Loewenheim*, § 69 d Rz. 4 m.w.N.

[824] *Harke* a.a.O., S. 114; vgl. zum reinen Werkgenuss bereits die amtliche Begründung, UFITA Bd. 45 (1965), S. 241 f.

[825] *Cichon*, K&R 1999, S. 547 (550).

[826] *Fromm/Nordemann-Nordemann*, §§ 98/99 Rz. 8 f. m.w.N.

[827] Diese Frage ist streng zu trennen von der des rechtmäßigen bürgerlich-rechtlichen Besitzes, der, wie erörtert, grundsätzlich keinen Einfluss auf urheberrechtliche Vorgänge hat.

§§ 74a Nr. 2, 74 StGB modifiziert. Demnach ist eine (strafrechtliche) Einziehung rechtswidriger Vervielfältigungsstücke auch beim Erwerber zulässig.[828] Voraussetzung ist, dass der Erwerber die Werkstücke in Kenntnis des Urheberrechtsverstoßes in verwerflicher Weise erworben hat. Für die Kenntnis der Tat lässt die h.M. dabei dolus eventualis genügen.[829] Selbst wenn es hieran fehlt und der "gutgläubige" Besitzer (im Sinne der urheberrechtlichen Befugnis) das Vervielfältigungsstück behalten darf, kann hieraus nicht auf die *weitergehende* Befugnis zur Vervielfältigung geschlossen werden. Durch die Raubkopie wird in die Befugnisse des Rechtsinhabers eingegriffen. Lediglich aus Gründen des Verkehrsschutzes verzichtet das UrhG auf eine Einziehung der im "guten Glauben" erworbenen Werkexemplare. Hierdurch wird jedoch nicht auch ein weiterer Eingriff in das Urheberrecht durch die *erneute* Vervielfältigung des Werkes gerechtfertigt. Vielmehr ist dem deutschen Urheberrecht der gutgläubige Erwerb von Nutzungsrechten fremd.[830] Nach allgemeinen Grundsätzen des Rechtsscheinerwerbes fehlt es hier nicht nur an einem Rechtsscheinträger, sondern auch an einem Verkehrsgeschäft, da sich die Lizenz aus § 53 Abs. 1 UrhG unabhängig vom Willen des Berechtigten oder des Erwerbers aus der tatsächlichen Kopiermöglichkeit ergibt.

Ebenso wenig vermag die Argumentation zu überzeugen, dass die Interessen des Rechtsinhabers durch die Vergütung nach §§ 54 ff. UrhG gewahrt seien, so dass es nicht darauf ankommt, ob eine Raubkopie oder ein lizenziertes Vervielfältigungsstück kopiert wird.[831] Anknüpfungspunkt für die erlaubnisfreie Verwertung durch den Schrankenbegünstigten sei also gerade nicht ein vom Rechtsinhaber abgeleitetes Nutzungsrecht, sondern ein originär gesetzliches Nutzungsrecht, abgeleitet aus dem privilegierten Zweck des privaten Gebrauches. Dies ist zwar dem Grunde nach richtig, hilft in der Sache aber nicht weiter. Der private Zweck allein reicht nicht aus für den Tatbestand des § 53 Abs. 1 UrhG. Es geht vorliegend gerade um die Frage der *weiteren Tatbestandsmerkmale* dieser Norm, die damit nicht beantwortet ist. Die originäre Lizenz ist also die Rechtsfolge bei Vorliegen aller (auch ungeschriebener) Tatbestandsmerkmale, sagt aber nichts über deren Voraussetzungen aus.

Das Argument der Pauschalvergütung vermag aber auch aus anderen Gründen nicht zu überzeugen. Anders als in dem bereits erörterten Fall der rechtswidrigen Besitzlage, kommt hier zu dieser Interessenkollision zwischen Rechtsinhaber und privatem Nutzer ein weiterer Aspekt hinzu; während oben das Besitzrecht

---

[828] *Lührs*, GRUR 1994, S. 264 (267).

[829] *Lackner/Kühl-Kühl*, StGB, § 74 Rz. 3; *Tröndle-Fischer*, StGB § 74 Rz. 8; *LK-Schäfer*, StGB § 74 Rz. 18; *Schricker-Haß*, § 110 Rz. 4.

[830] So bereits BGHZ 5, 116 (119); *Möhring/Nicolini-Spautz*, § 31 Rz. 14; *Schack*, Urheberrecht, Rz. 537.

[831] *Mönkemöller*, GRUR 2000, S. 663 (668); *Schack*, FS Erdmann, S. 165 (167).

des Vorbesitzers verletzt wurde, sind es hier die originären Rechte des Rechtsinhabers, die durch die Existenz eines rechtswidrigen Vervielfältigungsstückes verletzt werden. Bei der Interessenabwägung führt dies zu einem Überwiegen der Interessen des Rechtsinhabers. Bei der gebotenen engen Auslegung der Schranken des Urheberrechtes ist es mit dessen Interessen noch zu vereinbaren, dass von einer legalen Kopiervorlage eine Vervielfältigung hergestellt wird und er als Ausgleich einen pauschalen Vergütungsanspruch erhält. Bei illegalen Kopien würde nicht nur für diese erste Kopie kein Vergütungsanspruch fällig, sondernd darüber hinaus auch dieser Zustand weiter vertieft, indem man dem Rechtsinhaber zumutet weitere Kopien zu dulden.[832] Dies muss insbesondere für digitale Vervielfältigungen wegen deren erheblich höheren Eingriffsintensität gelten. Wie erörtert stammt § 53 Abs. 1 UrhG bzw. dessen Vorgängernorm, § 18 Abs. 2 LUG, aus einer Zeit, in der die vielfältigen Möglichkeiten digitaler Technik nicht einmal ansatzweise vorstellbar waren. Die Vorschrift sollte als eine Art "Armenrecht" den sozial Schwachen am Geistesleben teilhaben lassen bzw. später dem Rechtsinhaber seine Vergütung sichern, da man ein Verbotsrecht für nicht kontrollierbar hielt. Der Gesetzgeber hat hierzu bereits am Rande der Urheberrechtsnovelle 1985 festgestellt, dass die Vervielfältigungshandlungen den ursprünglich (1965) gesetzten Rahmen gesprengt hätten.[833] Durch die nunmehr hinzugetretenen Möglichkeiten einer massenhaften Vervielfältigung im privaten Bereich in bester Qualität, verschiebt sich das Gleichgewicht weiter zu Lasten des Urhebers.[834] Insoweit ist das absolute Recht des Rechtsinhabers an der normalen Auswertung des Schutzgegenstandes im Sinne von Art. 5 Abs. 5 Info-RL bzw. Art. 9 Abs. 2 RBÜ erheblich beeinträchtigt.[835] Der BGH hat dieses Spannungsfeld der Fortentwicklung technischer Möglichkeiten einerseits, und des Gebots der Wahrung der normalen Auswertung zu Gunsten des Rechtsinhabers anderseits, bereits in der Entscheidung Kopienversanddienst problematisiert. Im Ergebnis verlange demnach der Drei-Stufen-Test aus Art. 9 Abs. 2 RBÜ genauso wie die verfassungsrechtliche Eigentumsgarantie aus Art. 14 Abs. 1 GG, die Vorschriften zum Schutze des Urhebers so auszulegen, dass technologischer Fortschritt und damit verbundene intensivere Einwirkungen auf das Ausschließlichkeitsrecht Berücksichtigung finden.[836] Um das Interessengleichgewicht zwi-

---

[832] Ähnlich *Hänel*, Napster, Abs. 22, die darauf abstellen, dass die Schranken des Urheberrechts nur *das Werk* selbst betreffen. Nicht lizenzierte Kopien würden demnach nicht dem Werkbegriff unterfallen.

[833] Amtl. Begr. BT Drucks. 10/837, A I 2b.

[834] So auch *Leupold/Demisch*, ZUM 2000, S. 379 (385); *Hänel*, Napster, Abs. 23.

[835] Ähnlich *Sieber*, DMMV Gutachten, S. 81 (141 f.), der jedoch zugleich unter Hinweis auf das Analogieverbot nach Art. 103 Abs. 2 GG darauf hinweist, dass diese Einschränkung nicht ausreichend in § 53 Abs. 1 UrhG bestimmt ist, so dass sie nicht auch auf die strafrechtliche Ebene des § 106 UrhG durchschlägt. Ob der Neufassung des § 53 Abs. 1 S. 1 UrhG freilich diesen Anforderungen gerecht wird, ist ebenfalls fraglich.

[836] BGH GRUR 1999, S. 707 (712 f.) – Kopienversanddienst.

schen Rechtsinhabern und Allgemeinheit wieder herzustellen, verlangen Sinn und Zweck der Vorschrift demnach eine teleologische Reduktion des Tatbestandes und mithin ein Tatbestandsmerkmal der "rechtmäßigen Kopiervorlage". Denn auch durch eine verschiedentlich vorgeschlagene Erhöhung der Vergütungssätze und Einbeziehung weiterer Vergütungstatbestände wie z.b. Computerhardware würde nur die "Second-best"-Lösung der Pauschalvergütung weiter zementiert und ein Anreiz zur Verwendung geeigneter Kopierschutzsysteme genommen.

Der schließlich angeführte Aspekt einer fehlenden Kontrollmöglichkeit[837] vermag für die Zulassung illegaler Kopiervorlagen nicht zu genügen. Dies würde sonst de lege ferenda auch für eine Freigabe der Vervielfältigung von Software sprechen. Diese lässt sich genauso einfach kopieren wie andere digitale Schutzgegenstände. Dennoch hat sich der Gesetzgeber, europarechtlichen Vorgaben folgend, hier gegen eine gesetzliche Lizenz mit Pauschalvergütung ausgesprochen. Zwar werden 50 %[838] der von Privatpersonen erworbenen CD-Rohlinge zur Kopie von Musikwerken benutzt. Dies heißt jedoch umgekehrt, dass die andere Hälfte der Rohlinge für anderweitige Vervielfältigungen verwendet wird, darunter eine Vielzahl von Softwarewerken (5% zzgl. 10% PC-Spiele, die regelmäßig den Softwarewerken unterfallen). Dennoch partizipieren die Rechtsinhaber nicht von dem entsprechenden (wenn auch nur geringen) Vergütungsaufkommen für CD-Rohlinge. Ihnen wird entgegengehalten, dass die Vervielfältigung ihrer Werke verboten sei, weshalb sie nicht am Vergütungsaufkommen partizipieren könnten.

(ii.) Die Gegenansicht, die schon nach bisheriger Rechtslage ein ungeschriebenes Tatbestandsmerkmal der rechtmäßigen Kopiervorlage postuliert hatte, stellte hierzu teilweise auf einen bürgerlich-rechtlichen Grundsatz ab: Ein Recht kann nur übertragen, wer es auch hat. Ein Erwerb vom Nichtberechtigten scheide bei Rechten dagegen mangels Rechtsscheinträger (mit Ausnahme des § 405 BGB) aus.[839] Dementsprechend sei im Urheberrecht allgemein anerkannt, dass Nutzungsrechte nur der Berechtigte einräumen kann.[840] Diese Wertung sei deshalb erst recht auf den gesetzlichen Erwerb von Nutzungsrechten zu übertragen. Dabei wird jedoch der grundlegende Unterschied zwischen vertraglichen Nut-

---

[837] So z.B. *Zypries*, KUR 2003, S. 57 (58).

[838] Quelle: GfK Panel service, zitiert nach Jahreswirtschaftsbericht der Phonographischen Wirtschaft 2002, S. 26, vgl. auch Teil 1 B II.

[839] *Weinknecht*, MP3.

[840] BGHZ 5, S. 116 (119) – Parkstr. 13; BGH GRUR 1959, S. 200 (203) – Der Heiligenhof; zuletzt KG ZUM 1997, S. 397 (398) – Franz Hessel; vgl. auch *Schricker-Schricker*, vor §§ 28 ff. Rz. 63 m.w.N.

zungsrechten und der gesetzlichen Lizenz des § 53 Abs. 1 UrhG verkannt.[841] Die gesetzliche Erlaubnis zur Vervielfältigung ist gerade unabhängig von einer vertraglichen Rechtseinräumung und vielmehr (u.a.) an die *Zweckbestimmung*[842] des privaten Gebrauches geknüpft. Es bedarf somit keiner rechtsgeschäftlichen Abrede, weder mit dem Rechtsinhaber noch mit dem Eigentümer oder Besitzer der Kopiervorlage. Entscheidend ist vielmehr die tatsächliche Möglichkeit zum Kopieren. Die gesetzliche Lizenz entsteht, unabhängig vom Willen des Kopierenden, alleine auf Grund seines Handelns.

Ein Argument für dieses Tatbestandsmerkmal lässt sich dagegen aus § 96 Abs. 1 UrhG ableiten.[843] Die Vorschrift verbietet die Verbreitung und öffentliche Wiedergabe *rechtswidrig* hergestellter Vervielfältigungsstücke. Der Anwendungsbereich der Norm überschneidet sich dabei nicht mit der Regelung des § 53 Abs. 6 UrhG, der eine Verbreitung und öffentliche Wiedergabe von nach Abs. 1 – 3 *erlaubten* Vervielfältigungen untersagt. Nach der Gesetzesbegründung sollte klargestellt werden, dass auch im Falle einer Lizenzierung – sei es vertraglich oder auf Grund der Schrankenregelungen der §§ 45 – 61 UrhG – zur Verbreitung und öffentlichen Wiedergabe nur *rechtmäßig hergestellte* Kopien verwendet werden dürfen.[844] Offengelassen hat der Gesetzgeber mithin den Fall, dass eine (gesetzliche) Lizenz zur Vervielfältigung im Sinne des § 53 Abs. 1 UrhG besteht und hierfür eine rechtswidrige Vervielfältigung verwendet wird. Man könnte also e contrario folgern, dass dieser Fall ausgenommen bleibt.[845] Laut der Gesetzesbegründung soll der Rechtsinhaber jedoch die Verwertung *rechtswidriger* Kopien "stets und ausnahmslos verbieten können"[846]. Hieraus ist zu folgern, dass der Gesetzgeber auch eine weitere von § 53 Abs. 1 UrhG privilegierte Vervielfältigung von einer rechtswidrigen Kopie verbieten wollte. *Wild* spricht in diesem Zusammenhang richtig von einem "absoluten Verwertungsverbot"[847]. Dies bedeutet zum einen, dass sich die Norm nicht nur an den rechtswidrig Vervielfältigenden, sondern auch an andere richtet, die sich ansonsten auf eine der Schranken der §§ 45 ff. UrhG oder eine vertragliche Befugnis zu Ver-

---

[841] So im Ergebnis auch *Leupold/Demisch*, ZUM 2000, S. 379 (384), die jedoch davon ausgehen, dass § 53 Abs. 1 UrhG "lediglich die Verwertungsrechte des Urhebers" einschränkt.

[842] Ebenso *Mönkemöller*, GRUR 2000, S. 663 (668); *Harke*, c't 5/2000, S. 112 (114).

[843] *Braun*, GRUR 2001, S. 1106 (1107 f.), sowie ihm folgend *Sieber*, DMMV Gutachten, S. 81 (141), verweisen zudem auf § 96 Abs. 2 UrhG, der es untersagt, rechtswidrig veranstaltete Funksendungen aufzunehmen.

[844] Amtl. Begründung UFITA Bd. 45 (1965), S. 322 (zu § 106 UrhG).

[845] So z.B. *Mönkemöller*, GRUR 2000, S. 663 (668).

[846] UFITA Bd. 45 (1965), S. 322.

[847] *Schricker-Wild*, § 96 Rz. 3; *Fromm/Nordemann-Nordemann*, § 96 Rz. 2, gehen zumindest für das Ausstellungsrecht von einer analogen Anwendung des § 96 Abs. 1 aus.

184

wertungshandlungen berufen könnten.[848] Denn die Vorschrift steht systematisch in einem eigenen Abschnitt des vierten Teiles[849] des UrhG. Anders als der 2. Abschnitt über die Rechtsverletzungen sind somit nicht nur Verletzer Adressaten der Norm, sondern jedermann. Erst durch die Verwertung entgegen dem Verwertungsverbot des § 96 UrhG kommt es demnach zu einer nach §§ 97 ff. UrhG sanktionierten Verletzungshandlung. Andererseits ergibt sich aus diesem Verwertungsverbot ein Verbot *jeglicher* Verwertungshandlungen, also auch der privaten Vervielfältigung. Diese stellt einen ebenso starken Eingriff in die Befugnisse des Urhebers dar, wie beispielsweise die erlaubte öffentliche Wiedergabe nach § 52 UrhG. Auch in diesem Fall hat der Gesetzgeber das Verbotsrecht durch einen pauschalen Vergütungsanspruch ersetzt. Dennoch darf zu diesem Zweck gemäß § 96 Abs. 1 UrhG unstreitig kein rechtswidrig hergestelltes Vervielfältigungsstück verwendet werden. Soweit der Gesetzgeber auch den Ausschluss des privaten Vervielfältigungsrechtes nicht für selbstverständlich erachtet hat, ist davon auszugehen, dass diese Problemstellung bisher übersehen wurde. Es blieb also Raum für einen Analogieschluss.[850] Die Frage der "rechtmäßigen Kopiervorlage" war im Gesetz nicht angesprochen und stellte somit eine Lücke dar. Da bei normativer Betrachtungsweise dieser Fall einer öffentlichen Wiedergabe oder Verbreitung gleichgestellt werden kann, ist die Regelungslücke auch planwidrig.

Im Ergebnis ist ein Tatbestandsmerkmal der "rechtmäßigen Kopiervorlage" daher bereits nach bisherigem Recht zu bejahen.[851]

> bb) Überwiegende Interessen der Rechtsinhaber rechtfertigen Klarstellung

Entsprechend dieses Befundes hat sich auch der Gesetzgeber nach dem im Vermittlungsausschuss gefundenen Kompromiss dieser Ansicht angeschlossen und in § 53 Abs. 1 S. 1 UrhG entsprechend umgesetzt.[852] Die hiergegen vorge-

---

[848] So im Ergebnis auch *Möhring/Nicolini*, § 96 Anm. 1 b); *v.Gamm*, Urheberrecht, § 96 Anm. 1; zustimmend *Schricker-Wild*, § 96 Rz. 2.

[849] "Gemeinsame Bestimmungen".

[850] Ähnlich *Braun*, GRUR 2001, S. 1106 (1107 f.), sowie *Möhring/Nicolini-Decker*, § 53 Rz. 9, die in § 96 Abs. 1 UrhG einen allgemeinen Rechtsgedanken sehen; a.A. *Schack*, FS Erdmann, S. 165 (170), der aus § 96 Abs. 1 UrhG keine weitere Einschränkung des § 53 Abs. 1 UrhG zu entnehmen vermag.

[851] So im Ergebnis auch *Leupold/Demisch*, ZUM 2000, 379 (383); *Schaefer*, FS Nordemann, S. 191 (196); *Loewenheim*, FS Dietz, S. 415 (419); *Möhring/Nicolini-Decker*, § 53 Rz. 9.

[852] Nachdem diese Ansicht im Gesetzgebungsverfahren anfangs ausdrücklich abgelehnt wurde, blieb für den obigen Analogieschluss kein Raum, so dass eine Klarstellung zwingend geboten war. Den Vorwurf *Siebers'*, DMMV Gutachten, S. 81 (143), sich hier um eine Entscheidung zu drücken, wollte der Gesetzgeber offenbar nicht auf sich sitzen lassen. Er hat sich deshalb ausdrücklich gegen

brachten Argumente, insbesondere der Rechtssicherheit[853], sollen an dieser Stelle analysiert und mit den widerstreitenden Interessen der Rechtsinhaber abgewogen werden:

(i.) *Rechtssicherheit*[854] wird unter gleichzeitiger Wahrung der Interessen der Rechtsinhaber auch dadurch erreicht, dass die Unzulässigkeit der Privatkopie von Raubkopien auf Fälle beschränkt wird, in denen der Vervielfältigende dies erkannt hat oder nach den Umständen hätte erkennen können. Entsprechend sind nach § 53 Abs. 1 S. 1 UrhG nur Kopien von *offensichtlich* illegalen Vorlagen unzulässig. Mit dieser Formulierung wird zugleich den Bedenken einiger Autoren[855] begegnet, dass durch ein solches Tatbestandsmerkmal den Schrankenbegünstigten eine unzumutbare Prüfungspflicht auferlegt wird. Diese greift allenfalls dann ein, wenn erhebliche Anhaltspunkte für eine Raubkopie vorliegen. Zutreffend folgert der Verband *ifrOSS*[856], dass im Ergebnis nur noch ein Kopieren von Vorlagen zulässig sein würde, die aus verifizierbaren Quellen stammen, also von persönlich bekannten Personen oder renommierten Institutionen.[857] Was hier als das Ende der Informationsfreiheit dargestellt wird, ist tatsächlich jedoch eine zu begrüßende Einschränkung des derzeit herrschenden Wildwuchses. Gerade File-Sharing-Angebote, die regelmäßig gegen § 19a UrhG verstoßen und daher unzulässig sind, würden so auch von der Nachfrageseite ausgetrocknet werden, die Privatkopie würde wieder zu einer eng begrenzten Ausnahme gegenüber dem gesetzlich vorgesehenen Regelfall der vertraglich lizenzierten

---

ein solches Tatbestandsmerkmal ausgesprochen, vgl. die Gegenäußerung der Bundesregierung BT Drucks. 15/38, S. 38, und damit den bisherigen Meinungsstreit abschlägig beschieden.

[853] Mit diesem Argument u.a. *Kreutzer*, GRUR 2001, S. 193 (200); *Schack*, FS Erdmann, S. 165 (168).

[854] Deutlich mehr Unsicherheiten bezüglich der Privilegierung zur Privatkopie dürfte sich im Übrigen aus dem Umstand ergeben, dass Datenbanken und insbesondere Software – gleichfalls digitale Werkarten – eine differierende Regelung gefunden haben. Gerade bei komplexen Multimediaanwendungen dürfte es hier zu großen Abgrenzungsschwierigkeiten kommen, ob das Werk schwerpunktmäßig als Software, Datenbank oder sonstiges Werk zu qualifizieren ist und damit unterschiedlichen rechtlichen Regimes unterfällt.

[855] Z.B. *Cichon*, K & R 1999, S. 547 (550); *Schack*, FS Erdmann, S. 165; *Mönkemöller*, GRUR 2000, S. 663 (668); *Kreutzer*, GRUR 2001, S. 193 (200), der insoweit das Beispiel des Fernsehsenders anführt, der ohne Lizenz geschützte Inhalte ausstrahlt – ein sicherlich wenig relevantes Extrembeispiel, mit dem die Behauptung untermauert werden soll, dass die eine Prüfungspflicht "die zu erfüllen ihm [dem Nutzer] nahezu ausnahmslos unmöglich sein wird". Diese in Anbetracht der sich geradezu aufdrängenden Illegalität des Anbietens in P2P-Netzen abenteuerliche Aussage, die jedoch schlüssig wird, wenn man wie *Kreutzer* auch das Anbieten in P2P-Netzen als von § 52 UrhG a.F. gedeckt ansieht. Dieser Ansicht ist jedoch durch die Neuregelung im UrhInfG endgültig der Boden entzogen, vgl. hierzu auch ausführlich unten Teil 2 C III 1 b).

[856] Institut für Rechtsfragen der freien und Open Source Software; Stellungnahme zu einer möglichen Neuregelung der Schrankenvorschrift § 53 UrhG und damit zusammenhängender Normen im Zuge der Neuordnung des deutschen UrhG bei der Einarbeitung der Richtlinie 2001/29/EG, abzurufen unter www.urheberrecht.org/topic/Info-RiLi/st/ifross/art13.pdf.

[857] Ausführlich zu diesem neuen Tatbestandsmerkmal im folgenden Abschnitt.

Rechtsverwertung durch den Berechtigten werden. Demgegenüber überzeugt es auch nicht, wenn argumentiert wird, dass gerade im Online-Bereich Verstöße regelmäßig unbewusst geschehen. Nach allgemeiner Lebenserfahrung werden im Wirtschaftsleben – in Abgrenzung zum Privatbereich – Leistungen grundsätzlich gegen Entgelt oder eine andere Gegenleistung erbracht. Wird etwas umsonst im Internet angeboten, wie z.b. in einem File-Sharing-Netz, sei es nur in der Erwartung auf den Austausch anderer Werke, ist für jedermann nachvollziehbar, dass es sich hier nicht um ein vom Urheber lizenziertes Werk handeln kann.

Es ist auch nicht nachvollziehbar, weshalb aus der Informationsfreiheit ein Recht auf Zugriff auf jede noch so trübe Quelle abzuleiten wäre, wenn sich das gleiche Produkt beim Rechtsinhaber auf gleiche Weise verschaffen lässt, z.b. bei Musikwerken über einen Online-Shop des Plattenlabels oder des Handels. Wie erörtert[858] lässt sich über die Informationsfreiheit nur der Schutz vor einem unverhältnismäßig erschwerten Zugriff auf Informationen rechtfertigen, nicht dagegen das unentgeltliche[859] Zugreifen auf fremde Leistungen.

(ii.) Demgegenüber verfängt auch nicht das weitere Argument gegen ein Tatbestandsmerkmal der legalen Kopiervorlage[860], der Gesetzgeber habe beim Erlass von Normen zu berücksichtigen, ob die *Adressaten* diese *befolgen* werden.[861] Abgesehen von der grundsätzlichen Schwäche dieser Begründung[862], die auch zur Aufhebung einer Vielzahl von Bestimmungen des Straßenverkehrsrechtes führen müsste, übersieht diese Argumentation den Verhältnismäßigkeitsgrundsatz, der zwingend den Einsatz weniger einschneidender Mittel erfordert. Mangelndes Rechtsbewusstsein – gerade für Privatkopie eine der Ursachen der Regelung – wird zudem durch das Zulassen einer erkennbar als Raubkopie zu qualifizierenden Vorlage kaum zu einer Besserung des Rechtsbewusstseins beitragen. Es wäre im Sinne der Achtung des Urheberrechts ein falsches Signal

---

[858] Vgl. Teil 1 C.

[859] Der vehementen Kritik von *Hoeren*, KUR 2003, S. 58 (60), an dieser Begrifflichkeit ist zuzugeben, dass die Privatkopie tatsächlich nicht (völlig) unentgeltlich erfolgt. In Anbetracht einer Kopiervergütung für CD-Rohlinge von 7,2 Cent und einer Brennervergütung von 7,50 € (mit der dann tausende Kopien hergestellt werden können), die einem Einzelverkaufspreis einer CD von ca. 15 € gegenübersteht, ist die Kopievergütung jedoch kaum mehr als ein Almosen. Selbst bei einer inflationsbereinigenden Anhebung der Vergütungssätze um rund 30% seit 1985 (die politisch kaum durchsetzbar sein dürfte), ändert sich an diesem krassen Missverhältnis kaum etwas.

[860] So z.B. die Bundesregierung in ihrer Gegenäußerung zur Stellungnahme des Bundesrates, vgl. BT Drucks. 15/38, S. 39 zu 1c).

[861] Der Verband ifrOSS geht so weit, die Rechtsunsicherheit zu begründen in der augenscheinlichen Sinnwidrigkeit der Rechtsnorm, die sich "dem Verständnis des Laien entzieht", vgl. Stellungnahme vom 11. Dezember 2002, S. 7, abzurufen unter www.urheberrecht.org/topic/Info-RiLi/st/ifross/art25.pdf.

[862] So auch *Schonning*, IIC 2000, S. 967 (971 f.).

dieses Vorgehen weiter zu gestatten, mit der Begründung, dass Verstöße schwer kontrollierbar sind. Beim Sichverschaffen gestohlener oder unterschlagener körperlicher Gegenstände wird die vorsätzliche Perpetuierung dieser rechtswidrigen Besitzlage – für jedermann nachvollziehbar – durch den Straftatbestand der Hehlerei geahndet. Würde man bei der Privatkopie hingegen auf das Tatbestandsmerkmal der legalen Kopiervorlage weiter verzichten, würde damit zum Ausdruck gebracht, dass sämtliche im Internet erhältlichen Werke frei zugänglich sind und zur privaten Nutzung kopiert werden dürfen, selbst wenn dem Nutzer bekannt ist, dass es sich hier um Raubkopien handelt.

(iii.) Wenig überzeugend ist ferner das weiter angeführte Argument, dass dem Rechtsinhaber mit der pauschalen Vergütung *mehr gedient* sei, als mit der Schranken-Schranke der legalen Kopiervorlage. Mit Blick auf den neu eingeführten Schutz technischer Schutzsysteme wird dem Rechtsinhaber so ein Anreiz genommen diese auch einzusetzen, so dass deren Entwicklung insgesamt – entgegen dem erklärten Ziel sowohl des Gesetzgebers als auch der Info-RL – gehemmt würde. So könnte er zwar gegen den Anbieter "gehackter" Inhalte vorgehen, die unter Umgehung der Kopierschutzmechanismen angeboten werden. Von dieser Raubkopie dürfte der private Nutzer jedoch, selbst wenn er dies weiß, zu privaten Zwecken eine Vervielfältigung anfertigen. Der Schutz technischer Maßnahmen droht so unterlaufen zu werden.

(iv.) Schließlich überzeugt auch nicht das Argument, das Erfordernis einer legalen Quelle laufe de facto auf ein Verbot der Privatkopie hinaus.[863] Die Frage des Erfordernisses einer legalen Kopiervorlage wurde bereits nach altem Recht von der herrschenden Meinung bejaht, so dass insoweit für die Nutzer wenigstens Rechtsunsicherheit bestand. Diese Unsicherheit hat aber offenbar niemanden davon abgehalten, von der Privilegierung der Privatkopie rege Gebrauch zu machen, da sich andernfalls die stetig steigenden Verkaufszahlen von Rohlingen und CD-Brennern nicht erklären lassen. Es lässt sich wohl auch nicht ernstlich behaupten, dass alle oder die große Mehrzahl der Privatkopien von Raubkopien erstellt werden. Die Brennerstudie kommt vielmehr zu dem Ergebnis, dass das Phänomen von Raubkopien als Kopiervorlage vorwiegend im Online-Bereich anzutreffen ist.[864] Die Unkontrollierbarkeit des Internets ist aber gerade einer der Gründe, weshalb das Recht der Privatkopie für reformbedürftig gehalten wird, um dem Rechtsinhaber (wieder) die normale Auswertung seiner Schutzgegenstände zu ermöglichen.

---

[863] Zustimmend *Schippan*, ZUM 2003, S. 678 (679).

[864] Nur ein geringer Teil (ca. 300 Mio. €) des Umsatzausfalles durch Piraterie entfällt auf die Verbreitung körperlicher Werkexemplare, während rund 930 Mio. € - mit wachsender Tendenz - auf Internetpiraterie entfallen. Die legale Kopiertätigkeit entspricht zum Vergleich einem Volumen von 3.650 Mio. €, Quelle: GfK Panel service, zitiert nach Jahreswirtschaftsbericht der Phonographischen Wirtschaft 2002, S. 30.

(v.) Eine weitere Erwägung der Rechtsfolgen eines Verzichtes auf dieses Tatbestandsmerkmals spricht für dessen Einführung. So wäre es denkbar, dass ein Autor sein Werk bewusst nur in analoger Form veröffentlicht, um ein beliebiges digitales Kopieren zu verhindern. Würde nun ein Dritter – unerlaubter Weise – das Werk digitalisieren und anbieten, dürfte jedermann von der Schranke des § 53 Abs. 1 UrhG für seine privaten Zwecke Gebrauch machen und das nunmehr digitalisierte Werk vervielfältigen – ein Ergebnis, das der Rechtsinhaber gerade vermeiden wollte.

(vi.) Für die Einführung dieses einschränkenden Tatbestandsmerkmales spricht weiter die Regelung in Art. 6 Abs. 4 UAbs. 1, 2 Info-RL. Danach steht die Durchsetzbarkeit der Schrankenprivilegierung gegenüber technischen Schutzmaßnahmen unter dem Vorbehalt, dass der Begünstigte "rechtmäßig Zugang zu dem geschützten Werk" hat. Der Gedanke der legalen Quelle als Voraussetzung einer privaten Vervielfältigung kommt also auch in der Info-RL zum Ausdruck.

Schließlich bringt die Info-RL mit den Erwägungsgründen 38 und 39 die Forderung nach einer ausreichenden Differenzierung der digitalen von der analogen Privatkopie zum Ausdruck. Daneben ist die Info-RL eindeutig darauf ausgerichtet, Anreize zu individuellen Nutzungsvereinbarungen zu schaffen, für die der Rechtsinhaber auf einen möglichst weitgehenden Schutz seiner Inhalte gegenüber einer Pauschalvergütung angewiesen ist.

Der Gesetzgeber hat sich trotz dieser Zielsetzung entschieden, den (Grund)Tatbestand der digitalen Privatkopie klarstellend der analogen gleichzustellen und dabei in Kauf zu nehmen, dass hier auch Kopien von Raubkopien erstellt werden.[865] Gerade die erhöhte Eingriffsintensität, die durch digitale Kopiervorlagen möglich ist, gebietet es daher, zumindest die Perpetuierung dieses Urheberrechtsverstoßes zu untersagen.

Zusammenfassend ist mit § 53 Abs. 1 S. 1 UrhG eine sinnvolle Neuregelung gefunden worden, soweit eine Privatkopie von einer erkennbar als Raubkopie zu qualifizierenden Vorlage für unzulässig erklärt wird.[866]

---

[865] In diesem Sinne wohl *Schippan*, ZUM 2003, S. 378 (383), der alternativ ein Tatbestandmerkmal der Vervielfältigung nur vom Original vorschlägt, sofern der Rechtsinhaber seine Inhalte mit technischen Schutzmaßnahmen sichert. Regelmäßig werden jedoch gesicherte Originale – wenn überhaupt Kopien zugelassen werden – keine Enkelkopie zulassen. Das Verbot der Nutzung illegaler Kopiervorlagen würde diesen Fall daher mit umfassen, da eine weitere Kopie nur unter Umgehung dieses Schutzmechanismus möglich wäre. Zudem ist diese Regelung aus Gründen der Rechtsklarheit vorzuziehen und würde auch   analoge Raubkopien erfassen, für die regelmäßig keine Kopierschutzmechanismen existieren.

[866] So nunmehr auch *Schippan*, ZUM 2003, S. 678 (679), der jedoch den gefundenen Kompromiss für nicht weitreichend genug hält, da nur offensichtlich rechtswidrige Quellen erfasst werden.

cc)   Offensichtlich rechtswidrige Kopiervorlage

Fraglich ist nunmehr, wie dieser neue Tatbestand auszulegen ist. Der Nachweis positiver Kenntnis der Illegalität einer Kopiervorlage dürfte regelmäßig schwer fallen, so dass sich der Streit auf das Tatbestandsmerkmal "offensichtlich" konzentrieren wird.[867] Nach allgemeinem Sprachgebrauch bedeutet offensichtlich: eindeutig erkennbar, klar ersichtlich, offen zutage tretend, so das man es nicht übersehen kann. Hinsichtlich der Erkennbarkeit wird man hier auf den durchschnittlich verständigen Nutzer abstellen müssen, um Schutzbehauptungen abzuschneiden. Dieser weiß nach allgemeiner Lebenserfahrung, dass im Wirtschaftsleben – in Abgrenzung zum Privatbereich – Leistungen grundsätzlich gegen Entgelt oder sonstige Gegenleistung erbracht werden.

Wird ein mehrere hunderttausend Titel umfassendes Repertoire umsonst im Internet angeboten, wie z.B. in einem File-Sharing-Netz, sei es nur in der Erwartung auf den Austausch anderer Werke, ist für jedermann nachvollziehbar, dass es sich hier nicht um von den Rechtsinhabern lizenzierte Werke handeln kann, die versuchen ihre Inhalte über die bekannten Vertriebskanäle selbst zu vermarkten.[868] Ein häufig auf Websites vorzufindendes offensives Bewerben der Kostenersparnis gegenüber dem Download beim Rechtsinhaber oder dem Erwerb eines Vervielfältigungsstückes ist somit regelmäßig ein starkes Indiz für die Illegalität eines Angebotes. Tatsächlich geht es den Betreibern dabei um den eigenen Profit aus Werbebannern oder Pop-ups anderer kommerzieller Anbieter.

Dass dies breiten Schichten der Bevölkerung auch bekannt sein müsste, folgt auch aus der ständigen Medienberichterstattung über spektakuläre Verletzungsprozesse wie z.B. die derzeit gegen Bertelsmann anhängige Klage über 17 Milliarden US$ wegen angeblicher Förderung des *illegalen* Peer-to-Peer Systems Napster oder sonstige Verfahren, die vor allem von RIAA und IFPI auch gegen private Anbieter in P2P-Netzen geführt werden. Diese Verfahren werden beinahe täglich in der Medienberichterstattung erwähnt.[869] Auch die Angebote von PC-Zeitschriften zum "Knacken" von Kopierschutzmechanismen umgeben stets die Aura des Verbotenen. Augenzwinkernd wird der völlig weltfremde Hinweis erteilt, dass die so hergestellten Kopien natürlich nur zu "Sicherungszwecken"

---

[867] Rechtswidrig sind Vorlagen, die unter Verstoß gegen das UrhG hergestellt oder verwendet werden, also auch unter Umgehung von technischen Schutzmaßnahmen hergestellte Kopien oder legale Privatkopien, die unter Verstoß gegen § 53 Abs. 6 UrhG verbreitet oder öffentlich wiedergegeben werden.

[868] So im Ergebnis auch *Schippan*, ZUM 2003, S. 678 (679), Bahr, www.dr-bahr.com/faq/faq_neues-urheberrecht.php zu FAQ 2.

[869] Dies konnte insbesondere am Rande von Veranstaltungen wie der IFA 2003 beobachtet werden. Selbst in der Tagesschau oder den Hauptnachrichten der Privatsender wurde ausführlich über Schadenersatzprozesse in den USA berichtet, in denen auch von den privaten Anbietern in P2P-Netzen bis zu 150.000 $ pro zur Verfügung gestelltem Song verlangt werden.

hergestellt werden dürfen. Im Vorfeld des Inkrafttretens des UrhInfG wird die Werbetrommel hier nochmals geschürt und mit diesen Anleitungen Auflage gemacht. Das simple Werbeversprechen: Künftig werde es solche Anleitungen nicht mehr geben, da sie von einer urheberrechtlichen Gesetzesänderung verboten würden.[870] Auch dieses Beispiel zeigt, dass dem Verbraucher durchaus bewusst ist, dass er geschützte Inhalte nicht beliebig zu privaten Zwecken vervielfältigen darf und entsprechende Angebote meist illegal sind.

Ein weiteres starkes Indiz für die Illegalität eines Angebots ist der zunehmend im Filmbereich anzutreffende Fall, dass Filmwerke, die bisher noch nicht einmal in den deutschen Kinos erschienen sind, bereits in Tauschbörsen angeboten werden. Möglich ist dies durch die üblicherweise zeitversetzte Auswertung von Filmwerken auf unterschiedlichen Märkten, wobei die Kinoauswertung regelmäßig in den USA und Großbritannien beginnt.

Als weitere Fragestellung ergibt sich, zu welchen Zeitpunkt die Illegalität der Kopiervorlage erkennbar sein muss, d.h. ob bereits im Zeitpunkt der Herstellung der Privatkopie, oder ob später erworbene Kenntnis genügt, um der Kopie ex tunc die Grundlage zu entziehen. Entsprechend dem Gedanken des § 53 Abs. 6 S. 1 UrhG, dass keine nachträgliche Zweckänderung zulässig ist, könnte insoweit argumentiert werden, dass eine nachträglich als illegal erkannte Vervielfältigung vernichtet werden muss. Hier hilft jedoch die Regelung des § 110 S. 2 UrhG i.V.m. §§ 74a Nr. 2, 74 StGB weiter. Demnach ist eine (strafrechtliche) Einziehung rechtswidriger Vervielfältigungsstücke beim Erwerber zulässig[871], wenn er die Werkstücke in Kenntnis des Urheberrechtsverstoßes in verwerflicher Weise erworben hat. Für die Kenntnis der Tat lässt die h.M. dabei dolus eventualis genügen.[872] Dies ist jedoch ein Vorsatzgrad, der über die Erkennbarkeit hinausgeht, die nach § 53 Abs. 1 S. 1 UrhG als negatives Tatbestandsmerkmal der Privatkopie festgelegt ist. Mit anderen Worten: Ist beim Erwerb, hier in Form des Herstellens der Privatkopie, nur erkennbar, dass eine illegale Vorlage vorliegt, greift schon § 53 Abs. 1 S. 1 UrhG. Wird das Vervielfältigungsstück dagegen in gutem Glauben hergestellt, schadet die später erworbene Bösgläubigkeit nicht.

---

[870] Vgl. z.B. die Titelseiten der Zeitschriften PC Welt, Heft August 2003, sowie Chip, Heft September 2003. Vgl. zum Ganzen auch *Sieber*, DMMV Gutachten, S. 81 (117 f.).

[871] *Lührs*, GRUR 1994, S. 264 (267).

[872] *Lackner/Kühl-Kühl*, StGB, § 74 Rz. 3; *Tröndle-Fischer*, StGB § 74 Rz. 8; *LK-Schäfer*, StGB § 74 Rz. 18; *Schricker-Haß*, § 110 Rz. 4.

6. Herstellung durch andere, § 53 Abs. 1 S. 2 Hs. 1 UrhG

a) *Beschränkung auf den mechanischen Vorgang der Vervielfältigung*

Um gerade auch Personen Privatkopien zu ermöglichen, die sich keine der im Jahre 1965 noch relativ teuren Vervielfältigungsgeräte leisten konnten, erlaubt § 53 Abs. 1 S. 2 Hs. 1 UrhG die Vervielfältigung durch einen Dritten herstellen zu lassen.[873] Bei der gebotenen engen Auslegung ist diese Privilegierung jedoch dahingehend auszulegen, dass sich die Tätigkeit des Dritten auf den *mechanischen Vorgang* des Vervielfältigens beschränkt und wie ein Werkzeug an die Stelle eines eigenen Vervielfältigungsgerätes des Auftraggebers tritt.[874] Hierin unterscheiden sich auch die "Geschäftsmodelle", die den Entscheidungen CB-Infobank einerseits und Kopienversanddienst andererseits zu Grunde liegen.[875] Bei ersterer hat der Besteller lediglich ein bestimmtes Suchthema vorgegeben. Die Dienstleistung des Kopisten war danach nicht auf den technischen Kopiervorgang beschränkt, sondern umfasste auch die Recherche nach geeigneten Inhalten, die zum vorgegebenen Suchthema passen. Es ist, anders als beim Kopienversanddienst, also nicht der Besteller, der die zu kopierenden Inhalte individualisiert und auswählt, sondern der Kopierende.

§ 53 Abs. 1 UrhG gewährt eine doppelte Lizenz zur Vervielfältigung: Einerseits für den Auftraggeber der Vervielfältigung und somit mittelbar für den Vervielfältigenden; andererseits auch für den unmittelbar Vervielfältigenden. Der Gebrauchszweck der Lizenz des Letzteren erschöpft sich jedoch in der Tätigkeit für den Besteller. Geht man von dem Grundsatz aus, dass ein bestimmter Gebrauchszweck bereits im Zeitpunkt der Vervielfältigung bestehen muss, so ergibt sich, dass die Organisationshoheit für den Kopiervorgang bei dem privilegierten Nutzer liegen muss.[876] Dieser Rahmen wird überschritten, wenn der Vervielfältigende selbst die Auswahl bestimmter Werke nach einem vom Besteller vorgegebenen Sachgebiet übernimmt oder wenn Kopien auf Vorrat angefertigt werden.[877]

---

[873] Amtl. Begründung BT Drucks. IV/270, S. 74.

[874] BGHZ 134, S. 250 (261) – CB-Infobank I; BGH ZUM 1999, S. 240 – Elektronische Pressearchive mit Anm. *Hess/Latinovic*, ZUM 1999, S. 812 ff.; BGHZ 141, S. 13 (21) – Kopienversanddienst: "Werknutzer ist nicht, wer die Nutzung technisch bewerkstelligt, sondern derjenige, der sich des technischen Vorgangs zum Zweck der Werknutzung bedient."

[875] Vgl. zum Kopienversanddienst auch *Baronikians*, ZUM 1999, S. 126 ff. Ausführlich wird auf diese Frage im Rahmen der Änderungsvorschläge in Teil 3 B II 5 eingegangen.

[876] Der BGH a.a.O., S. 261, verlangt eine konkrete Anweisung zur Herstellung eines bestimmten Vervielfältigungsstücks.

[877] So auch *Melichar*, CR 1995, S. 756 (758), hinsichtlich des Vorhaltens einer elektronischen Bibliothek aus eigens hierfür digitalisierten Werken.

Nach Neufassung durch das UrhInfG differenziert § 53 Abs. 1 S. 2 UrhG hinsichtlich entgeltlich hergestellter Kopien nunmehr einschränkend nicht mehr nach der zu vervielfältigenden Werkkategorie, sondern nach dem Trägermedium, auf dem die Vervielfältigung hergestellt wird. Der Kopienversand durch Bibliotheken wird zudem in der Gesetzesbegründung ausdrücklich als unentgeltlich im Sinne der Neu-regelung erwähnt.[878] Auf diese Fragestellung sowie die grundsätzliche Sinnhaltigkeit der Kopie durch einen Anderen soll eingehend im Rahmen der Änderungsvorschläge eingegangen werden.[879]

b) Unentgeltlichkeit der Vervielfältigung durch Dritte

War die entgeltliche Vervielfältigung nach der Gesetzessystematik bisher grundsätzlich zulässig und nur ausnahmsweise bei Aufnahme auf Bild- und Tonträger sowie bei Werken der Bildenden Kunst unzulässig, hat das UrhInfG diesen Regel-Ausnahmemechanismus nunmehr umgekehrt. Grundsätzlich sind entgeltliche Vervielfältigungen demnach unzulässig, soweit es nicht im Wege der analogen Reprographie erfolgt, § 53 Abs. 1 S. 2 UrhG. Die auch bisher streitige Frage der Auslegung des Begriffes der "Unentgeltlichkeit" gewinnt somit an Gewicht.

Nach altem Recht war streitig, ob damit auch der Ersatz von Materialkosten oder anderen Kosten des Herstellungsvorganges ausgeschlossen ist. *Nordemann*[880] legt dieses Tatbestandsmerkmal eng aus und meint, dass nach allgemeinem Sprachgebrauch die Unentgeltlichkeit auch das Material umfasst. Dagegen spricht der Zweck der Regelung. Wie erwähnt, sollte die Möglichkeit des Vervielfältigenlassens durch Dritte einen Ersatz für ein eigenes Kopiergerät darstellen, das sich der Nutzer nicht leisten kann. Diesem würden die Kosten der Nutzung, also Trägermedium, AfA der Kopiergeräte[881], Betriebsstrom etc., bei einer eigenen Vervielfältigung selbst ebenso entstehen. Überträgt man diesen Grundsatz auf andere Kosten des Kopierbetriebes, insbesondere Lohnkosten für Angestellte des Kopierenden, so dürfen diese entgegen *Loewenheim*[882] nicht ersetzt werden. Würde der Nutzer einen eigenen Angestellten[883] *für* das Kopieren bezahlen, läge hier genauso eine entgeltliche Vervielfältigung vor wie im Falle der Leistung durch einen dritten Gewerbetreibenden. Eine Gegenleistung für die

---

[878] BT Drucks. 15/38, S. 20 f.

[879] Teil 3 B II.

[880] *Fromm/Nordemann-Nordemann*, § 53 Rz. 2; ebenso *Malpricht*, NJW – CoR 2000, S. 233 (234).

[881] Zustimmend *Schwenzer*, ZUM 1997, S. 478 (480).

[882] Schricker-Loewenheim, § 53 Rz. 16.

[883] *Möhring/Nicolini*, § 53 Anm 3 a) aa) haben dagegen gerade den angestellten Kopisten im Auge, der *unabhängig* von dieser Tätigkeit Anspruch auf Gehaltszahlung hat.

Verrichtung des Vervielfältigens will die Vorschrift aber gerade verhindern.[884] Es soll im Anschluss an die Tradition des § 18 Abs. 1 KUG kein finanzieller Anreiz bestehen, für den privaten Gebrauch anderer Personen auf Geheiß Vervielfältigungsstücke herzustellen. Denkt man diesen Grundsatz konsequent weiter, ergibt sich auch eine Lösung für die Frage, ob bei den Materialkosten die Einstandskosten des Vervielfältigenden anzusetzen sind oder der durchschnittliche Verkaufspreis für ein entsprechendes Leermedium im Einzelhandel.[885] Zwar müsste der private Nutzer, wenn er die Kopie selbst herstellt, diesen Preis bezahlen. Die gesetzliche Wertung erlaubt jedoch kein Entgelt für die Vornahme des Kopiervorganges. Mit diesem steht der Ersatz der Materialkosten jedoch in einem untrennbaren Zusammenhang, so dass ein Einzelhandelsgewinn ein unzulässiges Entgelt darstellt.[886] Denn an Kosten sind dem Vervielfältigenden lediglich die Einkaufskosten entstanden.

Einen darüber hinausgehenden Anwendungsbereich eröffnet dagegen die Begründung des Regierungsentwurfes zum UrhInfG.[887] Unentgeltlich sind danach alle Gebühren, die zur Kostendeckung erforderlich sind, wie sie beispielsweise von öffentlichen Bibliotheken erhoben werden.[888] Darin enthalten sind aber stets auch Personalkosten, wie sich besonders bei den unterschiedlichen Tarifen bei Subito für Normal- und Expressbestellungen zeigt.[889] Die Begründung des UrhG-E ist insoweit jedoch widersprüchlich, da sie den Kopienversanddienst unter die *entgeltliche* Drittkopie subsumiert, die für Reprographien weiterhin zulässig bleibt. Gerade der Kopienversand durch öffentliche Bibliotheken erfolgt jedoch auf Kostendeckungsbasis und wäre somit unentgeltlich. Die Begründung des Regierungsentwurfes ist wegen dieses ungelösten Widerspruches für die Auslegung nicht heranzuziehen.

---

[884] Vgl. auch § 15 Abs. 2 LUG 1907: "Eine Vervielfältigung zum persönlichen Gebrauch ist zulässig, wenn sie nicht den Zweck hat, aus dem Werke eine Einnahme zu erzielen".

[885] Ob hier eine große Preisdifferenz besteht, ist angesichts von Dumpingpreisen für Leermedien als Lockangebot des Elektroeinzelhandels fraglich, vgl. die Zahlen des IM, zit. nach Vergütungsbericht, BT Drucks. 14/3972, S. 10 f.

[886] *Schwenzer*, ZUM 1997, S. 478 (480).

[887] BT Drucks. 15/38, S. 20 f.

[888] Diese Präzisierung des Begriffs der Entgeltlichkeit erscheint freilich sprachlich etwas missglückt, versteht man unter "Entgelt" doch eine Gegenleistung für eine konkrete Leistung, unabhängig von der Frage, ob damit eine Gewinnerzielungsabsicht verbunden ist. Dennoch ist zu begrüßen, dass der gesetzgeberische Wille konkretisiert wird und damit der entsprechende Meinungsstreit entschieden ist.

[889] Vgl. hierzu ausführlich unten in Teil 3 B II.

c)   Mittelbare Erwerbszwecke als Entgelt

Fraglich ist darüber hinaus, ob dies auch für mittelbare Erwerbszwecke gilt. Ein Beispiel für die Zahlung eines mittelbaren "Entgeltes" ist der von *Schwenzer*[890] vorgestellte Fall, dass die Vervielfältigung durch den Wirt einer Gaststätte vorgenommen wird. Die Gäste sollen animiert werden, während des Kopierens der von ihnen mitgebrachten Musikwerke Getränke zu konsumieren, an denen der Wirt verdient. Ein ähnlicher Fall ließe sich bilden, wenn etwa ein Elektromarkt oder sonstiger Einzelhändler die Vervielfältigungen vornähme, in der Hoffnung, dass die Kunden in der Wartezeit anderweitig Umsätze tätigen. Die Kopiertätigkeit wird somit verallgemeinernd genutzt, um den Kunden ins Geschäft "zu locken" und dann anderweitig an ihm zu verdienen.

Nach *Schwenzer*[891] ist jede Tätigkeit im Zusammenhang mit Vervielfältigungshandlungen untersagt, die der Förderung des Umsatzes in irgendeiner Weise und somit der Einnahmeerzielung dient. Hierfür könnte eine systematische Erwägung[892] sprechen. In § 27 Abs. 2 S. 2 UrhG ist das Verleihrecht, also die unentgeltliche Überlassung einer Werkausgabe, legaldefiniert als "weder unmittelbar noch mittelbar Erwerbszwecken dienende Gebrauchsüberlassung". Daneben darf die Schranke zugunsten einer öffentlichen Wiedergabe gemäß § 52 Abs. 1 S. 1 UrhG zu "keinem Erwerbszweck" genutzt werden. Für dieses Tatbestandsmerkmal war es nach der amtlichen Begründung gleichgültig, ob dieser Zweck unmittelbar oder mittelbar erstrebt wurde.[893] Ausdrücklich genannt ist dabei der Fall des Gastwirtes, der am Rande eines (kostenfreien) Volksfestes die Gäste bewirtet.

Gegen eine solche Erwägung auch bei § 53 Abs. 1 S. 2 Hs. 2 UrhG spricht zunächst, dass der Gesetzgeber die mittelbaren Erwerbszecke in § 27 Abs. 2 S. 2 UrhG ausdrücklich erwähnt. Im Umkehrschluss könnte man – unterstellt man mit *Schwenzer* für die private Vervielfältigung eine Interessenidentität – davon ausgehen, dass diese hier *nicht* ausreichen, um eine Entgeltlichkeit der Tätigkeit anzunehmen. Bei § 52 UrhG, der nach herrschender Ansicht[894] auch mittelbare Erwerbszwecke umfasst, lässt sich dieses argumentum e contrario dagegen nicht einwenden, da bereits auch die Gesetzesbegründung hierauf abstellt. Die öffent-

---

[890] ZUM 1997, S. 478 ff.

[891] A.a.O., S. 481; ebenso *Fromm/Nordemann-Nordemann*, § 53 Rz. 2 a.E.

[892] *Schwenzer*, a.a.O., S. 478 (481 f.), geht insoweit von einer analogen Anwendung der §§ 27 Abs. 2 S. 2, 52 Abs. 1 S. 1 UrhG auf § 53 Abs. 1 S. 2 Hs. 2 aus, da diese als Schrankenbestimmungen systematisch auf gleicher Ebene seien.

[893] UFITA Bd. 45 (1965), S. 286, so schon die Rechtsprechung zum LUG, vgl. BGHZ 17, S. 376 (382) – Betriebsfest; BGH GRUR 1961, S. 97 (99) – Sportheim; BGHZ 19, S. 227 (233) – Rosenmontagsfest.

[894] Schricker-Melichar, § 52 Rz. 11 ff.; Fromm/Nordemann-Nordemann, § 52 Rz. 5 m.w.N.

liche Wiedergabe in der Gaststätte stellt bei normativer Betrachtung eine andere Situation dar als bei einer Vervielfältigung. Die gemeinsame *Wahrnehmung* des Werkes stellt sich als Teil des öffentlichen kulturellen Lebens dar, und bietet deshalb einen besonderen Reiz zum Verweilen. Gerade wenn der Veranstalter kein Eintrittsgeld für derartige Veranstaltungen erhebt, wird das Werk in besonderem Umfang genutzt, da es allgemein zugänglich ist. Dagegen ist das Interesse am Verbleib in der Gaststätte beim Vervielfältigen nur von zeitlich kurzer Dauer. Ein durchschnittlicher CD-Brenner benötigt für den *Vervielfältigungsvorgang* ca. 5-10 Minuten. Hat der Wirt daneben keine weiteren "Attraktionen" zu bieten, besteht nur ein geringer Anreiz zum weiteren Verbleib und somit zum Konsum. Daneben zwingt auch ein Vergleich mit der Situation bei einer *eigenen* Vervielfältigung durch den privaten Nutzer nicht zur Berücksichtigung mittelbarer Erwerbszwecke. Würde der Gastwirt (Geschäftsinhaber) dem Kunden - ähnlich einem Copyshop - lediglich die Vorrichtung für das Kopieren der Musikwerke zur Verfügung stellen, wäre die Vervielfältigung durch § 53 Abs. 1 S. 1 UrhG erlaubt, ohne dass es auf die damit verfolgten Erwerbszwecke des Wirtes ankäme.[895] Dieser könnte sogar beim Preis für die Nutzung der Kopiergeräte einen Gewinnzuschlag einkalkulieren.[896] Aus Sicht der Urheberinteressen spielt es normativ jedoch keine Rolle, ob der Gast oder der Gastwirt "auf den Knopf drückt" und den Vervielfältigungsvorgang auslöst. Die Organisationshoheit für den Vervielfältigungsvorgang liegt hier in beiden Fällen beim Gast, da dieser durch die mitgebrachten Kopiervorlagen allein entscheidet, welche Titel kopiert werden. Dagegen ist bei einer öffentlichen Wiedergabe schlechterdings nicht vorstellbar, dass Inhalt und Umfang der Darbietung nicht vom Veranstalter, sondern den Nutzern organisiert wird.

Die Begriffe Entgeltlichkeit und Erwerbszwecke sind schließlich auch sprachlich nicht synonym zu verwenden. Vielmehr ist in der juristischen Terminologie unter Entgelt die Gegenleistung für eine konkrete Leistung zu verstehen.[897] Der Begriff "Erwerbszwecke" geht dagegen deutlich weiter. Es genügt schon jede[898] Tätigkeit, die darauf gerichtet ist, wirtschaftliche Interessen zu fördern.[899] Dabei werden z.B. auch künftige Einnahmen erfasst, die die aktuelle Tätigkeit als

---

[895] So ausdrücklich OLG München, ZUM 2003, S. 569 (570), während die Vorinstanz (LG München, ZUM 2003, S. 240 (242 f.)) noch den *Betreiber* von Münzkopierautomaten als Hersteller der Kopie ansah, da sich die Kopiervorrichtung dauerhaft in seinem Herrschaftsbereich befinde, weshalb es auf die Auslösung des Kopiervorganges durch den Kunden nicht mehr ankäme.

[896] Wohl zu Fotokopiergeräten *Fromm/Nordemann-Nordemann*, § 53 Rz. 2.

[897] *Köbler*, Juristisches Wörterbuch; hierauf verweist auch *Fromm/Nordemann-Nordemann*, § 53 Rz. 2.

[898] Weiter dagegen die in § 27 Abs. 2 UrhG umgesetzte Vermietrichtlinie, 92/100 EWG, die in Erwägungsgrund 14 selbst die Umlage von Verwaltungskosten beim Verleih als zulässig ansieht.

[899] BGH GRUR 1972, S. 617 (618) – Werkbücherei – zu § 27 UrhG a.F.; ausweislich der Gesetzesbegründung, BT Drucks. 13/115, S. 13, sollte der Begriff von der Neuregelung nicht erfasst werden.

Maßnahme der Kundenpflege darstellen. Der Wirt hat im Beispielsfall lediglich die begründete Hoffnung, dass ein Gast, der an der öffentlichen Wiedergabe teilnimmt, währenddessen Speisen oder Getränke konsumiert. Es besteht jedoch keinerlei Anspruch[900], dass und wie viel der Gast konsumiert. Noch deutlicher wird der Unterschied, wenn man die Kopiertätigkeit in das Geschäft des Einzelhändlers verlagert. Zwar wird der Kunde die Zeitdauer des Vervielfältigungsvorganges möglicherweise nutzen, um sich das übrige Warenangebot anzusehen. Dass hieraus jedoch ein Umsatzgeschäft resultiert, ist höchst ungewiss.

Eine weitere systematische Erwägung führt dennoch zum Ergebnis, dass mittelbare Erwerbszwecke dem Begriff der Entgeltlichkeit im Sinne des § 53Abs. 1 S. 2 UrhG unterfallen. § 53 Abs. 1 S. 1 UrhG stellt auf die Privatheit des Verwendungszwecks des Schrankenbegünstigten ab. Ausgeschlossen sind somit also nicht nur unmittelbar Erwerbszwecken dienende Nutzungen, sondern auch mittelbare Erwerbszwecke. Dies wird von der Neuregelung des § 53 Abs. 1 S. 1 UrhG durch das UrhInfG ausdrücklich klargestellt. Darf aber der eigentlich Schrankenprivilegierte keinerlei Erwerbszwecke verfolgen, muss dies erst recht für den Dritten gelten, der die Kopie herstellt, soweit dies nicht ausdrücklich anderweitig durch Zulassen entgeltlicher Drittkopien geregelt ist. Die gesetzliche Lizenz des Dritten leitet sich aus der Privilegierung des Schrankenbegünstigten ab. Im Ergebnis führt dies dazu, dass Kopien durch einen anderen nur noch im Freundeskreis ermöglicht werden, wo dies aus altruistischen Motiven geschieht, oder durch öffentliche Institutionen wie Bibliotheken die keine mittelbaren erwerbswirtschaftlichen Ziele verfolgen. Damit bestehen jedoch hinreichende Kopiermöglichkeiten, so dass auch der soziale Zweck der Privilegierung gewahrt bleibt.[901] Schließlich gilt diese Einschränkung auch nur für Werkarten, die nicht durch analoge Reprographien vervielfältigt werden können, namentlich vor allem Musik- und Filmwerke.

d) Exkurs: Verstoß gegen § 1 UWG

Das Angebot von unentgeltlichen Vervielfältigungen könnte zudem gegen § 1 UWG unter dem Gesichtspunkt des "übertriebenen Anlockens"[902] bzw. "psychologischen Kaufzwangs"[903] verstoßen. Zwischen Gewerbetreibendem und Rechtsinhaber könnte auch ein Wettbewerbsverhältnis im Sinne des § 13 Abs. 2 UWG bestehen, insbesondere wenn dieser seine Schutzgegenstände auch im Direktvertrieb an den Endverbraucher anbietet, was gerade im Hinblick auf E-commerce-

---

[900] Es steht dem Gastwirt freilich offen, im Rahmen seines Hausrechtes den Gast *zum Verlassen* des Lokales aufzufordern, sofern dieser ungebührlich lange ohne Verzehr verweilt, vgl. *Metzner*, GastG § 1 Rz. 13.

[901] Vgl. den Regierungsentwurf BT Drucks. IV/270, S. 74.

[902] Vgl. *Baumbach/Hefermehl*, § 1 Rz. 90, 164 ff.

[903] Vgl. *Baumbach/Hefermehl*, § 1 Rz. 89, 157 ff.

Plattformen der Verwerter nicht selten der Fall ist. Im Einzelfall könnte somit auch ein Anspruch auf Unterlassung oder Schadensersatz aus §§ 1, 3 UWG bestehen.

III. Schranken der Vervielfältigung zum privaten Gebrauch

Die Schranke der privaten Vervielfältigung ist durch die Regelungen des § 53 Abs. 4, 5 und 7 UrhG beschränkt, d.h. an sich erlaubte Vervielfältigungen sind unter diesen Umständen ausnahmsweise unzulässig. Daneben greift für *befugtermaßen hergestellte* Vervielfältigungsstücke die Vorschrift des § 53 Abs. 6 UrhG. Diese Regelungen sind als sog. Schranken-Schranken im Interesse des Vervielfältigungsrechts weit auszulegen.[904]

1. Vervielfältigung von grafischen Werken der Musik (Noten)

Gemäß § 53 Abs. 4 a) UrhG dürfen Musiknoten zum privaten Gebrauch nur durch Abschreiben vervielfältigt werden, wenn das Werk nicht seit über zwei Jahren vergriffen ist. Die Norm ist ein typisches Beispiel für die Parallelität von technischer Entwicklung und Änderungen des Urheberrechts. § 53 UrhG 1965 erlaubte noch jegliche Vervielfältigungstechnik, da zum damaligen Zeitpunkt Reprographietechniken nur eine geringe Verbreitung hatten.[905] Mittlerweile war es durch die Verfügbarkeit der Reprographietechnik, z.B. in Copyshops, gängige Praxis, dass Musizierende die Notensätze nicht mehr kauften, sondern – teilweise sogar nur von einem entliehenen Exemplar – Kopien herstellten. Die Kosten für die Herstellung von Noten würden sich dadurch nicht mehr amortisieren.[906] Der Rechtsausschuss des Deutschen Bundestages verwies insoweit in seiner Beschlussempfehlung zur Urheberrechtsnovelle 1985 bezüglich Computersoftware auf "Einfachheit und Preisgünstigkeit des technischen Vorganges"[907] als Begründung für eine Schranken-Schranke für diese Werkart. Im Zeitalter digitaler Technologien, die eine Vervielfältigung weiter erleichtert hat, muss dieses Argument erst recht gelten.

Problematischer ist jedoch, dass die Regelung eine Vervielfältigung durch Abschreiben bei vergriffenen Werken und zur Aufnahme in ein Archiv erlaubt. Die Info-RL nimmt hingegen in Art. 5 Abs. 2a) Notenblätter *in toto* von der fakultativen Schranke für analoge Reprographien aus. Das Kopierverbot gilt dabei unabhängig vom intendierten Nutzungszweck auch für die Privatkopie. Die Info-RL stellt bei der Art der Vervielfältigungshandlung jedoch auf technische Verfahren (photomechanische oder Verfahren mit ähnlicher Wirkung) ab, so dass

[904] Vgl. zur Schrankendogmatik bereits oben Teil 2 B I.

[905] So der Regierungsentwurf, UFITA Bd. 96 (1983), S. 119 zu § 53 Abs. 6 UrhG.

[906] Regierungsentwurf UFITA Bd. 96 (1983), S. 132 zu § 53 Abs. 6 UrhG.

[907] UFITA Bd. 102 (1986), S. 177.

die Vervielfältigung durch Abschreiben nicht von dieser Einschränkung für Notenblätter erfasst ist. Da es sich beim Abschreiben um eine analoge Vervielfältigung handelt, greift insoweit die Auffangklausel des Art. 5 Abs. 3o) Info-RL.

Soweit § 53 Abs. 4a) UrhG dagegen die Vervielfältigung durch technische Verfahren zur Aufnahme in ein eigenes Archiv oder von einem vergriffenen Werk weiter zulässt, verstößt die Regelung zunächst gegen den ausdrücklichen Wortlaut der Info-RL. Diese Schranke könnte ebenfalls durch die Generalklausel des Art. 5 Abs. 3o) Info-RL erfasst sein, der bestehende, unbedeutende analoge Schranken weiter zulässt. Hiergegen spricht jedoch die Systematik des Schrankenkataloges. Dieser regelt nicht in Form von allgemein gehaltenen Generalklauseln die möglichen Schranken, sondern geht sehr differenziert auf die bestehenden Schranken-regelungen der Mitgliedstaaten ein. Die Vielzahl der in Art. 5 Abs. 2, 3 enthaltenen, grundsätzlich eng zu gestaltenden Ausnahmen vom Ausschließlichkeitsrecht spricht demnach dafür, dass es sich um einen abgeschlossenen Katalog handelt. Dies wird von Erwägungsgrund 32 ausdrücklich bestätigt, wonach "(D)ie Ausnahmen und Beschränkungen in Bezug auf das Vervielfältigungsrecht (...) in dieser Richtlinie erschöpfend aufgeführt" sind. Weitere Schranken wären demnach gemäß Art. 5 Abs. 3o) Info-RL nur dann zulässig, wenn sie nicht dem Regelungsbereich des Art. 5 Abs. 2, 3 unterfallen. Auch Art. 5 Abs. 3o) Info-RL selbst spricht von "anderen Fällen von geringer Bedeutung" und klärt in Hs. 2 das Verhältnis zu dem vorstehenden Schrankenkatalog, indem festgelegt ist, dass dieser unbeschadet bleiben soll. Die ausdrücklichen Schrankenregelungen sollen demnach für ihren Regelungsbereich abschließend gelten und nicht von der Auffangschranke umgangen werden können.

Für eine Anwendung der Generalklausel spricht hingegen die grundsätzliche Zielsetzung der Richtlinie. Diese will den Beeinflussungen des Binnenmarktes durch neue technologische Herausforderungen begegnen (vgl. Erwägungsgrund 5). Erwägungsgrund 21 führt weiter aus, dass der Grad der Harmonisierung dabei nach der Wirkung nationaler Regelungen auf die Funktionsfähigkeit des Binnenmarktes bestimmt werden soll. Trotz der bestehenden Differenzen, insbesondere der Vergütungsregeln, ist nach Erwägungsgrund 26 für die analoge private Vervielfältigung nicht von einer nennenswerten Auswirkung auszugehen. Dies wird umso mehr für die bestehende Regelung in § 53 Abs.4a) UrhG gelten, die an besonders enge Voraussetzungen geknüpft ist und in der Rechtspraxis deshalb selbst bei einer rein nationalen Betrachtung nur eine geringe Bedeutung haben wird. Auch unter Berücksichtigung des besonderen Zweckes der Einschränkung der Vervielfältigung von Noten, nämlich dem besonderen Investitionsschutz für die mit hohen Kosten erstellten Notenblätter[908], ergibt sich kein anderes Ergebnis:

---

[908] So die amtliche Begründung, BT Drucks. 10/837, S.17.

Soweit § 53 Abs. 4a) UrhG das Vervielfältigen von seit zwei Jahren *vergriffe-nen Werken* gestattet, zeigt sich an der Tatsache des Ausverkaufs der Auflage, dass sich der Editionsaufwand des Musikverlegers zumindest teilweise amorti-siert hat. Im Interesse eines kulturellen Lebens kann den Werknutzern ein länge-res Zuwarten auf eine Neuedition nicht zugemutet werden, zumal der Rechtsin-haber durch seine Untätigkeit während dieses Zeitraumes auch zum Ausdruck gebracht hat, dass er kein Interesse an einer weiteren wirtschaftlichen Nutzung des Werkes hat. Auch bei der Regelung zu *Archivzwecken* sind die materiellen Bedürfnisse des Berechtigten dadurch kompensiert, dass eine Vervielfältigung nur von einer *eigenen* Vorlage vorgenommen werden darf und das Vervielfälti-gungsstück nach der Rechtsprechung nicht zusätzlich zur Vorlage genutzt wer-den darf. Der Archivierungszweck ist damit auf die reine Bestandssicherung be-schränkt. Zudem sind für Archivzwecke mit dem UrhInfG in § 53 Abs. 2 UrhG durch Einfügen des S. 2 weitere Einschränkungen zulässiger Archivierungen eingeführt worden.

Versteht man schließlich Art. 5 Abs. 3o) Info-RL als Ausdruck des allgemei-nen Subsidiaritätsgrundsatzes, so könnte dies für eine teleologische Reduktion des Richtlinienwortlautes sprechen, so dass die bisherige deutsche Regelung beibehalten werden darf.[909]

2. Vervielfältigung vollständiger Bücher und Zeitschriften

§ 53 Abs. 4 b) UrhG verbietet ferner die im Wesentlichen vollständige Ver-vielfältigung von Büchern und Zeitschriften, mit Ausnahme des Abschreibens und bei vergriffenen Werken.

Wie bei Musiknoten erfolgte diese Änderung im Zusammenhang mit der Ent-wicklung der Reprographietechnik. Insbesondere aufwändige Spezialtitel ver-teuerten sich durch eine geringere Auflagenzahl infolge steigender Kopiertätig-keit und verstärkten damit den ökonomischen Anreiz zu privaten Vervielfälti-gungen statt des Erwerbes eines vom Urheber lizenzierten Exemplars.[910] Bei Zei-tungen wurde dagegen dem vollständigen Kopieren keine Gefahr für die Interes-sen des Rechtsinhabers beigemessen, da trotz billiger Kopiertechnik keine Sub-stitution des Erwerbes eines Vervielfältigungsstückes zu befürchten ist.[911] Zu-

---

[909] Hinsichtlich der Vervielfältigung von Noten ohne weitere Begründung auch *Bayreuther*, ZUM 2001, S. 828 (831, Fn. 17).

[910] *Börsenverein*, Kopierrecht, S. 26 ff.; Regierungsentwurf UFITA Bd. 96 (1983), S. 133 zu § 53 Abs. 6 UrhG.

[911] Regierungsentwurf UFITA Bd. 96 (1983), S. 133 zu § 53 Abs. 6 UrhG; ob dies in Anbetracht der Praxis des Einscannens ganzer Zeitungen zur Erstellung von Pressespiegeln noch gilt, darf ange-zweifelt werden, vgl. hierzu *Loewenheim*, GRUR 1996, S. 636 ff.

mindest für den hier untersuchten privaten Nutzungszweck dürfte dieses Argument trotz digitaler Technologie auch heute noch gelten.

a) Bücher und Zeitschriften

Ausgehend vom Zweck der Regelung, die den Verkauf von vertraglich lizenzierten Werken fördern will, sind Bücher und Zeitschriften als vom Verlag abgegebene Einheiten zu verstehen, bei Zeitschriften also das einzelne Heft.[912] Dies übergeht die Gegenansicht, die unter den Begriff der Zeitschrift einen ganzen Jahrgang subsumiert, um den Bedürfnissen von Bibliotheken gerecht zu werden. Einzelne Hefte seien häufig vergriffen und wären deshalb nicht mehr zu beschaffen.[913] Insoweit besteht mit § 53 Abs. 6 S. 2 UrhG jedoch eine interessengerechte Lösung, die sogar eine *Verbreitung* von Vervielfältigungsstücken erlaubt.

b) Im Wesentlichen vollständige Vervielfältigung

Um eine Umgehung der Vorschrift zu vermeiden, indem der Kopist unwesentliche Teile nicht vervielfältigt, ist eine im *Wesentlichen vollständige* Vervielfältigung untersagt.[914] Streitig ist dabei, wie dieses Tatbestandsmerkmal zu quantifizieren ist.

Loewenheim setzt die Grenze bei 90 %, wobei unbedeutendes Beiwerk wie Inhaltsverzeichnis, Register oder Annoncen nicht berücksichtigt werden sollen.[915] Hinsichtlich der "Bemessungsgrundlage" stimmt *Nordemann* dem zu, will die Grenze jedoch bereits bei 75 % ziehen, da dies "dem Ganzen näher kommt als der Hälfte".[916]

Zur Auslegung kann hier die Entstehungsgeschichte der Norm herangezogen werden. Der Regierungsentwurf enthielt bereits dieses Tatbestandsmerkmal.[917] Der Bundesrat wollte hierauf jedoch verzichten, da dies zu ungewollten Einschränkungen führen könnte, wenn z.b. ein Artikel den wesentlichen Inhalt einer Zeitschrift ausmacht.[918] In ihrer Gegenäußerung stellte die Bundesregierung hingegen darauf ab, dass diese Klarstellung notwendig sei, um nicht den Eindruck zu erwecken, dass es genüge, Inhaltsverzeichnis oder die Anmerkungen

---

[912] Schricker-Loewenheim, § 53 Rz. 49; Fromm/Nordemann-Nordemann, § 53 Rz. 11.

[913] *V. Schaper*, AjBD-Mitt. 1985, S. 103.

[914] Gegenäußerung der Bundesregierung zur Stellungnahme des Bundesrates, UFITA Bd. 102 (1986), S. 141 zu Ziff. 12.

[915] Schricker-Loewenheim, § 53 Rz. 49.

[916] *Fromm/Nordemann-Nordemann*, § 53 Rz. 11; ebenso *Möller/Mohr*, IuR 1987, S. 53 (56).

[917] Vgl. Hierzu BT Drucks. 10/837, S. 40.

[918] Stellungnahme des Bundesrates zum Regierungsentwurf, UFITA Bd. 102 (1986), S. 123 zu Ziff. 12.

nicht mitzukopieren.[919] Die Vorschrift ist demnach besonders eng auszulegen, so dass eine Vervielfältigung von mehr als 75 % in der Regel nicht mehr zulässig ist.

c) Einschränkende Auslegung für digitale Werkausgaben

Fraglich ist, ob die Gegenausnahme des § 53 Abs. 4b) UrhG, wonach eine im Wesentlichen vollständige Vervielfältigung von Büchern und Zeitschriften nicht von § 53 Abs. 1 UrhG zum privaten Gebrauch privilegiert ist, auch auf vom Rechtsinhaber in den Verkehr gebrachte elektronische Publikationen anzuwenden sein sollte.

Vom Wortlaut fallen auch elektronische Ausgaben von Büchern und Zeitschriften unter diese Gegenausnahme, da diese weniger durch ihr Trägermedium als durch ihren Inhalt charakterisiert werden. Gesetzgeberisches Ziel dieser mit der Urheberrechtsnovelle 1985 eingefügten Schranken-Schranke war der Schutz bestimmter Verlagsprodukte. Gesetzestechnisch auffällig ist insoweit die Verwendung der Begriffe "Buch" und "Zeitschriften", die nicht der üblichen Nomenklatur des UrhG entsprechen. Es sollten durch die Schranken-Schranke also – ebenso wie bei der Schranken-Schranke des § 53 Abs. 4a) UrhG für Musiknoten – ganz bestimmte Erscheinungsformen der Werkverbreitung geschützt werden. Ziel der Neuregelung war es, die zunehmende Reprographiertätigkeit einzudämmen. Diese technische Entwicklung führte zu einem Teufelskreis, der sich aus sinkenden Auflagen auf Grund steigender Kopiertätigkeiten und dadurch bedingten Preissteigerungen ergab.[920] Aus kulturpolitischen Gründen wurde deshalb den *Investitionen* der Verlage ein besonderer Schutz zuteil[921], die unabhängig von den Kosten der Inhalte, für Satz, Druck, Lagerung, Distribution und Handel anfallen. Bei elektronischen Publikationen, die Online vertrieben werden können, entfallen diese Kosten zum größten Teil. Eine Publikation im für Sprachwerke üblichen PDF-Format kann recht unkompliziert und ohne nennenswerten Kostenaufwand selbst vom Urheber hergestellt werden, so dass hier nur noch das Werk in einen entsprechenden Online-Shop aufgenommen werden muss. Zudem ist hier fraglich, warum diese Schranken-Schranke nur für bestimmte Sprachwerke gelten soll, nicht jedoch für audio-visuelle Werke, deren Herstellungskosten oftmals sogar deutlich höher sind. Bei einem Musikalbum könnte so beispielsweise die Vervielfältigung auf einige Titel beschränkt werden. Gerade bei Sprachwerken wird der Markt im Übrigen nicht unbedingt ein digitales Produkt dem analogen vorziehen, da dieses oftmals schwerer zu hand-

---

[919] Gegenäußerung der Bundesregierung zur Stellungnahme des Bundesrates, UFITA Bd. 102 (1986), S. 141 zu Ziff. 12.

[920] Dies wurde vom *Börsenverein*, Kopierrecht, S. 27, bereits im Jahr 1978 beklagt, verbunden mit der Forderung nach gesetzgeberischem Tätigwerden.

[921] BT Drucks. 10/837, S. 58.

haben ist, während bei audio-visuellen Medien das Gegenteil gilt. Die durch CD und DVD erreichten Fortschritte an Nutzungskomfort und Qualität der Wiedergabe sind weitaus größer als die Vorteile elektronischer Printwerke, bei denen vor allem die Möglichkeit von Suchfunktionen als neue Nutzung hervorsticht.

Als weiteres Argument für eine teleologische Reduktion dieses Tatbestandsmerkmales wird angeführt, dass es der Rechtsinhaber in der Hand hat, diese in digitaler Form oder eben (nur) analog zu publizieren.[922] Entscheidet er sich (auch) für ein elektronisches Publizieren, muss er mit dem Risiko von Privatkopien auch ganzer Werke rechnen. Hieran ist richtig, dass dies bei ausreichender Sicherung der digitalen Werke weitest gehend verhindert werden kann. In diesem Fall bedarf der Rechtsinhaber tatsächlich nicht des Schutzes der Schranken-Schranke des § 53 Abs. 4b) UrhG. Dennoch ist de lege lata weiter davon auszugehen, dass § 53 Abs. 4b) UrhG auch für digitale Publikationen gilt. Ziel der Info-RL und deren Umsetzung im UrhInfG war es gerade, digitale Formen der Werkvermittlung zu fördern, d.h. durch die gegenwärtige Rechtslage bestehende Hemmnisse abzubauen. Deshalb hat sich der Gesetzgeber für den Schutz technischer Schutzsysteme ausgesprochen. Da diese aber derzeit noch nicht ausgereift sind, muss zumindest übergangsweise der Rechtsschutz mit anderen Mitteln aufrechterhalten werden. Auch unter Gesichtspunkten der Rechtssicherheit wäre es nicht zu rechtfertigen, dass nach dem klaren gesetzgeberischen Willen elektronische Publikationen und individuelle Lizenzierungen gefördert werden sollen, während auf der anderen Seite dies durch eine teleologische Reduktion einer Norm, deren Wortlaut eindeutig eine andere Sprache spricht, wieder aufgehoben würde. Der Gesetzgeber hat im UrhInfG auch den § 53 Abs. 4b) UrhG nicht angetastet, sondern in der Begründung vielmehr grundsätzlich klargestellt, dass die Regelungen des § 53 auch für die digitale Vervielfältigung gelten.[923] Im Umkehrschluss muss daraus gefolgert werden, dass auch bei den Schranken-Schranken nicht zwischen analoger und digitaler Vervielfältigung unterschieden werden soll, soweit dies nicht ausdrücklich – wie z.B. in § 53 Abs. 2 S. 2 Nr. 2 UrhG – in der gesetzlichen Neufassung klargestellt wird.

Schließlich überzeugt auch das Argument des Entfallens des historischen Schutz-zweckes nicht restlos. Gerade bei aufwändigen wissenschaftlichen Publikationen wird die Redaktionstätigkeit einen wesentlichen Anteil der Gesamtkosten ausmachen. Ähnliches gilt auch für andere Arten von Publikationen, die für Privatkopien relevanter sind. So hat beispielsweise Hillary Clinton für ihre

---

[922] So *Kitz*, MMR 2001, S. 727 (730); er schränkt dies konsequent auf Werke ein, die der Rechtsinhaber in digitaler Form in den Verkehr gebracht hat, also nicht wenn im Wege der Privatkopie ein in analoger Form verbreitetes Werk digitalisiert wird, das nunmehr als digitale Kopiervorlage verfügbar ist. In diesem Fall hat der Rechtsinhaber sich gerade gegen eine digitale Werkausgabe entschieden, was nicht durch die Privatkopie unterlaufen werden soll.

[923] BT Drucks. 15/38, S. 20 zu § 53 vor Absatz 1.

Memoiren einen Honorarvorschuss von rund 8 Mio. € erhalten[924], der zunächst über die Startauflage wieder verdient werden muss.

d) Abschreiben

Nachdem der Regierungsentwurf 1983 die zulässige Vervielfältigung auf handschriftliche Vervielfältigungen beschränkte, wurde auf Vorschlag des Bundesrates der weitere Begriff des Abschreibens gewählt.[925] Erlaubt ist jede Vervielfältigungstechnik, bei der eine Person einen gelesenen Text erneut niederschreibt. Zulässig ist damit auch die Eingabe in einen PC und der einmalige Ausdruck. Dagegen dürfen so hergestellte Vervielfältigungen nicht anderweitig (maschinell) kopiert werden, da es sich um eine erneute Vervielfältigung des Werkes handeln würde, die jedoch nur durch Abschreiben erfolgen darf.[926]

e) Vergriffene Werke

Als Gegenausnahme ist die vollständige Vervielfältigung seit zwei Jahren vergriffener Werke zum privaten Gebrauch zulässig. Der "eigene" Gebrauch ist hier als Oberbegriff der Schranken aus § 53 Abs. 1-3 UrhG zu verstehen[927] und soll abgrenzen zu einer Weitergabe als Kopierzweck.

(i.) Nach heute allgemeiner Ansicht ist das Werk vergriffen, wenn es der Verlag nicht mehr liefern kann.[928] Die zu § 54 Abs. 1 Ziff. 4 b) UrhG 1965 (sonstiger eigener Gebrauch) vertretene Auffassung, das Werk dürfe auch nicht im Buchhandel oder Antiquariat[929] erhältlich sein, ist durch die Gesetzesbegründung hinfällig geworden. Demnach soll die zuvor erforderlich Suche nach dem Urheber entfallen, um die Vervielfältigung zu erleichtern.[930] Durch neue Printprodukte wie Books on Demand oder Zeitschriftendatenbanken dürfte diese Ausnahme-

---

[924] Ähnliche Beträge dürfte die Autorin der Harry-Potter-Bände, Joanne Rowling, erzielen. Über die kulturelle Wertigkeit solcher Bestseller mag sich jeder sein eigenes Bild machen.

[925] Stellungnahme des Bundesrates zum Regierungsentwurf, UFITA Bd. 102 (1986), S. 123 zu Ziff. 12.

[926] Vgl. das Beispiel bei *Fromm/Nordemann-Nordemann*, § 53 Rz. 11; hier zeigt sich plastisch der Unterschied zwischen Werk und Werkexemplar.

[927] *Schricker-Loewenheim*, § 53 Rz. 46, 17.

[928] *Schricker-Loewenheim*, § 53 Rz. 34; *Paschke*, GRUR 1985, S. 949 (952); *Flechsig*, NJW 1985, S. 1991 (1994); zu § 29 VerlG vgl. *Bappert/Maunz/Schricker*, § 29 Rz. 3.

[929] *Möhring/Nicolini*, § 54 Anm. 6 b) forderten sogar eine Suchanzeige eines Antiquariates im Börsenblatt des Deutschen Buchhandels. Anzumerken ist jedoch, dass gemäß § 54 Abs. 2 UrhG 1965 ein Vergütungsanspruch *nur* bei gewerblichen Kopien zu zahlen war, so dass das Urheberrecht im Übrigen ersatzlos aufgehoben war, wie eine besonders enge Auslegung vertretbar erscheinen ließ; a.A. schon damals *v. Gamm*, Urheberrecht, § 54 Anm. 12 b).

[930] UFITA Bd. 96 (1983), S. 131 Ziff. 5 b).

204

regelung für die private Nutzung teilweise an Bedeutung verlieren[931], da auch die Herstellung einer einzelnen Werkausgabe durch den Verlag ohne großen Aufwand möglich ist. Auch für den analogen Buchdruck werden die Druckvorlagen heute ausschließlich in digitaler Form verarbeitet. Selbst wenn ein Verlag also keinen eigenen Nachdruck auf Vorrat plant, kann er das Werk über BoD weiterhin zum Verkauf anbieten, um dieser Ausnahme die Grundlage zu entziehen.

(ii.) Macht der Verlag hiervon dagegen keinen Gebrauch, ist weiter fraglich, ob das Werk bereits vergriffen ist, wenn das analoge Printprodukt nicht mehr verfügbar ist, oder ob sich der Nutzer stattdessen auf ein digitales (entgeltliches) Download-Angebot des Verlages oder sonstigen Lizenznehmers verweisen lassen muss.

Stellt man darauf ab, dass es sich bei der Online-Ausgabe um eine neue Nutzungsart im Sinne des § 31 Abs. 4 UrhG handelt[932], ist das Werk vergriffen, wenn die konkrete Nutzungsart, also die Printausgabe, nicht mehr vom Verlag angeboten wird. Hierfür spricht auch der Wortlaut, der die Vervielfältigung von Büchern und Zeitschriften erlaubt. Als "vergriffenes Werk" wäre demnach die konkrete körperliche Nutzungsart des analogen Buchdruckes gemeint. Sinn und Zweck der Norm legen jedoch eine einschränkende Auslegung des Tatbestandsmerkmales nahe. Mit der Einfügung des § 53 Abs. 4 UrhG hatte der Gesetzgeber ausweislich der Gesetzesmaterialien ausschließlich die analoge Reprographie im Blick gehabt.[933] Die erheblichen Schwierigkeiten, sich ein körperliches Exemplar eines Werkes außerhalb des Verlages zu beschaffen, sollten durch die Neuregelung beseitigt werden. Daneben ist der Gesetzgeber auch davon ausgegangen, dass die wirtschaftliche Auswertung durch den Urheber nur geringfügig durch das Kopieren vergriffener Werke beeinträchtigt wird.[934] Dieser Aussage liegt die Annahme zu Grunde, dass ein Werk gerade deshalb vergriffen ist, weil sich durch die geringfügige Nachfrage eine Neuauflage wirtschaftlich nicht lohnt. Ergo erleidet der Urheber durch wenige private Vervielfältigungen nur einen geringfügigen Umsatzausfall.

Mit der digitalen Technik bestehen jedoch die oben geschilderten Hindernisse nicht mehr in gleicher Weise. Durch eine einfache Internetrecherche ist festzu-

---

[931] Vgl. zu diesen Nutzungsformen oben Teil 1 B II.

[932] Auf diese Diskussion soll hier nicht näher eingegangen werden, da es wohl unstreitig ist, dass es sich bei der Online-Nutzung von Printprodukten gegenüber den analogen Produkten um eine selbständige Nutzungsart handelt, vgl. hierzu eingehend *Katzenberger*, Printmedien, S. 95 ff.

[933] Der Regierungsentwurf, UFITA Bd. 96 (1983), S. 113, spricht insoweit mehrfach von *photomechanischen* Vervielfältigungen. Zum damaligen Zeitpunkt waren auch die ersten Datenverarbeitungsgeräte für den privaten Anwender auf dem Markt, so dass eine digitale Vervielfältigung vorhersehbar war.

[934] Gesetzesbegründung UFITA Bd. 96 (1983), S. 132, Ziff. 5 f).

stellen, ob die gesuchte Zeitschrift noch als Online-Ausgabe erhältlich ist. Anders als bei der nach alter Rechtslage erforderlichen Suche nach dem Autor, bereitet die Suche nach dem Verlag schon insoweit keine Schwierigkeiten, als der Nutzer bei diesem sowieso wegen einer Printausgabe anfragen muss, bevor er die Ausnahme für vergriffene Werke in Anspruch nehmen darf. Auch ein Download ist ohne größeren Zeit- oder Kostenaufwand möglich, da Printdateien selbst bei Einbindung von Grafiken vergleichsweise geringe Datenmengen erfordern. Selbst wenn man nach wie vor davon ausgeht, dass die Interessen von Urheber und Verlag nur geringfügig beeinträchtigt sind, ist dennoch zu berücksichtigen, dass die Erstverwertung gegenüber der Zweitverwertung über § 53 Abs. 1 UrhG grundsätzlich vorrangig ist. Da es sich bei der Ausnahme für vergriffene Werke nicht um unwesentliche Teile eines Werkes bzw. einzelne Beiträge einer Zeitschrift handelt, sondern das Werk vollständig übernommen werden darf, verdrängt der Kopist den Rechtsinhaber vollständig aus seinem Erstverwertungsrecht. Dagegen kann auch nicht eingewandt werden, dass der Rechtsinhaber aus der Kopierabgabe eine angemessene Vergütung erhält, da auf diesem Wege nur geringe Erträge erzielt werden. Gegen die Lizenzierung eines Online-Exemplars spricht aus Nutzersicht dann letztlich allein die Erwägung, dass die pauschale Kopiervergütung deutlich billiger ist. Auch die Sozialpflichtigkeit des Eigentums geht jedoch nicht soweit, dass sie der Allgemeinheit den mehr oder weniger kostenlosen Zugriff auf das *vollständige* Werk erlaubt. Das Informationsinteresse ist durch das Online-Exemplar gewahrt.

Aus der Abwägung der Interessen von Urheber/Verlag bzw. Nutzer ergibt sich somit, dass es durch die neuen Vervielfältigungsverfahren zumutbar ist, sich ein lizenziertes Online-Exemplar einer vergriffenen Zeitschrift zu beschaffen. § 53 Abs. 4 b) UrhG ist deshalb einschränkend dahingehend auszulegen, dass eine Zeitschrift erst dann vergriffen ist, wenn in den letzten zwei Jahren nicht die Möglichkeit zum Erwerb einer (einzelnen) Print- oder Onlineausgabe bestand.

3.   Verbot der privaten Vervielfältigung von Datenbankwerken

Gemäß § 53 Abs. 5 S. 1 Var. 1 UrhG dürfen *elektronisch zugängliche* Datenbank*werke* nicht zu privaten Zwecken kopiert werden. Die Regelung setzt die Datenbankrichtlinie 96/9 EG[935], namentlich deren Art. 6 Abs. 2 a) um. Dieser erlaubt dem nationalen Gesetzgeber lediglich eine Schranke zur privaten Vervielfältigung für nicht-elektronisch zugängliche *Datenbanken*. Die Regelung steht dabei systematisch im Abschnitt II, der den urheberrechtlichen Schutz von Datenbanken im Sinne der Richtlinie regelt. Im Umkehrschluss schließt Art. 6 Abs. 2 a) DB-RL damit eine Schranke für elektronische Datenbank*werke* im Sinne des deutschen UrhG aus.[936]

---

[935] ABl. EG 1996, Nr. L 77, S. 20 ff.

[936] So die Begründung des Regierungsentwurfes, BT Drucks. 13/7385, S. 44 zu § 69 Abs. 1 UrhG.

206

a) Abgrenzung Datenbankwerke - Datenbanken[937]

Art. 1 Abs. 2 DB-RL definiert einen *einheitlichen* Datenbankbegriff. Unterschieden wird dagegen bezüglich des Schutzumfanges als volles Urheberrecht einerseits (Kapitel II) und einem Schutzrecht sui generis andererseits (Kapitel III). Der deutsche Gesetzgeber hat diese Unterscheidung bereits in einer Legaldefinition getroffen. Gemäß § 4 Abs. 2 S. 1 UrhG sind Datenbank*werke* ein Unterfall der Sammelwerke, deren Elemente systematisch oder methodisch angeordnet sind, wobei nicht nach der Methode des Werkzuganges unterschieden wird. Nach der Definition der Sammelwerke in § 4 Abs. 1 UrhG müssen Auswahl und Anordnung eine persönliche geistige Schöpfung darstellen, um vollen urheberrechtlichen Schutz zu genießen. Wird die Werkhöhe dagegen nicht erreicht, greift zum Schutze einer *wesentlichen Investition* das Leistungsschutzrecht des § 87 a UrhG für *Datenbanken* ein. Dieses Recht ist jedoch nicht subsidiär, sondern kann auch neben dem Schutz des Datenbankwerkes bestehen.[938]

b) Private Vervielfältigung von Datenbanken

Das Leistungsschutzrecht der Datenbankhersteller[939] hat im Gegensatz zu den meisten anderen Leistungsschutzrechten, die auf die Regelungen der §§ 45 – 61 UrhG verweisen, eine eigene Schrankenregelung. Gemäß § 87 c Abs. 1 Ziff. 1 Hs. 1 UrhG darf zum privaten Gebrauch ein in qualitativer oder quantitativer Hinsicht *wesentlicher Teil* einer Datenbank vervielfältigt[940] werden.[941] Gemäß Hs. 2 gilt dies jedoch nicht für elektronisch zugängliche Datenbanken. Insoweit setzt der Gesetzgeber die Vorgabe von Art. 9 lit. a DB-RL um, der wiederum abschließend nur eine Schranke zum privaten Gebrauch bei nicht-elektronischen Datenbanken zulässt. Regelungszweck ist die Erwägung, dass gerade die einfachen Möglichkeiten des digitalen Vervielfältigens derartige Investitionen besonders gefährden.[942]

---

[937] Im Weiteren sind diese Begriffe im Sinne des UrhG zu verstehen, soweit nichts anderes vermerkt ist.

[938] Im Anschluss an die Regelung des Art. 7 Abs. 4 DB-RL, Bericht an den Rechtsausschuss des Deutschen Bundestages, BT Drucks. 13/7934, S. 42 zu Art. 7 Ziff. 1.

[939] Erwägungsgrund 39 der DB-RL stellt insoweit klar, dass der Hersteller nicht die natürliche Person ist, die den Datenbestand anordnet und pflegt, sondern derjenige, der die geschützte Investition trägt. Dies wird mit der Definition des § 87 a Abs. 2 UrhG umgesetzt.

[940] An Stelle des dem deutschen Urheberrecht fremden Begriffes der Entnahme im Sinne von Art. 7 Abs. 2a) DB-RL tritt der entsprechende Begriff der Vervielfältigung.

[941] So auch wörtlich Art. 7 Abs. 1 DB-RL.

[942] *Schricker-Vogel*, § 87 c Rz. 10 unter Verweis auf die Regelung zu Software (§ 69 d UrhG), die ebenfalls keine private Vervielfältigung vorsieht.

aa) Wesentliche Teile

Gemäß § 87b Abs. 1 S. 1 UrhG hat der Datenbankhersteller ein umfänglich beschränktes Leistungsschutzrecht. Demnach steht ihm nur das Vervielfältigungsrecht für die gesamte oder zumindest wesentliche Teile der Datenbank zu. Unwesentliche Teile sind dagegen im Interesse der Informationsfreiheit grundsätzlich nicht geschützt.[943] Denn regelmäßig verwendet der Datenbankhersteller entweder die schöpferischen Leistungen anderer oder nicht schutzfähiges Datenmaterial.

Was nun einen wesentlichen Teil einer Datenbank darstellt, lässt sich nicht allgemein definieren.[944] Vielmehr ist schutzzweckbezogen im Einzelfall auf die Erheblichkeit der Gefährdung der Investition abzustellen.[945] Als Kriterien können dabei herangezogen werden: Art und Umfang der Datenbank sowie der vervielfältigten Teile nach quantitativen, aber vor allem auch nach qualitativen Gesichtspunkten; die Investitionshöhe; der wirtschaftliche Wert der kopierten Teile.[946] Dabei ist insgesamt ein strenger Maßstab anzulegen, um das Interesse am Investitionsschutz mit der Informationsfreiheit in Ausgleich zu bringen.[947]

bb) Keine absolute Kopierfreiheit für unwesentliche Teile einer Datenbank

Zwar sind unwesentliche Teile einer Datenbank gemäß § 87 b Abs. 1 S. 1 UrhG vom Leistungsschutzrecht des Datenbankherstellers grundsätzlich ausgenommen und können demnach auch zu privaten Zwecken vervielfältigt werden.[948] Zum Schutz vor Umgehung sind jedoch auch solche Teile gemäß S. 2 vor systematischen Vervielfältigungen kleinerer Teile geschützt, die für sich allein zulässig wären. Ähnlich dem Rechtsgedanken des 3-Stufen-Tests aus Art. 9 Abs. 2 RBÜ soll der Leistungsschutzberechtigte vor einer planmäßigen Beeinträchtigung der üblichen wirtschaftlichen Auswertung des Schutzrechtes bewahrt werden. Insoweit ist jedoch wiederum eine wesentliche Investition des

---

[943] *Gaster*, CR 1997, S. 669 (671), ohne diese Begründung sieht auch die Begründung des Regierungsentwurfes vor, zit. nach *Schulze*, Materialien, S. 1020, dass nur die Entnahme wesentlicher Teile unter das Schutzrecht fällt.

[944] *Flechsig*, ZUM 1997, S. 577 (588); *Schricker-Vogel*, § 87b Rz. 9; *Fromm/Nordemann-Hertin*, § 87b Rz. 13.

[945] So auch der Erwägungsgrund Nr. 42 der DB-RL; vgl. auch *Kotthoff*, GRUR 1997, S. 597 (602).

[946] *Schricker-Vogel*, § 87b Rz. 9.

[947] Fromm/Nordemann-Hertin, § 87b, Rz. 13.

[948] Dogmatisch dürfte dies wohl keine Schranke des Schutzbereiches, sondern eine Definition des geschützten Rechtsgutes (Inhaltsbestimmung) darstellen; der Vollständigkeit halber wird diese Frage jedoch gleichfalls kurz erörtert.

Datenbankherstellers erforderlich, die durch den Kopisten gefährdet ist.[949] Entscheidend sind also ähnlich dem Schutz wesentlicher Elemente die konkreten Umstände des Einzelfalles, so dass generalisierende Definitionen nicht darstellbar sind.

Soweit unwesentliche Teile systematisch vervielfältigt werden, gilt das Verbotsrecht des § 87b Abs. 1 S. 2 schrankenlos. Bereits mit der Feststellung einer unzumutbaren Beeinträchtigung, die das Verbotsrecht tatbestandlich voraussetzt, ist die Grenze des nach Art. 14 Abs. 2 GG bzw. Art. 9 Abs. 2 RBÜ zulässigen Maßes überschritten, so dass insoweit die Interessen des Nutzers nicht mehr überwiegen können.

IV. Sonderregelungen für Software

Mit den §§ 69 a ff. UrhG gelten in Umsetzung der EG Richtlinie 91/250[950] auch für Software von den sonstigen Vorschriften des UrhG abweichend Sonderregelungen. Die Rechtsprechung hatte Software bereits zuvor urheberrechtlichen Schutz zuerkannt, stellte jedoch hohe Anforderungen an die Werkhöhe.[951] Dementsprechend wurden bereits in der Urheberrechtsnovelle 1985 Datenverarbeitungsprogramme in den Werkkatalog des § 2 Abs. 1 Ziff. 1 UrhG 1985 aufgenommen. Der Gesetzgeber erkannte dabei die besonderen Gefahren der privaten und sonstigen eigenen Vervielfältigung für diese Werkgattung. Einfachheit und Preisgünstigkeit der Kopie ließen eine starke Tendenz in dieser Richtung erkennen.[952] In § 53 Abs. 4 S. 2 UrhG 1985 wurde deshalb eine Ausnahme zu den Schranken des § 53 Abs. 1 – 3 festgelegt, die eine Vervielfältigung zum eigenen Gebrauch untersagte.

1. Umfang des Verbotsrechtes des Softwareurhebers

Im Unterschied zu den sonstigen Werkgattungen ist bereits die *Benutzung* von Software gemäß § 69c Ziff 1 S. 2 UrhG dem Verbotsrecht des Urhebers unterstellt, sofern zu diesem Zweck eine technisch notwendige Vervielfältigung des Programms erforderlich ist.[953] Nach § 69a Abs. 4 UrhG verdrängt somit § 69c Ziff. 1 UrhG die allgemeine Vorschrift des § 16 UrhG.

---

[949] Dies ist ein Grundgedanke des Datenbankschutzes, vgl. Erwägungsgrund 42 der DB-RL.

[950] ABl. EG 1991 Nr. L 122 S. 42 ff., nachfolgend "SW-RL".

[951] Zusammenfassend BGH GRUR 1985, S. 1041 (1047) – Inkasso-Programm.

[952] So der Bericht des Rechtsausschusses des Deutschen Bundestages, UFITA Bd. 102 (1986), S. 177 Ziff. 7.

[953] Entsprechend Art. 4 SW-RL.

2. Schranken des Vervielfältigungsrechtes zur Nutzung der Software

Um nicht jeden *Nutzungsvorgang* von der Zustimmung des Urhebers abhängig zu machen, erlaubt § 69d Abs. 1 UrhG dem Nutzungsberechtigten die Vervielfältigung der Software, *soweit* dies zur bestimmungsgemäßen Nutzung der Software technisch notwendig ist.[954] Die Norm unterscheidet damit nicht zwischen privaten oder sonstigen Nutzungszwecken. Weitergehende Schrankenbestimmungen wären von Art. 5 SW-RL nicht gedeckt. Vervielfältigungen, die nicht zur Nutzung des Programms unmittelbar notwendig sind, dürfen nicht erlaubt werden. Die Norm will lediglich dem berechtigten Anwender die *bestimmungsgemäße Nutzung* erlauben[955], auch wenn mit den zugelassenen Nutzungshandlungen zugleich ein Missbrauchspotenzial besteht, was die Rechtsinhaber ansonsten durch eine engere lizenzvertragliche Regelung weiter einzuschränken versuchen würden.

a) Verwendungsberechtigte

Die Befugnis zur Verwendung ergibt sich aus einer *vertraglichen* Vereinbarung zwischen Urheber und Nutzer.[956] Diese bestimmt die Bedingungen für die Weiterveräußerung[957] der Software, die Ausübung der Nutzungsbefugnis durch Angestellte oder im Freundes- und Familienkreis des Berechtigten. Berechtigt sind ferner Bibliotheksbenutzer[958] oder andere Entleiher der Software. Denn gemäß § 69c Ziff. 3 S. 2 UrhG ist das Verbreitungsrecht mit innergemeinschaftlichem Inverkehrbringen erschöpft.[959] Dementsprechend kann die Weiterveräußerung der Software nicht mit dinglicher Wirkung verhindert werden, da die Erschöpfung zwingendes Recht darstellt.[960] Der Zweiterwerber ist folglich ebenso rechtmäßiger Benutzer. Im Übrigen ist auch fraglich, ob eine entsprechende schuldrechtliche Verpflichtung des Ersterwerbers dem Maßstab der §§ 305c, 307 BGB stand hält.[961]

---

[954] Zum Charakter dieser Regelungen als Schrankenbestimmungen vgl. bereits oben Teil 2 B I 2.

[955] Erwägungsgrund 17 der SW-RL; vgl. auch die Amtl. Begründung, BT-Dr. 12/4022, S. 12.

[956] Ausführlich *Marly*, Softwareüberlassung, Rz. 394.

[957] Inklusive Schenkung und Tausch.

[958] Ausdrücklich Regierungsentwurf BT Drucks. 12/4022, S. 12, der dies auch für Pflichtexemplare annimmt.

[959] Schricker-Loewenheim, § 69d, Rz. 39.

[960] *Haberstumpf*, Rechtsschutz, Rz. 133.

[961] Hierzu eingehend *Lehmann*, NJW 1993, S. 1822 (1825).

210

b)   Bestimmungsgemäße Nutzung

In welchem Umfang der Erwerber die Software nutzen darf, ergibt sich wiederum aus dem Lizenzvertrag und dem dort vereinbarten Nutzungszweck.[962] Dieser vorgegebene Rahmen bestimmt die Notwendigkeit[963] von Vervielfältigungen beim Programmablauf. Im Lizenzvertrag kann so geregelt sein, dass die Software auf nur einem Computer[964] genutzt wird, dass kein Einsatz in Netzwerken erfolgt bzw. wie viele Nutzer im Netzwerk gleichzeitigen Zugriff auf die Software haben etc. Im Übrigen hat sich die bestimmungsgemäße Nutzung an Art und Ausgestaltung des Programms zu orientieren.[965]

Neben dem Kartellrecht[966] und den allgemeinen zivilrechtlichen Schranken rechtsgeschäftlicher Gestaltungsfreiheit, wie den §§ 305 a ff. BGB, besteht nach allgemeiner Ansicht ein vertraglich nicht einschränkbarer Kern von Nutzungsbefugnissen.[967] Dem steht nicht entgegen, dass § 69g Abs. 2 UrhG nur die Vorschriften des § 69d Abs. 2 und 3 UrhG für nicht abdingbar erklärt, und der Wortlaut des § 69d Abs. 1 UrhG ausdrücklich einen Vorrang vertraglicher Vereinbarungen festschreibt.[968] Die Auslegung des zwingenden Kernbereiches hat der Gesetzgeber den Gerichten überlassen.[969] Abstrakt lässt sich der Nutzungsumfang definieren als die Möglichkeit, die Software wirtschaftlich sinnvoll einzusetzen.[970]

c)   Sicherungskopien

Gemäß § 69d Abs. 2 UrhG ist dem berechtigten Nutzer als weitere Schranke des Urheberrechtes das nicht abdingbare Recht (§ 69g Abs. 2 UrhG) zur Herstellung notwendiger Sicherungskopien eingeräumt. Sicherungskopien sollen die

---

[962] *Marly*, Softwareüberlassung, Rz. 395 f.; OLG Düsseldorf, CR 1997, S. 337 (338) – Dongle Umgehung.

[963] Erwägungsgrund 17 der SW-RL spricht insoweit von technisch erforderlichen Vervielfältigungen.

[964] Zu unterscheiden sind hier sog. CPU-Klauseln, d.h. die Software darf nur auf einem *bestimmten* PC benutzt werden, und das Verbot der Einrichtung auf mehreren Rechnern, vgl. ausführlich *Marly*, Softwareüberlassung, Rz. 924 ff.

[965] *Schricker-Loewenheim*, § 69d Rz. 8; ähnlich *Fromm/Nordemann-Vinck*, § 69d Rz. 3, der auf eine Interessenabwägung abstellt.

[966] Vgl. hierzu *Schneider*, Spannungsverhältnis.

[967] *Lehmann*, NJW 1993, S. 1822 (1823); *Haberstumpf*, Rechtsschutz, Rz. 159; *Günther*, CR 1994, S. 321 (326); *Marly*, NJW-CoR 1993, Heft 4, S. 21 (23).

[968] *Fromm/Nordemann-Vinck*, § 69d Rz. 6; ebenso Erwägungsgrund 17 SW-RL. Demnach dürfen Laden und Ablauf des Programms und die dazu notwendigen technischen Nutzungshandlungen nicht vertraglich untersagt werden.

[969] Regierungsentwurf BT Drucks. 12/4022, S. 12.

[970] In Anlehnung an *Lehmann*, FS Schricker, S. 543 (555).

Nutzung der Software auch für den Fall gewährleisten, dass das erworbene Exemplar beschädigt, gelöscht oder auf andere Weise nicht mehr nutzbar wird.[971] Anders als § 53 Abs. 1 UrhG spricht die Norm hier von "einer" Sicherungskopie, so dass nur eine einzige Vervielfältigung des Programms zulässig ist.[972]

Im Interesse der Berechtigten wird hiervon jedoch eine Ausnahme zu machen sein für die regelmäßige Datensicherung des *gesamten* Datenbestandes eines Computersystems.[973] Bei dieser Gelegenheit wird neben den eigenen Daten unvermeidlich auch der auf Festplatte gespeicherte Teil[974] der fremden Software mitgesichert. Diese Teile der Software sind nicht selbständig lauffähig, so dass die Urheberinteressen durch diese Form der Sicherungskopien nicht beeinträchtigt werden.[975] Zudem besteht hier ein erhebliches Interesse des Nutzers, seine Datenbestände regelmäßig zu sichern. Der künftige Einsatz der Software wird nicht nur durch die technische Lauffähigkeit des Systems bestimmt, sondern auch durch die wirtschaftliche Zweckbestimmung des Programms. Sind die bisher mit der Software verarbeiteten Daten nicht mehr verfügbar, ist auch die wirtschaftliche Nutzbarkeit der Software in Frage gestellt. Das von § 69d Abs. 2 UrhG genannte Sicherungsbedürfnis des Nutzers erstreckt sich mithin auch auf Sicherungskopien des gesamten Datenbestandes und kann nicht vertraglich eingeschränkt werden.[976]

d) Verbot von Vervielfältigungen beim Beobachten, Testen und Untersuchen

Der berechtigte Nutzer darf ein Programm während dessen bestimmungsgemäßen Ablaufs analysieren. Dies entspricht dem urheberrechtlichen Grundsatz, dass nicht Ideen, sondern nur deren konkrete Ausdrucksform schutzfähig sind, und wird von § 69a Abs. 2 S. 2 UrhG ausdrücklich klargestellt.[977] Die dabei *gefundenen* Teile des Programms dürfen jedoch als konkrete Ausdrucksform der Idee nicht vervielfältigt werden. Insoweit greift das Ausschließlichkeitsrecht des

---

[971] Ausführlich *Caduff*, Computerprogramme.

[972] So auch der Regierungsentwurf, BT Drucks. 12/4022, S. 12.

[973] Auch wenn diese Form der Sicherungskopie ihre Hauptrelevanz im Bereich der gewerblichen Nutzung hat, werden im privaten Bereich durchaus Sicherungskopien des Systems erstellt, z.B. beim Datentransfer auf neue Hardware.

[974] Soweit zur Übertragung der Software auf das System des Nutzers (sog. Setup) physische Datenträger verwendet werden, ist nicht von einer Identität des Datenträgers und der auf die Festplatte kopierten Teile der Software auszugehen, da der Datenträger auch nur bei der Installation benötigte Komponenten enthält, die beim Setup nicht auf die Festplatte vervielfältigt werden.

[975] Fromm/Nordemann-Vinck, § 69d Rz. 4.

[976] Graf v. Westphalen-Marly/Hoeren, AGB, Rz. 60.

[977] Vgl. auch Art. 1 Abs. 2 sowie Erwägungsgründe 13 und 14 der SW-RL.

212

§ 69c Ziff. 1 UrhG ein. Die Schranke stellt deshalb keine Erweiterung der Benutzungshandlungen dar.[978]

e)   Dekompilierung[979]

Gemäß § 69e Abs. 1 UrhG darf zur Herstellung von Interoperabilität mit anderen Programmen der Programmcode der geschützten Software vervielfältigt werden.[980] Hintergrund dieser Regelung ist wiederum der Grundsatz des § 69a Abs. 2 UrhG, wonach nicht die Idee, sondern nur deren Ausdrucksform schutzfähig ist. Um eine mittelbare Monopolisierung der Idee zu verhindern, wird das Vervielfältigungsrecht insoweit eingeschränkt.[981] Denn die Programmidee lässt sich oftmals nicht bei der vorrangig[982] durchzuführenden Analyse des Programmablaufes herausfinden, sondern bedarf einer Dekompilierung des Programmcodes, die wiederum mit Vervielfältigungshandlungen verknüpft ist. Die Regelung sollte letztlich erreichen, dass die Programmierung von Adaptionen für Standardsoftware auch für Konkurrenten eröffnet wird, um einer zusätzlichen Konzentration auch auf diesem Markt entgegenzuwirken.[983] Auf der anderen Seite darf die Dekompilierung nicht dazu ausgenutzt werden, dieselbe Ausdrucksform der Idee in einem Konkurrenzprodukt nachzuahmen, und gewährt im Übrigen einen Know-how-Schutz.[984] Die Vorschrift erlaubt deshalb keine vollständige Dekompilierung, sondern nur *soweit* dies zur Herstellung der Interoperabilität erforderlich ist, § 69e Abs. 1 Ziff. 3 UrhG. Die Richtlinie definiert dabei Interoperabilität als die Fähigkeit des wechselseitigen Informationsaustauschs bzw. der Informationsverwendung.[985] Hieraus ergibt sich, dass nur die Schnittstellen der Software von dieser Schrankenregelung betroffen sind. Dies kann im Einzelfall dennoch die vollständige Dekompilierung rechtfertigen, wenn nur auf diese Weise Interoperabilität herzustellen ist.[986]

---

[978] Schricker-Loewenheim, § 69d Rz. 22; Fromm/Nordemann-Vinck, § 69d Rz. 5.

[979] Vgl. ausführlich zu diesem Begriff *Schricker-Loewenheim*, § 69e Rz. 4.

[980] In Umsetzung von Art. 6 der SW-RL.

[981] Regierungsentwurf BT Drucks. 12/4022, S. 13.

[982] Dies ergibt sich aus § 69e Abs. 1 Nr. 2 UrhG; es genügt demnach schon, wenn der Softwarehersteller den Programmcode der Schnittstellen *von sich aus* zur Verfügung stellt. Nach *Marly*, NJW-CoR 1993 Heft 4, S. 21 (24), darf hierfür jedoch kein Entgelt, sondern nur eine Aufwandsentschädigung verlangt werden.

[983] Der Regierungsentwurf BT Drucks. 12/4022, S. 13, weist hier besonders auf die Innovationskraft kleinerer Softwarehersteller hin, die branchenspezifische Applikationen von Standardsoftware herstellen. Wären diese auf die Erlaubnis der Hersteller angewiesen, könnten letztere den Markt nach Belieben kontrollieren.

[984] Regierungsentwurf BT Drucks. 12/4022, S. 13.

[985] Vgl. Erwägungsgrund 12 der SW-RL.

[986] Fromm/Nordemann-Vinck, § 69e Rz. 2.

3. Abgrenzung Software – sonstige digitale Werke

Wegen der unterschiedlichen Rechtsfolgen bei der Qualifikation eines Werkes als Software einerseits und sonstigen Werken andererseits, kommt dieser Abgrenzung bei digitalen Werkstücken besondere Bedeutung zu, insbesondere bei Multimediawerken[987], die Mischformen von Software und audio-visuellen sowie Sprachwerken beinhalten. Software wird z.b. bei *Nordemann* definiert als "ablauffähige Folge von Einzelanweisungen, die dazu führt, den Computer zur Ausführung einer bestimmten Funktion zu veranlassen".[988] Regelmäßig dient die Software bei digitalen (Multimedia)Werken jedoch nur deren Wahrnehmbarmachung. Sie ist zudem meist nicht Bestandteil des vervielfältigten Werkexemplars, sondern dieses liegt in einem bestimmten Datenformat vor, das (nur) von einer Software ausgelesen werden kann, die der Nutzer bereits auf seiner Hardware installiert hat; selbständig wären die Werke dagegen nicht lauffähig und wahrnehmbar.[989] Ein Beispiel wäre die Software Acrobat Reader, die Dokumente, die im PDF-Format erstellt wurden, lesbar macht. Dasselbe gilt für DVD-Player-Software, ohne deren Hilfe eine DVD am PC nicht abspielbar wäre. Selbst wenn im Einzelfall bei ungebräuchlichen Datenformaten die Software zur Wahrnehmbarmachung Teil des vervielfältigten Werkes ist, dient die Software hier nur als Hilfsmittel. Hat der Urheber des Werkes die Erlaubnis des Softwareurhebers die Software integriert zu verbreiten, kommt es für die Privatkopie lediglich auf § 53 Abs. 1 UrhG bezüglich des eigentlichen Werkes an, der damit die Kopiervorschrift des § 69c UrhG überlagert. Fehlt eine Lizenz, könnte nur der Softwareurheber die weitere Vervielfältigung untersagen, so dass diese Frage regelmäßig keine praktische Bedeutung erlangen wird. Grundsätzlich ist demnach im Ergebnis bei audio-visuellen sowie Printwerken davon auszugehen, dass diese allein dem rechtlichen Regime des § 53 Abs. 1 UrhG unterfallen.[990]

V. Schutz technischer Maßnahmen

1. Verbot der Umgehung technischer Maßnahmen - § 95a UrhG

Wesentliche Neuerung[991] des UrhInfG dürfte der Rechtsschutz technischer Maßnahmen sein[992], der in §§ 95a ff. UrhG zur Umsetzung der Info-RL geregelt

---

[987] Vgl. ausführlich zum Verhältnis von Multimediawerken und Software *Koch*, GRUR 1995, S. 459 (461).

[988] Fromm/Nordemann-Vinck, § 69a Rz. 2.

[989] Möhring/Nicolini-Hoeren, § 69 Rz. 3; Fromm/Nordemann-Vinck, § 69a Rz. 2.

[990] Für die Werkart der Computerspiele dürfte regelmäßig gelten, dass es sich um Software handelt.

[991] Völlig neu ist diese Frage natürlich nicht, vgl. zum Rechtsschutz technischer Schutzsysteme de lege lata (aus Sicht des deutschen Rechts) *Wand*, Schutzmaßnahmen, S. 143 ff. Bei *Software* werden schon seit längerem Schutzmechanismen verwendet, so dass sich hier auch das Problem der unberechtigten Entfernung ergab. Das OLG Karlsruhe, CR 1996, S. 341 ff. – Dongle sowie das

wurde.[993] Der "urheberrechtliche"[994] Schutz greift nunmehr bereits ergänzend auf der Ebene vorbereitender Maßnahmen, die einer urheberrechtlich relevanten Nutzungshandlung vorausgehen. Im Folgenden soll auf den Regelungsgegenstand und die wesentlichen Unklarheiten dieser Normen eingegangen werden.

a)   Verbot der Umgehung - § 95a Abs. 1 UrhG

Nach § 95a Abs. 1 UrhG sind in Umsetzung von Art. 6 Abs. 1 Info-RL eigene Umgehungsmaßnahmen des Nutzers oder zugunsten Dritter verboten, soweit sie ohne Zustimmung des Rechtsinhabers die urheberrechtliche Nutzung von geschützten Inhalten oder den Werkzugang bezwecken.[995] Nicht geschützt sind

---

OLG Düsseldorf, CR 1997, S. 337 ff. – Dongle Umgehung lösten diese Frage über § 69c Ziff. 2 UrhG und qualifizierten das Entfernen als unzulässige Bearbeitung, vgl. auch *Möhring/Nicolini-Hoeren*, § 69c Rz. 8. Auf andere Werkarten lässt sich dieser Gedanke jedoch nur schwerlich übertragen. Daneben besteht für Software mit § 69f Abs. 2 UrhG ein Vernichtungsanspruch für Mittel, "die allein dazu bestimmt sind, die unerlaubte Beseitigung oder Umgehung technischer Programmschutzmechanismen zu erleichtern", vgl. hierzu *Raubenheimer*, CR 1994, S. 129 (131). Entsprechend greift § 97 UrhG häufig nicht ein, der zwar nach BGH GRUR 1999, S. 418 ff. – Möbelklassiker - auch vorbereitende Handlungen zu einer Urheberrechtsverletzung erfasst; diese müssen jedoch, z.B. in Form einer bestimmten Software *überwiegend* zur Umgehung bestimmt sein. Sind dagegen auch legale Handlungen wie das Privatkopieren möglich, greift dieser Schutz gerade nicht, vgl. zu diesem Problemkreis auch *Möhring/Nicolini-Lütje*, § 97 Rz. 31, sowie eingehend *Wand*, Schutzmaßnahmen, S. 151 f. Zum strafrechtlichen Schutz technischer Maßnahmen (beim Pay-TV) vgl. *Dressel*, MMR 1999, S. 390 ff., sowie zum Schutz durch das UWG bei gewerblichem Anbieten von Umgehungsmechanismen vgl. *Wand*, GRUR Int. 1996, S. 897 (903). Eine fundierte und umfassende Analyse des strafrechtlichen Schutzes vor Umgehungsmaßnahmen bietet *Sieber*, DMMV Gutachten, S. 81 ff., der zudem über das UrhInfG hinausgehende Vorschläge zu einer systematischen Erfassung der rechtspolitisch strafwürdigen Tatbestände macht.

[992] Die Neuregelungen beziehen sich nach Erwägungsgrund 50 der Info-RL nicht auf den Regelungsbereich der Software-RL, der dort abschließend kodifiziert ist. Insbesondere sollen technische Schutzmaßnahmen nicht dazu dienen, die nach der Software-RL zwingenden Schranken auszuhebeln, denen damit Vorrang vor den technischen Schutzsystemen gewährt wird; mit *Schricker-Loewenheim*, § 69f Rz. 11, der ein Recht auf Selbsthilfe insoweit ablehnt, ist fraglich, wie dieser Konflikt der widerstreitenden Interessen zu lösen ist, was bereits die Gesetzesbegründung als problematisch ansieht, vgl. BT Drucks. 12/4022, S. 12. Die für die Privatkopie geltende allgemeine Schrankensystematik passt nicht für die besonderen Schranken bei Software zu Gunsten von Sicherungskopien und zur Herstellung von Interoperabilität, die wohl eher Ausdruck des gewöhnlichen (lizenzierten) Nutzungsumfanges als einer gesetzlichen Privilegierung sind, vgl. insoweit die Ausführungen zu Teil 2 B I.

[993] Neben der Info-RL werden zugleich auch die entsprechenden Vorschriften des WCT und des WPPT umgesetzt. Deren Tatbestand ist jedoch deutlich weiter und vom geschützten Personenkreis deutlich enger als der der Info-RL, so dass hierauf nicht gesondert eingegangen wird, vgl. bereits Teil 1 C III.

[994] Da der Schutz technischer Maßnahmen im UrhG seinen Regelungsort gefunden hat, wird er als urheberrechtlicher Schutz bezeichnet, obwohl er eigentlich nur als Ergänzung zu den urheberrechtlichen Ausschließlichkeitsrechten zu sehen ist.

[995] Zur Legaldefinition des Schutzobjektes der geschützten "wirksamen technischen Maßnahmen" vgl. sogleich in den folgenden Abschnitten.

damit zunächst Umgehungen zu ausschließlich wissenschaftlichen Zwecken, wie der Erforschung des Schutzmechanismus.[996] Weitere Schutzvoraussetzung ist ferner, dass tatsächlich urheberrechtlicher Schutz für die gehackten Inhalte gewährt ist, d.h. die §§ 95a ff. UrhG greifen nur bei Werken und sonstigen Schutzgegenständen. Nach Ablauf der Schutzdauer gemeinfreier Werke oder sonstiger nicht geschützter Informationsinhalte wird folglich auch nicht über den Schutz dabei verwendeter technischer Maßnahmen ein mittelbarer Schutz durch das UrhG gewährt.[997]

Dagegen gehen sowohl die Info-RL als auch das UrhInfG über den in den Art. 11 WCT bzw. 18 WPPT geregelten Mindeststandard hinaus und räumen zugunsten der Rechtsinhaber dem Schutz technischer Maßnahmen Vorrang vor den Schrankenbestimmungen ein.[998] Dies ergibt sich zum einen daraus, dass § 95a Abs. 1 Art. 11 WCT bzw. 18 WPPT insoweit nicht das Tatbestandsmerkmal der Widerrechtlichkeit der Nutzung oder des Zuganges voraussetzt. Das Verhältnis zu den Schrankenbestimmungen wird zudem abschließend in § 95b UrhG geklärt.

Das Verbotsrecht setzt schließlich eine subjektive Komponente bei der Tatbegehung voraus. Der Täter muss nach den Umständen erkennen können, dass er einen zur Kontrolle von Zugang oder Nutzung verwendeten Mechanismus umgeht. Dieses Tatbestandsmerkmal wird von Art. 6 Abs. 1 der Info-RL bindend vorgegeben.[999]

---

[996] So Erwägungsgrund 48 der Info-RL, ihm folgend die Gesetzesbegründung, vgl. BT Drucks. 15/38, S. 26. Dies könnte jedoch häufig als Schutzbehauptung vorgeschoben werden, so dass insbesondere eine Einschränkung dieses Zweckes zu überlegen wäre. Eine solche könnte etwa durch eine Verpflichtung zur Vernichtung der dabei geschaffenen ungeschützten Vervielfältigungsstücke erreicht werden oder eine ausdrückliche Privilegierung der ausschließlich auf Erkenntnisse über den Mechanismus abzielenden Umgehungshandlungen.

[997] Vgl. *Reinbothe*, GRUR Int. 2001, S. 733 (741), *Knies*, ZUM 2003, S. 286 (292); ausdrücklich auch die Gesetzesbegründung, BT Drucks. 15/38, S. 26.

[998] Die WIPO-Verträge stellen wie die RBÜ nur einen Mindestschutz der Rechtsinhaber dar, so dass die nationalen Regelungen ohne weiteres ein höheres Schutzniveau vorsehen können, vgl. auch *Wand*, Schutzmaßnahmen, S. 44. Dies übersieht *Gehring*, Privatkopie, S. 7, 11 ff., soweit er aus den WIPO-Verträgen ableitet, dass Ausnahmebestimmungen zwingend bei der Ausgestaltung technischer Schutzsysteme zu berücksichtigen sind. Zur Begründung führt er an (a.a.O., S. 13, Fn. 53), dass es sich bei den Art. 11 WCT bzw. 18 WPPT nicht um fakultative Bestimmungen, sondern um obligatorische ("shall") Regelungen handelt. Dies betrifft aber nur die Verpflichtung der Vertragsstaaten, einen Schutz technischer Maßnahmen dem Grunde nach einzuführen. Sie dürfen diesen dabei entsprechend nationaler Ausnahmebestimmungen zu Lasten der Rechtsinhaber beschränken, müssen dies aber nicht.

[999] Nachdem der Gesetzgeber die Vorgaben zwar nicht wortgetreu, aber inhaltlich entsprechend den Vorgaben der Info-RL umgesetzt hat, ist kein Raum für eine Beschränkung des subj. Tatbestandes oder gar den Vorschlag des DMMV, diesen vollständig zu streichen, vgl. Stellungnahme zum Regierungsentwurf vom 9. September 2002, www.dmmv.de/de/data/doc/2501_006_035_stellgn_reg-_entwurf_020909.doc.

b) *Technische Maßnahmen*

§ 95a Abs. 2 S. 1 UrhG enthält eine Legaldefinition der technischen Maßnahmen, die "*im normalen Betrieb* dazu bestimmt" sein müssen, urheberrechtlich relevante Nutzungshandlungen zu kontrollieren. Problematisch ist der weit gefasste Wortlaut dieser Legaldefinition insoweit, als er zugleich auch andere Funktionen der technischen Schutzmaßnahmen zulassen würde, wie z.b. das Setzen eines proprietären technischen Standards wie im oben diskutierten Fall DeCSS.[1000] Die vom Gericht verbotene Software war in der Lage, mit dem CSS-Verfahren verschlüsselte DVDs auch ohne den sonst nur Lizenznehmern zur Verfügung stehenden Schlüssel auszulesen und wahrnehmbar zu machen. Damit wurde das mit diesem technischen Schutzsystem geschaffene Monopol wiederhergestellt, um den Markt der DVD-Player auf entsprechend lizenzierte Geräte bzw. Softwareplayer zu beschränken. Der mit dem Digital Millenium Copyright Act eingefügte Art. 1201a des Copyright Act verbietet, ähnlich der Regelung des § 95a UrhG, das Anbieten von Mechanismen, deren *vorrangiges* Ziel das Umgehen technischer Schutzsysteme ist. Zwar fällt auch DeCSS vom Wortlaut unter diese Bestimmung, das Ergebnis ist jedoch zugleich eine Beschränkung der Wahrnehmbarmachung von DVDs mit nicht lizenzierten DVD-Playern bzw. Software-Playern. Verhindert werden nicht nur unlizenzierte Nutzungen, sondern auch das Abspielen von Originalvervielfältigungsstücken auf beliebigen Abspielgeräten nach Wahl des Nutzers.

Wollte man dies vermeiden, müsste man entweder proprietäre Schutzstandards untersagen bzw. einen Anspruch auf einen unkontrollierten Zugriff auf Schutztechnologien gewähren. Der Schutz dieser proprietären Technologien ist jedoch durchaus legitim und darf deshalb Lizenzverträgen unterworfen werden. Eine Kontrolle missbräuchlicher Ausnutzung proprietärer Schutzstandards sollte daher eher im Kartell-, als im Urheberrecht loziert werden.[1001]

c) *Wirksamkeit technischer Maßnahmen - § 95a Abs. 2 S. 2 UrhG*

(i.) Den Schutz der §§ 95a ff. UrhG genießen nur "wirksame" technische Maßnahmen. Bereits lange vor In-Kraft-Treten ist Streit über die Auslegung dieses in § 95a Abs. 2 S. 2 UrhG legaldefinierten Begriffs entbrannt.[1002] Die Erfahrung lehrt, dass es eine Frage der Zeit ist, bis auch noch so ausgefeilte Schutzmechanismen geknackt werden. Ein 100% sicheres Schutzsystem wird wohl – zumindest bei vertretbarem Aufwand – eine Illusion bleiben. Stellt man auf dieses Ni-

---

[1000] Vgl. Teil 1 A III.

[1001] Da CSS fast kostenlos lizenziert wird, spielte diese Frage im entschiedenen Fall auch keine Rolle, sondern vielmehr der Einwand der freien Meinungsäußerung sowie die Fair Use Schranke, vgl. *Knies*, ZUM 2003, S. 286 (289 f., Fn. 46).

[1002] Vgl. www.heise.de/newsticker/data/jk-30.01.02-001.

veau ab, wäre jeglicher Schutzmechanismus theoretisch "unwirksam" und damit nicht schutzfähig. Dies hat weder die Info-RL[1003] noch der ihr mit einer weitest gehend wörtlichen Umsetzung folgende deutsche Gesetzgeber gewollt, was sich bereits aus der Gesetzesbegründung ergibt.[1004] Kriterium der Wirksamkeit kann daneben auch nicht sein, wie leicht oder schwer es ist, sich einen entsprechenden Umgehungsmechanismus – etwa in Form einer Software – aus dem Internet herunter zu laden. Auf der anderen Seite kann es für den Rechtsschutz nach § 95a UrhG nicht genügen, dass der Rechtsinhaber nur geringfügige Anstrengungen unternimmt, die ohne weiteres umgangen werden können, wie z.B. im Extremfall der bloße Aufdruck auf Werkstücke bzw. eine entsprechende Regelung in Lizenzbedingungen, dass eine Vervielfältigung untersagt ist.[1005]

Der Wortlaut von § 95a Abs. 2 S. 2 a.E. UrhG erklärt Mechanismen nur dann für schutzwürdig, *soweit* die uneingeschränkte Nutzung "unter Kontrolle gehalten *wird*". Außerdem müssen die Schutzvorrichtungen "die *Erreichung* des Schutzziels *sicherstellen*". Diesen Formulierungen ist immanent, dass der Kopierschutzmechanismus einen gewissen Grad an Effektivität aufweisen muss.[1006] Dieser wäre im Beispielsfall des Hinzufügens von Dummy-Dateien wohl nicht erreicht, durch die zur Vermeidung von Kopien die Kapazität der marktüblichen Aufzeichnungsmedien überschritten werden soll. Der durchschnittlich versierte PC Nutzer wird in der Lage sein diesen Mechanismus dadurch zu umgehen, dass er aus der Liste aller Dateien nur die mit tatsächlichen Inhalten per Drag-and-Drop auswählt. Auf ihn wird daher zur Auslegung abzustellen sein.[1007] Weder der Hacker noch der am PC völlig Hilflose kann insoweit Maßstab für die Wirksamkeit sein, sondern nur der überwiegend vorkommende Durchschnittsnutzer, der z.B. mit Hilfe einer Anleitung und entsprechender Software in der Lage ist Schutzmechanismen zu umgehen, selbst aber eine solche Software nicht entwerfen könnte.[1008]

(ii.) Unter dem Tatbestandsmerkmal der Wirksamkeit wird außerdem die Herstellung von 1:1-Kopien diskutiert, bei denen mit einer entsprechenden Software

---

[1003] Aus der Entstehungsgeschichte lassen sich insoweit keine Rückschlüsse ziehen, auch wenn die Definition der Wirksamkeit in Art. 6 Abs. 3 Info-RL während des Verfahrens massive Änderungen erfahren hatte, vgl. hierzu *Koelman*, EIPR 2000, S. 272 (275 f.).

[1004] BT Drucks 15/38, S. 26; wie dieses Dilemma zu lösen ist, lässt der Gesetzgeber dabei offen.

[1005] Hier würde es sich zudem nicht um elektronische Mechanismen handeln, die allein Gegenstand des Schutzes sind.

[1006] *Wand*, Schutzmaßnahmen, S. 109, spricht hier von einer "objektivierten Ernsthaftigkeit des technischen Schutzes".

[1007] So auch *Kröger*, Informationsfreiheit, S. 265.

[1008] So im Ergebnis auch *Spindler*, GRUR 2002, S. 105 (116), *Linnenborn*, K&R 2001, S. 394, (397), *Mayer*, CR 2003, S. 274 (279), *Hoeren*, MMR 2000, S. 515 (520) und *Sieber*, DMMV Gutachten, S. 81 (173) m.w.N.

auch der Kopierschutz (ohne ihn zu entschlüsseln) Bit für Bit ausgelesen und einfach mitkopiert wird.[1009] Typischerweise wird hier die Software Clone CD der Schweizer Firma Elby AG problematisiert. Diese hat auf die unsichere Rechtslage bereits reagiert und die Lizenzrechte Mitte September 2003 an die im Mai neu gegründete Firma Slysoft Inc. mit Sitz in Antigua verkauft.[1010]

Zweifel an der Wirksamkeit technischer Schutzsysteme kommen insoweit auf, als die Software nicht den Kopierschutz als solchen beseitigt, der seinerseits auf eine Guerilla-Taktik des Zerstörens des Kopiervorganges ausgerichtet ist[1011], sondern lediglich eine identische Kopie der Vorlage erstellt wird. Clone CD arbeitet, ebenso wie eine Vielzahl anderer "normaler" Brennprogramme, die zusammen mit CD- Brennern vertrieben werden, im sog. RAW Mode.[1012] Dabei wird der Auslesevorgang modifiziert, der nunmehr systemnah auf Bit-Ebene erfolgt und somit auch den Kopierschutz 1:1 vervielfältigt.[1013] Es gibt gute Gründe diesen technisch gegenüber früheren Brennprogrammen verbesserten Raw Mode einzusetzen, der ebenso gut zur Vervielfältigung nicht geschützter Inhalte taugt und somit nicht per se auf die Umgehung eines Schutzes ausgerichtet ist. Es ist digitalen Produkten wegen des binären Codes gerade immanent, dass sie 1:1 vervielfältigt werden (müssen), um eine Kopie herzustellen. Der eingesetzte Kopierschutz nutzte dagegen die Schwäche bisheriger Kopierverfahren, gerade keine solche 1:1-Kopie herzustellen, sondern bestimmte Bereiche nicht auszulesen bzw. den Datenfluss bei kleineren Störungen zu unterbrechen. Hinsichtlich technischer Neuerungen merkt Erwägungsgrund 48 der Info-RL insoweit an, dass technische Schutzsysteme nicht "den normalen Betrieb elektronischer Geräte und deren technische Entwicklung" behindern dürfen.

Dies sollte jedoch nicht auf der Ebene der Frage nach der Wirksamkeit des Mechanismus eine Rolle spielen, sondern erst auf der Ebene des Verbotes eines

---

[1009] Für unzulässig hält diese Software *Bahr*, www.dr-bahr.com/faq/faq_neuesurheberrecht.php FAQ 4; zweifelnd hinsichtlich der Wirksamkeit der entsprechenden Mechanismen dagegen *Sieber*, DMMV Gutachten, S. 81 (102).

[1010] Vgl. www.slysoft.com, Der Nutzer wird auf dieser Seite herzlich auf deutsch begrüßt und erfährt, dass er zum gleichen Preis eine mittlerweile verbesserte Version herunterladen könne. Bei Slysoft sind auch so "hilfreiche" Programme wie AnyDVD zur Umgehung der CSS-Verschlüsselung oder der Regionalcodes zu beziehen.

[1011] Insbesondere sind einmal beschreibbare CD-R-Rohlinge nicht wiederverwendbar und müssen bei fehlerhaftem Brennvorgang weggeworfen werden.

[1012] Vgl. www.testticker.de/testticker/security/article.asp?ArticleID=3978&Page=1&Ref=pc-pro sowie zu technischen Einzelheiten www.nickles.de/c/s/30-0020-256-2.htm.

[1013] Um Kopien zu verhindern, verwendet die Musikindustrie "Datenmüll", der mit auf die CDs gepresst wird. Beim regulären Abspielen macht sich dieser nicht bemerkbar, soll aber den Kopiervorgang zum Abbruch bringen, da der Datenfluss zu den hochsensiblen Brennern abreißt oder weil bestimmte Sektoren nicht regulär ausgelesen werden können. Vgl. zu ähnlichen Schutzmechanismen bei Audio-CDs *Goldmann/Liepe*, ZUM 2002, S. 362 f.

Umgehungsmechanismus. Entsprechend der oben gefundenen Formel ist darauf abzustellen, ob der durchschnittliche Nutzer mit eigenen Mitteln den Schutz zu umgehen vermag, was wohl zu verneinen sein wird, da er hierzu ja gerade eine Raw Mode fähige Software benötigt. Die eigentliche Problematik des Dual use solcher Vorrichtungen wird dagegen im Tatbestand des § 95a Abs. 3 Ziff. 2, 3 UrhG auf einer nachgelagerten Stufe explizit aufgegriffen. Ist die Umgehung des Kopierschutzmechanismus nur eine Nebenfolge des an sich wünschenswerten Fortschritts bei der Brennertechnologie, sind Herstellung und Vertrieb entsprechender Geräte und Software zulässig.[1014] Hat diese dagegen keinen sonstigen wirtschaftlichen Zweck bzw. wurde sie hauptsächlich entworfen, um Schutzmechanismen zu umgehen, greift der Verbotstatbestand. Dies ist jedoch Tatfrage im Einzelfall.[1015]

(iii.) Weiter wird diskutiert, ob das analoge Vervielfältigen einer nur digital geschützten Vorlage bzw. die digitale Kopie mit analoger Zwischenkopie den Umgehungstatbestand erfüllt.[1016] Das analoge Ausgangssignal ist weder verschlüsselt, noch verzerrt, noch sonst wie umgewandelt. Solange nicht wie bei der DVD zusätzlich ein analoger Kopierschutz eingesetzt wird, werden auch keine sonstigen Mechanismen zur Erreichung des Schutzzieles, also der Kontrolle der Vervielfältigung, verwendet. Stellt man weiterhin auf den durchschnittlichen Nutzer ab, so kann dieser ohne große Mühe mit einer einfachen Kabelverbindung ohne weitere Mechanismen den Schutz ausschalten, so dass er insoweit nicht das Wirksamkeitserfordernis erfüllt. Der Kopierschutz ist nur wirksam gegen eine Kopie digital-digital.

d)   Verbotene "Beihilfe" zur Umgehung - § 95a Abs. 3 UrhG

(i.) Neben der Umgehung selbst, die von § 95a Abs. 1 UrhG verboten wird, ist es nach § 95a Abs. 3 UrhG auch Dritten untersagt, Nutzern, die selbständig nicht in der Lage sind, technische Maßnahmen zu umgehen, dahingehend zu unterstützen. Typisches Beispiel ist der Vertrieb einer Software zur Beseitigung von Kopierschutzmechanismen, wobei bereits absatzfördernde Werbemaßnahmen

---

[1014] Auf diese Tatbestandsmerkmale stellt auch *Mayer*, CR 2003, S. 274 (279), ab, und meint, der Schutzbereich von Art. 6 Info-RL sei bei 1:1-Kopien nicht eröffnet. Soweit durch die Kopiersoftware künstliche Fehler korrigiert würden, wäre dies keine Änderung der Daten, sondern eine Wiederherstellung des Red Book Standard von CDs. Auf eine Veränderung kommt es freilich weder nach dem Wortlaut der Info-RL noch des UrhG an, sondern lediglich darauf,dass ein Kontrollmechanismus umgangen wird.

[1015] Auf Abgrenzungsschwierigkeiten weisen auch *Hoeren*, MMR 2000, S. 515 (520), und *Spindler*, GRUR 2002, S. 105 (116) hin.

[1016] Die Soundkarte am PC hat einen analogen Ein- und Ausgang, so dass hier zuerst vom digitalen Original ein analoges Signal erzeugt wird, das über den analogen Eingang wieder digitalisiert wird. Nach *Bahr*, www.dr-bahr.com/faq/faq_neuesurheberrecht.php, FAQ 2, soll streitig sein, ob dies zulässig ist.

220

verboten sind. Dabei spielt es keine Rolle, ob die in körperlicher oder unkörperlicher Form erfolgt, da der Begriff des Verbreitens hier nicht im Sinne des § 17 UrhG zu verstehen ist, sondern nach dem allgemeinen Sprachgebrauch, wonach auch ein Verbreiten z.b. über das Internet in Form eines öffentlichen Zugänglichmachens erfasst ist.[1017]

(ii.) Nach der Gesetzesbegründung[1018] erfasst der Begriff der "Dienstleistung" des weiteren auch das Verbreiten von Anleitungen, auf deren Grundlage der Nutzer selbst sich Vorrichtungen oder Mechanismen zur Umgehung der Schutzmassnahmen verschafft.[1019] Die Praxis vieler PC-Zeitschriften solcher detaillierten Anleitungen ist damit künftig unzulässig.[1020] Dies kann auch gelten, wenn z.b. unter dem Deckmantel der Erläuterung einer entsprechenden Software, die auf ausländischen Servern erhältlich ist, eine genaue Anleitung zur Umgehung erteilt wird. Dies dürfte schwierige Abgrenzungsfragen zu rein wissenschaftlichen Erläuterungen aufwerfen und Tatfrage im Einzelfall sein. Bei Publikationen wäre zudem der Schutzbereich der Pressefreiheit aus Art. 5 Abs. 1 GG zu berücksichtigen.

Problematisch sind daneben auch bloße Informationen, wo solche illegalen Anleitungen und Umgehungsmöglichkeiten, die von Dritten z.b. im Internet angeboten werden, also insbesondere ein Link auf solche Angebote.[1021] Insoweit würde im Ergebnis wohl nur die Haftung als Verweisender greifen, denn eine solche Handlung lässt sich schwerlich noch unter den Dienstleistungsbegriff subsumieren und erfüllt regelmäßig auch nicht den Tatbestand der Werbung. Diese Form der Tatbegehung muss auf den Verkauf oder die Vermietung gerichtet sein und auch einen gewissen anpreisenden Charakter haben, was bei einer reinen Information häufig gerade nicht der Fall ist. Die im Rechtsausschuss des Parlaments vorgetragenen Änderungsanträge 158 – 162 sahen deshalb bereits ein Verbot auch solchen öffentlichen Anbietens vor, um die Verbreitung jedweder Information über Umgehungsmaßnahmen zu verhindern. In dem an das Parlament weitergeleiteten Kompromissvorschlag findet sich diese Änderung je-

---

[1017] Nach Kritik am Referentenentwurf wurde dies in der Begründung zum Regierungsentwurf ausdrücklich klargestellt. Gesetzestechnisch wäre jedoch wünschenswert gewesen, dies im Wortlaut der Norm selbst klarzustellen, nachdem der Begriff des "Verbreitungsrechts" im Urheberrecht legaldefiniert ist.

[1018] BT Drucks. 15/38, S. 26.

[1019] Teilnahmehandlungen scheiden hier nach bisherigem Recht mangels Akzessorietät meistens aus, da weder eine bestimmte Haupttat noch ein bestimmter Täter individualisiert ist, sondern diese Anleitungen an die breite Öffentlichkeit abgegeben werden, vgl. zur strafrechtlichen Beurteilung *Sieber*, DMMV Gutachten, S. 81 (178 f.).

[1020] Zustimmend *Bahr*, www.dr-bahr.com/faq/faq_neuesurheberrecht.php, FAQ 5.

[1021] So wohl auch *Sieber*, DMMV Gutachten, S. 81 (185), unter Verweis auf *Spindler*, GRUR 2002, S. 105 (117).

doch nicht wieder.[1022] Soll künftig nicht nur die Anleitung, sondern auch die Information hierüber von einem Verbotsrecht erfasst werden, müsste dies im zweiten Korb klargestellt werden.

(iii.) Durch Änderung des Wortlautes gegenüber dem Ref-E geklärt ist dagegen die Frage, dass § 95a Abs. 3 UrhG *keine* Erbringung *gewerblicher* Dienstleistungen voraussetzt, so dass auch der Hacker erfasst wird, der Schutzsysteme hobbymäßig knackt und sein dabei erworbenes Wissen quasi als Trophäe im Internet ausstellt.[1023] Dieses Ergebnis stimmt auch mit Sinn und Zweck der technischen Schutzsysteme überein. Gerade durch das Angebot privater Hacker ohne gewerbliche Ziele droht ein großes Gefahrenpotenzial für den effizienten Einsatz technischer Schutzmaßnahmen. Vergleicht man diese Handlung mit der Umgehung von Schutzmechanismen, die – wenn auch nicht bußgeldbewehrt – selbst für rein private Zwecke unzulässig ist, kommt man zu dem Ergebnis, dass solche Handlungen wegen des Multiplikatoreffekts des Dienstleistungserbringers erst recht verboten sein müssen.[1024]

(iv.) Als in der Praxis schwierig dürfte sich dagegen die Anwendung des § 95a Abs. 3 Ziff. 2, 3 UrhG erweisen, der sog. Dual-use von Umgehungseinrichtungen, die auch zu legalen Zwecken eingesetzt werden können.[1025] Die Tatbestandsmerkmale des "begrenzten wirtschaftlichen Nutzens" (Ziff. 2) sowie die Einschränkung, dass nur solche Maßnahmen untersagt sind, die "hauptsächlich" auf eine Umgehung von Schutzsystemen zielen (Ziff. 3), werden Anlass zu einer Vielzahl von Gerichtsverfahren geben. Es ist nicht anzunehmen, dass alle Anbieter wie Clone CD auf Vertriebssysteme über Server in Urheberrechtsoasen ausweichen werden, da sie ihren legalen Nutzerkreis sonst nur noch schwer er-

---

[1022] Vgl. Vorgang Nr. PE 298.368, Änderungsanträge 5-197 des Ausschusses für Recht und Binnenmarkt des Europäischen Parlaments vom 17. Januar 2001 bzw. die Beschlussempfehlung vom 7. Februar 2001, www.europarl.eu.int/meetdocs/committees/juri/20010124/429791de.doc.

[1023] So auch *Sieber*, DMMV Gutachten, S. 81 (184). Freilich hätte man bereits den etwas holprigen Wortlaut des § 95a Abs. 2 Ref-E, der eine möglichst wortgetreue Umsetzung der Info-RL versuchte (die Info-RL spricht abweichend von "kommerziellen Zwecken"), in diesem Sinne verstehen können: "und der *Besitz zu gewerblichen Zwecken* von Vorrichtungen, Erzeugnissen oder Bestandteilen sowie die Erbringung von Dienstleistungen".

[1024] Dieses Ergebnis findet ferner eine Stütze in der Ordnungswidrigkeitsvorschrift des § 111a Abs. 1 Nr. 1b) UrhG. Der Gesetzgeber wollte hier ausdrücklich nur gewerbliche Tathandlungen sanktionieren und hat den Tatbestand entsprechend formuliert. Ob dies de lege ferenda sinnvoll ist, wird angezweifelt, da die Hacker hiermit keinerlei legale Zwecke verfolgen und ein erhebliches Schadenspotenzial droht. Insoweit wird auf die weiteren Erwägungen zum strafrechtlichen Sanktionssystem in Teil 2 B V 5 unten verwiesen.

[1025] Bisher war dieses Problem vorwiegend von der Pay-TV-Piraterie bekannt: Vorrichtungen zur Umgehung der Verschlüsselung können meist auch zu legalen Zwecken benutzt werden, z.B. Programmiergeräte für Smart Cards können nicht nur für Decoder genutzt werden, sondern auch zu beliebigen legalen Zwecken wie der Programmierung von Türöffnerkarten. Auf diese Problematik geht auch *Sieber*, DMMV Gutachten, S. 81 (111 f.), ausführlicher ein.

reichen werden. Die Regelung entspricht jedoch nahezu wortgleich Art. 6 Abs. 2 Info-RL, so dass das Umsetzungsermessen bei derart präzisen Vorgaben gen null tendiert und der Gesetzgeber keine andere Wahl hatte.

2. Rechte der Schrankenprivilegierten bei Einsatz technischer Schutzmechanismen - § 95b UrhG

a) Individualanspruch auf private Vervielfältigung nur für analoge Reprographie

(i.) Mit dem Katalog des § 95b Abs. 1 UrhG wird aus der Schrankenbestimmung, verbunden mit einer gesetzlichen Lizenz, erstmalig ein Anspruch des Privilegierten gegen den Rechtsinhaber gesetzlich normiert. Auch wenn dies mit der bisherigen Konzeption des UrhG kollidiert, ist die Regelung grundsätzlich doch konsequent. Nach Art. 6 Abs. 4 UAbs. 1 Info-RL haben die Mitgliedstaaten für die dort abschließend genannten Schrankenbestimmungen *zwingend* sicherzustellen, dass der Rechtsinhaber dem Privilegierten die erforderlichen Mittel zur Wahrnehmung der Schranke zur Verfügung stellt. Dies könnte einerseits durch präventive staatliche Überwachung sichergestellt werden oder durch einen Individualanspruch des Privilegierten.[1026] Letzteres dürfte für den Rechtsinhaber sicherlich das mildere Mittel darstellen. Eine präventive Überwachung wäre zudem mit erheblichem Aufwand verbunden, der sich nicht mit dem Interesse des Privilegierten an der Nutzung der Schranke rechtfertigen lässt. Für die Schranke der Privatkopie hat der Gesetzgeber insoweit jedoch nur die zwingende Freistellung analoger Reprographien in § 95b Abs. 1 Ziff. 6a) UrhG umgesetzt. Im Übrigen hat er von dem mit Art. 6 Abs. 4 UAbs. 2 Info-RL eingeräumten Umsetzungsermessen für die Privatkopie keinen Gebrauch gemacht. Es besteht bei Einsatz technischer Schutzmechanismen insoweit also kein Anspruch der Schrankenprivilegierten.[1027]

[1026] Keine Alternative ist das vom Börsenverein des Deutschen Buchhandels vorgeschlagene "Schild", das den Schrankenbegünstigten vor der Klage des Rechtsinhabers schützt, anstelle des im Entwurf vorgesehenen "Schwertes" gegen den Rechtsinhaber. Wollte man eine solche Regelung, müsste man dem Begünstigten erlauben, nach illegalen Umgehungsmethoden Ausschau zu halten, bei deren Einsatz er nicht auf Unterlassung in Anspruch genommen werden könnte; Stellungnahme des Börsenvereins des Deutschen Buchhandels vom 20. April 2002 S. 3, vgl. www.urheberrecht.-org/topic/Info-RiLi/st/StellungBoevErg.pdf. Ausführlich zu weiteren Ansätzen zur Einschränkung des Schutzes technischer Maßnahmen auch *Bechtold*, Informationsrecht, S. 409 ff.

[1027] So im Ergebnis auch *Knies*, ZUM 2003, S. 286 (292); unklar dagegen *Goldmann/Liepe*, ZUM 2002, S. 362 (369), die das Spannungsverhältnis zwischen Schutzmaßnahmen und Privatkopie für unreguliert halten. Selbstverständlich ist es dem Gesetzgeber unbenommen, sein Umsetzungsermessen hinsichtlich Art. 6 Abs. 4 UAbs. 2 Info-RL zu einem späteren Zeitpunkt auszuüben und auch hier einen Anspruch zu konstituieren. Solange dies nicht geschieht, besteht ein Anspruch dagegen nur für die analoge Reprographie.

(ii.) Stellt der Rechtsinhaber sein Werk außerdem zum On-demand-Abruf im Sinne des § 19a UrhG zur Verfügung, kann er selbst dieser Einschränkung ausweichen. In diesem Fall erklärt § 95b Abs. 3 UrhG – entsprechend der Regelung in Art. 6 Abs. 4 UAbs. 4 Info-RL - § 95b Abs. 1 UrhG für unanwendbar.

Diese Einschränkung gilt dabei nach der Gesetzesbegründung nur für die Vervielfältigungsstücke, die bei einem On-demand-Abruf hergestellt wurden, und erstreckt sich nicht auch auf alle anderen Verwertungsformen.[1028] Nach dem Gesetzeswortlaut kann der Anspruch auf Zugänglichmachen nur abgewendet werden, "*soweit*" das Werk zum On-demand-Abruf bereitgehalten wird. Diese Umsetzung entspricht Erwägungsgrund 53 der Info-RL. Nach dessen Satz 3 sollen nicht interaktive Online-Angebote im Anwendungsbereich der UAbs. 1 und 2 des Art. 6 Abs. 4 Info-RL verbleiben, d.h. der Anspruch auf Zugänglichmachung wird für sonstige Formen der Werkverwertung nicht eingeschränkt.[1029]

(iii.) Der verbleibende Anwendungsbereich dieses neu geschaffenen Anspruchs auf Privatkopie dürfte damit äußerst gering sein, da für die Reprographie analoger Werkstücke bisher keine effiziente, einfach einzusetzende Kopiersperre bekannt ist.[1030] Eine Reprographie auf einem analogen Medium von einer digitalen Vorlage, beispielsweise der Ausdruck eines E-Books, ist dagegen nicht erfasst. § 95b Abs. 1 Ziff. 6a) UrhG erlaubt lediglich die Verwendung von "photomechanischen Verfahren" zur Vervielfältigung, d.h. es muss sich zwingend um eine analoge Kopiervorlage handeln. Unter den Alternativtatbestand des "Verfahrens mit ähnlicher Wirkung" dürfte lediglich ein digitaler Fotokopierer zu fassen sein, der die Vorlage digital scannt, hiervon aber einen analogen Ausdruck fertigt, so dass es sich hier lediglich um eine technische digitale Zwischenkopie handelt.

[1028] BT Drucks. 15/38, S. 27.Vgl. zur Auslegung des entsprechenden Art. 6 Abs. 4 UAbs. 4 Info-RL bereits *Vinje*, EIPR 2000, S. 551 (557).

[1029] So auch *Bechtold*, Informationsrecht, S. 427 Fn. 2177. A.A. wohl *Linnenborn*, K&R 2001, S. 394 (400), der Art. 6 Abs. 4 UAbs. 4 Info-RL dahingehend versteht, dass allein das auf dem Server zum Abruf bereitgehaltene Vervielfältigungsstück von dieser Gegenausnahme erfasst sei, während für das infolge des Download auf dem PC des Nutzers erzeugte Vervielfältigungsstück Anspruch auf Zugänglichmachung bestünde. Wäre dies richtig, könnte der Rechtsinhaber genauso gut auch auf den Rechtsschutz auf der Stufe seines Servers verzichten, da hierauf ja nur derjenige zugreifen kann, der in einer vertraglichen Beziehung zu ihm steht. Technische Schutzsysteme würden so weitest gehend sinnlos werden, so dass der von der Info-RL intendierte Zweck der Förderung des Einsatzes solcher Systeme verfehlt würde. Im Ergebnis so auch *Mayer*, CR 2003, S. 274 (281), unter Verweis auf den entgegenstehenden Wortlaut, sowie *Spindler*, GRUR 2002, S. 105 (119), aus systematischen Erwägungen.

[1030] Mit Unterstützung der Hersteller von Kopiergeräten wurde versucht z.B. zum Schutz der Vervielfältigung von Geldscheinen entsprechende Erkennungssysteme in die Kopiergeräte einzubauen, die dann lediglich eine geschwärzte Kopie ausgeben.

b)   Faktisches Verbot der digitalen Privatkopie

Die Regelung in § 95b UrhG bedeutet damit zugleich, dass sämtliche sonstige Privatkopien durch den Urheber mittels technischer Schutzmaßnahmen verhindert werden dürfen, die gesetzliche Lizenz des § 53 Abs. 1 UrhG somit leer läuft.[1031] Wird der Schutzmechanismus dennoch zu privaten Zwecken umgangen, sähe sich der Nutzer Unterlassungs- und Schadensersatzansprüchen der Rechtsinhaber ausgesetzt.[1032] Relevant wird dies insbesondere bei den im privaten Bereich gegenüber der Reprographie wohl weitaus wichtigeren Kopie audiovisueller Werke, die de facto abgeschafft wird.

Gegen diese "elektronische Selbsthilfe"[1033] der Rechtsinhaber wird eingewandt, dass ein Verhindern der Privatkopie nicht mit dem Recht auf Teilhabe an Informationen aus Art. 5 Abs. 1 GG zu vereinbaren sei. Folgt man dieser Ansicht, müsste man von einem generellen Anspruch auf Privatkopien ausgehen. Dies widerspricht nicht nur der Info-RL, sondern, wie bereits oben dargelegt, auch der gesetzlichen Systematik des 6. Abschnitts und ist daher abzulehnen.[1034]

3.   Schutz von Informationen zur Rechtswahrnehmung - § 95c UrhG

In enger Anlehnung an Art. 7 der Info-RL sowie insbesondere Art. 12 WCT bzw. 19 WPPT dürfen nach § 95c Abs. 1 UrhG vom Rechtsinhaber stammende *elektronische* Informationen zur Rechtswahrnehmung[1035], die mit dem Werk verbunden sind, nicht entfernt werden. § 95c Abs. 2 UrhG konkretisiert mit einer Legaldefinition die Art der geschützten Informationen, nämlich solche über den

---

[1031] So zu Recht *Peukert*, UFITA 2002/III, S. 689 (693); *Spindler*, GRUR 2002, S. 105 (119); *Wand*, Schutzmaßnahmen S. 137. Umgekehrt argumentiert dagegen *Schippan*, ZUM 2003, S. 378 (386 f.), und meint, dass wegen § 95b UrhG den Rechtsinhabern jeglicher Anreiz zur Verwendung von technischen Schutzmaßnahmen geraubt wird, da sie dann kostspielige Umgehungsmechanismen sowie Kennzeichnungspflichten nach § 95d UrhG zu tragen hätten. *Schippan* kommt deshalb zu dem Ergebnis, der Gesetzgeber sei *zu Lasten der Rechtsinhaber* weit über das Ziel der Info-RL hinausgeschossen. Die entsprechende Rechtslage in den USA erläutert *Knies*, ZUM 2003, S. 286 (290 f.), sowie ZUM 2002, S. 793 (795 f.) anhand der Entscheidung DeCSS.

[1032] Straf- oder ordnungswidrigkeitenrechtliche Sanktionen bestehen dagegen bei einer rein privaten Umgehung de lege lata nicht; vgl. hierzu sogleich unter 5.

[1033] So *Schack*, ZUM 2002, S. 497; der elektronischen Selbsthilfe der Rechtsinhaber will *Linnenborn*, K&R 2001, S. 394 (401), ein sanktionsloses Selbsthilferecht der Schrankenprivilegierten gegenüberstellen. Dieser Vorschlag führt den Schutz technischer Schutzsysteme ad absurdum und wäre auch nicht mit Art. 6 Abs. 4 UAbs. 1 Info-RL vereinbar, der hier – wenn überhaupt – auf eine vertragliche Lösung abstellt, vgl. auch *Reinbothe*, GRUR Int. 2001, S. 733 (742). Für den technisch weniger Versierten müsste zudem die Möglichkeit gegeben sein, sich einen Umgehungsmechanismus zu verschaffen. Die §§ 95a ff. UrhG würden somit mehr oder weniger ins Leere laufen.

[1034] Vgl. de lege lata bereits Teil 2 B I 1 sowie de lege ferenda Teil 3 B IV 2.

[1035] Ausgeschlossen sind damit physische Aufdrucke auf ein körperliches Werkstück, vgl. auch *Reinbothe/v.Lewinski*, WIPO Treaties, Art. 12 WCT Rz. 21.

Rechtsinhaber sowie über die Nutzungsmodalitäten. Nicht geschützt sind dagegen Daten über den berechtigten Nutzer, die ebenfalls mit dem Werk verbunden werden können.[1036] Fraglich ist, unter welchen Voraussetzungen dieser Schutz besteht, d.h. wann von einer entsprechenden Verbindung von Information und Werk auszugehen ist. Weder die Gesetzesbegründung noch die Info-RL geben hierüber genaueren Aufschluss.[1037] § 95c Abs. 1 UrhG stellt in der ersten Alternative darauf ab, dass die Information an einem Vervielfältigungsstück *angebracht* ist. Dies spricht dafür, dass der Schutz nur bei einem körperlich in Verkehr gebrachten Werkexemplar greifen soll. Auch die zweite Alternative, die eingreift, wenn Informationen bei der öffentlichen Wiedergabe *erscheinen*, erweckt den Eindruck, dass hier ein Gegensatzpaar körperliche - unkörperliche Verwertung gebildet wird, wobei bei einer unkörperlichen Verwertung die Informationen zur Rechtswahrnehmung offen erkennbar sein müssen. Folglich wären Informationen dann nicht geschützt, wenn sie in einem On-demand übermittelten Vervielfältigungsstück (auf der Festplatte des Nutzers) angebracht sind oder bei einer öffentlichen Zugänglichmachung nicht wahrnehmbar wären.

Hiergegen spricht jedoch, dass nur *elektronische* Informationen geschützt werden sollen, die schlechterdings nicht einfach auf ein körperliches Werkexemplar aufgedruckt werden können. Es geht also um solche Informationen, die zur Rechtswahrnehmung mit dem digitalen Inhalt verknüpft wurden.[1038] Aus Sicht des Schutzzweckes macht es keinen Unterschied, ob die digitalen Inhalte in körperlicher oder unkörperlicher Form vertrieben oder übermittelt werden.[1039] Bei beiden besteht gleichermaßen die Gefahr, dass Informationen zur Rechtswahrnehmung unberechtigt entfernt werden und die Inhalte anschließend weiterverbreitet werden. Es genügt also, wenn die Informationen zur Rechtswahrnehmung im Zeitpunkt des Inverkehrbringens mit dem Werk verknüpft sind.

Daneben verbleibt als Anwendungsbereich der 2. Alternative die öffentliche Wiedergabe[1040], bei der die Wahrnehmenden gerade nicht über ein Vervielfälti-

---

[1036] Dies ergibt sich aus Erwägungen des Datenschutzes vgl. insoweit Erwägungsgrund 57 der Info-RL.

[1037] Der Wortlaut der Info-RL verblieb in den verschiedensten Entwurfsphasen inhaltlich unverändert und wurde lediglich sprachlich minimal präzisiert: Die vom Rechtsinhaber *mitgeteilten* Informationen müssen nun von diesem *stammen*.

[1038] In diesem Sinne versteht wohl auch der erste Kommissionsentwurf (KOM (97) 628, S. 26) die Regelung zum Schutz von Informationen zur Rechtswahrnehmung.

[1039] Ähnlich wohl auch *Reinbothe/v.Lewinski*, WIPO Treaties, Art. 12 WCT Rz. 24.

[1040] Nach *Reinbothe/v.Lewinski*, WIPO Treaties, Art. 12 WCT Rz. 24, soll hierunter auch die Rundfunkübertragung zu fassen sein, wobei die Informationen zur Rechtswahrnehmung nicht unmittelbar wahrnehmbar sein müssen, sondern es ausreichen soll, dass diese mit Hilfsmitteln ausgelesen werden können.

gungsstück verfügen, sondern nur der Veranstalter. Auch hier soll es möglich sein, den Umfang der Berechtigung sowie den Rechtsinhaber festzustellen.

Nach § 95c Abs. 3 UrhG dürfen schließlich Inhalte nicht weiterverbreitet werden, wenn Informationen über die Rechtswahrnehmung manipuliert wurden und der Weiterverbreitende dies auch weiß.

4. Kennzeichnungspflicht - § 95d UrhG

Mit dem Regierungsentwurf ist die nicht von der Info-RL vorgegebene verbraucherschutzrechtliche Regelung des § 95d UrhG eingeführt worden, die die Rechtsinhaber verpflichtet, mit technischen Maßnahmen versehene Werke zu kennzeichnen. Bei Verstößen gegen diese Verpflichtung droht den Rechtsinhabern nach § 111a Abs. 1 Ziff. 1 UrhG ein Bußgeld bis zu 10.000 €. Mitzuteilen sind die Eigenschaften der technischen Maßnahmen, z.B. eine Kopiersperre, die Vervielfälti-gungen verhindert oder beschränkt zulässt. Um eine Durchsetzung der Ansprüche nach § 95b Abs. 2 UrhG auf Umgehung technischer Schutzmaßnahmen zu ermöglichen, muss der Rechtsinhaber zudem seine Firma und zustellungsfähige Anschrift mitteilen.

5. Sanktionierung von Verstößen

Neben die allgemeinen zivilrechtlichen Ansprüche tritt mit den §§ 108b, 111a UrhG ergänzend ein gestuftes System straf- und ordnungswidrigkeitenrechtlicher Sanktionen gegen Umgehungsmaßnahmen. Durch Bezugnahme auf die Tatbestände der §§ 95a ff. UrhG haben diese Sanktionsnormen eine kaum zu überbietende Komplexität erreicht.[1041]

Nach § 108b UrhG werden das Umgehen von technischen Schutzmaßnahmen (Abs. 1 Ziff. 1) sowie das Entfernen von Informationen zur Rechtswahrnehmung (Abs. 1 Ziff. 2a)) unter Strafe gestellt, wobei jeweils besondere subjektive Voraussetzungen erfüllt sein müssen.[1042] Unabhängig von der Beteiligung an diesen Vortaten ist nach § 108b Abs. 1 Ziff. 2b) UrhG auch ein Weiterverbreiten der dabei hergestellten, nunmehr ungeschützten bzw. nicht mehr gekennzeichneten Inhalte selbständig strafbar.

Vor dem Hintergrund der Herstellung von Privatkopien gilt dies jedoch einschränkend nicht, wenn die Tat ausschließlich zum eigenen privaten Gebrauch des Täters oder mit ihm persönlich verbundener Personen erfolgt. Dass es sich hier um eine höchst fragwürdige Norm handelt, zeigt sich schon bei näherer Be-

---

[1041] Nach *Sieber*, DMMV Gutachten, S. 81 (172), sind die verschiedenen Tatbestände hinsichtlich der dahinterstehenden Wertung zudem widersprüchlich.

[1042] Ob diese subjektiven Tatbestandsmerkmale in der Rechtspraxis nachweisbar sind, dürfte überdies zweifelhaft sein.

trachtung der dritten Tatvariante des § 108 Abs. 1, nämlich beim "Weiterverbreiten" nach Ziff. 2b). Dass dies zum eigenen privaten Gebrauch in irgendeiner Weise notwendig sein könnte, ist kaum vorstellbar. Selbst bei einem Weiterverbreiten zum persönlichen Gebrauch der mit dem Täter persönlich verbundenen Personen, könnte die Tatbegehung nur *bei Gelegenheit* eines über diesen Kreis hinausgehenden *öffentlichen* "Weiterverbreitens" erfolgen. Dann würde aber wiederum nicht dem Tatbestandsmerkmal der *ausschließlichen* Verwendung im privaten Bereich Genüge getan.

Die Vorfeldhandlungen des Herstellens und Verbreitens von Umgehungsmechanismen sind nach § 108b Abs. 2 UrhG sogar nur bei Verfolgung gewerblicher Zwecke[1043] strafbar. Nach dem Ergebnis des Teil 1 A III sind es aber gerade Privatpersonen und Hacker, die in besonderem Maße durch ihr Treiben die Effizienz technischer Schutzsysteme unterlaufen. Der Unwertgehalt eines Weiterverbreitens von Umgehungsmechanismen ist wegen des damit hervorgerufenen Multiplikatoreffektes ungleich höher, als wenn lediglich zum privaten Gebrauch im Einzelfall der Schutzmechanismus eines Werkes außer Funktion gesetzt wird. Es ist deshalb umso unverständlicher, weshalb hier sogar die Stufe der gewerblichen Tathandlung überschritten sein muss. Zwar ist dem Gesetzgeber zuzugeben[1044], dass Verstöße im privaten Bereich nur schwer verfolgbar sein werden, wobei dieses Argument beim Weiterverbreiten nicht stichhaltig ist, da in diesem Fall ja gerade der private Bereich verlassen wird.

Es vermag insgesamt rechtspolitisch nicht zu überzeugen, den Rechtsinhaber gegenüber privaten Umgehungstatbeständen allein auf zivilrechtliche Ansprüche zu verweisen, da sich so kaum ein Unrechtsbewusstsein herausbilden wird. Den von der Bundesregierung weiter vorgebrachten Einwand des Legalitätsprinzips, dass eine häufig unsinnige Strafverfolgung von Amts wegen zu erfolgen hätte, könnte ohne weiteres durch Ausgestaltung als Privatklage- oder Antragsdelikt begegnet werden.

Ähnliche Erwägungen müssen für die Ordnungswidrigkeitenvorschrift des § 111a UrhG gelten, der wiederum den privaten Nutzer oder den nicht gewerb-

---

[1043] Zu diesem Tatbestandsmerkmal können die Ausführungen zu § 53 Abs. 1 S. 2 UrhG herangezogen werden, wonach auch mittelbar gewerbliche Zwecke erfasst sind wie etwa das öffentliche Zugänglichmachen auf einer Homepage, die Zugleich mit Werbung oder Pop-ups versehen ist. Für jeden Besucher der Seite erhält der Anbieter dann von den Werbetreibenden ein Entgelt. Der Nutzer wird also nur deshalb auf die Seite gelockt, um hier Umsätze aus Werbung zu generieren. Vgl. zum Ganzen oben Teil 2 B II 6 b) und c).

[1044] BT Drucks. 15/38, S. 29.

lich handelnden Hacker privilegiert.[1045] Es überrascht daher nicht, dass die Vorschriften der §§ 108b, 111a UrhG massiver Kritik ausgesetzt waren.[1046]

[1045] Vgl. hierzu *Sieber*, DMMV Gutachten, S. 171 (185 f.). Schließlich ist auch das Verhältnis zu der vom Strafrahmen milderen Vorschrift der §§ 4, 5 Zugangskontrolldiensteschutzgesetz (ZKDSG) ungeklärt, vgl. a.a.O., S. 182 f., sowie *Linnenborn*, K&R 2002, S. 571 (575 f.).

[1046] Ausführlich kritisiert u.a. *Sieber*, DMMV Gutachten, S. 81 (198 ff.), das mit dem UrhInfG eingeführte Regelungssystem und spricht sich für ein schlüssiges Gesamtkonzept im strafrechtlichen Bereich unter Einbeziehung der §§ 17 UWG, 4, 5 ZKDSG sowie 202a, 263a StGB aus. Als wesentliches Manko sieht er dabei die fehlende Einbeziehung des privaten Hackers, die subjektiven Tatbestände sowie die ungeklärte Dual-use Problematik.

C. Zulässigkeit einzelner digitaler Formen der Privatkopie

I. Anwendbarkeit des § 53 Abs. 1 auf Digitalkopien

Bevor mit dem UrhInfG vom Gesetzgeber klargestellt wurde, dass § 53 Abs. 1 UrhG auch auf digitale Kopien Anwendung finden soll, wurde in der Literatur[1047] vertreten, dass die Digitalkopie nicht erfasst sei, sondern hier wieder das Verbotsrecht des § 16 UrhG greift. Begründet wurde dies mit der unstreitig bestehenden weitaus höheren Nutzungsintensität durch das digitale Kopieren, das mittlerweile ein Ausmaß erreicht habe, das der Gesetzgeber weder 1965 noch 1985 vorhersehen konnte, als er die Privatkopie erlaubte. Da im digitalen Datenformat sowohl einfache Werke als auch Software- und Datenbankwerke gespeichert sein können, für die jeweils ein anderes rechtliches Regime gilt, ist diese Ansicht nicht völlig von der Hand zu weisen. Zudem treten bei Multimediawerken, in denen beispielsweise Komponenten einer Software mit Werken verschmolzen sind, Abgrenzungsschwierigkeiten auf, ob hier die Privilegierung des § 53 Abs. 1 UrhG eingreifen soll, oder vielmehr der deutlich engere § 69c UrhG gilt, der nur eine Sicherungskopie erlaubt.[1048] Dennoch ist dieser Ansicht durch die gesetzliche Klarstellung die Grundlage entzogen, so dass digitale Privatkopien regelmäßig zulässig sind.

1. Zulässigkeit des Digitalisierens einer analogen Werkvorlage

Nach einer Entscheidung des TGI Paris[1049] wurde für den Fall der Digitalisierung eines Werkes zum Zweck der späteren Veröffentlichung auf der privaten Homepage eine erlaubte private Vervielfältigung verneint. Es genüge für das Verlassen der privaten Sphäre, die allein von Art. 122-1 des Code de la propriété intellectuelle privilegiert wird, dass der Zugriff eines öffentlichen Nutzerkreises auf das Vervielfältigungsstück angestrebt wird. Darüber hinausgehender aktiver Verbreitungshandlungen bedarf es dagegen nicht.

Zum gleichen Ergebnis gelangt man mit § 53 Abs. 1 S. 1 UrhG. Zwar ist der Vorgang des Digitalisierens vereinbar mit der Vervielfältigung "auf beliebigen Trägern". Die Privilegierung des § 53 Abs. 1 S. 1 UrhG greift jedoch nur ein, wenn hiermit von Anfang an ein privater Zweck verfolgt wird.[1050] Entscheidend ist also nicht die Art und Weise des Vervielfältigungsvorganges, sondern der

---

[1047] So dem Grunde nach bei *Schaefer*, FS Nordemann, S. 191 (197 f.).

[1048] Vgl. insoweit bereits Teil 2 B IV.

[1049] TGI Paris, JCP 1996 E II, S. 881; vgl. ausführlich zur Rechtsprechung anderer Gerichte der EU-Mitgliedstaaten und den USA in ähnlich gelagerten Fällen *Nikoltchev/Cabrera Blazquez*, IRIS 2000, Heft 8 S. 14 ff. m.w.N.

[1050] Vgl. oben Teil 2 B I 2.

hiermit verfolgte Zweck. Ist dieser rein privater Natur, dürfen Werke digitalisiert werden.

2. Caching

Auch die bisher streitige[1051] Frage der Einordnung der sog. ephemeren Speicherungen[1052] oder sonstiger lediglich technisch bedingter Vervielfältigungen eines Werkes ohne selbständige wirtschaftliche Nutzungsmöglichkeit (sog. Caching) hat der Gesetzgeber gelöst. Entsprechend Art. 2 Info-RL sind vom Vervielfältigungsbegriff nach § 16 Abs. 1 UrhG nunmehr sämtliche, auch vorübergehende Vervielfältigungen in jeder Art und Weise und Form erfasst. Entsprechend Art. 5 Abs. 1 Info-RL werden durch die neu eingefügte Schranke des § 44a UrhG jedoch Vervielfältigungen erlaubt, die nur vorübergehenden, flüchtigen Charakter haben und Teil eines technischen Vorganges sind.

II. Offline-Bereich

Eine Vielzahl von Privatkopien erfolgt durch Vervielfältigung von körperlich festgelegten Werken. Nachfolgend sollen die wichtigsten Nutzungsarten anhand der geltenden Rechtslage nach dem UrhInfG überprüft werden.

1. CD-/DVD-Kopien

Die wesentliche technische Neuentwicklung ist die massenweise Verbreitung von CD- und mittlerweile auch DVD-Brennern, sei es als Einzelgeräte oder als Komponenten eines Computers. Unstreitig handelt es sich bei der Vervielfältigung von CDs oder DVDs um eine Vervielfältigung, so dass sich hier gegenüber den Tonbandaufnahmen oder Papierkopien zunächst keine rechtlichen Besonderheiten ergeben.

Nachdem sich der Gesetzgeber entschieden hat, den privaten Gebrauch nicht weiter einzuschränken, dürfen diese Vervielfältigungsstücke auch weiterhin im Freundes- und Familienkreis weitergegeben und verschenkt werden. Der privilegierte Personenkreis ist dabei eng beschränkt. Die insoweit gebotene enge Auslegung verbietet es, bereits eine Interessengemeinschaft genügen zu lassen, so dass nur echte persönliche Verbundenheit ausreicht, ein Kopierzirkel dagegen nicht erfasst sein soll.

[1051] Vgl. die Nachweise bei *Haberstumpf*, Rechtsschutz, Rz. 17 ff.; der BGH hatte in GRUR 1991, S. 449 (453) – Betriebssystem – und GRUR 1994, S. 363 (365) – Holzhandelsprogramm – diese Frage offen gelassen.

[1052] D.h. flüchtige Vervielfältigungen eines Werkes im Arbeitsspeicher des PC, dem sog. RAM Speicher; dieser speichert seine Daten lediglich solange sie von einer aktiven Anwendung benötigt werden und wird spätestens mit Ausschalten des PC gelöscht.

Besondere Bedeutung kommt daneben der Beschränkung auf einzelne Vervielfältigungsstücke zu. Mit einer einzigen digitalen Kopiervorlage könnte ein großer Freundeskreis versorgt werden, daneben noch eine Kopie für die Nutzung im
Auto sowie eine MP3-Kopie für den PC gemacht werden. *Nordemann*[1053] setzt
die Obergrenze insoweit bei 3 Kopien. Sollen diese weitergegeben werden, wäre
eine noch niedrigere Schwelle von 1-2 zu erwägen. Schließlich erspart sich der
Kopierende Aufwendungen für die Herstellung eines neuen Wirtschaftsgutes.
Dagegen sind der wirtschaftliche Nutzen und damit die Eingriffsintensität deutlich geringer, wenn Vervielfältigungen zur ausschließlichen Verwendung im
eigenen Haushalt des Kopierenden hergestellt werden. Neben der weiterzuge-
benden Kopie dürften für diesen Nutzungszweck bis zu 3 weitere Kopien hergestellt werden.

Nachdem CDs und insbesondere DVDs vermehrt mit Kopierschutzmechanismen versehen werden, kommt insoweit auch den Regelungen der §§ 95a ff.
UrhG besondere Bedeutung zu. Ist der Kopierschutz wirksam im Sinne des
§ 95a Abs. 2 S. 2 UrhG, d.h. kann der durchschnittlich versierte Anwender diesen Schutz nicht ohne nennenswerten Aufwand beseitigen, darf im Ergebnis
keine Kopie hergestellt werden. Technisch möglich wird dies erst durch ein ille-
gales Beseitigen des Kopierschutzmechanismus, so dass eine derartige Zwischenkopie eine offensichtlich illegale Kopiervorlage im Sinne des § 53 Abs. 1
S. 1 a.E. UrhG darstellt, die nicht genutzt werden darf.

Ob bei Verwendung von Kopiervorlagen, die ihrerseits bereits Kopien darstellen, dieses einschränkende Tatbestandsmerkmal erfüllt ist, wird von den jeweiligen Umständen des Einzelfalls abhängig sein. Wird die Kopiervorlage öffentlich
oder sogar entgeltlich angeboten, wird regelmäßig von einer Erkennbarkeit der
illegalen Vorlage auszugehen sein, nachdem §§ 53 Abs. 6, 17 Abs. 1 ein
Verbreiten von Privatkopien untersagen. Schwieriger wird es dagegen bei der an
sich zulässigen Weitergabe im Freundes- und Familienkreis, für die das Verbreitungsrecht nicht einschlägig ist. Selbst der neueste Hollywoodstreifen, der noch
nicht in den deutschen Kinos zu sehen ist, wäre nicht von vorneherein eine offensichtlich rechtswidrige Vorlage, da es sich hier möglicherweise um eine Kopie einer im Ausland bereits erhältlichen Originalvorlage handelt. Einschränkend gilt dies jedoch nicht, wenn bereits vor der Vervielfältigung erkennbar war,
dass es sich um ein im Kinosaal abgefilmtes Kopierexemplar handelt. Insoweit
greift für die Herstellung dieser Vorlage § 53 Abs. 7 UrhG, der die Aufnahme
öffentlicher Vorführungen, zu der die Kinodarbietung gemäß § 19 Abs. 4 UrhG
zählt, stets unter den Vorbehalt der Einwilligung des Berechtigten stellt. Der
Abfilmende kann sich somit nicht auf das Privileg des § 53 Abs. 1 UrhG berufen
und stellt eine rechtswidrige Kopie her, die nicht weiterverwendet werden darf.

[1053] Fromm/Nordemann-Nordemann, § 53 Rz. 3.

Der Nachweis, dass der Kopierende von diesen Umständen bereits vor der Vervielfältigung wusste, dürfte in der Praxis jedoch regelmäßig schwer fallen.

2. Analoge Zwischenkopie

Zur "Umgehung" von Kopierschutzsystemen sind neuerdings Geräte erhältlich, die über einen "analogen Umweg" Vervielfältigungen geschützter Werke herstellen. Die Aufnahmegeräte werden an den analogen Ausgang eines digitalen Gerätes wie CD-Player angeschlossen und wandeln das analoge Signal in eine MP3-Datei um, die dann – frei von Schutzmechanismen – wie andere digitale Kopien genutzt werden kann. Freilich leidet die Aufnahmequalität durch den analogen Umweg, die geringen Klangeinbußen sind jedoch hinnehmbar.[1054] Entscheidend kommt es hier also auf die Frage an, ob die analoge Zwischenkopie unter Verstoß gegen § 95a Abs. 1 UrhG hergestellt wird. Hierfür müsste ein wirksamer Schutzmechanismus umgangen worden sein. Zwar verhindert der Kopiermechanismus eine unmittelbare digitale Kopie und ist insoweit nicht ohne größeren Aufwand zu beseitigen, so dass er wirksam ist im Sinne des § 95a Abs. 3 UrhG. Dies gilt jedoch nicht für die Herstellung von analogen Kopien, die von jedermann mit einfachsten Mitteln hergestellt werden können, so dass insoweit kein wirksamer Schutzmechanismus besteht. Die so hergestellte Zwischenkopie ist damit rechtmäßig hergestellt und kann als weitere Vorlage für eine – nunmehr digitale – Vervielfältigung dienen.

3. MP3-Encoding

Unstreitig stellt die 1:1-Kopie eines Werkes auf einem dauerhaften Datenträger wie Festplatten, CD-ROM, Diskette eine Möglichkeit dar, das Werk durch erneutes Aufrufen der Datei mit der entsprechenden Software über die jeweilige Hardwarekomponente des PC (Drucker, Soundkarte und Lautsprecher, Bildschirm) für die menschlichen Sinne wahrnehmbar zu machen, mithin eine Vervielfältigung dar.[1055] Dasselbe muss auch für die Umwandlung einer Musikdatei in das MP3-Format (im Verhältnis 1:12) gelten.[1056] Zwar sind die Daten eines MP3-Files und dessen nicht komprimierten Originals nicht identisch, so dass insoweit auch an das Vorliegen einer Bearbeitung im Sinne der §§ 23 f. UrhG zu denken wäre. Insoweit unterläge lediglich die Umgestaltung, d.h. eine Gestaltung, die im Wesentlichen die Vorlage übernimmt, dem Ausschließlichkeitsrecht des § 16 UrhG, während eine freie Benutzung gemäß § 24 UrhG unbeschränkt möglich wäre. Zwar wird beim MP3-Encoding auch das physikalische Musiksignal geändert. Wie bei der Digitalisierung ist jedoch auf den ästhetischen Ge-

---

[1054] Vgl. *Padberg*, Wiwo 12/2002, S. 106 (107).

[1055] Vgl. statt aller *Schricker/Loewenheim*, § 16 Rz. 17 m.w.N.; *Mönkemöller*, GRUR 2000, S. 663 (667).

[1056] Entsprechend einer Verkleinerung, vgl. hierzu *Schricker-Loewenheim*, § 16 Rz. 7 ff.

samteindruck abzustellen, der beim Wahrnehmbarmachen von MP3-codierten Werken sich nicht von der analogen oder digitalen Vorlage unterscheidet.[1057]

Als Vervielfältigung kann die MP3-Komprimierung einer Musikdatei von der Schranke des § 53 Abs. 1 UrhG gerechtfertigt sein, wenn hiermit ein privater Zweck wie der Musikgenuss z.B. auf einem MP3-Player im Auto angestrebt wird. Soll das MP3-codierte Vervielfältigungsstück dagegen als Tauschobjekt in Peer-to-Peer-Netzen eingesetzt werden, wäre ein solches öffentliches Anbieten nicht von § 19a UrhG erlaubt[1058], so dass hier kein privater Zweck im Sinne des § 53 Abs. 1 UrhG mehr verfolgt wird. Bereits die Herstellung des Vervielfältigungsstückes ist daher nicht erlaubt, da die Voraussetzungen des Privilegierungstatbestandes mangels privaten Zweckes nicht erfüllt sind.[1059]

III. Online-Vervielfältigungen

Besonders über das Internet gewinnt die Vervielfältigung von Werken beliebiger Art zunehmend an Bedeutung.[1060] Zu unterscheidende Nutzungshandlungen sind dabei das öffentliche Anbieten der Inhalte und die Vervielfältigung beim Download oder Streaming[1061] auf dem PC des Nutzers.[1062] Dem Anbieten geht

---

[1057] Vgl. hierzu bereits Teil 2 B II 1.

[1058] Hierzu ausführlich im folgenden Abschnitt.

[1059] A.A. insoweit *Mönkemöller*, GRUR 2000, S. 663 (667), der erst bei einem tatsächlichen Anbieten der Privatkopie von einer Verletzung des § 53 Abs. 6 UrhG ausgeht, während die Vervielfältigung als solche, da im privaten Bereich stattfindend, von § 53 Abs. 1 UrhG gedeckt sein soll. Es mag zwar sein, dass der bereits beim MP3-Encoding bestehende Wille zum späteren öffentlichen Zugänglichmachen nur schwer nachweisbar sein wird, solange dies später nicht tatsächlich auch erfolgt. Dennoch stellt § 53 Abs. 1 UrhG unmissverständlich auf das Bestehen eines privaten Gebrauchszwecks bereits bei Herstellung der Kopie ab, so im Ergebnis auch *Kreutzer*, GRUR 2001, S. 193 (200). *Hänel*, Napster, Abs. 35, hält diese Differenzierung im Ergebnis für irrelevant. Hiergegen spricht, dass sowohl das Kopieren auf die Festplatte als auch das nachfolgende öffentliche Zugänglichmachen eigenständige urheberrechtlich relevante Verwertungshandlungen sind. Auch wenn der zweite Schritt nicht nachfolgt, befindet sich ein *weiteres, fungibles* Vervielfältigungsstück auf der Festplatte, so dass bereits der erste Schritt in die Rechtssphäre des Rechtsinhabers eingreift.

[1060] Die nachfolgenden Wertungen beziehen sich nicht auf Software und Datenbanken, für die besondere Regelungen gelten. Dies wird vor allem für die häufig Online angebotenen Computerspiele relevant, die als Software zu qualifizieren sind, vgl. hierzu ausführlich *Schulze*, ZUM 1997, S. 77 (80) m.w.N.

[1061] Zwar wird beim Streaming keine dauerhaft nutzbare Vervielfältigung auf dem PC des Nutzers hergestellt, so dass insoweit dem Grunde nach § 44a UrhG einschlägig sein könnte. Ist der Anbieter jedoch nicht Berechtigter, kann er dem Nutzer auch keine Lizenz erteilen, so dass das Streaming keine rechtmäßige Nutzungshandlung im Sinne des § 44a Ziff. 2 UrhG darstellt. Auch die Privilegierung des Datentransports nach § 44a Ziff. 1 UrhG greift nicht ein, da diese Ausnahme auf den ISP zugeschnitten ist, also die beim Caching anfallenden Vervielfältigungen. Zudem hat das Streaming eine eigenständige wirtschaftliche Bedeutung im Sinne des § 44a a.E. UrhG. Ähnlich dem entgeltlichen Pay per view wird hier das Werk einmalig, zudem zu einem Zeitpunkt nach

stets eine weitere Vervielfältigungshandlung voraus, z.B. in Form des MP3-Encoding und Abspeicherns der Vorlage auf der Festplatte des Anbieters oder einem zentralen Server.[1063]

1. Napster, KaZaa und Co. – Peer-to-Peer-Netze

In P2P-Netzen wie Napster, Gnutella oder KaZaa werden die Titel – teilweise im Austausch gegen Stücke aus deren Repertoire – anderen Nutzern angeboten.[1064] Für die nachfolgende urheberrechtliche Beurteilung der vorstehend umschriebenen Nutzungshandlungen kommt es dabei nicht auf die Organisation des P2P-Netzes an, d.h. ob dieses über einen zentralen Server läuft (Napster) oder dezentral organisiert ist (KaZaa).[1065] Selbst bei dem zentralen Napster-System waren auf dem Server nur Listen der verfügbaren Titel sowie die jeweiligen Anbieter gespeichert, nicht jedoch die Werke selbst. Relevant wäre diese Unterscheidung möglicherweise für die Frage der eigenen Haftung von Napster und den Herstellern von Software wie KaZaa, auf die nicht eingegangen werden soll.[1066]

Wahl, wahrnehmbar gemacht. Für die Rechtmäßigkeit der beim Nutzer entstehenden Zwischenkopie kommt es daher auch beim Streaming auf den Privilegierungstatbestand des § 53 Abs. 1 UrhG (oder sonstiger Schranken des Urheberrechts) an, insoweit wiederum auf die Frage, ob er erkennen konnte, dass es sich um eine illegale Kopiervorlage handelt. Vgl. auch Fn. 679.

[1062] Vgl. zur Einordnung in den Katalog der Nutzungsrechte bereits oben Teil 2 A II 1.

[1063] Die Qualifizierung dieses Vorgangs als Vervielfältigung dürfte unstreitig sein, vgl. *Dreier*, GRUR 1997, S. 859 (861 f.); *Koch*, GRUR 1997, S. 417 (423); *Cichon* K&R 1999, S. 547 (548).

[1064] Empirische Untersuchungen haben ergeben, dass rund die Hälfte der angebotenen Files von Gnutella von nur einem Prozent der Teilnehmer bereitgestellt wird, während 70% der Abrufenden keinerlei eigene Files zur Verfügung stellen, vgl. *Adar/Hubermann*, zit. nach *Schoder/Fischbach*, in *Schoder et al.*, P2P, S. 3 (18, Fn. 64).

[1065] Vgl. zur Funktionsweise dieser Systeme im ersten Teil A I 2 c und d.

[1066] Ausführlich befassen sich mit der Frage der Haftung der Zugangsprovider nach UrhG und TDG *Sieber*, Verantwortlichkeit, S. 151 ff.; *Bortloff*, GRUR Int. 2000, S. 665 ff. (mit rechtsvergleichenden Beispielen); *Mönkemöller*, GRUR 2000, S. 663 (666 ff.); *Heghmanns*, ZUM 2000, S. 463 ff.; zur Frage der Haftung der Hersteller von Angeboten für P2P wie Napster und KaZaa vgl. eingehend *Hänel*, Napster, Abs. 50 ff. m.w.N., *Reber/Schorr*, ZUM 2001, S. 672 ff., sowie *Kreutzer*, GRUR 2001, S. 307 ff., mit Erwiderung von *Braun*, GRUR 2001, S. 1106 (1110 f.); zur Rechtslage in den USA vgl. die Entscheidung Napster, GRUR Int. 2000, S. 1066 ff., sowie in der Berufungsinstanz GRUR Int. 2001, S. 355 ff.; die Rechtslage in den USA und der EG vergleicht *Frey*, ZUM 2001, S. 466 ff., sowie zur Rechtslage in anderen EU-Mitgliedstaaten die Rechtsprechungsübersicht bei *Nikoltchev/Cabrera Blazquez*, IRIS 2000, Heft 8 S. 14 ff., mit ausführlichen Rechtsprechungsnachweisen.

a) Vervielfältigung durch den Anbieter

Wird eigens zum Bereithalten in einem P2P-Netz eine Vervielfältigung herge-stellt (sog. Uploading[1067]), so greift insoweit die Privilegierung des § 53 Abs. 1 UrhG auch dann nicht ein, wenn keinerlei kommerzielle Interessen verfolgt werden. Denn es wird hier kein privater Zweck verfolgt[1068], sondern der einer öffentlichen Zugänglichmachung.[1069] Privater Gebrauch ist der Gebrauch in der Privatsphäre zur Befriedigung rein persönlicher Bedürfnisse durch den Kopie-renden oder die mit ihm durch ein persönliches Band verbundenen Personen.[1070] Die Zugänglichmachung für einen unbestimmten Personenkreis über das Inter-net, den allein das gemeinsame Interesse an einem möglichst billigen Werkzu-gang eint, ist davon jedenfalls nicht mehr umfasst.[1071]

Ähnliches gilt für eine bereits existierende Vervielfältigung. Auch wenn diese im Zeitpunkt der Herstellung zu privaten Zwecken privilegiert war, stellt § 53 Abs. 6 S. 1 UrhG klar, dass dieses Vervielfältigungsstück nicht nachträglich umgewidmet werden darf, insbesondere nicht zu einer öffentlichen Wiedergabe

---

[1067] Dieser Begriff stammt eigentlich aus den Zeiten, in denen die Musik-Files auf einen Server gela-den wurden und dort zum Abruf bereitgehalten wurden. Dagegen bleiben sie in P2P-Netzen auf der Festplatte des Anbieters.

[1068] Vgl. statt aller *Leupold/Demisch*, ZUM 2000, S. 379 (382).

[1069] A.A. insoweit *Hänel*, Napster, Abs. 40, die ein Speichern auf der Festplatte nicht als Vervielfälti-gung erfasst, sondern davon ausgeht, dass der Anbieter eine Vervielfältigung beim Empfänger her-stellt, indem er sein Verzeichnis zum Herunterladen freigibt. Dabei wird übersehen, dass bereits der Vorgang des Vorhaltens auf der Festplatte, unabhängig von einer tatsächlichen späteren Freigabe, eine nicht von § 53 Abs. 1 S. 1 UrhG erlaubte Vervielfältigung darstellt. Bereits zu diesem Zeit-punkt wird kein privater Zweck verfolgt. Der Sinn dieses *Hänelschen* Kunstgriffes wird in Abs. 42 f. offenbar: Sie will so den Abruf des Nutzers als Herstellung durch einen Dritten im Sinne des § 53 Abs. 1 S. 2 UrhG qualifizieren, lehnt eine Privilegierung im Ergebnis jedoch mit teleologi-schen Erwägungen ab. Dies ergäbe sich aber bereits aus der bisher h.M., die bei der Drittkopie eine Herstellung nur auf individuelle Bestellung erlaubt, während ein Vorhalten von Kopien unzulässig ist. Als solches müsste die Freigabe des Archivs des Anbietenden zu qualifizieren sein, so im Er-gebnis auch *Sieber*, DMMV Gutachten, S. 81 (148 f.).

[1070] Vgl. Teil 2 B II 3.

[1071] So auch *Hänel*, Napster, Abs. 35; ähnlich *Kreutzer*, GRUR 2001, S. 193 (199). Unklar insoweit *Cichon*, K&R 1999 S. 547 (548), die darauf abstellt, dass P2P-Netze auch so ausgestaltet werden können, dass kein unbegrenzter Personenkreis darauf Zugriff hat. Soweit allein der enge Freundes-und Familienkreis Zugang hat, mag dies richtig sein. Dies entspricht jedoch nicht der Struktur von P2P-Netzen, deren Sinn sich gerade daraus ergibt, dass sie jedermann offen stehen. Jedenfalls wäre ein "privater" Tauschzirkel, bei dem eine persönliche Verbindung teilweise nur über andere Mit-glieder hergestellt werden könnte, gerade nicht von dem Kreis enger Verbundenheit erfasst. Zwei-felnd insoweit *Ahrens*, ZUM 2000, S. 1029 (1034 Fn. 63), zustimmend *Hänel*, Napster, Abs. 41, die jedoch die Zahl der Mitglieder auf drei beschränkt, da dies nach ihrer Ansicht die Obergrenze für einzelne Vervielfältigungen von Music-Files ist. Es wird dabei übersehen, dass nicht jeder vom anderen das vollständige Repertoire übernehmen möchte, so dass hier durchaus auch mehr als drei Teilnehmer einen solchen Kreistausch legal veranstalten könnten.

im Sinne des § 15 Abs. 2 UrhG genutzt werden darf. Hierunter ist jedoch das Anbieten in P2P-Netzen nach alter als auch neuer Rechtslage zu subsumieren.[1072]

Wird für das Anbieten im P2P-Netz eine bereits auf der Festplatte im MP3-Format abgelegte Datei genutzt, fehlt es bereits an einer weiteren Vervielfältigung, so dass es insoweit auch keiner Schranke bedarf und es allein auf die Zulässigkeit des öffentlichen Anbietens ankommt.

b) Öffentliches Anbieten

Fraglich ist, welche Rechte mit dem sich anschließenden öffentlichen Anbieten durch den Nicht-Berechtigten betroffen sind:

aa) Veröffentlichungsrecht § 12 UrhG

Mit dem Verfügbarmachen eines geschützten Werks über das Internet könnte das Veröffentlichungsrecht des Urhebers verletzt werden. Dies dürfte jedoch nur ausnahmsweise der Fall sein, sofern Werke noch nicht in irgendeinem anderen Medium veröffentlicht sind. Die Digitalisierung eines vom Rechtsinhaber z.B. in analoger Form veröffentlichten Werkes oder das Bereithalten im Netz stellt dagegen keine weitere Veröffentlichung dar.[1073]

bb) Verbreitungsrecht § 17 UrhG

Das öffentliche Zugänglichmachen könnte daneben in das Verbreitungsrecht nach § 17 UrhG eingreifen.[1074] Das Verbreitungsrecht gilt jedoch nur für verkörperte Werkexemplare[1075], so dass die zum Download auf die Festplatte überspielte Kopie hierfür genügt. Die Festplatte selbst wird jedoch beim öffentlichen Zugänglichmachen in P2P-Netzen nicht an den Nutzer übertragen, sondern die dort befindlichen Daten[1076], weshalb weder Upload noch öffentliches Anbieten gegen das Verbreitungsrecht verstoßen.[1077]

[1072] Vgl. hierzu im nächsten Abschnitt.

[1073] Vgl. hierzu *Kröger/Gimmy-Freitag*, S. 307, sowie allgemein zum Verbreitungsrecht *Schricker-Dietz*, § 12 Rz. 7 m.w.N.

[1074] *Koch*, GRUR 1997, S. 417 (425); *Hoeren*, CR 1996, S. 517 (519 f.); *Leupold/Demisch*, ZUM 2000, S. 379 (382).

[1075] *Dreier*, GRUR 1997, S. 859 (863), *Wandtke/Schäfer*, GRUR Int. 2000, S. 187 (190), sowie *Schricker-Loewenheim*, § 17 Rz. 5.

[1076] Dies hat zur Folge, dass bei vom Rechtsinhaber On-demand erworbenen, unkörperlichen Vervielfältigungsstücken auch keine Erschöpfungswirkung nach § 17 Abs. 2 UrhG eintreten kann, vgl. *Koch*, GRUR 1997, S. 417 (425); *Hoeren*, CR 1996, S. 517 (519); *Gaster*, ZUM 1995, S. 740 (746), verweist insoweit auch auf Erwägungsgründe 33 und 43 der Datenbankrichtlinie, die dies ausdrücklich klarstellen. Ähnlich auch *Schulze*, ZUM 2000, S. 432 (452). Nach *Koehler*, Erschöpfungsgrundsatz, S. 129, ist § 17 Abs. 2 analog auch auf eine von ihm sog. Online-Veräußerung, al-

Umgekehrt kann der Anbietende gegen Unterlassungs- und Schadenersatzansprüche des Rechtsinhabers aber auch nicht den Erschöpfungsgrundsatz des § 17 Abs. 2 UrhG einwenden. "Weiterverbreitet" wird gerade nicht eine lizenzierte körperliche Ausgabe des Werkes, sondern beim Nutzer wird eine neue Vervielfältigung hergestellt. Es steht daher nur dem Eigentümer eines körperlichen Originales frei, dieses – selbst nach einer Privatkopie zur weiteren Nutzung – im Wege des Verkaufes an einen Dritten weiterzugeben, so dass auch hiervon wieder Vervielfältigungen gefertigt werden könnten. Will der Rechtsinhaber dies verhindern, muss er die Vervielfältigungsstücke durch einen Kopierschutz sichern.

cc)   Öffentliches Zugänglichmachen, § 19a UrhG

Das Anbieten zum Download an einen unbestimmten Benutzerkreis in P2P-Netzen unterfällt dem mit dem UrhInfG eingefügten Recht der öffentlichen Zugänglichmachung nach § 19a UrhG. Die Nutzer können auf die angebotenen Dateien von einem Ort und zu einem Zeitpunkt ihrer Wahl zugreifen. Die Übertragung der Inhalte erfolgt zudem in unkörperlicher Form über drahtlose oder – gebundene Netzwerkverbindungen.

dd)   Schranken des § 19a UrhG

Das öffentliche Zugänglichmachen durch den Anbieter könnte ausnahmsweise zulässig sein, wenn er von einer Schrankenbestimmung hierzu ermächtigt ist. Nicht einschlägig ist insoweit § 52 UrhG, da diese Ausnahmevorschrift nach § 52 Abs. 3 UrhG ausdrücklich nicht auf öffentliche Zugänglichmachungen anwendbar ist.[1078] Die mit § 52a UrhG neu eingefügte Schranke des Rechts der öf-

---

so eine On-demand übermittelte Vervielfältigung, anwendbar, soweit der Rechtsinhaber der Herstellung dieser dauerhaften Kopie zugestimmt hat. Die so auf die Festplatte gelangte Kopie darf jedoch nach *Koehler* a.a.O., S. 176, nicht online "weiterveräußert" werden, so dass man vorliegend zum gleichen Ergebnis gelangen würde.

[1077] So auch *Bechtold*, ZUM 1997, S. 427 (431); *Kröger/Gimmy-Freitag*, S. 312 f.

[1078] Dies war bereits vor Änderung des § 52 Abs. 3 UrhG durch das UrhInfG herrschende Meinung, vgl. *Braun*, GRUR 2001, S. 1106 (1108 f.); *Schack*, FS Erdmann, S. 165 (167); *ders.* ZUM 2002, S. 497 (501); im Ergebnis wohl auch *Ahrens*, ZUM 2000, S. 1029 (1032 f.), sowie auch die Entscheidung des LG Hamburg 308 O 98/01, www.jurpc.de/rechtspr/20010238.htm; a.A. *Kreutzer*, GRUR 2001, S. 193 (201 f.). Nach § 53 Abs. 6 S. 1 UrhG darf eine selbst hergestellte Vervielfältigungsvorlage nicht nachträglich "umgewidmet" werden und nunmehr öffentlich angeboten werden. § 53 Abs. 6 S. 1 UrhG ist insoweit lex specialis und verdrängt auch die Schranken zur unkörperlichen Werkverwertung wie beispielsweise die des § 52 UrhG. Dies verkennt die gegenteilige Ansicht von *Kreutzer* a.a.O., S. 203, unter Verweis auf vermeintliche Widersprüche, die jedoch nur deshalb entstehen, weil er irrtümlich annimmt, dass Originale ohne weiteres Online angeboten werden dürften (hierzu sogleich). Es kann dahingestellt bleiben, ob, wie von *Kreutzer* zur Begründung angeführt, es de facto aus Sicht der Rechtsinhaber tatsächlich (hiergegen spricht schon, dass bei einer Pflicht zur Verwendung von Originalen eine wesentlich höhere Wahrscheinlichkeit besteht, dass hierzu vermehrt Originalwerke erworben werden müssen, da nicht jeder Veranstalter ohne weiteres auf ein unbeschränktes Repertoire in seinem Freundeskreis zugreifen kann) keinen Unterschied macht, ob zur öffentlichen Wiedergabe eine Kopie oder ein Original verwendet wird. Diese Frage hat der Gesetzgeber, aus welchen Erwägungen auch immer, eindeutig dahingehend entschieden, dass Vervielfältigungen im Sinne der Abs. 1- 3 des § 53 UrhG nach dessen Abs. 6 nicht öffentlich wiedergegeben werden dürfen. Dies spricht entschieden gegen *Kreutzers* Annahme einer Lücke, da der Gesetzgeber den Fall der öffentlichen Wiedergabe privater Vervielfältigungen nicht erkannt habe. Abwegig ist deshalb auch die Gesetzessystematik auf den Kopf stellende Auslegung, § 53 Abs. 6 UrhG solle nur eingreifen, wenn die Voraussetzungen des § 52 UrhG nicht erfüllt seien. Wäre dies tatsächlich der gesetzgeberische Wille gewesen, hätte er dies auf Grund des gegenteiligen Wortlautes in § 53 Abs. 6 UrhG klarstellen müssen, dass dieser die vorangehende Bestimmung des § 52 UrhG unberührt lässt, so im Ergebnis auch *Braun*, GRUR 2001, S. 1106 (1109). Entgegen *Kreutzer* (a.a.O., Fn. 124) verwundert es deshalb auch nicht, dass sich das Schrifttum mit seiner Ansicht noch nicht auseinandergesetzt hat. Nicht mehr nachvollziehbar ist schließlich die Behauptung *Kreutzers* (a.a.O., S. 204), die wirtschaftlichen Interessen der Rechtsinhaber seien trotz eines öffentlichen Anbietens über den Vergütungsanspruch nach § 52 Abs. 1 S. 1 UrhG gewahrt. Wie dieser – nicht verwertungsgesellschaftspflichtige –Vergütungsanspruch in P2P-Netzen gegenüber Millionen von "Veranstaltern" geltend gemacht werden soll, erkennt *Kreutzer* zwar als Problem (a.a.O., S. 202), überlässt eine Lösung des Inkassos aber den Rechtsinhabern und Verwertungsgesellschaften. Der Gesetzgeber ist aus gutem Grund diesem unsinnigen Modell nicht gefolgt, sondern hat stattdessen mit §§ 19a, 52 Abs. 3 UrhG n.F. in Übereinstimmung mit der Info-RL und den WIPO-Verträgen die Unzulässigkeit des öffentlichen Zugänglichmachens "klargestellt".

Problematischer war dagegen nach altem Recht die öffentliche Zugänglichmachung eines Online vom Rechtsinhaber selbst bezogenen Originales (oder einer , die im CD-Rom-Laufwerk zum Download bereitgehalten wird, was praktisch jedoch kaum vorgekommen sein dürfte), das mit dessen Zustimmung auf der Festplatte des Erwerbers gespeichert war. Soweit die Lizenzbedingungen nicht ausdrücklich eine öffentliche Wiedergabe ausschlossen, wäre § 52 Abs. 1 UrhG zunächst einschlägig. Entgegen *Kreutzer*, a.a.O., S. 201 f., wäre aber in diesen Fällen die Schranken-Schranke des § 52 Abs. 3 UrhG analog anzuwenden gewesen, soweit dieser Funksendungen bereits nach altem Recht vom Anwendungsbereich der Schranke ausgenommen hatte, so auch *Fromm/Nordemann-Nordemann*, § 52 Rz. 4, *Schack*, JZ 1998, S. 753 (758), unklar *Dreier*, Schrankenbestimmungen, S. 139 (162), der grundsätzlich § 52 UrhG für anwendbar hält, aber die Schranken-Schranke des § 52 Abs. 3 (de lege ferenda ?) auch für Online Übertragungen für richtig hält. Zweifel äußert daneben *Hoeren*, P2P, S. 255 (287), ob ein öffentliches Anbieten in P2P-Netzen vom Sinn des § 52 UrhG noch erfasst wäre. Entgegen *Kreutzer* ebd. sind Schranken-Schranken gerade nicht eng, sondern als Begrenzung der eng auszulegenden Schranken weit auszulegen, ähnlich *Fromm/Nordemann-Nordemann*, vor §§ 45 ff. Rz. 3. An dieser Stelle zeigt sich erneut, dass die nach bisherigem Recht verbreitete Qualifizierung der öffentlichen Zugänglichmachung als öffentliche Wiedergabe nicht sachgerecht war. Wie sich aus den Motiven zu § 52 Abs. 3 UrhG (BT Drucks. IV/270, S. 68) ergibt, sollten damit kleinere, mit wenig Aufwand betriebene Spontanveranstaltungen von der Erlaubnispflicht freigestellt werden. Diesem Leitbild entspricht es dagegen nicht, wenn die Werke dauerhaft zum jederzeitigen Abruf durch den interessierten Nutzer bereitgestellt werden. Mit dem Leitbild der § 52 UrhG privilegierten Veranstaltungen ist es sich auch nicht vereinbaren, dass beim Online Abruf der Nutzer nicht nur einmalig eine ephemere Vervielfältigung am Bildschirm oder Lautsprecher wahrnehmen kann, sondern der Abruf vielmehr gerade darauf abzielt, dem Nutzer ein eigenes Vervielfältigungsexemplar zu verschaffen, vgl. *Hoeren/Sieber- Raue/Hegemann*, Kap. 7.5. Rz. 135, sowie *Braun*, GRUR 2001, S. 1106 (1109). Letzterer weist zu Recht auch darauf hin, dass die von § 52 UrhG privilegierten Veranstaltungen an einem Ort und Zeitpunkt nach Wahl des Veranstalters stattfinden, während es bei der Online Nutzung gerade der Nutzer selbst ist, der hierüber entscheiden kann. Wenn sogar Funksendungen in § 52 Abs. 3 UrhG auch nach bisherigem Recht ausgeschlossen waren, muss dies erst recht für die intensivere Online Nutzung gelten.

fentlichen Zugänglichmachung zu Gunsten von Unterricht und Forschung ist für das Anbieten in P2P-Netzen ebenso wenig einschlägig. Schließlich passt für diese Form der Werknutzung auch keine der sonstigen Schranken des § 19a UrhG, namentlich § 46 Abs. 1 UrhG (Sammlungen für den Kirchen- und Schulgebrauch), § 56 Abs. 1 UrhG (Vorführung in Geschäftsbetrieben) oder § 58 Abs. 1 UrhG (Katalogbildschranke).

c)   Vervielfältigung durch den Nutzer

Schlussendlich erfolgt eine, beim Streaming nur vorübergehende, Vervielfältigung des Werkes beim Nutzer, die wiederum von § 53 Abs. 1 S. 1 UrhG erfasst sein könnte.[1079] Da der Gesetzgeber den bisherigen Streit der Voraussetzung einer legalen Kopiervorlage entschieden hat, hängt die Zulässigkeit der Privatkopie durch den Nutzer davon ab, ob es sich bei P2P-Netzen um eine offensichtlich illegale Quelle handelt, was nach hier vertretener Ansicht zu bejahen ist.[1080]

2.   Bereithalten zum Download

Dieselben Erwägungen wie für P2P-Netze gelten im Übrigen auch für sonstige Anbieter im Internet, die das Recht zur öffentlichen Zugänglichmachung nicht beim Rechtsinhaber lizenziert haben.[1081] Es spielt dabei keine Rolle, ob die Werke aus rein altruistischen Motiven bereit gehalten werden, oder ob damit eine wie auch immer geartete Erwerbsabsicht verbunden ist, z.B. über Bannerwerbung. Etwas anderes gilt nur für den Fall, dass der Anbieter den Anschein eines legalen Angebots erweckt und hierfür ein übliches Entgelt einnimmt. In diesem Fall ist die Illegalität nicht erkennbar, und es besteht auch keine Pflicht des Nutzers zu prüfen, ob der Anbieter die Rechte tatsächlich lizenziert hat. Dies zu überwachen, wird vielmehr auch in Zukunft Aufgabe der Rechtsinhaber selbst bleiben.

3.   Versand per E-Mail

Der massive Verfolgungsdruck, den insbesondere die Verbände der Phonoindustrie auf die Nutzer von P2P-Netzen ausüben[1082], hat die Zahl der Downloads

---

[1079] Als Vervielfältigung qualifizieren das Streaming auch *Leupold/Demisch*, ZUM 2000, S. 379 (386), sowie *Winghardt*, ZUM 2001, S. 349 (350).

[1080] Vgl. oben Teil 2 B II 5.

[1081] Vgl. zu solchen Downloadangeboten *Mönkemöller*, GRUR 2000, S. 663 (666). Soweit sich die Anbieter bzw. ihre Server nicht in urheberrechtsfreien Regionen wie Tonga etc. befinden, haben die Rechtsinhaber hier eine vergleichsweise einfache Möglichkeit dieses Treiben zu unterbinden, da das Angebot dauerhaft vorliegt und der Anbieter sich so am ehesten identifizieren lässt.

[1082] Vgl. hierzu ausführlich für die Bereiche Software, Audio und Video *Sieber*, DMMV Gutachten, S. 81 (121 ff.), sowie einige neuere Beispiele www.urheberrecht.org/news/?id=1427&w=&p=1, www.urheberrecht.org/news/?id=1429&w=&p=1 und weitere News auf www.urheberrecht.org.

zurückgehen lassen.[1083] Zunehmend werden daher MP3-Dateien als Attachment per E-Mail versandt, wobei nur eine Liste der verfügbaren Werke auf einer Web-Site im Internet bereitsteht.[1084] Bei der dann per E-Mail erfolgenden Zusendung wird eine Vervielfältigung des Werkes i.S.d. § 16 UrhG auf dem entsprechenden Mail-Host-Server des Adressaten erzeugt.[1085] Hersteller dieser Kopie ist damit der Absender. Beim Herunterladen vom Mailserver entsteht dann keine weitere Vervielfältigung, sondern das dort gespeicherte Exemplar wird übertragen.[1086] Fraglich ist, ob für solche privaten E-Mails mit urheberrechtlich geschütztem Inhalt das Privileg des § 53 Abs. 1 UrhG greift. Der Versender wird sich auf die Privilegierung des § 53 Abs. 1 S. 1 UrhG berufen können, wenn er die Daten im engen Freundeskreis versendet, wozu er de lege lata einzelne Vervielfältigungen weiterhin herstellen darf. Der Versand an einen unbestimmten Personenkreis, welcher die E-Mail aufgrund der Liste anfordern kann, ist dagegen nicht mehr von § 53 Abs. 1 S. 1 UrhG gedeckt, da dann gerade kein privater Zweck verfolgt wird, zudem ist meist auch das Tatbestandsmerkmal *einzelne* nicht erfüllt.

Insoweit könnte sich jedoch der Abrufende auf die Privilegierung des § 53 Abs. 1 S. 2 UrhG berufen. Die Kopie wird durch einen Dritten erstellt, und es fließt hierfür auch kein Entgelt oder sonstige Gegenleistung, soweit nicht der Abrufende selbst, quasi im Tausch, seinerseits als Entgelt Dateien per E-Mail an den Anbieter versendet.[1087] Der Anbieter ist damit ebenfalls von der Privilegierung nach § 53 Abs. 1 S. 2 UrhG erfasst, darf zum Versand jedoch keine selbst erstellten Vervielfältigungen auf seiner Festplatte vorhalten, sondern muss hierfür entweder eine On-demand lizenziertes Vervielfältigungsstück verwenden[1088], oder darf eine Vervielfältigung erst nach einer individuellen Bestellung herstellen.

Nachdem sich die Industrie zunächst auf Klagen gegen die Zugangsvermittler wie Napster, KaZaa und andere beschränkt hatte, geht sie mittlerweile vermehr dazu über, auch gegen die Nutzer vorzugehen und von diesen Unterlassung sowie Schadensersatz zu verlangen. In den USA werden dabei Beträge von bis zu 150.000 $ je zum Abruf bereitgehaltenem File eingeklagt.

[1083] Nach einer Marktstudie der Fa. NPD-Consult war die US-amerikanische Phonoverband RIAA besonders erfolgreich. Die Zahl Nutzer von P2P-Netzen zum Musik Download ist zwischen April und Juni um fast ein Drittel von 14,5 Mio. auf 10,4 Mio. zurückgegangen. Die Zahl der heruntergeladenen Files ging dabei jedoch nur von 852 Mio. auf 652 Mio. zurück, was auf einen durchschnittlichen Anstieg der Downloads von 59 auf 63 je verbleibenden Nutzer schließen lässt, vgl. www.atnewyork.com/news/article.php/3066851.

[1084] Vgl. hierzu auch *Leupold/Demisch*, ZUM 2000, S. 379.

[1085] *Waldenberger*, ZUM 1997, S. 176 (180).

[1086] Freilich in unkörperlicher Form. Auf dem Server befindet sich nach dem Herunterladen kein Vervielfältigungsstück mehr, das dort gelöscht wird und neu beim Empfänger entsteht. Dies ist jedoch einem Zusenden eines körperlichen Werkexemplars gleichzustellen.

[1087] So auch *Leupold/Demisch*, ZUM 2000, S. 379 (385).

[1088] Dessen Lizenzbedingungen werden eine solche Nutzung jedoch regelmäßig ausschließen.

Diese Vorgehensweise ist insgesamt, verglichen mit dem selbständigen Abrufen bei einer öffentlichen Zugänglichmachung nach § 19a UrhG, sehr mühsam und lebt davon, dass die "Anbieter" tatsächlich bereit sind, aus altruistischen Motiven – etwa um das Funktionieren des Kopierforums aufrechtzuerhalten – für völlig unbekannte Dritte Kopiertätigkeiten zu übernehmen und Kopien ohne jegliche Gegenleistung zu versenden. Gerade bei den großen Datenmengen der überwiegend in derartigen Foren angebotenen audio-visuellen Medien dürften beim Versenden nicht unerhebliche Online-Gebühren anfallen und der eigene Anschluss des Versendenden für längere Zeit blockiert werden.[1089] Wird der Vorgang des Abrufens so weit automatisiert, dass der Empfänger der Vervielfältigung über den Zeitpunkt des Abrufes entscheidet, greift hingegen wieder das Ausschließlichkeitsrecht des § 19a UrhG ein.

Wegen Parallelen in der Funktionsweise ergeben sich bei dieser Art der Werkverwertung dennoch gewisse Wertungswidersprüche zu den für unzulässig gehaltenen selbständig funktionierenden P2P-Netzen, die sich jedoch de lege lata nicht lösen lassen. Insoweit besteht eine vergleichbare Problemlage wie bei den Kopienversanddiensten der Bibliotheken. Änderungsvorschläge hierzu werden in Teil 3 B II 5 ausführlich begründet.

[1089] Hier könnte sich freilich die Gesetzesbegründung des UrhInfG, BT Drucks. 15/38, S. 20 f., als problematisch erweisen, die eine Erstattung der Selbstkosten des Dritten, also z.B. die Providerkosten, noch für unentgeltlich hält. Zu den Ungereimtheiten dieser Begründung vgl. hierzu auch unten Teil 3 B II 5 (ii.).

Teil 3: Bewertung der Regelung der Privatkopie und Änderungsvorschläge

Die digitale Privatkopie ließe sich auf verschiedene Arten regeln. Denkbar wäre als einschneidendste Maßnahme ein totales Verbot durch Abschaffen der gesetzlichen Lizenz. Zweite Alternative ist der Fortbestand des bisherigen Systems mit einer Vergütung der Rechtsinhaber über pauschale Abgaben auf Geräte und Leermedien. Schließlich lässt sich die Privatkopie auch durch eine Mischung dieser beiden Ansätze, ergänzt durch den vorgreiflichen Schutz technischer Schutzsysteme, regeln. Wie sich aus der Analyse der relevanten Normen in Teil 2 ergibt, hat der Gesetzgeber mit dem UrhInfG den Weg über den ergänzenden Schutz technischer Maßnahmen eingeschlagen. Die vorstehenden Einzelbeispiele, die den größten Teil der Privatkopien im Zeitalter digitaler Vervielfältigungstechniken abdecken, lassen sich weitest gehend rechtlich erfassen.

Die Vielzahl unterschiedlicher Stellungnahmen der einzelnen Interessenverbände zeigt, dass es sich bei der Neuregelung der Privatkopie um ein besonders heißes Eisen handelt. Der mit dem UrhInfG gefundene Rechtsrahmen wird diesen unterschiedlichen Interessen im Ergebnis gerecht und bedarf lediglich einiger Feinjustierungen im Detail. Der parallele Fortbestand des Systems der Pauschalvergütung, bei gleichzeitigem Schutz von Individuallösungen[1090], eröffnet einen flexibleren Übergang der Systeme für den digitalen Bereich.

Es soll im Folgenden zunächst (Teil 3 A) der Versuch unternommen werden, diese These anhand der Ergebnisse des ersten Teiles dieser Arbeit zu belegen. Anschließend sollen die weniger geglückten Änderungen bzw. bisher nicht angegangenen Themen zur Abrundung des Systems der digitalen Privatkopie erörtert werden (siehe unten B).

[1090] Diese werden durch die Vorschriften der §§ 95a ff. UrhG zum Schutz technischer Maßnahmen in Verbindung mit einzelvertraglichen Nutzungsmodellen möglich.

A. Bewertung der Neuregelung zur Privatkopie

I. Eigentumsrechtliche Erwägung

In der Diskussion über die Privatkopie wird gerne übersehen, dass die mit der Urheberrechtsnovelle 1965 eingeführte gesetzliche Lizenz vorwiegend den wirtschaftlichen Interessen der Rechtsinhaber dienen sollte. Private Vervielfältigungen im analogen Zeitalter fanden in zunehmender Zahl statt. Die technische Entwicklung erlaubte es, preisgünstige Kopiertechniken herzustellen, die einem immer größeren Kreis privater Nutzer ein Mittel zur Vervielfältigung an die Hand gab. Der häusliche Bereich durfte dennoch im Hinblick auf Art. 13 GG nicht wegen möglicher Verletzung von Urheberrechten staatlicher Überwachung ausgesetzt werden, da dies nicht mit dem Verhältnismäßigkeitsgrundsatz zu vereinbaren gewesen wäre. Zugleich fallen das Urheberrecht und die verwandten Schutzrechte unter den Schutzbereich des Art. 14 GG und drohten mehr und mehr von der lediglich durch den privaten Nutzungszweck beschränkten Privatkopie ausgehöhlt zu werden. Ein effizienter Rechtsschutz konnte daher nur durch die Zulassung der Privatkopie bei gleichzeitiger Einführung eines Ausgleiches durch eine Pauschalvergütung gewährleistet werden. Effizientere Mittel, wie z.B. der Einsatz technischer Maßnahmen, standen nicht zur Verfügung und ihre Entwicklung war auch nicht abzusehen.

Sofern dem Rechtsinhaber vor allem digitaler Werke durch die technische Entwicklung effektive Schutzmechanismen zur Verfügung stehen, kann er selbst entscheiden, ob er diese nun nutzen will und die Vervielfältigung einzelvertraglich mit dem Interessenten abwickeln möchte. Alternativ kann er weiterhin von der pauschalen Rechtswahrnehmung und Vergütung über §§ 54 ff. UrhG Gebrauch machen, die bei Einsatz technischer Schutzmaßnahmen künftig entfällt. Aus dem Eigentumsschutz des Art. 14 Abs. 1 GG lässt sich somit nicht ableiten, dass für den digitalen Bereich die gesetzliche Lizenz auf das Verbotsrecht zurückzuführen wäre. Vielmehr gilt auch hier, dass der Rechtsinhaber, der keinen Schutzmechanismus anwenden kann oder möchte, an der Pauschalvergütung partizipieren können muss, was für eine Beibehaltung der gesetzlichen Lizenz im Verbund mit dem Schutz technischer Systeme spricht.

II. Informationsfreiheit

Unter dem Deckmantel der Informationsfreiheit wird häufig die Forderung nach einem – abgesehen von Pauschalabgaben – mehr oder weniger kostenlosen Zugriff auf geschützte Werke versteckt, was aus Sicht der Verbraucher sicherlich nachvollziehbar ist. Das Argument des "free flow of information" vermag jedoch nicht zur Beschränkung der Rechtsinhaber zu überzeugen. Grundrechtlich geschützt wird von Art. 5 Abs. 1 GG nur der Zugang zu öffentlichen Informationen vor staatlichen Eingriffen, und zwar lediglich dergestalt, dass der Zugang zur Information nicht unzumutbar erschwert wird.[1091] Nach Art. 5 Abs. 2 GG ist das Grundrecht zudem beschränkt durch die allgemeinen Gesetze, somit auch das Urheberrecht. Der Schutz vor staatlichen Eingriffen oder einem unzumutbar erschwerten Zugang zur Information, beispielsweise durch widerrechtliche Monopolisierung seitens Privater, vermag daher nicht einen quasi unentgeltlichen Eingriff in fremde Rechtspositionen zu rechtfertigen. Es besteht daher verfassungsrechtlich keineswegs eine Pflicht des Gesetzgebers, einen Anspruch auf digitale Privatkopie gesetzlich zu verankern. Umgekehrt dürfte sogar ein weitest gehendes Verbot der digitalen Privatkopie verfassungsrechtlich zulässig sein.[1092] Diskussionswürdig ist dagegen, ob mit *Schack*[1093] zu Gunsten der Informationsfreiheit dem Nutzer die analoge Privatkopie zu belassen ist.

Bei der Diskussion über die Informationsfreiheit wird auch ein weiterer Aspekt gerne übersehen. Um sich die Information zu verschaffen, d.h. sie zu rezipieren, bedarf es grundsätzlich nicht des Besitzes eines eigenen, selbst kopierten Werkexemplars. Durch öffentliche Bibliotheken, Videotheken etc. aber auch das Free-TV und das Internet besteht ein – wenn auch zeitlich begrenzter – Zugang zu praktisch jeder öffentlich verfügbaren Information. Mehr als ein nicht unzumutbar beschränkte Zugang ist von der Informationsfreiheit nicht geschützt. Soll aus Gründen der Bequemlichkeit oder Praktikabilität ein ständiger, müheloser Zugang zur Information im Wege eines eigenen Werkexemplars geschaffen werden, muss dem Rechtsinhaber als Erbringer dieser "Bequemlichkeits-Dienstleistung" grundsätzlich[1094] ein entsprechend angemessenes Entgelt gezahlt werden, also in Form des Erwerbes eines eigenen Werkstücks. Bei genauerem Hinsehen entpuppt sich die Diskussion über die Informationsfreiheit als sozialpolitische Erwägung mit dem Ziel eines möglichst billigen Werkzugangs.

III. Kultur- und sozialpolitische Erwägung

(i.) Bei Einführung des KUG 1901 stand mit der Zulassung der privaten Vervielfältigung die Sozial- und Kulturpolitik im Vordergrund. Eine erhebliche Beeinträchtigung der Urheberinteressen war mangels effizienter Kopiertechniken nicht zu befürchten, eine private Vervielfältigung war letztlich lediglich bei Schriftwerken möglich, und zwar im Wege der heute mittelalterlich anmutenden Kopiertechnik des Abschreibens, die bis heute nach § 54 Abs. 5 UrhG uneingeschränkt zulässig ist. Soweit die damalige Gesetzesbegründung zur Begründung der privaten Vervielfältigung auf die Privilegierung unbemittelter Mitglieder

---

[1091] Vgl. zum Schutzbereich des Art. 5 Abs. 1 GG bereits ausführlich in Teil 1 C II.

[1092] Zur Gegenansicht vgl. statt vieler *Schack*, FS Erdmann, S. 165 (170), der in einem vollständigen Verbot der Privatkopie de lege ferenda einen Verstoß gegen Art. 5 Abs. 1 S. 1 GG sieht.

[1093] ZUM 2002, S. 497 (505).

[1094] Ausnahmen können sich für geringfügige Nutzungen wie das Time-Shifting ergeben, vgl. hierzu sogleich in Teil 3 B IV 1 b).

von Gesangs- und Theatervereinen abstellt, die durch *Abschriften* von Notenmaterial ohne jegliche Vergütung in den Genuss der geschützten Werke gelangen sollten, wäre dies selbst vor dem Maßstab des heutigen Grundrechtsverständnis immer noch verfassungskonform, da von derartigen Nutzungen nur geringfügige Eingriffe zu erwarten wären. Völlig anders stellt sich dagegen die aktuelle Situation in Anbetracht digitaler Vervielfältigungen dar. Der Kopist ist so in der Lage, die Erstverwertung durch den Rechtsinhaber zu ersetzen, was keineswegs von der Sozialpflichtigkeit des Eigentums umfasst sein kann, selbst wenn man diese im Sinne eines Zugangs(rechts) zu Kulturgütern versteht. Das sozialpolitisch wünschenswerte Ziel, weniger begüterten Kreisen diesen Zugang zu erleichtern, muss durch staatliche Transferleistungen zu Lasten der Allgemeinheit verfolgt werden und darf, u.a. auf Grund übermäßiger Mitnahmeeffekte auch des nicht Bedürftigen, nicht zu Lasten einer besonderen Personengruppe gehen.

Die Teilnahme derjenigen am kulturellen Leben, die sich den Erwerb eigener Vervielfältigungsstücke nicht leisten können, wird dennoch weiterhin als einer der Hauptrechtfertigungsgründe für die Schrankenbestimmung des § 53 Abs. 1 UrhG angesehen.[1095] Ein – zugegeben etwas platter – Vergleich zeigt jedoch, dass dies nicht richtig sein kann: Darf sich derjenige, der sich den Kinobesuch nicht leisten kann, durch den Seiteneingang hineinschleichen und den Kinobesitzer auf eine Pauschalvergütung verweisen, die nur einen Bruchteil des üblichen Entgeltes beträgt? Da hier nicht einmal Extremsituationen vorstellbar sind, die eine Selbsthilfe im Wege des Notstandes nach § 34 StGB rechtfertigen würden, wird man diese Frage entschieden verneinen müssen. Die Antwort darf, nur weil es bei der Privatkopie um ein vielfaches einfacher ist der Kontrolle des Rechtsinhabers zu entgehen, dort nicht anders ausfallen. Dementsprechend ist es nicht dessen Pflicht, sein Werk gegen Zahlung einer äußerst geringen Pauschalabgabe im Privatinteresse des Einzelnen zur Verfügung zu stellen.

Die Schranke der privaten Vervielfältigung privilegiert den privaten Werkgenuss des Einzelnen in den eigenen vier Wänden und dient somit ausschließlich Partikularinteressen. Die Rechtsprechung[1096] hat den Anwendungsbereich des § 53 Abs. 1 UrhG ausdrücklich auf die Nutzung zu Unterhaltungszwecken, als Hobby oder Liebhaberei beschränkt.[1097] Die Privilegierungen des § 53 Abs. 2, 3 UrhG zum sonstigen eigenen Gebrauch haben dagegen auch die eigene Nutzung im *Allgemeininteresse* im Blick, d.h. im Interesse der Wissenschaft, der Lehre, Schule und Ausbildung sowie der Archivierung zum dauernden Erhalt eines Werkes für die Nachwelt.

[1095] *Schack*, Urheberrecht, Rz. 494.

[1096] BGH GRUR 1984, S. 54 (55) – Kopierläden; BGH GRUR 1978, S. 474 (475) – Vervielfältigungsstücke; a.A. *Rehbinder*, Urheberrecht, Rz. 256.

[1097] Ähnlich *Schricker-Loewenheim*, § 53 Rz. 12; *Fromm/Nordemann-Nordemann*, § 53 Rz. 2; vgl. ausführlich Teil 2 B II 3.

(ii.) Das Argument, der Urheber baue mit seinem Werk auf vorherigem Werkschaffen auf, ist grundsätzlich richtig. Es vermag aber nicht die Schranke der Privatkopie zu rechtfertigen. Zunächst könnte dieses Argument nur dem Urheber und Leistungsschutzberechtigten selbst, nicht aber Rechtsverwertern entgegengehalten werden, die sich eine entgeltliche Lizenz gesichert haben und somit gerade nicht auf fremden Leistungen aufbauen. Da das Urheberrecht auch nicht unbegrenzt gilt, kann der Urheber einwenden, dass sein Schaffen (zum Teil) von gemeinfreien Werken profitiert. Schließlich ist der typische Fall dieser Form der Nutzung bestehender Werke das Zitieren. Insoweit § 51 UrhG erlaubt – in dem hierfür gebotenen Umfang – auf vorheriges Werkschaffen zuzugreifen und Bezug zu nehmen. Zu diesem Zweck bedarf es dagegen gerade keiner Privatkopie, die einen völlig anderen Anwendungsbereich hat, nämlich als Vorstufe des privaten Werkkonsums. Soll das Werk tatsächlich zu neuem Werkschaffen genutzt werden, passt eine Privilegierung eher unter den sonstigen eigenen Gebrauch nach § 53 Abs. 2 S. 1 Ziff. 4 UrhG, der ähnlich dem wissenschaftlichen Zweck im Sinne des § 53 Abs. 2 S. 1 Ziff. 1 UrhG als Privilegierung zu kulturellem Werkschaffen zu verstehen wäre.[1098]

Umgekehrt lässt sich das Argument der kulturellen Vielfalt auch im Interesse eines *möglichst weitgehenden* Urheberrechts nutzbar machen. Nur wenn dies gewährleistet ist, verringert sich das Risiko der Investition in die Herstellung geschützter Inhalte. Je geringer umgekehrt das Schutzniveau, umso größer die Neigung, nur noch Marktgängiges zu produzieren, bei dem der "return on investment" garantiert ist. Unbekannte Autoren werden es dann umso schwerer haben, einen professionellen Vermarkter zu finden.

IV. EG-Recht

Die Info-RL gibt den Mitgliedstaaten einen weiten Ermessensrahmen, innerhalb dessen die Schrankenbestimmungen und insbesondere die Privatkopie zu harmonisieren sind. Der Katalog in Art. 5 Abs. 2, 3 Info-RL ist schier uferlos und wird mit der Bestandsklausel für existierende analoge Schranken in Art. 5 Abs. 3o) weiter ausgedehnt, so dass der Harmonisierungserfolg ernsthaft angezweifelt werden darf.[1099] Dasselbe gilt für die Einschätzung des Gesetzgebers, er habe von diesem weiten Rahmen nur sehr restriktiven Gebrauch gemacht, da die bestehenden Bestimmungen bereits weitest gehend richtlinienkonform seien.[1100]

[1098] Zugegeben ist der Anwendungsbereich dieser Privilegierung mit Einfügen des § 53 Abs. 2 S. 3 UrhG deutlich beschränkt worden. Zudem dürfte die Abgrenzung schwer fallen, was noch reiner Werkgenuss ist und was bereits unter Vorbereitungshandlungen für neues Werkschaffen zu werten ist.

[1099] So auch *Spindler*, GRUR 2002, S. 105 (114 f.); *Schippan*, NJW 2001, S. 2682 f.; *Hoeren*, MMR 2000, S. 515 (521); *Schack*, ZUM 2002, S. 497.

[1100] So die Begründung des Regierungsentwurfes, BT Drucks. 15/38, S. 15.

Gerade bei der Frage der unterschiedlichen Behandlung digitaler und analoger Privatkopien könnte man hier durchaus anderer Ansicht sein mit der Begründung, dass der mehr oder weniger fortgeltende bisherige status quo diesen Anforderungen gerade nicht gerecht wird.

Auch die Info-RL räumt den technischen Schutzmaßnahmen Vorrang vor der (digitalen) Privatkopie ein.[1101] Zunächst stellt sie es den Mitgliedstaaten in Art. 5 Abs. 2a) und b) frei, auch die digitale Privatkopie zu privilegieren. Machen die Mitgliedstaaten hiervon Gebrauch, muss nach Art. 6 Abs. 4 UAbs. 1 Info-RL sowie Erwägungsgrund 51 nur für die analoge Reprographie sichergestellt werden, dass die Privilegierten hiervon nicht durch technische Maßnahmen ausgeschlossen werden.[1102] Eine Lösung sieht die Richtlinie dabei *vorrangig* in vertraglichen Vereinbarungen oder freiwilligen Maßnahmen durch die Rechtsinhaber zur Freigabe der Privatkopie für bestimmte Nutzergruppen. Nur falls diese *scheitern*, ordnet Art. 6 Abs. 4 die gesetzliche Einführung eines Anspruchs des Nutzers an, um von seiner Schrankenprivilegierung Gebrauch machen zu können.

Schließlich ist die Neuregelung an der Schranken-Schranke des 3-Stufen-Tests gemäß Art. 5 Abs. 5 Info-RL zu messen. Schrankenbestimmungen sollen demnach nur in bestimmten Sonderfällen angewendet werden, in denen die normale Verwertung des Werkes oder des sonstigen Schutzgegenstandes nicht beeinträchtigt wird und die berechtigten Interessen des Rechteinhabers nicht ungebührlich verletzt werden. Erwägungsgrund 44 der Info-RL verweist zur Auslegung auf die Einhaltung konventionsrechtlicher Verpflichtungen der Mitgliedstaaten, so dass zur Auslegung von Art. 5 Abs. 5 die zur RBÜ entwickelten Grundsätze heranzuziehen sind (s. sogleich). Weiter gibt Erwägungsgrund 44 den Mitgliedstaaten auch den Auftrag, Schrankenregelungen an die gesteigerte wirtschaftliche Bedeutung ihres Gebrauches durch die Privilegierten im digitalen Umfeld anzupassen. Dies ist jedoch im Ergebnis nichts anderes als eine andere Umschreibung des Drei-Stufen-Tests, der als Schranken-Schranke die angemessene Berücksichtigung der Interessen der Rechtsinhaber vorschreibt. Dies geschieht durch eine Berücksichtigung der im digitalen Umfeld gestiegenen Nutzungsintensität durch die Schrankenprivilegierten als wesentlicher Belang der von Art. 5 Abs. 5 Info-RL geforderten Interessenabwägung.

[1101] Ebenso *Haedicke*, FS Dietz, S. 349 (363); *Schack*, ZUM 2002, 497 (505).

[1102] Von der fakultativen Ermächtigung des Art. 6 Abs. 4 UAbs. 2 Info-RL zugunsten der sonstigen Formen der Privatkopie hat der Gesetzgeber dagegen keinen Gebrauch gemacht. Gerade hier wird zutreffend den Unterschieden zwischen analogen und digitalen Privatkopien Rechnung getragen, wie von Erwägungsgrund 38 Info-RL gefordert.

V. Internationale Verträge – insbesondere Art. 9 Abs. 2 RBÜ

Wesentlicher Maßstab zur Prüfung der Vereinbarkeit des UrhG und seiner Schrankenbestimmung ist die Generalklausel des Art. 9 Abs. 2 RBÜ, der nunmehr über Art. 5 Abs. 5 Info-RL auch in richtlinienkonformer Auslegung anzuwendende sog. Drei- Stufen- Test.[1103] Danach müssen Schranken auf Sonderfälle begrenzt werden, dürfen die normale Auswertung durch den Rechtsinhaber nicht beeinträchtigen und dessen Rechte nicht unzumutbar verletzen.[1104]

(i.) Die *1. Stufe* des Art. 9 Abs. 2 RBÜ verlangt, Ausnahmebestimmungen auch als solche zu behandeln, d.h. ihnen nur in bestimmten "Sonderfällen" den Vorrang gegenüber dem Verbotsrecht einzuräumen. Dieser Gedanke spiegelt sich bereits in der (Schranken) Systematik des UrhG wider, was eine enge Auslegung der Schrankenbestimmungen auch nach der Wertung der RBÜ erfordert. *Reinbothe* wirft deshalb die Frage auf, ob Regelungen zu Gunsten der Privatkopie als nicht hinreichend bestimmte Sonderfälle unzulässig seien.[1105] Er begründet dies damit, dass Beschränkungen auf bestimmte und eindeutige politische Wertungen gestützt werden müssten. Zum Zeitpunkt ihrer Einführung wäre die Privatkopie mit der mangelnden Kontrollierbarkeit zu begründen gewesen. Dieses Argument gelte jedoch bei digitalen Kopien nur noch eingeschränkt, womit offenbar die Eingrenzung der Privatkopie durch technische Schutzsysteme gemeint ist. Demgegenüber stellt *Bornkamm* auf die Entstehungsgeschichte von Art. 9 Abs. 2 RBÜ ab, die gerade die Privatkopie zum Vorbild hatte.[1106] Selbst wenn man der Argumentation *Reinbothes* folgt, ließe sich die Privatkopie nach wie vor als Sonderfall verstehen. Wie die Analyse technischer Schutzsysteme ergeben hat, haben diese noch nicht den erforderlichen Reifegrad erreicht. Außerdem wird eine Vielzahl von Inhalten auch künftig ohne technischen Schutz am Markt erhältlich sein, so dass auch insoweit das Argument mangelnder Kontrollierbarkeit greifen würde. Dort, wo tatsächlich der Kopierschutz greift, wird die Privatkopie, wenn auch nicht de iure, so doch de facto, aufgehoben, da den technischen Schutzsystemen de lege lata mit § 95b Abs. 1 Ziff. 6a) UrhG Vorrang vor der Privatkopie eingeräumt und über § 13 Abs. 4 UrhWahrnG der Vergütungsanspruch vermindert wird. Die Privatkopie stellt daher einen Sonderfall im Sinne des Drei-Stufen-Tests dar.

(ii.) Problematischer ist die *2. Stufe* der normalen wirtschaftlichen Auswertung der Inhalte durch den Rechtsinhaber. Diese erfolgt durch Vervielfältigung und

---

[1103] Ausführlich wird bereits in Teil 1 C III 2 b) auf Tatbestand und Reichweite des 3-Stufen-Tests eingegangen.

[1104] Dies dürfte unstreitig sein, vgl. zuletzt BGH GRUR 1997, S. 459 (463) – CB-Infobank I sowie BGHZ 141, S. 13 (30 f.) – Kopienversanddienst.

[1105] *Reinbothe*, FS Dittrich, S. 251 (257).

[1106] *Bornkamm*, FS Erdmann, S. 29 (46).

"Verbreitung" von körperlichen oder neuerdings auch unkörperlichen Vervielfältigungsstücken und ist besonders für Film- und Musikwerke gefährdet. Die
massenweise Nutzung von Privatkopien, die den Kauf eines Originals substituieren, stellen die normale Auswertung in Frage. Eine Verletzung der 2. Stufe ist
jedoch erst dann anzunehmen, wenn eine massive Verdrängung des Vertriebes
von Vervielfältigungsstücken durch die Rechtsinhaber festzustellen ist. Trotz
sinkender Verkaufszahlen ist dagegen ein immer noch hohes Niveau des normalen Vertriebes in der Film- und Musikbranche festzustellen. Die Zahl der Privatkopien ist dabei um ein Vielfaches höher als der Rückgang der verkauften Einheiten. Durch die Privatkopie wird also zusätzliche Nachfrage hervorgerufen,
die sonst häufig ersatzlos unbefriedigt bleiben würde.

Zudem wird das zuvor beschriebene Massenphänomen nicht nur durch die Zulässigkeit der Privatkopie, also die Schranke des Vervielfältigungsrechts, hervorgerufen, sondern geschieht in großem Maße auch über deren Anwendungsbereich hinaus in illegaler Weise. Dies kann jedoch nicht der Schranke "angela-
stet" werden und hat damit auch im Rahmen des Drei-Stufen-Tests außer Acht
zu bleiben.

Schließlich besteht durch den neu eingefügten Schutz technischer Maßnahmen
in den §§ 95 a ff. UrhG die Möglichkeit, die Einbußen der Rechtsinhaber bei der
normalen Auswertung zu verringern; der Rechtsinhaber kann Vervielfältigungshandlungen effektiver unterbinden oder von einer einzelvertraglichen Zustimmung abhängig machen. Im Ergebnis werden das Vervielfältigungsrecht und
seine normale Auswertung damit vom UrhG gewährleistet.

(iii.) Schließlich könnten auf der *3. Stufe* die Rechtsinhaber durch die Privatkopie unzumutbar beeinträchtigt sein. Dieser Grundsatz entspricht im Wesentlichen der verfassungsrechtlichen Verhältnismäßigkeitsprüfung, bei der die widerstreitenden Interessen ermittelt und zum Ausgleich gebracht werden. Die dort
vorgefundenen Ergebnisse sind auf die im Rahmen der RBÜ vorzunehmende
Zumutbarkeitsprüfung übertragbar. Ergänzend ist darauf hinzuweisen, dass gesetzliche Lizenzen eine erhebliche Beeinträchtigung darstellen, da sie dem
Rechtsinhaber die Möglichkeit entziehen, nur solche Lizenzen zu erteilen, die er
für wirtschaftlich sinnvoll hält. Gesetzliche Lizenzen sind demnach grundsätzlich nur dann zumutbar, wenn sich eine individuelle Lizenzierung als schwierig
erweist.[1107] Diesem Gedanken wird das UrhInfG aber gerecht, indem die Regelungen der §§ 95 a ff. UrhG den Einsatz technischer Maßnahmen auch gegenüber Privatkopien schützen und damit dem Rechtsinhaber seine Entscheidungs-
freiheit über eine unmittelbare Werkverwertung an Stelle der Pauschalvergütung
wieder einräumen. Damit wird zugleich auch Erwägungsgrund 44 der Info-RL
Rechnung getragen, wonach die gesteigerte wirtschaftliche Bedeutung der

---

[1107] So *Reinbothe*, FS Dittrich, S. 251 (259 f.).

Schrankenregelungen im Kontext digitaler Werknutzungen im Interesse der Rechtsinhaber angemessen zu berücksichtigen sind.

Bei technisch nicht verhinderbaren Privatkopien ist das Verbotsrecht dagegen nicht zu kontrollieren, so dass als Alternative zum gesetzlichen Vergütungsanspruch nur in Betracht käme, überhaupt keine Vergütung zu erhalten.[1108] Die Schranke dient somit für diese Fälle nach wie vor auch den Interessen der Rechtsinhaber. In der Literatur wird insoweit vorgeschlagen, ein Ungleichgewicht im Bereich audio-visueller Medien durch eine Anhebung der Vergütungssätze wiederherzustellen.[1109] Dies entspräche auch der Rechtsprechung des BGH zum Kopienversanddienst, die den Fall einer unzumutbaren Beeinträchtigung wegen zu geringer Vergütung durch deren Anhebung löst.[1110] Einer massiven Erhöhung der Vergütungssätze sind jedoch wegen der Dual-use Problematik gerade im Bereich digitaler Medien und Geräte enge Grenzen gesetzt. Auf Grund hoher Allokationsverluste kann dies außerdem nur eine Ausweichlösung sein, bis effektive technische Schutzmechanismen zur Verfügung stehen.

Für den analogen Bereich verbleibt es demnach im Wesentlichen bei der bisherigen Rechts- und Rechtstatsachenlage. Analoge Vervielfältigungen dürften in nennenswerter Zahl ausschließlich im Bereich der Reprographie zu verzeichnen sein. Diese Situation hat sich, anders als im Bereich audio-visueller Medien, auch durch das Aufkommen digitaler Techniken nicht geändert. Ein *effektiver* Schutz der Rechte des Urhebers kann hier allein durch eine gesetzliche Lizenz mit angemessener Vergütung erreicht werden.

[1108] So zutreffend *Bornkamm*, FS Erdmann, S. 29 (48).

[1109] *Schack*, ZUM 2002, S. 497 (500).

[1110] Der BGH hat hier sogar rechtsfortbildend einen Anspruch auf angemessene Vergütung dem Grunde nach konstruiert und u.a. auf Art. 9 Abs. 2 RBÜ gestützt, vgl. BGHZ 141, S. 13 (30 f.) – Kopienversanddienst, vgl. hierzu eingehend sogleich in Teil 3 B II 5.

B. Änderungs- und Ergänzungsvorschläge

Obschon das UrhInfG Zustimmung verdient, soweit nunmehr auch die digitale Privatkopie ausdrücklich erlaubt wird, sind, wie bereits oben angedeutet, einige Änderungen und Ergänzungen im Detail notwendig. Nur am Rande wird dabei die Frage gestreift, wie eine angemessene Vergütung nach §§ 54 ff. UrhG auszugestalten sein wird, insbesondere auch, welche Gruppen von Rechtsinhabern bzw. Vergütungspflichtigen de lege ferenda in die angemessene Vergütung einzubeziehen sind. Weitest gehend unberücksichtigt bleibt auch das Sanktionssystem bei Verstößen gegen das Urheberrecht.

I. § 53 Abs. 1 S. 1 - Grundtatbestand

1. Verbot der digitalen Privatkopie

Dass sich der Interessenverband der Computer-Industrie Bitkom für eine weitest gehende Verhinderung der digitalen Privatkopie ausspricht, ist nachvollziehbar, soll so doch eine Geräteabgabe auf Hardwarekomponenten vermieden werden.[1111] Dementsprechend wird bereits am Referentenentwurf kritisiert, dass er die drängendsten Fragen offen lässt. Weder sei eine ausdrückliche (negative) Regelung über eine Geräteabgabe für PC-Hardwarekomponenten vorgesehen[1112], noch seien die Grenzen der zulässigen Privatkopie hinreichend konkretisiert.[1113] Für ein solches Totalverbot würde sprechen, dass die P2P-Nutzung oder körperliche digitale Privatkopie kein Einzelfall, sondern mittlerweile ein Massenphänomen ist. Die Privatkopie ersetzt damit funktional mehr und mehr die Erstauswertung der Rechtsinhaber und beschränkt diese auf eine Teilhabe an der Pauschalvergütung.[1114] Aus Kreisen der Phonoindustrie wurde daher frühzeitig der

---

[1111] Ein von der Bundesministerin für Justiz geleitetes Mediationsverfahren zwischen den Verwertungsgesellschaften und der Bitkom hinsichtlich eines Tarifes für PC-Hardware, wurde von der Bitkom am 28.2.2002 ergebnislos für beendet erklärt, vgl. www.privatkopieren.de / presse / PSBitkom .pdf. Die Bitkom hat auch den Einigungsvorschlag des DPMA, der eine Vergütung von 12 € für die VG Wort vorsieht, abgelehnt, vgl. MMR 2003, Heft 3, S. IX, und zwischenzeitlich Beschwerde bei der EU-Kommission eingelegt, vgl. www.bitkom.org / index.cfm?gbAction = gbcontentfulldisplay&ObjectID = 056DFC51-54BC-424D-BD13E6DE43CC92B4. Es bleibt somit nur die gerichtliche Geltendmachung des Vergütungsanspruches auch für PCs wie bereits für Scanner, Faxgeräte, CD-Brenner etc. Ein aktives Auftreten der Rechtsinhaber, insbesondere der sie hier vertretenden Verwertungsgesellschaften, fordert *Däubler-Gmelin*, ZUM 1999, S. 769 (771), da die Rechtslage insoweit eindeutig sei und es keines gesetzgeberischen Handelns bedürfe.

[1112] Offenbar wird seitens der Verbandsvertreter nicht wahrgenommen, dass die Frage der Vergütung nach Ansicht der Bundesregierung von Anfang an dem zweiten Korb vorbehalten bleiben soll.

[1113] *Zepelin*, FTD vom 26.3.2002, S. 4.

[1114] Ähnlich *Möhring/Nicolini-Decker*, § 53 Rz. 3.

254

Ruf nach einem Totalverbot auch seitens der Rechtsinhaber laut.[1115] Im Gesetz-gebungsverfahren zum UrhInfG schien diese Forderung dann aber der besseren Einsicht gewichen zu sein, dass die Rechts-inhaber mit einem dualen System, bestehend aus technischen Schutzsystemen, und im Übrigen einer Pauschalver-gütung besser fahren. Denn wäre die Digitalkopie insgesamt verboten, wäre nicht zu rechtfertigen, dass hierfür Ausschüttungen aus der Pauschalvergütung für bereits auf dem Markt befindliche digitale Medien gezahlt werden.[1116] Die Verabschiedung des UrhInfG durch Bundestag und Bundesrat im Juli 2003 be-grüßte der IFPI-Vorsitzende Gebhardt mit den Worten, es gelte: "Das Schützba-re [zu] schützen, das Nicht-Schützbare [zu] vergüten".[1117] Umso überraschender ist es deshalb, wenn die IFPI nur drei Tage nach Inkrafttreten des UrhInfG in einem Positionspapier erneut die völlige Abschaffung der digitalen Privatkopie von Musikwerken fordert.[1118] Noch überraschender an dieser "Salamitaktik" ist, dass hierfür lediglich die altbekannten, bereits auch während des Gesetzge-bungsverfahrens zum UrhInfG breit diskutierten Argumente vorgetragen wer-den. Es wird offenbar nicht zur Kenntnis genommen, dass bei Einsatz techni-scher Maßnahmen de facto bereits ein Verbot der digitalen Privatkopie besteht. Wie die IFPI das Verbot der digitalen Privatkopie *nicht geschützter* Inhalte ü-berwachen will, ist schleierhaft. Dasselbe gilt für die Frage, wie digitale Privat-kopien von Kopien zum sonstigen eigenen Gebrauch unterschieden werden sol-len. Die Motive des Gesetzgebers von 1965 haben also nach wie vor nichts an ihrer Aktualität eingebüßt, mit der Privatkopie die wirtschaftlichen Interessen der Rechtsinhaber zu schützen.[1119] Dagegen vermag das Argument, nur durch ein Totalverbot ließen sich Kopiersperren auch bei den Geräteherstellern durchset-zen, nicht zu überzeugen.[1120] Den dann vorgeschlagenen Systemen, die eine Pri-vatkopie individuell lizenzieren, steht die Regelung de lege lata nicht entge-

---

[1115] Vgl. z.B. für die Phonoindustrie *Schaefer*, FS Nordemann, S. 191 (197 f.).

[1116] Eines dogmatisch fragwürdigen Rückgriffes auf Art. 3 GG, wie ihn *Peukert*, UFITA 2002/III, S. 689 (708), versucht, bedarf es daher nicht.

[1117] Presseerklärung vom 11. Juli 2003, vgl. www.ifpi.de/news/news-298.htm. Ähnlich auch der Leiter des Referats Urheberrecht der IFPI, *Braun*, GRUR 2001, S. 1106 (1107).

[1118] Positionspapier der IFPI vom 16. September 2003, www.ifpi.de/news/318/positionspapier.pdf. Die Kopie zum eigenen Gebrauch soll dagegen grundsätzlich auch im digitalen Bereich zulässig blei-ben.

[1119] Es geht hier gerade nicht, wie das Positionspapier der IFPI meint, um die Informationsfreiheit, sondern um die Erwägung, dass ein Totalverbot schlicht ineffektiv wäre.

[1120] Dies könnte der Gesetzgeber wie in den USA ohne weiteres gesondert regeln.

gen.[1121] Es wird deshalb im Ergebnis nur für ein Beibehalten der digitalen Privat-kopie plädiert, die ggf. punktuell beschränkt werden sollte.[1122]

Als weitere Bereichsausnahme wird vom Börsenverein des Deutschen Buch-handels gefordert, sog. Cross-boarder-Vervielfältigungen, d.h. das Digitalisieren von analogen Printwerken, zu verbieten.[1123] Zur Begründung wird angeführt, dass anderweitig nicht der von der Info-RL intendierte Anreiz zu eigenen On-demand-Angeboten der Rechtsinhaber bestünde, die sich der Konkurrenz unent-geltlicher P2P-Nutzungen ausgesetzt sähen. Auch der Einsatz technischer Schutzsysteme würde irrelevant, da jedermann mit dem Scanner ein solches di-gitales Produkt von einer analogen Vorlage herstellen kann.

Freilich übersieht der Börsenverein, dass ein 'Weiterverbreiten' dieser digitali-sierten Vervielfältigungsstücke unzulässig wäre, da insoweit bei unkörperlichem Anbieten das Recht der öffentlichen Zugänglichmachung nach § 19a UrhG tan-giert wäre und bei körperlichen Vervielfältigungsstücken § 53 Abs. 6 S. 1 UrhG eingreift. Lediglich im Freundes- und Familienkreis darf die Cross-boarder-Vervielfältigung 'weiterverbreitet' werden. Zwar besteht auch hier mangels Kon-trollmöglichkeiten ein Missbrauchspotenzial, dass dieses aber größer wäre als bei einem ebenso wenig kontrollierbaren Verbot des Cross-boarder-Vervielfältigens ist nicht erkennbar. Es zeigt sich, dass Printwerke den selben Problemen ausgesetzt sind wie die Werkkategorien Musik oder Film. Die vorge-schlagene Einschränkung ist daher, gerade auch im Interesse der Rechtsinhaber, abzulehnen, die sonst ihres Anteils an der Vergütung für Scanner verlustig ge-hen würden.

2.   Eigener Tatbestand für digitale Privatkopie

Weiter stellt sich die Frage, ob für digitale Vervielfältigung ein eigener, im Vergleich zur analogen Kopie engerer Grundtatbestand in § 53 geschaffen wer-den soll, ähnlich der Unterscheidung der analogen Reprographie in Art. 5 Abs. 2a) Info-RL, und der Vervielfältigung auf beliebigen Trägern in Art. 5 Abs. 2b) Info-RL.

[1121] Abwegig ist auch die Behauptung, die Verbraucher würden von diesem neuen Markt profitieren. Es ist wohl kaum anzunehmen, dass Kopien dort billiger angeboten werden, als dies über die Leermedien- und Gerätevergütung der Fall ist, so dass hier mit einer Höherbelastung zu rechnen ist.

[1122] Ähnlich zur alten Rechtslage *Dreier*, Schrankenbestimmungen, S. 139 (179); *Schricker-Loewen-heim*, § 53 Rz. 8.

[1123] Vgl. die Ergänzende Stellungnahme zum UrhInfG, abzurufen unter www.urheberrecht.org/topic/-Info-RiLi/st/StellungBoevErg.pdf.

Der Gesetzgeber hat sich ausdrücklich gegen eine solche Trennung entschieden, und vielmehr ausgeführt, dass die Neufassung des § 53 Abs. 1 S. 1 lediglich der Klarstellung der bereits de lege lata zulässigen digitalen Privatkopie dient.[1124]

Zwar unterscheidet die fakultative Regelung des Art. 5 Abs. 2b) Info-RL, der hier u.a. umgesetzt wird, nicht zwischen analoger und digitaler Privatkopie, sondern spricht vielmehr von "Vervielfältigungen auf beliebigen Trägern". Erwägungsgrund 38 der Info-RL verlangt jedoch, den Unterschieden zwischen analoger und digitaler Kopie Rechnung zu tragen und hinsichtlich bestimmter Punkte zwischen ihnen zu unterscheiden. Hieraus ergibt sich jedoch nicht zwingend, dass bereits bei der Normierung des Schrankentatbestandes eine Unterscheidung geboten wäre, d.h. eine grundlegend unterschiedliche Regelung von digitaler und analoger Privatkopie. Der Schutz der Rechtsinhaber kann vielmehr auch durch anderweitige Einschränkungen für digitale Werke erreicht werden, sei es durch ausdrückliche Schranken-Schranken oder eine noch engere Auslegung dieser Ausnahmetatbestände im digitalen Kontext. In diesem Sinne äußert sich auch Erwägungsgrund 44 der Info-RL, der nicht zwingend ein regulatorisches Eingreifen des Gesetzgebers verlangt.

Liest man Erwägungsgrund 38 im Kontext mit Erwägungsgrund 39, stellt man fest, dass mit der Unterscheidung analog-digital im Wesentlichen der Schutz technischer Maßnahmen vor Umgehung im Blickfeld der EU stand. Die Unterschiede zwischen analoger und digitaler Technologie bergen nicht nur die Gefahr einer leichteren Kopierbarkeit, sondern bieten zugleich die Chance, durch technische Schutzmaßnahmen die bestehenden Systeme der Pauschalvergütung zu Gunsten einer individuellen einzelvertraglichen Lizenzierung zurückzudrängen. Gerade auf die Förderung dieser Technologien kam es dem europäischen Verordnungsgeber an. Hemmnisse für den innergemeinschaftlichen Handels- und Dienstleistungsverkehr auf Grund unterschiedlicher Schutzstandards in den einzelnen Mitgliedsstaaten lassen sich so am ehesten abbauen. Die Unterscheidung zwischen analoger Reprographie gemäß Art. 5 Abs. 2a) Info-RL und Vervielfältigung auf sonstigen Medien wird im Übrigen in § 95b Abs. 1 Ziff 6a) UrhG nachvollzogen. Entsprechend der Regelung in Art. 6 Abs. 4 UAbs. 1 Info-RL hat der Gesetzgeber nur für die analoge Reprographie einen Anspruch auf Gebrauchmachen von der Schrankenregelung normiert, während von der fakultativen Regelung des Art. 6 Abs. 4 UAbs. 2 Info-RL für die Vervielfältigung auf sonstigen Trägern gerade nicht Gebrauch gemacht wurde. Dies sollte der Gesetzgeber auch im zweiten Korb tunlichst unterlassen. Die digitale Privatkopie hat mittelbar durch den Schutz technischer Maßnahmen eine faktische Einschränkung des Anwendungsbereiches erfahren, der den Anforderungen der Info-RL genügt.

[1124] Vgl. die Gesetzesbegründung BT Drucks. 15/38, S. 20 zu Nr. 15.

Für eine einheitliche Behandlung des Grundtatbestandes spricht auch die Gesetzessystematik des UrhG, das weitest gehend technologieneutral ist, um künftigen technischen Entwicklungen gewachsen zu sein. Eine Unterscheidung bereits im Grundtatbestand würde hier zu einer weiteren Verkomplizierung des Gesetzes führen.

3. Private Vervielfältigung nur von eigenen Originalen?

Nach § 53 Abs. 2 Ziff. 2 UrhG dürfen Vervielfältigungen zu Archivzwecken nur von eigenen Werkstücken des Privilegierten hergestellt werden. Es wäre zur Wahrung der wirtschaftlichen Interessen der Rechtsinhaber zu überlegen, ob diese Einschränkung auch für die Privatkopie einzuführen wäre, oder ob für die Digitalkopie darüber hinaus nicht sogar die Vervielfältigung nur von einer vertraglich lizenzierten Kopiervorlage zulässig sein sollte. Die Digitalkopie ist mit dem lizenzierten Werkexemplar qualitativ identisch. Der Kopist verschafft sich damit quasi zum Discountpreis sein eigenes Original, während der Rechtsinhaber lediglich über die Pauschalvergütung an der Nutzung seiner Leistung partizipiert.

Lässt man Kopien als neuerliche Kopiervorlagen zu, ist eine explosionsartige Weiterverbreitung legaler Vervielfältigungen zu befürchten, soweit keine technischen Schutzmaßnahmen greifen. Die Rechtsprechung des BGH erlaubt derzeit bis zu sieben Vervielfältigungsstücke. Diese dürfen zwar nur zu dem privaten Nutzungszweck verwendet werden, dennoch aber im Freundes- und Familienkreis weitergegeben werden.[1125] Bei einer solchen Weitergabe könnten hiervon wieder bis zu sieben Vervielfältigungsstücke erstellt und weitergegeben werden. Aus einer Originalvorlage könnten sich so nach zwei "Generationen" bereits 43 Kopien in gleicher Qualität ergeben haben.

Welche Vorlage verwendet wird, lässt sich in der Praxis jedoch genau so wenig überwachen wie das private Kopieren als solches. Dies können allein technische Schutzmaßnahmen leisten, die wie z.B. das SCMS eine erste Kopie zulassen, es jedoch erkennen, wenn eine Kopie der Kopie erstellt werden soll, und dies verhindern. Will man der massenweisen "Fortpflanzung" von Werkstücken durch gesetzgeberische Maßnahmen begegnen, wäre vielmehr zu erwägen, dies in § 53 Abs. 6 S. 1 UrhG zu regeln. De lege ferenda sollte demnach ein Weiterverbreiten digitaler Vervielfältigungsstücke auch im privaten Kreis untersagt werden. Dies wäre dem Bürger sicherlich auch leichter zu vermitteln als die Vorgabe, ein eigenes Werkstück zur Vervielfältigung zu verwenden und ist daher rechtspolitisch vorzuziehen. Nach wie vor sollte die Privatkopie dabei für die Benutzung im Haushalt des Kopierenden anderen Haushaltsangehörigen offen stehen, und die Beschränkung erst eingreifen, wenn eine Vervielfältigung

---

[1125] Vgl. hierzu ausführlich im zweiten Teil B II 2.

diesen Bereich endgültig verlässt. Für diese Lösung spräche auch die verschiedentlich propagierte soziale Funktion der Privatkopie, die auch weniger Begüterten Zugang zu Kulturgütern verschaffen soll. Müssten sie hierzu eine eigene Kopiervorlage anschaffen, würde die Privilegierung weitest gehend leer laufen, da ihnen hierfür ja gerade die finanziellen Möglichkeiten fehlen.

§ 53 Abs. 6 S. 1 UrhG sollte daher wie folgt geändert werden:

> Die Vervielfältigungsstücke dürfen weder zu öffentlichen Wiedergaben benutzt noch privat oder öffentlich verbreitet werden.

II.   § 53 Abs. 1 S. 2 - Kopie durch einen anderen

Zweites großes Thema des Gesetzgebungsverfahrens zur Privatkopie war zweifellos die Frage der Zulässigkeit der Herstellung von Kopien durch einen Dritten.[1126] Die durch das UrhInfG eingeführte Regelung bedarf insoweit weiterer Modifikationen.

1.   Ausschluss der Kopie durch einen Dritten

Für den vehement insbesondere aus Kreisen der Verwerterindustrie[1127] geforderten vollständigen Ausschluss der (digitalen) Drittkopie spricht zunächst, dass deren historischer Gesetzeszweck mittlerweile teilweise entfallen ist.[1128] Vervielfältigungsgeräte, insbesondere für digitale Kopien, unterliegen einem ständigen Preisverfall.[1129] Ihre Verwendung ist weiten Kreisen der Bevölkerung zugäng-

---

[1126] Ein differenziert zu beurteilender Sachverhalt liegt dagegen vor, wenn Kopien auf Vorrat ohne individuelle Bestellung durch den Nutzer erstellt werden. Hier setzt sich der Kopist in Wettbewerb zum Rechtsinhaber. Dieser Sachverhalt wird jedoch bereits de lege lata als nicht mit dem Schrankenprivileg vereinbar angesehen. Unzulässig ist zudem, geschützte Werke zu digitalisieren oder in eine Datenbank einzustellen, um sie auf Abruf des Schrankenbegünstigten ohne großen Aufwand zur Verfügung stellen zu können, vgl. hierzu ausführlich im folgenden Abschnitt 5 dieses Kapitels.

[1127] So z.B. der Börsenverein, vgl. www.urheberrecht.org/topic/Info-RiLi/st/StellungBoevErg.pdf; ähnlich auch ein Vorschlag der Spitzenorganisation der Filmwirtschaft "SPIO" in ihrer Stellungnahme vom 31. Juli 2002, S. 7, vgl. www.urheberrecht.org/topic/Info-RiLi/st/st_film_regentw-_28_08_02.pdf: Danach soll die Privatkopie de lege ferenda nur auf eigenen Vervielfältigungsvorrichtungen des Schrankenbegünstigten zulässig sein, was im Ergebnis jedoch auf ein Verbot der Kopie durch einen anderen hinausläuft.

[1128] Für eine Streichung im digitalen Bereich plädieren u.a. auch *Dreier*, Schrankenbestimmungen, S. 139 (166, 179); *Hoeren/Sieber-Loewenheim*, Teil 7.4 Rz. 48 f.; *Schack*, ZUM 2002, S. 497 (501).

[1129] Vgl. hierzu Teil 1 A I und B II. Dies wird von der Gegenansicht unter Verweis auf die Gesetzesbegründung aus dem Jahr 1964/65 negiert, vgl. *Hölscher*, Eigengebrauch, S. 166, sowie *Hoeren*, GRUR 1997, S. 866 (872), der auf "teure Scanner" zur weiteren Rechtfertigung der Drittkopie rekurriert. Dabei wird übersehen, dass heutige digitale Vervielfältigungsgeräte für den Privatgebrauch nur einen winzigen Bruchteil der damaligen Kosten eines Tonband- oder Kopiergerätes

lich. Auch der Wortlaut von Art. 5 Abs. 2b) Info-RL spricht von einer Vervielfältigung "<u>durch</u> eine natürliche Person zum privaten Gebrauch".[1130] Hieraus ließe sich schließen, dass allein der Schrankenbegünstigte in personam auch zur Vornahme des technischen Vervielfältigungsvorganges befugt sei.[1131]

Die Info-RL dürfte in Anlehnung an die Rechtsprechung des BGH CB-Infobank untechnisch dahingehend zu verstehen sein, dass die Organisationshoheit für den Kopiervorgang beim Schrankenbegünstigten liegen muss.[1132] Es ist danach im Hinblick auf die Eingriffsintensität zunächst unerheblich, ob Kopiergeräte zum Eigenkopieren bereitgehalten werden, oder ob auch noch die Dienstleistung des Kopierens erbracht wird, gewissermaßen als menschliches Werkzeug des Schrankenprivilegierten und auf dessen Einzelweisung. Die Entstehungsgeschichte von Art. 5 Abs. 2b) Info-RL klärt diese Frage jedoch eindeutig. Zwar spricht bereits der Wortlaut des Kommissionsentwurfs von einer Vervielfältigung "durch eine natürliche Person".[1133] Der Gemeinsame Standpunkt des Rates[1134] sowie die Kommission stellten hierzu jedoch unisono klar, dass hiernach auch eine Vervielfältigung für und im Auftrag einer natürlichen Person zulässig sein soll.[1135]

2. Vervielfältigung nur durch persönlich verbundene Dritte

Nachdem die Info-RL hier keine zwingenden Vorgaben zur Einschränkung der Drittkopie macht, ist fraglich, ob dies aus nationaler Sicht zur Eindämmung des Privatkopierens sinnvoll erscheint, oder ob die Interessen der Rechtsinhaber nicht bereits ausreichend durch das einschränkende Tatbestandsmerkmal der Unentgeltlichkeit geschützt werden. Zur Einschränkung der Privatkopie könnte diese auf persönlich verbundene Dritte begrenzt werden. Dies könnte jedoch

---

ausmachen (inflationsbereinigt). Scanner sind heute für 50 € erhältlich, während Kopiergeräte in den 60er Jahren noch mehrere tausend Mark kosteten.

[1130] Hervorhebung durch den Verfasser.

[1131] So z.B. *Bayreuther*, ZUM 2001, S. 828 (832); im Ergebnis auch *Wandtke/Bullinger-Lüft*, § 53 Rz. 40, der für die Vervielfältigung durch Dritte nicht von Art. 5 Abs., 2b) Info-RL gedeckt sieht.

[1132] Vgl. hierzu bereits ausführlich Teil 2 B I 3.

[1133] 'Herumgedoktert' wurde dagegen an der Formulierung des privaten Zwecks der Kopie. Ziel war es letztlich klarzustellen, dass jeglicher direkter oder indirekter kommerzieller Charakter von Vervielfältigungen ausgeschlossen wird, vgl. die Beschlussempfehlung des Berichterstatters *Boselli* vom 14.12.2000 Nr. 12, www.europarl.eu.int / meetdocs / committees / juri / 20010205 / 427269en.doc.

[1134] Nr. 48/2000, ABl. EG Nr. C 344 S. 17.

[1135] Stellungnahme vom 29.3.2001 KOM (01) 170, Ziff. 3.2, ebenso *Reinbothe*, GRUR Int. 2001, S. 733 (739), sowie *ders.* ZUM 2002, S. 43 (49). A.A. teilweise *Spindler*, GRUR 2002, S. 105 (113), der nur Drittkopien, die von einer natürlichen Person vorgenommen werden, für zulässig hält. Der Wortlaut mag dies nahe legen, Sinn und Zweck sprechen jedoch gegen dieses Verständnis. Vgl. insoweit auch die Argumente, die gegen ein Tatbestandsmerkmal der Kopie nur durch persönlich verbundene Dritte sprechen (folgender Abschnitt).

kontraproduktiv sein, nachdem hier im Wesentlichen Bibliotheken oder sonstige öffentliche Institutionen die Kopierenden sein werden. Bei diesen besteht in der Regel wohl nur geringes Missbrauchspotenzial, zumal hier auch über Gesamtverträge höhere Pauschalvergütungen zu erzielen sind als über die Leermedien- und Geräteabgabe, die bei einer Vervielfältigung durch persönlich verbundene Dritte anfällt. Gewerbliche Anbieter werden vom Anwendungsbereich auch dann nicht erfasst, wenn sie die Inhalte als solche unentgeltlich zur Verfügung stellen, damit zugleich aber mittelbare Erwerbszwecke verfolgen. Die Einführung einer entsprechenden Einschränkung erscheint daher im Vergleich zu den Vorteilen des erleichterten Werkzuganges nicht geboten.

3.   Keine Ausnahme von der Unentgeltlichkeit für die analoge Reprographie

Fraglich ist weiter, ob nicht entgegen der Neuregelung in § 53 Abs. 1 S. 2 a.E. UrhG sogar eine gewerbliche Vervielfältigung unabhängig von der Art des Kopiermediums und –verfahrens zulässig sein sollte. Der Rechtsinhaber hat durch den Einsatz technischer Maßnahmen für digitale Werke ein wirksames Instrument in der Hand, zu entscheiden, ob er private Vervielfältigungen zulassen möchte. Wird zudem der Kopist in Anlehnung an die Rechtsprechung zu § 53 Abs. 2 UrhG (CB-Infobank[1136]) beim Kopiervorgang auf den technisch maschinellen Vorgang der Vervielfältigung beschränkt und hält sich seine Tätigkeit im Rahmen einer konkreten Anweisung des von § 53 Abs. 1 Privilegierten, spielt es wertungsmäßig keine Rolle, ob ein Dritter das Kopiergerät betätigt oder der Schrankenbegünstigte selbst. Zweck der Regelung wäre demnach, gerade auch denjenigen in den Genuss des Privilegierungstatbestandes kommen zu lassen, der sich trotz günstiger Preise die Anschaffung eines Vervielfältigungsgerätes nicht leisten kann. Denkbar wäre auch, dass lediglich gelegentlich Kopien erstellt werden sollen, so dass sich eine solche Anschaffung wirtschaftlich nicht lohnt. Es würde somit, um die Kosten der Anschaffung einer eigenen Kopiervorrichtung zu amortisieren, ein Anreiz zu gesteigertem Kopierverhalten geschaffen. Dieser Anreiz entfällt, wenn Dritte Kopiervorrichtungen vorhalten.

Zugleich würde die Vervielfältigung überdies aus dem unkontrollierbaren privaten Dunstkreis herausgeholt. Dass mit Ausnahme öffentlicher Einrichtungen aus altruistischen Motiven Kopiercenter gegründet werden, die zum Selbstkostenpreis Kopien erstellen, ist nicht zu erwarten. Die Kopiertätigkeit durch einen anderen, die nicht im Wege analoger Reprographie erfolgt, würde dann zwangsläufig im Privat- und Freundeskreis erfolgen, wo die Schranken der Privatkopie sicherlich wenig ernst genommen werden. Durch eine erweiterte Betreiberabgabe für alle öffentlich zugänglichen Kopiereinrichtungen könnte dann auch für

---

[1136] BGH GRUR 1997, S. 459 (462) – CB-Infobank I; BGH GRUR 1997, S. 464 (466) – CB-Infobank II.

das Kopieren anderer als Printwerke eine entsprechende Vergütung erhoben werden.

Dennoch ist die Zulassung gewerblicher Drittkopien im Ergebnis abzulehnen, da hiermit die Gefahr eines Zweitmarktes für Vervielfältigungen noch vergrößert würde. Es bestünde ein Anreiz für gewerbliche Anbieter, eine Bibliothek mit Schutzgegenständen zur Verfügung zu stellen, mit Hilfe derer sie auf Abruf Vervielfältigungsstücke herstellen und versenden. Da insoweit keine Gebrauchsüberlassung der Kopiervorlage erforderlich ist, würde dies auch nicht mit dem Verbreitungsrecht kollidieren. § 17 Abs. 3 UrhG wäre trotz des mittelbar gewerblichen Zweckes unanwendbar. Der sich so etablierende Zweitmarkt könnte seine Vervielfältigungsstücke so zu deutlich geringeren Stückkosten herstellen, da die pauschale Betreiberabgabe regelmäßig unterhalb des vom Rechtsinhaber selbst verlangten Preises liegen wird. Bevor nicht für sämtliche Arten der Verkörperung von Schutzgegenständen hinreichende technische Maßnahmen zur Verfügung stehen, die der Rechtsinhaber ohne großen Aufwand nutzen kann, ist die gewerbliche Vervielfältigung durch einen Dritten deshalb auch de lege ferenda auszuschließen, da sie sonst Wirkungen wie eine Zwangslizenz entfalten kann.

Dennoch will auch die Neufassung des § 53 Abs. 1 S. 2 UrhG die entgeltliche analoge Reprographie durch Dritte, d.h. in Gewinnerzielungsabsicht, weiterhin zulassen. Da gerade im analogen Bereich technische Maßnahmen weniger erfolgversprechend sind, ist dieses Ergebnis besonders unbefriedigend. Die Einschränkung der unentgeltlichen Vervielfältigung durch einen Dritten sollte deshalb auch auf die analoge Reprographie erstreckt werden. Dem Nutzer ist zuzumuten, seine Kopien im Copyshop selbst herzustellen, anstatt sie dort herstellen zu lassen, was häufig als Schutzbehauptung für das Herstellen auf Vorrat missbraucht werden dürfte. Da Gegenleistungen, die nicht über die Kostendeckung hinausgehen, nach der Konkretisierung dieses Begriffes in der Begründung zum UrhInfG[1137] weiter zulässig sind, werden hiervon Kopien in öffentlichen Einrichtungen wie Bibliotheken nicht erfasst.

In § 53 Abs. 1 S. 2 UrhG-E wäre entsprechend der letzte Halbsatz zu streichen:

Der zur Vervielfältigung Befugte darf die Vervielfältigungsstücke auch durch einen anderen herstellen lassen, sofern dies unentgeltlich geschieht.

4. Die Drittkopie und Piraterie-Gefahren

(i.) Verschiedentlich wurde während des Gesetzgebungsverfahrens zur Privatkopie argumentiert, dass durch die grundsätzliche Zulassung von Kopien durch

---

[1137] BT Drucks. 15/38, S. 20 f.

einen anderen die Gefahr bestünde, dass hiermit illegalen Digitalkopien Vorschub geleistet würde. Eine überzeugende Begründung wurde insoweit nicht geboten.[1138] Durch das Tatbestandmerkmal der Unentgeltlichkeit ist der Kreis der zur Drittvervielfältigung Berechtigten bereits erheblich eingeschränkt. Kopierhandlungen ohne jegliche Gegenleistung werden realistischerweise nur im Freundes- und Familienkreis stattfinden oder von öffentlichen Institutionen angeboten. Der Kopierpirat bietet die Vervielfältigungsstücke dagegen nur gegen Entgelt oder andere geldwerte Vorteile an. Es ist darüber hinaus höchst spekulativ anzunehmen, dass derjenige, der unentgeltlich für Dritte aus dem Freundeskreis Privatkopien herstellt, hieraus eine eigene Vertriebstätigkeit entwickeln wird.

(ii.) Auch ein Eindämmen der sog. Schulhofpiraterie lässt sich durch ein Verbot der Drittkopie mangels effektiver Kontrollmöglichkeiten kaum erreichen.[1139] Hiervon sind im Wesentlichen Filme und Musikwerke betroffen, die von großen Rechtsverwertern angeboten werden, denen der Einsatz von Schutztechniken zuzumuten sein wird, und von diesen auch bereits vermehrt eingesetzt werden. Schließlich wird derartigen Tauschringen auch durch die hier vorgeschlagene Neufassung des § 53 Abs. 6 UrhG – zumindest rechtlich – die Grundlage entzogen. Üblicherweise werden bei der Schulhofpiraterie vom Inhaber der Kopiervorlage auch die Vervielfältigungen vorgenommen. Dies wird dann häufig nicht mehr als Vervielfältigen durch einen Dritten zu werten sein, sondern vielmehr als eigene Vervielfältigung des Kopisten. Durch einen neugefassten § 53 Abs. 6 UrhG würde nun die Verbreitung solcher Kopien im Freundes- und Familienkreis sowohl leih- als auch schenkungsweise ausgeschlossen sein. Freilich bestehen hier vielfältige Umgehungsmöglichkeiten, so dass nur durch die zuvor genannten technischen Schutzsysteme dieses Problem wirklich in den Griff zu bekommen sein wird. Eine Einschränkung der Kopie durch einen Dritten wäre jedoch ebenso wenig geeignet, da auch hier eine Vielzahl von legalen Umgehungsmöglichkeiten vorstellbar ist.

(iii.) Als weiteres Bedenken gegen § 53 Abs. 1 S. 2 UrhG wird verschiedentlich weiter eingewandt, dass die Privilegierung der Drittkopie auf Tauschbörsen wie Napster oder andere P2P-Netzen Anwendung finden könnte.[1140] Wie bereits

---

[1138] Während die meisten Autoren dies lediglich apodiktisch behaupten, versucht *Schack*, ZUM 2002, S. 497 (501), dies zu begründen, mit der Möglichkeit der Umgehung des Kopierschutzes durch den Dritten, der die geknackten Dateien dann dem Privilegierten weitersendet. Dessen Privilegierung würde nach Einfügen der legalen Kopiervorlage als Tatbestandsvoraussetzung in dieser Fallkonstellation jedoch regelmäßig ausscheiden.

[1139] Ob man im Übrigen diesem Phänomen überhaupt mit zivil- und strafrechtlichen Mitteln begegnen sollte, sei dahingestellt.

[1140] So insbesondere die Stellungnahmen während des Gesetzgebungsverfahrens zum UrhInfG, vgl. u.a. Bundesverband Deutscher Zeitungsverleger, Stellungnahme zum Referentenentwurf für ein Gesetz zur Regelung des Urheberrechts in der Informationsgesellschaft, S. 1 f., abrufbar unter

dargelegt[1141] und von der Neuregelung des Öffentlichkeitsbegriffes in § 15 Abs. 3 UrhG bestätigt, verstößt das Angebot von Schutzgegenständen in einer Tauschbörse gegen das Recht der öffentlichen Wiedergabe, insbesondere § 19a UrhG. Die offensichtlich illegale Kopiervorlage berechtigt deshalb nach hier vertretener Ansicht nicht zu weiteren Vervielfältigungen im Sinne des § 53 Abs. 1 S. 1 UrhG. Im Übrigen findet bei automatisierten Diensten, bei denen der Empfänger über den Zeitpunkt des Abrufs entscheidet, auch keine Herstellung eines Vervielfältigungsstückes durch einen anderen statt. Vielmehr stellt der Nutzer die Kopie selbst her, während ihm lediglich die Kopiervorlage von einem anderen zur Verfügung gestellt wird. Umgekehrt ist auch die zur Verfügung gestellte Kopie nicht von § 53 Abs. 1 S. 2 UrhG gerechtfertigt, da sie nicht erst auf individuelle Anforderung, sondern auf Abruf hergestellt wurde.[1142] Das bestehende Instrumentarium des UrhG, ergänzt durch den Schutz technischer Maßnahmen, erweist sich daher insoweit als ausreichend.

Eine solche Einschränkung – so sie sich auch nur ansatzweise durchsetzen lassen würde – hätte schließlich im Ergebnis zur Folge, dass die legale Kopiertätigkeit im Offline-Bereich zunimmt. Statt einer Kopie aus dem Netz, wäre der Nutzer verstärkt darauf angewiesen sich eine körperliche Kopiervorlage zu verschaffen. Für den "Gelegenheitskopierer" würde zugleich der Anreiz geschaffen, sich in jedem Fall einen eigenen Brenner zu beschaffen und diesen auch häufig zu nutzen, um seine Kosten zu amortisieren.

5. Digitaler Kopienversand durch Bibliotheken

Als weiterer wesentlicher Einwand wurde im Gesetzgebungsverfahren gegen die Privatkopie[1143] durch Dritte vorgetragen, dass dies Bibliotheken zum Kopienversand auch digitaler Vervielfältigungen berechtige. Rechtsinhaber, die eine entsprechendes Angebot entwickeln wollen, stünden damit in Wettbewerb mit

---

www.urheberrecht.org/topic/Info-RiLi/st/BDZVStellungRefE-2002-04-18.pdf, Bitkom, Stellungnahme zum Referentenentwurf für ein Gesetz zur Regelung des Urheberrechts in der Informationsgesellschaft, S. 4 f., abrufbar unter www.urheberrecht.org/topic/Info-RiLi/st/BITKOM-StellgRefE-2002-04-19.pdf, Börsenverein des deutschen Buchhandels, Stellungnahme zum Referentenentwurf für ein Gesetz zur Regelung des Urheberrechts in der Informationsgesellschaft, S. 4, abrufbar unter www.urheberrecht.org/topic/Info-RiLi/st/StellungBoevErg.pdf sowie die Kirch Media AG, Anmerkungen zum Referentenentwurf für ein Gesetz zur Regelung des Urheberrechts in der Informationsgesellschaft, S. 7, abrufbar unter www.urheberrecht.org/topic/Info-RiLi/st/KirchMedia.pdf.

[1141] Vgl. Teil 2 C III 1.

[1142] Ebd.

[1143] Ob dies systematisch der richtige Ansatzpunkt ist, oder ob hier nicht wie bei der Entscheidung BGHZ 141, S. 13 ff. – Kopienversanddienst an § 53 Abs. 2 Nr. 4 UrhG anzuknüpfen ist, kann dahingestellt bleiben. Beide Tatbestände lassen die Vervielfältigung zu verschiedenen privilegierten Zwecken durch einen anderen zu, so dass sich die Frage gleichermaßen auch für die Privatkopie stellt.

den staatlich subventionierten Angeboten der Bibliotheken.[1144] Der digitale Versand sei daher zu untersagen und dem Rechtsinhaber vorbehalten.[1145]

(i.) Im Wesentlichen geht es dabei um das System *Subito* einiger größerer deutscher (Universitäts-)Bibliotheken.[1146] Subito erlaubt dem Besteller in einem Online-Bibliothekskatalog mit Büchern und Zeitschriften zu recherchieren und einzelne Kapitel bzw. Aufsätze zur Vervielfältigung zu bestellen.[1147] Im Sommer 2003 fand ausschließlich der Versand von Vervielfältigungen analoger Vorlagen statt, die entweder per Post, per Fax oder elektronisch nach Scannen der Zwischenkopie an den Besteller übermittelt werden. Die Übermittlung von elektronischen Vorlagen befindet sich dagegen noch in Vorbereitung – wohl auch im Hinblick auf die unklare Gesetzeslage.

Die Preise für den Versand von Dokumenten richten sich nach vier Nutzerklassen, ähnlich den unterschiedlichen Schrankenbegünstigten der §§ 45 ff. UrhG.[1148] Gestaffelt sind die Preise zudem nach Dringlichkeit[1149] der Lieferung und Versandart; die elektronische Lieferung ist dabei stets am günstigsten. So kostet z.b. der Versand im Normaldienst eines Aufsatzes oder Beitrages mit bis zu 20 Seiten für Lehr- oder Forschungszwecke[1150] in elektronischer Form 4 €, per Post 6 € und per Fax 7 €. Noch günstiger ist der Versand im Rahmen des sog. Library Service, bei dem eine Bibliothek im Auftrag eines ihrer Leser ein Dokument bestellt und mit Subito abrechnet.

Zum Ausgleich der Interessen der Rechtsinhaber an einer angemessenen Vergütung werden Abgaben an die VGen Wort und Bild Kunst bezahlt, die an den Besteller weiterbelastet werden. Mit Wirkung vom 1. September 2000 wurde

---

[1144] So z.B. von der Fraktion der FDP im Rechtsausschuss des Bundestages, BT Drucks. 15/837, S. 30 re. Sp.

[1145] So bereits auch *Dreier*, Schrankenbestimmungen, S. 139 (166 f.), der zur Begründung auch auf Art. 9 Abs. 2 RBÜ zurückgreift, da die Interessenabwägung im digitalen Bereich zu Gunsten der Rechtsinhaber ausfallen müsse.

[1146] www.subito-doc.de; Subito geht auf eine Initiative des BMBF und der Länder zurück und ist als Verein organisiert. Neben ca. 25 Mitgliedsbibliotheken aus dem Inland sind einzelne Bibliotheken aus Österreich und der Schweiz an dem Verbund als assoziierte Mitglieder beteiligt.

[1147] Die Zeitschriftendatenbank erlaubt nur die Suche nach Zeitschriftentiteln, nicht jedoch in deren jeweiligem Inhaltsverzeichnis nach einzelnen Beiträgen.

[1148] Schüler, Studenten, Wissenschaftler, Mitarbeiter sämtlicher juristischer Personen des öffentlichen Rechts, gemeinnütziger, kultureller oder sozialer Einrichtungen sowie der Kirchen (Klasse 1); gewerbliche Nutzer (Klasse 2); private Nutzer (Klasse 3); andere Bibliotheken, sog. Library Service (Klasse 4).

[1149] Unterschieden werden Normaldienst (bis zu 3 Werktage) und Schnelldienst (1 Werktag).

[1150] Oder andere privilegierte Zwecke der Klasse 1.

deshalb im Anschluss an die BGH-Entscheidung Kopienversanddienst[1151] ein Gesamtvertrag zum Kopiendirektversand durch der Öffentlichkeit zugängliche Einrichtungen geschlossen.[1152] Nach § 4 des Gesamtvertrages ist für die Vervielfältigung zu Gunsten des im obigen Beispiel genannten Nutzerkreises 'Unterricht und Forschung' eine Vergütung von 1 € an die Verwertungsgesellschaften zu bezahlen, d.h. zwischen 75 und 85 % der Gebühren verbleiben den Bibliotheken.[1153]

(ii.) Mit der Entscheidung Kopienversanddienst hatte der BGH im Jahr 1999 die Praxis der Bibliotheken für zulässig erklärt, Kopien einzelner Werke(teile) aus ihren Beständen zu versenden. Zwar handele es sich hierbei um eine besondere Form der Werknutzung, die sich von der typischen Vervielfältigung durch einen Dritten unterscheidet. Mit Hinweis auf die Materialien[1154] spricht sich der BGH dennoch gegen ein Ausschließlichkeitsrecht der Rechtsinhaber aus, da bereits im Jahr 1965 der Austausch vervielfältigter Zeitschriftenaufsätze zwischen Bibliotheken vom Gesetzgeber erkannt und wegen praktischer Bedürfnisse ein Fortdauern dieser Praxis gutgeheißen wurde. Dies habe der Gesetzgeber der Urheberrechtsnovelle 1985 ausdrücklich bekräftigt.[1155] An die Stelle des Verbotsrechtes tritt ein Anspruch auf angemessene (verwertungsgesellschaftspflichtige) Vergütung der Rechtsinhaber, die über die bloße Gerätevergütung hinausgeht.[1156]

Fraglich ist, ob diese Lösung weitergelten kann, oder ob hier gesetzgebcrisches Handeln gefordert ist, getreu dem Grundsatz, dass der Rechtsinhaber bei jeder wirtschaftlich bedeutsamen Form der Auswertung seines Werkes angemessen zu beteiligen ist.[1157] Auch wenn der BGH zur Begründung der Entscheidung Kopienversanddienst ausdrücklich von einer Regelungslücke ausgegangen war[1158], hat der Gesetzgeber im UrhInfG lediglich in der Gesetzesbegründung[1159] klarge-

---

[1151] BGHZ 141, S. 13 ff.; vorliegend ging es um die Schranke des § 53 Abs. 2 Nr. 4a UrhG, der gleichfalls die Kopie durch einen anderen erlaubt. Ausführlich zu dieser Entscheidung sogleich.

[1152] Befristet bis zum 31. Dezember 2002. Der Vertrag wird mittlerweile neu verhandelt, ist jedoch bisher nicht verlängert worden.

[1153] Dies ist immerhin ein gewisser Fortschritt gegenüber dem bisherigen Rechtszustand, nach dem ca. 97% der Entgelte bei den Bibliotheken verblieben, vgl. hierzu *Baronikians*, ZUM 1999, S. 126 (129 ff.), der den Kopienversand deshalb, auch unter Verweis auf den Drei-Stufen-Test des Art. 9 Abs. 2 RBÜ, für insgesamt unzulässig hielt. Ausführlich begründet er diese Ansicht mit rechtsvergleichenden Beispielen auch in *Baronikians*, Kopienversanddienste.

[1154] BT Drucks. IV/270, S. 73 zu § 55 UrhG 1965.

[1155] BT Drucks. 10/837, S. 19 f.

[1156] BGHZ 141, S. 13 (28 f., 34) – Kopienversanddienst; *Schack*, ZUM 2002, S. 497 (501, Fn. 44), bezeichnet dies als "kühne Konstruktion des BGH".

[1157] A.a.O., S. 32.

[1158] A.a.O., S. 33, 37.

[1159] BT Drucks. 15/38, S. 20.

stellt, dass der Kopienversand nach der Neufassung des § 53 Abs. 1 möglich *bleibt.* Aus dem Kontext der Gesetzesbegründung ist dabei zu entnehmen, dass dies auch für digitale Kopien "nach wie vor" gelten solle, obschon der BGH sich hierzu nicht explizit geäußert hat, da Entscheidungsgegenstand der Versand von Reprographien per Post oder Telefax[1160] war, und diese Frage in der Literatur kontrovers beantwortet wird.[1161] Das gesetzgeberische Tätigwerden hat demnach keineswegs zu einer Klarstellung geführt, die nunmehr im Rahmen des zweiten Korbes in Angriff zu nehmen sein wird.[1162] Im Folgenden soll geprüft werden, ob ein Verbot des digitalen Kopienversandes, getrennt nach analoger und digitaler Kopiervorlage, tatsächlich sinnvoll oder sogar zwingend ist. Da im Rahmen dieser Arbeit allein die Neujustierung der Schranke nach § 53 Abs. 1 UrhG untersucht wird, gelten nachfolgende Ausführungen nicht für Datenbanken[1163], deren Privatkopierschranke mit § 87c Abs. 1 Ziff. 1 UrhG gesondert geregelt ist.

a)   Analoge Kopiervorlage

Ein Verbot des digitalen Kopienversandes würde zunächst auch das elektronische Versenden von Kopien analoger Werke erfassen. Das Scannen eines Zeitschriftenartikels und nachfolgender Versand per E-Mail an den Besteller und Schrankenbegünstigten wäre danach unzulässig.

[1160] Die Bibliotheksverbände stellen den Versand per Fax einem digitalen Versand gleich. Zwar hat diese Technik sich mittlerweile vom Thermopapier weitest gehend verabschiedet und wurde durch moderne Laserfaxgeräte ersetzt, dies kommt jedoch nicht an die Qualität einer digitalen Kopie heran, sondern kann allenfalls mit einer gescannten Kopie einer analogen Vorlage verglichen werden, vgl. Stellungnahme der Bibliotheksverbände unter www.urheberrecht.org/topic/Info-RiLi/st/-Gemeins_Erkl.pdf, S. 3.

[1161] Für die Zulässigkeit digitaler Kopien sprechen sich *Hoeren*, GRUR 1997, S. 866 (872), sowie *Hölscher*, Eigengebrauch, S. 166, aus; *Hölscher* will aus der Entscheidung des BGH zum Kopienversand eine Tendenz ablesen, auch den elektronischen Dokumentenversand hierunter zu subsumieren; a.A. sind *Dreier*, Schrankenbestimmungen, S. 139 (166, 179), und *Schack*, ZUM 2002, S. 497 (501). Ausdrücklich hat der BGH auch die Frage des digitalen Vorhaltens von Inhalten für Ondemand-Abrufe offen gelassen, da diese ebenso wenig Streitgegenstand waren, vgl. BGHZ 141, S. 13 (18) – Kopienversanddienst.

[1162] Dies gilt auch in Anbetracht der derzeit laufenden Einigungsbemühungen zwischen Verlagen und Bibliotheken, die sich letztlich auf Partikularinteressen beschränkt. Zur Domäne der Verlage gehören regelmäßig nur reprographierbare Inhalte. Durch das digitale Datenformat geraten aber gerade audio-visuelle Medien oder Mischformen immer mehr in den Vordergrund, für die sich künftig ebenfalls ein Interesse am Versand von Vervielfältigungsstücken durch Bibliotheken ergeben kann. Der Bildungsauftrag von Bibliotheken erfasst auch die Versorgung mit neuen Medienformen. Schließlich ist nicht gesichert, dass eine Einigung von Bibliotheken und Verlegern den Urheberinteressen gerecht wird. Letztere könnten gerade wegen der neuen Vertriebsmöglichkeiten im Online-Bereich auf den Vertrieb durch einen Verlag als Werkvermittler verzichten wollen.

[1163] Dies dürfte zunächst vor allem für elektronische Zeitschriften relevant werden. Diese werden jedoch regelmäßig nur auf Basis einer besonderen lizenzvertraglichen Regelung an Bibliotheken vertrieben, so dass sich die Fragestellung insoweit auf die Abdingbarkeit von Nutzungshandlungen konzentrieren wird.

Die Digitalisierung der analogen Vorlage dient hier dem erleichterten und kostengünstigeren Transfer zum Besteller. Verglichen mit dem traditionellen Versenden einer analogen Kopie per Post oder per Telefax ergibt sich hierdurch kein qualitativ wesentlicher Unterschied. Die gescannte Kopie weist in der Regel nicht dieselbe Qualität wie die Originalvorlage auf. Der Vorgang des Digitalisierens könnte auch vom Schrankenbegünstigten selbst in mehr oder weniger gleicher Qualität anhand der ihm übersandten Reprographie vorgenommen werden. Das Risiko eines Weiterverbreitens des nunmehr digitalen Werkexemplars besteht somit gleichermaßen. Unter Umständen bietet das digitale Versenden sogar den Vorteil, dass die Bibliotheken, etwa im Wege einer freiwilligen Selbstverpflichtung, dafür sorgen, dass die digitalen Werkexemplare mit einem Kopierschutz versehen werden. Die eingesetzte Scannsoftware ist beispielsweise regelmäßig in der Lage, ein Ausdrucken oder das digitale Ausschneiden von Textpassagen zu unterbinden, so dass der reine Werkgenuss und analoge Vervielfältigungen wie der Ausdruck möglich bleiben.

Will man den Kopienversand nicht gänzlich unterbinden, was die Info-RL den Mitgliedstaaten gerade nicht als Regelungsziel vorgibt (vgl. Art. 5 Abs. 2c) sowie Erwägungsgrund 40), könnte ein digitaler Versand von Kopien einer analogen Vorlage unter dem Gesichtspunkt der Wertungsgleichheit *grundsätzlich* unter weiteren Einschränkungen toleriert werden. Problematisch ist insoweit jedoch, dass sich Erwägungsgrund 40 unabhängig von der Art der zum Kopieren verwendeten Vorlage gegen eine "Online-Lieferung" von Vervielfältigungsstücken ausspricht.[1164]

b) Digitale Kopiervorlage

aa) Gesteigerte Nutzungsintensität gegenüber analogen Kopiervorlagen

Beim künftig angedachten digitalen Kopienversand einer digitalen Vorlage würden noch größere Einsparungen an Transferkosten erzielt, nicht nur gegenüber dem Post- oder Faxversand, sondern auch gegenüber dem E-Mail-Versand einer gescannten Vorlage. Zudem wäre es auch hier möglich, entsprechend der oben genannten technischen Maßnahmen die Weiterverwendung des digitalen Vervielfältigungsstückes zu beschränken, was für ein Zulassen dieser Nutzungsweise über eine gesetzliche Lizenz zur Förderung des effektiven Informationszuganges spricht.

Die Intensität des Eingriffes in die Position des Rechtsinhabers ist jedoch gegenüber analogen Kopiervorlagen erheblich höher. Der Kopist wird wegen einer Vielzahl von Kostenvorteilen des Vorhaltens digitaler Medien diese für den Ko-

---

[1164] Hierzu sogleich unter 2 f).

pienversand präferieren und vermehrt zu nutzen versuchen. Für die Bibliotheken hat das Vorhalten digitaler Medien ferner den Vorteil, dass diese im Vergleich zu analogen Medienträgern einer geringeren Abnutzung unterliegen und deshalb seltener ersetzt werden müssen. Auch der Kopiervorgang selbst wird durch die Nutzung einer digitalen Vorlage erheblich beschleunigt, bedenkt man z.b. dass eine CD-Rom mit einer mehrbändigen Enzyklopädie in wenigen Minuten vervielfältigt werden kann, während dies bei einer analogen Vorlage Tage dauern würde. Der Zugriff auf diese Vorlage ist für den Kopisten deutlich einfacher, da er sie regelmäßig zentral und auf engstem Raum, z.b. in einer Jukebox für CD-Roms, ablegen wird, während eine analoge Vorlage oftmals zunächst aus dem Magazinbestand beschafft werden muss. Technisch denkbar wäre hier ohne weiteres, dass der Nutzer selbst die Kopiervorrichtung durch seinen Bestellvorgang bedient, so dass der Personaleinsatz, inklusive der elektronischen Abrechnung, auf die Wartung der Systeme beschränkt werden könnte.[1165]

All die vorgenannten Kostenvorteile des Kopierens digitaler Vorlagen sind auch im Interesse der Nutzer von Angeboten wie Subito, die ein geringeres Entgelt für den digitalen Versand gegenüber Fax oder Post zu entrichten haben, so dass sie vermehrt derartige Dienste in Anspruch nehmen werden. Hinzu kommt, dass der Besteller das Werkstück nunmehr in Originalqualität und auch deutlich schneller erhält. Gerade bei Zeitschriften entsteht so unmittelbar nach Erscheinen bereits ein Zweitmarkt, auf dem der Nutzer – anders als auf dem Erstmarkt – auch einzelne Beiträge bestellen kann und nicht das gesamte Heft abnehmen muss, so dass die Erstverwertung ernsthaft in Gefahr gerät.

Ein weiterer Grund für eine verstärkte Nutzung ist die einfache Bestellmöglichkeit von zu Hause am eigenen Computer. Über Online-Kataloge kann der Nutzer in den Beständen von Bibliotheken zu jeder Zeit und von jedem Ort nach den gewünschten Inhalten recherchieren und die gewünschten Inhalte für die Vervielfältigung auswählen. Dass diese Form der Werknutzung also in verstärktem Maße genutzt wird, wird offensichtlich, wenn man den zu betreibenden Aufwand der bisher günstigsten Methode gegenüberstellt: Der Schrankenbegünstigte muss sich in die Bibliothek begeben, das Werk zum Entleihen bestellen bzw. aus dem Handbestand entnehmen und vor Ort vervielfältigen (lassen).

Damit würde sich die von Bibliotheken angebotene Leistung jedoch überhaupt nicht von einem On-demand-Dienst des Rechtsinhabers unterscheiden. Die Intensität des Eingriffs in das Vervielfältigungsrecht der Rechtsinhaber würde deshalb durch ein Zulassen des Kopienversandes nicht mehr den Anforderungen an eine angemessene wirtschaftliche Beteiligung gerecht werden, auch nicht un-

---

[1165] In dem hier geschilderten Szenario verschwimmen die Grenzen zu einem öffentlichen Zugänglichmachen i.S.d. § 19a UrhG; die dort geltenden Wertungen sind also auch im Rahmen des digitalen Kopienversandes zu berücksichtigen.

ter Berücksichtigung einer Pauschalvergütung. Im Fall eines eigenen Angebotes zum On-demand-Abruf beim Rechtsinhaber sollte deshalb de lege ferenda klargestellt werden, dass der digitale Kopienversand einer digitalen Kopiervorlage unzulässig ist.

bb) Relevanz der Fragestellung: Abgrenzung zu individuellen Lizenzvereinbarungen

Relevant wird diese Frage nur insoweit, als nicht bereits die Lizenzvereinbarung zwischen Rechtsinhaber und Bibliothek diese Frage ausdrücklich regelt. Den Vorrang individueller Vereinbarungen erkennt auch § 1 Abs. 3 des Gesamtvertrags Kopiendirektversand an. Wo eine Lizenzvereinbarung möglich ist, wird man den Rechtsinhaber also darauf verweisen müssen, seine Nutzungsrechte gegenüber einer Auswertung durch Bibliotheken selbst zu schützen. Verzichtet er hierauf, ist seine Beteiligung an der Zweitauswertung durch Kopiendirektversand auf die Tantieme aus der Pauschalvergütung beschränkt.

Diese Lösung greift jedoch nur für Inhalte, die auf Grundlage von Lizenzverträgen vertrieben werden (können). Wird hingegen lediglich ein körperliches Vervielfältigungsstück durch den Buchhandel an eine Bibliothek verkauft, bestehen keine vertraglichen Beziehungen zum Rechtsinhaber. Etwaige Beschränkungen in Lizenzbedingungen greifen daher nicht, so dass allein die gesetzliche Schranken(lizenz) gilt, also auch die des § 53 Abs. 1 S. 2 UrhG. Für die Beschränkung des Vervielfältigungsrechts gilt jedoch der Grundsatz der angemessenen wirtschaftlichen Beteiligung, an dem ein digitaler Kopienversand zu messen ist.

cc) Grundsatz der angemessenen wirtschaftlichen Beteiligung

Dies ergibt sich zunächst bereits aus den Erwägungen des BGH in der Entscheidung Kopienversanddienst, in der zur Begründung des Anspruchs auf angemessene Vergütung insbesondere die steigende Eingriffsintensität dieser Nutzungsart herausgearbeitet wurde.[1166] Entscheidend ist bei einer Werknutzung darauf abzustellen, ob sie nach dem erreichten Stand der technischen und wirtschaftlichen Entwicklung zu einer Massennutzung *geeignet* sei.[1167] In diesem Falle, und nicht erst, wenn die Rechtsinhaber durch derartige Nutzungen erheblichen Schaden erlitten haben, ist zu prüfen, ob die angemessene wirtschaftliche Beteiligung des Rechtsinhabers unter Berücksichtigung der Allgemeininteressen

---

[1166] BGHZ 141, S. 13 (28 f.) – Kopienversanddienst; dagegen hält es *Bayreuther*, ZUM 2001, S. 828 (832), für "bedauerlich", dass den Rechtsinhabern überhaupt eine Vergütung zuteil wird, da dies nicht zwingend von der Schranke des Art. 5 Abs. 2c) Info-RL vorgegeben sei.

[1167] Die Tatsache, dass der überwiegende Teil der bei Subito kopierten Beiträge aus ausländischen Titeln stammt, ist folglich für die Interessenabwägung irrelevant.

gewährleistet ist.[1168] Dieser Maßstab folgt den Wertungen des Art. 14 GG ebenso wie des Art. 9 Abs. 2 RBÜ bzw. 5 Abs. 5 Info-RL. Eine gesetzliche Lizenz ist daher nur zu rechtfertigen, wenn die Primärverwertung nicht in effizienter Weise durch den Rechtsinhaber wahrgenommen werden kann und/oder überwiegende Interessen der Allgemeinheit für eine Einschränkung des Ausschließlichkeitsrechtes sprechen.[1169]

(i.) Wie erörtert ist festzustellen, dass digitale Kopienversanddienste sich nur unwesentlich von einem On-demand-Angebot unterscheiden, somit in Wettbewerb zu diesem treten. Dieser Wettbewerb wird jedoch zum einen dadurch beeinträchtigt, dass der Rechtsinhaber regelmäßig gewinnorientiert tätig sein wird, während die Bibliotheken, getreu dem in § 53 Abs. 1 S. 2 geforderten Tatbestandsmerkmal, unentgeltlich tätig sind und nur ihre Gestehungskosten in Rechnung stellen, während sie im Übrigen staatlich finanziert werden. Der Wettbewerb wird für den Rechtsinhaber auch dadurch erschwert, dass er regelmäßig nur seine eigenen Werke zur Vervielfältigung anbieten kann, während die Bibliotheken über einen umfassenden Bestand mehr oder weniger aller erschienenen Werke verfügen. Schließlich wird der Wettbewerb zwischen Bibliotheken und Rechtsinhabern dadurch verzerrt, dass letztere ein deutlich höheres Vermarktungsrisiko tragen, während das Risiko der Bibliotheken auf den Erwerb einer Kopiervorlage beschränkt ist, einer Tätigkeit, die gerade dem gesetzlichen Auftrag dieser Institutionen entspricht und deshalb auch mit staatlichen Mitteln finanziert wird.

Im Ergebnis wird bei Erlaubnis des digitalen Kopienversandes ein eigenes Angebot des Rechtsinhabers zur Vermarktung seiner Werke häufig an der billigeren Konkurrenz durch die Bibliotheken scheitern. Eine gesetzliche Lizenz darf jedoch nicht dazu führen, dass die privilegierte Nutzung in unmittelbaren Wettbewerb zur Erstverwertung durch die Rechtsinhaber tritt.[1170]

[1168] BGHZ 141, S. 13 (32) – Kopienversanddienst.

[1169] Ähnlich zu Art. 9 Abs. 2 bzw. Art. 13 TRIPS *Reinbothe*, FS Dittrich, S. 251 (259 f.).

[1170] Ähnlich äußert sich der Berichterstatter der Entscheidung Kopienversanddienst, RiBGH *Bornkamm* in FS Erdmann, S. 29 (47), indem er die Beeinträchtigung der Erstauswertung als zu berücksichtigendes Belang der dritten Stufe des Drei-Stufen-Tests qualifiziert. Zugleich äußert er Bedenken, ob die Entscheidung Kopienversanddienst nicht zu weit geht, wenn es dort heißt (BGHZ 141, S. 13 (33)) "die Vorschrift des Art. 9 Abs. 2 RBÜ lässt es – in ihrem auf Sonderfälle beschränkten Anwendungsbereich – zu, eine unzumutbare Verletzung der berechtigten Interessen des Urhebers ebenso wie eine – etwa gegebene – Beeinträchtigung der normalen Auswertung des Werkes, die mit der Freistellung vom Ausschließlichkeitsrecht des Urhebers verbunden wäre, durch die Zuerkennung eins Vergütungsanspruchs zu beseitigen". M.a.W.: Es ist zweifelhaft, ob eine unzumutbare Verletzung nicht per se zu einem Aufleben des Verbotsrechts führt, oder ob diese dennoch unter Gewährung eines Vergütungsanspruches zulässig sein kann. Festzuhalten bleibt zudem, dass der analoge Kopienversand in seiner bisherigen Form nach den Leitlinien des BGH das Maximum des noch Zulässigen darstellt.

(ii.) Die angemessene wirtschaftliche Beteiligung an der Auswertung des Werkes gerät zudem durch eine Bestandskoordinierung der Bibliotheken unter Druck. Zurückgehende Auflagen eines Werkes schlagen sich unmittelbar in der Erstauswertung des Werkes nieder. De lege lata verblieben dem Rechtsinhaber somit als Erträge im Wesentlichen die Tantiemen aus der Pauschalvergütung als Zweitauswertung. Nimmt man beispielsweise eine vergleichsweise günstige juristische Fachzeitschrift, deren Preis pro Einzelexemplar nicht selten bei 20 € liegt, so müssten wegen der Kosten der Rechteverwaltung und der Beteiligung von verschiedenen Verwertungsgesellschaften weit über 20 Abrufe zu wissenschaftlichen Zwecken erfolgen, um den gleichen Betrag zu erlösen. Bei den in der Herstellung wesentlich teureren naturwissenschaftlichen Zeitschriften wäre eine noch größere Zahl an Abrufen zur Amortisierung erforderlich.

dd) Informationsfreiheit

(i.) Auch wenn man die *Informationsfreiheit* im Sinne eines möglichst einfachen Zuganges zu Informationen versteht, wäre dieser Belang bereits dadurch gewahrt, dass die Bibliotheken weiterhin ihre Online-Kataloge zur Recherche vorhalten, die dann mit den einzelnen Angeboten der Rechtsinhaber verknüpft werden. Dies ist in ähnlicher Form im Übrigen bei Subito bereits gängige Praxis. Der Besteller kann nach Auffinden der gesuchten Inhalte in den Beständen der teilnehmenden Bibliotheken entscheiden, von welcher der Bibliotheken die Vervielfältigung angefertigt werden soll. Einzig die Abrechnung der Leistung erfolgt zentral über Subito, so dass ein Registrieren bei verschiedenen Diensten entfällt.

Der Rechtsinhaber hätte ein besonderes Interesse daran, seine On-demand-Dienste in diesen Online-Katalogen eintragen zu lassen. Dort werden die Nutzer verstärkt nach Inhalten suchen, da Bibliotheken ein breites Spektrum von Werken abdecken, so dass eine hohe Trefferwahrscheinlichkeit besteht.

(ii.) Der Zugang zu Information im Sinne der Informationsfreiheit des Art. 5 GG ist weiterhin auch durch ein Vorhalten der Inhalte in öffentlichen Bibliotheken gewahrt. Um sich zu informieren, bedarf es nicht zwingend eines eigenen Vervielfältigungsstückes, sondern die Möglichkeit zum reinen Werkgenuss reicht hierfür aus. Dies kommt auch in der fakultativen Schrankenregelung des Art. 5 Abs. 3n) Info-RL zum Ausdruck. Danach können Mitgliedstaaten elektronische Medien zur Nutzung an eigens hierfür eingerichteten Terminals in den Räumen der Bibliotheken zulassen, solange dies nicht von den Lizenzbedingungen im Einzelfall ausgeschlossen wurde.

(iii.) Schließlich ist ein Zugreifen auf solche digitalen Angebote ohne größeren Zeitaufwand[1171] möglich. In der Entscheidung Kopienversanddienst versteht der BGH die Informationsfreiheit dahingehend, dass in der modernen Informationsgesellschaft ein schneller und wirtschaftlicher Zugang zu Informationen im Allgemeininteresse sei.[1172] Anstelle einer Registrierung bei der Bibliothek zur Zahlungsabwicklung kann diese bei dem Rechtsinhaber selbst stattfinden. Anschließend kann der Nutzer unmittelbar mit dem Herunterladen des gewünschten Werkes beginnen. Verglichen mit dem derzeitigen Kopienversand innerhalb von 3 Werktagen ein deutlicher Zeitgewinn, der im Interesse eines schnellen Werkzuganges zu begrüßen ist. Die Versendung von Dokumenten aus von den Rechtsinhabern vorgehaltenen elektronischen Werkdatenbanken eignet sich hervorragend für individuelle lizenzvertragliche Lösungen. Dies zeigt sich auch am Umfang der nach § 5 Abs. 1 des Gesamtvertrages an die VG Wort über die kopierten Inhalte zu meldenden Informationen. Demnach sind "soweit vorhanden in elektronisch lesbarer Form - die notwendigen Informationen, die die VG WORT zur Auskehrung der urheberrechtlichen Entgelte an die Urheber benötigt (so weit möglich: Titel, Autor, Verlag, Jahrgang, Seitenzahl sowie ISSN oder ISBN)" vierteljährlich mitzuteilen. Weshalb bei solch genauen Kenntnissen des individuellen Nutzungsumfangs noch eine verwertungsgesellschaftspflichtige Pauschalvergütung gerechtfertigt sein soll, lässt sich nur schwer nachvollziehen.

  ee) Sozialpflichtigkeit des Eigentums

(i.) Bietet nun also der Rechtsinhaber selbst einen einfachen und effektiven Zugang zu seinen Werken als On-demand-Dienst an, bestünde als einzige Rechtfertigung für den Fortbestand des insoweit parallelen Angebotes eines Kopienversandes die *pauschale Preisbildung* über Gesamtverträge. Alle Rechtsinhaber erhalten so, unabhängig von der Qualität des Werkes, den Gestehungskosten oder der Nachfrage nach ihren Werken für jeden Vervielfältigungsvorgang, stets die gleiche Vergütung. Umgekehrt hätten auch die Nutzer stets den gleichen Betrag für die abgefragte Information zu entrichten, unabhängig davon, ob es sich um einen älteren Bestseller handelt, den der Rechtsinhaber auf Grund der großen Nachfrage auch günstiger abgeben würde, oder ob es sich um eine mit großem Aufwand erstellte Studie handelt, für die beispielsweise ein gewerblicher Anwender auch zur Zahlung eines weitaus höheren Preises bereit wäre. Dass ein Einheitspreis unter marktwirtschaftlichen Gesichtspunkten nicht richtig sein kann, haben auch die Parteien des Gesamtvertrages Kopiendirektversand

---

[1171] Mit dem Argument eines erheblichen Zeitaufwandes für den Nutzer wurde im Rahmen der Urheberrechtsnovelle 1985 der Vorschlag des Börsenvereins zur Errichtung einer Kopierzentrale an Stelle des Kopienversandes durch Bibliotheken abgelehnt, vgl. BT Drucks. 10/837, S. 19 f.

[1172] BGHZ 141, S. 13 (28) – Kopienversanddienst.

erkannt.[1173] Gemäß § 9 Abs. 2 des Gesamtvertrages sollen in einem künftigen Gesamtvertrag u.a. die folgenden Kriterien relevant sein:

- Unterscheidung der Vergütung nach Aktualität der bestellten Artikel entsprechend dem zeitlichen Abstand der Bestellung zum Erscheinungsdatum der Veröffentlichung (z.b. mehr oder weniger als 12 Monate),

- Unterscheidung der Vergütung nach der Kopiervorlage (z.b. Abonnementspreis, Sparte, Umfang der Vorlage),

- Grundsätzliche Unterscheidung zwischen Einrichtungen mit großem und mit kleinem Bestellvolumen.

Dennoch beharren sowohl die Bibliotheken als auch die hiermit ihr Vergütungsvolumen steigernden Verwertungsgesellschaften auf der Beibehaltung eines mehr oder weniger pauschalen Vergütungssystems. Hintergrund ist die grundsätzliche Befürchtung, die Rechtsinhaber würden die Möglichkeit zu einer individuellen Preisbildung in jedem Fall durch überhöhte Preise missbrauchen. Entsprechendes findet sich in der Gesetzesbegründung der Urheberrechtsnovelle 1985.[1174]

Zunächst wird hier ordnungspolitisch das Pferd von hinten aufgezäumt. *Grundsätzlich* ist in der verfassungsrechtlich verankerten freien Marktwirtschaft von einer freien, staatlich unbeeinflussten Preisbildung auszugehen. Besteht die Gefahr, dass ein Anbieter seine marktbeherrschende Stellung zu überhöhten Preisen ausnutzt, greift der Staat *ausnahmsweise* über das Wettbewerbsrecht ein. Die gesetzgeberische Entscheidung zur Einführung der gesetzlichen Lizenz zur Privatkopie war jedenfalls nicht von dem Gedanken der Missbrauchskontrolle getragen, sondern sollte gerade der effektiven Durchsetzung der Interessen der Rechtsinhaber dienen.

Auch die Einschätzung, die Rechtsinhaber würden prohibitive Preise verlangen, so man ihnen das Verbotsrecht für den digitalen Kopienversand einräumte, vermag nicht zu überzeugen. Anders als bei herkömmlichen Gütern tendieren die Stück-kosten der Vervielfältigung digitaler Werkstücke gen null, und auch die Transferkosten sind marginal. Der Ertrag steigt also mit der Zahl verkaufter Exemplare. Die Rechtsinhaber haben also gerade ein Interesse daran, dass ihre Inhalte möglichst häufig abgerufen werden, so dass nicht von einer prohibitiven Preisbildung auszugehen ist. Vielmehr werden die Rechtsinhaber ihre Preise bei der Schwelle ansetzen, bei der mit einer maximalen Anzahl an Abrufen zu rechnen ist, was wiederum von der Größe und Finanzkraft des angesprochenen Nut-

---

[1173] Bund und Länder als Träger der Bibliotheken einerseits, sowie die VGen Wort und Bild Kunst andererseits.

[1174] Vgl. BT Drucks. 10/837, S. 19 f.

zerkreises abhängen wird. Wird der erwartete Absatz nicht erreicht, kann hierauf unmittelbar durch eine Preissenkung reagiert werden, um den Absatz und somit zugleich die Verbreitung der Information zu optimieren. Bei einem starren System der Pauschalvergütung steht dieses Instrumentarium dagegen nicht zur Verfügung, so dass die Verbreitung sogar daran scheitern kann, dass der verlangte Pauschalpreis für zu hoch eingeschätzt wird.[1175]

(ii.) Letztlich verbirgt sich hinter dieser Diskussion[1176] erneut der Gedanke, die Privatkopie als Armenrecht zu verstehen; auch die sozial schwächeren Bürger sollen einen 'bezahlbaren' Zugang zu Informationen erhalten. Hierdurch wird jedoch die Sozialpflichtigkeit des Eigentums aus Art. 14 Abs. 2 GG einerseits, der Schutzbereich des Art. 5 Abs. 1 GG andererseits, überdehnt. Ein wie auch immer geartetes Recht auf Privatkopien ergibt sich gerade nicht aus dem Grundgesetz. Vielmehr ist grundsätzlich vom Schutz der *Leistung der Rechtsinhaber* auszugehen, die nur in eng begrenzten Ausnahmefällen beschränkt werden kann, soweit Interessen der Allgemeinheit, und nicht private Anliegen, überwiegen.[1177] Eine mit der Sozialpflichtigkeit des Eigentums begründete Zulässigkeit mehr oder weniger unentgeltlicher Werknutzungen wäre nach den vom BVerfG sowie dem BGH entwickelten Grundsätzen ferner nur dann hinzunehmen, wenn es sich um eine *unwesentliche* Nutzung handelt. Das Zulassen des digitalen Kopienversandes auch für den privaten Werkgenuss hätte hingegen, wie erörtert, auf der Stufe der Erstverwertung einen Absatzrückgang zur Folge. Dieser wird durch die Pauschalvergütung auf der Stufe der Zweitverwertung nicht ausreichend kompensiert und würde zudem wegen des zusätzlich erleichterten Werkzuganges eine erheblich stärkere Werknutzung nach sich ziehen. Dieser Nutzungssteigerung steht also im Ergebnis sogar ein zu erwartender Rückgang an Erlösen gegenüber, so dass die Sozialpflichtigkeit hier nicht zu einem Überwiegen des Allgemeininteresses führen kann.

Ein preiswerter Zugang zu Informationen auch für den privaten Gebrauch ließe sich zudem durch die zuvor erörterte fakultative Schrankenregelung des Art. 5 Abs. 3n) Info-RL gewährleisten. Danach können elektronische Medien an eigens hierfür eingerichteten Terminals in den Räumen der Bibliotheken genutzt werden. Freilich ist dies anders als beim Kopienversand vergleichsweise mühsam und erlaubt auch nicht das Anfertigen eines eigenen Vervielfältigungsstü-

---

[1175] Hier kann wieder das Beispiel des Online-Vertriebs des Buches "Riding the Bullet" von S. King herangezogen werden (vgl. Teil 1 B I 4 b). King war bereit, das Buch für $ 2,50 zu verbreiten. Dagegen würde es bei Subito, abgesehen davon, dass dort auch nur Teile des Buchs erhältlich wären, mindestens € 4 kosten.

[1176] Zu Recht weist *Schack*, ZUM 2002, S. 497 (499), in diesem Zusammenhang darauf hin, dass auch das Grundrecht der Informationsfreiheit in der Diskussion vorgeschoben wird, um eine unentgeltliche Nutzung zu rechtfertigen.

[1177] Vgl. hierzu ausführlich bereits oben Teil 1 C II sowie Teil 2 B I.

ckes für zu Hause. Gerade hierauf lässt sich jedoch weder aus der Sozialpflichtigkeit noch der Informationsfreiheit ein Anspruch der Allgemeinheit auf Privilegierung zu Lasten der Rechtsinhaber, die dieselbe Leistung zu verkaufen versuchen, ableiten.

Schließlich wird eine preisgünstige Grundversorgung mit Informationen auch dadurch gewährleistet, dass der Versand von analogen Vervielfältigungen weiterhin zulässig sein sollte, solange kein paralleles On-demand-Angebot der Rechtsinhaber existiert, nach hier vertretener Ansicht auch als gescannte Digitalkopie.[1178]

ff)   Vorgaben der Info-RL

(i.) Der digitale Kopienversand sollte auch nach den Wertungen der Info-RL nur eingeschränkt zulässig sein. Zunächst gibt Erwägungsgrund 38 der Info-RL den Mitgliedstaaten den grundsätzlichen Auftrag, die größere Nutzungsintensität digitale Vervielfältigungen im Vergleich zu analogen Privatkopien durch differenzierte gesetzliche Regelungen auszugestalten.

(ii.) Auch Art. 5 Abs. 2c) sowie Erwägungsgrund 40 der Info-RL stützen dieses Ergebnis. Zwar wird die Umsetzung von besonderen Schranken für die Vervielfältigung durch Bibliotheken und ähnliche nicht-kommerzielle Einrichtungen für grundsätzlich zulässig erklärt. Ähnlich wie Art. 9 Abs. 2 RBÜ spricht jedoch bereits S. 2 des Erwägungsgrundes von bestimmten Sonderfällen, für die diese Ausnahme gelten soll. Überdies legt S. 3 als weitere Einschränkung fest, dass eine Nutzung im Zusammenhang mit der Online-Lieferung von Werken an den letztendlichen Nutzer nicht zugelassen werden solle.[1179]

[1178] Ähnlich *Katzenberger*, AfP 1999, S. 335 (337), der den digitalen Kopienversand digital veröffentlichter Werke wohl auch de lege ferenda wegen des Drei-Stufen-Tests für unzulässig hält.

[1179] Vgl. hierzu *Spindler*, GRUR 2002, S. 105 (113). Unklar insoweit *Bayreuther*, ZUM 2001, S. 828 (834), der auch digitale Vervielfältigungen von Art. 5 Abs. 2c) Info-RL gedeckt sieht, in diesem Zusammenhang aber die Frage des Transfers zum Nutzer außer Acht lässt. Zwar wird der (analoge) Versand nicht deshalb zur unzulässigen Online-Lieferung, wenn der Katalog der Bibliothek online erhältlich ist. Wird aber auch das Vervielfältigungsstück selbst digital übermittelt, greift Erwägungsgrund 40. Unter Verweis auf die Entscheidung Kopienversanddienst wird das Versenden per Telefax von *Wandtke/Bullinger-Lüft*, § 53 Rz. 42, für zulässig gehalten. Offen bleibt dabei, was für den digitalen Kopienversand gelten soll. Nach *Kröger*, Informationsfreiheit, S. 255, ist Erwägungsgrund 40 dahingehend zu verstehen, dass Bibliotheken nicht ihre Bestände digital zum Download anbieten dürfen. Unklar ist jedoch, was hierunter zu verstehen ist. Dass die Bibliotheken digitale Medien nicht zum On-demand-Abruf zur Verfügung stellen dürfen, ergibt sich bereits aus dem Recht der öffentlichen Zugänglichmachung. Entsprechend der deutschen Praxis werden die Bibliotheken also ihre Kataloge Online zugänglich machen dürfen und müssen nur die davon gefertigten Kopien in analoger Form übermitteln. Eine ganz andere Frage ist, ob ein öffentliches Interesse der Allgemeinheit auch an einer digitalen Lieferung besteht. Dies kann zum einen durch die Rechtsinhaber selbst befriedigt werden, zum anderen von den Bibliotheken auf vertraglicher Basis wahrgenommen werden.

Außerdem findet sich in Art. 6 Abs. 4 UAbs. 4 Info-RL der Gedanke, Online-Angeboten der Rechtsinhaber den Vorrang einzuräumen, so dass der digitale Kopienversand dann unzulässig wird. Diese Einschränkung ist von dem Gedanken getragen, dass gerade ein (kostengünstiger) Online-Versand öffentlich subventionierter Einrichtungen wie Bibliotheken ein Konkurrenzangebot zur Auswertung durch den Rechtsinhaber selbst darstellt und diesen vom Aufbau eines auf Einzelvergütung basierenden Systems der Einräumung von Nutzungsrechten abhalten könnte.[1180] Die Info-RL verfolgt genau das entgegengesetzte Ziel, nämlich den Vorrang der Einzelvergütung gegenüber einem System pauschalierter Vergütungen. Daher werden vom Verbot des digitalen Kopienversandes in diesen Fällen entgegen des obigen Befundes (unter 1.) nach Wortlaut und Zweck der Info-RL auch *analoge Vorlagen* erfasst. Dies entspricht auch Erwägungsgrund 40 der Info-RL, der nicht zwischen analogen und digitalen Kopiervorlagen unterscheidet, sondern den digitalen Versand ausnahmslos untersagt.

Im Übrigen ist jedoch das digitale Versenden von analogen Vorlagen aus Gründen der Vereinfachung zuzulassen, soweit hier eine angemessene Pauschalvergütung entrichtet wird. Es steht somit in der Entscheidungsbefugnis des Rechtsinhabers, in welcher Form er seine Inhalte anbieten möchte, insbesondere ob er bei bereits erschienenen analogen Werken den Aufwand einer digitalen Aufbereitung des Werkes tragen möchte.

(iii.) Als weiteres Argument für die Unzulässigkeit des digitalen Kopienversandes wird Erwägungsgrund 42 der Info-RL angeführt, wonach das Tatbestandsmerkmal der nicht kommerziellen Zwecke dahingehend zu verstehen sei, dass es insoweit auf die Art der Tätigkeit und nicht auf die organisatorische Struktur der Einrichtung ankomme. Der Börsenverein[1181] versteht dieses Tatbestandsmerkmal dahingehend, dass eine Tätigkeit dann unzulässig ist, wenn sie

---

[1180] Diese Erwägung wird umso deutlicher, wenn man die Werknutzung betrachtet, die bei bereits in digitaler Form in den Beständen der Bibliotheken befindlichen Inhalten stattfindet. Es ist ein künstlicher Zwischenschritt, dass die vom Besteller ausgewählten Inhalte erst von einem Bibliotheksmitarbeiter versandt werden müssen, nur um dem Tatbestandsmerkmal "durch einen anderen" im Sinne des § 53 Abs. 1 S. 2 UrhG gerecht zu werden. Im Allgemeininteresse an schnell funktionierenden und wirtschaftlichen Informationssystemen ließe sich also argumentieren, dass auch dieser (Zwischen)Schritt entfallen kann und der Nutzer sich die Inhalte gleich selbst beschaffen kann. Nichts anderes geschieht jedoch im Wesentlichen bei der öffentlichen Zugänglichmachung im Sinne des § 19a UrhG. Der BGH (BGHZ 141, S. 13 (30) – Kopienversanddienst) spricht deshalb bereits beim bisher praktizierten Kopienversand von einer Tätigkeit, "die auch mit der Werkvermittlung durch Abrufdatenbanken verglichen werden kann". Nach der Wertung der Info-RL (Art. 3 Abs. 1 – Recht der öffentlichen Zugänglichmachung;) soll diese Art der Werknutzung durch Ondemand-Vervielfältigung jedoch dem Rechtsinhaber als Ausschließlichkeitsrecht vorbehalten sein. Art. 5 Abs. 3 Info-RL, der die Schranken des Art. 3 regelt, erwähnt abschließend (die Bestandsschutzklausel des Art. 5 Abs. 3o) würde nur bei analogen Werken eingreifen) nicht die Vervielfältigung zum privaten Gebrauch als zulässige Schranke des Rechtes der öffentlichen Zugänglichmachung. Dasselbe muss entsprechend für den digitalen Kopienversand digitaler Werke gelten.

[1181] Zustimmend *Schippan*, ZUM 2003, S. 378 (384).

typischerweise kommerzieller Natur ist, d.h. von anderen Anbietern zu Erwerbszwecken in einem eingerichteten Gewerbebetrieb, erbracht wird, wie dies beim Versand von Dokumenten weltweit üblich ist.[1182] Wenn also Bibliotheken eine ähnliche Tätigkeit ausüben, wie sie von einer gewerblichen Einrichtung angeboten werden, soll diese selbst dann als kommerzielle Tätigkeit zu qualifizieren sein, wenn sie zum Selbstkostenpreis angeboten wird.

Diese Auslegung ist jedoch abzulehnen. Zunächst ist Voraussetzung der kommerziellen Art einer Tätigkeit, dass diese mit Gewinnerzielungsabsicht erfolgt. Selbst wenn eine Leistung auf dem Markt von anderen Anbietern gewerblich angeboten wird, macht dies die zum Selbstkostenpreis angebotene Leistung nicht zu einer gewerblichen. Der Hinweis auf die Relevanz der Art der Tätigkeit in Erwägungsgrund 42 bezieht sich weiterhin ausdrücklich nur auf Unterrichts- bzw. wissenschaftliche Forschungszwecke. Diese werden häufig auch von öffentlichen Institutionen in kommerzieller Weise erbracht, z.B. bei der Auftragsforschung oder bei entgeltlichen Weiterbildungsmaßnahmen durch Universitäten. Soweit hier also von einer – im Übrigen öffentlich finanzierten – Einrichtung *auch* kommerzielle Dienstleistungen erbracht werden, können diese verständlicherweise nicht der Privilegierung von Unterrichts- und Forschungszwecken unterfallen. Hierin erschöpft sich aber der Anwendungsbereich von Erwägungsgrund 42, der weder einen allgemeinen Rechtsgedanken verkörpert, noch von seinem Wortlaut die Privatkopie umfasst.

(iv.) Schließlich verbietet auch der in Art. 5 Abs. 5 Info-RL als Schranken-Schranke kodifizierte Drei-Stufen-Test die uneingeschränkte Zulassung des digitalen Kopienversandes. Die hierzu anzustellenden Abwägungen decken sich im Wesentlichen mit den unter b) bis d) erörterten Erwägungen, so dass hierauf verwiesen wird.

gg)   Sonstiges

(i.) Das im Übrigen von den Befürwortern einer Kopie durch einen anderen angeführte Argument, ein Verbot würde von den Nutzern nicht akzeptiert und sei auch nicht kontrollierbar, greift hier nicht. Bei öffentlichen Einrichtungen und anderen nicht-kommerziellen Einrichtungen besteht zum einen ausreichend die Möglichkeit einer Kontrolle, zum anderen spricht eine Vermutung dafür, dass sich diese als öffentliche Institutionen grundsätzlich rechtstreu verhalten werden.

(ii.) Schließlich wird für die Beibehaltung der Kopie durch Bibliotheken angeführt, dass dies aus Gründen des Bestandserhaltes erforderlich sei, d.h. weil die

---

[1182] Stellungnahme des Börsenvereins zur Formulierungshilfe des BMJ vom Juni 2003, www.urheberrecht.org/topic/Info-RiLi/st/Stellungnahme-Formulierungshilfe.pdf.

278

Kopiervorlagen nicht an die Benutzer der Bibliotheken zur Eigenvervielfälti-
gung entliehen werden sollen. Hiermit ließe sich jedoch nur eine analoge (Zwischen)Kopie rechtfertigen, die von Mitarbeitern der Bibliotheken hergestellt
wird.

(iii.) Von Seiten der Bibliotheksverbände wird weiter das Argument vorgetragen, eine individuelle Rechteverwaltung durch die Bibliotheken gegenüber den
Rechtsinhabern sei zu aufwändig und kostenintensiv[1183], weshalb hier eine kollektive Rechtswahrnehmung durch die Verwertungsgesellschaften zwingend geboten sei.[1184] So sei auch die Entscheidung Kopienversanddienst zu verstehen, in
der der BGH eine Vergütungspflicht analog §§ 27 Abs. 2 und 3, 49 Abs. 1, 54a
Abs. 2 i.V.m. 54h Abs.1 UrhG ausgesprochen hat, die zudem verwertungsge-
sellschaftspflichtig sei.

Hiergegen spricht zunächst, dass der BGH den digitalen Versand ausdrücklich
offen gelassen hat. Zu dem von den Bibliotheken befürchteten Verwaltungsauf-
kommen für Lizenzen kommt es nach der hier vertretenen Lösung auch nicht, da
das Ausschließlichkeitsrecht nur dann greift, wenn seitens des Rechtsinhabers
von der Wahlmöglichkeit Gebrauch gemacht wird, das Werk selbst zum On-
demand-Abruf anzubieten. In diesem Fall darf keine parallele Auswertung durch
die Bibliotheken erfolgen, sondern die Einzellizenzierung beim Rechtsinhaber
genießt Vorrang.

Entscheidet sich der Rechtsinhaber alternativ gegen eine eigene Einzelauswer-
tung, kann er seine Rechte von der Verwertungsgesellschaft über den Gesamtvertrag Kopiendirektversand wahrnehmen lassen, so dass auch insoweit kein
gesteigerter Verwaltungsaufwand zu befürchten ist.[1185]

Schließlich wäre denkbar, dass der Urheber den Kopienversand durch Lizenz-
gewährung an die Bibliotheken erlaubt, wie dies z.B. beim Kopienversand der
British Library gängige Praxis ist, und allein deshalb das Argument der Unzu-

---

[1183] Die vermeintlich mangelnde Praktikabilität einer Einzellizenzierung wird von *Dreier*, Schrankenbestimmungen, S. 139 (167 Fn. 122), bereits dem Grunde nach unter Verweis auf die gegenläufige
Praxis bei Datenbanken angezweifelt.

[1184] Gemeinsame Erklärung der Bibliotheksverbände zum Regierungsentwurf für das UrhInfG,
www.bdbibl.de/dbv/rechtsgrundlagen/06-09-02-UrhG.html.

[1185] Dies ist in der Praxis regelmäßig der Fall, da auch ohne Verwertungsgesellschaftspflicht die meisten Rechtsinhaber ihre Recht, von den Verwertungsgesellschaften wahrnehmen lassen, vgl. *Katzenberger*, Urhebervertragsrecht, S. 181 (206). *Katzenberger*, a.a.O., S. 204 ff., weist zudem nach,
dass eine Verwertungsgesellschaftspflicht nicht interessengerecht wäre. Aus verfassungsrechtlichen
Erwägungen schlägt *Baronikians*, ZUM 1999, S. 126 (133 f.), vor, hier allenfalls *hilfsweise* für den
Fall des Scheiterns von vertraglichen Lizenzen eine Verwertungsgesellschaftspflicht für den analogen Kopienversand einzuführen. Nachdem jedoch die Tarife für den analogen Kopienversand mittlerweile stark angestiegen sind, kann es nach hier vertretener Auffassung insoweit beim bisherigen
Rechtszustand bleiben.

mutbarkeit der Einzellizenzierung wenig nachvollziehbar erscheinen lässt. Ähnlich der British Library[1186] wäre wohl auch Subito durch seine Nachfragemacht in der Lage hier einen Mustervertrag durchzusetzen, der z.b. ein automatisiertes Vorhalten der abzurufenden Inhalte erlaubt und somit den Logistik- und Personalaufwand bei der Herstellung der Kopien für den Besteller entfallen lassen würde. Die damit eröffneten Einsparpotenziale dürften den Aufwand der Einzellizenzierung wieder kompensieren. Dieser Aufwand beschränkt sich im Übrigen auf die Registrierung des vom Rechtsinhaber angestrebten Einzelpreises; denkbar sind hier auch vollständig elektronisch ablaufende Systeme, bei denen der Rechtsinhaber sein Werk sowie die notwendigen Registrierungsdaten selbst online übermittelt, ohne dass hier seitens der Bibliotheken etwas zu veranlassen ist. Ein solches System wäre nicht nur höchst effizient, sondern würde zudem auch für Urheber eine Plattform bieten, deren Werke nicht von Verlegern oder Produzenten in ihr Repertoire aufgenommen werden.

c)   *Ergebnis*

Im Ergebnis verstößt eine nationale Regelung gegen die Info-RL, die den digitalen Kopienversand auch bei Bestehen eines gleichartigen On-demand-Angebotes des Rechtsinhabers erlaubt. Nachdem im UrhInfG die Regelung des § 53 Abs. 1 S. 2 UrhG diesen Vorgaben der Info-RL nicht angepasst wurde, und die Umsetzungsfrist bereits Ende 2002 abgelaufen ist, erlangt die Richtlinie nunmehr unmittelbare Anwendung. Vorliegend kann dies durch eine richtlinienkonforme Auslegung[1187] mittels einer entsprechenden teleologische Reduktion[1188] des Tatbestandes der Kopie durch einen anderen erreicht werden. Aus Gründen der Rechtssicherheit sollte dies jedoch vom Gesetzgeber im Rahmen der bereits angekündigten weiteren Reform des Urheberrechts klargestellt werden. Daneben müsste eine Pflicht der Rechtsinhaber geregelt werden, ihre On-demand abrufbaren Inhalte bei einem öffentlich zugänglichen Dienst wie Subito zu registrieren, da die Bibliotheken und sonstigen Kopisten sonst regelmäßig nicht in der Lage sein werden dies zu überprüfen. Nur dann wäre den Bibliotheken zuzumuten, ihre Kataloge abzugleichen und diese Werke nicht mehr selbst zu versenden, was in der Gesetzesbegründung klarzustellen wäre. Insoweit wird vorgeschlagen, zunächst während einer Übergangsfrist von 2 Jahren freiwillige Vereinbarungen der Verbände abzuwarten, und erst für den Fall deren Scheiterns gesetzgeberisch tätig zu werden.

[1186] www.bl.uk/services/information/copyright.html.

[1187] Vgl. hierzu *Streinz*, Europarecht, Rz. 405, sowie dezidiert zur Info-RL *Mayer*, CR 2003, S. 274 (275 f.); zwar sind Adressaten einer Richtlinie grundsätzlich (allein) die Mitgliedstaaten. Nach Ablauf der Umsetzungsfrist ist jedoch eine horizontale Drittwirkung von Richtlinien anerkannt, insbesondere im Rahmen einer richtlinienkonformen Auslegung nationaler Vorschriften.

[1188] Ähnlich auch *Schack*, ZUM 2002, S. 497 (501), der hierzu auf die konventionsfreundliche Auslegung des Drei-Stufen-Tests zurückgreift.

6.   Neufassung von § 53 Abs. 1 S. 2 UrhG

Als Quintessenz vorstehender Überlegungen zur Kopie durch einen anderen sollte § 53 Abs. 1 S. 2 UrhG wie folgt neu gefasst werden:

Der zur Vervielfältigung Befugte darf die Vervielfältigungsstücke auch durch einen anderen herstellen lassen, sofern dies unentgeltlich geschieht; *hat der Inhaber des Nutzungsrechts das Werk zur Vervielfältigung öffentlich zugänglich gemacht, darf eine Vervielfältigung nur analog übermittelt werden.*

III.   Vergütung nach §§ 54 ff. UrhG

Mit den §§ 54 ff. UrhG tut sich ein weites Minenfeld auf, was bereits an den vielen Stellungnahmen der Interessenvertreter während des Gesetzgebungsverfahrens zum UrhInfG deutlich wurde, obschon diese Frage von Anfang an ausdrücklich dem zweiten Korb vorbehalten war. Fragt man die Geräteindustrie einerseits und die Rechtsinhaber andererseits, was eine angemessene Vergütung darstellt, und welche Geräte hier einbezogen werden sollen, bekommt man hier unterschiedlichste Antworten, die von den jeweiligen Partikularinteressen geprägt sind. Hinzu kommen Rechtsinhaber, die, wie z.b. die Rundfunkanstalten, von der Vergütung ausgegrenzt werden und darin einen Verstoß gegen die Info-RL und Art. 14 GG sehen. Es soll hier nicht versucht werden, diese uferlose Diskussion zu vertiefen, da dies eine detaillierte Betrachtung der jeweiligen Nutzungsarten und Inhalte bedürfte, die den Rahmen der Untersuchung sprengen würde. Statt dessen sollen die drängendsten Fragen in diesem Bereich der Vollständigkeit halber kurz angerissen werden, aus denen sich Regulierungsbedarf ergibt.[1189]

1.   Digitale Privatkopie und Pauschalvergütung

Grundsätzlich wäre eine möglichst individuelle Vergütung urheberrechtlicher Verwertungshandlungen zu begrüßen. Nach hier vertretener Lösung sollte das System der Pauschalvergütung dennoch vorerst beibehalten werden, da effiziente technische Schutzsysteme derzeit nicht für alle Formen der Werkvermittlung

---

[1189] Eine Übersicht über die Vergütungsregelungen gibt *Hölscher*, Eigengebrauch, S. 118 ff. Im Rahmen der vorliegenden Arbeit wird dagegen lediglich auf die wesentlichen derzeit diskutierten Fragestellungen eingegangen. Darüber hinausgehende Vorschläge zur Neugestaltung der §§ 54 ff. UrhG werden in der Dissertation von *Kappes*, Informationssammlungen, S. 139 ff., diskutiert. Ausführlicher befassen sich auch *Kreile*, IIC 1992, S. 449 ff., sowie *Dreier*, Schrankenbestimmungen, S. 139 (167 ff.), mit diesem Regelungskreis. Seit 16. September 2003 hat nunmehr auch die Diskussion über den 2. Korb begonnen, vgl. hierzu die ausführliche Dokumentation unter www.urheberrecht.org/topic/Korb-2/.

existieren und viele Fragen in diesem Bereich nach wie vor ungeklärt sind.[1190] Die zum gegenteiligen Ergebnis gelangende TÜViT Studie entspringt wohl eher dem Wunschdenken des Auftraggebers Bitkom, der aus nachvollziehbaren Gründen mit aller Macht eine Ausweitung der Geräteabgabe auf den PC zu verhindern versucht.[1191] Bei der Forderung nach einer Abschaffung der Pauschalvergütung wird gerne auch übersehen, dass bereits eine Vielzahl von Werken im Umlauf ist, die nachträglich nicht mehr gesichert werden kann. Schließlich ist auch vorstellbar, dass eine Einzelabrechnung wegen zu geringer Stückzahlen ineffizient wäre oder der Rechtsinhaber mit einer Pauschalvergütung zufrieden ist und deshalb gar keine individuelle Lösung wünscht. Aus diesen Gründen ist es auch abzulehnen, den Einsatz technischer Schutzsysteme zu erzwingen, indem die Pauschalvergütung wie von der Bitkom weiter vorgeschlagen bereits bei Existenz dieser Systeme entfallen solle.[1192]

Häufig wird dem Rechtsinhaber geraten, sich ganz auf dieses Pauschalvergütungssystem zu konzentrieren, und sich hier für eine europaweite Lösung einzusetzen, bis dieses System eines fernen Tages von effizienten technischen Schutzsystemen ersetzt werden kann.[1193] In der Zwischenzeit seien seine Rechte durch ein Anheben der Vergütungssätze auch trotz des massenhaften digitalen Kopierens gewahrt. Ein auf den ersten Blick einleuchtender Gedanke, der jedoch nicht realisiert werden sollte. Wie in Teil 1 gezeigt, sind Systeme pauschaler Vergütung sowohl ökonomisch als auch verfassungs- und europarechtlich nur eine Second-Best-Lösung, die nur aufrechterhalten bleiben soll, *soweit* keine effizienteren Modelle existieren. Mit der digitalen Technik besteht jedoch erstmalig die Möglichkeit, effiziente Individuallösungen zu entwickeln. Selbst wenn diese Systeme wohl niemals jegliches Kopieren verhindern werden können, hat der Gesetzgeber durch den rechtlichen Schutz technischer Maßnahmen auch einen Anreiz für die Rechtsinhaber geschaffen, diese weiterzuentwickeln und einzusetzen.

Allein auf eine weitere Harmonisierung der Pauschalvergütung zu setzen, wäre hingegen ein Signal in die entgegengesetzte Richtung. Schon auf nationaler E-bene versuchen die Verwertungsgesellschaften – staatlich erlaubte Monopole – durch ein stetig wachsendes Vergütungsaufkommen und die Einbeziehung weiterer Geräte und Leermedien in die Vergütungspflicht immer größeren Einfluss

---

[1190] NB: Eine Vergütung wird nur für legale Kopien fällig, gegen Piraterie hilft auch keine erweiterte Gerätevergütung, gegen sie muss aktiv von den Rechtsinhabern vorgegangen werden.

[1191] Vgl. hierzu bereits Teil 1 A III.

[1192] Es ist schon nicht ersichtlich, wie der einzelne Rechtsinhaber erkennen soll, dass ausreichende technische Schutzsysteme existieren, die er nunmehr einsetzen müsste, um nicht seinen Vergütungsanspruch zu verlieren.

[1193] Für diese Lösung plädieren u.a. *Maus*, Digitalkopie, S. 233; ähnlich *Schack*, FS Erdmann, S. 165 (169 unter 5.); *Dietz*, zit. nach *Zecher*, ZUM 2002, S. 451 (455).

zu erlangen.[1194] Beredtes Beispiel ist die Initiative der Verwertungsgesellschaften www.Privatkopieren.de, die sich für den Fortbestand der digitalen Privatkopie einsetzt. Ob sich dies mit den Interessen der Rechtsinhaber deckt, die die Verwertungsgesellschaften zu wahren haben, oder ob diese Initiative vielmehr im Interesse der Institution der Verwertungsgesellschaften ist, mag jeder selbst einschätzen. Hinzu kommt eine ordnungspolitische Komponente, da die Verwertungsgesellschaften ihre nationalen Monopole durch weltweite Gegenseitigkeitsvereinbarungen absichern und so Wettbewerb verhindern.[1195]

Die Hoffnung auf ein europaweit harmonisiertes Vergütungssystem ist zudem trügerisch. Die Ansätze der einzelnen Mitgliedstaaten sind zu unterschiedlich, als dass es hier zu einer politischen Einigung kommen könnte. Dies haben nicht zuletzt die Erfahrungen mit dem UrhInfG aber in noch größerem Maße die Anstrengungen der Kommission zu Beginn der 90er Jahre gezeigt. Der Versuch, die Vergütungsregeln in einer Richtlinie zu regeln, scheiterte damals am erklärten Widerstand der skandinavischen Länder und Großbritanniens. Dass sich, auch im Hinblick auf eine um die osteuropäischen Länder erweiterten EU, hier eine politische Einigung erzielen lässt, darf wohl als Illusion bezeichnet werden.[1196]

2. Geräte vs. Betreiberabgabe im digitalen Kontext

Die unterschiedlichen Anknüpfungspunkte der Vergütung bei Geräten und Leermedien einerseits, sowie die Betreibervergütung des § 54a UrhG andererseits sind auf die technischen Gegebenheiten zum Zeitpunkt ihrer Einfügung in das UrhG zugeschnitten. Die verschiedenen Kopiertechniken wurden jeweils für bestimmte Werkarten relevant und ließen sich so getrennt regeln. Mit der digitalen Technik und multimedialen Werken ist diese Trennung weitest gehend aufgehoben. Ähnlich der Vervielfältigung audio-visueller Inhalte können auch Schriftwerke z.B. auf CD-Rom vervielfältigt werden. Umgekehrt bieten z.B. Copyshops nicht nur die Vervielfältigungsgeräte für Reprographien an, sondern auch für digitale Medien, die in CD-Brennern vom Kunden selbst vervielfältigt werden können.[1197] Eine Vergütung wird also nur in Form der Leermedien- und

---

[1194] Ähnlich *Bing*, Verwertung, S. 272 ff., die das UrhG unter besonderer Berücksichtigung der ökonomischen Effizienz der Rechtswahrnehmung durch die Verwertungsgesellschaften untersucht.

[1195] Ausführlich zur kartellrechtlichen Beurteilung des Systems der Verwertungsgesellschaften *Wünschmann*, Kollektive Verwertung, S. 187 ff., *Schwarze*, ZUM 2003, S. 15 ff.; *Reinbothe*, ZUM 2003, S. 27 ff., sowie die Dissertation von *Leßmann*, Verwertungsgesellschaften; kritisch zur Frage der Effizienz der Kontrolle der Tätigkeit der VGen *Wirtz*, Kontrolle, S. 43 ff.; 78 ff.

[1196] Die BMin für Justiz *Zypries* spricht in diesem Zusammenhang von einer Kapitulation der EU, vgl. die Eröffnungsrede des Symposiums über den zweiten Korb am 16. September 2003, S. 3.

[1197] Das Aufstellen von CD-Münzkopierern war bereits Gegenstand der Entscheidung OLG München, ZUM 2003, S. 569 ff., und wurde für zulässig erachtet. Es ist nicht auszuschließen, dass der möglicherweise in der Hauptsache (die Entscheidung des OLG ist nach 542 Abs. 2 ZPO nicht revisibel)

Gerätevergütung gezahlt, während für das kommerzielle zur Verfügungstellen einer Kopiervorrichtung keine gesteigerte Vergütung fällig wird, obschon hier eine gesteigerte Nutzungsintensität stattfindet und dem Geschäftsmodell der Betreiber gerade zugrunde liegt. Denn unter den Begriff der Ablichtung oder Verfahren ähnlicher Wirkung dürften die dort betriebenen Geräte allenfalls[1198] dann zu subsumieren sein, wenn sie überwiegend für die Vervielfältigung von Schriftwerken genutzt werden. Das Vervielfältigen von Tonträgern wird dagegen ausdrücklich nur von § 54 UrhG erfasst, und kann daher weder systematisch noch vom Wortlaut unter den Begriff der Ablichtung im Sinne des §54a UrhG subsumiert werden. Vor dem Hintergrund des einheitlichen digitalen Datenformates wäre dagegen zu überlegen, die Anknüpfungstatbestände für alle Werkarten zu vereinheitlichen und auf diese Weise die Belastungsgerechtigkeit zu erhöhen.[1199]

§ 54 ist danach wie folgt neu zu fassen, wobei § 54a UrhG ersatzlos entfällt. Die §§ 54b ff. UrhG sind entsprechend anzupassen:

(1) Ist nach der Art eines Werkes zu erwarten, dass es nach § 53 Abs. 1 oder 2 vervielfältigt wird, so hat der Urheber des Werkes gegen den Hersteller von Geräten und Leermedien, die erkennbar zur Vornahme solcher Vervielfältigungen bestimmt sind, Anspruch auf Zahlung einer angemessenen Vergütung. Neben dem Hersteller haftet als Gesamtschuldner, wer die Geräte oder Leermedien in den Geltungsbereich dieses Gesetzes gewerblich einführt oder wiedereinführt oder wer mit ihnen handelt. Der Händler haftet nicht, wenn er im Kalenderhalbjahr weniger als 100 Geräte oder 5.000 Leermedien bezieht.

(2) [bisheriger § 54a Abs. 2] Werden Geräte dieser Art in Schulen, Hochschulen sowie Einrichtungen der Berufsbildung oder der sonstigen Aus- und Weiterbildung (Bildungseinrichtungen), Forschungseinrichtungen, öffentlichen Bibliotheken oder in Einrichtungen betrieben, die Geräte für die Herstellung von Ablich-

---

mit dieser Frage befasste BGH nicht auf den Gesetzgeber warten wird, sondern ähnlich der Entscheidung Kopienversanddienst erneut einen Vergütungsanspruch analog der Betreiberabgabe anerkennt.

[1198] Auch dies ist fraglich, da bei Festlegung auf einem digitalen Speichermedium wohl nach dem allgemeinen Sprachgebrauch nicht von einer Ablichtung gesprochen werden kann. Mit dem Tatbestandsmerkmal der Verfahren vergleichbarer Wirkung sind technologieneutral alle Verfahren gemeint, bei denen ähnlich wie ein Fotokopie eine Vervielfältigung hergestellt wird.

[1199] Ähnlich auch *Winghardt*, ZUM 2001, S. 349 (359), der vorschlägt, in § 54a UrhG digitale Trägermedien auch in die Reprographievergütung einzubeziehen.

284

tungen entgeltlich bereithalten[1200], so hat der Urheber auch gegen den Betreiber des Gerätes einen Anspruch auf Zahlung einer angemessenen Vergütung.

(3) [bisheriger § 54 Abs. 2 UrhG]

3. Einschränkung der Tatbestände der vergütungspflichtigen Geräte

Im Gesetzgebungsverfahren zum UrhInfG wurde u.a. von CDU/CSU vorgeschlagen, in § 54 Abs. 1 S. 2 UrhG klarzustellen, dass bei einem notwendigen Zusammenwirken mehrerer Geräte zur Vervielfältigung eines Werkes nur diejenigen Geräte der Vergütungspflicht unterfallen, die *ganz oder überwiegend* zur Vervielfältigung bestimmt sind.[1201] In (offenbar missverstandener[1202]) Anlehnung an das Scannerurteil des BGH solle demnach beispielsweise bei einem PC nicht das Gerät als solches der Vergütungspflicht unterliegen, sondern nur diejenigen Komponenten, die *am deutlichsten dazu bestimmt* sind, wie ein Vervielfältigungsgerät eingesetzt zu werden, im Ergebnis also wohl Brenner und ähnliche Wechselmedien sowie möglicherweise auch die Festplatte eines PC.[1203] Durch

---

[1200] Ausgeklammert bleibt in dieser Untersuchung die kontrovers diskutierte Frage der Erstreckung der Betreiberabgabe auf die öffentliche Verwaltung und gewerbliche Betriebe.

[1201] BT Drucks. 15/837, S. 27.

[1202] Streitgegenstand der Entscheidung BGH ZUM 2002, S. 218 ff., war gerade nicht die Frage, ob Scanner dazu bestimmt sind, für urheberrechtsrelevante Vervielfältigungen verwendet zu werden, vgl. II 1 b), was auch die beklagte Revisionsführerin nicht beanstandet hatte. Streitgegenstand war vielmehr die Frage, ob Scanner *technisch* zu Vervielfältigungen *geeignet* sind, was in Anlehnung an die Entscheidungen BGH GRUR 1981, S. 355 (357 f.) – Video-Recorder sowie BGHZ 121, S. 215 (218 f.) – Readerprinter weitere Tatbestandsvoraussetzung ist. Die Beklagte hatte insoweit vorgetragen, dass Scannern diese vorauszusetzende technische Eignung fehle, weil sie nicht in der Lage seien, die der Vorlage entnommenen Informationen selbst zu speichern, wofür es eines PC bedarf. Dieser Begründung hat der BGH eine Absage erteilt, da der Scanner *nur* im Rahmen einer *bestimmten* Funktionseinheit eingesetzt werden kann und dabei das ohne Zweifel am deutlichsten zur Vervielfältigung bestimmte Geräte ist. Hieraus lässt sich, wie der BGH auch sogleich (II 1 a cc) klarstellt, nicht folgern, dass eine andere Komponente der streitgegenständlichen Funktionseinheit nicht im Zusammenspiel mit anderen Komponenten in einer *anderen* Funktionseinheit das am deutlichsten zur Vervielfältigung bestimmte Gerät ist. Die Vergütungspflicht des PC war zudem nicht Streitgegenstand, da diese weder von der Klägerin gefordert wurde (308 ZPO) noch die Beklagte als Hersteller von Scannern hier passivlegitimiert wäre. Eine Vergütungspflicht für PCs wird auch von *Winghardt*, ZUM 2001, S. 349 (353 ff.), ausführlich analysiert und bejaht.

[1203] Zu kurz greift deshalb auch die Analyse bei *Paul/Naskret*, CR 2003, S. 473 ff., die lediglich die Funktionseinheiten Modem-PC-Drucker bzw. Offline-Eingabemedium PC-Drucker untersuchen und dabei zum Ergebnis kommen, dass weder PC noch Drucker vergütungspflichtige Geräte im Sinne des § 54a UrhG sind. Denn hier wird nur der erste Vervielfältigungsvorgang auf dem Weg in den PC berücksichtigt. Finden sich die Inhalte auf der Festplatte wieder, können sie auf beliebige Weise weitervervielfältigt werden, z.B. durch Versand per E-mail, Brennen auf CD etc. Schließlich ist entgegen *Paul/Naskret* a.a.O., S. 475 (478), der BGH-Entscheidung weder zu entnehmen, dass nicht auch in der Funktionseinheit Scanner-PC-Drucker der PC oder der Drucker einer Vergü-

gemacht werden.[1210] Als Beispiele aus der jüngsten Vergangenheit sind hier z.b. Scanner, Reader-Printer oder CD-Brenner zu nennen.[1211] Bei letzteren stellte sich das beklagte Unternehmen, die Firma Hewlett Packard, auf den Standpunkt, hier sei schon deshalb keinerlei Vergütung zu entrichten, weil digitale Vervielfältigungen nicht von der Ausnahme des § 53 UrhG erfasst seien.[1212] Hilfsweise seien CD-Brenner auch nicht erkennbar zur Vervielfältigung bestimmt, da diese überwiegend für Sicherungszwecke eingesetzt würden. Löbliche Ausnahme ist die vorgerichtliche Einigung zwischen dem Branchenverband Bitkom und der ZPÜ über eine Vergütung für DVD-Brenner in Höhe von € 9,21 je verkauftem Gerät, was die Hersteller "als Zeichen des guten Willens der Wirtschaft" verstanden wissen wollen.[1213]

Um derartige jahrelange Streitigkeiten durch die Instanzen, z.B. über die Vergütungspflicht weiterer PC-Komponenten[1214], künftig zu vermeiden, wurde im Rahmen der Erstellung des 2. Vergütungsberichtes erwogen, hier eine Auflistung aller von §§ 54 f. UrhG erfassten Geräte in einer Anlage zu sammeln, ähnlich der Regelung in § 54d UrhG. Vater des Gedanken war dabei jedoch eine *abschließende* Liste, die PCs oder Data-CD-Rohlinge von der Vergütungspflicht *ausnehmen* sollte, was einen weiteren Rückschritt für das Vergütungsaufkommen bedeuten würde und daher abzulehnen ist. Allenfalls denkbar wäre eine Liste, die den status quo der vergütungspflichtigen Geräte wiedergibt, jedoch nicht abschließend formuliert ist und so dem weiteren technologischen Fortschritt gerecht wird.

Eine Verpflichtung hier genauere Vorgaben zu machen, ergibt sich auch nicht aus Art. 5 Abs. 2a) und b) der Info-RL, die bei Umsetzung der Schranken einen gerechten Ausgleich für die Rechtsinhaber vorschreiben. Hieraus ist nicht abzuleiten, dass der Gesetzgeber, der sich für ein pauschales Vergütungssystem entscheidet, auch einen genauen Katalog mit entsprechenden vergütungspflichtigen

---

[1210] *Dreier*, Schrankenbestimmungen, S. 139 (167), spricht sich deshalb dafür aus, das (auch aus seiner Sicht) Selbstverständliche gesetzlich klarzustellen, nämlich dass auch digitale Geräte der Vergütungspflicht unterfallen.

[1211] BGH ZUM 1999, S. 649 – Telefax; BGH GRUR 1993, S. 553 – Readerprinter; LG Düsseldorf, ZUM-RD 1997, S. 513 – Scanner; LG Stuttgart ZUM 2001, S. 614 – CD Brenner.

[1212] Ebd.; vgl. hierzu auch den Einigungsvorschlag der Schiedsstelle in ZUM 2000, S. 599.

[1213] Erfasst wird hiervon nicht die Nutzung durch das Kopieren von DVDs, da diese mit einem Kopierschutz versehen sind und somit nicht unter die Vergütungspflicht fallen, vgl. www.Urheberrecht.-org/news/?id=1413&w=&p=1 vom 12. August 2003. Vgl. auch Pressemeldung der Bitkom www.bitkom.org/gbgateinvoker.cfm/Presseinfo_BITKOM_DVD-Brenner_Gesamtvertrag_11.08.-03.pdf?gbAction=gbFileDownload&ObjectID=CA80B38A-F2EA-4650-B24B454F59EA86D4&-DownloadObject = documents&index = 1&cacheLevel = 0.

[1214] Die VG Wort sowie die GEMA verlangen derzeit in einem Verfahren vor der Schiedsstelle für PCs eine Vergütung von 33 € (12 bzw. 21 €). Auch für Drucker wird von der VG Wort eine Vergütung von mindestens 20 bis hin zu 306 € verlangt.

Geräten und Leermedien vorzugeben hat. Vielmehr genügt es nach der Rechtsprechung des EuGH, dass hier eine abstrakt-generelle Norm erlassen wird, die im Einzelfall von den Gerichten konkretisiert werden kann.[1215] Gerade in der Fragestellung vergütungspflichtiger Geräte und Leermedien ist die Linie der Rechtsprechung zudem recht einheitlich.

Aus gutem Grund wurde zur Umsetzung des UrhInfG keine abschließende Liste in Gesetzesform gegossen, da eine solche Regelung höchst unflexibel wäre. Vorzugswürdig ist dagegen, es bei einer abstrakt-generellen Regelung zu belassen und allenfalls über eine Straffung des Klageverfahrens nachzudenken.

5.   Höhe der angemessenen Vergütung

a)   Anpassungsbedarf aus der Info-RL

(i.) Der Gesetzgeber hat der Info-RL keinen Bedarf für eine Anpassung der Regelungen zur Vergütungshöhe entnommen.[1216] Die Info-RL sieht in Art. 5 Abs. 2a), b) einen gerechten Ausgleich für den Rechtsinhaber vor. Nach Erwägungsgrund 35 hat dieser grundsätzlich in Form einer angemessenen Vergütung zu erfolgen, die nur in besonderen Ausnahmefällen, etwa bei nur "geringfügigen Nachteilen" der Rechtsinhaber, gänzlich entfallen kann. Eine Einschränkung der Ausnahmen, für die ein gerechter Ausgleich geschaffen wird, sieht die Richtlinie nicht vor. In Erwägungsgrund 36 wird ausdrücklich festgelegt, dass die Mitgliedstaaten auch bei der Umsetzung der Schranken der Info-RL, die einen derartigen Ausgleich nicht vorschreiben, einen gerechten Ausgleich vorsehen können. Für das deutsche Recht dürften diese Grundsätze gleichermaßen aus Art. 14 Abs. 1 GG abzuleiten sein, der im Sinne einer angemessenen Beteiligung an der wirtschaftlichen Verwertung der geschützten Inhalte zu verstehen ist.

Erwägungsgrund 35 gibt daneben exemplarisch weitere Kriterien vor, die im Rahmen des gerechten Ausgleichs zu berücksichtigen sind. Zunächst soll die Vergütung die besonderen Umstände jeder Nutzungsform, insbesondere auch bereits erfolgte Lizenzzahlungen oder andere Zahlungen, berücksichtigen. Als weitere mögliche Kriterien der Vergütungshöhe werden der durch die Schrankennutzung entstehende Schaden sowie der Einsatz technischer Schutzsysteme genannt. Zwangsläufig sind diese Vergütungen aus Gründen der Praktikabilität nur über pauschale Vergütungssysteme zu erreichen. Dennoch soll durch diffe-

---

[1215] EuGH Slg. 1983, S. 3273 – Kommission/Italien.

[1216] Diese Frage sollte von Anfang an dem zweiten Korb vorbehalten bleiben. Zur Angemessenheit der Vergütung vgl. ausführlich die Stellungnahmen der Interessenverbände zum 2. Vergütungsbericht, BT Drucks. 14/3972, S. 18 ff., sowie die Schlussfolgerung der Bundesregierung, dass ein Bedürfnis für eine Erhöhung der Vergütungssätze besteht, a.a.O., S. 24 ff.

renziert ausgestaltete Tarife eine möglichst weitgehende Einzelfallgerechtigkeit hergestellt werden.

(ii.) Fraglich ist, ob sich aus der Info-RL das Gebot der Differenzierung der Vergütungshöhe zwischen analogen und digitalen Vervielfältigungsgeräten und Medien ergibt, nachdem Erwägungsgrund 38 verlangt, den unterschiedlichen Nutzungsintensitäten gebührend Rechnung zu tragen. Hierfür spricht zunächst, dass digitale Privatkopien mehr und mehr die Erstverwertung durch den Urheber verdrängen. War man bei der analogen Privatkopie bisher davon ausgegangen, dass es sich hier um eine Zweit- oder Drittverwertung handelt, erscheint auch die Annahme eines Vergütungssatzes gerechtfertigt in Höhe von ca. 10% der üblicherweise bei einer Erstverwertung anfallenden Lizenzgebühr. Bei einer der Erstverwertung nahkommenden Nutzung durch den privaten Verbraucher müsste demnach ein weitaus höherer Prozentsatz angenommen werden. Auf der anderen Seite werden digitale Vervielfältigungsgeräte und Medien auch häufiger für urheberrechtsfreie Nutzen verwendet, als dies bei analogen Geräten der Fall war, was für einen gegenüber der Vergütung der analogen Geräte geringeren Tarif spricht, so dass es insgesamt bei der jetzigen Abstufung verbleiben kann.[1217]

b)   *Anknüpfungspunkt für Datenträger*

Problematischer ist hingegen der bisherige Anknüpfungspunkt für Bild- und Tonträger, deren Vergütungshöhe sich an der Spieldauer dieser Medien orientiert.[1218] Je nach Kompressionsverfahren können bei digitalen Kopien jedoch mit dem gleichen Leermedium unterschiedliche Spieldauern erzielt werden. Ohne hörbaren Unterschied lassen sich auf einer CD-Rom ca. 10 Mal so viele Titel im MP3-Format unterbringen, als dies bei normaler CD-Qualität möglich wäre.[1219] Zudem kann bei den am PC nutzbaren Rohlingen nicht zwischen Bild- und reinen Tonsignalen unterschieden werden. Noch deutlicher wird diese Problematik bei der angestrebten Vergütungspflicht für PCs, für die von den VGen eine einheitliche Gebühr verlangt wird.[1220] Je nach Ausstattung kann die Festplatte des PCs jedoch eine Kapazität von derzeit rund 40 GB für einfachste Geräte haben, während dies für professionelle High-end-Geräte bei mehreren hundert GB liegt.

[1217] Aus diesen Gründen lässt auch der 2. Vergütungsbericht offen, ob hier eine unterschiedliche Vergütungshöhe zu entrichten ist, vgl. BT Drucks. 14/3972, S. 27.

[1218] Nach hier vertretener Ansicht sollte die Trennung bei digitalen Trägern aufgehoben werden, da in diesem Format gleichermaßen auch Sprachwerke gespeichert werden (vgl. hierzu bereits oben 2.). Es wird daher weiter von Datenträgern gesprochen.

[1219] Auf die Frage des für die Höhe der Vergütung richtigen Anknüpfungspunktes weisen (in einem anderen Zusammenhang) auch *Kreile/Becker*, GRUR Int. 1996, S. 677 (682), hin.

[1220] Die Schiedsstelle hat insoweit eine Gebühr von € 12 je PC vorgeschlagen, vgl. www.heise.de/-newsticker/data/jk-04.02.03-002/.

Es wird deshalb vorgeschlagen, für digitale Speichermedien künftig nicht mehr an die Spieldauer, sondern das Datenvolumen anzuknüpfen.

c)   *Gesetzliche Festschreibung der Vergütungssätze*

Des weiteren wurde bereit im 2. Vergütungsbericht die Frage aufgeworfen, ob es bei der Anlage zu § 54d UrhG bleiben soll, die die Vergütungshöhe gesetzlich vorschreibt. Die Erfahrung hat gezeigt, dass es sich hier um ein höchst unflexibles Regelungsinstrument handelt, nachdem die dort festgelegten Vergütungssätze seit ihrem In-Kraft-Treten mit der Urheberrechtsnovelle 1985 nicht geändert wurden. Alternativ böten sich zwei Lösungen an: Die völlige Abschaffung der Anlage, so dass die Bestimmung der angemessenen Vergütung den VGen sowie den Nutzerverbänden überlassen wäre. Alternativ könnte für die Anlage zu § 54d UrhG eine Rechtsverordnungsermächtigung eingeführt werden. Bereits im Rahmen der Urheberrechtsnovelle 1985 wurde im Regierungsentwurf vorgeschlagen[1221], diese Frage so zu regeln, was jedoch am Widerstand des Bundesrates scheiterte.[1222] Dennoch ist diese Lösung de lege ferenda vorzugswürdig, da bei der reinen Verhandlungslösung wohl keine Verbesserung zu erzielen wäre. Auf der einen Seite haben die Gerätehersteller durch verschiedene Gerichtsverfahren zur Einbeziehung neuer Geräte in die Vergütungspflicht ihren Willen demonstriert, diese Verfahren möglichst in die Länge zu ziehen.[1223] Andererseits lässt die Vormachtstellung der Verwertungsgesellschaften als gesetzlich erlaubte Monopole bei einem verkürzten Verfahren ein faires Verhandlungsergebnis fragwürdig erscheinen.[1224] Durch als Richtwert verstandene fixe Vergütungssätze wird in erheblichem Maße Rechtssicherheit geschaffen. Sinn feststehender Tarife ist es daneben, eine Vielzahl von Einzelprozessen zu vermeiden, die aus Sicht der VGen notwendig würden, falls eine Einigung nicht möglich ist.[1225] Mit einer Verordnungsermächtigung kann zudem auf technologische Neuerungen oder

---

[1221] BT Drucks. 10/837, S. 11.

[1222] Vgl. die Stellungnahme des Bundesrates, BT Drucks. 10/837, S. 32. Das Interesse des Bundesrates an einer Beteiligung liegt auf der Hand, da die Länder über ihre Bildungseinrichtungen und Bibliotheken einen erheblichen Anteil der Vergütung aus §§ 54 f. UrhG tragen. Dass sich hier angesichts leerer Kassen neue Mehrheiten für diesen Vorschlag finden werden, ist daher unwahrscheinlich, zeigen doch die Vorschläge des Bundesrates, z.B. hinsichtlich der Neufassung des Tatbestandes der vergütungspflichtigen Geräte, dass man eher an einer Senkung des Vergütungsaufkommens interessiert ist. Die Haltung der Länder wird zu Recht scharf kritisiert von *Fromm/Nordemann*-Nordemann, vor § 45 Rz. 9, der durch die Nichtanpassung der Vergütungssätze seit 1985 einen Verfassungsverstoß sieht.

[1223] Vgl. hierzu auch den 2. Vergütungsbericht, BT Drucks. 14/3972, S. 23.

[1224] Ähnlich auch die Bundesregierung im 2. Vergütungsbericht, BT Drucks. 14/3972, S. 24.

[1225] Im Ergebnis entspricht dies auch der weit überwiegenden Ansicht der Interessenverbände, vgl. BT Drucks. 14/3972, S. 19; a.A. dagegen *Dreier*, Schrankenbestimmungen, S. 139 (167 f.), der eine vertragliche Lösung der Beteiligten für vorzugswürdig hält.

neue empirische Erkenntnisse über das Nutzungsverhalten flexibler reagiert werden.

d) *Berücksichtigung von technischen Schutzsystemen bei der Vergütungshöhe*

(i.) Nach § 13 Abs. 4 UrhWG ist der Einsatz technischer Schutzmaßnahmen zwingend bei der Tarifgestaltung der Pauschalvergütung zu berücksichtigen. Werden technische Maßnahmen verwendet und damit Privatkopien verhindert, fällt die Rechtfertigung für das System der Pauschalvergütung insoweit weg. Entsprechend schreibt Art. 5 Abs. 2b) Info-RL vor, dass die Mitgliedstaaten im Falle der Zulassung der digitalen Privatkopie die Verwendung technischer Maßnahmen bei der Pauschalvergütung berücksichtigen. Es handelt sich dabei um eine zwingend umzusetzende Regelung, solange von dem System der gesetzlichen Lizenz mit Pauschalvergütung Gebrauch gemacht wird. Fraglich ist daher, ob mit dem UrhWG der richtige Regelungsort für die Umsetzung der Richtlinie gefunden wurde. Das UrhWG regelt die Rechtsverhältnisse zwischen Wahrnehmungsgesellschaften und Rechtsinhaber einerseits, sowie den Nutzern andererseits. Geregelt werden insbesondere das Verfahren der Tarifierung, die Rechte und Pflichten der Verwertungsgesellschaften, ihre Konstituierung und Rechtsaufsicht. Materielle Vorschriften über den Umfang der angemessenen Vergütung sowie Beschränkungen der Vergütungstatbestände gehören dagegen systematisch in die §§ 54 ff. UrhG, die die materielle Vergütungspflicht regeln.

Ferner wird in § 13 UrhWG die Aufstellung von Tarifen über die zu fordernde Vergütung geregelt. Nicht erfasst ist hiervon die Verteilung der so eingenommenen Gelder unter den Rechtsinhabern, die nach § 7 UrhWG dem Verteilungsplan vorbehalten ist. Für den Bereich der Privatkopie ist lediglich in § 54h Abs. 2 UrhG geregelt, dass jeder Berechtigte im Sinne der §§ 54, 54a UrhG einen angemessenen Anteil der Vergütung zu erhalten hat. Die Wertung des Art. 5 Abs. 2b) Info-RL gilt hier jedoch gleichermaßen. Der Rechtsinhaber kann keinen Anteil vom Pauschalvergütungsaufkommen fordern, wenn er seine Schutzgegenstände durch technische Schutzmaßnahmen vor einer Vervielfältigung schützt.

Im Ergebnis ist diese Frage daher sinnvoller in § 54 d Abs. 1 S. 2UrhG n.F. zu regeln, der für die Vergütungshöhe sowohl des Vergütungspflichtigen als auch des Berechtigten anzuwenden ist.

(ii.) Kontrovers diskutiert wurde weiterhin die Frage des Anknüpfungspunktes von § 13 Abs. 4 UrhWG. Fraglich ist hier, ob bereits die technische Verfügbarkeit solcher Schutzmechanismen genügen soll, um einen Vergütungsanspruch der Rechtsinhaber entfallen zu lassen, oder ob dies nur für Schutzgegenstände gelten soll, bei denen diese Mechanismen tatsächlich eingesetzt werden. Unterlässt ein Rechtsinhaber die Verwendung zumutbarer technischer Schutzmassnahmen, so sei zu vermuten, dass er auf den gerechten Ausgleich durch monetäre Vergütung verzichtet und vielmehr andere Vorteile erwartet.

(a) Verwenden die Rechtsinhaber technische Schutzmaßnahmen, muss gewährleistet sein, dass diese für den legalen Benutzer auch zugänglich sind. Hierzu kann es erforderlich sein, dass die Geräte, die zur Wiedergabe des Werkexemplars verwendet werden, mit einem entsprechenden Entschlüsselungsmechanismus versehen werden. Ähnlich könnte es notwendig sein, dass zur Gewährleistung eines effektiven Schutzsystems die Hersteller von Leermedien diese entsprechend kodieren, so dass nur in dem vom Rechtsinhaber zugelassenen Maße Vervielfältigungen stattfinden.

Die Rechteinhaber wären insoweit auf die Kooperation der Geräte- und Leermedienhersteller angewiesen. Diese haben jedoch wegen des damit verbundenen Kostenaufwandes kein Interesse an derartigen Schutzmaßnahmen oder könnten für ihre Kooperationsbereitschaft prohibitive Preise verlangen. Denn die eingeschränkte Funktionalität ist dem eigenen Absatz schädlich. Gerade die Leermedienhersteller haben ein Interesse, dass besonders viele Inhalte vervielfältigt werden.

Um den Geräte- und Leermedienherstellern einen Anreiz zur Verwendung solcher technischen Maßnahmen und zur Kooperation mit den Rechtsinhabern zu bieten, sollte die Vergütungspflicht nur dann reduziert werden oder gar entfallen, wenn ein wirksamer Schutzmechanismus auch verwendet wird. Hierauf sollte die Gesetzesbegründung ergänzend hinweisen.

Für diese Lösung spricht auch der Wortlaut der Info-RL, die darauf abstellt "ob technische Maßnahmen (...) angewendet wurden." Die Verfügbarkeit wirksamer Schutzmaßnahmen genügt also nicht, wie in Erwägungsgrund 39 der Info-RL angedeutet, um den Vergütungsanspruch des Rechtsinhabers entfallen zu lassen. Entsprechend muss dies dann gleichermaßen für die Vergütungspflicht gelten.

(b) Hiermit wäre zugleich die anschließende Frage beantwortet, ob der Rechtsinhaber seine Schutzgegenstände mit Kopiersperren versehen muss, wenn diese verfügbar sind. Eine solche Wertung ist Art. 5 Abs. 2 lit. b Info-RL jedoch nicht zu entnehmen. Vielmehr muss sich der Rechtsinhaber eine Kürzung/Entfallen seiner Pauschalvergütung nur dann gefallen lassen, wenn er tatsächlich von den technischen Maßnahmen Gebrauch macht.

Auch das Anreizargument vermag hier nicht zu überzeugen, da insoweit eine andere Situation besteht. Der Verkauf von Leermedien und Kopiergeräten ist auf eine Vielzahl von Einzelexemplaren ausgelegt, die Schutzgegenstände beliebiger Rechtsinhaber zu vervielfältigen in der Lage sind. Die Stückkosten für die Anwendung eines Kopierschutzsystems fallen daher weniger ins Gewicht. Der Rechtsinhaber, dessen individueller Schutzgegenstand dagegen nur in kleinen Stückzahlen einzeln lizenziert wird, wäre gezwungen, einen unzumutbaren

Aufwand für Schutzsysteme und die Einzellizenzierung zu betreiben. Andernfalls würde er ganz auf die Vergütung verzichten, falls die Pauschalvergütung
allein von der Verfügbarkeit wirksamer Schutzsysteme abhängen sollte.[1226] Es
wird daher eine Neuregelung vorgeschlagen, die es bei einem Wahlrecht des
Rechtsinhabers belässt, ob er von technischen Maßnahmen Gebrauch macht o-
der nicht.

e)   *Neufassung von § 54d Abs. 1 UrhG*

Zusammenfassend wird vorgeschlagen, § 54d Abs. 1 UrhG wie folgt zu ändern:

> Als angemessene Vergütung nach § 54 Abs. 1 und 2 gelten die in
> einer vom Bundesministerium der Justiz mit Zustimmung des
> Bundesministeriums für Wirtschaft und Arbeit sowie des Bun-
> desministeriums für Bildung und Forschung erlassenen Rechts-
> verordnung bestimmten Sätze, soweit nicht etwas anderes verein-
> bart wird. Die Anwendung wirksamer technischer Schutzmaß-
> nahmen nach § 95a ist bei der Vergütungshöhe zu berücksichti-
> gen.

6.   **Subsidiarität der Wahrnehmung durch Verwertungsgesellschaften**

Nach § 54h Abs. 1 UrhG sind die Rechte aus §§ 54, 54a UrhG verwertungsge-
sellschaftspflichtig. Zu überlegen wäre, ob de lege ferenda die Subsidiarität der
Tätigkeit der VGen gegenüber einer Einzelwahrnehmung oder Wahrnehmung
nach Ermächtigung durch die Rechtsinhaber als milderes Mittel wieder Eingang
in die gesetzliche Regelung finden sollte.

Zur Rechtfertigung der Verwertungsgesellschaftspflicht wird häufig das Interesse an einem One-Stop-Shop angeführt, der gerade für Produzenten von Mul-
timedia-Werken essentiell ist. Soweit die Vergütung für die Privatkopie betroffen ist, überzeugt dies schon vom Ansatz nicht, da die Werke ja gerade nicht für
andere als private Zwecke verwendet oder gar verbreitet werden dürfen.[1227]

[1226] So auch *Zypries* in der Eröffnungsrede des Symposiums über den zweiten Korb am 16. September
2003, S.3.

[1227] Der im Interesse von Multimedia-Anwendungen erforderliche schnelle Werkzugang ohne eine
aufwändige und teure Suche nach den jeweiligen Rechtsinhabern, kann im Übrigen auch über eine
Clearingstelle gewährleistet werden, wofür sich insbesondere auch die EU-Kommission nachhaltig
einsetzt. Das Grünbuch der Kommission KOM (95) 382, S. 76, empfiehlt hier ausdrücklich die
Schaffung zentraler Anlaufstellen für den Rechterwerb. Der Bericht der Kommission an Parlament
und Ministerrat zur Entwicklung der europäischen Mulitmedia-Inhalte Industrie (KOM (95) 149 final) geht sogar soweit, im Urheberrecht hier ein Hemmnis für diesen neuen Dienstleistungszweig
zu sehen. Schließlich werden von der Kommission verschiedene Forschungsprojekte zur Entwicklung sog. Mulitmedia Rights Clearance Systems (MMRCS), um Herstellern von Multimedia-

Sobald jedoch effiziente ECMS-Systeme zur Verfügung stehen, erübrigt sich diese Frage insoweit von selbst, da dann die Rechtsinhaber auch ihre Rechte aus der Privatkopie selbst wahrnehmen könnten.[1228] Diese werden sie jedoch regelmäßig gar nicht erst zulassen, so dass ihnen dann insoweit auch keine Ansprüche nach §§ 54, 54a UrhG zustehen. Kann der einzelne Nutzungsvorgang dagegen nicht hinreichend effizient kontrolliert werden, so wird auch künftig eine pauschale Vergütung geschuldet, deren Einzelwahrnehmung nur schwer vorstellbar ist, so dass § 54h Abs. 1 UrhG insoweit seine Daseinsberechtigung nicht verliert. Denn die Vergütung knüpft nicht an den einzelnen Nutzungsvorgang an, wie dies z.B. bei der Vergütung nach § 52 UrhG der Fall ist. Die Vergütungspflicht auslösender Tatbestand ist vielmehr der Vertrieb von Geräten oder Leermedien die zur Vervielfältigung bestimmt sind. Damit ist jedoch völlig unklar, welche Werke welcher Rechtsinhaber tatsächlich vervielfältigt werden, so dass eine Wahrnehmung des Vergütungsanspruches nur gemeinsam für alle Rechtsinhaber erfolgen kann, die anschließend unter ihnen verteilt wird.

Produkten einen erleichterten Zugang zu den Rechtsinhabern zu eröffnen, unterstützt, vgl. *Schippan*, ZUM 1999, S. 135 ff., zu wettbewerbsrechtlichen Bedenken vgl. *Kreile/Becker*, GRUR Int. 1996, S. 677 (690 f.), sowie aus Sicht des europäischen Wettbewerbsrechts *Wünschmann*, ZUM 2000, S. 572 ff.

Die deutschen Verwertungsgesellschaften haben auf das Bedürfnis nach einem One-Stop-Shop 1996 mit Gründung der Clearingstelle Multimedia (CMMV) reagiert, die eine Anfrage gegen Gebühr an die zuständigen Verwertungsgesellschaften vermittelt, vgl. ausführlich zum Lizenzierungsverfahren *Melichar* in *Lehmann*, Internet, S. 205 (212 f.), sowie *Kreile/Becker* GRUR Int. 1996, S. 677 (691 f.); das Pilotprojekt VERDI (Very Extensive Rights Data Information) plant die Clearingstellen verschiedener EU-Länder zu vernetzen, wobei zunächst nur eine Suchfunktion ohne Lizenzvergabe geplant ist, vgl. hierzu *Schippan*, ZUM 1999, S. 135 (141). Wie von *Kreile/Becker* GRUR Int. 1996, S. 677 (678), angedeutet wird, muss die für Multimediaproduktionen wichtige zentrale Lizenzierungsmöglichkeit jedoch nicht mit einer kollektiven Werkverwertung einhergehen. Letztere ist gerade durch ihre pauschale Vergütung gekennzeichnet, während bei der Herstellung von Multimediawerken die verwendeten Werke einzeln lizenziert werden, so dass sich hier auch eine individuelle, nutzungsgerechte Vergütung anbietet, die bei Einsatz von DRM-Systemen sogar den individuellen Nutzungsvorgang erfassen kann. Folgerichtig wird daher in der Literatur vertreten, dass es sich hier nicht um eine gemeinsame Wahrnehmung im Sinne des § 1 UrhWahrnG handelt, sondern Einzelrechte werden zur einfacheren Handhabung zentral lizenziert und abgerechnet, vgl. *Dreier* in *Lehmann*, Internet, S. 119 (138); *Wünschmann*, ZUM 2000, S. 572 (574 f.).

[1228] Für andere Schranken kann dagegen in der Tat erwogen werden, digitale Inhalte nicht mehr der Verwertungsgesellschaftspflicht zu unterwerfen. Ob allerdings an deren Stelle eine Verpflichtung treten sollte, die Rechte – zu individuellen Bedingungen – bei Clearingstellen zentral verwalten zu lassen, wie von *Wünschmann*, ZUM 2000, S. 572 (580), vorgeschlagen wird, ist fraglich. Die Rechtsinhaber werden regelmäßig selbst daran interessiert sein, dass ihre Inhalte möglichst häufig lizenziert werden. Sie werden sie den zentralen Stellen also freiwillig zur Verfügung stellen, wenn sichergestellt ist, dass ihren Lizenzbedingungen Rechnung getragen wird. Denkbar wäre ferner, dass die Clearingstellen auch weiterhin nur eine Mittlerfunktion einnehmen und der Rechtsinhaber selbst mit dem interessierten Nutzer die Lizenzbedingungen vereinbart. Durch die Möglichkeiten, die Internet und Datenbanken bieten, würde die Lizenzierung hierdurch auch nur unwesentlich erschwert.

IV. Regelungen über technische Schutzmaßnahmen - §§ 95a ff. UrhG

1. Gesetzlicher Anspruch auf Umgehungsmechanismen

Vor dem Hintergrund der Privatkopie stellt sich als wichtigste Frage, ob der Anspruch in § 95b Abs. 1 Ziff. 6a) UrhG über die analoge Reprographie hinaus de lege ferenda auf sonstige Privatkopien, etwa auch audio-visueller Medien, erweitert werden sollte.[1229]

a) *Grundsatz: Keine weiteren Ansprüche auf Umgehungsmechanismen für Privatkopien*

Mit § 95b Abs. 1 S. 1 Ziff. 6a) UrhG hat der Gesetzgeber die Frage eines Anspruches auf Privatkopien geklärt.[1230] Danach hat der Schrankenprivilegierte einen derogationsfesten (§ 95b Abs. 1 S. 2 UrhG) Anspruch gegen den Rechtsinhaber, von der Schranke der Privatkopie für *analoge Reprographien mittels photomechanischer Verfahren* Gebrauch zu machen. Im Umkehrschluss bedeutet dies, dass im Übrigen kein Anspruch auf Privatkopieren besteht und die Rechtsinhaber diese durch technische Maßnahmen unterbinden können.[1231]

Aus § 53 Abs. 1 UrhG wird demgegenüber ein Anspruch auf Zugänglichmachen abgeleitet. Dieser Anspruch auf privates Kopieren ergebe sich aus der Informationsfreiheit nach Art. 5 Abs. 1, die gegenüber dem Urheberrecht Vorrang habe.[1232] Daneben wird mit der Wahrung vermeintlicher "Mindestrechte der Verbraucher" der Privilegierten argumentiert.[1233] Da die Rechtsinhaber vermehrt Kopierschutzmechanismen verwenden, gewinnt diese Frage mehr und mehr an

---

[1229] Vergleiche zur Rechtslage de lege lata und der Konzeption als Anspruch Teil 2 B I 1 sowie Teil 2 B V 2.

[1230] Das Verfahren der Durchsetzung dieser Ansprüche ist vielfach kritisiert worden. Hierauf soll jedoch nicht weiter eingegangen werden.

[1231] Zunächst hatte der Abteilungsleiter des BMJ, *Dr. Hucko*, zur Regelung dieser Frage noch verkündet, man werde die technischen Schutzmassnahmen so ausgestalten, dass der Rechtsschutz in jedem Fall erst bei der dritten oder vierten Kopie weitere Vervielfältigungen verhindern solle. Vgl. heise-online news, www.heise/de/newsticker/data/jk-29.01.02-009. Hiervon ist im UrhInfG nichts übrig geblieben.

[1232] So z.B. *Hoeren*, zit. nach heise-online news, www.heise/de/newsticker/data/jk-29.01.02-008. Ähnlich auch *Metzger/Kreutzer* MMR 2002, S. 139 (142).

[1233] Daneben sieht *Bechtold*, Informationsrecht, S. 380 Fn. 1956, die Bedeutung des § 53 Abs. 1 UrhG beim Einsatz von DRM-Systemen im Datenschutz der Nutzer, die vor den Rechtsinhabern geschützt werden sollen. Zwar werden diese Bedenken dem Grunde nach geteilt, jedoch nicht hinsichtlich der daraus gezogenen Konsequenz. Mit derselben Begründung könnte man die Telekom zu einer Flatrate für alle Telefonate oder Internetnutzungen zwingen, da auch hier zu Abrechnungszwecken zwangsläufig Daten über das private Nutzungsverhalten gesammelt werden. Datenschutzrechtliche Bestimmungen stellen demgegenüber eine weniger einschneidende Maßnahme dar.

Relevanz.[1234] Die Bundesregierung hat deshalb angekündigt, das Verhältnis von Privatkopie und technischen Schutzmaßnahmen erneut zum Gegenstand der Diskussion im Rahmen des zweiten Korbs zu machen.[1235] Nach hier vertretener Ansicht besteht dagegen grundsätzlich kein Bedürfnis, die Regelung in § 95b Abs. 1 S. 1 Ziff. 6a) UrhG zu erweitern.

(i.) Dies ergibt sich zunächst aus Wortlaut und Systematik des Urheberrechts. Bei den Schranken des Urheberrechts handelt es sich primär um Einwendungen der Privilegierten gegen das Verbotsrecht des Rechtsinhabers aus §§ 16 Abs. 1, 97 Abs. 1 UrhG.[1236] Lediglich als regelungstechnischer Reflex wurde hier in § 53 Abs. 1 UrhG eine gesetzliche Lizenz eingeführt. Dies jedoch nicht, weil man von einem entsprechenden subjektiven Recht der Nutzer gegen die Rechtsinhaber ausginge, sondern weil man schlicht vor der Realität des Privatkopierens kapitulierte. Es erschien aus gutem Grund nicht überprüfbar, ob im häuslichen Bereich verbotene Privatkopien stattfinden, so dass man dem Rechtsinhaber eine Vergütung nur dann zukommen lassen konnte, wenn eine entsprechende gesetzliche Lizenz in das Urheberrecht aufgenommen wurde.

Entsprechend wurde § 53 Abs. 1 UrhG ausgestaltet: Derjenige der die faktische Möglichkeit des Kopierens im privaten Bereich hat, soll nicht vorher den

---

[1234] In der Diskussion rückte daneben das Gewährleistungsrecht in den Vordergrund. M.a.W.: Sind mit Kopierschutz versehene CDs und DVDs fehlerhaft i.S.d. § 434 BGB? Dies könnte sich daraus ergeben, dass die Standardspezifikationen gerade der CD nicht mehr erreicht werden, wenn diese nicht in einem CD-Rom-Laufwerk abspielbar sind, vgl. zu dieser Frage die Datenbank bei www.heise.de/ct/cd-register/default.shtml. Ausführlich werden die wettbewerbs- und kaufrechtlichen Aspekte bei kopiergeschützten CDs von *Wiegand*, MMR 2002, S. 722 ff., sowie *Goldmann/Liepe*, ZUM 2002, S. 362 (371 ff.), analysiert. Diskutiert wird diese Frage bereits seit längerem, vor allem bei der hier außer Acht gelassenen Software, z.B. in Form von Dongleabfragen, vgl. hierzu die Anmerkungen zur Entscheidung des BGH Programmsperre von *Wuermeling*, CR 2000, S. 96 f., sowie zur SCMS-Sperre bei Kopiergeräten (DAT Recorder) *Wiechmann*, ZUM 1989, S. 111 (120). Nachdem Kopiersperren mittlerweile auch bei sonstigen audio-visuellen Medien weite Verbreitung gefunden haben, dürfte es nach der Verkehrsanschauung zumindest fraglich sein, ob der Erwerber eines lizenzierten Vervielfältigungsstücks von dessen Kopierbarkeit ausgehen darf. Durch einen entsprechenden Hinweis, z.B. auf der Verpackung oder beim Online-Erwerb in zuvor zu bestätigenden AGBs, wird sich diese Frage eindeutig dahingehend beantworten lassen, dass dem Erwerber in diesen Fällen die mangelnde Kopierbarkeit bekannt ist, so dass insoweit § 442 BGB greift. Eine entsprechende (bußgeldbewehrte) Verpflichtung zur Kennzeichnung ergibt sich im Übrigen bereits aus § 95d Abs. 1 UrhG. Soweit AGBs verwendet werden, wird dem Erwerber auch die Möglichkeit der zumutbaren Kenntnisnahme gegeben, § 305 Abs. 2 Nr. 2 BGB, soweit sie deutlich hervorgehoben werden, § 305c BGB; vgl. hierzu sowie zu etwaigen kartellrechtlichen Fragestellungen bei gleichförmigem AGB als Konditionenkartelle i.S.d. § 2 Abs. 2 GWB ausführlich *Schack*, ZUM 2002, S. 497 (503, 506).

[1235] Vgl. hierzu *Zypries*, Eröffnungsrede des Symposiums über den zweiten Korb am 16. September 2003, S.3.

[1236] *Wiechmann*, ZUM 1989, S. 111 (118); *Vinje* EIPR 1999, S. 193 (197); *Davies*, GRUR Int. 2001, 915 (919); *Wand*, Schutzmaßnahmen, S. 175 – für einen Vorrang der Privatkopie dagegen *Haedicke*, FS Dietz, S. 349 (361 ff.); *Hoeren/Sieber-Bechtold*, Teil 7.11 Rz. 27.

Rechtsinhaber fragen müssen, ob er dieser Vervielfältigung zustimmt, sondern seine *Berechtigung* ergibt sich aus der gesetzlichen Lizenz. Damit ergibt sich aus § 53 Abs. 1 UrhG jedoch keine Erweiterung von subjektiven Rechten gegenüber den Rechtsinhabern, sondern lediglich ein Abwehranspruch gegen die Geltendmachung des Ausschließlichkeitsrechts aus § 16 Abs. 1 UrhG. Dementsprechend heißt es in § 53 Abs. 1 S. 1 UrhG, dass einzelne Kopien "zulässig" sind, was nach dem allgemeinen Sprachgebrauch nicht als Anspruch zu verstehen ist.[1237]

Bestünde tatsächlich ein Anspruch auf Zugänglichmachung, müsste der Nutzer zudem versuchen diesen individuell durchzusetzen, so dass er insoweit bereits in Kontakt mit dem Rechtsinhaber wäre. Dann ist jedoch nicht (mehr) zu rechtfertigen, dass an Stelle der möglichen vertraglichen Lizenzierung die Rechtsposition des Urhebers auf einen gesetzlichen Vergütungsanspruch reduziert werden soll. Im Übrigen war es gerade auch die – außerhalb von DRM-Systemen – mühsame und schwierige Lizenzerlangung, die den Gesetzgeber bewogen hat, zur Erleichterung des Rechtsverkehrs eine gesetzliche Lizenz einzuführen. Dieses Ziel würde bei einem gesetzlichen Anspruch auf Privatkopie durch die Hintertür konterkariert. Dass sich der Gesetzgeber bei der analogen Reprographie für einen anderen Weg entschieden hat, kann mit dem Interesse an einem einfachen Informationszugang gerechtfertigt werden. Dieses Argument kann jedoch nicht für den digitalen Bereich herhalten, für den es gerade die Möglichkeit der Einzellizenzierung durch DRM gibt.

Auch die allgemeine zivilrechtliche Dogmatik führt dazu, dass kein Anspruch auf Privatkopien besteht. Die gesetzliche Lizenz des § 53 Abs. 1 UrhG knüpft – unabhängig vom Bestehen einer Sonderverbindung zwischen Rechtsinhaber und Nutzer – an die tatsächliche Möglichkeit der Vervielfältigung an. Denn es ist nicht nur dem Erwerber einer Werkvorlage gestattet, Privatkopien herzustellen, sondern jedermann. Eine Sonderverbindung ergibt sich dann erst wieder aus der Lizenz, die qua Gesetz für die neue Vervielfältigung entsteht.

(ii.) Etwas anderes ergibt sich auch nicht aus der verschiedentlich angeführten verfassungskonformen Auslegung von § 53 Abs. 1 UrhG.[1238] Selbst wenn man

---

[1237] So zu Recht *Goldmann/Liepe*, ZUM 2002, S. 362 (365), die zudem auf den Grundsatz der engen Auslegung von Schrankenbestimmungen abstellen, so dass für digitale Kopien ein Anspruch auf Privatkopie in jedem Fall abzulehnen sei.

[1238] Dies wird z.B. von *Schack*, ZUM 2002, S. 497 (504), aufgeworfen, der die Informationsfreiheit jedoch durch den Fortbestand analoger Kopiermöglichkeiten gewahrt sieht, da von Verfassungs wegen nicht die bequemste und billigste Kopiermöglichkeit bzw. gar ein kostenloser Informationszugang garantiert werde. Dem ist nichts hinzuzufügen. Dagegen hält *Peukert*, UFITA 2002/III, S. 689 (708), die Trennung von analogen Reprographien und den nicht privilegierten sonstigen Privatkopien für verfassungsrechtlich bedenklich. Neben dem üblichen Einwand der Informationsfreiheit wird Art. 3 Abs. 1 GG angeführt. Da *Peukert* keinen sachlichen Grund für die Differenzierung

die Informationsfreiheit dahingehend ausweitet, dass sie im Sinne des "free flow of information" einen einfachen und günstigen Zugang zur Information als subjektives Recht gewährleistet, dürfte dieses "Recht" durch die weiterhin mögliche analoge Vervielfältigung gewahrt bleiben.[1239] Diese kann regelmäßig nicht durch technische Schutzsysteme verhindert werden.[1240] Schließlich ist erneut[1241] darauf hinzuweisen, dass Grundrechte als Abwehrrechte gegen staatliche Eingriffe konzipiert sind. Sie rechtfertigen einen Eingriff in Rechtspositionen Dritter zu Gunsten rein privater Interessen nur unter ganz besonderen Umständen.

(iii.) § 95b Abs. 1 S. 1 Nr. 6a) UrhG folgt schließlich auch den Vorgaben der Info-RL[1242], die in Art. 6 Abs. 4 UAbs. 1 nur für die analoge Reprographie zwingend ein solches Zugangsrecht vorsieht. Für sonstige Formen der Privatkopie besteht im Übrigen nach Art. 6 Abs. 4 UAbs. 2 Info-RL Umsetzungsermessen. Dieses Ermessen ist nach UAbs. 4 insoweit eingeschränkt, als kein Anspruch auf einen Zugang zur Privatkopie bestehen darf, soweit die Inhalte in Ondemand-Diensten angeboten werden.[1243] Die Richtlinie sieht das Allgemeininteresse an einem effizienten Informationszugang also für diesen Fall gewahrt und gibt den Interessen der Rechtsinhaber an einer einzelvertraglichen Lösung den Vorrang gegenüber dem billigeren Zugang durch eine Pauschalvergütung. Schließlich wird der Vorrang technischer Schutzmaßnahmen gegenüber den

---

zu erkennen vermag, konstruiert er sogar einen Anspruch der Nutzer auf Umgehungsmechanismen in Analogie (?) zu § 95b Abs. 1 S. 1 Ziff. 6a) UrhG. Diese abenteuerliche Konstruktion verstößt – wie *Peukert* selbst feststellt – gegen den ausdrücklichen gesetzgeberischen Willen. Er übersieht weiter, dass die höchst unterschiedlichen Gefährdungslagen bei analogen und digitalen Vervielfältigungen eine Differenzierung ohne weiteres rechtfertigen, von der Info-RL sogar zwingend gefordert werden.

[1239] Ähnlich *Wand*, Schutzmaßnahmen, S. 59, 245. Es ist nicht erkennbar, weshalb der Nutzer ein Recht haben soll, quasi zum Nulltarif die Werke in digitaler Originalqualität zum privaten Gebrauch kopieren zu dürfen. Entgegen *Bechtold*, Informationsrecht, S. 382, wird nicht davon ausgegangen, dass künftige DRM-Systeme auch einen robusten Schutz gegen analoge Kopien bieten werden/wollen. Dass sämtliche Aufnahmegeräte mit analogem Anschluss mittelfristig über eine Kopiersperre verfügen, wird mangels Durchsetzbarkeit am Markt nicht erwartet. Zudem müssten bei diesem Szenario sämtliche derzeit existierenden Aufnahmegeräte und Kopiervorlagen ohne Kopierschutz ausrangiert werden.

[1240] An den analogen Lautsprecherausgang eines digitalen Wiedergabegerätes kann beispielsweise ohne weiteres ein digitales Aufnahmegerät angeschlossen werden, das über den digitalen Umweg sogar eine – wenn auch in verminderter Qualität – digitale Aufnahme ermöglicht, vgl. *Wand*, Schutzmaßnahmen, S. 178 f.

[1241] Vgl. ausführlich zum Verhältnis von Privatkopie und Informationsfreiheit bereits in Teil 1 C II 4 d sowie in Teil 3 B II 5 b) dd).

[1242] So im Ergebnis auch *Knies*, ZUM 2002, S. 793 (796 f.).

[1243] Ausführlich hierzu *Bayreuther*, ZUM 2001, S. 828 f. Die Info-RL gibt somit, entgegen *Gehring*, Privatkopie, S. 10 f., einen präzisen Rahmen für das Verhältnis von technischen Schutzmaßnahmen und der Privatkopieschranke, innerhalb dessen die Mitgliedstaaten ihr Umsetzungsermessen ausüben können.

Schrankenregelungen auch in Erwägungsgrund 39 zum Ausdruck gebracht. Dort heißt es, Schranken sollten "weder den Einsatz technischer Maßnahmen noch deren Durchsetzung im Falle einer Umgehung" behindern. Auch in der Legaldefinition der technischen Maßnahmen in Art. 6 Abs. 3 Info-RL kommt deren Vorrang zum Ausdruck, als die Regelung auf vom Rechtsinhaber nicht genehmigte Nutzungen abstellt.[1244]

b)   Ausnahme: Time-Shifting

Ausnahmsweise sollte für das sog. Time-Shifting bei analogen wie digitalen Funk- und Kabel- sowie Satellitensendungen Anspruch auf Zugänglichmachen von gesicherten Werken für eine einmalige, zeitlich befristete Vervielfältigung gelten. Beim Time-Shifting werden Funksehsendungen von den privaten Nutzern aufgezeichnet, um sie später zu einem Zeitpunkt ihrer Wahl wahrnehmbar zu machen.[1245]

aa)   Time-Shifting von Fernsehsendungen

Fernsehsendungen sind eines der wichtigsten Mittel der Massenkommunikation und dienen weiten Teilen der Bevölkerung als primäre Informationsquelle. Um die Ziele des Time-Shiftings zu erreichen, bedarf es dabei weder einer weiteren Kopie der Aufzeichnung noch einer zeitlich unbegrenzten Vervielfältigung. Ähnlich der Regelung von Schulfunksendungen, die nach § 47 Abs. 2 S. 2 UrhG spätestens mit Ablauf der übernächsten Schuljahres gelöscht werden müssen, dürfte die Nutzung der zu Time-Shifting-Zwecken hergestellten Kopien beschränkt werden.

Bleibt die Privilegierung des Time-Shiftings in diesen Grenzen, wird nur in geringem Umfang in das Vervielfältigungsrecht der Rechtsinhaber eingegriffen:[1246] Die Sendung im Fernsehen ist für Kinofilme die Drittverwertung, für die überwiegende Mehrzahl der Filmwerke wie Fernsehfilme und Dokumentationen dagegen die Erstverwertung. Mit der Aufzeichnung zu Zwecken des Time-

---

[1244] Art. 11 WCT bzw. Art. 18 WPPT verfolgen dagegen ein anderes Konzept und sehen umgekehrt einen Schutz technischer Maßnahmen nur dann vor, wenn keine entsprechende Schranke die Nutzung gesetzlich erlaubt, vgl. bereits oben Teil 2 B V 1 a).

[1245] Auf diese im englischen Copyright, Designs and Patents Act 1988 in Section 70 normierte Ausnahme zur Vervielfältigung eines Fernseh- oder Kabelprogramms, hat sich die Beklagte im Fall Sonymusic vs. Easyinternetcafe (vergeblich) zu berufen versucht. Die Beklagte bot ihren Kunden an, für 5 GBP eine CD mit vor Ort heruntergeladenen Inhalten zu erstellen. Wie nicht anders zu erwarten, wurde dies zum Download urheberrechtlich geschützter Werke genutzt. Wegen der kommerziellen Nutzung durch die Beklagte – die zwar im Auftrag ihrer Kunden erfolgte – sei nach der Entscheidung des Gerichts jedoch die Ausnahmebestimmung hier nicht anwendbar.

[1246] Die EU Kommission folgert hieraus, dass für das Time-Shifting auch keine Vergütung fällig wird, vgl. *Reinbothe*, GRUR Int. 2001, S. 733 (738).

Shiftings wird die Erstverwertung jedoch nicht verdrängt, sondern ist zwangsläufig eine Zweitverwertung. Der Rechtsinhaber hatte daher ausreichend Gelegenheit, seine wirtschaftlichen Interessen wahrzunehmen.[1247] Eine weitere (vorübergehende) Vervielfältigung, die ausschließlich einem zeitversetzten Werkgenuss dient, beeinträchtigt seine Belange nur geringfügig.[1248] Da es sich um eine nur vorübergehend zulässige Speicherung handelt, wird durch die Aufzeichnung kein Kauf- oder Mietvideo substituiert. Problematisch ist allenfalls, wenn dieselben Inhalte auch im Pay-TV, insbesondere in Form des Video On-demand oder anderen Formen der öffentlichen Zugänglichmachung angeboten werden. Da auch diese Form der Werknutzung meist zeitlich befristet sein wird, tritt sie in Konkurrenz zur gesetzlichen Lizenz zugunsten des Time-Shiftings und es ergeben sich Nutzungskonflikte. Bei Sendungen über Tagesfragen sollte dem Interesse an einem einfachen Werkzugang dennoch der Vorrang eingeräumt werden, während sonstige Werke oder Schutzgegenstände grundsätzlich nicht in Konkurrenz zu einem On-demand-Angebot des Rechtsinhabers selbst treten dürfen. Andererseits nahm der Rechtsinhaber beim bisherigen Stand der Technik bei einer von ihm lizenzierten Sendung im Free TV zugleich in Kauf, dass hiervon Aufzeichnungen angefertigt werden. Hieraus haben sich Verwertungsketten ergeben, die für eine angemessene wirtschaftliche Beteiligung der Rechtsinhaber gesorgt haben, die es auch künftig nach wie vor selbst in der Hand haben, wann ihre Inhalte im Free TV gesendet werden. Eine gestaffelte Einräumung von Nutzungsrechten zuerst in Bezahldiensten und dann im Free TV wird ihnen auch künftig zuzumuten sein, so dass sie insoweit nicht weiter schutzbedürftig sind.

Einschränkend gelten diese Erwägungen jedoch nicht im Bereich der Musiksendungen im Fernsehen. Auf Sendern wie MTV oder Viva werden Videoclips aktueller Charthits gesendet, so dass die Tonspur zu privaten Zwecken vervielfältigt werden könnte, zudem beim künftigen digitalen Fernsehen auch in digitaler Ausgangsqualität. Gerade dieser Teil des Musikmarktes ist sehr kurzlebig, so dass die für Filme bestehende Verwertungskette nicht existiert, sondern gerade die aktuellen Songs mit den passenden Videoclips beworben werden sollen. Selbst eine nur kurzfristig speicherbare Tonspur könnte jedoch zugleich die Erstverwertung verdrängen, insbesondere den On-demand-Vertrieb. Dieser Nutzungskonflikt ließe sich jedoch dadurch lösen, dass erst nach einem gewissen Zeitraum nach Erstveröffentlichung die Time-Shifting-Nutzung zu ermöglichen wäre. Wählt man hierfür ein Jahr nach Erstveröffentlichung, führt dies auch

---

[1247] Hierauf stellt insbesondere die Entscheidung BVerfGE 31, S. 270 (273 f.) – Schulfunksendungen ab. Wird die Kassette über das Schuljahr hinaus aufbewahrt, wird ein wiederverwendbares Lernmittel geschaffen, für das erst eine Vergütung geschuldet wird. Dagegen entspricht die Aufzeichnung und zeitversetzte Wiedergabe im Unterricht dem Ziel von Schulfunksendungen, für die der Autor ein Honorar der Sendeanstalten erhält.

[1248] Ähnlich die Entscheidung BVerfGE 31, S. 270 (273) – Schulfunk die bei der Aufzeichnung von Schulfunksendungen keine eigenständige Verwertungshandlung sieht.

nicht zu unzumutbaren Einschränkungen bei anderen Werken, da diese üblicherweise erst nach diesem Zeitraum im Free TV gesendet werden. Hinsichtlich der nur für die Fernsehsendung produzierten Werke können schließlich die Sender über die Produktionsverträge hiervon abweichende Regelungen mit den Produzenten treffen, nach denen eine Aufzeichnung zu Time-Shifting-Zwecken bereits vor Ablauf dieses Zeitraumes zu ermöglichen ist.

Die Beschränkung auf den ausschließlichen Nutzungszweck des Time Shiftings ist nur über technische Schutzsysteme kontrollierbar, die insoweit einschränkend angewandt werden dürfen, um eine dauerhafte Vervielfältigung ebenso zu verhindern wie ein weiteres Kopieren im Sinne eines SCMS.[1249] Unter diesen Einschränkungen sollte daher der Anspruch auf Zugänglichmachung von frei empfangbaren Fernsehsendungen für private Vervielfältigungen in den Katalog des § 95b Abs. 1 Nr. 6a) UrhG aufgenommen werden.

bb)   Time-Shifting von Radiosendungen

Im Radio werden neben Informationen über Tagesfragen Musikwerke wiedergegeben, so dass die vorgenannten Bedenken einer parallelen Auswertung durch das Time-Shifting in besonderem Maße gelten müssen. Die Gefahr ist dabei noch höher als bei Fernsehsendungen, als Top Hits meist mehrmals täglich gesendet werden, so dass ein automatisch gelöschter Titel schnell wiederbeschafft werden kann. Auch weniger populäre Titel lassen sich über die Vielzahl von Internetradios und eine Suchsoftware vergleichsweise einfacher beschaffen als eine bestimmte Fernsehsendung, die häufig nur einmalig von einem bestimmten Sender ausgestrahlt wird. Wegen der Sprachbarriere kann bei Fernsehsendungen zudem nur auf die begrenzte Anzahl deutschsprachiger Sender zur Aufzeichnung zugegriffen werden. Aus diesen Gründen müssen die vorgenannten Einschränkungen des Time-Shiftings hier erst recht gelten.

cc)   Neufassung des § 95b Abs. 1 S. 1 Nr. 6a)

(...)

6. § 53 (Vervielfältigungen zum privaten und sonstigen eigenen Gebrauch)

a) Absatz 1, soweit es sich um

[1249] Beide Gesichtspunkte sowie die Zielsetzung der Privilegierung zu Gunsten des Time-Shiftings können bei der vorgeschlagenen Formulierung in der Gesetzesbegründung klargestellt werden. Als vorübergehende Vervielfältigung ist dabei eine Aufzeichnung von nicht länger als einem Monat anzusehen.

302

Vervielfältigungen auf Papier oder einen ähnlichen Träger mittels beliebiger photomechanischer Verfahren oder anderer Verfahren mit ähnlicher Wirkung handelt, *oder*

die vorübergehende Vervielfältigung einer frei empfangbaren Funksendung über Tagesfragen sowie eine Funksendung anderer Werke oder sonstiger Schutzgegenstände, soweit sie seit mehr als einem Jahr veröffentlicht sind.

2. Gesetzliche Pflicht der Hardwarehersteller zur Unterstützung von technischen Maßnahmen

De lege lata besteht nach h.M. kein Anspruch der Rechtsinhaber oder sonstige Verpflichtung der Gerätehersteller auf Verwendung von Schutzmechanismen in deren zur Vervielfältigung geeigneten Geräten, Kopiersoftware oder Leermedien.[1250] Zwar sind die Hersteller bei illegalen Vervielfältigungen ebenfalls Störer i.S.d. § 97 Abs. 1 UrhG, § 1004 BGB, ihre Inanspruchnahme scheitert jedoch regelmäßig daran, dass mit diesen Geräten überwiegend legale Kopien hergestellt werden.[1251] Etwas anderes könnte sich bei Kopiersoftware ergeben, die hauptsächlich dazu bestimmt ist, Kopierschutzmechanismen zu umgehen. Insoweit greift allerdings unmittelbar der Verbotsanspruch des § 95a Abs. 3 UrhG, so dass die Hersteller ihre Produkte entsprechend anzupassen hätten oder vom Markt nehmen müssen.

Nachdem der Markterfolg für Hersteller von Kopiergeräten und -medien regelmäßig auch davon abhängt, dass ihre Produkte möglichst uneingeschränkt zur Vervielfältigung genutzt werden können[1252], haben sie kein Interesse an vertraglichen Vereinbarungen, mit denen die Funktionalität eingeschränkt wird.[1253]

Außer bei Werkvermittlern wie Kabel- und Satellitennetzbetreibern sowie Rundfunkveranstaltern, die sich ihre Rechte unmittelbar von den Rechtsinhabern einräumen lassen müssen[1254], fehlt den Rechtsinhabern ein Hebel, um Kopier-

---

[1250] *Wiechmann*, ZUM 1989, S. 111 (117); *Schack*, ZUM 2002, S. 497 (507); a.A. *Braun*, ZUM 1990, S. 487 (493 f.).

[1251] Insoweit besteht deshalb auch kein Anspruch aus § 242 BGB auf Einbau gegen Kostenübernahme, vgl. hierzu ausführlich *Schack*, ZUM 2002, S. 497 (507), der zu Recht besonders auf den Umstand hinweist, dass es keine Verpflichtung Dritter geben kann, am Unterbinden legaler Privatkopien mitzuwirken.

[1252] Die teilweise inkompatiblen DVD-Formate sind die unrühmliche Gegenausnahme.

[1253] Vgl. hierzu auch *Peukert*, UFITA 2002/III, S. 687 (695), sowie *Reinbothe*, GRUR Int. 2001, S. 733 (741).

[1254] Zu den hierbei möglichen Kartell- und AGB-rechtlichen Fragen BGHZ 145, S. 7 (15) – OEM-Version; bei der Vertragsgestaltung zwischen Rundfunkveranstaltern als Rechtsinhabern einerseits und Kabel- und Satellitennetzbetreibern andererseits ergibt sich ein weiteres Problem aus dem

schutzmaßnahmen durchzusetzen. In den USA hat der Gesetzgeber auf dieses Dilemma z.b. mit § 1002(a) Copyright Act reagiert, der die Verwendung von Serial Copy Management Systems (SCMS) in digitalen Audioaufnahmegeräten[1255] sowie § 1201(k), der die Verwendung des Macrovision Kopierschutz in für den Privatanwender bestimmte Videorekorder und -kameras vorschreibt. Die Gerätehersteller werden also gesetzlich zur Kooperation gezwungen, was de lege ferenda auch für das UrhG zu überlegen wäre.

Gegen einen nationalen Alleingang in dieser Sache spricht jedoch, dass die Nutzer entsprechende Kopiergeräte aus dem europäischen Ausland beschaffen könnten, was wegen der Warenverkehrsfreiheit selbst mit Einfuhrkontrollen nicht zu verhindern wäre, abgesehen von der Effizienz solcher Kontrollen. Da eine EU-weite Einigung wenig wahrscheinlich ist, ist ein Anreiz zur Verwendung von Kopierschutztechniken in der gesetzlichen Pauschalvergütung zu suchen. Wie bereits in § 13 Abs. 4 UrhWahrnG geregelt, ist bei der Festlegung der Vergütungshöhe die Verwendung von Kopierschutzmechanismen zu berücksichtigen. Deren Einsatz ist insoweit also nicht nur im Interesse der Rechtsinhaber, sondern auch der Hersteller von Geräten und Leermedien für Privatkopien. Weiterer Regelungsbedarf bestünde also nur, wenn zwar die Hersteller die Kooperation suchen, dies aber von den Rechtsinhabern abgelehnt wird, obwohl der Einsatz von Kopierschutztechniken auch ihnen zuzumuten ist.

Kontrahierungszwang zu angemessenen Bedingungen gemäß § 87 Abs. 4 UrhG. Ob hierunter auch der Einbau von Kopierschutztechniken zu subsumieren ist, bleibt fraglich, vgl. weiterführend *Schack*, ZUM 2002, S. 497 (508). Wirksame Schutzmechanismen dürften sich in der Praxis auch erst mit einer flächendeckenden Verbreitung des digitalen Fernsehens verwirklichen lassen.

[1255] Erfasst werden hiervon freilich nur die wenig verbreiteten DAT-Geräte, DCC und Mini-Disc. Der Anwendungsbereich der Norm ist nach § 1001 (3) beschränkt auf Geräte, die vorwiegend zur Aufzeichnung von Musikwerken bestimmt sind. Der Gesetzgeber hat Computer ausdrücklich hiervon ausgenommen, vgl. S. Rep. No.294, 102nd Cong., 2d Sess. at 48 (1992), was die Gerichte veranlasst hat, dies sogar auf MP 3 Player zu erstrecken, vgl. RIAA vs. Diamond, abgedruckt in GRUR Int. 1999, S. 974 ff.; vgl. hierzu ausführlich *Mroz*, Music Revolution.

C. Ergebnis

(i.) Als Ergebnis dieser Arbeit ist festzuhalten, dass der mit dem UrhInfG gefundene Rechtsrahmen den Interessen der Rechtsinhaber wie auch der Schrankenprivilegierten im Ergebnis weitest gehend gerecht wird, soweit der Schutz technischer Maßnahmen neben das bisherige System der Pauschalvergütung tritt.

Die durch die digitale Technik eröffneten Möglichkeiten der Privatkopie haben zu einer massenhaften Nutzung dieser Privilegierung geführt, die weit über das bei Einführung dieser Schranke Vorstellbare hinausgeht. Hierdurch sind die verfassungsrechtlich gebotene sowie über den Drei-Stufen-Test zu schützende angemessene Beteiligung an der wirtschaftlichen Auswertung der Werke massiv beeinträchtigt, was sich in ersatzlosen Umsatzausfällen der Rechtsinhaber niederschlägt. Durch die Beschränkung der Privatkopie auf legale Kopiervorlagen sowie den Rechtsschutz technischer Schutzsysteme wird das Interessengleichgewicht nunmehr wiederhergestellt und der Vorrang individueller Lizenzierungen in den Vordergrund gerückt. Ein solches Regelungssystem entspricht neben rechtlichen Vorgaben auch den Gesetzen ökonomischer Effizienz.

Mangels technischer Verlässlichkeit und Akzeptanz sowie einer Vielzahl ungeklärter rechtlicher Fragestellungen wie z.B. dem Datenschutz können DRM-Systeme das bisherige System der Privatkopie jedoch nicht ersetzen, sondern nur ergänzen. Dies wird auch in absehbarer Zukunft weitergelten, da sich nicht alle Inhalte sinnvoll in einer DRM-Umgebung verwalten und lizenzieren lassen, sei es weil die technischen Möglichkeiten fehlen, oder eine Einzelwahrnehmung wegen kleinster Stückzahlen und damit hohen Transaktionskosten (noch) unrentabel ist. Als Second-Best-Lösung muss daher auch im digitalen Bereich das bestehende System der gesetzlichen Lizenz mit Pauschalvergütung als sozialverträglicher Kompromiss fortbestehen, soweit

- die Erstauswertung durch den Rechtsinhaber der Normalfall bleibt, die Privatkopie einen Sonderfall darstellt,

- die normale Auswertung des Werkes nicht beeinträchtigt wird und

- die berechtigten Interessen der Rechteinhaber nicht ungebührlich verletzt werden.

Im europäischen Kontext ist der deutsche Gesetzgeber aufgerufen, sich für die grundsätzliche Vergütungspflicht der Privatkopie in allen Mitgliedstaaten einzusetzen, um so bestehende Wettbewerbsdifferenzen im Binnenmarkt zu beseitigen.

Entscheidet sich der Rechtsinhaber für den Einsatz von DRM, ist davon auszugehen, dass dies mit steigenden Erlösen verbunden ist. Dies muss sich – ähnlich dem System kommunizierender Röhren – mindernd bei der Pauschalvergütung niederschlagen. Zugleich sollte damit ein Anreiz für die Hersteller von Vervielfältigungsgeräten und Leermedien bestehen, diese mit Kopierschutzmechanismen zu versehen und insoweit mit den Rechtsinhabern zu kooperieren.

Das Interesse der privaten Nutzer an einem möglichst einfachen Werkzugang spielt hingegen für die rechtliche Bewertung der Privatkopie nur eine untergeordnete Rolle und wird durch weitest gehend unbeschränkte analoge Vervielfältigungsmöglichkeiten gewährleistet. Die Informationsfreiheit wird dagegen überdehnt, wenn das Abwehrrecht als subjektiver Anspruch gegen private Dritte, die Rechtsinhaber, zu einem rein privaten, mehr oder weniger kostenlosen Konsum fremder Leistungen verstanden wird. Auch die Grundsätze über die mittelbare Drittwirkung von Grundrechten auf private Rechtsverhältnisse vermögen kein subjektives Recht gegenüber dem Rechtsinhaber zu begründen, sondern sind lediglich bei der Ausge-staltung eines Rechtsverhältnisses zu berücksichtigen.

(ii.) Durch das UrhInfG wurden einerseits einige offene Streitfragen der neuen digitalen Nutzungsmodalitäten geklärt. Das öffentliche Zugänglichmachen sowie entsprechende Schranken sind nunmehr ausdrücklich geregelt; dasselbe gilt für die Frage der zu nutzenden (legalen) Kopiervorlage. Andererseits hat das UrhInfG neue Auslegungsfragen hervorgerufen wie z.B. den Begriff der offensichtlich rechtswidrigen Kopiervorlage oder die Fragestellung, wann Umgehungsmechanismen hauptsächlich hierauf gerichtet sind und keinen anderen wirtschaftlichen Zweck haben. Folgende Ergebnisse der Untersuchung sind festzuhalten:

• Die Privatkopie ist als Schrankenregelung eng auszulegen.

• Es besteht kein Anspruch aus § 53 Abs. 1 UrhG auf eine Privatkopie. Die Norm ist vielmehr als Einrede gegen Unterlassungsansprüche des Rechtsinhabers ausgestaltet; bei einer vertraglichen Lizenzierung können die Parteien das private Kopieren auch gänzlich ausschließen.

• Der private Gebrauchszweck der Vervielfältigung muss bereits im Zeitpunkt der Herstellung der Kopie bestehen; spätere Umwidmungen sind nur zu anderen privilegierten Zwecken zulässig, nicht jedoch zur Verbreitung, zu öffentlichen Wiedergaben oder einem öffentlichen Zugänglichmachen des Werkes.

• Der Begriff "einzelne" Vervielfältigungen ist entsprechend dem jeweiligen Nutzungszweck auszulegen.

- Ob eine Vorlage offensichtlich rechtswidrig erstellt wurde, ist nach den Umständen des Einzelfalles zu klären. Werden z.b. Leistungen kostenlos in P2P-Netzen erbracht, ist es auch auf Grund der ständigen Medienberichterstattung über deren Illegalität offensichtlich, dass eine dort bezogene Kopiervorlage rechtswidrig erstellt wurde.

- Bei Kopien durch einen anderen muss dessen Tätigkeit auf den Vorgang des Kopierens beschränkt sein. Der Kopierende darf dabei auch keine mittelbaren Erwerbszwecke verfolgen, wie z.b. beim Betrieb einer Kopierbar.

- Technische Maßnahmen sind wirksam, wenn sie nicht mühelos von jedermann umgangen werden können.

- Werden technische Maßnahmen eingesetzt, haben die Nutzer keinen Anspruch auf die Umgehung dieser Schutzmechanismen (mit Ausnahme analoger Reprographien); de facto kann der Rechtsinhaber durch den Einsatz effektiver Schutztechniken damit ein Verbot der Privatkopie durchsetzen.

Mit diesem gesetzlichen Instrumentarium und technischen Schutzmaßnahmen lassen sich die wichtigsten Auswüchse der digitalen Privatkopien, insbesondere Online P2P-Nutzungen und Vervielfältigungen im Offline-Bereich mit CD/DVD- Brennern wieder zurückdrängen, um den Rechtsinhabern die normale Auswertung ihrer geschützten Inhalte zu gewährleisten.

(iii.) Trotz der Zustimmung hinsichtlich der Grundkonzeption, bedarf das UrhG einiger Feinjustierungen im Detail:

- Die weiterhin zulässige Drittkopie nach § 53 Abs. 1 S. 2 UrhG sollte insoweit eingeschränkt werden, als nur noch eine analoge Übermittlung der Kopien erlaubt wird, soweit die Inhalte auch vom Rechtsinhaber selbst öffentlich zugänglich gemacht werden. Hier greift der Vorrang der individuellen Lizenzierung. Die bestehende Regelung verstößt gegen die Info-RL, da sie den digitalen Kopienversand auch bei Bestehen eines gleichartigen On-demand-Angebotes des Rechtsinhabers erlaubt.

- Um die massenhafte Kopiertätigkeit nicht technisch geschützter Inhalte einzudämmen, sollten die Kopien auf den eigenen Gebrauchszweck beschränkt werden, so dass auch eine dauerhafte Weitergabe im Freundes- und Familienkreis unzulässig sein sollte. Dies kann durch eine Korrektur des § 53 Abs. 6 UrhG erreicht werden.

- Hinsichtlich der Pauschalvergütung sollte die Trennung nach Werkkategorien aufgebrochen werden, da diese im Hinblick auf ein einheitliches digitales Datenformat nicht mehr zeitgemäß ist. Die §§ 54, 54a UrhG sind entsprechend neu zu fassen. Dort, und nicht in § 13 Abs. 4 UrhWahrnG, ist auch der geeignete Regelungsort, um den Einsatz technischer Schutzsysteme (anspruchsmindernd) zu berücksichtigen. Hinsichtlich der vergütungspflichtigen Geräte und Leermedien sollte es im Übrigen bei der abstrakt-generellen Regelung bleiben, wobei die Vergütungshöhe nicht durch Gesetz, sondern durch Rechtsverordnung im Sinne eines Richtwertes festgeschrieben werden sollte.

- Mit Ausnahme des Time-Shiftings sollte es schließlich beim Vorrang technischer Schutzsysteme gegenüber der Privatkopie verbleiben. Im Übrigen können die zahlreichen unbestimmten Rechtsbegriffe überwiegend der Judikative zur weiteren Ausgestaltung überlassen werden. Einer systematischen Überarbeitung bedarf dagegen das straf- bzw. ordnungswidrigkeitenrechtliche Sanktionssystem bei Umgehung technischer Maßnahmen oder Manipulation von Informationen zur Rechtswahrnehmung.

Aus unserem Verlagsprogramm:

Nikolaus Lahusen
Inhalt und Schranken der Pressefreiheit
- die rechtliche Problematik des Gratisvertriebs von Tageszeitungen
Hamburg 2004 / 288 Seiten / ISBN 3-8300-1664-6

Irina Hundt
Online-Werbung bei öffentlich-rechtlichen Rundfunkanstalten
Eine Betrachtung am Beispiel des Rundfunks Berlin-Brandenburg (RBB)
Hamburg 2004 / 112 Seiten / ISBN 3-8300-1659-X

Matthias Hoes
**Die Stellung des terrestrischen Rundfunks
bei der telekommunikationsrechtlichen Frequenzplanung**
Hamburg 2004 / 306 Seiten / ISBN 3-8300-1524-0

Rebecca Dorn
Pressekonkurrenz und Meinungsvielfalt
*Voraussetzungen und Schranken des Meinungskampfs
und Wettbewerbs im Zeitungs- und Zeitschriftenwesen*
Hamburg 2004 / 324 Seiten / ISBN 3-8300-1523-2

Anja Matthies
Virtuelle Werbung
*Rechtliche Fragen bei der Übertragung
von Sportereignissen im Fernsehen*
Hamburg 2004 / 246 Seiten / ISBN 3-8300-1428-7

Irene Kadner
Die Vereinbarkeit von Fotomontagen mit dem Recht am eigenen Bild
Hamburg 2004 / 236 Seiten / ISBN 3-8300-1353-1

Michael Niggemann
**Informationsfreiheit und Urheberrecht -
Pressedatenbanken im Internet**
Hamburg 2003 / 206 Seiten / ISBN 3-8300-0904-6

VERLAG DR. KOVAČ
FACHVERLAG FÜR WISSENSCHAFTLICHE LITERATUR

Postfach 50 08 47 · 22708 Hamburg · www.verlagdrkovac.de · info@verlagdrkovac.de

Einfach
Wohlfahrtsmarken
helfen!